국역 고등경찰요사

역주자

○ 류시중 | 경북대학교 문리과대학 사회학과를 졸업하고, 일본 도오요東洋大學 대학원에서 사회학박사학위를 취득했다. 경북대학교 사회과학대학 교수, 동 대학교 총장 직무대리 등을 역임하였다.

○ 박병원 | 경남 밀양공립농잠학교를 졸업하였으며, 대구 대륜중학교 교장, 국사편찬위원회 사료연구위원 등을 역임하였다.

○ 김희곤 | 경북대학교 대학원에서 문학박사학위를 취득했다. 현재 안동대학교 사학과 교수, 안동독립운동기념관장으로 있다.

국역 고등경찰요사

초판 1쇄 인쇄 2009년 12월 27일
초판 1쇄 발행 2010년 1월 4일

기　획 | 안동독립운동기념관
역주자 | 류시중·박병원·김희곤
발행인 | 윤관백
발행처 | 선인

편　집 | 이경남·장인자·김민희
표　지 | 임진형
제　작 | 김지학
영　업 | 이주하

인　쇄 | 한성인쇄
제　본 | 광신제책

등록 | 제5-77호(1998.11.4)
주소 | 서울시 마포구 마포동 324-1 곶마루 B/D 1층
전화 | 02)718-6252 / 6257　팩스 | 02)718-6253
E-mail | sunin72@chol.com
Homepage | www.suninbook.com

정가　40,000원

ISBN　978-89-5933-219-9　93300

·잘못된 책은 바꿔 드립니다.

적임자임에 틀림없다. 여기에 다시 최고 전문가 한 분이 동참하셨으니, 박병원朴柄元 선생님이다. 박 선생님은 국사편찬위원회 사료연구위원으로 재직 중 한·일 외교문서 강의를 맡으셨으니, 최고 전문가라는 말에 이의를 달 사람은 없다. 다만 걱정되는 것은 두 분의 건강이었다. 류 교수님은 1925년생이니 80대 중반을 지나고, 박 선생님은 1919년생이시니 90세를 넘으신 원로이시기 때문이다. 실제로 류 교수님은 이 일에 매달리시다가 한때 건강을 해치기도 하셨다. 번역만이 아니라 교정 작업에도 대단히 꼼꼼하셨다. 아무런 대가도 없는 일이지만 두 분은 오직 제대로 번역을 마쳐 연구와 대중화에 도움이 되기를 바란다고 말씀하신다. 두 분 원로의 열정과 애정에 거듭 감사드리면서, 오래오래 건강하시기를 간절히 기원한다.

두 분의 열정에 많은 분들이 돕고 나섰다. 그분들 모두가 여러 분야의 전문가들이다. 이 책이 담고 있는 분야가 단순하게 경상북도만이 아니라, 국내는 말할 것도 없고, 일본과 중국, 멀게는 극동러시아까지 광대한 지역과 다양한 사상 영역을 담고 있어서, 그분들의 도움 없이는 일 자체가 어려웠다.

쓰인 용어만 하더라도 러시아어·중국어·영어·일본어 등이 등장한다. 지명·인명·사건명 등에 관해서는 기연수奇連洙·홍우흠洪禹欽·이태동李泰東·형기주邢基柱 교수, 문태갑文胎甲 선생, 이홍식李洪植 선생 제위와 류 교수님의 종제從弟 류시봉柳時逢 선생이, 일본 본토에 관해서는 다키구치 가오루瀧口薰 씨 부처夫妻와 야하라 마사히로矢原正博 교수가 도움을 주셨다. 또 법률적인 사항은 서윤홍徐潤弘 변호사, 종교(기독교)에 관해서는 박봉목朴奉穆 교수, 한문에 대해서는 이동걸李東傑 선생, 대구지역에 대해서는 신해철申海澈 선생 등의 도움을 받았다.

그리고 번역을 맡으신 두 분 원로 선생님을 도와 초역본抄譯本 입력을 분담해주신 신준식辛俊植 교수, 장세완張世完 선생, 류 교수님의 족제族弟 류재화柳在華 선생과 후진後進이신 김욱진金旭鎭·이향란李香蘭 선생, 특히 겨울 방학의 거의 모든 시간을 초고 전체를 맡아 보충하고 완결해주신 류 교수님의 후진이신 김미경金美京 선생 부처夫妻의 수고도 컸다. 또 초벌 원고를 수정하는 작업에 남의 일 같지 않게 시종일관 수고해주신 박우동朴佑東 선생, 끝으로 초역 입력에 임미숙林美淑 양을 소개해주면서 류 교수님에게 용기를 북돋워주신 이세동李世東 교수 등 제현諸賢에게 깊은 사의謝意를 표한다.

이 작업을 맡은 우리 기념관의 직원들도 수고가 많았다. 편집 방향을 설정하고 편찬 작업을 총괄 진행한 강윤정 학예연구실장과 한준호 학예연구원의 노고가 특히 컸다. 끝으로 도서출판 선인의 윤관백 사장님과 편집부 직원들에게 감사드린다.

2009년 12월

안동독립운동기념관장 김희곤

책머리에

독립운동 당시의 사실을 우리말(한문漢文 포함)로 알려주는 자료는 흔하지 않은 편이다. 특히 우리가 남긴 자료는 드문 것이 아니라 희귀할 정도이다. 망명지에서는 더러 신문이나 잡지도 발간하고 기록을 남길 수가 있었지만, 국내에서는 그것 자체가 일제의 감시를 불러들이는 것이라 남길 수가 없었다. 그래서 독립운동의 1차 자료는 주로 일제가 남긴 판결문이 대다수를 차지한다. 그 다음에 조선총독부 통치기관의 정보문건이 있고, 경찰기록이 있다. 여기에 번역하여 소개하는 『고등경찰요사高等警察要史』는 지방경찰인 경상북도경찰부(현재의 경북지방경찰청 격)에서 고등계 형사가 꼭 읽어야할 자료를 정리하고 편찬하여 관내 부府·군郡 경찰서에 비치시킨 대외 극비기록이다. 그런데 다른 지역과 다르게 경상북도경찰부만 이런 책을 발간했으니 그 만큼 경북사람들의 민족의식이 강하고 투쟁이 왕성했던 것이다.

이 책은 두 차례 영인되어 보급되었다. 독립운동사 연구자들에게는 귀한 자료가 되고, 독립유공자 포상에도 중요한 근거자료로 삼아져 왔다. 일본어로 작성된 글은 연구자들로서는 대체로 이해할 만한 수준이지만, 정확하게 번역하기는 쉽지 않다. 그러다보니 내용만 대체로 이해할 뿐, 누군가 나서서 정밀하게 따져 번역해주기를 기다려 왔다.

어렵고 복잡한 이 작업을 자임하고 나선 분이 계셨다. 그것도 이 책의 번역을 미리 기획하지 못한 터라 번역비가 준비되지 않은 형편이라는 말씀을 드렸지만, 이에 개의치 않고 번역작업을 맡겠다며 나서신 것이다. 그분이 바로 선친이 독립지사이신 류시중柳時中 교수이다. 류 교수님은 일찍이 미국에서 연구하고, 일본에서는 연구와 강의를 하고, 경북대학교 사회학과 교수를 역임한 뒤 명예교수로 계신다. 이 자료 자체가 '한자와 일본 가타카나로 쓰인 문체', 곧 문어체여서 요즘에 일반화한 일본어 구어체에 익숙한 사람이라도 읽기 힘들기 때문에 관련 분야 전문 지식이 없다면 정확하게 번역할 수 없다. 그러므로 류 교수님은 가장

안동독립운동기념관 자료총서 ③

국역 고등경찰요사

류시중·박병원·김희곤 역주

선인

제1장 총설
제2장 조선 내 치안개황
   폭도봉기, 만세소요, 1919년 이후의 민족주의운동, 사회운동, 도내 기독교자치운동,
   종교유사단체의 상황
제3장 재외 조선인의 상황
   개황, 만주·시베리아 방면의 조선인의 상황, 재외 불령조선인의 상황
제4장 일본 거주 조선인의 상황
   개황, 조선인 노동자의 상황, 조선인 노동자의 일본 도항 단속
   일본 내에서의 조선인의 범죄, 일본의 조선인 유학생, 일본에서의 조선인 사회운동
제5장 출판경찰
   개황, 신문과 잡지
제6장 외사경찰
   일반적 개황, 조선거주 중국인, 그 밖의 외국인
제7장 병합 이후의 본도 관계 주요 범죄
   개설, 주요 사건(62개 사건)

  맨 앞에 있는 총설은 경상북도가 '양반 유생의 연총淵叢', 곧 양반 유생이 가득 모인 곳이라는 표현으로 시작된다. 이들 양반 유생이 민족문제를 해결하는 선두에 나선 대표적인 사례를 역사적으로 맥을 잡아 설명한 뒤에, 그러한 바탕에는 임진왜란 이후 배양되어온 항일의식이 깔려 있다고 설명하였다. 특히 모친(김락金洛)이 당한 수모와 죽음에 한이 맺혀 잠시라도 항일의식을 버릴 수 없다는 안동 예안의 이동흠李棟欽의 이야기를 사례로 들면서, 항일의식과 투쟁의 원인을 분석하는 글을 총설에 담았다. 이 책을 발간하던 1934년 무렵에는 치안 상황이 비교적 평온하지만, 신간회와 학생운동, 공산주의 활동 등은 언제 어떻게 튀어 오를지 모를 만큼 위험하다고 그들은 보고 있었다. 이 때문에 그들은 항일투쟁의 기미를 미리 알아채고 이를 사전에 짓밟을 수 있는 지식정보를 고등경찰의 머리에 집어넣으려고 노력했다. 이 책을 발간한 이유와 목적이 바로 거기에 있었던 것이다.
  여기에 담긴 자료는 1906년부터 1929년까지를 대상으로 삼았다. 맨 앞에 1906년 의병에서 시작하고, 맨 뒤 도표에 1929년 양반 유생 분포를 담은 내용이 있어서 이를 알 수 있다. 1906년부터 시작하는 바람에 독립운동의 서장序章인 전기의병(1894~1896) 기록이

빠져 있다. 또 중기의병(1904~1907. 7) 가운데서도 앞부분 2년분도 빠져 있다. 여기에 담긴 기록은 중기의병 가운데서도 후반부와, 이어서 후기의병(1907. 8~1909) 내용이다. 그런데 1904년부터 1910년까지 펼쳐진 계몽운동 부분은 완전히 빠져 있다. 그것이 일제 침략과 강점, 그리고 통치에 그다지 위험하지 않았다고 생각한 때문이라 짐작된다. 1910년대 의병계열의 활동과 대구지역 계몽운동가들의 동정은 뒷부분에 사례로 소개되어 있다. 그리고는 1919년 3·1독립선언과 만세운동 서술이 많은 분량을 차지한다. 대부분의 지역에서 왕성하게 터져 나온 투쟁이라 비교적 상세하게 정리되어 있다. 이어서 나라 밖으로 망명한 독립운동가와 동포들의 생활, 일본에 거류하는 동포들, 특히 노동자들의 동향과 사회운동이 자세하게 담겼다.

마지막 제7장은 경상북도 출신 인물들이 펼친 독립운동을 사례별로 담았다. 1910년대 독립의군부와 광복회를 출발점으로 삼아 1927년 조선은행 대구지점 폭탄반입 의거(장진홍張鎭弘 의거)에 이르기까지 62개의 사례를 하나씩 정리했다. 경북에서 벌어진, 경북사람들의 항일투쟁은 당연히 포함되어 있다. 뿐만 아니라, 경북사람들이 서울을 비롯한 국내에서 펼친 투쟁에다가, 만주·연해주·중국본토 등 나라밖에서 펼친 항일투쟁까지 생생하게 담았다. 나라 안팎 곳곳에서 펼쳐진 독립운동 가운데, 경북사람들의 자취가 잡히는 부분까지 여기에 포함시켰다.

3

일제 탄압 자료는 한국 독립운동 자료 그 자체다. 일제가 통치와 탄압에 필요한 역사적 지식을 고등계 형사들에게 가르치기 위해 만든 이 책은, 반대로 독립운동의 정보를 소상하게 알려주는 것이기도 하다. 그러므로 이 자료가 경북지역 독립운동사 연구에 대단히 중요한 것임은 말할 것도 없고, 한국 독립운동사 연구에도 귀중한 존재임은 분명하다. 예를 들자면, 1919년 3·1독립선언 직후에 보수 유림들이 프랑스 파리에서 열리는 강화회의에 독립청원서(파리장서)를 보낸 거사를 다룬 부분에서는 경상도 유림만이 아니라, 여기에 참가한 충청도 유림들의 정보도 고스란히 담겼다. 또 1926년 6·10만세운동이 서울을 중심으로 펼쳐졌지만, 그 주역이 안동 출신 권오설權五卨이므로 서울에서 펼쳐진 투쟁의 대부분 내용이 여기에 정리되었다. 그러니 이 책이 경상북도경찰부에서 편찬

한 것이라 해서 경북 사람의 기록만 담은 것은 아니다.

이 자료의 가치는 독립운동사 연구만 아니라, 다른 분야의 연구에도 쓰임새가 많다. 서양으로부터 새롭게 들어온 사상들이 어떻게 수용되고, 또 어떤 모습으로 민족문제에 접합하는지를 보여주는 자료가 많다. 따라서 이들은 근대사상사를 이해하는 데 큰 도움을 준다. 특히 사회사 연구에는 유용하게 쓰일 자료를 많이 갖고 있다. 신문과 잡지의 발간과 한인 기자들의 성격, 일본에 건너간 한국인들의 삶과 노동현장에서 벌어진 항일투쟁, 중국을 비롯한 나라 밖으로 나가서 활동하던 사람들의 독립운동, 종교계의 동정과 신흥민족종교의 동향과 성격, 국내에 머물던 외국인의 동정 등이 눈길을 끈다. 자료를 읽어 가면 누구나 어느 조직이, 어느 단체가, 누가 항일적이고 민족적이었는지, 반대로 일제 통치에 순종하고 타협적이었는지 쉽게 헤아릴 수 있다. 일제가 가장 극렬하게 비난한 대상일수록, 가장 저항적인 투쟁세력이었기 때문이다.

이렇게 중요한 자료임에도 불구하고, 이 책이 가지는 한계도 꽤나 크다. 이 책의 출간에 시간적으로 쫓기어 그랬는지, 동일한 사람이라도 서술되는 곳에 따라 이름, 주소, 연령 등이 서로 다를 뿐만 아니라 문맥이 바르게 연결되지 않는 곳이 여러 군데 눈에 띈다. 통계표에서도 연대, 통계 숫자 등이 서로 맞지 않는 곳이 적지 않다. 이로 말미암아 독립운동가를 가려내는 작업에 까다로운 비교 검증이 추가되지 않으면 안 될 지경이다. 잘못 적힌 주소 때문에 주인공을 찾아내기가 쉽지 않은 경우가 적지 않아 조심스럽게 자료를 보아야 한다. 한 마디로 줄이면, 이러한 측면에서 일본의 출판물이 보여주는 일반적인 수준과 비교할 때, 이 책은 소홀한 점이 매우 많다.

그런데도 일본어 문어체 자체가 그러하지만 난해한 한자가 상당히 많은 곳에 보이고, 일부에서는 유려流麗한 문장도 볼 수 있다. 또한 독립운동을 감시하고 탄압하는 일본경찰의 처지로서는 객관적 시각을 잃어버리기가 쉬운데, 사건을 사실대로 서술하려는 노력이 엿보이기도 한다. 그리고 일제 지방경찰이 정보 문건만을 모아서 전국적인 항일투쟁의 인물과 계보, 동정을 샅샅이 밝히면서, 경북 출신 인물들의 활동과 성격을 추적·정리하는 일이 결코 쉽지 않았을 것이다. 조사 연구와 집필인력이 제대로 갖추어지지 않았을 상태에서 이 정도의 책을 발간했다는 사실만으로도 일제 경찰의 집요함을 느낄 수 있다. 이제 남은 일은 이 자료에서 얼마나 많은 정보를 끌어내어 역사를 복원시키고, 이를 대중에게 알리느냐는 것이다.

일러두기

1. 이 책은 1934년 조선총독부 경상북도경찰부에서 발행한 『高等警察要史』를 역주한 것이다.

2. 역주는 한글전용을 원칙으로 하되 필요한 경우에는 한글과 한자를 함께 썼다.

3. 원문에 제목이 없는 경우에는, 역주자가 내용을 검토하여 제목을 붙였다.

4. 내용이 잘못된 원문은 관련 자료를 통하여 바로잡았고, 이에 대한 설명이 필요할 경우는 역주자가 괄호 속에 작은 글자로 주를 달았다.

5. 독자가 이해하기 어렵다고 판단되는 원문은 역주자가 괄호 속에 작은 글자로 설명을 달았다.

6. 원문의 인물은 이 책의 끝부분에 있는 참고문헌에 따라 성명·생몰연대·출신지·훈격 등의 내용을 역주자 주로 달았다.

7. 부록 표의 통계 수치는 원문의 수치가 잘못된 것이라고 판단되는 것이라도 그대로 옮겼다.

8. 원문에는 대부분 일본 연도를 썼으나 이것을 모두 서기로 바꾸었다.

9. 인명과 단체는 『독립유공자공훈록』(국가보훈처)·『한국사회주의운동인명사전』(강만길·서대경 엮음)·『한국독립운동사사전』(독립기념관 한국독립운동사연구소)·홈페이지 등을 참조하였다.

책머리에 / 5
해제 / 7
일러두기 / 12

제1장 총설

총설 ·· 21

제2장 조선 내 치안개황

제1절 폭도봉기 ·· 31
  1. 원인 및 경과   31
  2. 1906년에 있어서의 폭도   36
  3. 1907년에 있어서의 폭도   37
  4. 1908년에 있어서의 폭도   39
  5. 1909년에 있어서의 폭도   43
  6. 1910년에 있어서의 폭도   44

제2절 만세소요萬歲騷擾 ··· 46
  1. 원인 동기   46
  2. 도쿄東京유학생의 독립운동과 국외 불령자와의 관계   51
  3. 소요기획의 내용   53
    (1) 천도교 측 __ 53   (2) 기독교 측 __ 55
    (3) 불교 측 __ 56   (4) 학생 측 __ 56
  4. 독립선언서의 발표와 운동경과 개요   58

5. 도내의 만세소요 ... 63
    (1) 개황 _ 63
    (2) 대구부府 내 _ 65
    (3) 달성군 공산 _ 67
    (4) 의성군 _ 67
    (5) 안동군 _ 70
    (6) 영덕군 _ 76
    (7) 청도군 _ 80
    (8) 상주군 _ 82
    (9) 영양군 _ 83
    (10) 청송군 _ 85
    (11) 성주군 _ 86
    (12) 선산군 _ 88
    (13) 예천군 _ 89
    (14) 문경군 _ 91
    (15) 영천군 신녕면 _ 91
    (16) 영주군 _ 91
    (17) 경주군 경주면 _ 92
    (18) 봉화군 _ 93
    (19) 칠곡군 _ 93
    (20) 영일군 청하면 _ 95
    (21) 고령군 우곡면 _ 95
    (22) 김천군 _ 95

6. 소요와 도내 외국인의 언동 ... 96

제3절 1919년 이후의 민족주의운동 ... 99

1. 비타협적 민족운동 ... 99
    (1) 문화운동의 경과 _ 99
    (2) 동아일보 논설의 반향反響과 연정회研政會 조직 실패 _ 102
    (3) 민족주의운동의 대두 _ 105
    (4) 자치운동단체의 조직 계획 _ 107
    (5) 신간회新幹會의 창립과 그 후의 행동 _ 108
    (6) 근우회槿友會의 창립 _ 113

2. 타협적 민족주의운동 ... 115
    (1) 국민협회國民協會 _ 115
    (2) 대동동지회大東同志會 _ 116

3. 조선인·일본인 합동의 정치운동 ... 116
    (1) 전조선공직자대회全朝鮮公職者大會 _ 116
    (2) 갑자구락부甲子俱樂部 _ 117
    (3) 동민회同民會 _ 119

제4절 사회운동 ... 120

1. 무정부주의운동 ... 120
2. 공산주의운동 ... 122
3. 농민운동 ... 129
4. 노동운동 ... 132
5. 소년운동 ... 135
6. 형평衡平운동 ... 136
7. 협동조합운동 ... 139
    (1) 일반상황 _ 139
    (2) 본도 내에서의 운동 상황 _ 141

제5절 도내 기독교자치운동 ································· 143
   1. 원인遠因   143
   2. 근인近因   143
   3. 자치선언自治宣言 전후의 모습   144
   4. 분요紛擾(분쟁과 소요) 경과   145
       (1) 이만집李萬集 일파의 소송제기 _ 145   (2) 기독교부속학교 문제 _ 145
       (3) 남성정 포교담임자의 변경 _ 145   (4) 자치파 덕산정교회당의 신설 _ 146
       (5) 아리요시有吉 정무총감의 조정 _ 146   (6) 중재파의 출현 _ 146
       (7) 소송사건의 전말과 두 파의 주장 _ 147
   5. 1925년 2월의 소요   147
   6. 노회파의 교회당명도明渡소송 제기   149
   7. 자치선언이 미친 영향   150
       (1) 도내道內에 미친 영향 _ 150   (2) 도외道外에 미친 영향 _ 150

제6절 종교유사 단체의 상황 ····································· 151
   1. 주요단체의 연혁 및 개요   151
       (1) 천도교天道敎 _ 151   (2) 시천교侍天敎 _ 151
       (3) 상제교上帝敎 _ 152   (4) 동학교東學敎 _ 152
       (5) 청림교靑林敎 _ 153   (6) 보천교普天敎 _ 153
       (7) 무극대도교無極大道敎 _ 153   (8) 만인교萬人敎 _ 154
   2. 현황   154
       (1) 일반정세 _ 154   (2) 요주의 주요 종교유사 단체 _ 155

제3장 재외在外 조선인의 상황

제1절 개황 ··· 161

제2절 만주·시베리아방면의 조선인 ·························· 165

제3절 재외在外 불령조선인의 상황 ····························· 168
   1. 민족주의운동   172
       (1) 상하이上海·난징南京 방면 _ 172   (2) 광둥廣東 방면 _ 205
       (3) 베이징北京·톈진天津 방면 _ 207   (4) 남북만주 방면 _ 212
       (5) 노령(극동러시아) 방면 _ 238   (6) 미국·하와이 방면 _ 240

2. 공산주의운동 245
   (1) 극동러시아 방면 _ 246   (2) 남북만주지방 _ 247
   (3) 중국동부지방 _ 254

제4장 일본거주 조선인의 상황

제1절 개황 … 263

제2절 조선인 노동자의 상황 … 264
1. 취업·생활 상태   264
2. 차가분의借家紛議   265
3. 노자분의勞資紛議   267
4. 지도구제시설指導救濟施設   267
   (1) 도쿄東京지방 _ 268   (2) 오사카大阪·고베神戸 방면 _ 268

제3절 조선인 노동자의 일본 도항渡航단속 … 269
1. 현행 도항 저지의 유래   269
2. 저지의 상황   271
3. 소위 밀항자의 단속   271
   (1) 소위 밀항의 상황 _ 272   (2) 일본으로의 도항에 연유하는 범죄 _ 272

제4절 일본 내에서의 조선인의 범죄 … 275

제5절 일본의 조선인 유학생 … 277

제6절 일본에서의 조선인 사회운동 … 279
1. 민족주의운동   280
   (1) 도쿄東京조선인유학생학우회 _ 281   (2) 기타 민족단체 _ 283
   (3) 신간회新幹會·근우회槿友會 _ 284
2. 공산주의운동   288
   (1) 공산주의운동의 초기 _ 288   (2) 공산주의의 실천운동 _ 290
   (3) 최근의 상황 _ 292
3. 무정부주의 운동   294
   (1) 일본에서의 조선인 무정부주의운동의 기원 _ 294   (2) 간토關東지진 후의 상황 _ 296
   (3) 최근의 상황 _ 297

제5장 출판 경찰

제1절 개황 ······ 303

제2절 신문과 잡지 ······ 306
  1. 일본인이 발행하는 신문·잡지   306
  2. 조선인이 발행하는 신문·잡지   307

제6장 외사外事 경찰警察

제1절 일반적 개황 ······ 315

제2절 조선거주 중국인 ······ 317
  1. 개황   317
  2. 중국 시국時局과 조선거주 중국인의 동정動靜   317
    (1) 중국 측의 만주거주 조선인 압박과 조선인의 조선거주 중국인 배척사건 _ 317
    (2) 중국 동부3성省의 정변政變에 대한 조선거주 중국인의 동정 _ 321
    (3) 역치易幟와 국민당에 대한 태도 _ 322
    (4) 쑨원孫文의 위령제 _ 322
  3. 도내거주 중국인 노동자 문제   323

제3절 그 밖의 외국인 ······ 324
  1. 개황   324
  2. 소요사건 당시의 책동   325
  3. 기독교 자치운동   326
  4. 요시찰要視察·요주의要注意 외국인   327
  5. 사회사업   327

제7장 병합 이후의 본도관계 주요범죄

제1절 개설 ······ 331

제2절 주요 사건 ······ 335
  1. 독립의군부獨立義軍府 사건   335

2. 광복회光復會 사건   338
   (1) 부호 장승원張承遠 사살 _ 339   (2) 면장 살해 _ 340
   (3) 강도 _ 340   (4) 관계자 주소·성명 _ 340
3. 조선국권회복단중앙총부朝鮮國權恢復團中央總部 사건(일명 안일암安逸庵 사건)   343
4. 관공리 사직협박 및 폐점위협 사건(일명 최재화崔載華 사건)   346
5. 조선민족대동단朝鮮民族大同團 사건   349
6. 유학생의 운동자금조달 사건   351
7. 독립자금 충당을 위한 중국지폐위조 사건   352
8. 대한민국청년외교단 및 애국부인회 사건   353
   (1) 대한민국청년외교단 _ 353   (2) 대한민국애국부인회 _ 355
   (3) 대한적십자회 대한지부 _ 356   (4) 관계자 _ 357
9. 조선독립청년단 사건   361
10. 이왕세자李王世子 혼례에 대한 폭탄암살·파괴기획 사건   362
11. 의열단義烈團의 흉포凶暴기획 사건(일명 진영進永 사건)   363
   (1) 폭탄반입의 경로와 범죄의 개요 _ 364   (2) 관계자 _ 365
12. 최동희崔東曦의 음모사건   367
13. 무관학교武官學校 학생모집 사건   368
14. Z단 사건   370
15. 주비단籌備團 사건   373
16. 군정서軍政署의 의용병 및 자금모집 사건   376
17. 김찬규金燦奎 사건   377
18. 의용단義勇團 사건   379
19. 대한광복군단大韓光復軍團의 장정모집 사건   382
20. 독립공채모집 및 워싱턴회의 독립청원 사건   384
21. 의열단義烈團 폭탄암살음모 사건(일명 황옥黃鈺 사건)   388
   (1) 사건의 발단 _ 388   (2) 관계 피고인의 체포 _ 389
   (3) 의열단 음모계획(개요) _ 391
22. 박열朴烈 일당의 대역大逆 사건   394
23. 경남 가이甲斐순사(일본인) 사살 사건   396
   (1) 범죄사실 _ 396   (2) 관계자 _ 400
24. 신형섭申亨燮 사건   402
25. 니주바시二重橋 폭탄 사건   402

26. 불령조선인 사살 사건(일명 장사長沙 사건)   405
    (1) 범죄사실 _ 405   (2) 경찰관의 부상 상황 _ 406
    (3) 범인의 신원 _ 407
27. 대한통의부大韓統義府의 자금모집 사건(일명 창수蒼水 사건)   408
28. 다물단 사건   410
29. 의열단원 양건호梁健浩의 자금모집 사건   412
30. 허무당虛無黨 선언서 사건   415
31. 밀양경찰서 폭탄투척 사건   418
32. 진우연맹眞友聯盟 사건   419
    (1) 진우연맹 조직의 경위 _ 419   (2) 범죄사실 _ 420
    (3) 관계자의 주소·성명 _ 423
33. 동척東拓 폭탄 사건   424
34. ㄱ당黨 사건   426
35. 도쿄東京 유학생의 독립운동 사건   429
36. 유림대표의 독립청원獨立請願 사건   430
37. 펑톈奉天에서의 폭탄작렬爆彈炸裂 사건   438
38. 이강공李堈公 유출誘出 사건   439
    (1) 사건기획 전의 전협全協 등의 행동 _ 440
    (2) 이강공李堈公의 일주逸走(도망쳐 나감) _ 442
39. 민단조합民團組合 사건   449
40. 경성고보京城高普 교원양성소 내 비밀결사 검거   450
41. 대동상점大同商店 사건   453
42. 이동흠李棟欽의 협박 사건   455
43. 제주도 소요 사건   455
44. 암살음모단 사건   456
45. 청도淸道에서의 태을교도太乙敎徒의 흉포 사건   459
46. 대한민국 임시정부의 자금모집 사건   460
47. 폭탄암살음모 사건   461
48. 대한민국 독립공채 모집 사건   463
49. 임시정부 독립운동자금 모집 사건   464
50. 지린성吉林省 군정서軍政署 부속 흥업단興業團의 자금모집 사건   465

51. 의열단의 자금모집 사건(일명 구우일具宇一 사건)   470
    (1) 체포한 범인의 원적·주소·성명 _ 470   (2) 범인 조사의 경과 _ 470
    (3) 구여순具汝淳(일명 구우일具宇一)의 공술供述 _ 471
    (4) 김재현金在顯의 행동 _ 473   (5) 오세덕吳世悳의 공술 _ 473
    (6) 강일姜逸 곧 강홍열姜弘烈의 공술 _ 475   (7) 문시환文時煥의 공술 _ 476
    (8) 미체포자 중 그 행동이 판명된 자(구여순具汝淳의 진술) _ 476
52. 상해임시정부 군자금 모집 사건   477
53. 경성 적기赤旗 사건   479
54. 정론사正論社 사건   480
55. 유림단儒林團 음모 사건   481
56. 이왕李王전하 국장國葬 시의 불온문서 사건   487
57. 이왕李王전하 국장國葬 시 학생들의 불온전단 살포 및 만세고창 사건   492
    (1) 불온문서 작성의 동기와 경로 _ 492   (2) 범행자의 주소·성명 _ 494
58. 보통학교 훈도訓導의 치안유지법 위반 사건   497
59. 일본 천황 대전大典 시의 직소直訴사건   499
60. 조선공산당 사건   502
61. 대구 학생 비밀결사秘密結社 사건   511
    (1) 마르크스주의 강좌 _ 512   (2) 비밀결사조직秘密結社組織 _ 513
62. 대구 조선은행지점 폭탄 사건   519
    (1) 조선은행 사건 _ 520   (2) 영천 사건 _ 523

■ 부록 | 통계표 / 527
■ 참고문헌 / 569
■ 찾아보기 / 571

제1장

총 설

본래 본도本道1)는 양반 유생儒生의 연총淵叢(모이는 곳)으로 조선 유교의 조祖라고 할 수 있는 경주의 설총薛聰을 비롯하여 신라말기 경주의 최치원崔致遠(호 고운孤雲)·고려시대 영주의 안유安裕(호 회헌晦軒)·영일의 정몽주鄭夢周(호 포은圃隱)·선산의 김숙자金淑滋(호 강호江湖) 등을 배출하였다. 다시 그들의 문하에서 현풍의 김굉필金宏弼(호 한훤당寒暄堂)·경주의 이언적李彦迪(호 회재晦齋)과 조선의 주자朱子라 불리는 안동의 이황李滉(호 퇴계退溪)과 함께 임진년에 큰 공을 세운 안동 류성룡柳成龍(호 서애西厓) 형제와 기타 대소의 양반 유생이 각지에 산재하여 그 수가 3만 3900여 호戶이며, 인구는 16만 4000여 명의 다수가 된다. 또한 이들 일족一族 중에는 일본의 세력신장과 한일보호조약2)에 통분하여 1906년 이후 전 조선에 걸쳐 봉기한 폭도사건에서 앞장을 선 자, 병합에 분개하여 자살한 자, 일본 신민臣民이 아니라 하여 민적民籍신고와 납세를 하지 않은 자, 일본의 좁쌀을 먹지 않는다고 하며 국외로 달아난 자 등이 상당수가 되는 등, 배일排日의 사례는 본도 각지에서 발견되어 그 수를 하나하나 들어서 말할 수 없을 정도이다. 그리고 이러한 계통을 갖는 문중門中과 그들 양반 유생의 사상적 영향과 환경에 자극을 받은 일반국민 중에는, 1918년 1월 왜관 부호 장승원張承遠을 살해한 광복회사건의 박상진朴尙鎭3)(양반), 같은 해 9월 본도 영일군 출신 김연일金蓮日4) 등을 주범으로 하는 제주도소요사건, 1919년 소요 당시의 대규모 습격·관공서 파괴·무기 강탈·경찰관에 대한 폭행 등 소위 3·1사건, 같은 해 4월 유림대표 126명이 서명한 독립청원사건, 같은 해 이강공李堈公 전하를 외국으로 유인해 내려고 한 대동단大同團사건의 김찬규金燦奎5)(양반), 1920년 4월 이왕세자李王世子 전하의 결혼식에 대한 폭탄암살파괴기획사건을 일으킨 대구출신 서상한徐相漢,6) 같은 해 12월 경상남도 의령군에서 일어난 가이甲裵 순사사살사건의 경주출신 김종철金鍾喆,7) 1923년 9월

---

1) 본도: 경상북도. 현재의 경상북도에서 울진군을 제외한 지역과 대구광역시를 합친 지역을 말한다. 울진군은 1963년에 강원도에서 경상북도로 편입되었다.
2) 한일보호조약 : 제2차 한일협약. 1905년 11월 17일 한국정부의 박제순과 일본정부의 하야시 곤스케에 의해 체결된 불평등 조약으로, 1905년 러일전쟁에서 승리한 일제가 대한제국의 외교권을 박탈하기 위해 강제로 체결한 조약이다. 을사년에 이루어졌기 때문에 을사조약·을사5조약·을사보호조약이라 부르기도 하며, 일본에 의해 강제로 맺은 조약이라 해서 을사늑약(乙巳勒約)이라고 부르기도 한다. 체결 당시 정식 명칭은 '한일협상조약'이다. 이 조약은 1965년 한일국교를 정상화하는 한일기본조약의 제2조에서 무효임을 확인하였다.
3) 박상진 : 1884~1921, 경북 울산출신, 1963년 독립장.
4) 김연일 : 1871~1940, 경북 포항출신, 1993년 애족장.
5) 김찬규 : 1866~1931, 경북 영주출신, 1990년 애국장(1977년 건국포장).
6) 서상한 : 1901~1967, 경북 대구출신, 1963년 독립장.
7) 김종철 : 1888~1941, 경북 경주출신, 1990년 애국장(1980년 건국포장).

무정부주의자 대역大逆사건의 상주출신 박열朴烈,[8] 1924년 1월 도쿄東京 니주바시二重橋[9]사건의 김지섭金祉燮[10](양반), 같은 해 6월 영덕군 장사에서 일어난 영일군 출신 의성단원義成團員 김홍진金洪鎭[11]사살사건, 1926년 1월 경성[12]에서의 허무당虛無黨선언서 배포사건의 윤우열尹又烈[13](양반), 같은 해 6월 고故 이왕李王 전하 국장國葬시 격문살포사건의 권오설權五卨[14](양반), 같은 해 4월 무정부주의자의 비밀결사인 진우眞友연맹사건의 주범 서동성徐東星[15](양반), 1926년 12월 경성 동척東拓지점폭탄사건의 김창숙金昌淑[16](양반), 1927년 10월 대구 조선은행폭탄사건의 장진홍張鎭弘[17](양반), 1928년 11월 교토京都에서의 어대전御大典[18]시 직소直訴(규정의 절차를 밟지 않고 직접 상부에 호소함)사건의 이희구李熙龜[19](양반) 등은 중요 범죄에 관계하였다. 이뿐만 아니라 국외로 달아나 불령不逞[20]운동에 참획參畫한 수뇌자 중에는 일찍이 임시정부 국무총리(국무령)였던 안동출신 이상의李象義,[21] 국민부國民府 간부 김동삼金東三[22]과 김응섭金應燮,[23] 고령출신의 남형우南亨佑[24] 등이 있다. 중국 땅에서의 불령운동에 관해서는, 경상도파라 하여 강대한 세력을 갖고 있으며 여러 차례 암살과 파괴의 흉포 행위를 자행한 의열단원義烈團員들 중에도 본도출신 간부가 수 명이 있다.

또 조선공산당과 고려공산청년회高麗共産靑年會 회원 중에도 다수의 본도출신 관계자가 있어서, 제1차 공산당 조직 후 몇 번에 걸친 검거 때마다 그 수뇌자 중에 본도 출신자가

---

[8] 박열 : 1902~1974, 경북 문경출신, 1989년 대통령장.
[9] 니주바시 : 일본 도쿄(東京) 왕궁으로 들어가는 다리.
[10] 김지섭 : 1884~1928, 경북 안동출신, 1962년 대통령장.
[11] 김홍진 : 미상~1924, 경북 포항출신, 1995년 애국장.
[12] 경성 : 일제시대 때 지금 서울의 공식 명칭. 고려 말에는 공식적으로 남경(南京), 한양부(漢陽府)라 했고, 조선왕조 초(1395년)부터 한성부(漢城府), 1910년부터는 경성부(京城府)라 했으며, 1946년 이후부터는 서울시, 서울특별시라고 했다.
[13] 윤우열 : 1904~1927, 경북 대구출신, 2007년 애족장.
[14] 권오설 : 1897~1930, 경북 안동출신, 2005년 독립장.
[15] 서동성 : 1897~1941, 경북 대구출신, 1990년 애족장(1977년 건국포장).
[16] 김창숙 : 1879~1962, 경북 성주출신, 1962년 대한민국장.
[17] 장진홍 : 1895~1930, 경북 구미출신, 1962년 독립장.
[18] 어대전 : 즉위식과 같은 국가적 큰 의식으로 여기서는 일본천황의 즉위의 대례를 말함.
[19] 이희구 : 본명 李慶煥, 1902~1929, 경북 성주출신, 1991년 애국장(1968년 대통령표창).
[20] 불령 : 원한, 불만, 불평 따위를 품고서 어떠한 구속도 받지 아니하고 제 마음대로 행동함. 또는 그런 사람. 일제시대에는 독립운동을 하는 우리나라 사람이나 단체를 가리켜 사용했다.
[21] 이상의 : 본명 李象義, 이명 李相龍, 1858~1932, 경북 안동출신, 1962년 독립장.
[22] 김동삼 : 1878~1937, 경북 안동출신, 1962년 대통령장.
[23] 김응섭 : 1878~1957, 경북 안동출신.
[24] 남형우 : 1875~1943, 경북 고령출신, 1983년 건국포장.

개입하지 않은 일이 없는 실정이다. 또한 지금까지 사회의 이목을 놀라게 한 중요 범죄 사건에는 본도의 관계자가 없는 일이 거의 없다. 게다가 직접 아니면 음모의 추기樞機(몹시 중요한 부분)에 참획하는 등 제반 사실과 현상을 종합하여 보면, 본도는 고등경찰25)상 매우 중요한 위치에 있는 것으로 인정된다.

1906년 폭도의 봉기와 1919년 만세소요는 임진왜란 후 실제로 배양되어 온 배일사상에서 연유하고 있음이 명백하다. 그런데 조선인에게 심어진 배일의 생각이 한층 더 커지게 된 것은 이 두 가지의 큰 소동이 있었기 때문이고, 그 소동의 와중에 양민의 학살과 사상死傷으로 해를 입은 권솔이 일본에게 원한을 품게 되는 것은 당연한 결과이다. 실제로 현재 안동의 양반 고故 이중업李中業26)의 처27)는 1919년 소요 당시 수비대에 끌려가 조사를 받은 끝에 실명失明하고, 그 후 11년간 고통을 겪은 끝에 1929년 2월에 사망했다. 이 때문에 일본에 대한 적의敵意를 밤낮으로 잊지 못한다고 그 아들 이동흠李棟欽28) 자신이 고백하고 있는 것과 같은 것이 그 하나의 사례이다. 이 사건처럼 발표되지 않은 사실은 다른 곳에서도 상당히 많을 것이며, 배일의 원인은 이러한 것들에 의해서 더욱 범위가 확대된다. 이에 더하여 1905년 한일보호조약 체결 이후 바뀌는 세상에 대해 분개하여 국외로 달아난 자, 혹은 폭도의 토벌과 소요에 따른 검거를 피하기 위해 국외로 도주한 자들은 그곳에 머물면서 불령운동에 종사하고 있다. 또 그들이 국외로 달아난 후 출생한 자녀들이 지금은 상당한 연배가 되어 조상의 뜻을 이어 불령운동을 획책하고 있는 자가 또한 많은 것으로 헤아려지며, 장래의 불령기획企畫은 이러한 계통의 인물에 의해 감행될 것이 틀림없는 것으로 예상되는 바이다. 그러나 조선 내에서는 현재 판명된 인물에 대해서조차 겨우 그들의 통신왕래 등에 의해서 그 동정을 짐작하여 알 수 있을 뿐으로 그 사찰에 극히 곤란을 느끼는 반면에, 범죄는 누누이 말한 바와 같이 항상 계통을 찾아서 감행되는 등 극히 주의를 요하는 상태이다.

도내의 치안정세는 대체로 평온하고 각각 자기의 생업에 만족하여 평온한 과정을 거치고 있기는 하지만, 그 이면裏面에 있는 잠재적 사상에 관해서는 앞에서 말한 본도의 특질과 제반 사실과 현상에 비추어 보아도 쉽게 낙관할 수 없는 점이 있다. 1923년 이후의

---

25) 고등경찰 : 일제시대 한국인의 정치적・사상적 활동을 탄압하고 감시하는 경찰.
26) 이중업 : 1863~1921, 경북 안동출신, 1990년 애족장(1983년 대통령표창).
27) 김락(金洛) : 1862~1929, 경북 안동출신, 2001년 애족장.
28) 이동흠 : 1881~1967, 경북 안동출신, 1990년 애족장(1980년 대통령표창).

조선 내 사회주의운동의 역사적 발달의 경과와 조선의 특수한 정치적 상황은 민족주의운동과 사회주의운동이 제휴하는 경향을 나타내었고, 마침내 1927년 2월 신간회新幹會의 창립을 보게 되었다. 그리하여 도내에서는 지금 지회 21개, 회원 3400여 명이 되며, 지방에서의 배일조선인 여러 주의자主義者 중 상당히 저명한 인물들은 거의 여기에 가입하였다. 또, 이미 설립된 좌경단체는 정치・경제운동으로 방향을 전환하거나 신간회에 대한 적극적인 지원을 결의하는 등 명실 공히 한 덩어리로 제휴하는 행동으로 나오고 있다. 그 이후에는 지방문제・시사문제 등에 적극적으로 개입하여 관헌官憲에 대한 반항적 기세를 선동하거나 사안事案(법률적으로 문제되는 안건)의 분규확대에 힘쓰며, 기회를 잡고는 활발히 민족적 반감의 근원을 만들고 있는 한편, 서서히 정치적 대중훈련의 힘찬 걸음을 내딛고 있다. 이와 더불어 운동을 단속하는 데에 주의해야 할 것은, 학생들의 운동 상에서의 위치이다. 즉, 1919년 소요와 1926년 이왕 전하 국장 때처럼 항상 운동의 선구가 되어 활약한 학생의 행동에 비추어 보아도 명백할 뿐만 아니라, 신간회에서는 당초 경비의 절반 이상을 할애하여 학생부에 돌린 것이 관헌에 탐지되어 표면을 호도糊塗하였다. 또한 근간에는 제4차 조선공산당에서 특히 학생부를 신설하여 주의主義선전의 주된 힘을 학생에 쏟은 결과는 1928년 11월 본도에서 검거한 대구학생비밀결사사건에서와 같이 대규모이며, 또한 조직적인 운동의 사실이 발견되는 등, 장래 사회의 중견이 되어야 할 학생에 대한 그들의 배일사상 함양과 공산주의 선전의 원대한 계책計策은 가장 주목할 만하다. 더욱이 학생들 사이에서 나쁜 사상을 갖게 되는 근인近因을 보면 다음과 같다. 즉, 일찍이 재외불령자 중 영남파의 두목인 이상희李象羲(이상룡李相龍)가 안동 협동학교 교사였던 당시의 그의 제자들 중에는 (재외정在外政29))김동삼金東三・(동동同)김형식金衡植30)・(동동同)김규식金圭植31)이 있다. 또 극렬한 배일조선인으로 조선국권회복단중앙총부사건 주범자의 한 사람으로 활약한 김구金坵가 대구 협성학교 교사였을 때의 그의 제자 중에 현재 도내 굴지의 배일조선인인 (정政)최윤동崔允東32)・(특特)정운해鄭雲海33)・(동동同)이상훈李相薰34)과 의열

---

29) 재외정 : 일제시대에는 일본사법당국의 감시가 필요하다고 인정한 사람을 요시찰인이라고 했으며 많은 조선 독립운동가, 사상가가 이에 포함되었다. 요시찰인은 특(特)・정(政)・노(勞)・보(普) 등의 분류가 있었다. 여기에서 '재외정'이라 하는 것은 당시에 외국에 있는 요시찰인의 분류 '정(政)'에 해당하는 의미인 듯하다.
30) 김형식 : 1877~1950, 경북 안동출신.
31) 김규식 : 1880~1945, 경북 안동출신, 1996년 애국장.
32) 최윤동 : 1897~1965, 경북 대구출신, 1991년 애국장(1963년 대통령표창).
33) 정운해 : 1893~1945, 경북 대구출신, 2005년 애국장.

단 수뇌자인 (정政)양건호梁建浩[35] 등이 배출된 것을 보아서도 명백하다. 이처럼 실로 학생들의 사상은 재학 중에 교직자의 사상적 감화에서 오는 바가 극히 많다. 참으로 우려해야 할 것은 현재 운동에 종사하고 있는 자보다 장래 제2의 국민으로서 사회의 중견이 되어야 할 학생들이 거침없이 달려가 그들의 운동에 투신하거나 감화·선동을 받고 있는 추세이다. 물론 이러한 원인 중에는 한글신문 등의 기사의 영향 또한 빠뜨릴 수 없는 사실의 하나라는 것도, 이러한 운동을 단속하는 데 극히 중요한 사항이 된다.

---

[34] 이상훈 : 생몰연대 미상, 경북 대구출신.
[35] 양건호 : 본명 李鍾巖, 1896~1930, 경북 대구출신, 1962년 독립장.

제2장
조선 내 치안개황

제2장 조선 내 치안개황 ▮ 31

제1절 폭도봉기

1. 원인 및 경과

이조李朝의 오랜 세월에 걸쳐서 쌓인 폐단은 1894~1895년의 전쟁(청일淸日전쟁을 말함)의 동기가 되었고, 본도本道의 경주군 현곡면 가정리 출신인 최제우崔濟愚를 영수로 하는 동학당일파의 소란을 낳았다. 이어 러일전쟁 발발 후에 있었던 일본정부의 태도에 의구심을 가지고 한국의 장래를 걱정하는 자가 많이 나타났다. 게다가 1905년 11월 17일 한일보호조약이 체결되자, 당시 윤치호尹致昊[1]를 회장으로 하는 대한자강회大韓自强會 및 정운복鄭雲復을 회장으로 하는 서우학회西友學會 등은 『황성신문』, 『만세보』 등과 서로 통하여 일본정부에 맹공을 가하며 열렬히 배일排日의 기세를 선동했다. 특히 미국인 호머 B. 헐버트[2]는 한국평론 잡지를 발행하여 한일국교國交를 소원토록하고 일본에 대하여 민심이 반감을 갖도록 선동했고, 영국인 베델[3] 역시 『대한매일신보』를 발행하여 일본의 한국에 대한 정책에 반대하고 중상을 했다. 또 안창호安昌浩[4]는 미국에서 귀국하여 배일의 열변을 시도하여 청년의 의분義憤이 나아가야할 길을 설파하여 민론民論을 격발시키는 데 노력했다. 또 의정부참찬參贊 이상설李相卨[5]·법부法部주사 안병찬安秉瓚[6]·특진관特進官 조병세趙秉世[7]·

---

[1] 윤치호 : 1865~1945, 충남 아산출신.
[2] 호머 B. 헐버트(Homer Bezaleel Hulbert, 1863~1949) : 미국의 선교사. 조선명은 할보(轄甫). 1886년 한국에 와서 선교사와 조선관립학교 교사로 활동했다. 『Korean Review』를 창간하고 반일적인 자세를 가졌다. 고종의 친서를 미국대통령에 전달하고, 헤이그에서 있었던 국제회의에 밀사파견을 협조하다가 한국통감부의 미움을 사 1907년에 귀국하여 조선역사를 연구하였다. 해방 후 서울을 방문했다가 병으로 죽었다.
[3] 베델(Ernest Thomas Bethel, 1872~1909) : 영국 언론인. 한국명은 배설(裵說). 1904년 『London Daily News』의 특파원으로 한국에 와서 양기탁(梁起鐸) 등과 『대한매일신보』를 창간, 사장이 되었다. 당시의 한국통감부는 배일을 주장하는 이 신문을 억압하기 위해 영국정부에 공작하여 서울주재 영국총영사관에서 재판을 받고 상하이에서 3주간 감옥살이를 하였다. 1909년 서울에 돌아와서 병으로 죽었다.
[4] 안창호 : 1878~1938, 평남 강서출신, 1962년 대한민국장.
[5] 이상설 : 1870~1917, 충남 진천출신, 1962년 대통령장.

시종무관 민영환閔泳煥8)·전前 찬정贊政 최익현崔益鉉9)·종묘제조宗廟提調 윤태흥尹泰興·특진관 이근명李根命 등 유명인사가 신협약을 취소하도록 상소했다. 특히 민영환閔泳煥은 우국의 유서를 쓰고 자살했고, 조병세趙秉世 역시 약을 먹고 자살했으며, 그 밖에 주영공사駐英公使 이한응李漢應10)·전前 참판參判 홍만식洪萬植11)·학부주사學部主事 이상철李相哲12) 등이 연이어 분개하여 자살하는 등, 배일을 목적으로 하는 각종 사건이 도처에서 일어나 민심을 크게 자극했다. 이로 인하여 당시의 정황에 분개한 자가 일시에 들고 일어나 조야를 통틀어 나라가 멸망한다는 말들이 생겨났다. 특히 삼남三南지방은 이조역대의 정치에 참여해왔던 양반 유생의 중심지였기에, 일본세력이 커짐에 따라 자신들의 사회적 지위가 실추되는 것을 두려워해, 반감이 극도로 심했다. 따라서 이곳에서 배일사상의 전파가 가장 빠르고 불의에 대한 분노가 역시 심각하였다. 즉, 전前 참판의 관직을 가졌던 양반 민종식閔宗植13)은 1906년 5월 일본의 굴레에서 벗어나야 한다는 명분 아래 충청남도 공주를 근거로 삼아 스스로 의병 500여 명을 이끌고 일어났다. 이에 상응하여 경상북도 안동 부근에서도 유생 70~80명이 섞인 폭도가 궐기했다. 또 전라북도 태인 부근에서도 노유老儒(학식이 뛰어난 늙은 유생) 최익현崔益鉉이 의병을 일으키는 등, 조선 남부지방의 양반 유생들이 전 조선에 앞서서 소요를 일으켰다.

그리고 그 후 경무警務기관의 확장·재무의 쇄신 등 여러 가지 정사政事는 하루가 다르게 개선되고 진척됨에 따라, 이와 이익이 상반되는 이서吏胥(각 관청의 벼슬아치)의 무리가 암암리에 지방민을 선동하여 각지에서 작은 소요가 발생했으나 그 대부분이 국부적인 사건이어서 큰일이 되지 않고 오늘에 이르렀다. 그런데 그 후 당시의 대한제국의 황제는 협약에 기초하여 외교일체를 일본에 위임했음에도 불구하고 줄곧 재외在外 망명자와 미국인 헐버트 등과 마음과 뜻을 통하여 여러 가지 음모를 강구하고, 대한제국과 일본의 관계를 와해하도록 하는 데에 힘썼다. 그러다가 끝내는 1907년 7월 비밀리에 사신使臣(나라의 명을 받아 외국에 파견된 신하) 이상설李相卨·전前 참찬 이준李儁14)·전前 평리원검사平理院檢事

---

6) 안병찬 : 1854~1921, 평북 의주출신, 1962년 대통령장.
7) 조병세 : 1827~1905, 경기도 가평출신, 1962년 대한민국장.
8) 민영환 : 1861~1905, 서울출신, 1962년 대한민국장.
9) 최익현 : 1833~1906, 경기도 포천출신, 1962년 대한민국장.
10) 이한응 : 1874~1905, 경기도 용인출신, 1962년 독립장.
11) 홍만식 : 1842~1905, 서울출신, 1962년 독립장.
12) 이상철 : 1876~1905, 전남 영암출신, 1962년 독립장.
13) 민종식 : 1861~1917, 충남 청양출신, 1962년 독립장.

이위종李瑋鍾[15] 3명을 헤이그의 만국평화회의[16]에 보내어 일본의 시정施政을 폄훼하고 1905년의 협약은 한국 황제의 의사에 반하여 성립된 것이라고 알리면서 여러 나라의 동정을 구해, 일본의 굴레로부터 벗어나야함을 하소연한 사실이 드러났다. 이 때문에 우리 일본 외무대신의 한국 파견이 있었고, 나아가 한황의 양위讓位와 내각경질이 있게 되자, 세상 민심이 술렁이고 갖가지 많은 유언流言이 떠돌았다. 혹자는 이는 일본의 강압에 의한 것이라 하여 정치상의 뜻을 얻지 못한 자가 또한 맹렬히 민심을 선동하는 등, 사태는 시시각각으로 불온의 정도가 심해졌다. 마침내 1907년 7월 18·19일에는 많은 한국 사람들이 종로에 몰려나와 나라가 바로 위태롭다고 하며 국가가 종말이라고 외쳤고, 한국군대의 기개 없음을 책망하였다. 마침내 한국군 100여 명이 병영을 탈출하여 두 개 부대로 나뉘어, 한 부대는 종로순사파출소를 습격하여 이를 파괴하고, 다른 부대는 경비에 종사하고 있는 경찰관을 사격하여 쌍방 간에 수 명의 사상자를 냈다. 또 그날 밤 폭도의 한 패는 일진회一進會[17]의 기관지를 발행하는 국민신문사를 습격하여 건물을 파괴하는 등 뜻하지 않은 사고가 일어나 유혈의 참극을 연출하기에 이르렀으나, 7월 23일에 거의 평온의 상태로 돌아갔다. 그런데 7월 24일 한국의 내정內政을 개선하려고 한일협약을 체결하고 이어 8월 1일에 한국군대의 해산을 단행하자, 시위대侍衛隊[18] 보병 제1연대 제1대대와 제2연대 제1대대가 해산식장에 가기에 앞서, 제1연대 제1대대장인 박승환朴昇煥[19]이 자살했다. 이 사건이 발단이 되어 사졸士卒의 격분이 일시에 높아지고, 교관인 일본군 장교 이하에게 박해를 가하려 할 뿐만 아니라 병영을 인수하기 위해 출장한 우리 일본군대

---

[14] 이준 : 1859~1907, 함남 북청출신, 1962년 대한민국장.
[15] 이위종 : 1887~미상, 서울출신, 1962년 대통령장.
[16] 만국평화회의 : 러시아 황제 니콜라이 2세의 제창으로 세계 평화를 도모하기 위하여 개최된 국제회의. 제1차는 1899년 26개국, 제2차는 1907년 44개국의 대표가 네덜란드 헤이그에서 회합, 군비축소와 평화유지책을 협의하였다. 그 결과 군비축소에는 실패하였으나 국제분쟁의 평화적 처리조약, 유독(有毒)가스 및 특수 탄환의 사용금지선언 등이 조인되고 국제중재재판소(國際仲裁裁判所)가 설치되었다. 특히 제2차 회의 때는 한국에서 고종의 밀령(密令)으로 이상설(李相卨)·이위종(李瑋鍾)·이준(李儁)이 파견되어, 한국에 대한 일본의 부당한 간섭을 호소하고 한국이 회의 참가 통보를 받지 못한 것을 항의하는 밀서(密書)를 전달하고 을사조약(乙巳條約)이 한국 황제의 뜻이 아니고 일본의 강압에 의한 것임을 폭로하여 파기시키려 하였다. 그러나 일본의 방해로 뜻을 이루지 못하여 그곳에서 이준은 분사(憤死)하였다.
[17] 일진회 : 1904년에 설립된 친일 정치 단체. 1905년에 일제가 을사조약을 강요할 때 이에 앞장을 섰고, 1909년에 통감(統監) 이토 히로부미에게 국권 강탈을 제안하는 따위의 친일 활동을 하다가 1910년 국권 강탈 후에 해산하였다.
[18] 시위대 : 구한말에, 왕의 호위를 위하여 조직된 군대. 1895년(고종 32년)에 훈련대를 폐하고 둔 것으로, 1907년(융희 원년)에 없앴다.
[19] 박승환 : 1869~1907, 서울출신, 1962년 대통령장.

에 반항함으로써 전투가 일어났으나, 오래지 않아 진정되었다. 그런데 이 소전투에서 그들(한국인)에게는 많은 사상자와 포로가 생겨났지만 일부는 달아나서 각지로 흩어졌기 때문에, 충돌의 진상이 와전되어 유생 양반 및 기타 배일 조선인들의 심정을 자극하는 한편, 당시의 정황을 이용하려고 하는 화적火賊이 이에 뒤섞여 마침내 그 후 수년에 걸친 소요의 동기가 되었다. 즉 8월 6일에는 강원도 원주진위대鎭衛隊[20]의 폭동이 있었고, 같은 달 10일에는 경기도 강화도분견대分遣隊의 반항이 있었다. 또 경기・강원・충청・황해・경상・전라의 여러 도에서 잇달아 폭도들의 봉기를 보게 되었다. 한편 그동안 한국정부 외교고문으로 있던 스티븐스[21]는 1908년 3월 23일 휴가를 받아 귀국했을 때, 샌프란시스코에서 워싱턴에 가려고 하다가 오크랜드 정거장에서 전명운田明雲[22]과 장인환張仁煥[23]에게 저격당하여 사망했다. 이토 히로부미伊藤博文는 러시아 대장대신大藏大臣과 회견하기 위하여 1909년 12월 26일 하얼빈 정거장에 도착하여 러시아 대장대신의 요청에 따라 파견된 군대를 열병하다가, 안중근安重根[24]과 우덕순禹德淳[25]에 의해 암살되었다. 또 한국정부의 수상 이완용李完用은 1909년 12월 22일 벨기에 황제 레오뽀르드 2세의 서거에 따른 추도식에 참여하기 위해 경성 명치정 천주교 교회당에 갔다가 돌아오려고 인력거를 타고 교회문을 나서는 순간에 이재명李在明[26](신민회新民會의 윤치호尹致昊・안창호安昌浩 등이 뒤에서 활동하였음)의 흉도兇刀에 찔려 그 칼이 폐까지 꽂혔지만, 다행히 죽음을 면하였다. 이보다 앞서 1906년 1월의 군부대신 이근택李根澤의 암살, 참정대신 박제순朴齊純에게 보낸 폭탄을 넣은 과자 우송사건 등, 국권회복의 염원에서 나온 것으로 판단되는 암살음모가 빈발하여 폭동은 한층 격화되어가고 있었다. 그러나 마침내 1911년 9월 하순부터 11월 상순에 걸친 황해도 평산지방의 소탕을 끝으로 모든 소요가 진정되었다.

이 사이에 토벌과정에서의 충돌로 인해 수비대의 사망자는 136명이고 부상자는 277명

---

[20] 진위대 : 대한제국 때에, 지방의 각 진(鎭)에 둔 군대. 1895년(고종 32년)에 지방대를 고친 것으로, 1907년(융희 원년) 군대해산 때에 없앴다.
[21] 스티븐스(Durham W. Stevens, 미상~1908) : 주일미국공사관의 고문으로 있다가 한일협약 후 일본정부의 천거로 한국정부의 외교고문으로 와서 한국외교권을 일본에게 넘기는 등 친일여론 형성을 위해 적극적으로 활동하였고, 1908년 미국에 돌아가 신문에 친일론을 발표하여 재조선인의 분노를 사 샌프란시스코의 오크랜드에서 장인환(張仁煥), 전명운(田明雲)에게 사살되었다.
[22] 전명운 : 1884~1947, 평남 평양출신, 1962년 대통령장.
[23] 장인환 : 1876~1930, 평남 평양출신, 1962년 대통령장.
[24] 안중근 : 1879~1910, 황해도 해주출신, 1962년 대한민국장.
[25] 우덕순 : 1880~1950, 충북 제천출신, 1962년 독립장.
[26] 이재명 : 1886~1910, 평북 선천출신, 1962년 대통령장.

이며, 폭도 측의 손해는 사망자 1만 7779명·부상자 3706명이다. 본도에서 판명된 폭도 측의 사망자는 1384명, 부상자는 582명에 이른다. 그런데 수년간에 걸친 토벌과정에서, 폭도의 복장이 양민良民과 다르지 않고 변화무쌍하며 교묘하기 때문에, 선악을 잘못 판단하여 양민이 사상死傷된 자도 상당수일 것이다. 특히 폭도발생 초기에는 부락민이 폭도를 동정하여 비호庇護하는 곳이 있었기에, 토벌대는 그 책임을 현행범이 사는 촌·읍에 돌려 부락민에게 주륙誅戮(죄를 물어 죽임)을 가하고, 마을전체를 태워버리는 등의 조치를 행하였다. 충청북도 제천지방 같은 경우는 눈에 보이는 것의 전부가 거의 초토화된 사례가 있다. 이는 물론 토착민 일부에게 죄가 있다고는 하지만, 한편으로 폭도를 비호한 이유가 그들의 포악함과 뒷일을 두려워했기 때문이어서 동정해야할 점이 있다. 뿐만 아니라, 그 일로 부모형제를 잃은 일가식솔 모두가 일본에 대해 원한을 갖게 됨은 명백한 일이다. 즉 배일의 원인은 이들 폭도와 양민의 살육에 의해서 그 범위가 넓어진 것이다. 또 스티븐스와 이토 히로부미伊藤博文 등에 대한 암살결행은 어느 것 할 것 없이 당시의 정황에 분개하여 국외로 달아난 자나 토벌의 위난을 벗어나게 된 망명자의 소행이며, 이들 일부 사람들의 배일정신은 확고하여 뿌리 뽑기가 어려운 일인 동시에 폭도토벌로 인해 장래 더 많은 배일자排日者를 낳게 될 것임은 어쩌면 쉽게 예측할 수 있다. 뿐만 아니라 폭도봉기 전반을 종합할 때, 평남북·함남북 등 이조시대에 관직에 오르지 못한 북부조선에서는 폭동 6년 동안 겨우 몇 번 밖에 소요가 없었다. 이에 비해 오랫동안 정치에 참여해왔던 황해도 이남에서 소요가 가장 많았고, 더욱이 충남·전북과 본도의 양반 유생은 전全조선폭동 때 앞장섰을 뿐만 아니라, 폭도의 수괴이고 화적이라고 불리는 자도 명문출신이며 지방에서 세력을 가진 자가 많았다. 따라서 이들 수괴가 한번 의병을 일으키면 이들을 뒤따라 수백 내지 수천의 부하가 참가하였고 또 토벌대에 맞서 완강히 저항했던 것 역시 상당한 이유가 있었던 것이다. 이러한 여러 사정은 폭도봉기의 성격을 고찰하는 데 가장 주목해야 할 사상(사실과 현상)으로 판단된다.

도내에서의 폭동상황은 아래와 같지만 보존서류가 전혀 없고, 겨우 조선사朝鮮史와 폭도토벌지誌 등에서 개황을 알게 될 뿐, 고등경찰상 가장 중요한 사항인 폭도 수괴의 계통·수뇌首腦인물과 사망자의 성명과 신원 등이 분명하지 않아 매우 유감으로 생각한다. 하지만 이러한 사건은 고문정치顧問政治[27])시대와 병합직후의 것으로서 당시의 사정상 부

---

27) 고문정치 : 일본은 한국에 뿌리를 내린 러시아의 세력신장에 불안을 느끼던 중 1904년(광무 8년) 러일전쟁을 일으켰다. 이 전쟁에서 승리한 일본은 한국과 러시아 간에 체결된 모든 조약을 폐기하라고 한국정부에

득이한 상황이 있었을 것이다. 그렇다고 하더라도 본도 내에서 횡행한 폭도수괴 중 한두 명에 관해서 권위자의 말을 들으니, 이하현李夏鉉[28]은 진보 이씨, 신돌석申乭石[29]은 영해 신씨, 김순현金淳鉉은 김해 김씨, 정용기鄭鏞基[30]는 영일 정씨로 그들은 모두 상당히 저명한 양반 유생이고, 그 외의 도내 각지에서 일어난 폭도도 틀림없이 태반이 명문출신자가 그 수괴였던 것으로 판단된다.

2. 1906년에 있어서의 폭도

　수괴 김순현金淳鉉·신돌석申乭石·정용기鄭鏞基 및 이하현李夏鉉은 원래 화적의 두령頭領으로 성격이 표한(재빠르고 사나운)한 무뢰한이었다. 그런데 그들은, 1906년 3월 충청남도 공주에서 창의군倡義軍(국난을 당해 일어난 군대) 500명을 거느리고 완강하게 저항했던 양반 민종식閔宗植 및 그해 5월 임병찬林炳瓚[31]과 함께 도당 백 수십 명을 거느리고 전북 태인에서 기병했다가 그 후 체포되어 1908년 1월 쓰시마에서 병사한 노유老儒 최익현崔益鉉 등과도 서로 기맥이 통하여 그 이름을 의병이라 빙자하고 약탈을 일삼았다.

　즉, 김순현金淳鉉은 1906년 1월 영양에서 폭도 약 100명을 모아 봉기했으나, 얼마가지 않아 대구진위대에 의해 진압되었다. 같은 해 4월 하순부터 신돌석申乭石은 영해에서, 이하현李夏鉉은 진보에서, 정용기鄭鏞基는 영덕에서 봉기하여 그 수가 200 내지 600명이었고, 5월 상순부터 6월에 이르는 동안 현내면(안동 동쪽 방향 약 15리)·청송·의성·이전평(청송에서 동남 약 40리)·영덕·영해·영양 및 강원도 평해·울진·삼척의 각지에 출몰 횡행하여 돈·곡물·총기를 빼앗았다. 이에 한국정부는 6월 상순 이들을 토벌하기 위해, 대구진위대로부터 한국병 200명·원주진위대로부터 100명을 현지에 보내 협력하여 평해

　　강요하였다. 러시아 세력을 몰아낸 뒤 일본은 한국 정치에 노골적으로 간섭, 그해 8월 22일 제1차 한일협약(韓日協約)을 체결하였다. 이에 따라 한국정부는 재정고문(財政顧問)과 외교고문을 일본정부가 추천한 인물로 정하고 따라서 한국정부가 외국과 조약을 체결하거나 그 밖의 중요한 외교안건을 처리할 때는 이들 고문과 사전 협의를 거쳐야 했다. 이와 같이 일본은 한국정부의 거의 모든 부문에 고문을 파견하여 고문정치를 함으로써 한국정부는 이름만의 정부일 뿐, 실권은 일본인 고문에게 넘어갔다.

[28] 이하현 : 본명 李鉉圭, 1874~1917, 경북 영양출신, 1968년 독립장.
[29] 신돌석 : 1878~1908, 경북 영덕출신, 1962년 대통령장.
[30] 정용기 : 1862~1907, 경북 영천출신, 1962년 독립장.
[31] 임병찬 : 1851~1916, 전북 옥구출신, 1962년 독립장.

부근의 적과 충돌하여 이들을 쫓아버렸지만, 수괴는 도주해 버렸다.

3. 1907년에 있어서의 폭도

8월 1일 군대해산의 보도가 강원도 원주진위대에 이르자, 대대장은 전보명령을 받고 상경 길에 오른 후, 민긍호閔肯鎬32)가 수괴가 되어 모든 병사들을 지휘했다. 그들은 총기와 탄약을 꺼내어 8월 5일 병영을 탈출하여 몇 개의 작은 무리로 나뉘어 강원도 강릉·양양, 충청북도 제천·충주, 경기도 여주지방에서 출몰하며 횡포를 부렸다. 그 수뇌 격으로는 허준許俊·이경삼李京三·김만군金萬君·고석이高石伊·김군필金君必·이한창李韓昌·한기석韓基錫·한갑복韓甲復·윤기영尹起榮·이강년李康年33)·김생산金生山·변학기邊鶴基34)·조인환曺仁煥35)등이 주된 자들이다. 8월 하순에 이들 일파가 풍기·영주·순흥지방에 출몰한다는 정보가 있었다. 안동에 있는 토벌대는 진보 부근을 소탕하고 난 다음, 영주로 되돌아가서 그달 8월 27일 풍기에 이르렀다. 때마침 폭도 300명은 그곳 경무분견소를 습격하여 우리 경관 한 명이 참살되었지만, 결국 적을 서쪽으로 격퇴하였다.

그런데도 폭도는 오후 11시경 토벌대가 식사를 준비하고 있을 때 다시 대열을 갖추어 역습해왔다. 약 한 시간 동안의 교전 후에 양쪽은 현 상황 그대로 밤을 새우고, 다음날 28일 오전 5시부터 공격을 개시하여 폭도는 서남방향으로 격퇴되었다. 그러나 그들은 같은 달 29일 순흥에 나타나 그곳 경무분견소를, 그리고 31일에는 봉화 경무분견소를 습격하여 이를 불태워버렸다. 수괴는 이강년李康年으로 보이지만 확실치는 않다.

9월이 되어 강원도·충청북도지방의 폭도는 그 주력을 본도의 북부로 이동시켰다. 즉 9월 3일 이강년李康年(본명은 이강년李康秊)이 이끄는 폭도 약 600명은 문경을 습격하여 전선을 절단하며 횡포와 약탈을 일삼았으므로, 재류在留일본인, 경무분견소와 우편국(직원) 등은 함창으로 피난했다. 이러한 통보를 받은 일본 수비대는 곧 5대隊로 편성하여, 제1대는 영천에서 청송과 진보 부근의 폭도를 소탕해가면서 9월 12일에 영양에 도착했으며, 13일

---

32) 민긍호 : 미상~1908, 서울출신, 1962년 대통령장.
33) 이강년 : 본명 李康秊, 1858~1908, 경북 문경출신, 1962년 대한민국장.
34) 변학기 : 생몰연대 미상, 경북 봉화출신, 1962년 독립장.
35) 조인환 : 생몰연대 미상, 경기도 양평출신, 1962년 독립장.

에는 봉화 부근의 폭도를 소멸시켰다. 다시 15일에는 영양 동북쪽 20리 떨어진 곳에서 적의 괴수 신돌석申乭石이 인솔하는 폭도 약 150명을 습격했는데, 폭도는 시체 12구를 버리고 영덕가도 방향으로 패주했다. 같은 날 영양 북방에서 일어난 폭도 약 60명도 추격하여, 그들을 북방으로 패주케 했다.

제2대는 대구를 출발하여 안동에 도착하여 일부를 봉화·풍기·예천으로 나누어 보내고 주력은 영주방면에 두고 소탕에 힘썼지만, 폭도는 이미 도주한 뒤였다.

제3대는 해평·낙동·태봉을 거쳐 12일 문경에 이르렀고, 그 후 옥산·상주·함창 지방을 소탕한 제4대와 합쳐 10일 화령장터에 도착했다. 그곳 부근에 출몰하는 폭도의 근거지가 화령장터 북방으로 약 15리 떨어져 있는 청연사淸演寺임을 알고 12일 새벽 그곳에 이르렀지만, 폭도는 벌써 괴산방면으로 도주한 후였다.

충청북도지방을 토벌하던 한 부대는 9월 13일 대성사大成寺 부근에서 적성부근에 폭도가 모여 있다는 정보를 접하고, 14일에 적성시장 동서남의 세 방향에서 그 촌락을 포위하여 공격했다. 적은 시체 15구를 남기고 영주방면으로 패주했다. 폭도는 이강년李康年이 이끄는 자들이고, 반란병이 다수를 차지했다.

그 외에 9월 29일 경상북도 두산을 근거로 하는 폭도 30명을 성주수비대가 진압하고 3명을 사살했다.

이언용李彦用·이완채李完蔡·이구채李求蔡36) 등이 이끄는 폭도의 일부가 10월 9일 이후 화령장터 부근에 출몰하여 약탈을 자행하고 있다는 정보를 받고, 상주수비대가 화령장터 및 송면장터 부근을 소탕했다. 그동안 맞닥뜨린 폭도는 모두 800명이고, 사상자는 100여 명에 달했지만 대부분은 도주했다.

그밖에 10월 9일 경주 부근에서 폭도 30명을 토벌하여 4명을 죽이고, 10월 15일에는 자인 남쪽 약 20리 지점에서 수괴 김세순金世淳이 인솔하는 폭도 150명이 나타나 영천수비대가 40명을 죽이고 수괴를 체포했다. 또 같은 달 29일 청송에도 약 30명의 폭도가 나타나 수비대가 토벌하여 2명을 사살했다.

11월에 들어 적의 괴수 이강년李康年·신돌석申乭石 등이 이끄는 폭도가 일월산 부근에서 예천에 이르기까지 극심한 횡포와 약탈을 자행하였으며, 그밖에 김천·안동·영덕·청하 등에서도 단속斷續적인 봉기가 있었다.

---

36) 이구채 : 본명 李球采, 1869~1909, 출신지 미상, 2007년 애족장.

11월 25일 안동군 소천면 현동에 폭도 약 70명이 출현하여 수비대의 공격을 받고 시체 20구를 남긴 채 울진방면으로 패주했고, 29일에는 봉화군 두내(춘양면 서벽리에 있음)에 있던 폭도 100여 명을 습격하여 19명을 쓰러뜨리고,
11월 1일 상주군 북암리에서 폭도 약 20명을 쓰러뜨리고,
동   9일 순흥 부근에서 폭도 약 105명 중 2명을 쓰러뜨리고,
동   11일 춘양에서 폭도 200명 중 16명을 쓰러뜨리고,
동   23일 안동군 임동면 위동에서 폭도 약 100명 중 20명을 쓰러뜨리고,
동   30일 풍기 서남단에서 폭도 약 20명 중 7명을 쓰러뜨리고,
12월 5일 영덕군 서면 주방동에서 폭도 150명 중 4명을 쓰러뜨리고,
동   10일 김천 서쪽 약 10리 되는 거곡에서 폭도 70명 중 20명을 쓰러뜨리고,
같은 날 풍기군 창락면 이동에서 폭도 20명 중 7명을 쓰러뜨리고,
동   11일 영천수비대가 청하에서 그 지방의 폭도수괴 정환직鄭煥直을 생포하고,
동   13일 함창 서쪽지방 신용암에서 폭도 80명 중 12명을 쓰러뜨렸다.

4. 1908년에 있어서의 폭도

본도 북부 일월산 부근에서 이강년李康年이 이끄는 폭도는 지난해에 토벌당하여 충북 제천방면으로 도망쳤기 때문에 잠시 소강상태를 유지했다. 그러나 올해 들어 수괴 신돌석申乭石·김성운金成雲[37]·류시영柳時榮 등이 이끄는 자들이 나타나 극심한 약탈과 횡포를 자행했으므로 2월 15일 토벌을 개시했다. 그러나 이들 폭도가 몇 명씩의 무리로 분산한 까닭에 쉽게 발견할 수 없었지만, 행동개시 6일 만에 100명의 폭도를 쓰러뜨렸다. 이 토벌로 신돌석申乭石은 영해방면으로, 김성운金成雲은 울진방면으로, 류시영柳時榮은 영양과 안동의 중간지역으로 도주했다. 이 때문에 20일부터 다시 토벌을 시작하여, 6일 동안에 150명의 폭도를 쓰러뜨렸다.

그런데 5월 상순, 강원도 인제 부근에서 토벌을 당했던 이강년李康年의 도당은 일월산 부근을 배회하며 동지를 규합하여, 서벽리 순흥 부근에 숨어있던 수괴 변학기邊鶴基·성익

---

[37] 김성운 : 생몰연대 미상, 출신지 미상, 1995년 애국장.

현成益顯38)·김상태金相泰39)·정경태鄭敬泰40)·백남규白南奎41)·정연철鄭蓮哲42) 등과 서로 호응하여 봉기했다. 또 안동이남 지구에서는 수괴 최성집崔成執43)·이구옥李舊玉·서주일徐周一44)·윤만파尹萬波 등이 각각 150명 내지 50명의 부하를 데리고 의성·안동·포항 등에 출몰하여 약탈을 자행했다. 5월 17일 이들을 토벌하기 위해 출동한 헌병경찰 약 10명이 서벽리 동쪽 약 10리의 장소에서 토벌대보다 우세한 폭도의 무리를 만나 거의 전부가 폭도에게 포위되어 탄약을 다 써버렸다. 토벌대 측에는 3명의 행방불명자가 생겼으며 나머지는 간신히 내성으로 퇴각했다. 이 폭도는 수괴 변학기邊鶴基가 지휘했던 것으로 그 수는 수천으로 일컬어진다. 그들은 18일 대거 내성을 습격했다. 헌병경찰은 이들과 6시간 동안 응전했고, 폭도는 시체 20구를 남기고 내성 서북방면으로 일단 퇴각했다가 다시 대오를 갖추어 공격해 올 태세를 취했다. 이에 안동·영주·함창수비대에 구원을 요청해 19일 폭도의 근거지를 습격하여 75명을 쓰러뜨리고 서벽리 방면으로 몰아냈다.

6월 4일   예안수비대는 재산서방 약 20리의 중신동에서 수괴 이강년李康年이 이끄는 폭도 약 700명을 만나 맹렬히 사격했고, 이로 해서 폭도는 사상자 70명을 버려놓고 영양방면으로 패퇴했다. 그 후 이강년李康年은 충청북도 제천방면으로 이동하여 7월 2일 제천수비대에 의해 체포되었다.

기   타

1월 3일   예천 북방 30리 지점에서 폭도 100명 중 35명을 쓰러뜨리고,
동 13일   청하에서 폭도 150명 중 19명을 쓰러뜨리고,
동 16일   김천 서북방 30리 지점에서 폭도 30명 중 10명을 사살하고,
동 17일   영천 북방 30리 지점에서 폭도 50명 중 18명을 쓰러뜨리고,
동 20일   경주 북방 70리 지점에서 폭도 100명 중 사망자 27명을 내고,
같은 날   흥해에서 서방 10리 지점에서 폭도 30명 중 15명을 쓰러뜨리고,

---

38) 성익현 : 이명 成益鉉, 생몰연대 미상, 강원도 춘천출신, 1995년 독립장.
39) 김상태 : 이명 金尙台, 1864~1912, 충북 영춘출신, 1963년 독립장.
40) 정경태 : 1878~1911, 강원도 춘천출신, 1991년 애국장.
41) 백남규 : 1884~1970, 충북 중원출신, 1963년 독립장.
42) 정연철 : 본명 鄭淵鐵, 생몰연대 미상, 충북 제천출신, 1995년 애족장.
43) 최성집 : 생몰연대 미상, 경북 포항출신.
44) 서주일 : 본명 徐鍾洛, 1874~1940, 경북 청송출신, 1990년 애국장(1980년 건국포장).

1월 21일	봉화 동방 약 50리 지점에서 폭도 50명 중 11명을 쓰러뜨리고,
같은 날	안동 동남 100리 지점에서 폭도 200명 중 8명을 쓰러뜨리고,
같은 날	경주 북방 약 80리 지점에서 폭도 50명 중 11명을 쓰러뜨리고,
1월 23일	일월산 북쪽 기슭에서 폭도 40명 중 9명을 쓰러뜨리고,
동 27일	봉화 남방 약 10리 지점에서 폭도 10명 중 2명을 쓰러뜨리고,
2월 1일	의성 북방에서 폭도 30명 중 3명을 쓰러뜨리고,
동 12일	흥해 서쪽 수성동에서 폭도 30명 중 6명을 쓰러뜨리고,
동 14일	청하 부근에서 폭도 60명 중 23명을 쓰러뜨리고,
동 15일	의성 동남쪽 약 40리 지점에서 폭도 20명 중 1명을 쓰러뜨리고,
동 24일	화령장터 북방 40리 지점에서 폭도 50명 중 7명을 쓰러뜨리고,
동 29일	흥해 부근에서 폭도 40명 중 25명의 사상자를 내게 하고,
3월 2일	다시 위의 장소에서 폭도 150명 중 35명을 사상케 하고,
동 6일	송면장터 서남 부근에서 폭도 40명 중 27명을 쓰러뜨리고,
동 14일	자인 동방 약 50리 지점에서 폭도 10명 중 2명을 쓰러뜨리고,
동 15일	다시 위의 지점에서 폭도 30명 중 3명을 쓰러뜨리고,
동 17일	흥해 서방 40리 지점에서 폭도 20명 중 8명을 쓰러뜨리고,
동 19일	지례 서북 부근에서 폭도 150명 중 13명을 사상케 하고,
같은 날	비인 부근에서 폭도 120명 중 28명을 사상케 하고,
3월 20일	경주 서남 40리 지점에서 폭도 48명 중 41명을 사상케 하고,
동 21일	경주 동방 40리 지점에서 폭도 60명 중 사상자 54명을 내게 하고,
동 24일	지례 남방 30리 지점에서 폭도 20명 중 사상자 8명을 내게 하고,
동 25일	송면시장 부근에서 폭도 10명 중 8명을 쓰러뜨리고,
같은 날	흥해 부근에서도 폭도 50명 중 20명을 사상케 하고,
4월 1일	영양 동북 35리 지점에서 폭도 20명 중 7명을 쓰러뜨리고,
동 3일	지례 동남 약 40리 지점에서 폭도 30명 중 13명을 쓰러뜨리고,
같은 날	경주 서남 약 40리 지점에서 폭도 100명 중 66명을 사상케 하고,
동 4일	마일동 부근에서 폭도 50명 중 24명을 쓰러뜨리고,
동 10일	경주 동방 약 50리 지점에서 폭도 50명 중 39명을 사상케 하고,
같은 날	경주 동남 약 40리 지점에서 폭도 20명 중 13명을 사상케 하고,

4월 13일   영천 동북 약 40리 지점에서 폭도 30명 중 3명을 쓰러뜨리고,
동   14일   영천 북방 80리 지점에서 폭도 80명 중 19명을 사상케 하고,
동   16일   문경 서북쪽 방수면 시장에서 폭도 80명 중 17명을 쓰러뜨리고,
동   17일   청송에서 폭도 40명 중 18명을 쓰러뜨리고,
같은 날   경주 서남쪽 옥산에서 폭도 50명 중 31명을 사상케 하고,
4월 26일   청송 서남 약 60리 지점에서 폭도 80명 중 15명을 사상케 하고,
4월 29일   청송 동방 약 35리 지점에서 폭도 62명 중 35명을 사상케 하고,
5월 4일   안동에서 폭도 20명 중 5명을 쓰러뜨리고,
동   21일   봉화에서 폭도 160명 중 8명을 쓰러뜨리고,
6월 4일   진보 서방 25리 지점에서 폭도 60명 중 6명을 쓰러뜨리고,
동   7일   예안 동북 약 40리 지점에서 폭도 50명 중 8명을 쓰러뜨리고,
같은 날   봉화 동방 약 70리 지점에서 폭도 700명 중 20명을 쓰러뜨리고,
동   10일   봉화 동방 약 10리 지점에서 폭도 30명 중 6명을 쓰러뜨리고,
동   14일   적성 부근에서 폭도 30명 중 6명을 쓰러뜨리고,
동   16일   자인 동방 50리 지점에서 폭도 30명 중 2명을 쓰러뜨리고,
동   17일   안동에서 폭도 20명 중 5명을 쓰러뜨리고,
동   20일   청송에서 폭도 60명 중 15명을 쓰러뜨리고,
동   22일   안동 남방 25리 지점에서 폭도 60명 중 15명을 쓰러뜨리고,
동   26일   순흥 남방 35리 지점에서 폭도 25명 중 15명을 쓰러뜨리고,
동   27일   소백산小白山중에서 폭도 10명 중 5명을 쓰러뜨리고,
동   28일   영주 북방 상천 부근에서 폭도 30명 중 5명을 쓰러뜨리고,
7월 1일   소백산중에서 폭도 20명 중 2명을 쓰러뜨리고,
동   11일   진보 동방 50리 지점에서 폭도 40명 중 23명을 쓰러뜨리고,
같은 날   청송 동북 약 35리 지점에서 폭도 30명 중 12명을 쓰러뜨리고,
동   15일   순흥 북방 30리 지점에서 폭도 40명 중 13명을 쓰러뜨리고,
동   19일   영해에서 폭도 60명 중 3명을 쓰러뜨리고,
동   21일   영양에서 폭도 30명 중 12명을 쓰러뜨리고,
동   24일   성주 서남 약 40리 지점에서 폭도 10명 중 8명을 쓰러뜨리고,
동   25일   일월산 부근에서 폭도 70명 중 9명을 쓰러뜨리고,

8월 5일   경주 동북 약 90리 지점에서 폭도 13명 중 3명을 쓰러뜨리고,
동   8일   예안 동북 약 25리 지점에서 폭도 30명 중 5명을 쓰러뜨리고,
같은 날   예안 서방 약 40리 지점에서 폭도 40명 중 8명을 쓰러뜨리고,
동   19일   진보 동방 40리 지점에서 폭도 40명 중 3명을 쓰러뜨리고,
동   26일   고령 북방 35리 지점에서 폭도 20명 중 15명을 쓰러뜨리고,
9월 8일   풍기 서북 약 30리 지점에서 폭도 10명 중 2명을 쓰러뜨리고,
동   18일   영천에서 폭도 15명 중 2명을 쓰러뜨리고,
11월 19일   김천 서북쪽 약 40리 지점에서 폭도 40명 중 5명을 쓰러뜨리고,
동   22일   신령 남방 약 30리 지점에서 폭도 20명 중 2명을 쓰러뜨렸다.

그리고 본도에서 봉기를 했던 폭도는 아니지만, 허위許蔿[45]는 전에 참정이라는 관직에 있었던 자로 본도 선산군 구미면 임은동 출신이다. 그는 박종한朴宗漢[46]·김수민金秀民[47]·김응두金應斗·이인영李寅榮[48]·이은찬李殷贊[49] 등의 유력수뇌자를 부하로 하여, 1908년 1월 이후 경기도 임진강 유역에서 수차례 통고문을 내고 납세 또는 미곡의 반출정지를 명하며 군자양식軍資糧食의 징발, 또는 당시의 한인 순사 및 헌병보조원에게 협박문을 보내거나, 전선의 절단, 관공서의 습격 등, 도량跳梁(함부로 날뛰어 다님)이 가장 심했던 것이다. 허위許蔿는 그 후 같은 해 6월 11일 축산 및 철원의 헌병분견소에서 체포되었지만, 그의 집안 식구는 전부 국외로 이주하였고 그 자손은 지금도 불령운동에 종사하고 있다.

5. 1909년에 있어서의 폭도

도내에서 집단을 이룬 대폭도大暴徒는 전년에 그 대부분이 소탕되었다. 그러나 나머지는 행동이 매우 교묘해져서 교통을 저해하고, 물자의 집산을 방해하여 농상업農商業에 적지 않은 영향을 주기는 했지만, 폭도는 충북과 강원도의 경계지방에 한정되기에 이르렀다.
그리고 폭도토벌의 개황은 다음과 같다.

---

45) 허위 : 1855~1908, 경북 구미출신, 1962년 대한민국장.
46) 박종한 : 경기도 마전출신.
47) 김수민 : 본명 金秀敏, 1857~1909, 경기도 장단출신, 1962년 독립장.
48) 이인영 : 본명 李麟榮, 1860~1909, 경기도 여주출신, 1962년 대통령장.
49) 이은찬 : 1878~1909, 강원도 원주출신, 1962년 대통령장.

3월 7일   순흥 동방 40리 지점에서 폭도 50명 중 6명을 쓰러뜨리고,
3월 9일   순흥 동북 약 40리 지점에서 폭도 40명 중 3명을 쓰러뜨리고,
동   24일   다시 같은 지역에서 폭도 15명 중 2명을 쓰러뜨리고,
동   27일   순흥 북방 약 40리 지점에서 폭도 100명 중 11명을 쓰러뜨리고,
4월 20일경 순흥 북방 25리 지점에서 폭도 15명 중 4명을 쓰러뜨리고,
동   21일   같은 지방에서 폭도 100명 중 15명을 쓰러뜨리고,
같은 날   순흥 동북방 60리 지점에서 폭도 50명 중 5명을 쓰러뜨리고,
5월 10일   재산 동북 약 20리 지점에서 폭도 50명 중 27명을 사상케 하고,
동   18일   재산 북방 약 40리 지점에서 폭도 50명 중 5명을 쓰러뜨리고,
6월 2일   봉화 북방 80리 지점에서 폭도 80명 중 6명을 쓰러뜨리고,
동   7일   순흥 동북 35리 지점에서 폭도 60명 중 3명을 쓰러뜨리고,
같은 날   순흥 동남 35리 지점에서 폭도 120명 중 8명을 쓰러뜨리고,
6월 9일   봉화에서 폭도 30명 중 17명을 쓰러뜨리고,
8월 11일   영양 동북 약 30리 지점에서 폭도 80명 중 6명을 쓰러뜨리고,
11월 18일 영주에서 폭도 7명 전원을 쓰러뜨리고,
12월 18일 청송 남방 80리 지점에서 폭도 10명 중 4명을 사상케 하고,
동   23일   영해 서방 50리 지점에서 폭도 14명 중 2명을 쓰러뜨렸다.

6. 1910년에 있어서의 폭도

여러 차례에 걸친 소백산 부근의 폭도토벌로 그 세력이 많이 꺾이긴 했지만, 그래도 최성천崔聖天[50]·한명만韓明萬[51]·김상태金相泰·정경태鄭敬泰·윤국범尹國範[52] 등이 부하 10명 내지 20명가량을 거느리고 함부로 날뛰었다. 그래서 최성천崔聖天과 한명만韓明萬 2명은 4월에 체포했지만, 아직도 발호跋扈(권세나 세력을 제멋대로 부리며 함부로 날뜀)의 종적을 완전히 끊어버리지는 못했다. 즉,

---

[50] 최성천 : 1884~1910, 충북 충주출신, 1995년 독립장.
[51] 한명만 : 1887~1911, 충북 제천출신, 2009년 애국장.
[52] 윤국범 : 1883~1911, 경북 예천출신, 1990년 애국장(1977년 건국포장).

1월 21일   청하 부근에서 폭도 12명 중 3명을 쓰러뜨리고,

동   28일   풍기 부근에서 폭도 40명 중 4명을 쓰러뜨리고,

3월 1일   일월산 부근에서 폭도 11명 중 3명을 사상케 하고,

동   6일   순흥 부근에서 폭도 21명 중 2명을 사상케 하고,

같은 날   같은 장소에서 폭도 25명 중 4명을 사상케 하고,

6월 26일   예천 동방 약 40리 지점에서 폭도 12명 중 1명을 쓰러뜨리고,

8월 27일   풍산역 서방 약 30리 지점에서 폭도 27명 중 2명을 쓰러뜨리고,

9월 29일   안동 서방 약 30리 지점에서 폭도 10명 중 5명을 쓰러뜨리고,

11월 4일   영해 서북 약 40리 지점에서 폭도 10명 중 7명을 쓰러뜨렸다.

제2절 만세소요 萬歲騷擾

1. 원인 동기

조선에서의 배일사상 함양의 역사적인 사실은 멀게는 임진전란과 기타에서 찾을 수 있다. 그렇지만 '폭도봉기'의 항목에서 기술한 바와 같이, 1905년 11월 한일보호조약 체결 이후에는 일본을 목표로 하는 각종 음모와 암살이 연이어 계획·실행되거나 혹은 폭도봉기가 일어나는 등 여러 가지 사실이 한층 더 배일의 원인으로 작용하였다. 그리고 당시 독립운동을 이끈 수령은 국외로 달아났고 이들은 유럽전란 이래 빈번히 조국부흥이 급무라고 부르짖었고, 이 풍조는 1917년에 들어 한층 치열해지는 상황이었다. 즉, 중국 상하이에 거주하는 신견(申樫) 곧 신규식(申圭植)[53] 등은 1917년 8월 스웨덴의 스톡홀름에서 개최된 만국사회당대회[54]에 대해서 조선사회당의 이름으로 조선독립을 요망했다. 또 미국본토 및 미국영토 하와이에 살고 있는 조선인들은, 1917년 9월 미국 뉴욕에서 개최되었던 25약소국회의에 박용만(朴容萬)[55]이라는 자를 파견한 후 독립운동에 힘을 썼다. 또 러시아영토 블라디보스토크 지방에 거주하는 불량배는 러시아 과격파의 발흥과 독일이 그 세력을 점점 동쪽으로 확장함에 따라 시베리아 일대가 소란해짐을 보게 되자, 중국 간도지방에 사는 무리와 기맥을 통해 과격파와 결탁하여 우리 일본군(軍)에 불리하도록 획

---

53) 신규식 : 1880~1922, 충북 청원출신, 1962년 대통령장.
54) 만국사회당대회 : 1920년 7월 31일~8월 6일 스위스 제네바에서 세계 각국의 사당 대표들이 제2인터내셔널 재건을 위하여 개최한 대회. '제2인터내셔널 대회'라고도 한다. 만국사회당대회 비서장의 초청을 받은 당시 대한민국 임시정부 파리주재위원부 부위원장인 조소앙(趙素昻)은 이관용(李灌鎔)과 함께 8월 6일 대한민국 임시정부 대표로 본회의에 참석하여 ① 한국의 독립을 승인할 것, ② 본회의에서 대표를 파견하여 동아시아의 정세를 조사할 것, ③ 본회의에서 동서(東西)를 연락하여 정치혁신을 촉진하게 할 것 등 3개조의 결의안을 제출하였다. 이 결의안은 당시 본회의 참가국 26개국 중 25개국이 참가한 대표위원회에서 가결됨으로써 만국사회당 본회의는 상하이(上海)의 대한민국 임시정부를 승인하는 한편, 국제연맹과 세계열강에 대하여 대한민국의 정부 성립을 승인하고 한국이 독립국가임을 승인하도록 요구하였다.
55) 박용만 : 1881~1928, 강원도 철원출신, 1995년 대통령장.

책했다. 그러나 과격파의 세력이 쇠해짐에 따라 상하이上海의 미국 조계56)租界地와 연락하여 일을 꾸미려는 정황이 있었다. 이들 재외조선인의 행동은, 전란이 종국에 가까워짐에 따라 날이 갈수록 더 왕성해진 유럽에서의 민족독립운동의 정황과 이것이 점차 신문 또는 통신에 의해 조선 내에 전달됨에 따라, 점차로 민심의 동요를 불러일으켰다. 특히 이 전란에서 독일이 굴복하게 되고, 미국 대통령 윌슨이 민족자결주의57)를 크게 부르짖자 이에 관한 논평이 활발해지고 강화회의의 전망 및 이와 관련해서 유럽에서의 민족독립운동이 주효하여 몇 개의 독립국이 생겨나게 될 것이라는 등의 신문·잡지보도는, 조선인 지식계급과 청년 등을 자극하였다. 그리하여 그들은 배일자이든지 아니든지를 불문하고 민족자결의 사상에 사로잡혀 일종의 희망을 갖게 되었다.

그리하여 재외불령배가 대표자를 강화회의에 파견하려고 하는 운동은 혹시 그것이 조국부흥의 성과를 가져올 것이 아니겠느냐는 희망을 남몰래 가지면서 앞날을 기대하게 하였다. 또 이러한 기대는 각 도에도 활발하게 풍설風說로 퍼지면서, 일반적으로 독립의 가능을 믿거나 또는 전혀 독립을 볼 수는 없을지라도 이 기회에 조선이 일본치하에 있음을 좋아하지 않는다는 사실을 세계에 공표하여 장래에 독립의 기초를 형성할 수 있다고 기대하는 자가 있었다. 설사 한국독립을 반대하는 주장을 하는 자라고 할지라도 그는 그것이 다만 시기상조라고 말할 뿐 독립이 절대 옳지 않다고 생각하는 자는 오히려 드물었다. 이리하여 그들이 갖는 관념은 반드시 서로 일치하지는 않지만, 다소 견문이 있는 자는 무언가 기대를 갖지 않는 자가 없는 정황에 이르렀다. 1919년의 만세소요는 곧 이러한 사상에서 배태한 것이다. 또 도쿄東京에 있어서의 조선인 유학생 등의 독립운동과 이태왕李太王58)의 훙거薨去가 도화선이 되어 마침내 만세소요가 발발하게 되었다. 그 개요는 아래와 같다.

---

56) 조계 : 19세기 후반에 영국, 미국, 일본 등 8개국이 중국을 침략하는 근거지로 삼았던, 개항 도시의 외국인 거주지. 외국이 행정권과 경찰권을 행사하였으며, 한때는 28개소에 이르렀으나 제2차 대전 이후에 폐지되었다.
57) 민족자결주의 : 각 민족은 정치적 운명을 스스로 결정할 권리가 있으며 다른 민족의 간섭을 받을 수 없다는 주장으로, 제1차세계대전이 동맹국 측의 패배로 종전(1918.11.11)된 후, 승전국들이 연합국과 동맹국 간의 평화조약을 협의하기 위해 개최한 국제회의인 파리강화회의(이 회의는 1919년 1월 18일 개최되어 1920년 1월 21일까지 간격을 두고 지속되었다)에서 수용한 미국의 윌슨 대통령이 국회에 제출한 연두교서에서 밝힌 〈14개조〉 중의 첫 번째 조항이다.
58) 이태왕 : 대한제국 순종 때에 상왕(上王)인 고종을 이르던 말.

부기附記

1914년 이래 상하이로 건너가 재외민족주의자와 연락하여 조선해방운동에 중요한 역할을 했던 경성출신 여운형呂運亨[59]을 1929년 7월 상하이 일본총영사관에서 체포하여 경기도(경찰부)에서 문초했을 때, 만세소요사건의 원인 등에 대해 진술한 바는 아래와 같고, 이 사건의 원인과 동기와는 다소 다른 점이 있으므로 이에 기재하여 참고하기로 한다.

그는 1914년 가을에 중국 난징南京으로 도항한 후, 그곳에서 진닝金陵대학에 입학하여 3년 동안 수학하며 영어를 배웠다. 그 후 상하이로 옮겨 미국인이 경영하는 협화서국協和書局의 위탁판매주임이 되어 근무하던 중인 1918년 11월에, 미국 대통령 윌슨이 보낸 대표 클레인[60]이 상하이에 도착했다. 클레인의 임무는 중국이 세계평화회의에 대표를 파견할 것을 권고하기 위해서였다. 당시 중국의 지식인 1000여 명은 칼톤카페에서 환영회를 개최했는데, 여운형呂運亨도 거기에 참석(조선인 출석자는 본인 한 사람이었다 한다)했다.

석상에서 클레인은, 이번 파리에서 개최될 세계평화회의[61]는 중대한 사명을 갖는 것으로서, 그 결과는 각국 현황에 일대 변화를 가져올 것이다. 곧 그 목적은 각국 간의 감정과 오해를 일소一掃하여 세계평화를 촉진하는 데 있다. 따라서 피압박민족에 대해서는 그 해방에 협조하는 것이 목적이므로, 중국에서도 그 회의에 대표를 파견하고 각국으로부터 압박을 받고 있는 중국의 현 상황을 보고하여 그들로부터 해방을 기할 수 있는 절호의 기회라고 연설했다. 여운형呂運亨은 클레인의 연설에 감동하여 그 회의가 끝난 후 바로 클레인을 방문하고, 조선인도 피압박민족이므로 이 기회에 꼭 조선의 해방을 도모해주기를 바란다. 그래서 이 대회에 조선대표를 파견하여 조선의 사정을 여러 사람 앞에 말하여 각국의 동정을 얻어 조선 문제를 해결하고자 한다고 하며 대표파견에 지장이 없는가를 질문했다. 이에 클레인은 물론 아무런 지장이 없다고 하며 자신도 가능한 한 돕겠다고 흔쾌히 승낙했다. 그는 귀가하여 바로 영문청원서 2통을 작성해서, 중국대표 파견 고문으로 파리에 가기로 되어있는 상하이 평론잡지 『미르나드』의 주필인 미국인 미르나

---

[59] 여운형 : 1886~1947, 경기도 양평출신, 2005년 대통령장.
[60] 클레인(Charles, Clain) : 미국 윌슨 대통령의 특사로 중국 상해에 파견되어 세계평화회의에서 민족자결의 원칙에 의해 많은 문제들이 해결된다고 강연하였다.
[61] 세계평화회의 : 제1차세계대전 종료 후, 전쟁에 대한 책임과 유럽 각국의 영토 조정, 전후의 평화를 유지하기 위한 조치 등을 협의한 1919~1920년 파리에서 열린 일련의 회의 일체를 가리킨다. 파리평화회의라고도 한다.

드에게 맡기며, 그에게 만일 조선대표가 그 회의에 출석이 불가능할 경우는 청원서 1통은 세계평화회의에, 다른 1통은 미국 대통령에게 제출해 줄 것을 부탁했다. 본 청원서 내용에 대해 본인이 진술한 바는 다음과 같다.

조선은 4천년의 역사를 가지고 동방문화에 공헌한 바가 컸다고 확신하고 있다. 그런데 불합리한 한일병합에 의해 조선민족은 그 진로가 저지되고 피압박의 상황에 빠졌다. 과거 10년간 국제생활과 교섭이 끊어지고, 지금 일본의 유린에 몸을 맡기는 부득이한 상황에 있다. 그런데 이번에 개최하기로 되어있는 세계평화회의는 종래의 불합리하고 불평등한 모든 것을 해결한다는 취지를 갖고 있다고 들었다. 조선 문제에 대해서도 도움 주기를 바란다. 물론 조선이 하나의 작은 나라라고 해도 극동평화에 있어서는 중요한 위치에 있으므로, 세계평화회의가 조선해방을 도모하고 다시 조선으로 하여금 국제무대에서 활약할 수 있도록 힘써주기를 희망한다.

그리고 위의 청원서는 동지 신석우申錫雨[62]·장덕수張德秀[63]·조동우趙東祜 등과의 협의를 거쳐 상하이에 있는 신한新韓청년당 총무 여운형呂運亨 명의로 서명했다고 말하고 있다.
한편 위 4명이 협의한 결과, 세계평화회의와 서로 호응하여 독립운동을 개시할 계획을 세워, 세계평화회의에는 베이징北京으로부터 김규식金奎植[64]을 불러 조선대표로 파견하고 또 장덕수張德秀를 조선 및 일본으로 파견하여 이상재李商在[65]·손병희孫秉熙[66]를 비롯한 모든 명사名士에게 조선문제에 관한 의견을 구하게 했다. 또 여운형呂運亨은 남북만주·러시아영토에 산재하고 있는 조선인에 대해서 독립운동에 참가토록 권고하기로 결정하여, 1918년 11월 중에 김규식金奎植과 장덕수張德秀는 각각 목적지를 향해 출발했다. 이와 전후하여 여운형呂運亨은 위의 결정에 따라 남북만주에 있는 조선인에게 독립운동에 참가하도록 권유하기 위해, 상하이를 출발하여 먼저 창춘長春에 가서 지린吉林에 있는 여준呂準[67]에게 독립운동 개시의 전말을 통보했다. 이어 블라디보스토크에 가서 이동녕李東寧[68]·문창범文昌範[69]·박은식朴殷植[70]·조완구趙琬九[71] 등과 만나 지금이 독립운동 착수의

---

[62] 신석우 : 1895~1953, 서울출신, 1995년 독립장.
[63] 장덕수 : 1895~1947, 황해도 재령출신.
[64] 김규식 : 1881~1950, 부산출신, 1989년 대한민국장.
[65] 이상재 : 1885~1929, 충남 서천출신, 1962년 대통령장.
[66] 손병희 : 1861~1922, 충북 청주출신, 1962년 대한민국장.
[67] 여 준 : 1862~1932, 경기도 용인출신, 1968년 독립장.
[68] 이동녕 : 1869~1940, 충남 천안출신, 1962년 대통령장.
[69] 문창범 : 1870~1934, 함북 경원출신, 1990년 대통령장.

호기好機임을 설명하고 그들의 참가를 승낙케 했으며, 그 방면에서 계획의 준비를 갖추고, 돌아오는 길에 1919년 3월 15일 아침 펑톈奉天에 도착했다. 그런데 이미 조선에서는 독립운동이 발발하여 일대 소요가 일어나고 있다는 것을 듣고, 급히 상하이로 돌아갔다. 그 때 이미 조선으로부터 현순玄楯[72]·최창식崔昌植[73]·신익희申翼熙[74]가, 미국에서는 여운홍呂運弘, 중국 항저우抗州로부터 신규식申奎植, 도쿄東京에서는 이광수李光洙[75] 등이 상하이로 집합해 있었다. 그리하여 상하이 샤페이루霞飛路에 사무소를 설치하고, 조선 내 독립운동의 상황을 각국 신문과 통신사에 통신하고 파리의 김규식金奎植과 미국의 이승만李承晚[76]에게 일이 있을 때마다 상황을 보고했다. 같은 해 4월 현순玄楯·최창식崔昌植·신익희申翼熙·조동우趙東祐·김철金徹[77]·이시영李始榮[78]·이동녕李東寧·신규식申圭植 등이 회합하여 기관 조직에 관해 활발한 논의를 했다. 다수가 임시정부 조직을 주장했고 여운형呂運亨은 독립당 조직을 주장했지만, 다수결에 의해서 임시정부 조직을 결정하여 당분간 위원제委員制로 하고, 아래와 같이 부서를 결정했다.

　　외교부위원장　　　여운형呂運亨
　　내무부위원장　　　조완구趙琬九
　　재무부위원장　　　김　철金　徹

그 후 6월 안창호安昌浩가 미국으로부터 이곳에 도착하게 되자, 그 조직을 변경하여 아래의 대통령 이하를 결정하였다.

　　대통령　　　　　　이승만李承晚
　　국무총리　　　　　이동녕李東寧
　　외교부총장　　　　박용만朴容萬

---

70) 박은식 : 1859~1925, 황해도 황주출신, 1962년 대통령장.
71) 조완구 : 1881~1954, 서울출신, 1989년 대통령장.
72) 현　순 : 1880~1968, 서울출신, 1963년 독립장.
73) 최창식 : 1892~1957, 평북 창성출신, 1983년 독립장.
74) 신익희 : 1894~1956, 경기도 광주출신, 1962년 대한민국장.
75) 이광수 : 1892~1950, 평북 정주출신.
76) 이승만 : 1875~1965, 황해도 평산출신, 1949년 대한민국장.
77) 김　철 : 이명 金永澤, 1886~1934, 전남 함평출신, 1962년 독립장.
78) 이시영 : 1869~1953, 서울출신, 1949년 대한민국장.

외교부차장	장건상張健相[79]
내무부총장	안창호安昌浩
동 차장	현 순玄 楯
재무부총장	최규형崔圭馨
동 차장	윤현진尹顯振[80]
군무부총장	노백린盧伯麟[81]
동 차장	김의미金義美
법무부총장	신규식申奎植
학무부총장	김규식金奎植
동 차장	이규홍李圭弘
교통부총장	문창범文昌範
동 차장	김 철金 徹

위 이외에 각 부장·참사 등을 임명했다. 여운형呂運亨은 당시 외교부총장 혹은 차장에 추천되었지만, 일정한 부서를 맡게 되면 활동상 불편하다 하여 이를 사퇴하고 교민단장에 취임했다. 한편 그는 임시정부의 독립운동을 원조하기 위하여 1920년 중 미국국회의원단이 조선시찰 길에 상하이에 들렀을 때, 임시정부의 명에 의해서 그 일행을 베이징北京까지 마중 나가 조선독립문제에 대한 후원을 간청했다. 또 1923년 1월 러시아 수도 모스크바에서 개최되는 극동피압박민족대회에 신한청년회대표로서 출석했다고 한다.

2. 도쿄東京유학생의 독립운동과 국외 불령자와의 관계

도쿄東京조선인유학생 최팔용崔八鏞[82]·서춘徐椿·김철수金喆壽[83]·백관수白寬洙·이광수李光洙·이종근李琮根[84]·김상덕金尙德[85] 등이 주동이 되어, 1월 6일부터 3일간 도쿄東京시 간

---

[79] 장건상 : 1882~1974, 부산출신, 1986년 대통령장.
[80] 윤현진 : 1891~1921, 경남 양산출신, 1962년 독립장.
[81] 노백린 : 1875~1926, 황해도 풍천출신, 1962년 대통령장.
[82] 최팔용 : 1891~1922, 함남 홍원출신, 1962년 독립장.
[83] 김철수 : 1896~1977, 경남 양산출신, 1990년 애국장(1980년 건국포장).
[84] 이종근 : 1895~1975, 경기도 개풍출신, 1991년 애국장(1963년 대통령표창).
[85] 김상덕 : 1891~미상, 경북 고령출신, 1990년 독립장.

다구神田區 니시고가와정西小川町 조선기독청년회관에서 회합하여 조선독립선언을 해야 함을 협의했다. 그리하여 다음달 2월 8일에 이르러, 조선청년독립단의 이름으로 문장이 매우 과격한 「민족대회소집청원서」·「독립선언서」·「선언서에 부친 결의문」이라는 불온인쇄물을 일본 각 대신·귀족원·중의원·각국 대공사·조선총독부·각 신문잡지사 등에 우송했다. 그리고 같은 날 오후 3시경 약 200명의 학생이 앞에 기재한 회관에서 회합하여, 선언서를 단상에 걸고 실행방법을 발표했다. 그러자 모인 관중이 열광하여 불온의 형세가 있었으므로, 소관 니시간다西神田경찰서에서 해산을 명했다. 그리고 대표자인 위원 10명을 검속하여, 그달 10일 출판법위반으로 사법처분에 부쳤다. 그 이후에도 학생들은 여전히 불온행동을 중단하지 않았을 뿐만 아니라, 이 정황은 조선 내로 전해져 큰 충동을 일으켰음은 물론이다. 그런데 조선 내와의 직접적인 연락관계에 대해서는 소요발생 전까지도 그 사실을 발견하지 못했는데, 그 후 황해도 재령군 재령면 출신으로 1921년 도쿄東京의 와세다早稻田대학을 졸업하고 그해 5월 상하이로 달려가 불령운동에 종사해 왔던 장덕수張德秀라는 자가 1919년 2월 20일 경성에 온 후 인천에서 잠복중인 것을 발견해 체포했다. 그는 1월 16·17일경 당시 상하이거주 불령조선인의 수령으로 중국 광둥廣東에 여행 중이었던 신견申樫으로부터 "각지에서 우리 동포는 독립을 선언하여 운동을 개시할 예정이다. 그런데 일본관헌은 반드시 이 운동의 진상을 해외에 보도하는 것을 금할 것이 명백하므로, 귀하는 일본인처럼 복장을 하고 도쿄東京와 경성에 가서 운동의 상황을 상하이 중화신보中華新報 기자인 동지 조동우趙東祐에게 기별하라. 또 도쿄東京에는 조용운趙鏞雲을 파견해두었으니 도쿄東京에 도착하면 와세다早稻田대학 대기실(이곳에 마련된 우편함 이용) 앞으로 우편을 보내 그와 연락을 취하여 상세하게 협의할 것, 그리고 도쿄東京에서의 만세운동은 2월 초순에, 경성에서의 운동은 3월 초순에 실행되기로 되어 있으니, 도쿄東京에서의 정황통신을 끝내는 대로 곧 경성으로 가서 그곳 정황을 연락해 주기를 바란다."라는 내용의 서신과 여비 100달러를 송부해왔다. 이에 장덕수張德秀는 1월 27·28일경 상하이를 출발하여 일본 나가사키長崎를 경유하여 2월 3일경 도쿄東京에 도착했다. 그리고 간다구神田區의 모 여관에 묵으면서 곧 조용운趙鏞雲에게 이 취지를 통지하고, 2월 5일 밤 시바芝공원 정문 앞에서 그와 만났다. 조용운趙鏞雲은 그때 장덕수張德秀에게 말하기를, 차제에 자기가 도쿄東京유학생 측에게 권유한 결과 드디어 오는 8일에 독립선언을 할 것을 결정했다고 하였다. 그리하여 장덕수張德秀는 이미 그 임무를 마쳤으므로, 소지한 돈 800원이 오가는 도중에 일본관헌에게 발각될까 걱정하여 상하이 중화신보 내의 조동우趙東祐

앞으로 송금을 부탁하고, 2월 17일경 도쿄東京를 출발하여 조선에 건너왔던 것이 판명되었다. 그리고 장덕수張德秀가 직접 도쿄와 조선 사이의 연락을 했는가의 여부는 장덕수張德秀의 진술과 그의 전후행동을 생각해 보면 당연히 그렇게 했다고 추측되기도 하지만 구체적인 사실은 발견할 수 없다.

3. 소요기획의 내용

민심의 동요는 전술한 바와 같지만, 외형상으로 어떠한 징후도 없이 시간이 경과되었다. 드디어 2월 28일 밤중에 이르러 독립선언서를 발견했고, 또 3월 1일 아침에는 격문이 경성시내 각처에 살포되었으며, 그날 오후 1시까지는 독립선언서 서명자 33명 중 29명을 체포했고, 나머지 4명 중 3명도 그 후 곧 검거하여 조사한 결과 기획내용이 판명되기에 이르렀다.

(1) 천도교 측

천도교 중앙총본부의 원로격인 권동진權東鎭[86]과 오세창吳世昌[87]은 1918년 12월경부터 수차례 서로 만나 세계 형세를 논하여 민족자결주의는 이제 세계적인 대세이며, 이미 폴란드는 국가부흥을 선언하였고 체코슬로바키아민족은 독립선언을 했고 그 밖에도 서양에서는 민족독립이 활발하게 창도되고 있으며 더욱이 이들 운동은 미국을 비롯하여 열강의 원조 또는 승인을 얻고 있으니, 지금이 조선독립을 기획하는 데 가장 좋은 기회라 하고, 항상 신문통신기사 등에 유의하고 있었다. 그러다가 1918년 12월 하순경부터 위의 두 사람은 가끔 천도교가 경영하고 있는 경성보성고등보통학교 교장 최린崔麟[88]과 회합하여 소견을 말하고, 독립운동의 가부에 대해서 그의 의견을 구했다. 최린崔麟 역시 이에 동의하고 그 실행방법으로 일본정부·귀족원·중의원·정당수령·조선총독에 대해서는 국권반환의 청원서를 제출하고, 미국 대통령과 파리강화회의에 대해서는 항구적인 평화

---

[86] 권동진 : 1861~1947, 서울출신, 1962년 대통령장.
[87] 오세창 : 1864~1953, 서울출신, 1962년 대통령장.
[88] 최　린 : 1878~1958, 함남 함흥출생.

를 기초로 하는 신세계가 막 건설되려고 하는 오늘날 유독 조선은 이 은혜에서 빠지고, 일본의 압박정치하에 있다는 것을 호소하여 그 동정에 의해 국권부흥의 원조를 구하는 한편 조선인 여론의 환기에 힘쓰고 세계 여러 강국으로 하여금 조선 일반인의 의사표시를 인정케 함에는 단지 천도교만의 힘으로는 불가하다. 뿐만 아니라 외국과의 교섭관계에서 보더라도 유력한 기독교도 단체와 협력하고, 나아가 귀족 및 고로古老(많은 경험을 쌓아 옛일을 잘 아는 노인)의 일부를 가입시킴으로써 소리를 높여 대대적 운동을 개시하면, 조선독립을 얻는 것이 반드시 매우 어려운 일만은 아니다. 또 이 운동으로 당장 성과를 거두는 일은 불가능하다 하더라도, 조선독립의 기운을 촉진하는 데는 매우 큰 효과가 있을 것이라 하여, 위 3명은 이에 독립운동의 실행을 결의했다. 1919년 1월 25·26일경 이들은 함께 천도교주 손병희孫秉熙를 방문하여 이 기획을 말했던 바, 손병희孫秉熙는 신명身命을 다해 조국을 위해 노력할 것을 맹세하여, 이에 천도교의 방침은 정해졌다. 이것이 1919년 소요(만세)사건의 발단이다. 그리하여 기독교와 협동운동을 개시하는 것에 대해서는 결정했지만, 천도교도 중에는 기독교도와 교섭의 임무를 맡을 적당한 인물이 없었다. 이리하여 최린崔麟은, 기독교도와 친교가 있고 또 지조도 굳고 문필에 능하며 청년학생들 사이에서 가장 신망 있는 저술가 겸 출판업자인 최남선崔南善[89]을 설득하여 이 거사에 찬동하게 하기로 하고 1월 28일경 그를 찾아가 이 운동의 기획을 이야기했다. 그러자 최남선崔南善도 이에 찬동하며 스스로 기독교 측과의 교섭의무를 맡기를 흔쾌히 승낙했다. 그런데 그 후 천도교 측에서는 비밀이 누설될 것을 우려하여, 천도교 최고 간부에게도 절대로 이 사실을 숨겼다. 기독교 측과의 연맹이 성사되고 운동실행의 시기를 대략 결정하자, 손병희孫秉熙·권동진權東鎭·오세창吳世昌 3명은 2월 25일부터 같은 달 27일까지 3일 동안에 경성에 있는 최고 간부와 당시 경성에 와있던 지방 최고 간부인 천도교월보月報 과장 이종일李鍾一,[90] 승례承禮 권동진權東鎭, 도사道師[91] 양한묵梁漢默[92]·김완규金完圭[93]·홍기조洪基兆[94]·홍병희洪秉熙·나용환羅龍煥[95]·박준승朴準承[96]·나인협羅仁協[97]·임종환林鍾煥, 장로 이종훈李鍾

---

[89] 최남선 : 1890~1957, 서울출신.
[90] 이종일 : 1858~1925, 충남 태안출신, 1962년 대통령장.
[91] 도 사 : 천도교 계통에서 신앙을 통일하며 포덕(布德)을 힘써 실행하는 사람.
[92] 양한묵 : 1862~1919, 전남 해남출신, 1962년 대통령장.
[93] 김완규 : 1876~1949, 서울출신, 1962년 대통령장.
[94] 홍기조 : 1865~1938, 평남 용강출신, 1962년 대통령장.
[95] 나용환 : 1864~1936, 평남 성천출신, 1962년 대통령장. 원문 羅龍順(나용순)은 오식이다.
[96] 박준승 : 1863~1927, 전북 임실출신, 1962년 대통령장.

勳[98])의 11명에게 이를 전달했다.

(2) 기독교 측

최남선崔南善은 이 운동에 가맹하여 기독교 측과의 교섭의무를 맡기를 승낙하자, 1910년 총독암살음모사건으로 처벌된 바가 있고, 기독교도 가운데 유력자인 평북 정주군 이승훈李昇薰[99])과 일을 도모하기를 원했다. 2월 10일경 이승훈李昇薰이 설립한 오산학교五山學校 학생 김도태金道泰[100])라는 자가 당시 경성에 있었는데, 그를 사자使者로 하여 그에게 긴급상담을 요하는 일이 있으니 빨리 상경하기를 바란다는 내용의 서면書面을 휴대하게 하여 오산학교에 가도록 했다. 그러나 이승훈李昇薰은 당시 그곳에 없었으므로 서면은 동교 교사 박현환朴賢煥에게 주고, 박朴은 스스로가 이 서면을 가지고 당시 평북 선천에서 개최 중인 기독교 사경회査經會에 참석하고 있던 이승훈李昇薰에게 주었다. 이李는 곧 경성에 와서 경성 소격동의 지인知人 김승희金昇熙의 거처에서 최남선崔南善과 만났다. 여기서 최崔는 천도교에서 국권회복운동의 기획이 있다는 것과, 천도교는 기독교와 제휴하여 이 운동에 착수하고자 하는 소망이 있어 내게 그 교섭을 부탁했으므로, 기독교 측에서도 협동하여 이에 대처해주기를 바란다는 요지를 말했다. 이李는 이에 대해서 민족자결주의에 따라 조국부흥을 희망하는 것은 최근 기독교도 일반의 여론이며 각 파의 영수領袖[101])를 설득하여 함께 일에 임해야 하겠다고 하며 이에 찬동함으로써, 이에 두 종교 합동의 시작이 열리게 되었다. 그래서 이李는 그날 밤 곧바로 선천에 돌아가 당시 사경회에 참석 중인 이명룡李明龍[102]) · 유여대劉如大[103]) · 김병조金秉祚[104]) · 양전백梁甸伯[105]) 등을 양梁의 집으로 불러 최崔와의 회견내용을 이야기했더니, 모두가 곧 찬성했다. 이에 이승훈李昇薰은 다시 평양으로 가서 그곳의 기독교 영수인 손정도孫貞道[106]) · 길선주吉善宙[107]) · 신홍식申洪植[108])

---

97) 나인협 : 1872~1951, 평남 성천출신, 1962년 대통령장.
98) 이종훈 : 1858~1931, 경기도 광주출신, 1962년 대통령장.
99) 이승훈 : 1864~1930, 평북 정주출신, 1962년 대한민국장.
100) 김도태 : 1891~1956, 평북 정주출신, 1990년 애국장(1980년 건국포장).
101) 영　수 : 장로교에서 조직이 아직 완전하지 못한 교회를 인도하는 직분.
102) 이명룡 : 1872~1956, 평북 철산출신, 1962년 대통령장.
103) 유여대 : 1878~1937, 평북 의주출신, 1962년 대통령장.
104) 김병조 : 1877~1948, 평북 용천출신, 1990년 대통령장.
105) 양전백 : 1869~1933, 평북 의주출신, 1962년 대통령장.
106) 손정도 : 1872~1931, 평남 강서출신, 1962년 독립장.

의 3명과 만나 그들의 찬동을 얻었다. 2월 17·18일경 그는 다시 상경하여 종로기독교청년회 간사 박희도朴熙道와 만나 운동기획에 관해 찬동하기를 권유했다. 그랬더니 박朴은 "우리는 이미 경성에서 기독교를 중심으로 하는 청년학생단이 운동을 개시하기로 협의·결정했으므로, 찬동하기 어렵다."라고 말하며 이를 거절했다. 그러자 이승훈李昇薰은, 동일한 목적을 갖는 운동을 개별로 하는 것은 마치 국민의 통일되지 않는 모습을 외부에 드러내는 것과 같아 최선책이라 할 수 없으니 합쳐서 거사를 할 필요성이 있다고 누누이 설득하고 교섭했다. 그 결과 박희도朴熙道는 이 일을 청년학생회 측의 대표자이며 기독교에서 경영하는 연희전문학교 학생 김원벽金元璧109)과 천도교에서 경영하는 보성전문학교 학생인 강기덕康基德110)에게 물어 찬동을 얻어, 2월 23일경 이승훈李昇薰에게 그들이 찬동한다는 뜻을 보고했다. 이보다 앞서 불교 측은 이미 천도교의 기획에 찬동하고 있었다. 이에 천도교 측·기독교 측·불교 측·학생 측 4파의 합동이 마침내 성립되기에 이르렀다.

(3) 불교 측

최린崔麟은 2월 10일경 경성부 계동에 거주하고 있는 전前 30본산本山에서 경영하는 중앙학림(학림: 불교사찰에 부속된 학교) 교사인 강원도 백담사百潭寺 승려 한용운韓龍雲111)에게 운동기획의 내용을 말했다. 그리고 한韓은 다시 동지인 경남 해인사 승려인 백용성白龍城112)에게 말하여, 두 사람은 불교 측 대표자로서 최린崔麟에게 가맹을 신청했다. 최린崔麟은 이를 이승훈李昇薰에게 전하고 동의를 구했다. 이로써 불교 측의 가입을 보게 되는데, 소요가 있을 때는 중앙학림 학생들의 불온한 행동이 있었을 뿐, 그 외에 지방 승려에게 권유한 사실은 없었다.

(4) 학생 측

경성중앙기독교청년회 간사 박희도朴熙道는 그해 1월 23·24일경 그 모임의 회원부會員

---

107) 길선주 : 1869~1935, 평남 평양출신, 2009년 독립장.
108) 신홍식 : 1872~1937, 충북 청원출신, 1962년 대통령장.
109) 김원벽 : 1894~1928, 황해도 은율출신, 1962년 독립장.
110) 강기덕 : 1886~미상, 함남 원산출신, 1990년 독립장.
111) 한용운 : 1879~1944, 충남 홍성출신, 1962년 대한민국장.
112) 백용성 : 1863~1940, 전북 남원출신, 1962년 대통령장.

部 위원이며 기독교에서 경영하는 연희전문학교 학생 김원벽金元璧과 만나 청년회원 모집에 대해 협의한 결과, 가급적으로 유위有爲한 청년인사 및 중등학교 정도 이상의 학교 재학생을 모집하여 기독교회 청년학생의 단결을 공고히 할 것을 의논하고 그 방법으로, 경성에 있는 각 전문학교 졸업생과 재학생 중 대표적 인물로 판단되는 자를 골라, 이들에게 회원모집에 진력토록 부탁할 것을 은밀히 의논했다. 그리고 박희도朴熙道의 이름으로 1월 26일경 보성전문학교 졸업생 주익朱翼・전前 연희전문학교 학생 윤화정尹和鼎・연희전문학교 학생 김원벽金元璧・보성전문학교 학생 강기덕康基德・경성전수학교 학생 윤자영尹滋英[113]・세브란스의학전문학교 학생 이용설李容卨・경성공업전문학교 학생 주종선朱鍾宣[114]・경성의학전문학교 학생 김형기金炯幾[115]의 8명을 경성부 내 관수동 중국요리점 대관원大觀園에 초대하여 그날 오후 7시 반에 술자리를 벌였다. 박희도朴熙道는 이번 기독교청년회에서 회원모집을 기획하고 있는 일이 드디어 모집착수를 하게 되는데 이때는 중등정도 이상의 각 학교 학생 중 조국정신이 투철한 자를 뽑아 모집하도록 권유하라는 취지를 참석자에게 부탁했고, 일동은 이것을 승낙했다. 연회 후 보성전문학교 졸업생 주익朱翼은 "대전大戰의 결과 세계는 새로 조직되기로 되어있어 세계지도의 변동을 가져올 것이다. 신문보도와 그 밖에 들어 아는 바로는, 종래 속국으로 있다가 독립한 나라가 있고, 다른 나라의 영토 내에 있던 민족이 새로이 독립국가를 조직한 경우도 몇 나라 있음이 확실하다. 우리 조선도 강화회의에서 문제가 되는 모양이므로, 이때에 우리 동포가 일제히 일어나 운동을 개시한다면 독립이 가능할지도 모를 형세이다. 그래서 이번 기회는 운동의 호기라 생각되는데 제군의 의견은 어떠한가?"라고 말했다. 이에 대해서 각자가 의견을 토로하여, 박희도朴熙道를 비롯한 일동이 이에 찬성했다. 그리고 도쿄東京의 우리 유학생도 현재 독립운동을 기획하여 선언서를 발표하려고 계획하고 있는 때이니까, 조선 내에 있는 우리 청년학생도 선언서를 발표하여 목소리를 높여 일반여론을 환기시킴으로써 세계 동정에 호소해야 한다는 논의가 거의 결정되어 가고 있었다. 그러나 그즈음에, 김원벽金元璧 혼자만이 "독립에는 찬성이지만 시기상조이다. 냉정히 생각할 때 조선의 현 상황은 설령 독립할 수 있다 해도 완전한 국가로서의 면모를 갖기는 어렵다고 생각한다."라고 하면서 일단 생각할 시간을 달라며 이의를 제기했으므로, 결정에 이르지는 못

---

[113] 윤자영 : 1894~1938, 경북 청송출신, 2004년 독립장.
[114] 주종선 : 원문 朱鍾宜(주종의)는 오식이다.
[115] 김형기 : 1896~1950, 경남 양산출신, 1990년 애족장.

했다. 김金은 학생 사이에서 가장 강한 세력을 가지고 있는 관계로 만일 그가 이 거사에 찬동하지 않는다면 운동에 큰 영향이 있으므로, 당일 대관원에 회합했던 자들은 누차 김원벽金元璧의 거처에서 회합을 가져 그의 찬동을 촉구했다. 그 사이에 김원벽金元璧은 외인 선교사에게 독립의 가부를 물어보고 자신도 이를 숙고했다. 또 평북 선천에 가서, 1910년 3월 총독암살음모사건 때 극력 불령배를 원호했던 저명한 배일미국인 선교사이며 그곳 신성信聖학교 교장인 매큔(G. S. McCune)을 찾아가, 운동의 가부에 대해 그의 의견을 물어보았다. 그는 '조선은 아직 독립의 자격이 없지만, 모든 일을 실행하지 않으면 안 된다. 그저 생각만 한다고 무슨 일이나 성취되는 것은 아니다.'라는 의미로 대답했다고 한다. 이로써 김金은 매큔의 말을 '운동을 실행해야 한다. 실행은 최고의 해결자이다.'라는 의미로 받아들여, 돌아온 후 곧 그 일에 찬성의 의사를 표시했는데, 그날이 바로 2월 3·4일경이었다. 이에 논의는 곧 하나로 결정되고, 선언서를 배부하고 운동을 실행하기로 하여, 김원벽金元璧은 이 취지를 연희전문학교 학생으로 동교의 학생청년회장인 이병주李秉周[116]에게 말했다. 이李는 다시 이것을 회원 40명에게 말하여 그들의 찬동을 얻었다. 그밖에 대관원에 회합했던 자들은 누구나 그 학교 내의 학생 및 기타 중등학교 정도의 학생에게 권유하여 학생 측의 결속이 이루어졌다. 그러자 주익朱翼은 2월 20일경까지 독립선언서의 초안 작성을 마치고, 각 학교에 배부하려고 막 인쇄에 부치려 했다. 마침 그때 2월 23일경 이승훈李昇薰과 박희도朴熙道 간의 교섭이 성립되었기 때문에, 김원벽金元璧은 이 선언서의 원고를 경성 승동 예배당에서 태워 없앴다.

4. 독립선언서의 발표와 운동경과 개요

독립선언서는 당초 3월 3일 국장國葬 당일에 이를 발표하여 시위운동을 개시할 예정이었지만, 국장 당일에 이를 하는 것은 온당하지 않다는 주장이 다수를 차지하였다. 그래서 다시 이를 2일에 발표할 예정이었는데, 마침 그날이 일요일이라 기독교 측에서 이론異論이 있었으므로 3월 1일에 드디어 독립선언을 하여 시위운동을 개시하기로 결정하고, 이 취지를 주요한 각 지방 도시에 통지했다. 2월 27일 오후 6시경부터 약 한 시간 동안

---
[116] 이병주 : 1894~1971, 충남 논산출신, 1990년 애족장(1963년 대통령표창).

천도교에서 경영하는 보성사普成社에서 최남선崔南善이 기초한 독립선언서 2만 1000매를 인쇄하여 이를 각지에 배포했다. 경성 시내의 운동에 관해서는, 독립선언서 서명자 중 당시 경성에 있었던 20여 명이 2월 28일 밤 경성부 재동에 있는 손병희孫秉熙의 집에서 회합하여, 마침내 3월 1일 오후 2시를 기하여 경성 파고다공원에서 독립선언을 하기로 상의·결정했다. 그리고 학생 측 중, 각 전문학교는 그 교내에서, 또 각 중등학교 학생에 대해서는 각 학교 대표자를 정동예배당에 소집하여 보성전문학교 학생 강기덕康基德이 선언서를 교부하고 그는 '3월 1일 오후 2시를 기하여 파고다공원에서 독립을 선언하는 것으로 결정했으므로 이 취지를 학생들에게 전달하여 그 시간까지 집합할 것과 시위운동은 단지 우리들의 뜻을 표명함에 그 목적이 있으므로 행여나 조폭粗暴(거칠고 사나움)의 행위가 있어서는 안 된다.'는 취지를 말하여 학생들을 타이르고 해산했다. 여학생 측에게는 박희도朴熙道·김설준金卨俊이 주가 되어 시위운동에 참가하도록 권유했다. 그러나 그날 밤 도하都下 수만에 이르는 학생이 열광하고 살기어린 불온의 기운이 팽배하여, 파고다공원에서 공공연히 독립선언을 하는 것은 도리어 광폭행위를 유발하는 원인이 된다하여, 3월 1일 아침에 급작스레 예정을 변경하여 인사동의 조선요리점 명월관明月館지점에서 독립선언의 축배를 들기로 하였다. 그리하여 당일 사고로 경성에 오지 못한 길선주吉善宙 외 3명을 제외한 29명이 명월관에 집합한 것을 체포했다. 그러나 3월 1일 오후 2시 전후가 되어 약 3000~4000명의 학생이 예정대로 종로 파고다공원에 집합하여 독립선언서를 낭독하고 일제히 만세를 외치고, 종로의 서쪽으로 향하여 시위운동을 시작했다. 그러자 군중이 이에 부화附和하여 그 수는 수만에 이르렀고, 후에 몇 대隊로 나누어 덕수궁·대한문 앞 각국 영사관 앞에 이르러 만세를 높이 불렀다. 또는 군중을 향해 독립연설을 하며 시내를 줄지어 누비고 다녔는데, 당일 국장國葬의 모습을 삼가 뵙기 위해 지방에서 경성에 온 자도 수십만에 달해 그 혼잡은 이루 말할 수 없었다. 그리고 같은 날 이 운동은 평안남도 평양·진남포·안주, 평안북도 의주·선천, 함경남도 원산의 6개소에서도 발발하였다. 이어 3월 2일에는 황해도 해주·수안, 5일에는 전라북도 군산, 8일에는 본도 대구, 10일에는 강원도 철원, 함경북도 성진, 충청남도 강경, 전라남도 광주, 11일에는 경상남도 부산진, 19일에는 충청북도 괴산 등 순차로 전全조선에서 발발하였다. 그리고 50명 이상의 소요발생지는 총 618개소이고, 회수는 847회, 소요인원은 58만 7641명에 달하며, 시위운동은 날이 갈수록 점차 악화하여 폭행도 있게 되었다. 그리고 이번 소요에서 가장 민심을 자극한 것은, 선동적 문서의 배포와 폐점, 사직권고 등의 협박문서의 배포이고, 소요는 이로 인해 한층 더 그 범위가 확대됐고, 또 심각할 정도로 상태를 악화시켰다고 판단된다. 3월 1일 발표한 독립선언서는 아래와 같다.

선언서117)

우리는 이제 우리 조선국이 독립국이고 조선 및 조선인이 자유민임을 선언한다. 이 선언을 세계만방에 알려 인류평등의 대의를 분명히 하고, 이를 자손만대에 알리고 민족자존의 정당한 권리를 영원히 누리게 하려한다. 반만 년 역사의 권위에 의지해서 독립을 선언하며, 2천만 민중의 충성을 모아 이것을 널리 밝히며, 민족의 오래도록 변함없는 자유 발전을 위하여 이를 주장하며, 인류적 양심의 발로에 기인한 세계 개조의 큰 기회와 운수에 맞추어 함께 나아가기 위해 이를 제기하는 바이다. 이는 하늘의 분명한 명령이며, 시대의 대세이고, 전 인류가 함께 존재하고 함께 살아갈 권리의 정당한 움직임이로다. 천하의 무엇이라도 이를 가로막아 멈추게 할 수 없다.

낡은 시대의 유물인 침략주의와 강권주의의 희생이 되어, 유사 이래 수천 년에 처음으로 이민족에게 억눌려 구속당하는 고통을 맛본 지 10년이 지났다. 그동안 우리의 생존권을 빼앗겨 잃은 것이 그 얼마이며, 정신적 발전에 장애가 됨이 그 얼마이며, 민족의 존엄함과 영화로움을 훼손당함이 그 얼마이며, 새롭고 날카로운 독창성으로 세계문화의 큰 조류에 기여하고 보조할 기회를 상실함이 그 얼마였던가!

아, 지난날의 억울함을 드러내어 세상에 널리 알리려면, 지금의 고통을 벗어나려면, 앞날의 위협을 베어 없애려면, 민족의 양심과 국가 위엄의 위축과 소잔銷殘을 분발·신장시키려면, 각 개인의 인격을 정당하게 발전시키려면, 가련한 자손들에게 쓰라리고 수치스러운 재산(현실)을 물려주지 않으려면, 자자손손 영구하고 완전한 경사스러움과 복됨을 이끌어 맞이하게 하려면, 그 최대 급무는 민족의 독립을 확실히 하는 데 있다. 2천만 각 개인이 한 치의 칼을 품에 품고, 인류의 공통된 본성과 이 시대의 양심이 정의의 군대와 인도人道의 방패와 창을 가지고 지키고 돕는 오늘날, 우리가 나아가 취함에 어떤 강력한 자인들 꺾지 못하며, 물러나서 일을 도모함에 무슨 뜻인들 펴지 못하겠는가?

병자수호조규丙子修好條規118) 이래 때때로 여러 가지 금석맹약金石盟約을 삼켰다(일본이 약속

---

117) 선언서 : 독립선언서를 풀어 쓴 것이 고등학교 교재로 이미 배포되어 있는 것이 있는데 여기에서도 거의 그대로 옮겼다. 이 원저(일본문)의 내용도 독립선언서(원문)와 거의 차이가 없다.
118) 병자수호조규 : 1876년(고종 13년) 조선과 일본 간에 체결된 수호조약. 한·일 수호조약(韓日修好條約)·

을 지키기 않았다)고 일본의 신의 없음을 죄주려는 것도 아니다. 일본의 학자는 강단에서, 그들 정치가는 실제 속에서 우리 조상 때부터 대대로 전하는 사업을 식민지로 간주하고, 우리 문화민족을 미개인으로 대우하여 오로지 정복자의 쾌락만을 탐닉할 뿐이며, 우리의 오래된 사회기초와 탁월한 민족정신을 무시한다고 일본의 의리 없음을 책망하려는 것도 아니다. 자신을 채찍질하고 격려하는 데 급급한 우리는 남을 원망할 여유가 없다. 현재의 처지를 수습하기에 급한 우리는 오랜 잘못을 응징하고 따져 밝힐 겨를이 없다. 오늘날 우리가 맡은 일은 단지 자기를 건설하는 것일 뿐, 결코 남을 파괴하려는 것이 아니다. 엄숙한 양심의 명령에 따라 자신의 새 운명을 건설하려는 것이다. 결코 묵은 원한과 일시적 감정에 의해 남을 시기하여 배척하려는 것이 아니다. 낡은 사상과 묵은 세력에 얽매인 일본정치가의 공명심에 희생이 된 부자연스럽고 불합리한 잘못된 상태를 바로 잡아 고쳐서, 자연스럽고 합리적인 정도正道의 큰 원칙으로 돌아가게 하려는 것이다. 당초 민족적 요구로부터 나오지 않은 두 나라 병합의 결과가, 마침내 고식적姑息的·위압적·차별적 불평등 및 통계 숫자상의 허식 아래서 이득과 손해가 상반되는 두 민족 간에 영원히 화합할 수 없는 원한의 구덩이를 점점 깊게 만드는 오늘날의 실제 양상을 보라. 용감하고 총명한 과단성으로 묵은 잘못을 바로잡고, 진정한 이해와 동정을 기본으로 하는 우호적인 새 국면을 여는 것이, 서로 간에 화를 물리치고 복을 불러들이는 지름길임을 분명히 알아야 하지 않겠는가? 또 2천만의 분한 마음과 원한이 쌓인 민족을 위력으로 구속하는 것은, 단지 동양의 영원한 평화를 보장하는 길이 아닐 뿐더러, 이로 인해서 동양의 안정과 위태로움의 주축인 4억만 중국인의 일본에 대한 두려움과 시기와 의심을 점점 짙게 하여, 그 결과로 동양의 전체 판국이 함께 쓰러지고 함께 망해버리는 슬픈 운명을 초래할 것이 분명하다. 오늘날 우리 조선의 독립은, 조선인으로 하여금 정당한 방책을 이루게 함과 동시에 일본으로 하여금 그릇된 길로부터 나와 동양을 지탱하는 자로서의 중요한 책임을 다하게 하고, 중국으로 하여금 몽매에도 떨쳐버리지 못하는 불안과 공포로부터 벗어나게 하고, 또 동양 평화에 있어 중요한 일부가 되는 세계평화와 인류의 행복

강화도조약(江華島條約)이라고도 한다. 이 조약이 체결됨에 따라 조선과 일본 사이에 종래의 전통적이고 봉건적인 통문관계(通文關係)가 파괴되고, 국제법적인 토대 위에서 외교관계가 성립되었다. 이 조약은 일본의 강압 아래서 맺어진 최초의 불평등조약이라는 데 특징이 있다. 대원군의 쇄국정책에 맞서 개화론자들은 부국강병을 위해서 개화사상을 도입하고 문호를 개방하여 대외통상을 해야 한다고 주장하였다. 이 조약에 따라 당시 조선은 부산 외에 인천, 원산의 두 항구를 개항하게 되었다. 이 불평등한 조약으로 조선은 서양 여러 나라와 통상을 시작하게 되고, 문호를 개방함으로써 서양의 신문명을 수입하는 반면에 열강의 침략을 받게 되는 시발점이 되었다.

에 필요한 단계가 되게 하려는 것이다. 이것이 어찌 구구한 감정상의 문제이겠는가?

아아, 새로운 천지가 눈앞에 펼쳐졌다. 위력의 시대는 가고, 도의의 시대가 왔다. 과거 한 세기 동안 갈고 닦아 길러진 인도주의적 정신이 이제 막 새로운 문명의 서광을 인류의 역사에 비추기 시작하였다. 새봄은 세계에 도래하여 만물이 소생하기를 재촉하고 있다. 얼어붙은 얼음과 차가운 눈발에 숨도 제대로 못 쉬며 웅크리고 있던 것이 저 지난날 한 형세였다면, 화창한 봄바람과 따뜻한 햇볕에 기맥氣脈을 마음껏 펼치는 것은 오늘의 형세이다. 천지의 회복된 운세를 맞이하고, 세계의 변해가는 균형에 편승한 우리는 아무런 주저할 것이 없으며, 아무런 거리낄 것도 없다. 우리 고유의 자유권을 온전히 지켜 왕성하게 사는 즐거움을 마음껏 누리며, 우리의 자족한 독창력을 발휘하여 봄기운이 가득한 온 세계에 민족의 빼어난 문화를 열매 맺게 해야 한다.

우리는 이에 힘차게 떨치고 일어났다. 양심은 우리와 함께 있으며, 진리는 우리와 함께 나아간다. 남녀노소는 어둡고 답답한 옛 둥지로부터 활발히 일어나, 온 세상의 군중과 함께 기쁘고 유쾌한 부활을 이루려고 한다. 천대·백대가 되는 먼 조상들이 우리를 은밀히 돕고, 전 세계의 기운은 우리를 밖에서 보호한다. 시작이 곧 성공이다. 다만, 앞쪽의 밝은 빛을 향하여 병진倂進할 따름이다.

공약 3장

1. 오늘 우리의 이 거사는 정의·인도·생존·번영을 위한 민족적 요구로서 곧 자유의 정신을 나타내는 것이며, 결코 남을 배척하는 감정으로 달려 나가지 말 것이다.
1. 마지막 한 사람까지, 마지막 한 순간까지 민족의 정당한 의사를 시원스럽게 발표하라.
1. 모든 행동은 무엇보다도 질서를 존중하고, 우리의 주장과 태도를 어디까지나 떳떳하고 정당하게 해야 한다.

조선건국 4252년 3월 일

조선민족대표자

손병희孫秉熙, 길선주吉善宙, 이필주李弼柱,[119] 백용성白龍城, 김완규金完圭, 김병조金秉祚, 김창준金昌俊, 권동진權東鎭, 권병덕權秉悳,[120] 나용환羅龍煥, 나인협羅仁協, 양전백梁甸伯, 양만묵梁

---

[119] 이필주 : 1869~1942, 경기도 고양출신, 1962년 대통령장.

滿黙, 유여대劉如大, 이갑성李甲成121), 이명룡李明龍, 이승훈李昇薰, 이종훈李鍾勳, 이종일李鍾一, 임예환林禮煥, 박준승朴準承, 박희도朴熙道, 박동완朴東完,122) 신홍식申洪植, 신석구申錫九,123) 오세창吳世昌, 오화영吳華英,124) 정춘수鄭春洙, 최성모崔聖模,125) 최린崔麟, 한용운韓龍雲, 홍병기洪秉箕,126) 홍기조洪基兆

5. 도내의 만세소요

(1) 개황

본도는 왕년에 폭도가 제멋대로 날뛰던 지방일 뿐만 아니라, 주민 중에는 완고하고 사리에 어두운 양반 유생이 많다. 특히 안동군에는 이조의 석유碩儒(큰 유학자) 이퇴계李退溪의 후예로 병합 이래 배일 집단적 양상을 보이던 이씨 일족 및 병합에 분개하여 국외로 달아나 맹렬히 불령운동에 종사한 이상의李象義127)의 일문一門이 있다. 또 영덕군 영해지방 같은 곳은 민심이 모질고 사나워, 한국시대에 일찍이 악정을 했다 하여 그때의 군수 이 모某를 살해했고, 또 군수 김 모某를 대문짝에 묶어 군 밖으로 실어낸 지방이며, 완고한 양반들은 구습에서 벗어나지 못한 채 각 동네를 나누어 차지하고 있으면서 거리낌 없는 행동을 하고 있다. 그밖에 사람들의 기질이 험악한 지방도 적지 않다. 따라서 소요발생 건수는 타도에 비해서 의외로 많지는 않지만, 이따금 흉포함이 극심하여 그 심한 경우에는 대규모로 강습强襲을 하거나 혹은 완연히 폭도의 양상을 이루는 자도 있다. 소요장소는 102개소, 그 횟수는 102회이며 소요자의 총 인원수는 2만 178명에 달하고, 진압하기 위하여 무기를 사용한 일은 8개 장소·10회(그중 6회는 발포)이며, 관헌 측의 손해는 부상자 13명을 헤아리고, 폭도의 사상자는 죽은 자가 26명·부상자 69명이다.

---

120) 권병덕 : 1867~1944, 충북 청원출신, 1962년 대통령장.
121) 이갑성 : 1889~1981, 경북 대구출신, 1962년 대통령장.
122) 박동완 : 1885~1941, 서울출신, 1962년 대통령장.
123) 신석구 : 1875~1950, 충북 청원출신, 1962년 대통령장.
124) 오화영 : 1880~미상, 서울출신, 1989년 대통령장.
125) 최성모 : 1874~1937, 황해도 해주출신, 1962년 대통령장.
126) 홍병기 : 1869~1949, 서울출신, 1962년 대통령장.
127) 이상의 : 원문 李象羲(이상희)는 오식이다.

소요경로는 독립선언서 서명자 33명 중의 한 사람인 이갑성李甲成이 대구의 이만집李萬集[128])에게 권유했음이 발단이 되어, 기독교학교의 교사·학생이나 일본 또는 경성으로부터 귀환한 학생·기독교 목사·신도들이 주동자였다.

그리하여 본도에서의 소요는, 3월 8일 대구에서 기독교 북장로파가 경영하는 학교와 공립고등보통학교[129]) 학생 등이 시위운동을 개시하여 군중이 이에 따르게 되었다. 그 수 약 800명이 시중市中을 줄지어 돌아다닌 것을 시작으로 하여, 점차 군부각지郡部各地에서 발발하여 3월 중순 의성군지방에서 극히 집요하였고, 또 17일부터 23일에 걸쳐서는 안동군 각 지방으로 확산되었다. 같은 달 18·19일에 걸쳐 영덕군 영해면 병곡·창수지방의 두 곳에서는 폭민暴民이 관공서를 파괴하는 등 극도로 광폭하였고, 4월 2일 성주읍에서는 약간 대규모의 소요가 있었지만 4월 중순부터 거의 진정되었다. 같은 달 28일 달성군 공산면에서 약 8명의 한 무리가 만세를 고창高唱함을 끝으로 완전히 가라앉게 되었다. 소요 관계자로서 사법처분에 회부된 자는 1823명이고 그 외 검속 처분자는 926명에 달했지만, 기록 전부를 종합하면 각지에서 일어난 소요의 많은 것이 실행되기까지는 수일 내지 십수 일 동안의 준비행동이 있었음은 우리가 이러한 범죄를 경계하고 방지하는 데 있어서 참고로 할 만한 점이 있다. 한편 사법처분에 부친 자 혹은 폭민 측 사망자의 성명 등이 판명되지 않은 것도 있다. 장래의 사찰 상 이 점에 대해서 상당한 조사를 해 둘 필요가 있는 것으로 간주된다. 그리고 이 동안 곽종석郭鍾錫[130])·장석영張錫英[131])·김창숙金昌淑 등을 주범으로 하는 독립청원운동사건, 이시영李始榮·김응섭金應燮·남형우南亨佑·서상일徐相日[132]) 등을 주범으로 하는 조선국권회복단중앙총부사건 및 김수길金壽吉[133])·최재화崔載華[134]) 등을 주범으로 하는 관공리사직권고·폐점협박사건 등(상세한 내용은 전부 제7장 중요범죄 항목에 기재하였음)과 같은 중요범죄를 검거하였다.

---

128) 이만집 : 1876~1944, 경북 대구출신, 1999년 애국장.
129) 고등보통학교 : 일제 강점기에, 우리나라에서 조선인이 다니는 초등학교를 보통학교라 했고, 보통학교를 졸업하고 중등교육을 받기 위해서 입학하는 인문계 학교를 고등보통학교라고 했다. 그러나 기독교 계통의 중등학교는 이러한 원칙에 따르지 않았다(계성학교, 신명여학교). 이에는 사립과 공립, 남학교와 여학교가 있었다. 그런데 일본인 학교는 조선인 학교와 달리 초등학교를 소학교, 중등학교를 중학교라고 하였다. 일제 말에는 조선인 학교 명칭이 일본인 학교 명칭과 동일하게 바뀌었다.
130) 곽종석 : 1846~1919, 경남 거창출신, 1963년 독립장.
131) 장석영 : 1851~1926, 경북 칠곡출신, 1980년 독립장.
132) 서상일 : 1887~1962, 경북 대구출신, 1990년 애족장(1963년 대통령표창).
133) 김수길 : 1902~1932, 경북 김천출신, 1990년 애족장(1982년 대통령표창).
134) 최재화 : 1892~1962, 경북 구미출신, 1990년 애족장(1980년 대통령표창).

(2) 대구부府 내

미국 북장로파 남성정町교회 목사 이만집李萬集은 2월 24일경 독립선언의 서명자 이갑성李甲成이 내방하여 독립시위운동에 대하여 진력해 줄 것을 권유받은 사실이 있었지만, 성공을 의심하여 곧 찬성을 하지 않았다. 그러다가 3월 4일 선언서가 도착하고 각지의 시위운동이 보도됨에 따라, 이에 결심한 바가 있었다. 그리하여 동지를 규합하려고 먼저 같은 파의 목사 김태련金兌鍊135)과 이야기하여, 자기는 독립운동 권유를 맡고 김태련金兌鍊은 선언서 등 기타 준비를 관장하기로 했다. 그리고 사건발생 전에 이만집李萬集은, 장로파부속 계성학교 교사 백남채白南採136)·최상원崔相元137)·김영서金永瑞138)와 같은 파인 신명여학교 교사 이재인李在寅139)과 함께 2월 18일부터 3월 9일까지 도내 각지에서 소집되어 장로파 주최의 대구성경학원 성서강습에 참가 중인 신도 50명 중 14·15명에게 소요참가를 권유했다. 김태련金兌鍊은 7일 밤 자택에서 독립선언서 200매를 등사판으로 인쇄하고, 한국국기 대소 약 40개를 준비하여 3월 8일을 기하여 운동을 개시하기로 했다. 또 평양 숭실대학 학생 김무생金武生140)도 3월 7일 대구에 잠입해 대남大南여관에 숙박하며 계성학교 교사 최상원崔相元에게 남부조선의 선구자로서 독립운동을 일으킬 것을 권고했다. 이어 최상원崔相元은 그 여관집 아들인 대구공립고등보통학교 4학년생 허범許範141)에게 이를 전하고, 그자는 동교 4학년생 급장인 신현욱申鉉旭142)과 상의하여 동교 3학년생 백기만白基萬143)·2학년생 하윤실河允實144)·1학년생 김수천金洙千145)에게 전했으며, 이들이 동교 일반학생에게 권유하였다. 한편 최상원崔相元은 계성학교 교사 김영서金永瑞와 함께 그 학교의 학생들을 움직였다. 한편 신명여학교 학생들은, 김영서金永瑞의 처가 동교 교사인 관계상 동일보조로 나아간 것 같다. 이보다 앞서 3월 초순 경성 기타 조선 서부지방에서 독립운

---

135) 김태련 : 1879~1943, 경북 대구출신, 1990년 애족장(1968년 대통령표창).
136) 백남채 : 1888~1950, 경북 경산출신, 1990년 애족장(1977년 대통령표창).
137) 최상원 : 1890~1974, 경북 김천출신, 1990년 애족장(1986년 대통령표창).
138) 김영서 : 1880~1972, 부산출신, 1990년 애족장(1977년 대통령표창).
139) 이재인 : 1887~1968, 경북 대구출신, 1992년 대통령표창.
140) 김무생 : 1898~1971, 경북 경산출신, 1990년 애족장(1968년 대통령표창).
141) 허 범 : 생몰연대 미상, 경북 대구출신.
142) 신현욱 : 생몰연대 미상, 경북 대구출신.
143) 백기만 : 1902~1969, 경북 대구출신.
144) 하윤실 : 생몰연대 미상, 경북 영천출신.
145) 김수천 : 생몰연대 미상, 경남 거창출신.

동을 개시한 데에 영향을 받아 이곳에서도 불온한 형세가 있음을 탐지하고, 천도교 교구장 홍주일(洪宙一)146) 외 2명의 거동에 의심할 점이 있어 3월 4일 이들을 검속(檢束)147)하였다. 또 3월 7일에는 전술한 운동기획을 탐지하게 되어 그날 바로 주모혐의자의 일부를 검속함과 동시에 수사와 경계를 하고 있었지만, 3월 8일 끝내 소요의 발발을 보게 되었다.
상황은 아래와 같다.

제1회

3월 8일 오후 3시경 대구공립고등보통학교 학생 200여 명은, 대구부 내 대봉정에 있는 학교를 나와 당일 마침 장이 서고 있는 서문시장 부근에 이르게 되자, 목사 이만집(李萬集)과 김태련(金兌鍊)이 선도가 되어 서문시장에 들어갔다. 이보다 앞서 삼삼오오 서문시장과 그 부근에 집합해 있던 계성학교 학생들과 장로파 신도·그 외 민중들이 이에 참가하여 약 700명이 한 무리가 되어 독립만세를 외치고 독립선언서와 소형 한국기를 뿌리면서 본정에서 경정을 거쳐 동성 3정목으로 행진하자, 장로파인 신명여학교 학생 약 50명이 남성정 방면으로부터 만세를 연호하며 나타나 시위무리에 참가했다. 그리하여 경계하던 경찰관은 시종 이들을 따라다니며 주도자를 주목하고 있었는데, 오후 3시 30분경 대구경찰서와 대구헌병 분대가 협력하여 앞서 말한 동성정에서 그들의 진행을 저지하여 주모자와 그 외 157명을 체포하고 나머지는 해산시켰다.

제2회

3월 10일 오후 4시에 장이 서고 있는 부내 덕산정시장에서 기독교도가 주모자가 되어 학생기독교도를 중심으로 하는 약 100명의 무리가 한국기를 높이 들고 독립만세를 고창했다. 그러자 순식간에 수가 늘어 약 200명이 한 무리가 되어 시위운동을 개시하였으므로, 당장 해산을 명하고 주된 자 65명을 체포하여 오후 5시에 완전히 해산시켰다.

그 외 4월 1일 경정 1·2정목의 조선인 각 상점은 불령자의 협박으로 아침부터 모든 가게가 문을 닫았지만, 오후 1시까지 전부 개점토록 하였다. 그런데 다음날인 4월 2일에도 전날 문을 닫은 가게의 일부와 서문시장 부근의 조선인 가게 약 80호가 가게문을 닫았지만, 오후 1시경까지 모든 가게에 유시(諭示)(타일러 지시함)하여 가게를 열게 했다. 이 사건

---

146) 홍주일 : 1875~1927, 경북 청도출신, 1990년 애국장(1977년 건국포장).
147) 검속 : 범법의 혐의가 있는 사람을 한동안 경찰서 같은 곳에 가두어 두는 일.

의 협박자는 기독교 계성학교 학생과 그 외에 신교육을 받은 청년배이고, 범인의 대부분을 5월 중순에 검거했다.

(3) 달성군 공산

4월 26일 공산면 미대동의 양반 채갑원蔡甲元[148]의 집에 같은 동네의 일족 4명이 회합하여 조선각지의 독립시위운동을 본받아 독립만세를 부르기로 모의했다. 그날 오후 10시경 4명이 함께 미대동 동쪽 여봉산礪峯山에 올라가 만세를 외쳤다. 다시 4월 28일 앞에 말한 4명에 동민 4명이 참가하여 여봉산에서 독립만세를 외친 것을 공산주재소에서 알고 전부 검거하였다.

(4) 의성군

의성군에서의 소요는, 그 군의 안평면 괴산동 장로파교회 조사助事[149] 김원휘金原輝[150]란 자가 선동했다. 그는 평양신학교에 입학할 목적으로 2월 28일 교회당을 출발하여 3월 3일 평양에 도착하였는데, 그곳의 소요 때문에 입학이 불가능하게 되었다. 그런데 그곳에서 직접 소요상황을 목격하고 그달 6일에 돌아와 같은 파인 비안면 쌍계동교회 목사 박영화朴永和[151]를 설득하였다. 그달 10일 대구소요를 목격하고 돌아온 같은 파의 안평면 괴산동교회 영수領袖 박우완朴又完과 대구 계성학교 학생 박상동朴尙東[152] 등이 참가하여 비안공립보통학교 학생 및 비안면 안평동지방의 기독교도를 선동해서 이 소요가 일어난 것인데 상황은 아래와 같다.

1) 비안면 비안과 그 부근

3월 12일 오전 10시 30분 비안공립보통학교에서 수업개시의 종을 치자 학생들은 교사의 명령을 기다리지 않고 바로 교실에 들어가려고 하므로 교장과 교사가 이를 제지하고

---

[148] 채갑원 : 1894~미상, 경북 대구출신, 1992년 대통령표창.
[149] 조사 : 장로교에서 목사를 도와 전도하는 직분.
[150] 김원휘 : 1884~1949, 경북 의성출신, 1990년 애족장(1980년 대통령표창).
[151] 박영화 : 1859~1923, 경북 의성출신, 1990년 애족장(1980년 대통령표창).
[152] 박상동 : 1894~1948, 경북 의성출신, 1990년 애족장(1980년 대통령표창).

일단 교실 밖에 정렬케 했는데, 학생들의 거동이 불온한 상태였다. 교장은 사태가 수월치 않을 것이라 판단하고 학생들에게 분별없는 행동을 하지 말도록 간곡히 타일렀다. 또 급장 6명을 사무실에 집합시켜 단속하던 중, 앞마당에 정렬하고 있던 학생 100여 명이 갑자기 교실에 난입하여 각자의 소지품을 들고 학교 뒤의 조그마한 산에 올라가 독립만세를 고창하기에 이 형세를 알아차린 사무실 안에 있던 급장 6명 중 4명도 실외로 뛰쳐나가 다른 학생들과 합쳐 만세를 연호連呼했다. 그곳 주재소 순사는 곧 현장에 가서 교원과 협력하여 이들을 해산시키고 주모자 3명을 체포했다.

그런데 비안보통학교 학생들은 사방으로 흩어졌다. 그 뒤 그 일부는 비안면 쌍계동 집에 돌아와 그날 오후 1시경 그 동리의 기독교도를 중심으로 약 100명(반수는 학생)의 무리가 각자 한국기를 흔들면서 쌍계동교회당으로 가서 만세를 부르고, 마을 안을 줄지어 다닌 후 뒤편의 작은 산에서 만세를 고창하고 해산했다.

이 통보를 받은 의성경찰서의 조선인 경부警部 1명과 순사부장 1명이 급행하여 오후 4시 비안주재소에 도착하여 그곳 주재소 소원과 함께 쌍계동으로 출발하여, 주모자 박영화朴永和 외 4명을 체포했다.

3월 13일 오후 8시경 농민 약 20명이 비안 우牛시장에 집합하여 한국기를 들고 독립만세를 고창하였다. 이에 주모자인 비안면 동부동 김석근金石根153)을 체포했는데, 다른 자는 모두가 도주했다.

3월 16일 오후 9시경 비안면 이두동과 장춘동에서 아동兒童을 주로 한 농민 약 100명이 집합하여 시위운동을 하고 독립만세를 고창하였다. 이에 비안주재소로부터 순사 4명이 출장하였고, 순사의 모습을 보자 그들은 바로 사방으로 흩어졌다. 주모자를 전부 체포했다.

2) 안평면

3월 16일 오후 7시경 안평면 대사동의 기독교 장로파 영수 이종출李鍾出154) 동同 김옥돈金玉頓155)・집사 이양준李良俊156)과 그 외 신도의 일부는 대사동민을 선동하여, 약 100명이 일단이 되어 한국기를 들고 독립만세를 고창하며 온 동네를 줄지어 다니다가 오후 10시

---

153) 김석근 : 본명 金碩根, 1894~1947, 경북 의성출신, 2007년 건국포장.
154) 이종출 : 1890~1966, 경북 의성출신, 1990년 애족장(1980년 대통령표창).
155) 김옥돈 : 1889~1975, 경북 의성출신, 1990년 애족장(1982년 대통령표창).
156) 이양준 : 1890~1921, 경북 의성출신, 1990년 애족장(1968년 대통령표창).

경 해산했다. 그러나 다음날 17일이 되어, 위의 주모자들은 다시 대사·괴산·마전·창길의 각 동 기독교도와 농민 400명을 선동하여 안평주재소 앞에 집합하였다. 그리고 그곳에서 약 10분 동안 한국국기를 흔들고 독립만세를 고창한 후, 같은 면 하녕동에 이르러 해산하였다. 급보를 받은 의성경찰서로부터 순사부장 이하 2명이 급행하여 안평주재소 순사와 협력하여 주모자 이하 12명을 체포했다.

또 같은 날 안평면 석탑동에서 그 동의 기독교회당 조사 권수백權秀伯의 선동으로 교도를 중심으로 하는 동민 약 30명이 태극기를 흔들고 독립만세를 고창하였으므로 주모자 3명을 검거하고 즉시 해산시켰다.

3) 봉양면 사부동

3월 17일 오후 11시경 봉양면 사부동에서 동민 약 100명이 집합하여 독립만세를 고창하고 스스로 해산하였다. 도리주재소로부터 순사 이하 3명이 현장에 급행하여 주모자 3명을 체포하였다.

4) 안평면 도리원

3월 19일 기독교도의 사주使嗾·선동으로 안평면민 약 700명이 각자 도시락을 가지고 그 면 도옥동 냇가에 집합하여, 그 일부가 도리원으로 가서 그곳 주재소를 습격했다. 또 일부는 의성으로 가서 경찰서를 습격하여, 소요사건 때문에 유치중인 피고인을 탈환하려 한다고 고함을 쳤다. 형세가 불온하므로, 의성경찰서에서는 당시 비안주재소에 응원·출장 중이었던 조선인 경부 1명·순사 2명·헌병 상등병 2명을 도리주재소에 급파함과 동시에, 장이 서고 있는 도리시장을 폐쇄하여 경계했다. 그러던 중에 오후 1시 30분경이 되어 폭민은 약 1000명으로 늘어났다. 그리고 일부는 곤봉을 휴대하고 만세를 고창하면서 도리주재소에 쇄도하여 제지를 무릅쓰고 맹렬히 투석投石하여 사무실의 창문유리 21매를 파괴했으므로, 부득이 발포하여 해산시켰다. 발사한 실탄수는 보병총탄 9발·기총탄157) 2발·권총 17발이다. 폭민 측은 죽은 자 1명·부상자 6명이고, 우리(일본) 측은 순사 1명이 부상하였다. 주모자 이하 51명을 검거하였다.

---

157) 기총탄 : 기병 등이 사용하는 소총의 탄알.

5) 점곡면

3월 19일 오후 9시 점곡면 송내동의 기독교도 및 내촌동과 그 부근 동민 약 500명이 내촌동에서 태극기를 흔들고 독립만세를 고창하며 시위운동을 시작하여 제지에 응하지 않고 불온한 형세에 있으므로, 위협발포를 하여 바로 해산토록 하였다. 그곳에서의 소요는 송내동 기독교회 조사 권수백權秀伯의 선동에 기인한 것으로서 21명을 검거하였다.

6) 의성읍

3월 18일 의성읍시장에서 안평·의성·소문 각 면의 기독교도와 학생을 중심으로 한 시위운동이 행해질 것이라는 정보가 있어, 아침부터 엄중경계를 하는 동시에 시장에서 용의자 15명을 검속하였다. 그런데 오후 1시경이 되자 그날은 사람들이 아주 많이 나와 있었고 의성보통학교 학생도 역시 동요의 조짐이 있어 형세가 매우 불온했으므로, 오후 1시 30분에 마침내 시장의 폐쇄를 명했다. 그러자 2시경에 시장 쌀가게의 일각에서 태극기를 흔들고 독립만세를 고창하는 약 10명의 일단이 이등二等도로를 향해 행진을 시작하였다. 그래서 주모자 박낙현朴洛鉉[158]·윤영주尹營柱[159] 외 7명을 체포하였다.

박낙현朴洛鉉은 소문면 대리동 기독교교회 영수로서 대구에서의 사경회에 출석하고, 3월 8일 그곳(대구)의 시위운동에 참가한 자이다. 그리고 의성보통학교 졸업생 윤영주尹營柱는 그 학교 학생들이 이 시위에 참가하도록 제반 연락을 해두고 있었지만, 박낙현朴洛鉉 등의 검거가 의외로 빨랐기 때문에 이에 참가할 틈이 없었던 것이다.

7) 신평면

3월 25일 오후 11시경 신평면 덕봉동과 중률동의 기독교도 약 25명이 덕봉동에 집합하여 태극기를 흔들고 독립만세를 고창하며 면사무소에 도달하여 다시 신평주재소로 향해 나아가는 것을 발견했다. 곧 해산을 명령하고, 주모자 이하 12명을 검거하였다.

(5) 안동군

안동군 내의 소요의 중심이 된 자는 기독교도 외에 양반 유생과 그 자제 등이다. 이들

---

[158] 박낙현 : 1887~1957, 경북 의성출신, 1990년 애족장(1982년 대통령표창).
[159] 윤영주 : 1893~1988, 경북 의성출신, 1992년 애족장.

중 다수는 타他의 선동과 각지의 파동波動에 따라, 차제에 시위운동에 참여하지 않을 경우 독립 후 남으로부터 배척을 받아 어떠한 괴로움을 당할는지 예측할 수 없다하여 운동에 참가한 자가 대부분이다. 그러나 그중에는 한일병합을 불평하는 배일사상의 입장에서 참가한 자도 상당수가 있었고, 유언비어가 난무하고 민심이 동요하여 그 귀추를 잘못 판단하고 있는 가운데 협박·선동도 있게 되어 마침내 소요를 일으키게 된 것이다. 그리고 예안지방의 소요가 비교적 크게 일어나게 된 데는, 종래 그 지방에는 이李와 신申의 두 큰 양반이 있어서 서로 세력을 뻗쳐 화합할 수 없는 사이였으므로, 독립 후 서로 권세의 승리자가 되려고 다투어 소요에 가담하였던 것이다.

1) 예안

제1회

3월 17일 오후 3시 30분경 약 20~30명의 일단이 읍내 뒤편 선성산宣城山에 올라가 그 고지에 있었던 어대전御大典 기념비를 쓰러뜨리는 동시에 한국독립만세를 외치는 것을 신호로, 당일 장이 열린 시장통에 집합한 약 80~90명의 집단이 태극기를 흔들고 한국독립만세를 고창하며 시위운동을 개시하였다. 그리하여 당장 주모자 이하 15명을 체포하고 나머지는 해산시켰다. 그랬더니 일단 해산했던 군중들은 10명 내지 30명씩 각처에 집합·모의하고 있었으므로, 해산토록 힘쓰는 동시에 주모자 검거에 종사했다. 그러던 중 오후 6시경에 이르러 점차 군중들이 주재소 앞으로 몰려와 피고인을 돌려줄 것을 강요하며, 해산을 명령했는데도 응하지 않았다. 군중은 시시각각 증가하여 그 수는 약 1500명이 되고 독립만세를 고창하며 광분하여 주재소에 쇄도하므로, 주재순사는 미리 파견되어 와 있던 수비병과 협력하여 침입을 막았다. 그러나 그들은 앞문과 뒷문을 통하여 주재소 구내로 침입하여 피고인을 탈환하려고 흙과 모래·기왓장·자갈돌을 던져 유리장지(미닫이) 문짝 5장을 부수고 또 사무실 입구 문짝을 파괴하여 침입하려고 했다. 이에 경찰관은 칼을 빼들고 수비병은 공포空砲를 발사하여 퇴산退散시키고 주모자 이하 25명을 체포하였다.

제2회

3월 22일 예안에서 장이 열리는 아침부터 형세가 불온한 조짐이 있어 경계하던 중에, 약 500명의 군중이 해질 무렵부터 몇 개의 무리로 갈리어 동부동·서부동·선성산에 집단을 이루어 오후 7시경부터 서로 호응하여 독립만세를 고창하기 시작했다. 그래서 가장 밀집한 읍내 시장통의 군중해산에 힘쓰고 있던 일본순사 2명은 폭민에 포위되어 부득이 칼을 빼들고 방어했다. 그러던 중에 수비병 하사 이하 6명이 돌격하여 실탄을 발사해서 해산케 했다. 폭민 수는 약 750명이었고, 13명을 부상케 했으며, 주모자 3명을 체포하였다.

2) 안동

제1회

3월 17일 예안에서의 소요가 있었던 결과로 안동부근의 인심이 매우 동요하여, 다음날 18일은 아침부터 불온의 조짐이 있었다. 오후 3시경부터 불온문文을 기재한 종이쪽지를 시장에 살포하는 자가 있었다. 3시 30분이 되자 갑자기 기독교도를 중심으로 한 약 100명의 군중이 한국기와 한국독립만세라고 크게 쓴 깃발을 선두로 시위운동을 개시하였으므로, 주모자로 보이는 14명을 체포하고 해산시켰다. 오후 6시가 되어 다시 기독교도를 중심으로 한 약 60명의 일단이 시위운동을 개시했는데 이들을 당장 해산시켰다. 그런데 밤이 되어 점점 더 불온의 경향이 있었다. 오후 12시가 되어 읍내각처에서 독립만세를 고창하였고, 다음날 19일 오전 0시 50분경에는 약 2500명의 집단이 되어 군청·경찰서·안동법원지청 등에 밀려와서, 안동지청에 방화하려고 하는 자가 있었다. 그리하여 경찰관은 칼을 빼고, 수비대는 실탄을 발사하여 위협·해산케 했으며, 당일에 범인 17명을 체포하였다.

안동재향군인분회(일본)에서는 일반정세를 감안하여 경찰관헌(경찰관청)과 수비병에 대한 내면적 원조를 했다. 한편, 일반 일본인거류민에 대해서는 혹시 그들을 구호해야하는 일이 있을까 걱정하여, 차제에 그들과의 결속이 더한층 필요하다고 생각하여 이에 대한 시설을 기획하고 있었다. 일반 일본인거류민도 이들(일본) 동포와 선량한 조선인에 대해서 수수방관할 수 없다는 생각으로 같은 내용의 계획을 가지고 있었다. 결국 양자가 협의한 결과, 그날 안동자위단自衛團을 조직하고 이후 수비병의 취사와 그 밖의 내면적 원조에 힘을 기울였다.

제2회

3월 23일 아침부터 불온의 형세가 보여서 안동경찰서는 일본수비대와 협력하여 경계중이었다. 그러던 중 오후 7시부터 점차 불온의 사태가 나타나 7시 30분경 남쪽 산기슭에서 수십 명이 독립만세를 고창하고, 점차 읍내부근 각 방면의 폭민이 서로 호응하여 읍내를 향해 밀려왔다. 오후 8시경에는 점점 더 그 수가 증가하더니, 마침내 사방에서 읍내로 침입해왔으므로 경찰관은 수비대와 함께 극력 제지하고 해산을 명해도 응하지 않았다. 그리하여 수비병이 30발의 공포를 발사하여 이를 위협했는데도 폭민은 조금도 겁내는 기색도 없이 "수비병의 총은 공포이다.", "주저할 것 없다.", "관공서를 파괴하라." 등을 소리 지르며 점점 더 그 수가 늘어 2500명이 되어 투석·폭행을 하기에 이르렀다. 그리하여 수비병이 마침내 그들에게 실탄을 발사하여 죽은 자 13명·부상자 20명의 손해를 입힌 결과, 마침내 그들은 흩어져 달아나 북쪽 산 위로 철수했다. 그러나 다시 산 위에서 만세를 고창하다가, 오전 4시경 마침내 전부가 해산하였다. 이 소요는 안동군 서후·와룡·남선·남후·풍산의 각 면 지방에 있는 완고한 양반 유생들이 농민을 사주·선동한 데서 일어났던 것이다.

3) 길안면

3월 21일 오후 5시경 장이 서고 있는 천지(泉旨)시장 중앙에 농민 약 30명의 무리가 '한국독립만세'라고 쓴 큰 깃발 하나와 한국기 하나를 앞세우고 시위운동을 시작하였다. 극력 제지하며 해산시키려 했지만 이에 따르지 않고 점차 그 수가 증가하여, 오후 6시경에는 350여 명이 되어 길안면사무소에 밀려와 입구의 문짝 한 장과 유리 13매를 파괴하였다. 이어 천지주재소에 밀려가, 제지를 무릅쓰고 투석하거나 곤봉을 휘둘러 문의 전등과 유리창을 파괴하였으므로, 위협발포하여 퇴산시켰다.

4) 임하면

3월 21일 오후 5시경 농민을 주로 하는 약 100명의 폭민이 독립만세를 고창하면서 신덕주재소로 밀려왔다. 타일러 해산을 명했는데도 응하지 않고 폭행으로 나오려 해서 위협하기 위해 발포를 하자, 일시 퇴산하였다. 그러나 같은 날 오후 9시경 다시 약 300명이 한 무리가 되어 주재소에 쇄도하여 투석하거나 곤봉을 휘둘러 폭행하여 그 세를 당할 수 없었다. 그리하여 당시 그곳에 와있던 주재소의 순사보 2명은 부득이 뒷산으로 물러가 발포하여 그들을 해산케 했다. 그런데 이 싸움에서 폭민들은 주재소의 흙벽과 서류·비품 등을 모조리 부수었고, 이어 주재소 옆에 있는 면사무소도 습격하여 기구와 비품·서류 등을 남김없이 파괴하였다.

5) 임동면

3월 21일 오후 3시경 기독교도를 중심으로 한 약 10명의 무리가 중평동에서 독립만세를 고창했기에, 당시 편항鞭巷주재소로 응원 차 출장해 있었던 순사(당일 주재소 순사는 순사보 1명과 출장하여 그곳에 없었다)는 바로 현장에 와서 이를 제지하려고 하였다. 그러나 이미 폭민들이 약 300명의 집단이 되어 제지에 응하지 않을 뿐 아니라, 순사와 순사보를 포위하여 투석하거나 곤봉을 갖고 폭행으로 나오기 때문에 부득이 칼을 뽑아 혈로血路를 열어, 한때 주재소로 되돌아왔다. 그래도 폭민들은 이들을 추적해 와서 끝내는 주재소 구내에 난입하여 일부는 기구와 서류를 파괴하고 맹렬히 투석 폭행을 하는 등 사태 수습이 손쉽지 않았다. 부득이 권총으로 사격하였으나 불발로 효과가 없었으며 폭민은 점점 더 반항해 왔기 때문에, 다시 비치한 총기를 사용하려고 했다. 그러나 그 기회를 놓쳐 폭민에게 총기를 빼앗겼고 그들의 폭행은 더욱 더 악랄해졌다. 순사제복과 제모制帽·무기(권총 1·기총 2·칼 2·기총탄 32발·권총실탄 12발)까지 전부 탈취당하여 중과부적이었다. 그리하여 당시 그 주재소에 있던 순사 1명과 순사보 2명은 본서로 급보하기 위하여 주재소 밖으로 나갔다. 그런데 이때 주재소 내에는 300여 명의 폭민으로 가득 찼고, 그들은 소내 비품과 서류 등을 전부 파괴하고 있었다. 퇴각한 순사들은 바로 폭민에게 추적당하였고, 순사보 1명은 그 주재소에 있는 처자를 구해 간신히 달아났다. 그러나 순사 1명과 순사보 1명이 2정町여를 달아났을 무렵, 폭민의 돌과 곤봉 등으로 구타당하여 인사불성에 빠졌다. 그때 마침 조사사항 때문에 출장나갔던 동 주재소 순사 등이 돌아와, 그들의 도움으로 폭민의 추적을 당하면서 인접한 신덕주재소로 철수하였다. 앞에 말한 편항주재소를 파괴한 폭민의 일부는 그곳 면사무소를 습격하여 기구와 건물·서류 등 전부를 부수고, 이어 일본인 상점을 파괴해야한다고 고함치고 있었지만, 일부 동민의 제지로 이루지 못하였다. 그들은 그날 오후 12시가 되자, 주재소를 파괴해서 나온 목재를 쌓아올려 모닥불을 피우고 경종을 난타하여 사기를 고무하면서 순사와 순사보의 처를 죽여야 한다며 수색을 하였으나 찾지 못하고, 다음날 오전 2시경 전부 해산하기에 이르렀다. 소요 참가인원은 약 500명이지만, 이에 성원한 자는 1000명 이상의 군중이었다.

급보를 받고 안동경찰서로부터 순사 부장 1명과 그곳 수비병 하사 이하 8명이 응원 차 출발했지만, 그들이 그곳에 도착한 오전 5시에는 이미 폭민의 그림자도 볼 수 없었다.

6) 일직면

3월 21일 오후 11시경 일직면 망호동의 이구덕李九德[160] 외 5명은 일반면민 약 100명을 선동하여 그 마을의 동산東山 송림松林에 집합하여 독립만세를 고창하고 소요를 일으켰다. 즉시 망호주재소로부터 경찰관이 그곳으로 출장하여 타일러 해산시켰다.

7) 임북면

3월 22일 오후 2시 편항주재소를 파괴한 폭민들의 일부가 임북면사무소 소재지 사월동에서 동민 300명을 선동·집합케 하여 독립만세를 고창하며 시위운동을 개시하였다. 그리고 그들은 그곳 면사무소에 몰려가 유리창·기구 서류 등을 파괴하고 오후 5시경 자진하여 해산하였다.

8) 동후면

3월 23일 오후 2시 동후면 절강동에서 약 100명의 폭민이 그곳 소재의 면사무소를 습격하여 사방의 창문·문짝·비품·서류 등을 남김없이 파괴하고 스스로 해산하였다.

9) 풍산면

3월 24일 오후 3시 20분경 기독교도 약 30명이 풍산시장에서 마침 그날이 장날임을 이용하여 독립만세를 고창하였으므로, 타일러 해산케 했다.

10) 풍남면(하회河回)

3월 27일 오전 11시경 하회동의 양반자제 16세 이하인 자 23명이 그 마을 북쪽 끝에 있고 부용대의 강 건너 맞은 편에 있는 조그마한 솔밭에 집합하여 종이로 만든 태극기 하나를 앞세우고 독립만세를 고창하면서 서부에서 동부로 한 바퀴 돌아오므로 당장 해산시켰다. 그런데 이 시위운동의 원인은 하회동 양반 류점등柳點登[161]이란 자가 그 마을 양반 류동화柳東華의 차남 찬우燦佑(16세)에게 아동은 만세를 고창해도 처벌받는 일이 없다고 선동했기 때문임이 판명되어, 류점등柳點登을 바로 체포하고 아동들은 부모의 진정서를

---

160) 이구덕 : 생몰연대 미상, 경북 안동출신.
161) 류점등 : 1897~1954, 경북 안동출신, 1995년 애족장.

받고 장래에 대해 엄하게 훈계하였다.

(6) 영덕군

영덕군 가운데 영해·창수·병곡의 소요는 아주 흉악하여 3주재소·병곡면사무소·영해공립소학교[162]·영해보통학교가 파괴됐다. 원래 영해지방은 민심이 영악하여 권權·남南·박朴·이李·백白의 5성 양반은 각 동리에 할거하여 속칭 5대성五大姓이라 하며 서로가 기맥을 통하여 항상 방종한 행동거지를 감행했다. 그런데 그들은 한일병합 후 신정新政의 혜택이 점차 보급되는 반면 양반세력은 날로 쇠해지는 것을 불쾌하게 생각하고 있어서, 남모르게 세력만회를 꾀하고 있었다. 그러다가 신문 등을 통해 각지의 시위운동에 대해 알게 되고, 또 국장國葬 당시 경성에서 소요를 목격한 바 있는 기독교 구세군 정위正尉 권태원權泰源[163]과 장로파 조사 김세영金世榮[164]·정규하丁奎河[165]·남세혁南世赫[166]·남효직南孝直[167]·권상호權相鎬[168] 등이 주동자가 되어 결국 소요를 일으키게 되었다.

1) 영해

3월 18일 오후 1시경 정규하丁奎河·남세혁南世赫 등 주모자는 영해시장에서 대형 한국기를 흔들고 다른 군중은 모두가 숨겨가지고 있던 수기手旗를 흔들며 만세를 부르고 있었는데, 그중 한 무리인 약 150명이 영해주재소 앞으로 몰려간 것을 해산케 했다. 그러나 그들은 방향을 바꾸어 보통학교에 침입하여, 그 학교 조선인 훈도訓導에게 학생을 인솔하여 시위운동에 참가하라고 강요했으나 이에 응하지 않으므로 그들을 앞세워 끌고나가 다시 주재소에 몰려갔다. 이때 폭민은 장터군중을 합쳐서 약 1000명에 이르렀다. 그곳의 주재소 순사부장이 주모자에게 해산하라고 명령했는데도 불응하므로 그들의 손에 들고 있던 태극기를 빼앗으려 하자, 다른 폭민의 방해로 빼앗지 못하였다. 뿐만 아니라 오히려

---

[162] 소학교와 보통학교의 구분 : 일제시대의 전반기에는 초등학교도 일본인 아동이 다니는 학교는 소학교, 조선인 아동이 다니는 초등학교는 보통학교라 하여 민족별로 그 명칭을 달리하였다.
[163] 권태원 : 1891~1967, 경북 영덕출신, 1990년 애족장(1968년 대통령표창).
[164] 김세영 : 1889~1979, 경북 영덕출신, 1990년 애족장(1968년 대통령표창).
[165] 정규하 : 1885~1968, 경북 영덕출신, 1990년 애국장(1977년 건국포장).
[166] 남세혁 : 본명 南啓炳, 1877~1963, 경북 영덕출신, 1990년 애국장(1977년 건국포장).
[167] 남효직 : 1875~1954, 경북 영덕출신, 1990년 애족장(1968년 대통령표창).
[168] 권상호 : 생몰연대 미상, 경북 영덕출신.

주재소 현관입구에서 제지하고 있던 순사부장을 넘어뜨리고 순사 1명과 순사보 1명의 대검을 빼앗았으며, 탁자·의자·서적 기타 기구를 파괴하고 장부·서류를 파기했다. 그들은 다시 공립보통학교에 침입하여 교내의 문·미닫이·의자·책상을 파괴하고, 방향을 바꾸어 공립소학교에 가서 마찬가지의 폭행을 했다. 또 우편소와 면사무소에 몰려갔지만, 겨우 전면의 유리와 미닫이 등 2~3장을 파괴하였을 뿐, 물러났다. 그러나 수괴가 주재소 옆의 높은 단상에 서서 독립연설을 하고 독립노래를 선창한 후 찬미가를 부르기를 마치자, 바로 그 기세로 다시 주재소에 쇄도하였다. 이때 주재소 소원 5명은 집결하여 이들을 주재소 문 앞에서 막으려 했지만 중과부적이었다. 폭민들은 그 수를 믿고 맹위를 떨치며 마침내 주재소 벽과 그 외의 것을 파괴하였는데, 그 시간은 약 30분이었다. 그 뒤 폭민 자신들이 피로하여 점차 물러가서 부근의 음식점에 들어가 음주하고 잠시 휴식을 취한 후, 군중은 다시 장터에 집합하였다. 수괴가 다시 높은 단상에 올라가 독립연설을 하고 독립가를 선창하며 찬미가를 부르고 폭민들은 다시 주재소로 몰려가서 술기운을 빌려 폭행을 자행하였다. 그들은 사무소(주재소) 내에 한데 몰려있는 경찰관의 옷을 찢고, 순사보의 대검을 빼앗고, 나아가 그곳에 비치한 총기 4자루와 실탄 87발을 파기하였다. 급보를 받고 영덕경찰서로부터 서장 이하 4명이 도착하여 해산을 명령했는데도 오히려 전원이 군중들에게 겹겹이 둘러싸이게 되어 병기 사용을 할 수 없게 되었고, 마침내 군중들에게 총기와 대검을 빼앗겼다. 이리하여 폭민은 점점 더 기세를 올려 경찰관에게 폭행을 가하고 양복을 찢거나 낫으로 이를 절단함과 동시에 일행(경찰관)을 둘러싸고 손바닥 또는 곤봉과 돌로 구타하였다. 그래서 그들은 한때 경찰관 전원이 인사불성이 되었기 때문에, 폭민은 이들을 그곳 일본인 여관에 감금하였다. 그리고 그날 밤 군중들은 만세를 부르며 읍내를 줄지어 다녔으며, 다음 날 19일이 되어도 약 700명의 폭민은 아침부터 만세를 고창하고 열광하고 있었다. 그러는 동안 폭민은 그 수가 점차 늘어나 약 1000명이 되어 시위운동을 하던 중인 오전 11시경, 포항헌병 분대장이 헌병하사 1명·상등병 4명·보조원 1명을 거느리고 경찰관을 응원하기 위해 도착하였다. 그리하여 앞서 폭민에게 감금되어 있던 영덕경찰서장 이하를 탈환하고, 타일러 해산을 명령했다. 그런데도 폭민들은 이에 응하지 않고 점점 더 기세를 올리고 있었다. 그날 오후 5시 대구보병 제18연대(일본군)에서 도우러 온 장교 이하 17명이 도착하게 되자, 헌병은 이들과 협력하여 당초에는 군중들을 위협하기 위해 공포를 발사했다. 그런데도 폭민들은 공포라 하여 비웃고, 총성에 맞추어 한국기를 흔들고 만세를 고창하며 퇴각의 기미가 없었다. 그래서 드디어 실탄을 발사하여 해산케 했다. 폭민들 중에 죽은 자는 6명이고 부상자는 16명이었다. 이 소요 때문에 영덕경찰서장 이하 5명이 부상하였다.

2) 병곡면

3월 18일 영해에서의 폭민은 그곳 주재소와 두 학교 등을 파괴한 후, 오후 2시경부터 수괴 정규하丁奎河가 인솔하는 일단 약 150명이 병곡주재소를 습격할 목적으로 영해를 출발하였다. 이 정보에 접한 병곡주재소 순사는 인접한 강원도 평해헌병분견소에 응원을 청하고 소속 순사보 2명을 지휘하여 경계하던 중, 폭민들은 오는 길 옆에 있는 부락의 인민들을 협박하여 무리에 끌어들여 그 총수는 약 300명이 되었다. 그들은 한국기를 앞세우고 만세를 고창하면서 오후 2시 30분경 주재소에 쇄도하였다. 그리고 제지를 듣지 않고 주재소에 투석하거나 곤봉·도끼·낫을 휘둘러 창문 미닫이문을 파괴하고 주재소원에게 덤벼들었으므로, 소원은 비치해 둔 총을 들고 인접한 백석동으로 피난하였다. 그때, 마침 평해분견소의 헌병하사·상등병 각 1명이 이곳으로 도우러 오다가 만나 이들과 합쳤다. 폭민의 대부분은 계속 주재소 및 면사무소를 파괴하였고 다른 일부는 피난중인 순사에게 기와조각이나 돌을 던지거나 곤봉을 휘둘러 추적하다가, 순사와 헌병이 합치는 것을 보고 이를 중지하였다. 수괴 정규하丁奎河는 일본인 순사에게, 일본인에게는 위해를 가하지 않을 터이니 순사보를 자기에게 인도하라고 강요했지만 그는 이에 응하지 않았으며 응원 온 헌병과 함께 총을 쏘아 해산을 명령하였기 때문에 폭민은 점차 후퇴하여 오후 6시경 완전히 해산하였다.

3) 창수면

창수면 오촌동 및 상계동민 10여 명은 영양군의 양반 이종구李鍾龜 등에게 선동되어 독립운동에 참가할 목적으로 영해를 향해 떠났다. 그 도중에 같은 면 신기동에서 동일한 목적으로 영해로 가려는 동민 5·6명과 만나 서로 협의했다. 그 협의내용은, 시간이 이미 늦었으니 영해 행을 중지하고 창수주재소에 가서 그 주재소를 습격하자는 것이었다. 그리고 우선 신기동민에게 운동에 참가하지 않는 자는 그 집을 불태워버리겠다고 말하여, 그곳에 나와 있던 동민을 협박하여 사람들을 끌어 모았다. 다시 신기동에 도착하여 그 동리구장 등과 협의하고 특히 도박전과자와 도로공사 때문에 전답을 강제로 기부하게 된 불평분자를 선동하여, 금세 100여 명의 무리가 되어 창수로 몰려갔다. 가는 도중에 큰길 옆에 사는 주민들을 납치하여 이에 참가하게 하여 총수 약 200명이, 오후 4시경 만세의 소리를 지르며 주재소에 난입하였다. 그리고 그 수를 믿고 술김에 곤봉 또는 도끼로 주재소 파괴에 착수함과 동시에 사무실 내에 있던 순사와 순사보의 대검을 탈취하였다. 그런데 그곳의 순사와 순사보는 불시에 습격을 당하여 현장에서 피해나갔으므로, 동민은 그 무방비를 이용하여 주재소 청사와 숙사를 합친 건물 3동의 문·미닫이·벽·천장과 게시판·문등門燈·변소·목욕탕을 파괴하고 청사에 부속된 유치장의 기둥과 앞마당의 수목을 절단했다. 그 외에 서류 및 기구와 비치해둔 총 3정과 순사보의 대검 2자루를 부수고, 일본인 순사의 가구·의류·식기 등을 전부 내다버려 없애고, 오후 7시에 그 목적을 달성하고 물러갔다.

4) 영덕면

영덕면 금호동의 기독교도 강우근姜佑根[169]은 영해의 권태원權泰源 등의 사주를 받아, 3월 18일 장날을 기약하여 독립운동을 하기로 영덕면 화개동·금호동, 남정면 남정동의 예배당에 소속된 신도들을 선동하였다. 그리하여 그날 시장에 약 50명이 집합하고 이에 군중 약 90명이 참가하여 만세를 고창했지만, 주모자 이하 21명을 체포하여 즉시 해산케 했다.

그런데 기독교도들에게 선동된 보통학교 학생과 졸업생 등이 영해의 폭민과 결속하여 영덕경찰서를 습격해서 유치 중인 피고인을 탈환하려는 계획이 있다는 정보가 있어서, 곧바로 일본재향군인과 일본인소방조원組員[170] 20여 명을 소집하여 경계에 힘쓰고 있었다. 그런데 유언비어가 점점 심해지고 영해지방의 소요를 듣고 알게 된 일본 거류민 등은 흠칫흠칫 불안한 모양이어서, 강구에 사람을 급히 보내 입항 중인 어부 60여 명의 응원을 청하고 힘을 다하여 경계한 까닭에 평온할 수 있었다.

5) 지품면

원전동

지품면 원전동의 기독교신도인 주명우朱明宇[171]가 주동자가 되어 그 동리에 있는 기독교 예배당에 소속한 신도 14·15명을 선동하여, 3월 19일 오전 11시 30분경 동네장날을

---

[169] 강우근 : 1880~1957, 경북 영덕출신, 1990년 애족장(1983년 대통령표창).
[170] 소방조원 : 당시 지방의 작은 읍 면에서 민간인(주로 일본인)으로 조직되어 소방의 일을 담당하던 사람.
[171] 주명우 : 1881~1952, 경북 영덕출신, 1990년 애족장(1982년 대통령표창).

이용하여 '대한독립만만세'라고 크게 쓴 종이 태극기를 앞세우고 만세를 고창하며 주재소 앞에 이르렀다. 이어 수괴 주명우朱明宇가 가두연설을 하여 군중을 격려하고 있었으므로, 주재소원이 곧 수괴를 체포하고 해산을 명령했다.

신안동

3월 21일 오후 9시경 지품면 신안동의 양반 문의향文義鄕172)이 주모자가 되어 동족同族과 그 외 사람들을 선동하여, '대한독립만세'라고 크게 쓴 종이태극기를 선두에 세우고 그 무리 약 60명이 부락 안을 줄지어 돌아다니면서 약 2시간 동안 만세를 고창하고 스스로 해산했다. 그 일을 후일에 탐지하여, 주모자 2명을 검거하였다.

6) 남정면

4월 4일 오후 1시 30분경 남정면 장사동에서 기독교신도 및 청년의 무리 17명이 장날을 이용하여 태극기를 흔들고 독립만세를 고창하면서 시장에 나오므로, 주모자로 판단되는 박명방朴命方173) 외 8명을 구속하고 그 외는 해산시켰다.

(7) 청도군

1) 운문면

3월 18일 오후 4시경 사립문명학교 교사 김진효金鎭孝174)와 손장현孫長鉉175)・같은 학교 졸업생 김용문金龍文・전 일본유학생 홍해성洪海性176)・휘문숙 중퇴자 김상구金相九177)・대구고보(고등보통학교) 김종식金鍾軾178)과 김종수金鍾秀・운문면 신원동의 손기현孫琪鉉179) 등이 협의하여 부근 십수 개 장소에 '대한독립만세'라고 쓴 종잇조각을 붙이고 운문면사무소

---

172) 문의향 : 본명 文義卿, 1889~1970, 경북 영덕출신, 2007년 대통령 표창.
173) 박명방 : 1896~1962, 경북 영덕출신, 1992년 대통령표창.
174) 김진효 : 1887~1979, 경북 청도출신, 1990년 애족장(1968년 대통령표창).
175) 손장현 : 본명 孫漢祚, 1892~1953, 경북 청도출신, 1992년 대통령표창.
176) 홍해성 : 1895~1949, 경북 청도출신, 1990년 애족장(1983년 대통령표창).
177) 김상구 : 1899~1971, 경북 청도출신, 1990년 애족장(1983년 대통령표창).
178) 김종식 : 1901~미상, 경북 청도출신.
179) 손기현 : 1884~1946, 경북 청도출신, 1990년 애족장(1983년 대통령표창).

에 집합하여 독립만세를 고창하고 해산했다는 정보를 접했다. 이에 따라 다음날 19일 청도경찰서에서 순사부장 이하 순사 2명과 순사보 5명이 출장·수사 중, 운문면 신기동에서 약 40명의 폭민이 곤봉을 휘두르며 습격해왔다. 그리하여 소규모 충돌이 있던 중, 폭민이 나팔을 불어 점차 그 수가 증가하여 약 300명이 되어 점점 더 폭행을 제멋대로 하였으므로, 권총 2발을 발사하여 이를 위협했다. 그런데도 폭민은 조금도 흩어지지 않고 밤이 되어 점점 더 험악해졌으므로, 경찰관은 부득이 퇴각하였다. 우리(일본) 측 부상자는 순사 1명과 순사보 4명이고, 폭민 측에는 손해가 없었다. 이리하여 다음날 20일 대구헌병분견대에서 헌병상등병 이하 3명과 청도경찰서에서 서장 이하 5명이 출장하여 주모자 15명을 검거하였다.

2) 매전면

장연동

농민 김집이金集伊라는 자가 타 지방의 소요를 듣고 알아 그 동리 농민을 선동하여 8명이 한 무리가 되어 4월 11일 오후 9시와 다음날 12일 오후 9시경의 2회에 걸쳐 독립만세를 고창하였으므로, 5명을 검거하였다.

귀촌동

청도군 내에서 소요방지의 목적으로 자위회自衛會란 것을 조직하여 동민들로부터 날인을 받은 사실을 들어 알게 된 경상남도 밀양군 상동면 매화리의 이일갑李一甲[180] 외 16명은, 5월 7일 석가제일祭日(재일齋日)을 이용하여 귀촌동으로 와서 그곳에서 독립만세를 고창하고, 또 그곳 동민을 위협하여 동민에게 날인 받았던 이유를 따지러 왔었다. 그러나 그들은 도리어 그곳 동민으로부터 폭행을 당하였다. 이 위급함을 밀양군 상동면 매화동 사람들에게 알렸으므로, 그 동네의 100명가량이 곤봉을 들고 귀촌동으로 응원하러 왔다. 그런데 청도 측 동민들은 매화동의 많은 사람들이 응원해 온 것에 겁이 나서 모두 도주하였으므로, 그들(매화동 사람들)은 이 틈을 타서 독립만세를 고창하였다.

그 후 수사 끝에 주모자 이하 18명을 체포하였다.

---

180) 이일갑 : 생몰연대 미상, 경남 밀양출신.

(8) 상주군

1) 상주

상주에서는 양반의 자제로 공립보통학교 졸업생 강용석姜龍錫[181]과 성심환成心煥, 경성 중동학교 학생 한암회韓岩回,[182] 보통학교 학생 조월연趙月衍,[183] 경성국어(일본어)보급학관 학생 석성기石盛基[184] 등 수 명이, 각지의 소요를 모방하여 3월 23일 상주장날을 이용, 군중을 선동하여 시위운동을 하기로 3월 중순 협의한 바 있었다. 그런데 3월 23일 오후 5시 30분경에 앞에서 말한 한암회韓岩回가 동지들보다 먼저 한국기를 흔들고 독립만세를 외쳤기 때문에 시장을 단속하고 있던 헌병이 바로 그를 체포했다. 그런데 한암회韓岩回와 같은 양반자제인 청년 성성인成星仁[185]이란 자가, 한암회韓岩回의 만세고창으로 군중이 동요하고 있음을 기회로, 오후 6시 40분경 약 300명의 군중을 향하여 시장입구의 누문樓門계단에 서서 "나는 천한 사람이기는 하나, 이번에 조선이 독립한다하니 제군과 함께 만세를 부르기로 한다."라고 전제한 후 대한독립만세를 삼창三唱했다. 그 결과 군중 가운데의 학생과 그 외 약 70명이 이에 따라 외쳤기 때문에, 곧바로 주모자 이하 5명을 체포하고 군중을 해산시켰다.

2) 화북면

상주군 화북면 장암동 구장區長이고 양반인 이성범李聖範[186]은 그 동리에 살고 있는 양반 김재갑金在甲[187]·홍종흠洪鍾欽·이용회李容晦[188] 등과 상의하여 각지의 예를 본받아 독립시위운동을 거행할 것을 기획하였다. 그리하여 4월 4일부터 불온의 자구字句를 늘어놓은 시위운동 권유문과 한국기 2본을 작성함과 동시에 장암리 지방의 인민을 선동하였다. 4월 8일 오후 2시경 같은 면에 있는 문장산에 약 70명을 지도하여 집합케 하여, 가지고

---

[181] 강용석 : 1899~1960, 경북 상주출신, 1990년 애족장.
[182] 한암회 : 1900~미상, 경북 상주출신.
[183] 조월연 : 1900~1949, 경북 상주출신, 1992년 대통령표창.
[184] 석성기 : 1902~1970, 경북 상주출신, 1990년 애족장.
[185] 성성인 : 본명 成海植, 1899~1939, 경북 상주출신, 1990년 애족장(1983년 대통령표창).
[186] 이성범 : 1881~1957, 경북 상주출신, 1990년 애족장(1980년 대통령표창).
[187] 김재갑 : 1880~1926, 충북 청주출신, 1990년 애족장(1982년 대통령표창).
[188] 이용회 : 1892~1959, 경북 상주출신, 1990년 애족장.

간 한국기를 세워놓고 독립만세를 고창하고 스스로 해산하였다.

4월 8일 같은 면 운흥리의 김성희金聖熙와 정양수鄭良洙[189] 두 사람도 협박의 뜻이 담긴 통고문 2통을 작성하여 2명의 심부름꾼을 시켜 같은 면의 중벌리와 운흥리 사람들을 선동하여 그달 9일 정오 운흥리에 농민 약 100명을 집합시켰다. 그리고 그곳에서 한국기 10본을 만들고 한국독립만세를 고창하였다. 이보다 먼저 문장산에서 시위운동이 있겠다는 급보를 받은 상주헌병 분대장 이하 헌병 4명과 상주수비대 하사 이하 8명이 지원차 그곳에 와 있었으므로, 곧바로 운흥리에 도착하여 주모자 이하 20명을 체포하고 나머지는 해산시켰다.

3) 이안면

이안면 소암리의 양반 채순만蔡淳萬·채세현蔡世鉉[190] 등이 주모자가 되어, 그 동네의 채蔡씨 일족一族의 청년 약 20명을 선동하여 3월 29일 오후 10시경 소암리 남쪽 제방 위에 집합케 했다. 그리고는 앞에 말한 두 명 스스로가 독립만세를 부르고 앞장서 외치면서 수십 회 함께 만세를 불렀던 것을 후일 탐지하여 곧 주모자를 검거하였다.

(9) 영양군

1) 청기면[191]

안동군 임동면에서 음식점영업을 하는 이강욱李康郁[192]과 봉화군 춘양면에서 망건網巾 장사를 하는 홍종률洪鍾律이란 자가 시위운동을 사주할 목적으로, 3월 24일 오후 7시경 독립만세를 고창하면서 청기면 청기동에 있는 면사무소에 나타났다(당시 면장과 면서기는 부재). 그리하여 동민 약 400명을 모아 독립연설을 한 후, 가지고 온 한국기를 흔들며 독립만세를 고창하도록 하였고 면사무소 유리창 12장을 파괴하고 이어서 동네를 줄지어 걷다가 오후 10시에 자진 해산하였다. 이 소요는 다음날 아침 영양헌병분견소에서 탐지했지만, 당시 영양읍내에 폭민이 습격해온다는 정보가 있어서 오로지 읍내의 경계에 종사

---

[189] 정양수 : 1891~미상, 경북 상주출신, 1990년 애족장(1989년 대통령표창).
[190] 채세현 : 1890~1949, 경북 상주출신, 1992년 대통령표창.
[191] 청기면 : 한자로는 青杞面이나, 일본어 원문에는 '青杷面'(청파면)으로 잘못되어 있다. 이하 '청파면', '청파동'은 모두 '청기면', '청기동'으로 수정하였다.
[192] 이강욱 : 1874~1945, 경북 안동출신, 1990년 애국장(1977년 건국포장).

2) 영양면

앞에 말한 청기면에서의 선동자와 안동군 임동면 마령동의 양반 류동수柳東洙[193] 등은 3월 24일 입암면 대천동에 있는 이원오李元五의 집에서 회합하여, 3월 25일의 영양장날을 기하여 만세를 부르고 관청을 습격할 것을 상의하였다. 류동수柳東洙는 영양군 입암면 금학동 및 대청동민을, 또 이강욱李康郁과 홍종률洪鍾律은 청기면의 각 동민을 출동케 하기로 약속하였다. 그러나 그 후 이李와 홍洪은 청기면 동민을 선동할 짬이 없어서, 상청동과 구매리 등 3개 동민에 대하여 운동에 참가하지 않는 자는 그들의 가옥을 불태워 버리겠다고 협박하여 누구 할 것 없이 당일 영양을 향하여 가게 했다.

이보다 앞서 헌병분견소에서는 정보에 의해서 3월 25일 영양장날에 독립소요가 있겠다는 것을 미리 알고, 읍내 입구 4개소에 직원을 배치하여 경계 중이었다. 오후 0시 30분경 청기면 청기동·상청동·구매리와 입암면의 금동과 학동, 대천동민의 일부 약 500명이 10명, 20명씩 무리지어 안동과 청송도로로부터 밀려오고 있었다. 분견소 직원들은 읍 밖의 5~6정丁의 지점에서 이를 막고 일일이 그들을 신체검사 한 후 오후 5시에 해산케 하였다. 이에 응하지 않은 167명은 일단 금융조합 창고에 검속하여 조사한 후에, 청기면 청기동 양반 오석준吳錫俊[194]만을 사법처분에 부치고, 나머지는 훈계·방면하였다. 주모자 류동수柳東洙는 4월 2일 영양헌병분견소에서 체포하였다.

3) 입암면

앞에서 말한 대로 영양읍으로 밀어닥친 청기와 입암 두 면민의 일부인 약 100명의 무리는, 영양읍의 경계가 엄중하였기 때문에, 도중에서 되돌아가 그날 오후 5시경 입암면 신사동 동쪽 산 위에서 독립만세를 고창하고 스스로 해산하였다. 주모자는 그 자리에서 도주하였다.

---

[193] 류동수 : 1887~1978, 경북 안동출신, 1990년 애국장(1982년 건국포장).
[194] 오석준 : 본명 吳錫浚, 1876~1951, 경북 영양출신, 1990년 애족장(1980년 대통령표창).

(10) 청송군

1) 진보면

영해지방의 부락민을 선동하여 한껏 광폭한 행동을 했던 권태원權泰源은 그 후 진보면 이촌동의 구세군 중앙영營에 와서 신도 약 30명을 선동하여 3월 25일 오후 2시경 진보시장에서 만세를 고창하였으므로, 주모자 권태원權泰源을 체포하고 나머지는 해산케 했다.

2) 현서면

현서면 수락동 양반 조현욱趙炫郁[195]은 각지의 독립운동 개시를 듣고 자기의 지위를 회복하는 절호의 기회라 하여, 그 면 무계동의 양반 신태걸申泰杰에게 격문을 띄워 3월 26일 동민 약 50명을 선동·규합했다. 다시 현서면사무소에 집합하고 있던 구장과 유지 일부를 설득·가담케 하고, 미리 만들어 둔 한국기를 흔들며 독립만세를 고창하면서 오후 1시경 화목시장으로 몰려갔고 부근의 주민이 이에 뇌동하여 그 수는 몇 배로 늘어나는 형세였다. 화목주재소 순사와 순사보 2명은 면장 등과 협력하여 주모자 2명을 체포하고 나머지는 해산케 하였다.

그런데 같은 면 복동에 거주하는 양반 조병국趙柄國[196]이라는 자가 위의 시위운동에 가담했다가 도주하여 귀가한 후, 재차 시위운동을 기획하고 동민을 선동하였다. 그리하여 다음날인 27일 그가 조선말을 타고 한국기를 흔들며 동민 약 10명을 지휘하여 화목시장에 이르는 도중에 큰 도로 옆에 사는 주민이 이에 부화뇌동하여, 화목천변에 도착했을 때는 그들은 이미 400여 명의 군중이 되어 독립만세를 고창하면서 시장에 몰려오려고 하였다. 이에 그 형세가 불온하였으므로 당시 출장 와있던 청송경찰서의 조선인 경부 이하 3명은 그 진로를 가로막고 해산하도록 명하였다. 그러나 그들은 이에 응하지 않을 뿐 아니라 군중이 점점 더 가담하여 그 세력이 증대해가는 형세였다. 그리하여 경찰관은 극력 해산시키려 하였지만 그들은 많은 사람들임을 믿고 이에 응하지 않았다. 또 단속 중인 조선인 경부에 대해서 "너도 조선인인데 국권회복의 훌륭한 일을 막으려 함은 괘씸하다."라고 하며, 먼저 그를 매장하자고 성 내어 소리 지르면서 폭행으로 나왔다. 경찰관은 이에 칼을 빼거나 또 공포를 발사하여 위협하고 말을 타고 지휘중인 주모자를 체포했다.

---
[195] 조현욱 : 1854~1922, 경북 청송출신, 1991년 애국장(1968년 대통령표창).
[196] 조병국 : 1883~1955, 경북 청송출신, 1990년 애족장(1977년 대통령표창).

그러나 군중이 점점 더 광분하여 경찰관을 포위하고 위협하여 위험이 박두했을 때, 청송 경찰서장이 순사 1명을 거느리고 지휘·응원하러 도착해서 공포를 발사·위협하여 오후 6시에 폭민을 해산시켰다. 이 소요에서 폭민은 부상자가 4명이었다. 주모자 4명을 체포하였으며, 한국기 100본을 파기하고 17본을 압수하였다.

(11) 성주군

성주군 내에서의 소요는 군내에 있는 양반 유생의 사주·선동에 의해 4월 2일 성주 읍내에서 발단한 것이다. 원래 그 지방의 완고한 양반 유림들 가운데는 수년 동안 타 지방과의 교통을 끊고 항상 방에 칩거하여 종일 시문을 탐독하거나 고로古老(경험이 많고 옛일을 잘 아는 노인)의 말씀을 존중하며 조금도 시세의 추이를 돌보지 않고 표면상으로는 평화로운 체 하지만, 음으로는 오로지 옛날의 경우를 몽상하여 부질없이 그때의 형세를 비난 논의하는 등, 배일사상 고취에 힘을 쓰는 동시에 한국독립이 다시 오기를 기대하는 자들이 있었다. 월항면 양반 이기정李基定[197]은 각 지방에서 일어난 독립운동의 신문기사를 보거나 그 면에 사는 동지 양반 이기원李基元[198](본인의 아버지는 한일합병에 분개하여 만주로 달아나서 1912년 펑톈奉天에서 객사한 자이다)과 이전희李銓熙 등으로부터 경성에서의 독립운동의 실화를 듣고 그 거사에 감격하고 있었다. 그러던 차에 초전면 정산동에 거주하는 양반 송인집宋寅輯[199]의 방문이 있었고 그자에게 경성의 실황을 이야기하고 함께 군내 양반 유생을 규합하여 독립운동을 개시할 것을 약속했다. 그 후 이기정李基定은 동지 이기원李基元을 데리고 초전면 양반 송회근宋晦根의 집에 가서 그의 소개로 그곳의 유력양반인 송준필宋俊弼[200]과 만나 직접 타지방의 독립상황을 말하여 그가 역시 독립운동에 참여하겠다는 찬성을 얻었고, 그 후 더욱 더 운동의 기초를 굳히기 위해 같은 면의 송宋 일족 여러 명을 모아 협의를 했다. 그리하여 그들은 현재의 상황에서 무기사용은 도저히 가능치 않으니, 오는 4월 2일 성주 읍내장날을 이용하여 집합한 부락민을 선동하여 독립만세를 고창하고 이로써 양반 유생의 성의를 나타내기로 결정했다. 이 결정내용을 곧 군내 중요한 양반들에게 통지하여 찬동을 얻는 한편, 기독교도의 가담으로 이 사건의 행동으

---

[197] 이기정 : 1883~1955, 경북 성주출신, 1990년 애족장.
[198] 이기원 : 1885~1982, 경북 성주출신, 1990년 애족장(1980년 대통령표창).
[199] 송인집 : 1886~1961, 경북 성주출신, 1990년 애족장(1983년 대통령표창).
[200] 송준필 : 1869~1944, 경북 성주출신, 1990년 애족장(1963년 대통령표창).

로 나아간 것이다. 이 소요사건의 조사로 별항(제7장 중요범죄의 항)에 기재記載한 바와 같이 곽종석郭鍾錫·장석영張錫英·김창숙金昌淑 등을 주범으로 하는 유림대표독립청원운동 사건이 발견되어 검거하기에 이르렀다.

1) 성주면

이리하여 4월 2일 성주 읍내장날, 군중이 가장 북적대는 것으로 판단되는 오후 2시 40분경이 되어 시장 뒤편의 언덕에서 약 5·6명이 한국독립만세를 고창하여 시장에 있는 군중을 선동하자 시장에서는 약 50~60명이 태극기를 흔들며 같이 어울려 만세를 고창하였다. 이때 시장을 단속 중인 순사가 주모자로 보이는 자를 체포하여 경찰서에 연행하자, 군중에는 험악한 기운이 가득하였고 읍내 뒤편을 둘러싸고 있는 언덕 위에는 흰옷으로 가득 차서 그 수는 2000~3000명 이상에 달했다. 그들은 만세를 연호함과 동시에 경찰서 앞 남쪽에 있는 군청 앞과 양측 골목길에 약 500~600명, 동쪽에 있는 우체국 앞에서부터 시장 거리에 있는 1000여 명의 군중이 밀려오기 시작했다. 그리하여 몇 번 해산을 명령해도 조금도 응하지 않았다. 군중은 더욱더 살기를 띠고 열광적으로 만세를 고창하여 형세가 매우 불온했으므로 일각이라도 지연하면 그들로 해서 일이 그르치게 될 것이어서, 경찰서에서는 마음을 굳히고 발포·해산케 하였다.

그런데 군중은 일몰 후 다시 서북쪽 언덕 위에 집합하여 모닥불을 피우고 만세를 계속 외치다가 오후 10시경 퇴각했다. 그렇지만 이보다 앞서 일몰 후에 폭민들이 읍내 일본인 가옥의 방화와 경찰서습격 등을 협의했다는 것을 듣고 알게 되어 우선 경찰서의 직원가족 등을 경찰서 내로 피신시키는 한편, 소방조組를 소집하여 경계에 힘써, 순사와 순사보 3·4명을 일대一隊로 하여 순찰하며 경계하고 있었다. 그러던 중, 오후 10시 시장에 폭민 약 100명이 집합하고 있는 것과 마주치게 되어 당장 해산을 명령했는데도 그들은 만세를 고창하므로 또다시 힘껏 해산을 명했다. 그러나 폭민들이 이에 따르지 않고 돌을 던지며 저항하므로, 부득이 발포하고 해산케 했다. 폭민 측은 즉사자 2명, 부상자 7명을 냈다.

2) 지사면[201]

성주 읍내의 소요실황을 보고 들었던 농민 등 약 30명이 4월 3일 오후 5시경 지사면

---

[201] 지사면(志士面) : 조선시대부터 1934년 이전까지 성주군에 있던 면 이름. 1914년 이전에는 현재의 수륜리, 오천리, 계정리 지역을, 그 이후에는 현재의 남은리, 보월리, 작은리까지 포함하는 지역이었다.

수륜동에 있는 만지蔓支시장 내에서 독립만세를 고창하였으므로, 주모자 3명을 체포하고 나머지는 해산케 했다.

3) 벽진면

성주 읍내의 맹동盲動(분별 없는 행동)에 가담하여 사람들이 사살된 것에 대한 보복수단으로 동민과 양반 등 약 30명이 4월 2일 오후 11시 반경 벽진면 가암동에서 독립만세를 고창하였으므로, 주재소원이 주모자 3명을 체포하고 나머지는 해산케 했다.

4) 대가면

4월 6일 오후 12시 대가면 도남동 뒤쪽 언덕위에서 농민 약 10명이 독립만세를 고창했으므로, 창천倉泉주재소원 4명이 급히 가서 바로 해산케 함과 동시에 주모자 3명을 체포하였다.

5) 월항면

4월 6일 오후 12시경 월항면 안포동 뒤 언덕에서 동민 약 20명이 이동근李東根의 선동으로 독립만세를 고창하였으므로 곧 성주경찰서원 4명이 급히 갔는데, 그들은 자진해서 해산하였다. 주모자 2명은 체포하였다.

6) 가천면

주소가 일정치 않은 붓 행상行商 신성백愼性伯이라는 자의 선동에 의해서 가천면 동원동 농민 약 10명이 3월 27일 오후 7시경 그 동네에서 독립만세를 고창했음을 탐지하여, 창천 주재소원 4명이 출장하여 7명을 체포하였다.

(12) 선산군

1) 해평면

4월 3일 오후 11시 반경 약 50명의 폭민이 해평주재소를 밤에 습격하여 돌을 던지는 등 폭거가 있었다. 그래서 당시 주재소원이 즉각 해산을 명했는데도 응하지 않아, 부득이 발포(3발, 피차 사상자 없음)하여 해산케 했다. 그러나 그들의 도망치는 발이 빨라 현장에서 한 명의 범인도 체포할 수 없었다. 급보를 받은 선산경찰서에서 순사부장 이하 6명, 대구로부터 헌병오장(伍長)[202] 이하 3명, 상주로부터 수비병 11명이 응원차 와서 경계한 결과 별일이 없게 되었다. 그곳에서의 소요원인은 그 후에 판명되었는데, 해평면 산양동의 기독교 포교소 조수 최재화(崔載華)란 자와 칠곡군 인동면의 기독교신도 박진오(朴鎭五)란 자가 계획을 하여 산양동·송곡동·금호동의 무지한 고용인 등 약 50명을 선동·지휘하여 야습했음이 밝혀졌다. 주모자 2명은 도주하여 행방불명이었지만, 뇌동한 자 55명을 전부 검거하였다.

2) 구미면

구미면 임은동은 저명한 폭도 수괴 양반 허위(許蔿)의 출신지로서 완고하고 사리에 어두운 양반촌이란 말이 있는 곳이다. 4월 9일 그 마을에서 만세를 고창했다는 정보를 접하여 즉시 순사부장 이하 4명·수비병 5명·인동헌병주재소로부터 헌병 2명이 급행했다. 사건은 전날 밤 오후 10시경에 일어났고, 그 동네 강용준(姜龍俊)과 유시동(劉時東) 2명이 동민 31명을 선동했음이 판명되었다. 그런데 일행이 출장 갔을 때는 이미 동민 전부가 뒷산으로 달아나 사건의 조사가 불가능했으므로, 일단 되돌아와서 같은 달 15일 재차 출장·기습하여 조사를 하고 전부를 체포하였다.

3) 선산면

4월 12일 오후 6시경 장날을 이용, 경계하고 있는 순사의 허점을 타서 8명이 조선인 군중을 향해서 독립만세를 고창했으나, 뇌동하는 자가 없었다. 그들 전원이 그곳에서 도주했지만, 그날 밤 조사 결과 8명 전부를 체포하였다.

(13) 예천군

1) 용문면

4월 2일 오후 10시경 용문면 싱금곡동에서 양반을 중심으로 한 군중 100명가량이 면사

---

[202] 오장 : 현재 한국군의 계급으로는 하사에 해당함.

무소 앞 도로를 걸어가면서 독립만세를 고창했으나, 헌병의 모습을 보자 곧바로 해산하였다. 현장에서 주모자 11명을 체포하고, 그 후 다시 6명을 검거하였다.

2) 호명면

그곳에 거주하는 동네의 한문서당에서 공부하고 있던 원곡동 양반의 자제 장기원張基元 외 4명은 3월 28일 교사 장용환張龍煥의 부재를 좋은 기회라 하여, 종이 태극기 5본을 만들어 그 동네 뒤에 있는 등암藤巖산에 올라갔다. 그때 마침 와 있던 농민 6명과 함께 그날이 장날임을 이용하여 오후 3시부터 6시까지 태극기를 흔들고 독립만세를 고창했다. 그 사실을 4월 2일이 되어 그곳 헌병주재소에서 탐지하여 전원을 체포하였다.

3) 풍양면

풍양면 우망리와 청곡리의 동래 정鄭씨 일족 40여 명이 4월 6일 오후 7시경 우망리에서 독립만세를 고창하고 그곳에 와 있던 동민 약 10명도 이에 함께 외쳤다는 급보가 있었다. 이에 예천헌병분견대에서는 4월 7일 헌병상등병 이하 2명과 수비병 5명이 급히 가서 주모자 이하 7명을 검거하였다.

4) 용궁면

용궁공립보통학교 졸업생 김칠종金七鍾[203]과 같은 학교 4년생 이구성李九成 외 1명이 주동자가 되어 동교 학생 및 졸업자 20명을 선동해서 독립운동을 하기로 하고, 종이 태극기 21본을 제작하였다.

그런데 당시 같은 면 무이리에 거주하는 대구농림農林학교 졸업생 이만성李萬成 외 2명이 또한 자기들과 같은 목적으로 착착 준비 중이라는 내용을 들은 이구성李九成은 곧 이만성李萬成을 방문하고 그와 협의 끝에 4월 12일 오전 10시를 기하여 함께 만세를 고창하기로 결정했다. 이 사실을 그곳 주재소에서 탐지하여 예천헌병분견대로부터 분대장 이하 3명과 수비병 3명의 응원을 얻어 한국기 26본을 압수하고 주모자 17명을 검거해서, 별일이 없게 되었다.

---

[203] 김칠종 : 1902~미상, 경북 예천출신.

(14) 문경군

1) 산북면

4월 13일 오후 3시경 김룡사金龍寺 지방학림學林(사찰에서 경영하는 학교) 학생 18명은 한국기 4본을 휴대하고 몰래 그 학교를 하교했다. 그리고 이들이 대하주재소 부근에서 독립만세를 부를 목적으로 산북면 천곡리에 도착했음을 발견했다는 급한 보고를 받고, 헌병상등병 2명과 보조원 4명이 급히 가서 전부를 체포하여, 별일이 없게 되었다.

2) 신북면[204]

4월 15일 오후 8시경 김병수金炳秀[205] 외 2명이 주모자가 되어, 등외等外도로 수리를 위하여 현장에 와 있던 부역인부 약 40명을 선동하여 갈평葛坪시장에서 독립만세를 고창하여 형세가 불온하였다. 그래서 헌병 1명과 보조원 2명이 현장에 달려가 해산을 명령했음에도 불응하였으므로, 위 주모자 3명을 체포하고 위협발포로 해산케 하였다.

(15) 영천군 신녕면

기독교 신도 김준운金俊運[206]과 신녕공립보통학교 학생 황정수黃正秀 등이 주모자가 되어, 보통학교 학생 15명을 선동하여 4월 6일 오후 11시 30분 신녕면 매양동 동쪽 방천가에 이르러 줄지어 읍내에 들어가 독립만세를 연호했다. 이때 마침 순찰중인 순사보의 모습을 보자, 전부가 도주·해산하였다. 관계자 18명을 체포하였다.

(16) 영주군

1) 하리면

4월 4일 하리면 은산동의 장날 오후 6시경, 시장에서 음식점을 경영하는 김상보金相寶 집에서 돌연 5명의 폭민이 시장에 붐비고 있는 군중을 향해서 독립만세를 고창했다. 또

---

204) 신북면 : 한자로는 身北面. 문경시에 편입되어 지금은 없음.
205) 김병수 : 1879~1944, 경북 문경출신, 1990년 애족장(1980년 대통령표창).
206) 김준운 : 1855~1925, 경북 영천출신, 1990년 애족장(1986년 대통령표창).

그들이 헌병주재소와 면사무소를 습격하여 파괴해야 한다며 군중을 선동했으므로, 바로 경계 중인 헌병이 체포했다. 그러나 장터에 나온 군중은 이로 인해 매우 동요했고 또 야음夜陰을 이용하여 그곳을 습격할 정세가 있다하여, 수비대 4명과 헌병하사 이하 4명의 응원을 청하여 경계에 힘쓴 결과 별일이 없었다.

2) 풍기면

4월 9일은 풍기장날로서 당일 시장에 나온 사람이 약 6000명이었다. 오후 3시 30분경 쌀시장에 있는 군중 중에서 약 10명이 한국기를 번쩍 쳐들고 독립만세를 고창하여 주변 군중들이 동요할 조짐을 보였다. 이에 그들은 모두가 경계 중이던 헌병에게 체포되고 경계에 힘쓴 결과 진정되었다.

(17) 경주군 경주면

3월 12일 이래 경주 읍내 인심이 평온하지 않으며 특히 장로파에 속하는 신도 중에 행동이 수상한 점이 있는 자가 많아 경계 중이었다. 13일 새벽이 되어 한 조선인 집에 종이 한국기 한 개를 갖고 왔다가 급히 떠난 자가 있다는 것을 뒤에 듣고, 즉각 경주경찰서원을 4대隊로 나누어 신도 및 관계자를 연행했다. 동시에 그 집을 수색했더니, 교회 목사 박내영朴來英[207]의 거실에서 기旗 2본, 장기철張基哲의 거실에서 30본을 발견하였기에 다시 유력한 신도 박문홍朴文泓[208] 외 15명을 연행하여 조사했다. 그 결과, 3월 9일 경산군 고산면 사월리의 목사 김기원金基源(63세)이란 자가 와서 독립운동을 권유하였고 목사 박내영朴來英·영수領袖 윤기효尹琪澕와 박문홍朴文泓 3명이 주가 되어 유력교도 5·6명과 함께 3월 11일과 12일 밤 두 번 도동리 교회당에서 회합하여 독립시위운동을 하기로 협의하였다. 한편, 불량청년 김성길金成吉[209]과 김술룡金述龍 등을 선동하여 함께 13일 경주장날에 거사하기로 결정하고, 12일 밤 박문홍朴文泓의 거처에서 작은 태극기 300개를 만들어 다음날 새벽에 동지에게 배부한 것이 판명되었다.

당일(13일)은 경주의 큰 장날이어서 장에 나온 사람이 1만 명 이상에 이르렀다. 일반 사

---

[207] 박내영 : 1873~1960, 경북 김천출신, 1995년 애족장.
[208] 박문홍 : 1887~1957, 경북 경주출신, 1995년 건국포장.
[209] 김성길 : 1892~1942, 경북 경주출신, 2008년 대통령표창.

람들도 위 사실을 전해 듣고 있어서 형세가 자못 평온하지 않았다. 3개 주재소로부터 순사 이하 4명을 소집하여 경찰서장 이하 31명이 이를 경계하고 있었던 까닭에, 그날은 아무런 사고 없이 지나갔다. 그러나 3월 15일이 되어 오후 3시 30분경, 경주 읍내 작은 장날에 청년 박봉록朴鳳綠・서봉룡徐鳳龍・박무훈朴茂勳・최성렬崔聖烈210) 등이 주모자가 되어 12일 밤 박문홍朴文泓의 거처에서 작성한 태극기를 앞세워 독립만세를 고창했다. 그러나 경계 중의 순사가 이들을 해산시키고, 최성렬崔聖烈과 박봉록朴鳳綠을 체포하였다.

(18) 봉화군

1) 내성면

대구고등보통학교 입학시험 때문에 대구에 가서 대구의 소요를 목격하고 돌아온 내성공립보통학교 학생 이구락李龜洛은, 시위운동에 대해서 동교 3년생 권인환權麟煥과 협의하고 그 학교 촉탁교원 이육상李陸相과 상의하였다. 이육상李陸相은 3월 16일 밤 기숙사의 3・4학년 학생들을 설득하여 숙직실에서 한국기 66본을 만들었다. 다음날에는 3・4학년생 일동에게 18일 장날을 이용하여 독립만세를 개시한다고 말하고, 그날 밤 다시 숙직실에서 불온문서 20매를 작성하였다. 이리하여 18일 정오에 이육상李陸相・권인환權麟煥・이구락李龜洛 등이 국기와 불온문서를 들고나가 만세를 고창하면서 15명이 한 무리가 되어 장터에 몰려 들어가려 하는 것을 경계 중인 헌병이 전원을 체포하였다.

2) 춘양면

4월 5일 오후 1시 30분경 서벽리시장 북방 약 5리 밖에 있는 조그마한 산에서 정태준鄭泰俊・이인락李麟洛(춘양공립보통학교 학생)・이봉락李鳳洛 3명이 한국기를 흔들고 만세를 고창했음을 발견하여 체포하였다.

(19) 칠곡군

1) 인동면

3월 7일 대구부 신정에 거주하는 계성학교 학생 이영식李永植211)이란 자가 등사판으로

---

210) 최성렬 : 1893~1938, 경북 경주출신, 1993년 대통령표창.

인쇄한 독립선언서를 휴대하고 인동면 진평동의 이상백李相柏212)을 방문·협의하여, 그곳의 이범성李範成·이내성李乃成213)·박진호朴振鎬와 그밖에 기독교에서 역직을 갖고 있는 사람들 4명과 상의하였다. 그리하여 진평동민 약 60명을 선동하여, 3월 12일 오후 8시 30분경 각처에 조선독립선언서를 붙인 후 그 동리 뒤쪽 산기슭에서 독립만세를 고창하였다. 이어 3월 13일 오후 4시경에 약 15·16명, 그날 오후 9시경에 약 30명, 14일 오전 10시경에 약 40명이 그 장소에서 마찬가지로 시위운동을 하였으므로, 주모자 33명을 체포하였다.

2) 약목면

약목면 동안동의 기독교도 김익시金益時214)가 주모자가 되어 그 동네 최신화崔愼和 외 3명과 협의하여 한국기 1본을 만들어 3월 14일 약목장날을 이용하여 만세를 고창하기로 계획 중임을 발견하여, 주모자 6명을 체포하여 미연에 방지를 했다. 그러나 그 후, 약목면 평북동의 권성수權星洙·지하수池夏洙215) 등이 주모자가 되어 동민 12명을 선동하여 4월 9일 오후 9시경 평북동 동쪽강가 모래밭에서 독립만세를 고창하였으므로, 관계자 5명을 체포하였다.

3) 석적면

중동

석적면 중동의 양반 장지희張祉熙216)·장영창張永昌217)·장도식張道植 3명은 한일병합에 분개하여 국권회복을 염원하고 있었는데, 마침 각지의 소동이 발발함에 좋은 기회가 왔다하여 4월 9일 오후 9시경 동민 22명을 선동하여 중동 동쪽 뒷산에서 독립만세를 연호하며 소요를 일으켰다. 이에 주모자 이하 21명을 검거하였다.

성곡동

석적면 성곡동의 양반 장병규張柄圭·장준식張俊植·장영조張永馴218)·장재식張在植 4명은

---

211) 이영식 : 1894~1981, 경북 대구출신, 1990년 애국장(1977년 건국포장).
212) 이상백 : 본명 李相栢, 1886~1965, 경북 칠곡출신, 1990년 애족장(1977년 대통령표창).
213) 이내성 : 1893~1927, 경북 칠곡출신, 1990년 애국장(1982년 건국포장).
214) 김익시 : 1885~1943, 경북 칠곡출신, 1992년 대통령표창.
215) 지하수 : 1892~1938, 경북 칠곡출신, 1995년 대통령표창.
216) 장지희 : 1895~1969, 경북 칠곡출신, 1992년 대통령표창.
217) 장영창 : 1890~1939, 경북 칠곡출신, 1992년 대통령표창.
218) 장영조 : 1870~1947, 경북 칠곡출신, 1990년 애족장(1983년 대통령표창).

앞에 말한 바와 같은 동기에서 4월 9일 오후 8시경과 그달 10일 오후 8시경 2회에 걸쳐서 성곡동 북쪽 밭 가운데서 동민 36명을 집합시켜 독립만세를 고창하였으므로, 주모자 이하 21명을 체포하였다.

(20) 영일군 청하면

3월 22일 오후 1시 30분경 청하의 기독교도 오용우(吳用于) 외 22명의 무리는 소형 태극기를 흔들며, 청하장날에 많은 사람이 나와 있음을 이용하여 독립만세를 고창하며 시위운동을 개시하여 형세가 평온하지 않았으므로, 주모자 이하 23명을 체포하고 군중을 해산시켰다.

(21) 고령군 우곡면

도진동

우곡면 야정동의 양반 박재필(朴材弼)이 주모자가 되어 도진동 농민을 선동하여 4월 6일 오후 11시경 약 20명의 한 무리가 독립만세를 연호하며 도진동 내를 일주하고 면사무소에 와서 면장의 제지로 해산하였다. 후일 이를 발견하여 1명을 체포하였다.

대곡동

도진동 양반 박기로(朴基魯)[219]가 주모자가 되어 4월 8일 오후 11시경 우곡면 대곡동 앞에서 농민과 노동자 약 30명이 독립만세를 고창하였으므로, 주모자 박기로(朴基魯)를 체포하고 나머지는 해산케 했다.

(22) 김천군

1) 김천면

기독교도 및 불량청년이 중심이 되어 불온경고문 및 한국국기 다수를 제작하여 3월 11일 오후 3시를 기하여 김천시장의 군중을 선동하여 일대 시위운동을 하기로 하고 그 시

---

[219] 박기로 : 1871~1938, 경북 고령출신, 1990년 애족장.

간이 오기를 기다리고 있다는 것을, 그날 오전 11시에 탐지했다. 그래서 주모자 4명을 검거했기 때문에 당일은 무사히 지나갔다. 그러나 그 후 3월 24일 오후 11시경 김천면 욱정 가로 상에서 갑자기 불량청년 6명이 독립만세를 고창하였으므로 즉시 5명을 체포하였다.

2) 개령면

3월 24일 오후 3시 개령면 동부동 뒷산에서 기독교도 및 청년 4명이 독립만세를 고창함을 시작으로, 그 후 4월 4일 오후 10시 개령면 동부동 뒷산 및 동부동 중앙에서 학생 청년 등 6명이 전후 3회 만세를 고창하였다. 이어 4월 6일에 다시 동부동 뒷산에서 노동자 9명이 독립만세를 고창하였다. 제1회와 제3회에서는 전부를, 제2회에서는 5명을 체포하였다.

6. 소요와 도내 외국인의 언동

도내에 거주하는 외국인 가운데 프랑스·스웨덴·그리스·중국인 등은 소요에 대하여 누구나 신중한 태도를 가지고 그 언동도 온건하여 각별히 의심 가는 데가 없었지만, 유독 미국인의 행동에 있어서는 몹시 의아스러운 점이 있었다. 그들은 모두가 선교사 또는 그 가족과 기독교 부속병원의 의사·간호사 등인데, 구주전란歐洲戰亂(제1차세계대전) 이후 사상변동기에 자칫하면 정치와 종교를 혼동하거나 사대事大사상을 고취함으로써 친미 열의의 조장에 힘써왔던 것은 덮어둘 수 없는 바가 있었다. 또 소요 전후에도 신도 간의 사상을 이용하여 교세확장에 도움이 되게 하려는 상황이 역력한 바가 있었다. 즉 수하의 포교자 간에 소요계획이 있음을 미리 알고도 어떠한 제지 등의 조치로 나아가지 않음은 물론, 자진하여 음모 장소를 제공하여 간접적으로 운동을 돕고 사주한 것이 아닌가 하는 의심이 간다. 소요 후에도 어디까지나 조선인을 동정하여 그들에게 영합하는 데 급급하였을 뿐 아니라, 관헌의 단속에 대해서는 일률적으로 가혹하다는 생각을 갖고 있었다. 게다가 그들의 수족手足으로 신뢰하는 목사·조수 등의 다수가 영어囹圄의 몸이 되니 마음이 매우 편치 못하여 그들의 면회 등을 하거나 가족을 위문하여 인심수람人心收攬(사람의 마음을 끌어 모음)에 힘썼다. 소요발생 당시의 언동은 아래와 같다.

기記

　(1) 3월 7일 저녁 미국인 선교사 중 대구에서 소요의 발발을 미리 알고 사진을 촬영하여 본국에 송부하기로 계획중이라는 내용을 들어서 알고 있었다. 만약 군중 속에 있으면서 이러한 자가 있으면, 보호한다는 말로 이를 금지케 하도록 수배하였다. 그러던 중에 3월 8일 한 미국인이 대구에서의 군중시위 운동상황을 기독교 부속병원(지금의 동산병원인 것 같다) 옥상에서 촬영하였다.

　(2) 그날 소요의 전후에, 미국인 7명은 대구부내를 시찰 또는 배회하였다.

　(3) 같은 날 미국인 선교사이자 장로파부속 신명여학교 교사인 한 부인이 시위운동의 별동대別動隊로 시위운동 무리에 동참한 동교 학생 50명의 행렬을 뒤따라 행진하였다. 그래서 단속 중인 경부가 어디로 가느냐고 물었더니, 그는 "매우 미안하지만, 학생들이 명령을 듣지 않고 행진하므로 이를 제지하려고 행진하고 있다. 내가 부인이니까 정중하게 대해 달라."고 하며, 별로 학생들의 행진을 제지하는 행동을 취하지 않았다.

　(4) 4월 1일 대구부내에서 주요지구에 있는 조선인 점포가 폐점할 때, 미국인 브루엔[220]은 자전거를 타고 그 실황을 시찰하였다.

　(5) 4월 2일, 앞날과 마찬가지로 상점 일부가 폐점했을 때, 미국인 블레어[221]는 또한 자전거를 타고 그 실황을 시찰하였다.

　(6) 위의 브루엔은 4월 8일 김천에 가서 그곳 헌병분견대에 연행된 소요 주모자들의 가족 몇 집을 방문하고, 또 위로한다는 명목으로 유치 중에 있는 신도의 면회를 요구했다가 거절당했던 사례가 있다.

　(7) 4월 8일 대구지방법원 검사가 서기·헌병·경찰관을 인솔하여 미국인 블레어 거처의 가택수색에 임했다. 그러자 그 사람은 총영사로부터 '개인의 가택수색을 거절하라. 권력을 행사하는 경우에는 부득이하지만, 그렇지 않는 한 승낙하지 말아야 한다.'라는 통지

---

[220] 브루엔(Henry Munro Bruen, 1874~1959) : 한국명 부해리(傅海利). 미국인 선교사. 1899년 뉴욕의 유니언신학교(Union Theological Seminary)를 졸업하고 미국 북장로교 해외 선교부에서 한국 선교사로 임명되었다. 한국에서 선교활동을 펼치는 과정에서 1901년 김천시 아포면에 송천교회와 구미시 옥성면에 죽원교회 등을 세운 이후 김천, 선산, 군위, 고령, 성주, 상주, 칠곡 등지에 수많은 교회를 설립하였다. 외국인 선교사 추방령으로 1941년 한국을 떠났고, 미국 캘리포니아 산타크루즈에서 사망했다.

[221] 블레어(Herbert E. Blair, 1879~1945) : 한국명 방혜법(邦惠法) 미국인 선교사 1904년 평북 선천(宣川)을 시작으로, 자성, 강계지역에 선교했으며 만주지방에 있는 조선인 교회를 감독하였다. 1913년 대구로 전임되어, 대구를 비롯하여, 경상북도 서북부의 선산, 상주, 칠곡, 군위, 의성, 김천 등지를 순회하며 전도하고, 브루엔(Bruen)·아담스(Adams)·원(Winn) 선교사와 연계하여 활동하였다. 일제의 강압으로 1941년 한국을 떠나 필리핀의 마닐라에서 활동하였다. 영양실조로 병을 얻어 필리핀에서 사망한 것으로 전해진다.

가 있다하여 이를 거부하였다. 검사는 직권으로 가택수색을 수행하겠다 말하여 그는 승낙했는데, 가택수색을 할 때 브루엔은 그 상황을 촬영하였다.

(8) 3월 23일 안동에서의 소요가 있을 때 부상·사망한 폭민 1명의 유족에 대해 그곳에 거주하는 여선교사 스미스는 스스로 그 유족을 방문하여 곶감 한 접을 선사하고 이후 기독교 입교入教를 권유했다.

(9) 대구부에 거주하는 블레어는 소요 후 군부郡部 각 교회당에 이번 사건으로 검거되거나 그 외 신도들의 이상異狀을 보고하도록 하는 통지를 보냈다.

제3절 1919년 이후의 민족주의운동

1. 비타협적 민족운동

원래 조선에서의 각종 운동은 종래의 예에 비추어보면 장래에도 중앙인 경성을 모방·책응策應(서로 내통하여 책략을 꾸밈)하는 것이 보통이라 할 것이다. '민족운동' 항목에서도 역시 같은 경로를 거쳐오고 있기 때문에, 이하 서술하는 상황은 경성을 중심으로 하여 기재한다.

(1) 문화운동의 경과

1919년 3월에 발발했던 조선독립운동은 1920년 8월 미국국회의원 관광단이 조선에 온 것을 일기一期로 좌절되고, 또 1922년 1월 워싱턴회의[222]의 종료에 의해서 일단락을 고하였다. 그리하여 과격한 독립운동자가 조선인 일반에게 쓸 수단방책이 없어서 자복雌伏(엎드려 때를 기다림)하게 되었다. 동시에 독립의 희망을 갖는 자들 사이에는 두 가지의 큰 경향이 나타나게 되었다.

그 하나는 문화적 방법에 의한 민족운동이고, 다른 하나는 독립운동을 도외시한 사회혁명적 운동이 그것이다. 그리하여 민족주의자들은 종래 문치파文治派에 의해 제창되어 오

---

[222] 워싱턴회의 : 1921년 11월 12일부터 1922년 2월 6일까지 워싱턴에서 열린 국제회의. 베르사유체제는 동아시아의 제문제를 미해결인 채로 두었고, 제1차세계대전 후 각국의 재정상태 때문에 군비확장 경쟁은 부담이 되었다. 이러한 모든 문제를 일괄 토의하기 위하여, 미국의 제창으로 워싱턴회의가 개최되어, 미국·영국·프랑스·이탈리아·중국·벨기에·네덜란드·포르투갈·일본 등 9개국이 참가하였다. 약 3개월에 걸친 회의 결과 해군 군비제한조약, 중국에 관한 9개국조약, 태평양에 관한 4개국조약(美·英·佛·日) 등 7개 조약이 성립되었다. 해군 주력함에 있어 미국 대 영국 대 일본의 보유 총톤수 비율(5:5:3)이 정해졌으며, 영국·일본 동맹은 폐기되었고, 일본은 산둥성(山東省)의 이권을 중국에 되돌려줄 것 등을 주요 내용으로 하였다. 이로써 '워싱턴체제'가 성립되었으며, 베르사유체제와 더불어 제2차세계대전이 일어날 때까지의 국제질서를 형성하였다.

고 있던 것으로서 조선독립을 장래에 기약하는 문화운동에 의함이 가장 현명하다고 하여 먼저 민족정신의 함양과 실력양성을 급선무라 하여 이 방면의 운동을 일으키게 되었다. 그리하여 그것의 가장 현저한 것이 교육진흥 및 산업개발을 목적으로 하는 운동이고, 교육의 진흥 중 특히 현저한 사실은 소위 실력양성의 필요성을 선전하는 데에 따른 교육열의 급격한 발흥에 있다고 보았다. 즉 당시 각 관·공·사립학교는 겨우 지망자의 일부를 입학시킬 뿐으로 수용력이 많이 부족함을 드러냈고, 사설학술강습회·야학회 등이 설치된 것이 많았다. 또 각종의 저작 간행물이 계속 발행되었다. 종래 도회지에서의 고학생은 극히 소수였다. 그런데 교육열이 갑자기 성해짐에 따라 지방 청년자제는 전후에 대한 사려 없이 도회지로 집중하여 고학하는 자가 다수에 이르렀고, 이 경향은 후년 사회주의운동에 한 세력을 보태는 원인이 되었다.

그런데 그들이 말하는 교육의 진흥이나 실력의 양성 내지 경제력의 충실은 전혀 조선의 실정을 고려하는 바 없이 극단적으로 조선인 본위를 외치고 부질없이 당국에 반항하기 위한 반항에 지나지 않는다. 예컨대 교육문제에 대해서는 지방의 실정·경비문제·기타 제반의 관계를 도외시하고 학교설치의 필요성을 외치고 그것이 실현하지 못할 때에는 바로 일본인과 조선인의 차별대우라고 투덜댄다. 또는 교육문제에 대해서도 교육이란 인생의 자유발전을 목적으로 하는 것으로서 그 교육에 조건을 붙이는 것이 아니라 하고, 국어(일본어)교수의 폐지와 완전한 조선역사의 교수를 요구하였다. 즉 그들의 생각은, 조선인 아동에 대해서는 장래의 조선인다운 교육을 시행하고 일본국민이 되게 하기 위한 교육은 시행하지 않아야 한다고 말한다. 그래서 국어(일본어) 교육은 민족정신을 없애려하는 것이라 하고, 새삼스레 그 사용을 피하려 하였다. 특히 경성제국대학 창설의 논의가 확정되자, 일부의 유식한 배일 조선인들은 조선인 교육은 조선인 자신의 손으로 해야 한다고 하며 민립대학창설의 필요성을 외쳤다. 그리하여 1922년 11월 조선민주대학기성회라는 것을 조직하여 위원을 전조선에 파견하여 크게 유세에 힘썼는데, 이 운동은 한때 전 조선 각도에 풍미하여 누구나 그 성공을 믿었다.

산업개발에 있어서도 또한 극단적으로 조선인 본위를 주장함은 물론이고 일본인과 일본자본을 배척하려 했다. 1922년 가토加藤내각이 성립하여 재정긴축·소비절약의 정강을 발표하자, 일부의 무리는 당장 그 말꼬리를 잡아 조선의 경제독립을 주장했다. 그리하여 자작회自作會·물산장려회·토산물애용부인회 등의 단체를 조직하여 자작·자급·물산장려와 소비절약·금주·단연斷煙 등의 운동을 일으켜 경제독립은 곧 극단의 조선제품 사용이라 하여 그것을 선전의 구실로 삼았다. 이로 인해 금방 찬동하는 자가 속출하여, 본도에 있어서는 지방도읍의 거의 모든 곳에 금주단연단의 조직이 보이지 않는 곳이 없는 정도가 되었다. 그러나 이 운동은 사실상 하등 물산장려에 힘쓰는 바는 없고, 그 진의眞意는 일본물품 배척이라는 소극적 무저항주의 배일운동이다. 극단적으로는 무명베로 만든 의복 사용을 장려하여, 한때는 기생에 이르기까지 무명 의복을 입고 객석에서 시중을 들게 되었다. 그러자 면포는 금세 2배, 3배로 값이 올라, 사회주의자들은 이를 두고 곤궁한 민중에게 고통을 주는 어리석은 방책이라 하여 폭행을 가하는 기이한 결과를 낳게 되었다.

이상은 주로 1920년 말부터 1924년 초에 이르는 소위 문화운동의 줄거리이다. 그러나 원래 조선인의 운동에는 조금도 진지함이 없다. 간혹 헌신적으로 운동하는 자가 없지는 않지만, 그중 많은 자들은 야심과 이름을 얻기 위하여 운동을 한다. 그렇지 않은 경우라도 오래된 지방적 감정과 그 공통성인 시기와 질투심 때문에 공고한 단결을 도모할 수 없다. 따라서 운동에는 영속성이 없으며, 단체를 조직한 후에 곧 소멸하는 경우가 많다. 그렇지 않으면, 당중당黨中黨을 세워 곧 세력싸움이 일어나고 사분오열이 되어 끝내는 수습할 수 없게 되는 것이 보통이다. 즉 종래의 예에 비추어볼 때 조선인이 조직한 각종 결사의 활동이 가장 활발한 시기는 창립총회 개최 때이고, 이때부터 점차 쇠미衰微하는 것이 보통이다. 그런데 이 기간에 다수의 찬동자를 얻어 가장 세력이 있었던 것은 민립대학 설립운동이었다. 이 건의 발기자發起者 중에는 피병원기성동맹회避病院期成同盟會의 발기자가 있었다. 이 회는 1920년 10월에 반항적 기분으로 조선인 전염병환자는 조선인이 설립한 병원에 입원가료하게 하지 않으면 안 된다 하여 이들을 수용할 목적으로 조직한 것이었다. 당시 조선의 모든 도道에 걸쳐서 30만 원의 기부금 모집을 꾀했지만, 독립운동의 기세가 아직도 왕성했던 당시에 있어서조차 겨우 2만 2000원을 모집하는데 그쳤고, 그 계획은 자연히 흐지부지 되어가서 세상의 많은 사람들은 그 존재마저도 망각한 상태였다. 그러다가 1922년 11월 민립대학을 발기發起하자, 병원문제의 전말을 명백히 하지 않으면 민립대학 설립운동의 장애가 될 것이므로 어떻든 모아두었던 금전 중 1만 2000원(1만 원은 모집비용으로 사용했다고 함)을 세브란스병원에 제공하였다. 그리하여 그 병원 내에 피병실避病室(격리병실)을 건설하여 겨우 이 일을 애매모호하게 덮어버린 사실이 있다. 그리하여 대학설립운동은 고故 이상재李商在 등 47명의 발의에 의해서 발기인을 1000명으로 정하고, 모든 도道로부터 1000만 원을 모집하기로 계획을 세웠다. 그리고 각지에 사람을 파견하여 크게 선전에 힘쓴 바 있어, 한때는 모든 도를 풍미하는 기세가 있었다. 그러나 얼마가지 않아 지방적 감정 때문에 반대가 생기고 또 시일이 경과함에 따라 운동열이 식어 모집운동은 자연소멸하게 되었다.

또 이 동안 제1차세계대전 후의 일본의 영향을 받아, 노동운동을 목적으로 하는 노동대회·노동공제회·노동연맹회·노농회勞農會·기타 많은 노동단체가 속출하였다. 그리하여 한때 이 풍조는 전 조선에 널리 퍼졌다. 그러나 이 운동은 조선의 실정과는 극히 인연이 멀어, 노동자와는 거의 교섭이 없는 일시적인 유행의 경향에 불과하였다. 그리하여 재계의 불황과 일본에서의 노동운동 부진 기타 등의 원인으로 인하여 그러한 활동도 곧 끝나버렸다.

이리하여 이들 각종 운동은 1923년 사회주의운동의 대두로 1924년에 들어서는 거의 끝나버렸고 그 후 약 2년간은 사회주의운동의 전성기로 그 운동이 아주 왕성하여, 경성을 비롯하여 전 조선 각지에 운동단체가 속출했고 이러한 집회가 도시와 농촌을 불문하고 도처에서 개최되었다. 그렇지만 이 엉뚱한 운동은 이후 점차 사회적으로 신용을 잃게 되었고 서울청년회계靑年會系와 북성회계北星會系 양파의 노골적인 세력다툼을 낳았다. 게다가 1925년 11월과 다음해인 1926년 7월의 공산당사건으로 다수의 유력자가 수감되기에 이르러, 이 사회주의운동은 매우 큰 타격을 받았고 이에 대한 반동으로 민족운동이 이 시기부터 다시 대두하게 되었다.

(2) 동아일보 논설의 반향反響과 연정회研政會 조직 실패

현 조선일보 간부 신석우申錫雨는 조선일보 경영에 착수하기 이전, 즉 1923년 가을경부터 동아일보 간부 김성수金性洙[223]·송진우宋鎭宇[224] 및 천도교 간부 최린崔麟 등과 여러 차례 김성수金性洙 집에서 회합하여 유력한 민족단체 조직에 대하여 협의를 거듭했다. 그러다가 다음해 1924년 1월에 들자, 동아일보는 1월 2일부터 5회에 걸쳐서 「민족적 경륜經綸」이라는 제목으로 논설을 게재하여 민족운동의 귀추를 논했다. 그러나 그때는 사회주의운동의 전성기였기 때문에 이에 귀를 기울이는 자가 없었을 뿐만 아니라, 오히려 사회주의자와 도쿄東京유학 조선인 일파의 맹렬한 공격을 받았다. 이 때문에 조선일보의 일부 간

---

[223] 김성수 : 1891~1955, 전북 고창출신.
[224] 송진우 : 본명 宋鎭禹, 1889~1945, 전남 담양출신, 1963년 독립장.

제2장 조선 내 치안개황 | 103

부를 부득이 경질하지 않을 수 없게 되어, 안창호安昌浩의 신임을 받고 있던 이 논설의 집필자이자 전에 상하이 『독립신문』의 주필이기도 했던 이광수李光洙가 퇴사하기에 이르렀다.
그리고 그 논설의 개요는 다음과 같다.

지금의 조선민족에는 일정한 방침이 없고 갑을甲乙이 구구區區한 방향을 잡고 있으며 마치 발산하는 운무雲霧와 다르지 않다. 이를 응집하는 데는 일대단결一大團結이라는 한 길이 있을 뿐이다. 이는 말하자면 오랜 진리이고, 진리는 영원히 새롭다. 이러한 단결은 수십 년 동안 주장되어 오고서도 이루지 못한 것은, 실행을 구체화하는 시기에 도달하지 못하였기 때문이다.
이대로 사태가 변하지 않고 옮겨간다면 민심은 끝내 흩어지고 민력民力은 점차로 쇠미하여 끝날 뿐이다. 민족 백년대계로는 정치·산업·교육의 3대 결사를 조직하여 서로 협력하여 널리 회원을 얻어 활동의 바탕을 만드는 데 있다. 정치결사에 관해서 말하면, 조선인이 동경하는 정치적 생활이 없는 것은 일본이 한국을 병합한 이래 조선인에게 모든 정치적 활동을 금했음이 그 원인의 하나이다. 병합 이래 조선인은 일본의 통치권을 승인하는 조건하에 여러 정치적 활동 즉, 일본정부를 상대로 하는 독립운동은 물론 참정권·자치권의 획득마저 원하지 않는 강렬한 절의심節義心이 제2의 원인이다. 이 두 가지의 원인으로 오늘날까지 해온 정치적 운동은 일본을 적국시敵國視했던 운동뿐이었다. 그로 해서 이러한 운동은 해외에서 하든가 혹은 한국 내에서 비밀결사秘密結社식으로 하는 수밖에 없었다. 그러나 우리들은 어떠한 방법으로든 조선에서 전 민족적 정치운동을 하도록 새로운 정면正面을 타개할 필요가 있다. 따라서 조선 내에서 허용되는 범위 내에서 하나의 큰 정치적 결사를 조직하여, 그 결사에 의해서 당연한 민족적 권리를 옹호하고 민족의 정치적 중심을 만들어 영원한 정치운동의 기초로 삼고 그 결사가 생겨나는 것을 기다려, 결사가 모든 문제를 스스로 해결토록 하자. 또 산업운동에 대해서는, 하나의 큰 산업결사를 조직하여, 소극적으로는 보호관세를 대체하는 효력을 얻기 위해 조선산업품 사용동맹을 만들고 적극적으로는 조선인의 일용품 또는 조선에서 제조할 수 있는 산업기관을 일으키도록 하자. 지금의 조선물산장려회의 운동이 이로부터 출발하고 있는데도 불구하고 부진한 것은 유감이다. 교육결사에 관해서는, 전 민중에게 과학적 지식을 보급하도록 하는 대운동을 일으켜 민중강습소의 설치와 민중의 읽을거리의 간행刊行을 실시해야 한다. 그 자금과 인물은 전도회사傳道會社[225]가 다액의 자금을 가지고 각지에 선교사를 파견하여 각 농촌에서 어학과 과학을 교수하는 것과 같은 방법으로 하면 된다. 그리하여 3개의 이 큰 결사가 서로 협력하여 조선민족 경륜의 대도大道로 나아가지 않으면 안 된다.

위와 같은 이 논설의 삼대운동은 일본의 주권하에서 법률이 허용하는 범위 내에서 행하게 되는 것이고 결사가 생겨남을 기다려 그 결사 자체가 모든 문제를 스스로 해결하도록 해야 한다고 주장하고 있고 그 운동의 도달점은 독립에 있음을 암시한 것이다. 위 논설은 민족주의 운동자의 사상을 표현하여, 일반 온건론자들이 그 내용을 시인是認하는 것이기는 했다. 그러나 '조선 내에서 허용되는 범위'라는 어구는 좌경파 특히 청년학생의 반감을 강하게 샀고, 민족주의를 신봉하는 자들은 이구동성으로 '우리들은 뭣 때문에 3·1운동 이래 와신상담을 감수하고 있는가?'라고 외쳤다. 또한 사회주의자들은 그들의 입장에서 이를 조소하고 양자(민족주의자와 사회주의자)가 서로 어울려 동아일보 불매동맹을 만들어 각지에 성토문을 발송하는 등 맹렬한 공격을 가했으므로, 끝내는 앞서 기술한 것과 같은 사내社內의 동요를 보게 되었다.

이 논설의 집필자인 이광수李光洙는 상하이에 있는 안창호安昌浩의 신임을 가장 두텁게 받고 있었다. 그가 조직한 수양단修養團(경성에 본부가 있고 평양에 지부가 있음)이란 것이 안창호安昌浩가 주관하고 있는 흥사단興士團226)의 지부임은 의심할 바가 없다. 다만 관헌의 주시를 피하기 위해서 다른 명칭을 붙였을 뿐이다. 안창호安昌浩는 때로는 조선독립에 관해서 비장하고 격렬한 말투로 무력행동의 필요성을 역설하는 일도 있다. 그러나 이는 독립정신을 고취하기 위한 방편이며 또한 주변의 상황과 자신의 지위를 옹호하기 위해 부득이하게 나온 행위이지 본뜻은 아니다. 즉 그는 소위 조선인 문치파文治派의 백미로서, 십수년 전 신민회新民會의 음모사건 후 미국 새크라멘토에 본거를 두고 조선인의 실력을 양성하여 조선독립을 영원한 장래에 기하는 목적을 갖고 흥사단이라는 것을 조직했다. 그리하여 유위有爲한 청년의 교양에 힘썼고 1919년 상하이에 임시정부가 조직되자 상하이로 가서 상하이·난징南京·베이징北京의 각지에 흥사단지부를 설치한 것이 오늘에

---

225) 전도회사 : 이는 전도회의 오식인 것 같다. 전도회는 당시 구미(歐美)의 식민지 또는 미개지역에 선교사를 파견하고 후원하는 조직.

226) 흥사단 : 1913년 5월 13일 도산(島山) 안창호(安昌浩)가 미국 샌프란시스코에서 창립한 민족운동단체. 8도 대표를 창립위원으로 하여 조직되었다. 흥사단에서는 다음과 같은 힘의 3대 원칙을 주장한다. ① 자력주의: 우리가 믿고 의지할 것은 우리의 힘뿐이라는 원칙 ② 양력주의(養力主義): 힘은 기르면 자라고 기르지 않으면 자라지 않는다는 원칙 ③ 대력주의: 큰 힘이 있으면 큰 일을 이룰 수 있고, 힘이 작으면 작은 일밖에 이루지 못한다는 원칙을 말한다.

이르렀다. 이와 같은 사업의 지속은 조선인 가운데서는 드물게 볼 수 있는 바로서, 그가 조선인의 각 사회에서 중요한 자리를 차지하는 것이 이유가 없는 것이 아니다.

그리하여 그는 1921년 중 이탁李鐸227)과 그 밖의 가까운 자에 대해서 "일본을 적대시해서는 조선의 독립을 바라는 것은 도저히 불가능하다. 조선의 독립은 일본에 의지해서 달성하지 않으면 안 된다."라고 그 속뜻을 누설한 일이 있다. 이는 유독 안창호安昌浩에 한하는 것이 아니고, 온건한 민족운동자, 소위 문화운동자가 다 같이 갖고 있는 사상으로 볼 수 있다.

이광수李光洙는 1923년 10월 몰래 베이징北京으로 가서 안창호安昌浩와 회견했던 사실이 있다. 당시 신석우申錫雨 등이 기도했던 민족단체 조직은 안창호安昌浩와도 연락이 있었고, 위의 논설은 이광수李光洙가 미리 안창호安昌浩의 양해를 얻어 집필했던 것임은 상상하기 어렵지 않다. 이광수李光洙의 베이징北京행은 주로 민족단체 조직에 관한 타합打合(미리 상의함) 때문인 것 같다.

그 후 1924년 1월 중순경이 되어 최린崔麟·김성수金性洙·송진우宋鎭宇·최원순崔元淳(동아일보), 이종린李鍾麟(천도교), 신석우申錫雨·안재홍安在鴻228)(조선일보), 박승빈朴勝彬(변호사), 이승훈李昇薰(기독교), 서상일徐相日(대구), 조만식曺晩植229)(평양) 등 16·17명이 경성에서 회합하여 연정회硏政會란 단체조직에 관해 협의한 바가 있었다. 그런데 동아일보에 실은 위의 논설에 대한 반향은 뜻밖에 강렬하여 아무도 그 논설에 대한 공격의 화살 정면에 서서 이 회(연정회) 조직을 위하여 진력할 용기가 없어, 마침내 이도 유야무야 속에 묻혀버렸다.

(3) 민족주의운동의 대두

백남훈白南薰230)·백남운白南雲231)·박찬희朴瓚熙·백관수白寬洙·홍성하洪性夏·김기전金起纏·박승철朴勝喆·김준연金俊淵232)·안재홍安在鴻·최원순崔元淳·선우전鮮于全·한위건韓偉

---

227) 이탁 : 1889~1930, 평남 성천출신, 1963년 독립장.
228) 안재홍 : 1892~1965, 경기도 평택출신, 1989년 대통령장.
229) 소만식 : 1883~미상, 평남 강서출신, 1970년 대한민국장.
230) 백남훈 : 1885~1967, 황해도 은율출신, 1990년 애국장(1982년 건국포장).
231) 백남운 : 1894~1979, 전북 고창출신.
232) 김준연 : 1895~1971, 전남 영암출신, 1991년 애국장(1963년 대통령표창).

健233)·조정환曺正煥234)·김수학金秀學·최두선崔斗善·조병옥趙炳玉235)·이긍종李肯鍾·홍명희洪命熹236)·유억겸俞億兼·이재간李載侃 등은 1925년 9월 15일 경성 돈의동의 조선요리점 명월관明月館에서 회합하여 '극단적인 공산주의를 주장하여 외국의 제도·문물·학설과 같은 것을 바로 받아들여 조선에서 적용·실시하려고 하는 것 같은 과격한 주장을 하는 자도 있지만, 조선에는 조선의 역사가 있고 독특한 민족성이 있다. 그와 같은 것(위의 과격한 주장)은 조선민족을 자멸로 이끄는 것이므로, 그 가부를 잘 연구하여 그 장점을 취하고 민족정신의 보지保持에 힘쓰지 않으면 아니 된다.'라 하고, 조선사정事情연구회라는 조직에 관해 협의하였다. 그 진의眞意는 장래 이것을 민족운동의 기관으로 한다는 데 있었던 것 같다. 다시 그 후 동아일보사 송진우宋鎭宇·최원순崔元淳이 주가 되고 조선일보 안재홍安在鴻, 천도교월보 이종린李鍾麟 등과도 결탁하여 가끔 강연회를 개최하여 민족주의의 고취에 힘썼다. 또 변호사 허헌許憲237)·이인李仁238)과도 결탁하여 당시 3파 정립鼎立의 상태에 있던 천도교를 통일하여 민족운동의 일대세력을 형성하고, 나아가 물산장려회에 자금을 대어주어 활동을 개시하도록 도모한 사실이 있었다. 또 1925년 11월 28일 경성기독교청년회 총무 신흥우申興雨 주최하에 윤치호尹致昊·이상재李商在·조병옥趙炳玉·이관용李灌鎔239)·안재홍安在鴻·유억겸俞億兼 등의 유력자 20여 명이 회합하여 태평양문제연구회를 조직하고 종교·경제·이민과 외교문제를 연구하여 하와이범태평양회의에 상주위원常住委員을 파견할 것을 결의했다. 또한 그 후 경성중앙기독교청년회 간부 구자옥具磁玉·신흥우申興雨·이긍종李肯鍾 등의 발기로, 일찍이 미국에 유학한 조선인으로 일단一團을 조직하여 재미조선인과 연락하도록 계획했다. 한편 1925년에 들어 송진우宋鎭宇 일파는 독립운동을 자치운동으로 방향 전환하도록 협의한 사실이 있다. 이것들은 그 전부가 민족주의의 대두로 보이지만, 시기가 아직 무르익지 않아 아무런 실천적 운동을 보지 못하고 끝나버렸다.

---

233) 한위건 : 1896~1937, 함남 홍원출신, 2005년 독립장.
234) 조정환 : 1875~1926, 경남 김해출신, 1990년 애족장(1980년 대통령표창).
235) 조병옥 : 1894~1960, 충남 천안출신, 1962년 독립장.
236) 홍명희 : 1888~1968, 충북 괴산출신.
237) 허헌 : 1885~1951, 함북 명천출신.
238) 이인 : 1896~1979, 경북 대구출신, 1963년 독립장.
239) 이관용 : 1894~1933, 서울출신, 2008년 애국장.

(4) 자치운동단체의 조직 계획

경성의 송진우宋鎭宇·최린崔麟·김성수金性洙·최남선崔南善·이종린李鍾麟 등은 1925년 이래 여러 차례 회합하여 조선의 현재 상태에서는 독립운동은 절대로 불가능하므로 오히려 안창호安昌浩 일파가 생각하고 있는 자치운동으로 방향을 전환하기로 연구를 거듭하고 있었다. 그 후 1926년 9월말이 되어 자치운동단체를 조직하기로 대강 뜻을 결정하고 10월 초순 마침내 이 조직 준비에 착수하여 박희도朴熙道·김준연金俊淵·조병옥趙炳玉·김려식金麗植·최원순崔元淳·한위건韓偉健·심우섭沈友燮·최남선崔南善·이광수李光洙·변영로卞榮魯·김찬영金鑽永·홍명희洪命熹·박승철朴勝喆·백관수白寬洙·민태원閔泰瑗·홍병선洪秉璇·김필수金弼秀 등과 경성 동소문 밖이나 그 밖의 곳에서 이따금 회합하여 서로 생각하는 바를 말하고 또는 서로 왕래하여 의견을 교환하고 있었다. 그런데 조선일보의 안재홍安在鴻·김준연金俊淵 등은 이 계획에 반대하여 민흥회民興會(블라디보스토크에 있는 이동휘李東輝240)와 상하이에 있는 자 등 소위 이르쿠츠크파가 조종한 것으로 서울계에 속함)에 그 내용을 비밀리에 알렸다. 그러자 민흥회 위원들은 이 단체가 조직되면 가까스로 조직을 시작한 자기들 민흥회의 성립에 지대한 영향을 미치는 것이라 생각하였다. 그래서 민흥회 위원 명제세明濟世241)는 최린崔麟에게 굳이 그 단체를 조직한다면 이를 극력 반항·방해할 것이라고 협박하였다. 그리하여 자치운동파의 사람들은 10월 13일 밤 명월관에서 회합하여 표면으로는 시사간담회라는 이름으로 준비위원회를 개최하고 발기 계획을 발표할 예정이었지만 결국 이를 중지하고, 다시 14일에 회합할 예정이었다. 그러나 그날 민흥회의 명제세明濟世·허일許—242) 외 수 명이 그 관계단체원인 전진회前進會 이영李英243) 외 10여 명과 회합하여 대항책을 협의한 결과 "우리민족의 자치운동에 일본인인 아베 가쓰야阿部充家244) 따위를 개재시키는 것은 이미 그 근본을 그르치고 있으며 자치의 정신을 무시한 불순한 운동으로, 우리들의 주장과는 전혀 달라 서로 받아들일 수 없는 것이다. 따

---

240) 이동휘 : 1873~1935, 함남 단천출신, 1995년 대통령장.
241) 명제세 : 1885~미상, 평북 영변출신, 1990년 독립장.
242) 허일 : 1897~미상, 경북 김천출신.
243) 이영 : 1889~미상, 함남 북청출신.
244) 아베 가쓰야(阿部充家, 1862~1936) : 일본의 저널리스트. 일본에서 국민신문사 등 여러 신문사에서 기사·간부·사장을 지내다가 1915년부터 서울에 와서 3년간 경성일보사 사장을 지냈으며 그 뒤 일본에 돌아가 국민신문사 등에 관여하였다. 당시의 조선총독 데라우치(寺內)와 사이토(齊藤)에게 많은 조언을 했다고 한다.

라서 이를 묵과해서는 안 되니, 철저하게 그 모임의 박멸을 기하지 않을 수 없다."하여, 동지 수 명을 각 요리점에 잠복시켜 감시하고 있었다. 그런데 회합이 있었던 밤 명월관 지점에 모인 사람들은 안재홍安在鴻・김준연金俊淵・유억겸俞億兼・김려식金麗植・조병옥趙炳玉의 5명에 불과하였다. 안재홍安在鴻은 민흥회원에게 집회자가 소수여서 협의를 하지 않았다는 내용을 은밀히 알렸기 때문에 그들은 되돌아갔다. 그 후 회동한 사람들은 차제에 민족주의 단체조직의 필요여부에 대하여 의견을 교환했는데, 지금 당장 이러한 단체를 조직할 필요도 없고, 가령 조직하려 한다고 해도 그 경비라든가 그 임무를 담당할 인물이 없으니 당분간 이 문제는 보류해야한다고 하고 산회했다. 이 때문에 이 운동에는 일본인 아베 가쓰야阿部充家가 관계하였다는 설과 최린崔麟의 도쿄東京행은 일본의 조야朝野명사에게 이 운동의 양해를 얻기 위해서였다는 설이 전해지게 되었다.

그리하여 안창호安昌浩의 소위 자치운동이란 독립에 도달하는 단계로서의 철저한 자치권의 획득을 가리키는 것으로서, 동아일보 계열의 이번 계획은 1924년 초에 있었던 그러한 운동을 되풀이한 것으로 조선일보 계열의 신간회 조직은 이 운동을 배반한 것이라고 볼 수 있을 것이다.

(5) 신간회新幹會의 창립과 그 후의 행동

이보다 앞서 조선 내에서의 사회주의운동은 공산당사건으로 관계자가 검거된 직후에 그 전선戰線이 극도의 혼란에 빠지고, 일반사람은 종래의 파쟁에 싫증이 나서 오로지 신국면의 타개를 희망하고 있었다. 때마침 1926년 8월 여름 휴가를 이용하여 조선에 돌아와 있던 도쿄東京의 일월회一月會 일파인 안광천安光泉245)・하필원河弼源246) 등 몇몇은 이 상황을 알아차리고는 소위 파벌청산을 표방하고 정우회正友會에 가입하여 교묘하게 이를 전취戰取했다. 동시에 일본에서의 후쿠모토福本247)일파의 이론투쟁을 모방하여 종래의 국한

---

245) 안광천 : 1897~미상, 경남 김해출신.
246) 하필원 : 1900~미상, 경남 하동출신.
247) 후쿠모토 가즈오(福本和夫, 1894~1983) : 일본 도쿄대학 졸업 후 마쓰에(松江) 고등학교(당시 일본의 전문학교급) 교수로 있을 때 독일에 유학하여 마르크스주의 철학을 연구했고, 귀국하여 야마구치(山口) 고등상업학교 교수로 전임하다가 곧 퇴임하였다. 공산주의 이론가로서 당시 좌파의 학자들과 거듭된 논쟁을 했으며 일본 공산당 재건에도 참여하다가 그의 독특한 이론 때문에 비판을 받고 결국 실각했다. 1928년부터 14년 동안 일본 감옥에서 보냈으며 일본 패전 후 일본공산당에 관여했으나 그의 이론 때문에 공산당으로부터 제명되었다. 그 후 과학 기술사 연구에 몰두하였다.

된 경제투쟁의 형태로부터 벗어나 대중적·의식적인 정치형태로 비약·진전하여 조선민족의 역사적 사명에 대해서 스스로 선구가 되어 통일된 단일정치전선을 구체적으로 조직하지 않을 수 없다하여, 소위 사회운동의 방향전환에 대한 정우회의 선언서를 발표했다. 그 다음으로 사상단체의 해체·민족단일당의 결성 등을 제창하여 전적으로 인심을 얻으려고 노력했다. 이것은 결국 사회주의 단체들 사이에 일대충동을 일으켰다. 서울파는 종래의 내친걸음으로 이에 반대하는 태도로 나아갔다. 그러나 그 파내에서도 신진청년 중 정우회의 주장에 공명하는 자가 많아 오히려 그 파는 신구新舊 양파로 분열의 경향을 낳아, 더욱더 정우회 파에 유리한 결과를 초래하게 되었다.

그런데 한편 국외에서의 여러 주의운동자들 사이에서도 조선 내와 같은 특수사정에 있는 지역에서는 종래와 같이 신흥세력만으로는 도저히 그 운동의 진전을 기하기 어렵다는 것을 알아차렸다. 동시에 오랜 현안인 민족단일당民族單一黨의 조직에 의해 고유의 잠재세력과 서로 합쳐서 함께 바라는 바의 목적으로 맹렬히 나아가지 않으면 안 된다고 하였다. 한편 국제공산당에서도 이를 승인하고, 오로지 민족주의와 사회주의의 두 주의자 제휴의 기운을 촉진토록 노력했다. 이로 해서 경성에서는 국외동지의 은밀한 통보를 받은 서울계 주의자의 책동으로 표면은 민족주의를 표방하는 조선민흥회朝鮮民興會의 조직을 계획하게 되었다. 이는 전적으로 위에 기술한 경향에 영합하려는 행동에 지나지 않는 것이다.

당시 조선일보사는 자금결핍으로 극도의 경영난에 빠져 있었으므로, 간부 신석우申錫雨·안재홍安在鴻 등은 동아일보계의 자치운동단체 조직계획에 앞서서 새로운 단체를 조직하여 이에 대항함과 동시에 호남·호북·영남지방의 재벌을 회원으로 망라하여 자금을 제공하도록 하여 이로써 신문경영책에 이용하려 도모했다. 그러자 천도교 구파舊派인 권동진權東鎭 등도 천도교 신파新派의 행동에 대항하기 위하여 이에 가입해 왔다. 또 이면裏面에서는 안광천安光泉 일파의 공산당간부 등도 이 조직에 의해서 당의 정책인 단일민족당을 이루려하여, 한위건韓偉健·김준연金俊淵 등으로 하여금 신간회의 창립이 촉진되도록 진력한 바가 있었다. 그리하여 은밀히 준비가 갖추어지자, 갑자기 1927년 1월에 신간회 조직계획을 발표하였고, 마침내 서울파인 조선민흥회와도 합동하여 그해 2월 15일 신간회 창립을 완성하기에 이르렀다.

신간회 강령과 발기인은 아래와 같다.

강령

1. 우리는 정치경제적 각성을 촉진한다.
1. 우리는 단결을 공고히 한다.
1. 우리는 기회주의를 일체 부인한다.

발기인

발기인	소속	발기인	소속
신석우申錫雨	조선일보	안재홍安在鴻	조선일보
이정섭李廷燮	중외일보	최선익崔善益	중외일보
이순탁李順鐸[248]	연희전문 교사	김준연金俊淵	조선일보
이관용李灌鎔	연희전문 교사	문일평文一平[249]	평북
한용운韓龍雲	승려	장길상張吉相	경북 부호
홍명희洪命熹	전 시사일보	홍성희洪性熹	전 시사일보
이승복李昇馥[250]	전 시사일보	조만식曺晩植	평양
신채호申采浩[251]	베이징北京	한위건韓偉健	동아일보
백관수白寬洙	조선일보	장지영張志暎[252]	조선일보
권동진權東鎭	천도교	김탁金鐸	황해
정재룡鄭在龍	경북 유생	이갑성李甲成	경성
박동완朴東完	경성	김명두金明斗	충남 유생
유억겸俞億兼	경성	이승훈李昇薰	기독교
이상재李商在	기독교	이정李淨	경성
정태석鄭泰奭	상주	박내홍朴來弘[253]	천도교
최원순崔元淳	동아일보	한기악韓基岳[254]	조선일보
이종린李鍾麟	천도교	이종목李鍾穆	

그리하여 신간회 창립 후 신석우申錫雨 일파가 기대했던 조선일보 유지비 염출은 뜻대로 되지 않았지만, 이 회에 대해서는 그 이면裏面에 조선공산당의 지지가 있었고 각지의 사상

---

[248] 이순탁 : 1897~미상, 서울출신, 1990년 애족장.
[249] 문일평 : 1888~1939, 평북 의주출신, 1995년 독립장.
[250] 이승복 : 1895~1978, 충남 예산출신, 1990년 애국장(1980년 건국포장).
[251] 신채호 : 1880~1936, 대전출신, 1962년 대통령장.
[252] 장지영 : 1887~1976, 서울출신, 1990년 애국장(1977년 건국포장).
[253] 박내홍 : 1894~1928, 서울출신, 1995년 애족장.
[254] 한기악 : 1898~1941, 강원도 원주출신, 1990년 애국장(1983년 건국포장).

단체도 극력 지원을 하였으므로 더욱더 기세를 올렸다. 1928년에 신간회는 전소全鮮에서의 지회支會 총수는 143, 회원은 약 2만 명이라는 비상한 발달을 이루어 명실 공히 민족단일당의 결성을 보기에 이르렀다.

그런데 창립 후의 행동은 애매한 강령을 내세워 그 태도를 명확하게 하지 않았고 지회 가운데서도 그 행동이 매우 과격한 것이 있었다. 이뿐만 아니라 1928년 경기도에서는 2회에 걸쳐 검거된 조선공산당사건 관계자의 약 40%가 이 회 회원인 등의 사실이 있었다. 이 때문에 1928년 2월과 1929년 2월의 정기대회는 모두가 경찰당국에 의해서 금지되었다. 그런데 간부 중에는 어떠한 방책을 써서라도 국면전개를 기하지 않으면 3총동맹255)과 같은 운명에 빠질 것이라 하여 대책을 생각하고 있는 모습이 있다. 이후 이 회의 추이에 대해서는 조급한 예측을 불허한 점이 있다. 그러나 창립 2년여인데도 각종의 운동을 망라한 이 회가 대체로 단결을 지속하며 상당한 세력을 가지고 지금에 이른 것은 종래의 이러한 단체에서는 그 예를 보지 못한 바이다. 또 이 회에 대한 각종 단체의 태도 또한 그 모두가 신간회를 지지후원하는 데에 일치하고 있음은 특히 주목할 만한 바가 있다.

그리고, 도내道內에서 최초로 신간회지회를 설치한 곳은 1927년 6월 김천이다. 그 후 1929년 7월까지 지회 수 21 · 회원 3400여 명을 가져 그 우세함은 전소全鮮의 수위首位를 점한다. 그리고 지방에 있는 배일 조선인의 여러 주의자 중 상당히 저명한 인물은 거의가 여기에 가입하였다. 또 집회 · 회원권유를 할 때 등의 언동을 종합해 보면 이 운동의 도달점은 조선독립에 있음이 쉽게 판단된다. 뿐만 아니라 지방행정 · 시사문제에 대해서는 극력 이에 간섭하고 반항적 기세를 선동하거나 혹은 사안事案(법률적으로 문제되는 안건)의 분규 확대에 힘쓰며 기회를 잡아서는 열렬하게 민족적 반감의 소지를 만들고 있어서 지방인심에 해독을 끼치는 점은 한심하기 짝이 없다. 오늘날까지의 주된 사례는 아래와 같다.

1) 1927년 9월 4일 상주에서 경성신간회 간부 안재홍安在鴻이 그곳 지회설립기념강연회 석상에서 신간회의 취지라고 말한 요점은 아래와 같은데, 그 논봉論鋒(논박할 때의 말씨)이 날카롭고 조선통치의 근본을 찌르는 점이 있다.

(ㄱ) 1919년에 있어서 독립운동(만세운동) 그 자체는 실패로 돌아갔지만, 정신적으로 우리 민족에게 준 교훈은 컸다. 장래 전민족의 단결에 의해서 실제행동에 나아갈 필요가 있다는 것

---

255) 3총동맹 : 조선 노동 · 농민 · 청년 총동맹. 당시 이 3총동맹이 집회금지를 당한 것을 말하고 있다.

(ㄴ) 현재와 같은 교육제도는 결국 조선혼魂을 소멸시키는 것이므로 조선인에 대해서는 조선인 본위의 교육을 할 필요가 있다는 것
(ㄷ) 산업·교통의 제 정책은 어느 것이나 일본인 본위이고 조선인에게 이익이 되는 바는 조금도 없으며 오히려 그것은 우리들을 사멸死滅로 인도하고 있다는 것

2) 1927년 11월 봉화지회 간부는 부형父兄들을 선동하여 표면으로는 보통학교후원회를 조직하여 아래 2항을 결의하였다.
(ㄱ) 무산아동의 수업료 면제
(ㄴ) 하급학년 학생에게 조선어수업을 하도록 학교에 교섭할 것

3) 1927년 12월 28일 개최된 대구지회 정기대회 토의사항 중에는 아래와 같은 것이 있어서 사전에 철회를 명했다.
(ㄱ) 조선인 착취기관의 철폐와 이민移民정책 반대운동 촉진의 건
(ㄴ) 타협적 정치운동 배격의 건
(ㄷ) 1919년의 제령制令256)과 조선인에 대한 특수단속법규 철폐의 건
(ㄹ) 각 군郡의 농회에 대한 반대의 건
(ㅁ) 조선인 본위의 교육제 실시의 건
(ㅂ) 학생의 과학사상연구의 자유권 획득의 건
(ㅅ) 보통학교의 교수용어에 조선어사용의 건
(ㅇ) 제국주의의 식민지 교육정책 반대의 건

4) 1927년 12월 17일 개최하려고 한 안동지회의 선언서에는 아래와 같은 불온한 점이 있어서 집회금지를 명했다.
(ㄱ) 약소민족운동의 결전적決戰的 해방전解放戰으로 2300만 민중항쟁의 전 영역에 개재한 신간회는 전 민족정치투쟁의 전위라는 것
(ㄴ) 오늘의 소작권은 내일 동척이민東拓移民에게 건너가고 외래의 특수 금융기관의 참혹한 위압을 받아가면서 조선인은 오직 기아의 수평선상에서 표류할 뿐이라는 것

5) 기타 영주·봉화·영양·상주 등의 각 지회 정기총회에서의 결의사항 중에도 향교의 철폐, 향교재산처리권의 획득, 영남시보의 폐지, 전매제도·유도儒道진흥회 철폐 등과 같은 주의해야 할 사항을 결의하고 있었다.

---

256) 제령 : 일제 강점기에, 조선 총독이 법률에 대신하여 발포한 명령.

6) 1928년 4월 칠곡군 약목공립보통학교 학급정리문제에 대하여 그곳 신간회지회 간부가 이에 개입하여 부형을 선동하여 대규모의 동맹휴학을 결행하려고 한 일

7) 1928년 2월 선산지회에서 단지 품행상의 풍문을 꼬투리 잡아 그곳 면장의 불신임을 결의하고, 또 당시 설치계획 중인 수리조합은 농민의 부담을 무겁게 할 뿐으로 덕이 되는 바가 조금도 없다하여 반대의 결의를 하려고 하므로 철회를 명한 일

8) 1928년 2월 안동지회에서 그곳 고등보통학교설치 기성회의 갹출금 지출에 미심쩍은 점이 있다하여, 천거한 위원으로 하여금 당시 이를 취급하고 있던 군郡에 항의적인 질문을 한 일

9) 1928년 4월 상주군수가 상주 조선인 면장과 부면장에게 사직권고를 한 것에 대하여, 그곳 신간회지부장 박정현朴正鉉과 간부 이민한李玟漢 등이 주동이 되어 군수의 사직권고는 이유가 없다하여 읍내에 전단을 붙이고 면민대회를 개최하여 위의 군수의 조치를 규탄하려고 해서, 타일러 중지케 한 일

10) 1928년 2월 경주면 협의회에서 1928년도 제1기 호별세 할당 사정査定을 하였다. 그런데 그 후 4월이 되어 위의 등급사정은 주로 일본인의 대부분과 조선인 중 특수 관계자만의 등급인하를 했다하여, 그곳 신간회지회장 김상항金相恒과 간부 배기달裵基達 등은 의원(면 협의회)의 사직권고에 목표를 두고 시민대회를 개최하려고 하는 것을 타일러 중지케 한 일

11) 1928년 8월 영천군 영천면장과 영천학교조합 관리자의 발기에 따라 일본인·조선인 81명의 회원으로 영천군번영회의 창립총회를 개최하였다. 개회벽두에 회장·부회장의 선거방법에 관하여 일본인 측은 전형위원에 의해 그 선거를 할 것을 발의한 데 대하여 조선인 측 특히 신간회 관계자는 강경하게 이를 반대하여 투표선거를 주장하였다. 쌍방이 서로 자기 설을 고집하여 협정의 가능성이 없어 마침내 의장이 재결裁決을 하도록 했는데, 투표 찬성자가 다수로 결국 투표선거를 했다. 그 결과 그곳 신간회부지회장 이광백李光白이 번영회부회장에 당선되었다. 회합전반의 공기는 명백히 일본인과 조선인 사이의 항쟁의 태도를 엿보였다.

(6) 근우회槿友會의 창립

1924년 4월 조선 노농勞農·청년의 두 총동맹이 결성되고 사회주의운동이 최고조에 달

했을 때, 각 파의 주의자 중 유력 간부와 동서同棲하고 있는 박원민朴元玟·허정숙許貞淑257)·정종명鄭鍾鳴258)·주세죽朱世竹259) 등 수 명 여성의 발기發起로 조선여성동우회를 창립하여 여성의 주의적 의식교양에 힘썼다. 1925년 1월 여자청년운동의 기관으로서 화요회火曜會·북풍회北風會의 지도 후원하에 허정숙許貞淑·조원숙趙元淑260)·김영희金英熙 등 일파는 경성여자청년동맹을 조직하고, 서울청년회 파는 이에 대항책으로 박원희朴元熙261) 일파를 사주하여 경성여자청년회를 조직케 하였다. 그리하여 이 양 파가 서로 대립하고 남자 측이 이 항쟁의 와중에 들어가 행동을 함께 하고 있었다. 그러다가 1926년, 전에 도쿄東京여자유학생이었던 이현경李賢卿262)(안광천安光泉의 처)이 조선에 돌아간 후 동지 황신덕黃信德과 함께 당시 일월회一月會 파와 서로 행동을 공모하여 전全조선 여성운동의 통일을 기하려고 극력 진력하며 조정에 애썼다. 그 결과, 그해 12월 그 두 단체의 합동이 성립되고 중앙여자청년동맹이라 개칭하기에 이르렀다. 1927년 2월이 되어 남자 측의 신간회의 창립에 따라 그 회 간부 지도하에 이현경李賢卿 등의 발기로 같은 해 4월 이후 전前 여자유학생을 망라하여 여성단일단체의 조직을 만들기로 획책하였다. 그리하여 그해 5월 27일 경성 종로 중앙기독교청년회관에서 창립총회를 개최하여 근우회槿友會라 명명했다. 민족주의적 중심여성으로서 유영준劉英俊263)·김활란金活蘭264)·유각경俞珏卿 등과 사회주의자 측 여성으로서 황신덕黃信德·박원희朴元熙(사망)·정종명鄭鍾鳴·조원숙趙元淑·이현경李賢卿·박신우朴新友 등이 그 회의 중요간부가 되고, 신간회의 별동대로서 여성 측 정치운동단체가 되도록 하여 장래 활동의 기초를 굳혔다.

그 후 오로지 그 회를 선전함과 동시에 각지에서의 지회설치에 힘썼고, 1928년 5월까지의 지회 수는 약 15개(이 회에서는 약 30개라고 자칭한다)가 되었다. 다시 그해 5월 27일 경성에서 전全조선 규모의 대회를 개최하기로 계획을 하여 동분서주했다. 그런데 토의사항 중 불온한 점이 많아, 미리 이 대회 개최를 허가하기 어렵다는 이유를 들어 소관 경찰서가 그 준비를 중지케 하였다. 그렇지만 그 후 임시대회를 계획하여 1928년 7월 14일부

---

257) 허정숙 : 1902~1991, 함북 명천출신, 허헌의 큰 딸.
258) 정종명 : 1896~미상, 서울출신.
259) 주세죽 : 1899~미상, 함남 함흥출신, 2007년 애족장.
260) 조원숙 : 1906~미상, 강원도 양양출신, 조두원의 여동생.
261) 박원희 : 1898~1928, 서울출신, 2000년 애족장.
262) 이현경 : 1902~미상, 경기도출신.
263) 유영준 : 1890~미상, 평남 평양출신.
264) 김활란 : 1899~1970, 경기도 인천출신.

터 2일간 대회를 개최했다. 그러다가 도쿄東京지회와의 사이에 불화가 생겨 서로 실권을 잡으려 분규를 거듭했으나, 아무튼 대회는 종료하였다.

그리고 도내에서의 근우회지회는 1928년 9월 2일 김천에 설치된 것을 비롯하여 그 후 대구・군위・하양・영주・영천의 모두 6개 지회를 설치하여 회원은 335명이 있다. 그 활동으로서는 지금 특별히 볼만한 것은 없지만, 신간회와 더불어 가장 주의를 요하는 점이 있다.

2. 타협적 민족주의운동

타협적 민족운동의 색채를 가지는 단체로서는 참정권 획득운동의 국민협회國民協會, 자치를 목적으로 하는 동광회同光會와 혁진당革進黨, 동화同化(조선인과 일본인이 서로 닮아서 한 덩어리가 됨)를 목적으로 하는 대동동지회大東同志會 등인데 그 상황은 아래와 같다.

(1) 국민협회國民協會

참정권의 획득을 목적으로 하는 유일한 단체인 국민협회는 1920년 즉, 만세소요 발발 후 민심악화가 극에 달했을 때 고故 민원식閔元植이 시국을 수습할 목적으로 군수를 사임함과 동시에 자신이 회장이 되어 설립한 것인데, 일본・조선 양 민족의 공존공영을 주목적으로 하는 것이다. 그러나 1921년 2월 민원식閔元植 자신이 도쿄東京에 가서 중의원선거법을 조선에서도 실시되도록 일본의회에 청원하는 운동을 하던 중 양근환梁槿煥265)의 흉도凶刀에 쓰러지자, 그 후에는 김명준金明濬・윤갑병尹甲炳・신석린申錫麟 등이 회장이 되어 고인의 유지遺志를 이어 매 의회마다 건백서建白書(건의서)를 제출했다. 또 1925년 같은 해에는 조선총독・귀족원・중의원의장에게 청원서를 제출하고 그때마다 간부가 도쿄東京에 가서 참정권 획득운동을 계속하고 있었다. 그러나 민원식閔元植이 횡사橫死한 후에는 간부가 될 적당한 인재가 없고 자금이 달렸기 때문에 근근이 기관지인 월간 『시사평론時事評論』을 발간하는 외에는 특이한 행동은 없고, 1만여 명의 회원을 가지고 있는데도 회會의 세력이 옛날과 같지 않다.

---

265) 양근환 : 1894~1950, 황해도 연백출신, 1980년 독립장.

(2) 대동동지회 大東同志會

1920년 중추원[266] 참의參議 선우호鮮于鎬 스스로가 회장이 되어 평양에서 조직한 것이지만, 이 회는 일본·조선 양 민족의 공존공영을 목적으로 하여 조선 서부西部방면에 약 3000명의 회원이 있다. 사업으로는 현재 도쿄東京에 유학생을 파견하고 있고, 그밖에 주간 기관지 『대동신보大東新報』를 발행하고 있다.

3. 조선인·일본인 합동의 정치운동

현재 도평의회道評議會, 부府·면面협의회는 모두가 자문기관이고 결의기관이 아니므로, 오래 전에 있었던 거류민단제도의 폐지로 인해 유일한 자치기관을 상실한 조선에 있는 일본인에게도 그 후 현 제도가 미흡하다는 섭섭한 감정을 가지고 있는 자가 있다. 한편 당연히 정치적 권리를 행사할 권리를 가짐에도 불구하고 그들은 조선에 거주한다는 까닭으로 이를 행사할 수 없는데 병합 당시는 어떠했든지 간에 조선인의 민도民度가 진전한 오늘날에는, 민심을 선도하고 그들로 하여금 진정한 제국(일본)신민臣民이라는 자각을 환기하게 하는 데는, 먼저 북해도北海道처럼 특별대우로서 일본인·조선인에게 참정권을 행사케 할 필요가 있다는 의견을 갖는 자가 있다. 그러나 조선의 특수한 실정에 비추어 이를 문제로 삼지 않았다. 마침 1924년 경성부협의회 회기 중 협의사항에 관하여 경성부 당국자와 협의회 의원 사이에 분분한 논의가 생긴 것이 발단이 되어, 전조선공직자대회全朝鮮公職者大會와 갑자구락부甲子俱樂部 등 일본인·조선인 합동의 정치적 기관을 조직하게 되었다. 그 회원은 모두가 각지의 일본인·조선인의 유력자여서 그 동정은 매우 주의를 요하는 사항이다. 개요는 아래와 같다.

(1) 전조선공직자대회 全朝鮮公職者大會

1922년 경성에서 일본인 일부의 유식자 중에는, 1919년 소요 후 악화된 시국을 수습하

---

[266] 중추원 : 고려, 조선, 일본 강점기에 있었던 관청. 대한제국에서는 1904년 의정부 소속의 자문기관으로 설립되었고, 일본통치 기간에는 조선총독의 자문기관으로서 총독이 조선인 중에서 중요인물이라고 생각하는 사람을 참의에 임명하였다.

는 데는, 도평의회 이하의 각 자문기관을 결의기관으로 하고 중추원中樞院을 폐지하여 이를 대신해서 조선의회議會를 개설하는 동시에 부府제267)를 시행하는 도시에는 자치제自治制를 펴고 조선인으로 하여금 진정한 일본신민다운 책임과 의무를 자각케 하는 것보다 더 좋은 방법이 없다는 주장을 하는 자가 있었다. 그러나 당시에는 일반의 시청視聽(주목)을 끌지는 못했지만 그 후 1924년 4월 경성부협의회에서 축산회사·기타의 협의사항에 관하여 부윤府尹(시장)과 의원 간에 분분한 논의가 생겨, 소장의원의 일파는 '결국 협의회는 자문기관에 지나지 않기 때문에 의원의 의사가 존중되지 않고 경성부의 전제적인 방침에 맹종할 수밖에 없다. 이래서는 민의에 부응할 수 없을 뿐만 아니라 의원으로서 사명을 다할 수 없는 결과를 가져오니 심히 유감이므로, 제도의 개정을 촉구하지 않을 수 없다.'라고 하여 그해 6월 경성에서 전조선공직자연합간담회를 개최하였다. 그 후 이를 전조선공직자대회로 개칭하고 매년 한번 회를 개최하는 것으로 했다. 그리고 더 나아가서 상설단체로서 별항과 같은 갑자구락부甲子俱樂部를 조직하였다. 그리하여 1925년 4월에는 대구에서, 1926년에는 경성에서 제3회 전조선공직자대회를 개최했다. 그런데 이 대회가 횟수를 거듭할수록 조선인은 노골적으로 민족적 주장을 하고 조선인만의 이익을 주장하는 의안을 제출하는 경향으로 점점 바뀌어 그 대회는 오히려 조선인에게 역이용되는 경향이 있었다.

(2) 갑자구락부甲子俱樂部

1924년 7월 전조선공직자간담회의 결의를 이끌어내어 도쿄東京에 간 경성상업회의소 와타나베 데이이치로渡辺定一郎 외 3명은 조선에 돌아온 후, 장래의 운동기관으로서 상설단체를 조직하기 위하여 간부들끼리 숙의를 했다. 그 결과 그해 8월 우선 경성에 있는 공직자와 시민유지 약 40명으로 정치결사인 갑자구락부甲子俱樂部를 조직하였다. 그 목적으로는 조선통치에 관하여 관민공동의 책임을 자각하여 조선에서의 시무時務(그때의 급한 일)를 조사·연구하여 이를 당로當路에 진언·헌책해야 한다는 요지를 선언서에 기재하고 있다. 그리고 현재 부원은 일본인 40명과 조선인 12명으로 계 52명(경성과 지방 포함)이 있다.

---

267) 부제 : 이 무렵에는 조선총독부 아래의 지방행정단위로 13도(道)가 있었고, 그 밑에 부(府)와 군(郡)이 있었다. 부는 당시 조선에서 큰 도시인 경성, 부산, 평양, 대구의 5개이며, 도의 수장은 도지사(道知事), 부의 수장은 부윤(府尹), 군의 수장은 군수(郡守)라고 하였다.

이 구락부 창립당시 마침 행정재무 정리문제가 대두해 있을 때가, 우선 구락부의 당초 사업으로서 행정과 재정정리에 관한 진언서를 작성하여 9월에 이를 본부(조선총독부)에 제출하였다. 다시 그해 11월 귀족원령슈 및 중의원선거법의 개정 실시, 철도직영, 조선에서의 체신사무를 일본체신성遞信省으로 이관을 요망하는 등의 결의를 하여 위원을 선정하여 그들은 각 요로에 진정했다. 또 귀족원령과 중의원 의원선거법의 개정·실시방법에 대해서는, 다음해인 1925년 2월과 1926년 1월에 위원을 도쿄東京에 가게 하여 의회에 청원함과 동시에 각 방면으로 운동한 바가 있었다.

1926년 6월 경성상공회의소에서 갑자구락부 임시대회를 개최하고 아래에 기재한 3항목을 결의하고 이를 당국에 진언하기로 결정했다. 조선인 구락부원은 이 토의에 들어가면서 "조선인 중에는 일본제국 신민의 자각이 없는 자가 있으므로 참정권부여에 장해가 될 것이라는 일본인이 있는데, 외국에 있는 불령자와 일부 학생의 불온한 행동을 가지고 조선인 전부로 단정하는 것은 당치 않다. 만일 이러한 이유로 조선인으로 하여금 최고의 국정에 참여치 못하게 하는 방침이라면, 조선인의 사상은 점점 더 악화하게 될 것이다. 오늘날 실정實情으로는 조선인이 관리가 되는 것도 지방장관(도지사)이 최고이며 이것도 쉬운 일이 아니다. 이래서는 장래가 있는 학생의 사상이 악화하는 것은 당연하다. 언제까지나 현상을 지속하여 조선인에게 참정권을 주지 않고 직職도 주지 않는다면 끝내는 자포자기에 빠져 결국 일본·조선 두 민족의 복지증진과 동양평화를 위한 한일병합은 일본의 식량정책 때문에 병합했다는 말을 들어도 할 수 없을 것이다."라고 말하였다고 한다.

그리고 진언사항 3개조를 골자로 하는 진언서의 작성을 위원에게 일임하였는데, 그 후 아직까지 작성에 이르지 않고 있다. 진언서의 초안 내용은 아래와 같다.

진언 사항

1) 귀족원령슈을 개정하여 조선인 귀족에게 일본화족華族(일본에서 작위를 가진 가족. 귀족)과 동일한 권리를 행사케 할 것

조선거주자 중 일본과 동일한 자격에 의해 귀족원의원 칙선勅選(칙명으로 선정)의 길을 열 것

2) 중의원의원선거법 별표別表 중에 경성부·부산부·대구부와 평양부를 추가하고, 의원 수는 일본인 수의 비례에 따라 이를 정하며, 별도로 선거·피선거의 자격과 선거방법 등은 조선의 사정에 적합하도록 법규를 정할 것

3) 조선구관舊慣(옛 관습)에 준거하는 지방부락의 자치제도를 정하고 공동작업을 장려하여 공존공영의 기초를 확립하고 산업을 발전케 하여 국정참여의 의의를 자각케 할 것

(3) 동민회同民會

1923년 가을에 일본인·조선인 각 유지들 사이에서 일본·조선융화의 기관설립에 관한 논의가 일어나, 1924년 4월 경성에서 동민회同民會의 발회식發會式과 창립총회를 개최했다. 이 회의 취지는, 세계의 대세와 극동의 실정에 비추어, 일본·조선융화의 철저한 실현으로 전체적인 추세에 잘 대처하자는 것이었다. 그 찬조원員 같은 것은 널리 일본인·조선인 유력자를 망라하여 내용의 충실을 기하였다. 회원 중에는 도쿠가와 이에사토德川家達 공작·기요우라 게이고淸浦奎吾 자작·시부자와 에이치澁澤榮一 자작·박영효朴泳孝268) 후작·이재극李載克 남작(현 회장)과 호조 토키타카北條時敬 등이 있다. 그리고 현재 회원 약 3000명을 가지고 대구에는 지부支部가 있다.

이 회는 1925년 6월 18일 2만 원의 재단법인이 되어, 현재 사업으로서 월간잡지『동민同民』의 발행, 여러 강연회, 하계대학, 산업강습회, 독행자篤行者(선행자)에게 감사장感謝狀 증정 및 보통학普通學의 통신교수269) 등을 하고 있다. 그러나 자금이 부족한 까닭으로 동화사업으로는 아직 충분하지 않다.

---

268) 박영효 : 1861~1939, 경기도 수원출신.
269) 보통학의 통신교수 : 의미가 분명하지 않으나 당시의 보통학교 수준의 통신교육을 말하는 것 같다.

제4절 사회운동

1. 무정부주의운동

조선인 사이에서 무정부주의의 시작은 1921년 11월 도쿄東京에서 김약수金若水270)·박열朴烈 등에 의해서 조직된 흑도회黑濤會이지만, 당시는 아직 색채가 분명치 않았다. 실제로 드러난 것으로는 1922년 12월 박열朴烈 등이 주가 되어 앞서 기재한 흑도회黑濤會내의 공산파와 분리해서 설립한 흑우회黑友會이다. 박열朴烈의 무정부주의사상은 고토쿠 덴지로幸德傳次郎271)의 뒤를 이어 전적으로 선전운동에 몰두하여온 오스기 사카에大杉榮에게 사사師事한 데 그 직접적인 원인이 있다. 그러나 원래 무정부주의 주장은 자유해방을 본질로 하는 등의 관계도 있어, 같은 계통의 일본인 주의자와의 통일된 상호연락은 볼만한 것이 없이 지내왔다. 그런데 그 후 일본에서는 1925년 초부터 대두해 온 공산주의계열의 일파가 하고 있는 정당조직 운동에 자극을 받아, 이에 대항하는 방법으로 흑색청년연맹黑色靑年聯盟이라는 중추기관을 조직하게 되었다. 이는, 다년간 혐오해 오던 운동상의 연락통일은 지배적 의식을 나타낼 뿐이고 그것은 종래의 무정부주의가 갖는 자유해방의 본지本旨와 모순되는 결과가 되지만 수단상 부득이한 것이라 생각하여 조직한 것이다. 그리고 당시의 조선인 단체인 흑우회黑友會(흑노회黑勞會의 개칭)가 이 조직에 가입하였다. 이는 바로 일본인 단체와의 연락운동의 시초이다. 그리고 본도 내에서 무정부운동으로 표면에 나타난 것은 1923년 9월 도쿄東京대지진 직후 검거된 박열朴烈 일파의 불령사건에 연좌되어 예심豫審 결과 면소免訴된 서동성徐東星이 향리 대구에 돌아온 후 1925년 9월 동지 6명과 함

---

270) 김약수 : 1892~1964, 경남 동래출신.
271) 고토쿠 덴지로(幸德傳次郎, 1875~1911) : 본명은 고토쿠 슈스이(幸德秋水). 일본 메이지시대의 사회주의자. 나카에 조민(中江兆民)에 사사(師事)하고 민권사상이 깊었다. 1898년경부터 사회주의사상에 가까워지고, 러일전쟁에 반대했으며 한일합병에도 적극 반대했다. 당대에서는 조선 독립을 주장한 가장 걸출한 사상가였다. 1911년 대역사건에 몰려 사형되었다.

께 박열朴烈의 의사意思를 계승하여 조직한 진우연맹眞友聯盟이다. 그 후 이 조직은 대구노동친목회를 지배권 내에 넣었을 뿐으로 이 두 개의 단체인원은 1111명이 있다.

　진우연맹은 1925년 11월 수뇌자 방한상方漢相[272]을 오사카大阪・나고야名古屋・도쿄東京 등에 밀파하였다. 그는 자아인사自我人社의 구리하라 가즈오栗原一男・구라모토 웅유椋本運雄와 자연아연맹自然兒聯盟, 기요틴[273]단團 등의 관계자와 교우交友하고 약 3개월 일본 체재 후 대구에 돌아왔다. 그 후 일본인 단체와 주의운동에 대한 연락을 깊이 유지하게 되어, 1926년 4월 전후 박열朴烈의 처 가네코 후미코金子文子[274]의 옥사獄死와 그 유골매장 직전에는 구리하라 가즈오栗原一男・후세 다츠지布施辰治[275]가 대구에 오는 등, 일본・조선 아나키스트계열 간의 제휴가 특히 심하였다. 그러던 중, 당시 대구 진우연맹은 암살파괴단을 조직하고 또 상하이 원동遠東무정부주의자총연맹과 연락하여 직접행동에 나가려고 하는 것을 소관 대구경찰서가 검거(별도기술 중요범죄 참조)하게 되었다. 그리고 당국은 회원 1100여 명의 다수가 되는 대구노동친목회가 아직 무정부주의적 선동을 받는 정도에 이르기 전에 그들을 무정부주의운동의 권외圈外에 있게 하고, 소관 경찰서의 지도로 현재는 온건한 과정을 걷게 되는 등, 무정부주의운동은 거의 근절된 상태에 있다. 그런데 1928년 초부터 평양출신 흑우회黑友會 간부 이홍근李宏根 등이 주동이 되어 공산주의운동의 침체를 이용해 동지를 규합하여 자파세력의 부식扶殖을 도모하고 농민・노동자에게 선전교화敎化를 시도하여 각지의 동지에 대하여 빈번히 통신을 주고받고 있다. 도내道內 통신관계자는 아래와 같다. 그 가운데 박석홍朴錫洪[276]은 1927년 1월 만주滿洲 중동선中東線 하이린짠海林站에 거주 중 단두단斷頭團 명의로 경상북도 영일군 신광면 이동빈李東彬[277]에게 1만 5000원을 내놓도록 협박문을 우송하고 비밀리에 조선에 들어오려다가 경원慶源경찰서에 체포되

---

[272] 방한상 : 1900~미상, 경남 함양출신, 1991년 애국장(1963년 대통령표창).
[273] 기요틴 : 목을 잘라 사형시키는 기구, 즉 단두대. 프랑스 혁명 때에 의원(議員)인 기요탱(J. I. Guillotin)이 발명한 사형 집행 기구. 두 개의 기둥이 나란히 서 있고 그 사이에 비스듬한 모양의 날이 있는 도끼가 달려 있어서, 그 아래에 사형수를 엎드리게 한 다음 사형 집행자가 끈을 잡아당기면 그 도끼가 밑으로 떨어져서 사형수의 목이 잘리도록 장치되어 있다. 본문의 단두단은 기요틴단과 동일한 것이다.
[274] 가네코 후미코 : 1903~1926, 일본 요코하마출신.
[275] 후세 다츠지(1880~1953) : 일본 농가에서 태어나서 메이지대학을 졸업하고 검사로 있다가 사임하고, 변호사로 활동했다. 주로 일본의 국사범・사상범 변호를 맡았으며 박열 사건에 관여하였다. 이로 말미암아 일본 패전 전에 변호사 자격을 박탈당하고 징역형을 받았다. 1945년 일본 패전 후 변호사 자격이 회복되어 인권 변호사로 활동했다. 한국 정부는 박열(朴烈) 가네고 후미코(金子文子) 사건 등의 변호에 노력한 공을 인정하여 2004년 애족장을 추서하였다.
[276] 박석홍 : 1896~1985, 경북 의성출신, 1993년 애족장.
[277] 이동빈 : 미상~1920, 출신지역 미상, 2002년 애국장.

어 치안유지법위반 및 공갈죄로 징역 1년에 처해졌다. 그는 출옥하여 돌아온 후에는 사상이 일변하여 무정부주의자가 되어 앞서 말한 이홍근李宏根·기타의 무정부주의자와 빈번하게 통신을 교환하며 주의(무정부주의)운동에의 진출을 획책하고 있다. 또 대구진우연맹사건의 수괴 서동성徐東星도 1929년 6월에 만기출옥을 하였다. 뿐만 아니라 이홍근李宏根과의 통신자 중에 포함되는 육홍균陸弘均[278]은 박열朴烈대역사건의 연루자로서, 현재 선산군 옥성에서 겉으로는 농촌 피폐구제를 표방하여 사생활사私生活社를 조직하고 스스로 상무간사常務幹事가 되어 활발하게 활동하고 있지만, 그 사社의 내용이나 참 목적 등은 매우 의심해야할 점이 있다. 그 밖에 차경수車景洙·김동석金東碩 등도 모두가 진우연맹사건의 관계자이다. 따라서 장래의 이 운동에 대해서는 면밀한 주의가 요하는 점이 있다.

기記

의성군 비안면	(특特)	박석홍朴錫洪	김천군 김천면		김영金榮
선산군 옥성면	(특特)	육홍균陸弘均	선산군 선산면		남해욱南海旭
선산군 구미면	(특特)	신준원申駿遠	선산군 장천면		김동석金東碩
선산군 옥성면		박기홍朴基鴻	대구부 명치정	(특特)	차경수車景洙
봉화군 내성면		권경섭權景燮[279]			

2. 공산주의운동

조선에서의 공산주의운동은, 1923년 3월 서울청년회 일파의 패거리가 러시아공산당으로부터 자금을 끌어낼 목적으로 전全조선청년당대회를 조직하여 극단적인 공산주의를 선전하자, 행동이 경망하여 공연히 새로움을 추구하는 청년학생 등이 이에 물들려 하는 정세를 보였다. 한편, 도쿄東京의 무정부주의자 박열朴烈 등이 조직한 흑도회로부터 분열한 주의(공산주의)단체인 북성회北星會(1925년 1월에 일월회一月會로 개칭하였다)는 조선 내에 세력을 심을 목적으로 그해 8월 강연단을 조직하여 조선 내의 각지를 돌면서 강연하였다. 이에 서울청년회파는 노농대회勞農大會준비회를, 북성회파는 노농총동맹준비회를 조

---

[278] 육홍균 : 1900~1983, 경북 구미출신, 1990년 애족장.
[279] 권경섭 : 1890~1944, 경북 봉화출신, 1990년 애족장.

직하여 1923년 11월 이후 서로 조선 내 유일한 좌경단체의 맹주盟主가 되려고 세력다툼을 하고 있다. 그 후 많은 경위를 거쳐 1924년 4월 17일 이 두 파의 협정이 성립하여 조선노농총동맹을 조직하였다. 이보다 앞서 일월회계에 속하며 경성에 있던 신흥청년회는 표면상 전소조선청년단체의 통일기관으로서 신흥新興청년동맹을 조직하였다. 이에 대해서 서울청년회와 청년회연합회도 역시 전소조선청년단의 대동단결을 표방하는 조선청년총동맹 발기 계획을 발표하여, 두 파가 사사건건 대립항쟁을 해왔다. 그러다가 노농총동맹의 조직으로 청년단결운동도 함께 하기로 타협하여 신흥청년동맹은 청년총동맹의 일원一員으로 가맹하여, 4월 24일 조선청년총동맹의 성립을 보게 되었다. 이리하여 1923년 8월 이래 오랫동안 배척과 항쟁을 계속해오던 일월회와 서울청년회 두 파도 형식상 공동제휴하기에 이르렀다. 그러나 이 두 파의 타협은 서로 세력을 심기 위한 일시적 수단이었으므로, 양 총동맹 조직 전후에 자파自派세력의 확장을 위한 내분과 암투가 극히 치열하였다. 그 결과 노농총동맹은 일월회계 60%·서울계 40%이고, 청년총동맹은 서울계 75%·일월회계 25%의 세력 비율이 되었다. 이리하여 1925년 4월의 두 총동맹집행위원 개선기改選期 때는 서로 절대 다수의 위원을 자기 파에서 선출하기 위하여 크게 획책한 바가 있었다. 서울청년회계는 그 준비로서 1924년 11월 이후 폭력단체인 적박단赤雹團을 조직하고 이어 사회주의자동맹과 여자청년회를 창립하자, 일월회계에서도 경성청년회·북풍회北風會·여자청년동맹을 조직하여 서울청년회계에 대항하였다. 그렇지만 양 총동맹의 정기총회는 창립 당시 당국에 의해서 그 집회가 금지된 이후 아직도 해금解禁되지 않았으므로, 서울청년회계는 1925년 1월 그 산하단체인 노동교육회로 하여금 전소조선노농교육자대회의 개최계획을 발표하도록 했다. 그러자 일월회계도 이에 대항하여 산하단체인 화요회火曜會로 하여금 전소조선민중운동자대회의 계획을 발표하게 했다. 그런데 서울청년회계는 다시 각 도道에서 지방청년대회를 개최하고 지방에서의 세력을 심으려고 힘썼다. 그러나 지방대회는 3월에 전라남도 나주에서 개최했을 뿐 그 외의 지방에서는 전부가 성공하지 못했을 뿐만 아니라, 노동교육자대회의 계획도 매우 부진不振했다. 이에 반해서 화요회계의 민중운동자대회는 점차 참가희망자가 다수에 이르려하는 정세를 보여주었다. 그간 경상북도에서는 양 파별로 지방청년대회를 개최하려고 다소 분쟁이 야기되었는데, 민중대회 개최 기일이 다가오자 양파의 알력이 점점 치열해졌다. 대구에서는 3월 중 서울청년회계의 폭력단체 적박단과 일월회계의 폭력단체인 대구용진단大邱勇進團 사이에 충돌이 있어 쌍방이 약간의 부상자를 내었다. 또 한글신문인 『조선일보』는 일월회계 출신기자가 많아 그 기사는 자연히 민중운동자대회에 유리한 보도를 하고, 같은 한글신문인 『동아일보』는 영업정책 등의 관계로 암암리에 서울청년회를 후원하는 등, 언론기관까지 사상단체 간 불화의 와중에 투입되었다. 그리하여 일월회계는 북풍회·화요회와 노동당 및 무산자동맹의 4개 단체와 제휴하여 서울청년회계에 맞서기로 하고, 민중운동자대회를 4월 20일에 개최할 예정이었다. 그러나 그 토의사항의 내용에 불온한 점이 있었으므로, 관헌당국은 사전에 그 집회를 금지하게 하는 동시에 노동교육자대회의 개최계획에 대해서도 유시諭示하여 중지시켰다. 그 후 1925년 5월 치안유지법이 실시되자, 두 파는 운동방향전환의 방책으로 우선 경성에서 청년단체조직에 착수하여 각각 20개의 세포細胞청년회를 조직하자 일월회계는 한양청년연맹漢陽靑年聯盟을, 서울회계는 경성청년회연합회京城靑年會聯合會를 조직했다. 그리고 이 조직들은 각 세포단체를 통괄하여 청년단체의 전全조선적 통일방법으로서 면面을 그들 조직의 단위로 하여 순차로 군郡·도道에 이르고, 도를 통괄하는 전全조선총연맹을 조직할 계획 아래 두 파가 서로 각 지방의 기반을 확보하려 싸우고 있었다. 그때 마침 9월 8일에 발행 정지처분에 부쳐진 한글신문인 『조선일보』가 10월 15일 정간해제가 됨과 동시에 종래의 필세筆勢를 바꾸기 위하여 화요회와 북풍회 소속의 좌경기자 20여 명을 파면하였다. 그런데 북풍회는 화요회와 모의하여 그 신문사 간부의 조치를 공격하여 일반주의자의 여론을 환기시키려 했다. 그러나 화요회 측은 그 간부 신석우申錫雨가 그 신문사(조선일보사) 이사로 임명되어 있는 등의 관계로 북풍회와 행동을 같이 할 수 없게 되었으므로, 북풍회는 크게 분개하여 수년 동안 적시해왔던 서울청년회계 일파와 제휴하여 화요회에 대항하려고 했다. 그러던 참에 1925년 11월 국경 신의주에서의 공산당사건에 따른 검거로, 화요회 박헌영朴憲永280) 일파가 고려공산당을 조직하려는 음모가 폭로되었다. 그리하여 종래부터 화요회가 재외在外 사회주의자와 밀접한 연락을 맺고 다른 조직을 이용하고 있었던 관계가 명백하게 드러난 까닭에, 북풍회·화요회 두 파는 한때 결렬의 위기를 만났고 서울파 역시 두 파(북풍회·화요회)와 결합하려고 동요했지만, 양파 간부의 위유慰諭(위로하고 타이름)로 겨우 아무 일 없게 되었다. 마침내 1926년 4월 4일 4단체(북풍회·화요회·노동당·무산자동맹회)는 각각 해산하고, 새로 정우회正友會라는 그 파의 최고기관을 조직하였고 전적으로 화요회파가 그 실권을 잡게 되었는데 서울파도 역시 진용을 가다듬어 이에 대립하기에 이르렀다.

---

280) 박헌영 : 1900~1955, 충남 예산출신.

해를 넘겨 1926년 6월 국장國葬(이타왕, 곧 순종의 장례) 직전에 있었던 불온문서사건에 따른 검거를 시작으로 1926년 7월 공산당 제2차 검거가 있었다. 그로해서 양梁 등이 제3인터내셔널[281]과 밀접한 연락을 가지고 1925년 4월 전全조선민중운동대회와 전全조선신문기자대회에 참가하기 위하여 지방에서 경성에 온 동지를 규합하여 처음으로 조직했던 조선공산당 및 고려공산청년회의 속사정이 명백하게 밝혀져서, 경찰당국에 의해서 간부 및 당원 다수의 검거가 있었다. 공산주의자의 주요인물은 구금되거나 도주하였고 잔존자殘存者라 하더라도 비밀로 각지에서 난難을 피하는 자가 있는 등, 각 파는 모두가 거의 지리멸렬의 상태를 나타내어 공산주의운동에 일대타격을 받게 되었다. 한편 그해 여름 휴가로 조선에 돌아와 있던 재在도쿄東京유학조선인의 일월회계 김삼봉金三峯 등 몇몇은 양梁 등이 내내 주장해온 각 파의 합동통일을 강구하려고 했으나, 결국 서울파의 방해로 실패로 끝났다. 그렇지만 일월회계인 안광천安光泉·하필원河弼源 두 사람은 계속 경성에 머물렀고, 또 공산당사건 후 정우회 내에서의 화요파의 세력이 점차 부진하게 되었음을 좋은 기회로 삼고, 정우회를 온전히 자파중심으로 개조하기로 계획했다. 그리하여 당시의 간부에 대해서는 공산당사건 폭로의 전全 책임을 지워 인책·사임하게 하고, 이 두 사람 자신들이 전형위원이 되어 주로 북풍회계 인물을 후임 간부로 선정하여 전권을 자기파의 손아귀에 넣으려고 했다. 이로써 1926년 10월 이후 여러 가지 뒷면에서의 책동을 한 결과, 한때 화요파의 반대가 있었지만, 결국 양자의 발의에 따라 그 내부조직에 변경을 가했다. 동시에 다시 도쿄東京의 일월회와도 연락하여, 정우회가 조선에 있어서 사회운동단체의 최고권위로서 이 판에 새로운 방침을 수립하여 장래의 운동방향을 전환하기 위한 선언서를 발표할 필요가 있다고 결정했다. 이에 안광천安光泉 외 2명을 기초위원으로 하고 1926년 11월 15일부로 선언서 초안을 작성하여, 이를 신문지상에 발표함과 동시에 그것을 약 5000매 인쇄하여 12월 15일 이후 조선 내 각국 단체 등에 발송하기에 이르렀다. 이 때문에 반대파인 서울청년회 일파에서는 종래부터의 내친걸음으로 반대의 태도로

---

[281] 제3인터내셔널 : 공산주의인터내셔널(Communist International)을 지칭하는 것으로서, 이를 코민테른(Comintern)이라고도 한다. 제1차세계대전으로 제2인터내셔널이 와해된 후 러시아의 V. I. 레닌의 지도하에 각국 노동운동 내의 좌파가 모여 1919년 모스크바에서 창립한 것으로, 마르크스-레닌주의를 사상적 기초로 중앙집권적 조직을 가지며 각국 공산당에 그 지부를 두고 있다. 프롤레타리아독재를 통한 사회주의의 달성이라는 노선에 입각하고 있다는 점에서 제2인터내셔널과 구별된다. 제1·2자세계대선 사이에 공산주의자들의 투쟁을 촉진시키며, 7회의 대회를 가졌으나, 스탈린에 의해 다수의 지도자들이 숙청된 후 1943년 해산되었다. 그러나 1995년 11월 불가리아의 소피아에서 프랑스·독일·브라질·인도 등 29개국(북한·베트남·중국 불참)이 참여한 가운데 재창설되었다.

나아가 11월 30일 이후 몇 차례 회합을 하여 대책을 협의하는 한편 반대 결의문을 작성하여 신문지상에 발표하는 등의 행동으로 나아갔다. 그러나 그 조직 내에서 찬성·반대의 두 파가 생겨나고, 이 때문에 그의 유력 간부 중 신파新派로 볼 수 있는 차재정車載貞282)·안병희安秉禧·이우의李雨儀·임윤화任允華·오영吳英·조기승趙起勝·이광李珖 등은 수구파守舊派인 임봉순任鳳淳283)·박형병朴衡秉284)·이낙영李樂永285)·한신교韓慎敎286)·김수삼金收三·이영李英 등을 배척하여 사회적으로 매장해야 한다고 말하며 점차 정우회파에 접근하려고 했다. 또 적박단을 중심으로 하는 이창하李昌夏·이방李芳·이춘李春·맹성룡孟成龍·이구용李龜鎔 등은 중립적인 태도를 취하여 양자의 분쟁을 조정하려 하였고 만일 이에 응하지 않을 때에는 철권鐵拳제재를 가한다고 크게 떠벌이어, 결국 3파 정립鼎立의 모습을 보이고 있었다. 이러한 분규는 청년총동맹에도 파급되었다. 1927년 1월 26일 개최된 제4회 집행위원회 간담회에서 수구파인 이운혁李雲赫287)은 제3회 집행위원회 출석위원이 정한 바의 정원수에 미달했는데도 여러 가지의 결의를 한다는 것은 불법이라 주장하였으며, 신파인 조기승趙起勝과 김병일金炳一288)은 이에 반대하여 분분한 논의가 있었다. 그러나 결국 불법회의라 결의하고 해산했다. 그런데 다음날인 27일 구파舊派인 이영李英·이운혁李雲赫·안준安埈 3명은 청년총동맹에 보관하고 있는 문서 장부·인장 등을 가지고 그 자취를 감추었다. 그러자 신파新派는 다시 그날 상무집행위원회 간담회를 개최하여 신임위원을 전형·선정하는 등 점점 더 파란을 확대시키는 것과 같은 상태를 나타내게 되었다.

수구파이며 또 반대를 주장해온 일파에 의해서 근근이 평정不靜을 유지해오고 있던 바, 그동안 조선일보계를 중심으로 하는 민족주의자들은 1927년 1월 갑자기 신간회新幹會의 조직을 발기하여, 드디어 2월이 되어 종래부터 이면裏面에서 서울파와 상당한 연락이 있었던 조선민흥회朝鮮民興會와도 합병하여 신간회의 창립을 이룩하게 되었다. 그리하여 점점 자기파에 불리한 정세로 나아가게 되자, 수구파는 오로지 형세의 만회책에 부심하고 애태웠다. 그 결과, 전에 거의 흐지부지한 상태에 있던 조선사회단체중앙협의회의 재기再起

---

282) 차재정 : 1903~미상, 충남 논산출신.
283) 임봉순 : 1900~미상, 경기도 양주출신.
284) 박형병 : 1897~미상, 경기도 안성출신.
285) 이낙영 : 1896~1931, 함남 북청출신.
286) 한신교 : 1893~미상, 황해도 옹진출신.
287) 이운혁 : 1895~미상, 함북 경성출신, 2009년 독립장.
288) 김병일 : 1902~미상, 전북 김제출신.

를 계획하여 대항하기로 획책하였다. 그리하여 갖가지 준비에 진력한 결과 1927년 5월 16일을 기하여 조선사회단체중앙협의회 창립대회를 개최하였다. 출석단체 292・대표자 282명으로 회의가 시작되었지만, 시종 반대파의 우세에 압도되어 이 집회를 일시적 회합으로 하기로 다수로써 결의하고 새로이 토의안을 작성하였다. 그러나 의안議案의 내용을 종합컨대, 이 회합을 기회로 전全민족적 단일당의 결성을 이룩하고 장래 정치적 투쟁에 비약적으로 진출함으로써 그 주장하는 바인 민족해방이라는 목적을 달성하려는 것이기 때문에, 이 회를 정치적 사항을 의논하는 집회로 판단한 관할 종로경찰서는 5월 18일로 집회를 금지시켰다. 그런데 대회개최 중, 새 간부인 구舊 화요계와 서울계 신진파의 수뇌자들은 항상 이면裏面에서 의사진행의 지도를 담당하고 서울계의 제안을 일축함으로써 신간회 지지의 기운으로 이끌어나갔다. 그리고 당시 구舊 북풍계에 있어서는 김평산金平山・남정철南廷哲 등이 주가 되어 새로 신간회에 대항할 정치연구회를 조직하려고 했지만 종로경찰서는 대회의 연장이라 판단하고 이를 금지하여, 그 목적을 달성할 수 없게 되었다.

　이상과 같이 양자(정우회와 서울계열의 두 파)는 그 정책상・감정상 부질없이 서로 항쟁하지만, 일본의 기반을 벗어나 민족공동의 권익을 신장하려는 운동에 대해서는 서로 합류하고 서로 제휴함은 종래의 운동에 비추어 명백한 바이다. 그리고 정우회가 종래의 낡은 방식을 벗고 합법적으로 나아가려하는 행동은, 일본에서의 무산정당의 합법적 결성운동을 모방한 것으로 판단된다. 그러나 표면으로는 합법적 정치・경제운동을 표방하고 그 이면에서는 비밀결사를 조직하여 배반하는 일을 획책하는 저의가 있는지도 알 수가 없다. 정우회가 합법적 운동의 선언서를 발표하자, 그 계통에 속한 조선노농총동맹에서도 합법적 운동으로 나아가야 한다는 우경右傾적 성명서를 발표하기에 이르렀다. 그러나 드러난 태도로 쉽게 그 진상을 파악하기는 어렵지만 요컨대 종래의 전선에 하나의 신기축의 선을 그었다는 것이라고는 말할 수 있을 것이다.

　이보다 앞서 정우회는, 반대파인 서울계열파의 검토문이 신문지상에 발표되었기 때문에, 다시 일반의 오해를 풀 필요가 있다고 하여 1927년 2월 1일 집행위원회를 개최하여 성명서를 작성・발표했다. 동시에 그 집행위원회 석상에서 안광천安光泉은 정우회 해산에 관關하여 말하기를, "종래의 사상운동은 오로지 기분운동이다. 본회의 전신인 각 사상단체가 전에는 일대 활약을 시도하여 각종 대중운동단체의 완성을 이룩하였지만, 오늘날에는 종래의 운동방식은 이미 벽에 부딪쳐서 이를 그대로 계속하는 것은 대세에 순응하는 방책으로 인정하기 어렵다. 그렇기 때문에 그 방향을 바꾸어, 새로이 조선의 역사적 사명에 대해서 오로지 대중의 선구先驅로서의 정치적 형태로 비약진전하여, 일반 투쟁요소와 협동하여 통일된 단일무산無産 정치단체의 결성을 도모하지 않을 수 없다. 그리고 지금의 조선대중은 정치운동에 대한 지식이 부족하고, 이들에 대한 교양은 전적으로 우리들의 책무이다. 그러므로 본회는 대중의 자각을 기다릴 것 없이, 다른 단체에 솔선해서 이 회를 해산하고 각 부문의 대중과 어깨를 나란히 하여 그 진로의 개척에 노력하지 않을 수 없다."라고 주장하여 이의異議없이 가결되기에 이르렀다. 그 후 여러 번 위원회를 개최하여 그 준비를 갖추어 2월 21일 임시총회를 개최하였고, 출석회원은 약 50명이었다. 남정철南廷哲의 사회로 제반사항을 결의한 후, 안광천安光泉의 제안에 따라 정우회 해산 선언서의 인쇄·발표를 결의하고 폐회하였다. 이러한 일은 사상단체들에게 전숲조선적인 충동을 주어 방향전환·해체선언 등을 하는 단체가 속출했다. 또 안광천安光泉 등이 주장한 소위 민족단일당론論은 신간회에 교묘히 이용·흡수되고 지방단체에서도 신간회의 지원을 결의하는 등, 대세는 신간회와의 공동전선을 만들기에 이르렀다.

그동안 노농총동맹은, 1925년 11월 제6회 중앙집행위원간담회에서 가결된 노동·농민 두 총동맹의 분립은 조선공산당사건의 검거 등에 의해서, 그 실현에 이르지 못했다. 그러다가 1927년 9월 각 가맹단체의 의향에 따라 그 두 단체의 분립分立을 결행決行하기로 하였지만 그것은 그 후 거의 명목뿐이고 아무런 적극적 활동이 없었으며, 1928년 이후에는 전혀 회무會務를 관장할 자가 없는 상태에 있다.

또 청년총동맹에서도 1927년 8월 중앙집행위원간담회에서 다음과 같은 조직 변경에 관한 결의를 하였다.

(1) 조선의 청년단체는 단일민족당에서처럼 모든 청년층을 망라하는 데는 사회주의청년단체이든 기타의 청년단체이든지를 불문하고 이를 지역적 단일청년동맹 조직으로 할 것

(2) 조직체는 통제를 공고히 하기 위하여 총동맹 아래에 도道연맹을, 도연맹 아래에 부군府郡동맹을 두고, 도연맹은 총동맹의 방침에 따라 도내 부군府郡동맹을 통제하고 지방에서의 활동의 민활敏活과 통일을 도모할 것

(3) 부군동맹 아래에는, 농촌에서는 동리를 단위로 하고 그 외는 공장·회사·광산·선박 그 밖의 동맹원의 업무소를 단위로 하되, 그 단위는 5명 이상이 될 것

(4) 전항前項에 해당하는 반班에 소속하지 않는 동맹원은 거주지를 단위로 하여 동맹원

은 5명 이상이 될 것. 그리고 같은 지역 내에 2개 이상의 반이 있을 때는 그곳에 지부를 설치할 것

　이에 따라 지방청년단체의 조직을 종용하기로 결정했으나, 그 후 이것 역시 사무를 처리할 자가 전혀 없는 상태로 나아가고 있다.
　그리하여 도내 사상단체의 경과를 보건대, 재대구경북건설자동맹在大邱慶北建設者同盟(도내에 산재한 서울계의 주요인물을 망라하여 그 계열단체 중 가장 세력이 있는 단체)이, 1927년 4월 3일 앞서 말한 경성에서의 정우회를 모방하여 정치투쟁으로 전환·전소민족단일당의 수립 등을 표방하는 방향전환 선언서를 발표했다. 이를 시작으로 모든 조직·단체가 정치 경제운동으로 방향전환을 하거나 혹은 신간회 지원을 결의하는 등 서로 제휴하는 행동으로 나아가게 되었다. 그리하여 분명한 주의적主義的 색채를 가지는 것(조직)은 거의 없고, 실제 운동에 종사하는 자는 모두가 양 단체에 관계를 가지고 있다. 말하자면, 단지 운동의 이론상 그 단체의 명칭이나 형태를 달리하는 데 지나지 않을 뿐, 주의·운동 분야에는 혼돈된 것이 있다. 그러나 사상단체의 수뇌인물은 주의나 색채가 드러나는 운동을 피하고 오로지 공산당을 중심으로 이면裏面획책을 하고 있다. 반면에 지방단체의 활동은 종래에 비하여 매우 통일적이고 연락이 밀접한 것 같은 상황이다. 이 점은 가장 주의해야 할 것으로 판단된다.

3. 농민운동

　소작료 문제를 중심으로 하여 단체의 힘으로 목적을 달성하고자 하는 운동은 1920년 10월 청도군에서 처음으로 나타났지만, 전소조선적인 형태로는 경성에 본부를 가지고 송병준宋秉畯[289]을 회장으로 하는 조선소작상조회朝鮮小作相助會가 있다. 이 회는 지주와 소작인으로 조직하여 전소조선에 지부를 두었지만, 송병준宋秉畯이 정치적 야심을 만족시키고자 창립하였고, 따라서 이면에 있어서는 지주地主본위의 단체임이 점차 판명됨에 따라 회세會勢는 부진하다. 이에 비해 본도에서 사상적인 것에 입각한 농민운동을 보게 된 것은

---

[289] 송병준 : 1858~1925, 함남 장진출신.

1923년 2월 대구노동공제회 간부 정운해鄭雲海가 그 회에 농민부를 두고 달성군 내의 농민대회를 개최한 것이 시초이다.

1923년 11월에는 경성의 무산자동맹회 간부 김남수金南洙[290]·이준태李準泰[291] 등이 그들의 고향 안동군에 풍산豊山소작인회를 조직하였고, 이와 전후해서 영주군에도 강택진姜宅鎭[292]이 주동이 되어 풍기소작인조합을 조직했다. 해를 넘겨 1925년에는 예천군으로 파급되고, 1927년 5월에는 다시 영천군에도 소작조합의 창설을 보기에 이르렀다. 원래 조선에서는 농민이 전 인구의 8할을 차지하고, 그중 소작농이 약 7할을 헤아린다. 또 종래의 소작관행은 거의 전부가 지주의 주구誅求와 사음舍音(마름)의 횡포로 소작의 태반을 빼앗기고 있으며, 게다가 경제계의 침체에 따른 가난함은 극에 달하고 있다. 그리하여 이러한 여러 가지의 사정으로 인해 앞에 기재한 소작단체가 나타남에 따라 그 산하로 달려가는 자가 예기치 않게 많아지고, 대구와 안동 같은 곳은 순식간에 수천의 회원을 가지게 되었다. 그러나 앞서 기술한 영주·예천과 대구의 각 소작단체는 1924년 이후 계속되어 일어나는 업무방해·협박·폭행 등의 사범事犯으로 가차 없이 검거되었기 때문에, 회원들 중 많은 사람들은 간부의 언동을 맹목적으로 믿고 있었던 관계로 탈퇴를 신청하는 자가 속출하였다. 그리하여 끝내는 하는 수 없이 와해되거나 겨우 명맥을 유지하는 데 불과하여, 지금은 운동으로서는 거의 볼만한 것이 없다. 다만 안동 풍산소작인회는 설립 1년도 되지 않아 회원 5000여 명을 갖게 되었고, 운동은 주변사방을 휩쓸고 있다. 그러나 그 후 간부의 전혀 타협성이 없는 극단적인 행동이 극도로 지주의 반감을 사서, 드디어 풍서豊西농무회라는 반동단체가 설립되어 대항하는 한편 앞서 기재한 대구·영주 등에서 본 바와 같은 소작회 단체가 저지른 각종 일반 범죄(사범事犯)로 신망을 잃고 회원이 점점 감소하는 과정을 걷게 되었다. 그러나 1926년 벽두부터 앞서 기술한 반동단체가 수뇌자의 병, 내부의 불통일不統一 등으로 점차 단결력을 결여하게 되었기 때문에, 소작인회가 다시 대두하려는 경향이 있다. 그런데 지금으로 봐서는 회원의 자각과 경성에서의 공산당사건에 의한 중심인물의 검거로 운동이 지지遲遲부진한 바 있어 왕년과 같은 대동단결은 예상되지 않는다. 그렇지만 각종의 명칭을 붙인 농민단체는 해를 거듭할수록 증가하는 형세에 있어서, 경시해서는 안 되는 점이 있다. 현재 도내에는 14단체에 회원 1만 4000여

---

[290] 김남수 : 1899~1945, 경북 안동출신, 2005년 애족장.
[291] 이준태 : 1891~미상, 안동출신.
[292] 강택진 : 1892~1926, 경북 영주출신, 2005년 애국장.

명을 헤아리고, 1929년 6월 현재의 소작단체와 1920년 이후에 있어서의 소작쟁의는 아래와 같다.

기記

연도	쟁의 건수	쟁의 참가인원
1920년	4	2,353
1921년	7	1,641
1922년	3	134
1923년	5	71
1924년	21	587
1925년	14	638
1926년	6	114
1927년	2	833
1928년	—	—
1929년	—	—
1930년		

농민단체 조사(1929년 6월 현재)

단 체 명	소 재 지	회 원 수
옥포면소작조합	대 구	163
해안면소작조합	대 구	707
영천소작조합	영 천	38
양동농우회	경 주	165
대전농우회	경 주	42
가천농무회	영 양	29
풍산소작인회	안 동	4,200
풍산소작인회 와룡출장소	안 동	835
풍서농우회	안 동	262
길안우리농림회	안 동	76
개령농우회	김 천	50
농남농민조합	김 천	28
금릉농우동맹	김 천	100
봉계농회	김 천	43

대평농민회	상 주	92
예천농민조합	예 천	1,768
풍서농민회	예 천	207
풍서지보지부	예 천	500
풍서용문지부	예 천	537
풍서은농지부	예 천	550
풍양노농회	영 주	112
영주농민조합	영 주	2,352
영주금계지부	영 주	225
영주이산지부	영 주	385
돌계회	영 주	96
용암농우회	영 주	30
유곡농우회	봉 화	38
오록농우회	봉 화	73
구천농우회	봉 화	57
구천개포지부	봉 화	170
문경농민조합	문 경	16
성주농우회	성 주	6
초전면 고산동농우회	성 주	15
장천농업조합	선 산	42

4. 노동운동

　종래 본도 내의 노동운동은 우발적 일들로 말미암아 임금인상·노동조건의 개선 등을 요구한 사례가 있기는 하지만 모두가 참으로 생활상의 위협 등에서 오는 것이고, 분배의 공평을 부르짖고 계급투쟁을 선동하는 것과 같은 운동은 거의 볼만한 것이 없었다. 그런데 1923년 초에 대구노동공제회가 공산주의자 정운해鄭雲海 등에게 조종을 맡기게 되어 운동은 처음으로 사상적으로 나아가게 되었다. 이윽고 대구유기직공조합·대구재봉직공조합·대구양말직공조합·신문배달부조합·대구노동회 (과거에는 노동친목회라 칭하고 대구노동공제회의 지도하에 있었으나 곧 무정부주의 계열의 산하에 들어가 악화했는데, 최근에는 이들 좌경단체와 절연하고 순정純情한 노동운동을 향한 걸음을 보여주고 있다. 지금 도내에 있어서 가장 우세한 노동조합으로 회원 1200여 명에 기본금 약 1만 원을 가지고 있고 1929년 4월 설립한 왜관노동친목회를 지도하에 두고 있다)를 조직하여 그 후 김천·영일·영양·안동·상주·성주·고령·선산 등에도 노동단체가 속출하였다. 그러나 조선 내에서의 노동계의 실정은, 공장과 회사, 그 밖의 다수노동자를 고용하는 곳이 비교적 소수인 것 같은 관계도 있어 명실名實이 같지 않다. 그 가운데는 다만 회의 명칭만 얹어놓은 것도 있고 그동안 한두 건의 노동쟁의를 일으킨 일이 있을 뿐, 그 밖에 특기할 만한 것이 없이 지나왔다. 그런데 장래 조선 내의 실상實狀은 자본의 유입에 따라 일본인이 경영하는 각종 대규모의 공장과 회사가 점차 설립될 것이고, 그 결과로 짐짓 민족적 감정에 의해 노사가 대립하려는 경향이 생길 것이다. 따라서 이를 순치馴致(길들임)하도록 하는 점에 특히 유의할 필요가 있는 것으로 판단된다. 현재 도내의 노동단체는 아래 일람표와 같이 35단체에 회원 4800여 명이며, 1920년 이후 도내의 노동쟁의 건수와 인원 등은 아래 표와 같다.

기記

연도	쟁의 건수	쟁의 참가인원
1920년	3	80
1921년	4	261
1922년	3	106
1923년	1	25
1924년	4	389
1925년	1	469
1926년	4	221
1927년	7	1,114
1928년	8	335
1929년	7	253
1930년		

노동단체 조사(1929년 6월 현재)

단체명	소재지	회원수
대구노동공제회	대구	250
대구관물(갓 종류笠類)상공조합	대구	46
대구유기직공조합	대구	24
대구양말직공조합	대구	20

대구노동회	대구	1,255
신문배달부조합	대구	46
대구재봉직공조합	대구	47
대구제일점원친목상조회	대구	43
대달노동친목회	대구	158
대구이발직공조합	대구	32
하양노동공제회	경산	203
영천노우회	영천	421
조선노동공제회 감포지회	경주	118
동양해원친목조합	경주	73
경주인쇄직공친목회	경주	12
영일노동조합	영일	260
대구목공조합	대구	169
도계노우회	영양	80
청송노동공제회	청송	80
개일동진흥회	청송	108
안동노우회	안동	430
임하노동친목회	안동	70
왜관노동친목회	칠곡	264
김천재봉직공조합	김천	21
김천인쇄직공친목회	김천	10
김천어류소매상친목회	김천	51
김천양복연구회	김천	7
김천토목철공상조회	김천	25
김천노동연합회	김천	121
원동일군회	영일	48
상주노동조합	상주	200
상주운수노동친목회	상주	59
성주노농동맹	성주	31
고령노동동맹회	고령	60
노동친목회	선산	56

5. 소년운동

　조선 내에서의 보이스카우트는 1922년 10월 경성에 있는 사립중앙고등보통학교 전前 교사 조철호趙哲鎬293)가 소년척후단少年斥候團을 조직한 것이 시초이다.

　그 후 1924년 3월 조철호趙哲鎬는 경성종로중앙기독교청년회 내의 보이스카우트 간부 정성영鄭聖永 등과 협의한 결과 소년척후단조선총연맹을 창설하였다. 그리고 농후한 배일사상을 갖고 있는 기독교도 고故 이상재李商在(당시 조선일보 사장)를 총재로 추대했다. 그런데 조철호趙哲鎬는 그해 말 총연맹으로부터 떨어져 나와 자기가 창설한 소년척후단을 조선소년군朝鮮少年軍총본부로 개칭함과 동시에, 총연맹에 대항해서 전 조선에 걸친 세포단체 조직에 힘쓰고 있다. 현재 소년단은 그 수가 전 조선을 통하여 166개이지만, 그중 많은 것은 보이스카우트에 대한 열의·유행과 더불어 1924년 이후에 설립된 것이다. 그래서 1924년에는 45개·1925년에는 68개의 신설을 보게 되었으나, 1926년에 들어와서는 일반적으로 냉각하여 부진한 상황이다. 그러나 소년군총본부에서는 매년 5월 1일(그 후 5월 첫째 일요일로 바꾸었다)의 소년의 날(데이)을 기하여 각종의 선전전단을 각지에 살포하여 민족의식의 환기선전에 힘쓰고 있다.

　원래 보이스카우트가 목적으로 표방하는 바는, 개성을 신장시켜서 유용한 재능을 가진 자를 양성하여 사회공공을 위하여 봉사하게 하는 데 있다. 그러나 그 이면裏面에는 제2의 국민에 대해서 민족정신을 고취하려는 경향이 있다. 일찍이 조철호趙哲鎬 등이 지방 순회강연을 할 때의 언동 중에서도 명백히 이 경향을 간파할 수 있다. 가까이는 1926년 6월 10일 고故 이왕李王 전하 국장國葬 당일 사립중앙고등보통학교 학생이 불온문서를 살포하며 만세를 고창했을 때, 조철호趙哲鎬는 그 학교 교사로서 이를 제지하지 않고 오히려 암암리에 그들의 기세를 돋우는 것 같은 언사를 늘어놓은 적이 있다. 그 결과 마침내 그 직을 부득이 물러나게 되는 것과 같은 것은, 그의 사상의 일단을 살피는 데 충분한 점이 있다. 또 앞서 기재한 총연맹을 조직하게 된 동기는 일본소년연맹 밖에 있음으로 해서, 이를 국제연맹사무국에 등록하여 하나의 독립된 국제적 지위를 획득하려 한 것이다. 본도에는 소년군총본부에 속하는 단체가 없다. 소년운동 단속에서 가장 주의해야 하는 것은 소년단체와 어린 아동의 교양인데, 소년단체에 대해서 말한다면 1925년 도내 안동군에서 한 좌경

---

293) 조철호 : 1890~1941, 서울출신, 1990년 애국장(1977년 건국포장).

단체 간부가 소년소녀의 토론회를 이용하여 비밀로 원고를 주어 자기가 가지고 있는 주의主義를 그들로 하여금 말하게 함으로써 교묘하게 주의선전을 하려고 한 실례實例도 있다. 변별辨別할 수 있는 사려思慮가 없는 자녀로 하여금 주의선전의 도구로 이용하는 것은 그 전도를 잘못되게 할뿐 아니라 장래가 참으로 우려되는 바이다. 따라서 1925년 이후 주의(사상)적 색채가 있는 소년소녀의 집회운동에 대해서는 절대금지의 방침을 갖고 단속하고 있다. 또 연소한 아동의 교양에 대해서는, 일찍이 1926년 칠곡군 왜관면 동창학원同昌學院(서울파계열의 왜관청년회 부속사업으로 경영한 것)에서 공산주의자 채충식蔡忠植[294]이 한글신문의 배일적 사회주의적 기사를 교재로 하여 학생들에게 수업하고 있음을 발견한 사실이 있다. 학도學徒에 대한 이러한 종류의 사상 선전은, 1922년 이후 향학열이 갑자기 일어남에 따라 각지에 속출하는 다수의 사설학술강습회 등을 이용하여 심복의 동지로 하여금 교직자가 되게 하거나 혹은 회會의 부속사업으로 농한기에 야학회를 개설하는 등의 경향으로 가도록 유도하여 상당히 폐해가 많은 점이 있어서, 이를 엄중히 단속하고 있다.

6. 형평衡平운동

백정白丁이라 칭하는 천민계급의 연혁을 정사正史에 근거하여 밝힐 수 있는 자료는 넉넉하지 않다. 그러나 이들은 수초水草를 따라 수렵을 일삼는 달단韃靼족이 대륙으로부터 이주해온 자들이고, 이미 고려시대부터 백정이란 말이 있었다. 백정은 일본의 에타穢多[295]와 같고, 거처를 도읍의 외곽에 만들어 특종特種부락을 형성하며, 직업 같은 것도 보통민이 싫어하며 하지 않는 도살·수육판매·유기柳器(고리나 대고리를 엮어서 상자와 같이 만든 물건) 제조 등 소위 천업에 종사한다. 따라서 일반사회로부터 그 인격을 인정받지 못할 뿐만 아니라 모든 비인도적 학대를 받아, 상당히 오랫동안 인종忍從의 역사를 거쳐왔다. 그렇지만 조선조말 이후, 특히 한일병합 후부터는 법령상 사민四民(사농공상士農工商) 등 모든 계급의 사람과 아무런 차별이 없는 평등한 권리와 의무를 인정받게 되었다. 일반사회도 시세時勢의 흐

---

[294] 채충식 : 생몰연대 미상, 경북출신.
[295] 에타 : 일본에 있었던 천민계급. 옛날 한국의 백정처럼 소·돼지의 도살·판매를 직업으로 했다. 일본인들은 이들을 부락민(部落民)이라고 부르고 천대하였다. 그들은 신분상승을 위하여 수평사(水平社)를 조직하였고 그 운동을 수평운동이라 한다.

름에 따라 점차 옛날의 폐단을 벗어가고 있지만, 인습이 오래되어 아직 진정으로 그들에 대한 사회적 대우가 상민常民과 같게 되지는 못하고, 백정도 구태여 이를 바라는 경향이 없었다. 그런데 우연히 1923년 초에 일본에서의 수평水平운동에 자극되어, 1923년 4월 경남 진주의 백정 이학찬李學贊이란 자가 몇 번에 걸친 교섭에도 그 자제를 학교에 입학시킬 수 없었던 것이 동기가 되어 그곳 보통민 강상호姜相鎬296)·신현수申鉉壽 등이 주동이 되어 백정계급을 규합하여 형평사衡平社를 조직하게 되었던 것이다. 그런데 일본의 수평운동의 경과에 비추어 보아도 장래 이 운동이 시대추세에 따라 상당히 확대될 것은 명백하므로, 그 정세의 추이에 대해서는 특히 주의를 하고 있다. 진주형평사총본부는 점차 각지에 지부를 설치하고, 그 세력이 약간씩 증대함에 따라 간부 사이에 벌써 세력쟁탈에 따른 분쟁이 일어나고 있다. 즉, 형평사 회원 장지필張志弼·오성완吳成完 일파는 1924년 4월 내부의 곽청廓淸(부정을 없앰)을 주장하며 진주총본부와 분열하여 경성부 도염동 144번지에 형평사혁신동맹이라는 것을 설치하였다. 그리하여 경성부 내에 있는 도살부夫·수육판매업자 등을 권유 입사入社케 함과 동시에, 장지필張志弼이 그 조직을 좌지우지하며 오로지 진주 측에 대항하여 세력의 신장을 도모하는 등, 두 파의 항쟁이 계속되고 있었다. 그러다가 1924년 8월 15일 충청남도 대전에서 개최된 통일대회에서 형평사중앙총본부라 개칭하고 본부를 경성에 두기로 결정했는데도, 아직도 진주파의 반대로 참다운 통일이 되지 않았다. 그 후 지리적 관계·기타 때문에 진주파는 점차 경성파에게 압도되어, 1925년 4월 24·25일의 양일에 경성에서 개최된 형평사전조선대회 창립 1주년대회에서 무조건 합동을 승인하고, 종래의 분규는 겨우 원만한 해결을 보게 되었다. 이와 같이 형평사는 창립 후 거의 태반을 내부적 갈등에만 매달려, 그 활동으로는 볼만한 것이 없었다. 그렇지만, 이 운동을 시작한 후 백정은 점차 보통민에 대한 맹종적 태도를 벗어나, 걸핏하면 그들의 편협은 종래의 인습적 처우에 대한 반감을 높여 도전적인 행동으로 나아가려 하는 것 같은 경향이 있다. 따라서 양자의 충돌사건은 각지에서 발생하게 되었다. 그간 장지필張志弼 일파는 오로지 총본부를 좌우하고 운동의 진전을 도모하기 위하여 때때로 지방순회원巡廻員을 파견하여 사원의 자각계몽에 힘쓰고 있다. 또한 형평청년연맹·정위형평학우正衛衡平學友총동맹이라는 별동대를 조직하여 세력의 옹호를 도모하거나, 야학의 개설로 자녀의 교양교육을 맡고 있다. 또한 1926년 중앙대구사원中央大邱社員 김경삼金慶三으로

---

296) 강상호 : 1887~1952, 경남 진주출신, 2005년 대통령표창.

하여금 일본 교토京都지방에서 개최된 일본수평사전국대회에 참석케 하여 양자兩者의 연락을 도모하는 등 상당한 활동을 시도하여, 장張 일파의 세력은 일층 증대하여 견고하게 되었다. 그러나 한편으로는 자연히 횡폭한 행동으로도 나아가고 있다. 장張이 강원도 원주에 출장체재 중에 그곳에서 발생한 원주형평사지사장과의 삼각연애문제 등이 발단이 되어, 형평운동을 사상운동조직에 가맹시키려는 비非백정파의 책동에 의해서 배척을 받아 사원의 반감이 높아지게 되어 장張은 한때 실각하여 충청남도로 물러갔다고 전해지기도 했다. 그러나 그 후 세력을 만회하여 사상운동과는 완전히 절연한다는 성명을 내고 더욱더 수평운동의 진전을 기하고 있었다. 그러다가 때마침 1927년 1월 국경 신의주에서 검거된 국외國外 공산당 관계자가 갖고 있는 문서 중에 장지필張志弼 외 간부 몇 사람의 성명이 들어 있었던 까닭에, 마침내 그곳에서 구금되어, 운동은 한때 폐식閉息(움츠림)의 상태였다. 그러나 최근 그 진용을 가다듬고, 1927년 1월 일본 시고쿠四國수평사연맹 집행위원 다카마루 요시오高丸義男의 조선 방문과 사원 이동환李東煥(충남)의 일본 수평운동 시찰 여행 등으로 양자의 연락은 한층 가까워지고 있다. 다시 1927년 4월 24·25일 경성에서 개최된 전조선정기대회 및 창립 5주년 기념식 때는 일본 규슈九州수평사연합회 집행위원 마츠모토 기요시松本淸가 특별히 조선에 와서 참석하는 등 양자의 연락이 점점 더 밀접하게 되어가고 있는 중이다. 그런데 백정 중에는 무지·문맹의 무리가 많다. 또한 사리를 전혀 이해하지 못하는 패거리의 집단이기도 하다. 그러므로 한번 처우를 잘못하면 반감에서 일어나는 맹목적인 행동으로 예기치 못할 사태를 야기하는 것과 같은 일이 없음을 보증하기 어려움은, 일본의 수평운동 상황과 1925년 8월 도내 예천에서의 보통민과 백정의 충돌에 비추어 보아도 명백하다. 따라서 이에 대한 단속에 관해서는 특히 신중한 고려가 필요하다. 도내에서의 백정분쟁사건으로 다치거나 비교적 다수인이 관계한 것은, 형평운동 개시 이래 1924년 9월까지 10건·1925년 4건·1926년 5건·1927년 8건·1928년 5건·1929년 6월까지 6건으로, 운동개시 당초는 일반의 이해가 적고 백정의 태도가 갑자기 불손하게 되는 등의 원인으로 분쟁사건이 비교적 많았다. 그러나 그 후 이해와 자각에 의해서 점차 그 수가 감소해 가고 있다. 본도에서의 백정의 군별 수와 직업별 등은 별표(부록 통계표 28)와 같다.

7. 협동조합운동

(1) 일반상황

이 운동은, 1926년 6월 도쿄東京에 있는 조선유학생 중 일부 민족주의자가 조선에서의 농촌의 퇴폐頹廢를 구제하는 길은 자본력이 미약한 다수민의 단결된 힘으로 자본력의 결핍을 보충하고 경제상의 지위를 향상시키려하는 산업조합사상의 보급선전에 있다고 한 데서 출발했다. 그들은 협동조합을 창설하고……1) 중간이윤 철폐…… 2) 고리대高利貸 구축驅逐……3) 경제적 단결……4) 자주적 훈련……을 모토로 하여 그 강령을,

① 우리들은 협동자립정신으로 민중적 산업관리와 민중적 교양을 행한다.
② 우리는 이상의 목적을 관철하기 위해 조합정신의 고취와 실제 경제를 기한다.

로 정하고, 이의 실현운동을 위하여 그해 여름 휴가에는 간부 전진한錢鎭漢(상주군 출신) 등 수 명이 경상남북도를 순회하며 각지에서 강연회를 개최하여 조합조직을 선전했다. 이에 자극을 받아 본도에서는 1927년 1월 상주군 함창에서 전진한錢鎭漢의 형 전준한錢俊漢이 주동이 되어 생산소비의 공동관리를 표방하는 함창협동조합을 설립한 것이 시초이다. 그 후, 같은 해 4월 상주중모협동조합이 이어서 조직되고 선전효과가 현저함을 알게 되자, 그해 도쿄東京에서 정기총회를 열어 규칙의 개정·기관지 발행에 필요한 기금모집 등을 협의하였다. 또 강령을,

① 우리는 대중의 경제적 단결을 공고히 하여 자주적 훈련을 기한다.
② 우리는 이상의 목적을 관철하기 위하여 대중본위의 자주적 조합을 조직하여 이를 지도한다.

로 개정하고, 이어 그해 11월 '협동조합운동과 실제'라는 제목의 팸플릿을 발행하여, '협동조합은 자본주의제도의 결함으로 생겨난 사회운동의 한 형태로, 경제적 약자가 상호부조의 협력으로 경제적 지위향상을 기도企圖하여 자본주의의 결함을 배제하려는 이상理想을 갖고 만들어진 경제적 조직체로서, 소비·신용·생산·판매 등이 조합의 목적이다.'

라고 설명하고 극력 선전에 힘썼다. 그러나 1928년 3월 도쿄東京에서의 임시총회 결과, 회원의 다수가 학교를 졸업하고 조선에 들어가게 되고 또한 조합의 목적은 조선에서의 실제운동에 있으므로, 본부를 경성에 옮기기로 결정했다. 그리하여 위원장 전진한錢鎭漢 이하 간부가 연이어 조선에 돌아와, 4월 1일 본부사무소를 경성부 광화문통 121번지(뒤에 와룡동 138번지로 이전)에 두고, 지방을 순회하며 전적으로 선전에 힘썼다. 그 결과 1928년 11월이 되어서는 조선 내 각지의 주의자主義者들을 중심으로 하는 각종 협동조합은 22개 단체에, 회원은 4700여 명의 다수에 이르게 되었다. 그런데 위원장 전진한錢鎭漢이 1928년 7월 평안북도 신의주에서 검거된 비이론파非理論派 조선공산당사건에 연좌되어 수감된 까닭으로 중심세력을 잃게 되었고, 간부들 사이의 보조가 일치되지 않는 등으로 그 활동에는 볼만한 것이 없었다. 그러나 1929년 4월 14일 경성부 견지동 시천교당侍天敎堂에서 제7회 정기대회를 개최하여(출석자 18명), 종래의 조합운동 부진의 원인은,

① 협동조합을 단순한 염매廉賣기관이나 저축기관과 동일시하여 경제부흥의 수단으로 보는 잘못된 견해
② 본체本體운동과의 관계를 망각한 협동조합 만능론적 환상
③ 개량주의로 속단하는 협동조합 부정론 등

조합운동에 대한 오해가 있을 뿐 아니라 당사자가 난국타개에 대한 사고와 노력이 부족하였다는 점 등에 기인하는 것이라 하여 '당면 급무急務'로서,

(가) 선전의 철저
(나) 조직의 개선(경제적 지주支柱기관 설치·각종 대중운동과의 접근·중앙과의 연락 협동)
(다) 지도자의 양성에 적극적 노력을 기울일 것(조합운동에 필요한 도서의 비치 및 회람·순회강좌·출판물 반포 등)

등을 협의하고, 규약개정·기준정관의 작성 등을 이루어 운동의 혁신을 획책하였다. 그리하여 1929년 6월에는 간부 이시목李時穆 등이 발기인이 되어 협동조합·경리조합 조직을 계획하여, 사업계획서·정관취지서·가입신청서 등을 각각 600매를 인쇄 배포하고 가

입자와 금품모집을 획책하는 등 활동이 약간 활기를 보여주고 있다.

(2) 본도 내에서의 운동 상황

앞의 항에서 기술한 바와 같이 1926년 여름 도쿄東京에 있는 협동조합운동사運動社 간부 전진한錢鎭漢 등의 경상남북도 선전강연에 자극되어, 1927년 1월 상주군에서 함창협동조합의 설립을 보게 되었다. 그러자 그해 4월 3일에는 중모협동조합, 10일에는 상주협동조합이 계속 설립되고, 다시 5월 6일에는 청리협동조합, 7월에는 안동군의 풍산협동조합, 8월 13일에는 예안협동조합 등이 계속 생겨났다. 그리고 다음해인 1928년 8월 12일에는 김천소비조합, 1929년 1월에는 군위군의 효령소비조합 등 모두가 같은 목적으로 설립되기에 이르렀다.

그리고 앞에 기술한 각 조합설립 후의 활동상황을 보건대, 개업 당초는 어느 것이나 널리 알리기 위하여 염매를 시도하였고 그 이면裏面에서는 '시장에 있어서 일본상인은 조선인의 무지無智를 이용하여 물품의 고가판매를 하여 축재에 급급하다. 지금 자각自覺하지 않으면 우리 조선인은 조선 내 토지의 전부를 빼앗길 것이므로, 우리들은 조합원에게 일용품을 싸게 팔아 일본인으로부터는 물품의 구입을 못하게 할 방침이다.'라고 하는 등 배일적 언사를 늘어놓는 사실이 있었기 때문에, 일반민중은 역시 호기심과 민족적 관념에 사로잡혀 조합 상품을 구매함으로써 한때는 상당한 이익을 올렸다. 그러나 경영방법이 졸렬한 데다가 자금부족으로 영속성이 없는 매명賣名의 기분적 운동과 서로 작용하여 경영이 점차 곤란하게 되어, 중모·풍산·청리의 3조합은 1928년 2월부터 1929년 3월 사이에 연이어 해산하지 않을 수 없게 되었다. 그나마 남아있는 함창·상주·예안의 각 조합에서도 경영이 매우 곤란하여 남은 물건 등으로 겨우 유지하는 데 불과하다. 현재 상당한 활동을 하고 있는 것은 김천소비조합 뿐이고, 효령소비조합 같은 것은 가입금 미납과 자금 차입이 잘 되지않아 아직 개점도 하지 못하였다. 전반을 통해 보면 운동의 결과는 아무 것도 볼만한 것이 없고, 공연히 용두사미라는 비난을 반복해서 듣는 데 불과한 상태이다.

조합개황 일람표는 다음 표와 같다.

협동조합 개황(1929년 6월 말 현재)

명칭	설립 연월일	위치	간부	회원 수	자본금(원)	개황
함창협동조합	1927년 1월	경북	황이정黃履正 전준한錢俊漢	400	4,000	1927년 상반기 판매액은 5000원에 달하여 상당한 성적을 올렸지만, 현재는 판매가 격감하여 1일 평균 1원 내외에 불과하다. 간부는 공산주의자이고 전준한錢俊漢은 본부위원장인 전진한錢鎭漢의 형이다.
상주협동조합	1927년 4월	경북	김원한金元漢 전준한錢俊漢	150	1,500	설립이후 영업부진이고, 1927년 11월까지 부채가 250원이 되어 한때 폐점했으나, 도복득都福得으로부터 200원을 출자케 하여 근근이 경영 중이다. 간부는 공산주의자이다.
중모협동조합	1927년 4월	경북	조남철趙南哲 황재은黃在殷	200	2,000	개업 당초는 상당한 발전을 보았으나, 점차 경영이 곤란하게 되어 1928년 2월에 해산하였다. 발기자는 전부 중모청년회의 간부이다.
청리협동조합	1927년 9월	경북	김재준金在濬 김윤종金允鍾	220	700	출자자는 60명이고, 개업 당초에는 상당한 업적을 올렸으나 점차 영업부진에 빠져 1929년 3월 해산하였다. 발기인은 청리청년회 간부이고 김윤종金允鍾은 공산주의자이다.
풍산협동조합	1927년 5월	경북	조정식趙鼎植 김인재金寅在 권용국權龍國	648		개업 이래 영업부진이고, 1928년 9월 마침내 해산하였다. 간부는 풍산소작조합 및 풍서농민회 등의 간부이다.
예안협동조합	1927년 8월	경북	이중진李中進 김연식金衍植 이준문李準文[297]	417	1,297	주주출자 97원, 은행차입 1200원이며, 한때 상당한 이익이 있었으나 지금은 영업부진이다.
김천소비조합	1928년 8월	경북	심상민沈相玟 황참주黃僭周 황의준黃義準 김동성金東成	216	2,784	1928년 12월 말 구입비는 8000원, 판매액은 5000원에 달해 1929년 2월 순익 560여 원의 분배를 하여 상당히 번영하고 있다. 발기인과 간부 중에는 민족주의자, 좌경사상을 가진 자가 다수를 차지한다.
효령소비조합	1929년 1월 26일	경북	류지상柳志相 김문주金汶柱 은규표殷奎杓 아지달椏志達	150		개업을 위하여 간부는 각 방면으로 자금조달을 시도했으나, 뜻대로 되지 않아 아직 개업을 하지 못하였다.

---

297) 이준문 : 1897~1940, 경북 안동출신.

제5절 도내 기독교자치운동

도내 기독교 자치운동의 발생 원인遠因과 근인近因을 나누어 각각 고찰해 보기로 한다.

1. 원인遠因

(1) 1921년 워싱턴회의를 하나의 전기轉機로 하여, 미국인을 믿지 말아야 된다는 것을 자각함과 동시에 조선인들 스스로 자신을 높이고 품위를 가져야 한다는 기풍이 종교방면에도 파급되었다는 것이고,

(2) 각지에 있어서 교회경비는 거의 조선인 신도가 금전을 희사하고 스스로 비용을 부담하여 재정적 독립을 이루고 있는데도 불구하고 미국인의 감리조종을 받는 것은 불합리하다는 것이다.

2. 근인近因

대구부 남성정교회 목사 이만집李萬集은 선교사와 그 일파의 행위를 불쾌하게 여기는 불평분자의 중견으로 당시 600명의 교도가 있어서, 세력은 곧잘 외국인 선교사를 능가하고 그들 선교사의 의도에 어긋나는 일이 한두 번이 아니었다. 그래서 선교사 등은 그를 배척하는 방도로써 은밀히 일부 교도를 사주하여 1923년 2월 이만집李萬集을 해면解免하는 소장訴狀을 경북노회老會에 제출했다. 이것이 발단이 되어 그해 3월의 노회 개죄 시에 분쟁이 일어나 이만집李萬集 일파가 선교사를 통렬히 매도한 사실이 있었다. 이에 노회에서

는 선교사의 뜻을 마음에 새겨 1923년 3월 11일 마침내 이만집李萬集·박영조朴永祚 두 목사를 정직停職케 하고 장로 이하 9명을 꾸짖고 처벌하고 교회당의 인도를 요구했던 것이 기독교 자치운동의 원인이다.

3. 자치선언自治宣言 전후의 모습

이만집李萬集 일파는 선교사 측의 요구에 의한 교회당 인도를 거절함과 동시에 1923년 3월 18일 경북노회의 굴레에서 벗어나고 새로운 약법約法(종교상의 규약)을 제정하여 자치독립을 선언했는데, 이에 대해 찬동하는 자가 400명이었다. 이어 3월 26일에는 자치선언의 인쇄물 3000매를 전 조선 각지의 교회당에 발송하게 되었다. 그 후 두 파는 예배가 있을 때마다 충돌하여 때로는 싸움을 하였고, 때로는 서로가 사회자를 교단으로부터 끌어내리는 등의 행동이 있었다. 노회파에서는 다시 이만집李萬集 등 중심이 되는 10여 명을 처벌하고, 교회를 점령중인 이만집李萬集 등이 교회에서 철수하도록 타일러 주기를 경찰에 진정하였다. 그러나 경찰에서는 교회내의 분쟁에 깊이 간섭하는 것을 피하고, 두 파의 어느 쪽이든 폭력에 대한 단속만을 힘써왔다. 한편 자치파에서는 제명처분 같은 것은 이미 탈퇴한 이상 아무런 효력이 없다하여 여전히 교회를 점거하였다. 그리고 4월 상순에는 '선교사에 맹종하는 경북노회의 불의不義의 사실'이라는 제목의 인쇄물을 경성에 있는 미국 영사와 각 한글신문사 그리고 전 조선의 각 교회·청년회 등에 우송하여 기세를 올리게 되었다. 이리하여 두 파 간의 도전과 공격은 점점 농도를 더해가고, 미국인 선교사의 신변에 대한 위험도 걱정되었다. 그래서 당국은, 4월 중 화해禍害방지를 위해 이 사건의 해결을 볼 때까지, 두 교회(남성정교회 외에 남산정교회의 목사 박영조朴永祚 이하 교도의 3분의 1도 이만집李萬集과 책모를 꾸며 서로 돕고 있었다)가 모두 현재 정당한 포교 담임자 소속의 교회당(남성정교회는 이만집李萬集파·남산정교회는 선교사파)에서 예배기도를 하도록 조정하여, 일시 소강상태를 가질 수 있었다.

4. 분요紛擾(분쟁과 소요) 경과

(1) 이만집李萬集 일파의 소송제기

이만집李萬集 일파는, 그 교회 설립자 홍승한洪承漢이 노회파에 속하고 또 그가 1917년 이후 중국 산둥성山東省에 거주하고 있는 관계로 그 자리를 자파自派의 적임자로 변경할 필요가 있다하여, 설립자 변경신청서를 대구부청에 제출했지만 수리되지 않았다. 이리하여 설립자 확인소송을 제기하기로 결정하고 자파의 동지 장한진張漢鎭을 선출하여, 5월 상순 마침내 소송을 제기하였다.

(2) 기독교부속학교 문제

선교사 브루엔(부해리傅海利)[298]은, 남성정교회당 부속이며 대구부에 있는 사립희원喜瑗학교(당시 남자학생 300명) 교사 이영한李永漢을 자치파에 속하는 인물이라는 이유로 면직하도록 그 학교 교장 김균선金均宣에게 요구했다. 이러한 내용을 듣고 알게 된 자치파는, 원래 이 학교의 설립자는 표면상으로는 브루엔의 명의로 되어 있지만 이 학교의 설립에는 선교사는 털끝만치도 돈을 내지 않고 전부 조선인 교도의 출연出捐으로 세워졌다고 주장했다. 이러한 이유로, 같은 역사를 가지고 있는, 남성정교회당 부속이며 대구부에 있는 사립순도順道학교(당시 학생 250명)도 함께, 외국인 선교사의 손에서 탈환하여 그 관리권을 얻기 위해 4월 31일 신도총회를 개최하였다. 그리하여 새로운 설립자를 선출하고 그가 실행위원도 선출하여 그로 하여금 양 교兩校 설립자에게 그 변경을 해 주도록 교섭을 시도했다. 그렇지만 이것이 거절되었기 때문에 다시 이 문제를 법정에서 다루기로 하여, 5월 10일 대구지방법원에 설립자 명의변경 소송을 제기하였다.

(3) 남성정 포교담임자의 변경

노회파는 이만집李萬集 일파를 제명처분한 후 이만집李萬集의 자격증명서 취소신청서를 대구부청에 제출했다. 그런데 대구부청에서는, 두 파가 분쟁 중인 지금, 지배적 권력에 영

---

[298] 부해리 : 원저에는 '傳海利'(전해리)로 표기되어 있으나, 傅海利(부해리)의 오기이다.

향을 주는 것 같은 신청서류는 두 파의 어느 쪽이든 불문하고 당분간 수리하지 않는다 하고 각하却下했다. 그러자 교활한 선교사 등은 현 사정으로 미루어 지방관헌에서 변경목적을 달성할 수 없다는 것을 알아차렸다. 노회장인 블레어 자신이 급히 상경하여 요행적 수단을 부려, 지방청을 경유하는 일없이 그 신청서를 직접 총독부 종교과에 제출(속관屬官[299])만 알고 국장과 과장은 사정을 알지 못했음)했다. 그랬더니 5월 14일자의 관보官報고시로 임종하林宗夏를 포교담임자로 바꾸게 되었지만, 자치파는 다수의 교도를 거느리고 여전히 교회를 점거하고 있었다.

(4) 자치파 덕산정교회당의 신설

종래 남산정교회당에 소속해 있던 목사 박영조朴永祚 이하 200여 명의 신도는, 4월 18일 장소를 달리하여 포교할 수 있도록 도청에서 협정한 이후, 그 대부분이 남성정교회당에 모여 예배를 보고 있었다. 그런데 남산정교회는 남성정교회와 달라, 자치파의 세력이 노회파보다 못하여 도저히 이 교회를 점거하기가 곤란함을 자각하였다. 그리하여 신도들 사이에서 450원을 거출하여 1923년 11월 교회당을 덕산정에 신설하여 이만집李萬集파와는 연계하는 정도로 그치고, 평온한 포교를 개시하기에 이르렀다.

(5) 아리요시有吉 정무총감의 조정

아리요시有吉 정무총감(총독부에서의 총독 다음의 직위)은 이 사건의 분쟁조정의 수고를 하기로 하여 총감이 지명한 3명(1명은 판사일 것)의 중재에 이 문제를 위임하여 해결하도록 맡기자고 두 파에 제의하였다. 6월 7일 사와다澤田 본도지사는 두 파에 대해서 조정안을 제시했으나, 끝내 좋은 결과를 가져오지 못하였다.

(6) 중재파의 출현

두 파의 불화가 있은 이후, 자치·노회 두 파 및 중립의 일부 신도 가운데서는 원래 신성해야 할 종교가宗敎家가 부질없이 감정에 사로잡혀 서로 반목하는 것은 그 본의本義가

---

[299] 속관 : 관청책임자에 소속한 직원.

아니라고 하고, 같은 뜻을 가진 자들이 협의를 했다. 그 결과, 드디어 9월 2일 중재단(단원 17명 중 자치파 11명·노회파 3명·중립파 3명이고 가족을 합하여 약 35명이다)이란 것을 조직하여 별도로 사립희원학교에서 함께 예배를 올리고 적당한 시기에 양 파에게 타협을 권했다. 그러나 날짜가 경과함에 따라 노회파의 간부인 변호사 김선균金宣均이 자치파를 무너뜨리는 하나의 방편으로 외부에 드러나지 않게 중재단을 조종하고 있음이 판명되어, 이에 관심을 가지는 자가 차차 줄어 수개월이 지나자 유명무실하게 되었다.

(7) 소송사건의 전말과 두 파의 주장

대구지방법원에서 심리한 교회설립자 확인소송에서 1923년 11월 22일 자치파 이만집李萬集 일파(원고)가 패소敗訴하자, 이들이 항소했으나, 1924년 6월 20일 다시 원고에 불리한 판결이 있었다. 또 별도 심리중인 희원·순도 두 학교 설립자 변경소송은 제1심에서 자치파(원고) 측이 패소하여 다시 항소했는데, 1924년 4월 다시 자치파에 불리한 판결이 있었다. 그리고 앞서 상고중인 교회설립자 확인사건에 대해 1924년 11월 하순 고등법원의 판결이 있었다. 그 내용은 '원판결原判決을 파기하고 제1심 판결을 폐기한다. 본 소송은 이를 각하한다.'라는 내용이어서 전적으로 소송제기 전의 상태로 되돌아갔다.

5. 1925년 2월의 소요

포교담임자 확인소송에 대해 말하자면, 판결확정 이후 노회파는 오로지 관헌의 힘으로 자치파의 포교를 금지하려고 했다. 한편 자치파는 앞서 본 바와 같은 기세로 상고심上告審 판결 후 다시 약해지는 세력을 만회하기 위해, 소송전말을 기재한 인쇄물을 각지에 배포하여 자파自派를 선전하고 세력 확장에 힘썼다. 그 결과 1924년 12월 경주군 강동면 인동교회의 자립自立을 보게 되었을 뿐만 아니라 영주군에서도 자치의 새로운 조짐이 생겨나게 되었다. 이에 노회파는 애태우며 어떻게 하든 그들 교회당의 신도를 선동하여 다수의 힘을 믿어 마침내 1925년 2월 8일의 일요예배일을 기하여 남성정南城町교회에 들어가려는 계획이 있었다. 또 자치파도 이 소문을 듣고 최후의 한 사람이 될 때까지 사수死守하기로 합의하는 등 형세가 점차로 평온치 않게 되었다. 그래서 관할 대구경찰서장은 2월

5일 노회 측의 주된 자를 불러, 1923년 4월 도청에서의 협정사안이 해결될 때까지 자치파는 남성정교회에서, 노회파는 남산정교회에서 예배·기도하는 것은 전부터 있었던 바이니 억지로 같은 교회에 집합하는 것은 온당치 않다고 말했다. 그리고 만일 경찰의 유시諭示를 받아들이지 않고 이를 강행하는 것과 같은 일이 있어서 발생하는 재난의 책임은 노회가 지지 않으면 아니 된다는 취지를 간곡히 가르치고 타일렀다. 이어 2월 7일에 다시 노회 간부를 도청에 불러 도지사가 앞서 기술한 내용을 말하고, 강제침입 같은 것은 단연코 용인하지 않는다는 취지를 엄히 시달했다. 그랬더니 그들도 이를 양해한다고 하고 일반신도에게도 널리 이 취지를 전달하겠다고 맹세하였다. 그러나 이에도 불구하고 노회 측은 당일 마침내 교도 800명의 일단이 남성정교회당에 강제로 침입을 시도하여 맹렬히 투석해서 창유리의 대부분을 파괴했다. 더 나아가 입구를 폐쇄하고 있는 정면 좌측의 문짝 3개를 돌 또는 주먹으로 파괴하고 난입하였다. 또 이 혼란에 편승하여 경북서원慶北書院(그 교회당의 맞은편에 있으며 노회파가 예배하고 기도해 오던 장소)으로부터 사다리를 가져와 교회당의 창유리 대부분을 파괴하고 침입하는 등의 폭행을 연출하였으므로 바로 해산을 명하고 진정시켰다. 동시에 선동자 및 기물파괴자와 폭행자로 판단되는 자(22명 전부가 노회파)를 연행(부상자는 자치파가 10명·노회파가 3명으로 자치파의 대부분은 뭇매를 맞았다)한 사실이 있다.

조치措置

2월 12일 노회 대표자 4명을 다시 불러, 재삼再三 밝힌 바대로 완전히 해결될 때까지는 1923년 4월의 협정에 따라 남성정교회당에서 자치파가 포교하는 것을 인정하고 그곳에 침입하여 방해해서는 절대로 안 된다는 것을 간곡히 알리고 이를 서약케 했다. 한편 자치파의 책임자에 대해서는, 사안事案이 해결될 때까지 종래와 같이 포교를 하는 것은 별로 지장이 없으나 노회파의 감정을 자극하는 것과 같은 행동은 일체 피하라는 내용으로 유시諭示를 했다. 그리하여 경찰이 시찰과 단속을 더하여 그 이후는 두 파가 다 같이 소강상태를 지속해 왔다. 그리고 폭행한 자는 사건송치 후 기소유예가 되었다.

6. 노회파의 교회당명도明渡소송 제기

그 후 자치파의 내분과 재정적 문제 등으로 교회의 질서가 점차 문란해지고 교세가 쇠미의 경향을 걷게 되었다. 그러자 선교사파는 단숨에 그들의 와해를 꾀하기 위하여 먼저 남성정교회당의 명도明渡소송을 대구지방법원에 제기했다. 그러나 1927년 4월의 판결 결과는, 예상한 것과는 다르게 '소유명의인所有名義人은 단지 형식이며, 실제의 소유권을 표시하는 것이 아니다.'로 되어, 자치파의 승리로 돌아갔다. 그러자 자치파 수뇌자 등은 이것을 기회로 잡아, 조선기독교 개혁의 착수와 교세확장을 겸하여 현재 도내와 충청남북도지방을 여행하였지만, 교세는 여전히 옛날과 다름이 없다. 그 후 이 사건 소송을 노회 측이 대구복심법원[300]에 항소했으나 다시 패소했다. 그리하여 또다시 고등법원에 상고한 결과 서류자체에 갖추지 못한 점이 있다하여 대구복심법원에 반려되어 지금도 양자가 소송으로 싸우고 있다.

자치파에 속하는 교회 수와 신도 수는 아래와 같다.

기記

	교회당 수	신도 수
대 구	10	243
영 양	3	50
안 동		14
경 주	1	57
계	14	364

※역자 註 : 원저에도 안동에는 신도가 있는데 교회당은 없다.

---

[300] 복심법원 : 일제시대에의 재판에는 3심(審)제도가 있었다. 1심은 지방법원에서, 2심은 복심법원에서, 3심은 고등법원에서 담당했다. 당시의 고등법원은 현재 우리나라의 대법원에 해당한다. 복심법원은 서울, 평양, 대구 등에, 고등법원은 서울에 있었다.

7. 자치선언이 미친 영향

(1) 도내_{道內}에 미친 영향

1923년 3월 남성정·남산정 두 교회당이 자립선언을 한 후, 두 교회의 사주에 의해 같은 선언을 하고 자치 독립한 것은 한 때 10교회당·교도 1300명을 헤아리게 되었다. 그런데 지금은 7교회당·800여 명이며, 최근의 정세로 보아 아직은 증가의 경향이 있는 것으로 판단된다.

(2) 도외_{道外}에 미친 영향

자치선언 발표 이래 그 거사에 공명하여 목적달성에 관한 연락을 갖거나 격려의 통신을 보내온 자 가운데는 전남 장성의 목사 백용기白容基, 충청북도 보은의 조수助手 이재식李再植, 황해도 봉산의 목사 김재석金在錫, 경기도 고양군의 목사 이사우李思雨, 평양의 목사 이규찬李奎燦, 경성의 목사 이병재李炳載·김병무金秉武 등이 있다. 그 가운데 1924년 7월 경성부 창신동 거주 북감리파 목사 이병재李炳載가 1924년 7월 자치를 선언하게 된 것은 이만집李萬集 등의 자치운동에 자극된 바가 큰 것 같다. 또 이만집李萬集보다 앞서 자치를 선언해오고 있었던 황해도 사리원의 장로파 목사 김장호金庄鎬가 1923년 이후 수 개 도道에 걸쳐 20여 개소의 교회당을 자치 독립하도록 만든 것도 직·간접으로 이만집李萬集 등의 궐기에 힘 입은 것이라고 말한다.

제6절 종교유사 단체의 상황

1. 주요단체의 연혁 및 개요

(1) 천도교天道敎(본부 경성부 수송동)

지금부터 70년 전 경주태생의 최제우崔濟愚[301](호 수운水雲)가 유교·불교·도교의 정수를 취해 이를 절충하여 동학東學이라 했다. 그리고 이를 믿는 자는 신앙의 덕으로 무한의 영감靈感을 얻고 신변불가사의神變不可思議(신비로운 변화와 사람의 지혜로는 헤아릴 수 없는 것)를 터득한다고 미신적 언사를 늘어놓아 인심人心의 미묘함을 이용하여 상류사회에 세력이 있는 유교에 대치하여, 민권의 신장伸張을 부르짖어 사람들을 이끌었다. 그 결과 많은 지방민들의 신앙이 여기에 몰리게 되어 유교도와 관헌의 압박을 받았고 그 때문에 교조敎祖와 제2대 교주(경주출생 최시형崔時亨,[302] 호 해월海月)가 함께 옳지 않은 길로 이끌어 백성을 그르친다는 죄에 몰려 사형당하는 등으로 해서, 그 후 공공연히 포교를 할 수 없었다. 그러다가 1906년 그 교의 간부 이용구李容九[303]가 그와 밀접한 관계에 있으며 당시 농상공부農商工部 대신이었던 송병준宋秉畯 등과 함께 운동한 결과, 비로소 공인公認되어 천도교天道敎로 개칭하여 공공연히 포교를 개시했다. 현재 교도가 100만 명(실제는 30만 명쯤)이라 과장해서 말하고 있다.

(2) 시천교侍天敎(본부 경성부 견지동)

천도교 제3대 교주 손병희孫秉熙는 일진회를 좌우하는 그 종교 간부 이용구李容九·송병

---

301) 최제우 : 1824~1864, 경북 경주출신.
302) 최시형 : 1827~1898, 경북 경주출신.
303) 이용구 : 1868~1912, 경북 상주출신.

준宋秉畯 등의 세력이 큰 것을 불쾌하게 여겼고 그들이 종교의 범위를 넘어 정치운동에 참여하는 것을 비난했기 때문에 양측이 충돌하게 되고, 끝내는 양자가 분리하게 되었다. 그런데 이용구李容九는 일진회에 남아 시천교侍天敎를 창설하여 교주가 되었다. 시천교의 교의敎義는 천도교와 같다. 그리고 이용구李容九가 죽은 후 간부 송병준宋秉畯・김연국金演局304)은 서로 의견충돌이 있게 되어 또 다시 분리하여 각각을 송宋파・김金파 시천교라 칭한다. 현재 보통 시천교라 하면 송파 시천교를 말한다.

(3) 상제교上帝敎(본부 충남 논산군)

시천교를 분리하여 김金파 시천교를 설립한 김연국金演局은, 종래 시천교가 일진회의 후신으로 정치적 색채가 있었으며 또 매국노賣國奴 등의 평이 있었기 때문에, 포교하는 데 세인의 오해를 피하기 위해 1925년 7월 상제교上帝敎라고 이름을 고치고 본부도 경성에서 충청남도로 이전하였다.

그리고 교조敎祖 최제우崔濟愚가 사형당한 곳에 기념각을 건설하기 위하여, 1928년 4월 대구부에 있는 전前 복명復明학교 자리를 457평의 건물과 함께 1만 1000원에 사들였다. 그리고 다시 건축용 재목으로 해인사 산림 재목 4만 재才를 5200원에 매매계약(착수금으로 200원은 이미 지불)하여 건립계획을 진행하고 있다.

(4) 동학교東學敎(본부 도내 상주군 은척면)

동학의 시조 최제우崔濟愚는 생전에 그의 고제高弟(뛰어난 제자) 최시형崔時亨(천도교 제2대 교주)을 북접도사北接道士, 김시종金時宗을 남접도사南接道士에 임명하고 포교를 담당케 했다. 그런데 김시종金時宗이 1894년 동학당의 난亂에 행방불명이 된 후 교세가 부진하여 남접의 소속교도가 이산하게 되었다. 이에 1922년 김낙세金洛世라는 자가 남접파의 교세를 만회하지 않으면 안 된다 하여 동학교를 창립했지만, 교지敎旨는 천도교와 별반 차이가 없고 교세는 부진하다.

---

304) 김연국 : 1857~1944, 출신지 미상.

(5) 청림교靑林敎(본부 경성부 훈동)

지금부터 20년 전 도내 경주군 출생인 태두봉太斗峯이란 자가 동학의 시조 최제우崔濟愚의 예언 중에서 청림靑林이라는 두 자字를 취하여 청림교靑林敎라 칭하고 최제우崔濟愚의 교를 받들었다. 그런데 그 후 그 교의 간부가 견강부회牽强附會적 미신을 첨가하여 터무니없는 언동을 부리고 1919년까지 비밀리에 포교를 해오고 있지만 교세가 부진하다. 1919년 김상설金相卨이란 자가 교명을 계승하여 스스로가 청림교 대종원장大宗院長이라 하고 포교를 하고 있지만, 여전히 교세는 보잘것없다.

(6) 보천교普天敎(본부 전북 정읍군 입암면)

지금부터 약 30년 전 전북 정읍군 고부에서 출생한 강일순姜一淳305)(호 증산甑山)이, 천상天象(천지의 모습) 일월성신日月星辰에게 빌면 복을 얻는다고 하는 도교道敎의 흐름을 참작하여, 태을太乙이라 칭하는 복을 주는 별을 숭배하는 미신교迷信敎를 창립하였다. 그리하여 당시 태을교太乙敎(또는 흠치교吽哆敎)라 칭하고 오로지 비밀포교를 신조信條로 하여 터무니없는 설說을 유포하였기 때문에 당국의 엄중한 단속을 받아왔다. 그런데 제2대 교주 차경석車京錫306)의 시기에 이르러, 교의 간부 등이 협의하여 1922년 1월 비밀주의를 고쳐 보천교로 개칭하여 현재에 이르고 있다.

(7) 무극대도교無極大道敎(본부 전북 정읍군 태인면)

교주敎主 조철제趙哲濟307)는 경남 밀양출생으로 보천교조敎祖 강증산姜甑山의 고제高弟 김형열金亨烈308)에게 사사師事(스승으로 모셔 가르침을 받음)하여 포교에 힘쓰고 있었다. 그러다가 1921년 3월 전북 정읍으로 거처를 옮기고 교도 수만 명을 얻어 1925년에 이 교를 설립하고 도내 안동군과 경성부에 기관소機關所를 두고 활발하게 포교에 힘쓰고 있으며 상당한 세력이 있다.

---

305) 강일순 : 1871~1909, 전북 고부출신.
306) 차경석 : 1880~1936, 전북 고창출신.
307) 조철제 : 1895~1958, 경남 함안출신.
308) 김형열 : 1862~1932, 전북 김제출신.

(8) 만인교萬人敎(본부 충청남도 논산군 두마면)

교주 정창선鄭昌先은 종래 민족주의를 고취하여 지방자제를 모아 개량改良서당을 개설하여 국권회복운동을 위한 제2투사를 양성해오고 있었다. 그러다가 그는 1928년 3월 3일 강경의 조선일보 독자위안회에서 정치에 관한 불온언동을 하여 보안법에 의해 검거되어, 경영하던 서당도 부득이 폐쇄하지 않을 수 없었다. 그런데 현재의 기성종교 유사단체가 쇠퇴기에 있음을 간파하여, 1928년 11월 충남 논산군 두마면으로 거처를 옮겼다. 그리고 과거의 유불선儒佛仙의 교의를 부인하고 사람이 행동을 잘 함으로써 통일적 인격을 완성하여 현실의 세계지상에 천국을 건설해야 한다하여 만인교萬人敎를 창설하였다. 그 후 1929년 3월 보천교 혁신파 민영성閔泳晟 일파의 입교로 점차 교세가 왕성해가고 있다.

2. 현황

(1) 일반정세

본도의 종교유사단체는 아래 표와 같은데, 대체로 점차 쇠퇴해감을 보여주고 있다. 그 가운데서 가장 주의와 단속이 필요한 것은, 강증산姜甑山을 교조로 하고 미신적 색채가 농후한 보천교·무극대도교와 최제우崔濟愚를 교조로 하고 유불선의 정수를 취하여 인내천人乃天주의를 표방하고 이면裏面에서는 정치적 목적에서 활동하는 혐의가 있는 천도교의 3단체이다. 그 외의 단체는 아무런 활동을 하지 않고 거의 유명무실의 상태로 겨우 현상을 유지해오고 있다. 그리고 보천교와 무극대도교의 포교와 모금 상황을 보건대, 표면으로는 교지敎旨를 설명하고 입교금入敎金·치성금致誠金 등의 명목으로 모금하고 있지만 이면에서는 무병장수無病長壽·재액災厄이탈·독립 후의 고위고관 임용 등 황당무계한 언사를 부리며 어리석은 민중을 유혹하여 부정하게 금품을 징수하고 있기 때문에, 이 종류의 사범事犯 또한 상당수에 달한다. 또 이들의 언사를 맹신하여 조상전래의 가산을 매각하여 장래의 영예로운 지위를 꿈꾸거나 또는 본부가 있는 곳으로 이사하는 자가 적지 않다. 한편 천도교는 종래 아무런 활동을 하지 않고 거의 유명무실의 상태였다. 그런데 최근에는 영천·상주 천도교 종리원宗理院이 신파新派의 색채를 분명히 하고 본부와의 연락을 긴밀히 하여 약간 활동하고 있지만 아직 볼만한 것은 없다. 그 부진의 상태에 대해 말하면, 1929년 4월 9일 천도교성지순례단체원이 경북도내에 왔을 때도 이 도(경상북도)가 교조와 제2대 교주가 탄생하고 득도得道한 땅임에도 불구하고 현상이 예상외로 부진한 것은 기이한 감마저 들어, 그곳에 온 신도들이 개탄했을 정도이다.

교 명	신도수		모금액(엔)		포교소 수
	1927년 말	1928년 말	1927년 말	1928년 말	
보천교普天敎	4,393	4,292	5,280	3,463	진정원眞正院 1 정교부正敎部 7
무극대도교無極大道敎	2,099	1,828	4,130	9,161	기관소機關所 1
천도교天道敎	290	325	740	144	종리원宗理院 7
상제교上帝敎	511	373	117	18	지부支部 9
시천교侍天敎	538	548	150	–	지부支部 2
동학교東學敎	1,348	1,445	–	–	지부支部 1
청림교靑林敎	143	161	12	15	지부支部 2
공자교孔子敎	30	20	–	–	설교소說敎所 1
계	9,352	8,992	10,429	12,801	31

*비고: 모금액은 모두 기관을 통하여 본부에 납입된 것임.

(2) 요주의 주요 종교유사 단체

1) 보천교

봉화·군위·의성에 신도가 가장 많다고 하며, 도내 전반에 걸쳐서 대략 한벽한 곳에 산재해 있다. 그리고 교도수와 모금액에서, 1928년도는 1927년도에 비해서 약간 감소를 보였다. 또 표면상으로는 터무니없고 미신적인 언동이 감소하였지만, 이면에서는 교주의 등극登極·관위官位의 수여·재앙이탈이라는 언사를 늘어놓고 활발하게 활동하고 있다. 무지한 민중은 이를 맹신하여 장래의 영예로운 지위와 행복을 꿈꾸며 비밀리에 입교하여 신앙을 받드는 자가 아직도 적지 않다. 1928년 중 판명된 부분만 해도, 가산을 매각하여 그 돈을 본인이 직접 본부에 납입한 자가 34명에 6만 5900원이고, 본부 소재지로 이사한 자가 25가족이 있었다.

위의 실상으로 미루어 보아 비밀리에 입교금入敎金·치성금致誠金 등의 명복으로 납입된 금액은 상당히 많을 것이라 추측할 수 있다.

그리고 이와 같이 여전히 상당한 교세敎勢를 유지할 수 있는 까닭도, 포교가 도시문화의 땅을 피하고 점차 한벽한 곳에서 무지한 지방민을 골라서 행해지는 데 있다. 뿐만 아니라 자기 재산을 바치고 지위를 얻은 자는 대개가 부하교도가 없는데도, 모처럼 애써서 얻은 지위를 유지하려면 그 지위에 상당하는 돈을 납입하지 않을 수 없다. 그런 까닭에 결국 자산 전부를 바쳐 탕진하고서야 비로소 미신에서 깨어난다. 그러나 무일푼이 되어 진퇴가 궁하면 결국 생활비를 얻기 위해서 신앙을 떠나 직업적으로 제법 많은 수의 우민愚民을 꾀어 입교금·치성금 등을 거출해서 이를 본부에 납부하고 자가自家생활비에도 충당하는 실정이다.

교도가 재산을 탕진한 사례로는 다음과 같은 것들이 있다. 관하 군위군 출신 선화사宣化師 홍택근洪澤根은 약 1만 원을 바치고 그 지위를 얻었지만, 그 후의 납금을 하지 않았을 때 지위가 강등될 것을 염려하여 친족이 간하여 말리는데도 나머지 재산을 팔려고 했다. 또 안동군 출신 하방주夏方主 여서봉呂瑞鳳이 종래 돈을 많이 바쳐서 그 지위를 얻고 나서 일부재산을 처자妻子의 명의로 고쳐 놓은 것이 드러나 그 매각대금을 납입하도록 강요당하여 드디어 이를 승낙한 사실이 있다.

2) 보천교 혁신운동(만인교에 입교)

본적 : 경상북도 달성군 논공면
현주소 : 경성부 소격동
전 보천교 춘방주春方主 민영성閔泳晟[309]

민영성閔泳晟은 1915년 보천교에 입교하여 교를 위해서 자기의 전소 재산(약 20만 원이라 자칭)을 탕진하여 명목상 직함인 방주方主가 되었다. 그런데 1924년 12월 교주 차경석車京錫에 대한 사진문제[310]로 해서 보천교를 떠나 무위도식하던 중, 1928년 7월경 경성의 현주소에서 전前 보천교 총령원장總領院長 이상호李祥昊[311]와 협력하여 미신적 포교배척·현 간부의 해면解免·본부의 경성이전 등을 내걸고(참 목적은 보천교 탈취에 있는 것 같다) 혁신운

---

309) 민영성 : 원문에는 전 보천교 춘방주의 이름이 '李達濠(이달호)'로 쓰여 있다. 그러나 앞의 만인교에 대한 설명과 이 항목에서의 서술내용으로 보아 李達濠는 '閔泳晟(민영성)'을 잘못 쓴 것으로 판단되어 '민영성'으로 수정하였다.
310) 사진문제 : 이 문제의 구체적인 내용은 알 길이 없다.
311) 이상호 : 1888~1967, 전남 해남출신.

동을 일으켰다. 운동자금은 대구부 남산정 거주 보천교도 최준명崔俊明이 1928년 8월경 이미 3000원을 지출했다. 그 후 전 보천교 총정원總正院 문정삼文正三에게도 권유하여 이 혁신운동에 가입시켰다. 그리고 다시 전 대구진정원장眞正院長이며 당시 본부총령원장이었던 서방주西方主 권중기權重機・선화사宣化師 정재흠鄭在欽과 윤자성尹滋聲을 권유하여 이 혁신운동에 가입시킨 것 같다. 이 혁신운동 때문에 민閔 이하 4명은 1929년 1월에 보천교 역직役職에서 해임되었다. 그 후 민閔은 그해 3월 충남 논산군 신도新都내 만인교 본부를 찾아가 권중기權重機・정재흠鄭在欽・윤자성尹滋聲과 함께 입교했다. 그리고 민閔은 선전부장이 되어 만인교창설의 이유를 기재한 인쇄물을 배포하여 원래 자기의 부하였던 보천교도에게 입교를 권유하고 있다. 뿐만 아니라 보천교가 계획하고 있는 봉안치성제奉安致誠祭의 연기, 교주의 불경不敬사건으로 내란, 횡령죄의 고소에 따른 경찰의 소환 및 문초 등 때문에 점차 쇠퇴의 조짐이 있으므로 이 기회를 이용하여 보천교도를 만인교로 전교하도록 힘쓰고 있지만, 전교하는 자는 적은 것 같다.

3) 무극대도교

경북 안동에 경북기관소機關所가 있다. 경북도내 11개 군과 강원도의 일부를 포교구역으로 하여 1928년도는 1927년도에 비해서 교도수에서 다소의 감소를 가져왔다. 그러나 모금액에서는 한해의 영향이 격심했는데도 아래 표와 같이 2배 이상의 금액에 이르고 있다. 이는 이면에서 상당히 황당무계한 언동을 부리는 것은 물론이지만, 얼마나 권유의 방법이 교묘한지를 엿보는 데 족한 것이 있다. 그 권유방법으로 드러난 사례를 들면, 1928년 2월 경남 밀양에서 대구・부산 방면의 신도 약 800명을 모아 교주 조철제趙哲濟가 나타나 제사를 집행할 때, 다이너마이트를 폭발시켜 이를 곧 교주의 비술秘術이고 이것이 천둥을 부른 것이라 말하고 교도를 놀라게 했던 일이 있었다.

또 보성물산주식회사補成物産株式會社 설립을 계획하여 상호부조의 교풍을 선전하거나 교도 중의 극빈자를 구제한다는 미명 아래 함경북도 무산에서 삼림벌채・미개간지의 개간 등을 계획하는 등 교도권유에 대하여 상당히 고심 연구하고 있다.

다만 위 사례는 어느 것이나 실패로 끝났다. 특히 삼림벌채사업에 참여한 경상북도로부터의 177명의 출가자出稼者(외지에 돈벌이하러 나간 사람)가 있었는데, 그들은 출가한 곳에서 무위도식을 하였고, 끝내는 의식衣食이 궁하게 되었다. 그들이 귀환할 수 있게 되었지만 출가자들 전부가 빈곤자라, 경찰이 팔방으로 고심한 끝에 귀가하는 데 필요한 여비를 조달해 주었다. 그들은 이 일로 경찰의 호의에 대단히 감사하는 한편 교의 간부를 비난하는 일이 현저하여, 그 중 많은 자는 교를 탈퇴해야 한다고 말하고 있다.

1928년 중 무극대도교의 의연금 징수표

월별	납입금액(圓)	비고	월별	납입금액(圓)	비고
1월	460		8월	702	
2월	1,198		9월	761	
3월	1,184		10월	575	
4월	411		11월	1,593	
5월	532		12월	578	
6월	545				
7월	604		계	9,143	

4) 천도교

구파舊派에 속하는 대구·김천·성주의 3종리원宗理院, 신파新派에 속하는 영천·상주의 2종리원, 중립으로 보이는 경주종리원 계 6개의 종리원이 있다.

본도 내의 천도교 교세를 말하자면, 종래는 아무런 활동을 하지 않았지만 작년도에 들어 영천·상주의 2종리원이 신파의 색채를 분명히 하고 1928년 9월 천도교청년당 영천부를 설립하는 등, 천도교 중앙종리원의 명을 받들어 점차 적극적 선전포교 방법을 강구하고 있다. 또 1929년 4월에 이르러서는, 전조선 각지 교도의 성지聖地순례단이 경주에 온 일이 있다. 이제부터 교세에 다소의 진전을 볼 수 있을 것이고, 이 교에 대해서는 장래에 상당한 주의가 필요한 것으로 판단된다.

5) 상제교, 시천교, 동학교, 청림교, 공자교

위의 교 가운데 공자교를 제외한 나머지는 전부가 최제우崔濟愚의 교 흐름을 참작한 교파로, 동학교 같은 것은 본도 내에 본부를 가지는 유사종교단체이다. 그러나 어느 것이나 구태의연하여 활동을 하지 않고, 아무것도 볼만한 것이 없다.

제3장
재외在外 조선인의 상황

제1절 개황

국외거주 조선인의 수는 처음부터 확실히 알기 어려운 상황에 있다고 해도, 재외공관의 조사와 본 총독부가 입수한 정보 등에 의해서 종합한 바 약 100만 명이라 한다. 그 분포는 극동러시아·중국 영토·북미·하와이·기타 등 거의 세계 각국에 걸쳐 있다고 하지만, 가장 많은 곳은 중국 영토에 약 60만 명, 극동러시아에 약 31만 명이고, 하와이 지방의 6000명이 그 다음이며, 그밖의 지역에는 특히 다수의 거주자는 없어 수 명 내지 수백 명이다.

이들 재외거주 조선인의 국외이주 경과를 보니, 만주방면의 이주는 지리적 관계 등의 이유로 수백 년 전의 일에 속하는 것인데, 그 경과는 본래부터 명백하지 않다. 그러나 이주자가 급작스럽게 증가한 것은 지금부터 약 40~50년 전이며, 당시 북부 조선지방은 흉작이 계속되어 곤궁한 사람들이 투먼(圖們: 두만강의 중국 이름)을 넘어 북간도에 들어간 자가 수천 명이라고 한다. 그 이후 조선 내에 흉작이 드는 해에는 이주자가 속속 그곳으로 향하고, 평년에도 간도방면을 농경의 낙토라 맹목적으로 믿어 이주하는 자가 줄을 이었다. 특히 1906년부터 지주의 가렴주구苛斂誅求에 견디지 못하는 소작빈농과 그해부터 조선 각지에서 봉기한 폭도의 포학暴虐(사납고 악함), 나아가 일본의 폭도검거에 의한 도주자들은 모두가 간도·만주방면으로 달아나게 되어 그 수는 갑자기 격증하였다. 특히 종전의 이주자의 다수는 북부 조선지방의 자가 그 대부분이었는데, 이즈음부터 삼남三南지방(충청도, 전라도, 경상도) 사람들의 이주자가 많이 보태어진 것 같다.

이리하여 1910년 한일병합 때는 시국에 분개하여 국외로 달아나는 자가 속출하고, 이주한 이들의 선동과 꾐에 의해서 한층 증가추세를 가져와서, 1919년 같은 해는 간도·만주·몽고방면의 이주자가 일약 4만 4000여 명에 달하였다.

극동러시아방면으로의 이주는, 1818년의 아일랜드조약과 1860년의 베이징北京조약1)에 의해 헤이룽강黑龍江 북방일대의 지방은 러시아의 영토가 되어 조선의 북쪽 경계와 겨우 두만강을 사이에 두고 서로 접하게 되고 그 후 얼마 되지 않아 북부 조선지방에 큰 가뭄이 있어 오곡이 결실하지 못한 까닭에, 그 지방의 빈민들이 호구의 방도를 얻으려고 이주한 것이 그 시작이다. 처음에는 연추만煙秋灣 부근으로 이주했지만, 러시아는 신新영토 개척의 필요로 이들 이주조선인을 다독거려 불러들이는 데 힘썼기 때문에 러시아 영토로 들어가는 자는 해를 거듭할수록 매우 많아졌다. 그리하여 점차 아무르 만 일대로부터 우수리 강·이만 강·헤이룽강黑龍江의 연안 각지와 멀리는 바이칼주에 다다르고, 몇 년이 안 되어서 이주자가 1만여 명이나 되었다. 또 만주에는 어떠한 오지라도 조선인이 거주하지 않는 곳이 없는 상황이 되었다.

미국·기타지역에 조선인이 이주하게 된 것은 주로 1902년 조선인이 집단이주를 한 것을 시작으로 이후 한두 번의 이민 또는 밀항 등에 의한 것이며, 현재는 현저한 증가경향은 없다.

그리고 이들 조선인의 대부분, 특히 만주·러시아(극동) 방면의 거주자는, 소수의 부랑자의 무리를 제외하면 모두가 소작농민이다. 그들은 단지 입에 풀칠만 할 뿐으로 각지를 전전하고, 조선에 돌아올 집이 없어 진퇴가 마음대로 되지 않는 자가 많다고 한다.

돌이켜 본도에서의 조선인의 중국령 이주의 경과를 보면(중국령 이외의 거주자에 대해서는 특기할 만한 것이 없다), 초기의 진상을 파악할 수 있을만한 자료는 부족하다. 그렇지만 본도에서 간도방면으로 이주자가 많아지게 된 것은, 1906년 중간쯤 때부터 1910년에 이르는 동안 도내 각지에서 봉기한 폭도의 횡행도량跳梁(함부로 날뛰어 거리낌이 없음)에 견디지 못하여 부락민 중에서 만주에 이거移居하는 자를 낳게 된 것이 시작인 것 같다. 이와 동시에 폭도검거에 따라 체포를 피해서 만주로 달아난 자도 상당수에 이를 것이라 판단되지만, 그 숫자의 기록은 없다. 그리고 한일병합이 되자, 새로운 정치를 혐오하는 자가 시국에 분개하여 국외로 떠난 자가 있는 한편 하급농민은 지주의 가렴주구에 지치고, 또

---

1) 베이징조약 : 영국과 프랑스는 애로우(Arrow)호 사건과 선교사 살해를 구실로 중국에 군함과 군대를 출동하여 1858년 광둥(廣東)을 점령하고 청나라에게 조약개정을 강요했으나 청이 응하지 않아, 영국, 프랑스 함대가 북상하여 톈진(天津)을 공격하여 청조(淸朝)가 굴복하고 1858년 톈진에서 영·불·미·러 4국과 굴욕적인 조약을 맺고 그 비준은 베이징에서 하기로 하였다(톈진조약). 그러나 청이 이를 시행하지 않는다는 구실로 1859년 영·프랑스의 연합군은 톈진을 점령하고 베이징에 진격하여 약탈하고 유명한 건축물인 원명원(圓明園)을 불사르자 청의 황제는 열하(熱河)로 피난을 갔다. 1860년 러시아의 중재로 베이징에서 톈진조약의 비준과 베이징조약을 조인했다. 그 내용도 톈진조약에서의 굴욕적인 내용에 따른 조건이 첨가되어 영·불·미·러가 최혜국대우를 받게 되고 외국제국은 통상, 내륙여행, 기독교 포교자유, 여러 항구 개방, 조계(租界) 설치, 영사재판권 배상금 증액 등을 획득하였으며, 다른 열강도 이들 나라와 더불어 그들의 침략을 중국내륙에 확대하고 중국 식민지화를 한층 심화하였다.

제3장 재외 조선인의 상황 ┃ 163

토지조사국의 토지측량2)·동척東拓에 의한 일본인의 조선이주 등으로 장래에 조선인 농민은 생활방도를 빼앗기고 세금을 혹독하게 부과할 것이라는 등의 유언비어가 심하게 유포된 데 원인이 있는 것이다. 최초의 이주 동기는 직접 간접으로 정치에서 배태된 것인데, 1911년 안동군의 이상룡李相龍 등 십 수 명의 배일양반이 시국에 분개하여 잇달아 국외로 떠났으며 그 후는 단순한 생활난에 의한 이주이다. 그렇지만 배일인물의 이주 후에는, 그 친족이나 옛 지인들이 그들의 유인에 의해서나, 그들을 찾아 이주한 자도 있기는 하다. 그러나 물론 그 수는 소수이다.

지금 조금 남아있는 기록에 따라 본도로부터 간도방면으로 이주한 당초의 정치적 동기를 보면, 1910년 중 강원도 울진군의 유력양반이 시국에 분개하여 간도로 이주한 일이 있었고, 이후 그들의 꾐으로 그 지방으로부터 이주하는 자가 속출하였다. 간도로 가는 길은 본도 내 영양·안동을 거쳐서 김천으로 나아가는 것과 영해·포항을 거쳐 대구로 나아가는 것의 두 길을 취하기 때문에, 자연히 그 통로가 되는 영양·영해·봉화·예안·안동 각지에서 주민들의 이주열기를 유발했던 것 같다. 그리하여 1911년 중에 도내의 앞서 말한 지방으로부터 간도로의 이주자는 합쳐 87명에 달했다. 한편으로는 영덕·포항·경주·영천 각지 역시 앞서 설명한 것과 같은 영향을 받아 이주열기가 갑자기 일어났다. 특히 1911년 2월 당시 대한협회 안동지회장이었던 이상룡李相龍 및 안동군 천전동 유력양반 김대락金大洛3)이 시국을 개탄하여 가족을 이끌고 서간도로 이주하자 그곳으로 이주한 불평도배들 중에서 수령의 지위를 점하는 동시에 안동·영해방면의 배일조선인의 이주를 유인했기 때문에, 박경종朴慶鍾4)(영해)·김형식金衡植·김정식金政植5)·이봉의李鳳義6)·이준형李濬衡7)·김규식金圭植(이상 안동) 등 십 수 명의 치열한 배일조선인이 연이어 그 땅으로 달아났다. 그리하여 그 땅에는 경상도파 중심의 일대세력이 구축되었다. 한편 그들의 본

---

2) 토지측량 : 1910년 일본의 식민지가 된 후 토지조사국이 설치되면서 1912년에 반포된 토지조사령에 의해서 토지 소유주는 일정한 기간에 주소, 성명과 소유지의 소재지, 지목, 면적을 토지조사국에 신고함으로써 사유권을 인정받게 되었다. 이는 토지 소유의 근대화 작업이라고 할 수 있으나, 일반 농민들에게는 이 사실이 철저하게 알려지지 않았고, 동중이나 문중의 공유지도 신고하기 어려우며, 왕실에 소속된 토지도 총독부의 소유가 되는 등 많은 문제가 발생하였다. 이러한 토지는 전 국토의 3분의 2에 해당하였다. 이 토지의 일부는 동양척식회사를 비롯한 일본인이 경영하는 토지회사나 일본인 이민에게 헐값에 불하되었다.
3) 김대락 : 1845~1914, 경북 안동출신, 1990년 애족장(1977년 대통령표창).
4) 박경종 : 1875~1938, 경북 영덕출신, 1990년 애족장(1977년 대통령표창).
5) 김정식 : 1888~1941, 경북 안동출신, 1993년 애족장.
6) 이봉의 : 본명 이봉희(李鳳羲), 1868~1937, 1990년 독립장.
7) 이준형 : 1875~1942, 경북 안동출신, 1990년 애국장.

적지 부근의 부락민에게도 이주하도록 꾀어내어 이주의 열기는 점차 도내 각 군에 전파하였다. 1911년 중에 이주자는 2500여 명에 달하고, 그 후 해마다 증가추세를 유지하고 있다. 반면에 이주 후의 생활은 예기한 바와 달라서 귀환하는 자도 역시 증가하게 되어, 현재 그곳의 거주자는 2만 5000명 내외일 것으로 판단된다.

　지금 그 예를 들기 위해 1919년 이후의 국외이주 및 귀환자를 표시하면 별표(부록 통계표 23)와 같다.

제2절 만주·시베리아방면의 조선인

재외在外조선인의 동정動靜 중 불령조선인의 준동상황에 관해서는 별항에서 이를 기술할 곳이 있을 것이므로, 이 항에서는 소위 불령조선인의 횡행橫行에 따른 만주·시베리아 거주 조선인이 입은 영향과 중국관헌의 이에 대한 조치상황에 관하여 간단히 기술하고자 한다.

(1) 불령조선인의 준동

독립운동을 표방하는 불령조선인의 생활비와 망동妄動자금 등은 대부분이 이주한 조선인으로부터 강제로 징수하는 것이 보통이다. 현재 만주의 불령단체 중 중요한 위치에 있는 신민부新民府·정의부正義府·참의부參議府 같은 것은, 어느 것이나 그들의 근거지가 있는 지방을 서로 분할하여 마치 통치기관 같은 태도로 거주민에게 대한다. 그리고 자기들의 생활비 또는 망동자금을 얻으려고, 의무금義務金이라는 이름으로 매 호당 수 원 내지 십수 원을 부과하여 강제로 징수하고 있다. 지금 정의부의 1928년도 세출입 예산을 보건대, 예산으로 5만 3000원(元: 중국 화폐단위)을 계상計上하여 수입재원을 전부 거주민이 내는 의무금으로 충당하고 있으며 다른 불령단체도 전부가 이와 유사하다.

그리고 만일 주민이 납부를 거부하면, 소속한 단체를 평계하여 구타와 능욕을 감행하고 때에 따라서는 살육도 불사하므로, 일반민은 부득이 그들의 요구에 따르고 있다. 그들의 무고한 양민에 대한 횡포와 만행은 이미 그 사례가 도처에서 되풀이되어 일일이 열거할 수 없이 많지만, 최근의 주된 것을 들면 다음과 같다.

(1) 불령단체인 신민부新民府는 1927년 8월 전前 하이린海林조선인회장이었던 배두산裵斗山을 살해하고 이어 하이린海林조선인민회의 해산을 통고했다. 그리고 하얼빈 내에 신민부원

십수 명을 잠입시켜 비밀리에 조선인 자산가에게 협박문을 보내 자금제공을 강요하였다.

(2) 같은 해 9월 하순에 신민부의 부원 4명은 각자 권총을 들고 하얼빈 조선인민회 사무소에 난입하여 회장 외 사무원을 묶고 권총을 들이대어 폭행·협박을 감행하였다.

(3) 같은 해 11월 펑톈奉天 부근 동아권업공사·기타 2·3개소에 무장한 조선인 비적이 다수 잠입하여 이주민을 위협하고 의무금을 징수했다.

(4) 작년 9월 23일 카이웨인현開原縣 칭허꺼우淸河溝에 거주하는 조선인 농민 박인덕朴仁德(도내 영천군 금호면 출신) 집에 갑자기 정의부원 4명이 난입하여 권총으로 그를 사살하고 장남 지근之根에게 중상을 입혔는데, 그 원인은 불령단의 폭행에 대비키 위하여 자위단을 조직한 것에 원한을 가졌기 때문이라 한다.

(5) 작년 10월 7일 중동센中東線 빈조우賓州에서 신민부 군정파軍政派에 속하는 이른바 군인 수 명이 주민에 대해서 다액의 자금갹출을 요구하자, 주민측이 너무 다액이라 하여 갹출을 주저했다. 그러자 그들은 끝내 권총으로 거주민 류연동柳淵東·김봉진金鳳鎭(도내 안동 태생이라 함)·김유문金有文(자칭 예천군 출신)·장문숙張文淑(자칭 의성 태생) 외 수 명을 사살 또는 중경상을 입힌 일이 있다.

(6) 올해 5월 21일 톄링鐵嶺에 거주하는 조선인 농민 민은식閔殷植(도내 청송군 출신)이란 자가 카이웨인현開原縣 이몐청一面城에서 농사감독을 하려고 체재하던 중 불령조선인 이경우李敬雨 외 1명이 갑자기 민閔의 뒤에서 그를 권총으로 사살한 사건이 있었다. 그곳은 경비기관이 충분하지 않아서 진상이 명백하지는 않다. 그러나 그 후 영사관 및 파견원 등의 조사에 따르면, 이경우李敬雨는 전에 정의부원이었던 일이 있었고 피해자 민閔은 그곳 조선인민회의 평의원이었는데, 전부터 불령조선인들이 그를 일본관헌의 밀정密偵으로 여겨왔기 때문에 그 원한 때문이거나 정의부 내에서 경상도파와 평안도파의 반목 다툼으로 평안도파가 경상도파에 대해 도전·보복하기 위한 흉행兇行일 것으로 짐작된다.

이와 같이 그들의 포악 상태는 그치는 일이 없고, 위에 기재한 (1)·(2)·(3)항과 같은 것은 우리 경비기관이 상당히 충실한 지역의 사건인데, 이로 본다면 경비력이 미치지 못하는 오지의 실상은 생각건대 상상 외로 심했을 것이다.

그래서 만주거주 조선인들은 그들 불령단에 대한 반감이 점점 더 심해져서, 1926년 봄과 여름 경부터 주민들이 결속하여 각지에 자경단을 조직하여 조선비적단을 상대하려는 기운이 있었다. 특히 작년 말경에는 북만주 각지에서 거주민들이 불령단을 성토하는 주민대회를 여는 등 한때 기세를 올렸다. 그러나 어찌하랴. 무력단武力團이 없는 까닭에 얼마 가지 않아 어쩔 수 없이 그들이 궤멸의 상태가 되었음은 거주민 치안 상 유감이다.

(2) 만주·중국관헌의 태도

그곳에 거주하는 조선인에 대한 중국관헌의 조치를 보건대, 종래는 불령조선인에 대해서는 정치범이라는 견해를 가져 철저한 단속을 하지 않을뿐더러 때로는 불령조선인을 이용해서 일을 꾸며보려고 하는 것 같은 자도 있었다. 특히 중국의 하급군경은 그들의 뇌물을 받고 그 행동을 묵인하였고, 심지어는 일본군경의 수사단속을 방해하는 한편 불령단 단속을 빙자하여 조선농민에 대해 보호비와 경찰비 등의 명목으로 부과금을 징수하는 상태이다.

그리고 일반 조선인에 대한 중국관헌의 태도는 이 정도로 그치지 않고, 계획적으로 압박을 가하는 일도 있다. 1927년에 있었던 만주거주 조선인에 대한 압박문제 같은 것은 그 현저한 예이고, 그 때문에 조선 내 각지에서 중국인 배척문제가 발발하게 되었다. 또한 작년 말 중국이 남북통일이 되고 이른바 혁명이 완성된 후, 그들은 만주에서의 외국인이 갖는 권익 회수回收에 조급한 나머지 관헌 스스로 군중을 선동하여 배일시위운동을 지도하거나 일·조선인의 거주를 위협하는 행동으로 나왔다. 금년 2월 지린吉林의 중국관헌 같은 경우는 만주에 있는 조선인에게 경작지 불매·토지소작대여 금지의 방도로 나옴으로써 거주 조선인을 압박했다. 그리고 조선인이 설립한 학교 같은 것은 한때 그들에 의해서 폐쇄되는 재난을 만났다.

요컨대 그들 만주거주 조선인은 일부 불령의 무리와 중국 측의 계속적인 압박으로 치안상 충분한 보호를 받지 못한다. 따라서 자포자기하여 불령운동단체에 참여하는 자도 있다고 한다.

제3절 재외在外 불령조선인의 상황

1919년 3월 조선 각지에 독립소요(만세운동)가 야기되자, 극동러시아·중국 영토 각지의 배일조선인이 한결같이 이에 호응했다. 특히 간도지방에서는 많은 군중이 집합하여 시위운동을 하고 뒤이어 각종의 결사를 조직하여 조선 내 각 단체 또는 불령자와 연계하여 과격한 운동을 계속했다. 그러나 당시 극동러시아에 거주하는 배일조선인은 일본 파견 군대의 감시가 엄중하게 되어 행동이 여의치 않아 점차 중국 영토로 도피하였다. 그들은 당시 중국 영토의 불령조선인의 거두巨頭인 이동휘李東輝·홍범도洪範圖[8]·문창범文昌範·이범윤李範允[9] 등의 수하로 달려가, 활발히 조선에 침입한다고 큰소리치며, 조선 내외 민심의 동요를 획책했다. 또 상하이에서는 1919년 4월 미국으로부터 안창호安昌浩가 돌아온 것을 계기로 대한임시정부를 잠설潛設(숨어서 설립)했기 때문에, 내외 각지로부터 불궤不軌(모반)의 도배들이 이곳에 몰려들어 마치 불령조선인들의 소굴인 것 같은 양상을 초래했다. 그들은 같은 해 8월 하순 프랑스 파리에서 개최한 강화회의에 조선독립을 요청하려고 했다. 그 첫째 수단으로, 그 회의 개회 전에 조선 내에 침입하여 무력적 시위운동을 하고 이로써 세계여론을 환기시킬 필요가 있다고 하여 열렬히 각종의 불온 유언비어를 유포하고 군대의 훈련에 노력하는 등, 한때는 완연히 한 국가를 형성한 것 같은 양상을 나타냈다.

한편 만주에서는 불령의 도배들이 1920년 1월 이후 러시아 과격파와 결탁하고 많은 무기를 입수하여 한때는 북간도방면에 약 3000명의 무력단을 거느리고 활발히 훈련을 하고 군자금의 강제 징수에 힘썼기 때문에, 그곳의 이주조선인은 피곤하기만 하였다. 마침 그해 9월과 10월 두 번에 걸쳐 중국 마적이 훈춘琿春시가를 습격한 사건이 발발하자, 제국(일본)정부는 거류민보호를 목적으로 드디어 군대를 출동시키고 뒤이어 그 지방일대에서 불령조선인단의 토벌을 감행하였다. 이 때문에 그들은 멀리 북방으로 패주하고, 그 후

---
[8] 홍범도 : 1868~1943, 평남 평양출신, 1962년 대통령장.
[9] 이범윤 : 1856~1940, 경기도 고양출신, 1962년 대통령장.

는 그 방면이 현저하게 평온해지고 있다.

그 후 조선 내의 민심도 점점 평온해지는 동시에 국외거주 불령조선인의 헛된 선전은 점차로 신용을 잃어, 그들의 이른바 독립운동은 점차 시들해지고 침체해져서 옛날 모습은 없다. 특히 상해임시정부와 같은 것은, 1921년 5·6월에 들어 재정이 전적으로 궁핍하게 되어 바로 무너지지 않을 수 없는 상태가 되었다. 그리하여 사려있는 자들이 우리 관헌에게 귀순을 신청해 오는 일이 속출했다. 그러나 때마침 그해 말에 개최된 워싱턴회의는 광복의 꿈에서 아직 깨어나지 않은 일부 몽매한 조선인에게 다소의 희망을 연상聯想케 하여 자금을 징수하는 안성맞춤의 구실을 주었고, 제반의 불온한 계획이 활발히 유포되거나 혹은 자금의 강제 징수 또는 불온책동을 획책했다. 그렇지만 그 강화회의의 진행에 따라 조선문제 같은 것은 조금도 고려되지 않아, 그들 불령도배의 신망은 다시 땅에 떨어지고 돌아보지도 않게 되었다. 그 후 이 같은 운동은 태평양회의10)가 계기가 되어 점차로 사회주의사상에 기초한 공산주의운동으로 방향을 전환하게 되었다. 그리하여 상해임시정부 같은 것도 이 기회에 편승하여 제3국제공산당의 물질적 원조를 얻을 수 있도록 제도의 변혁을 획책하였으나, 뜻대로 되지는 않았다. 당시 임시정부 대통령 이승만李承晩 일파는 임시정부유지설, 안창호安昌浩 일파는 민의설民意說, 이동휘李東輝 일파는 공산주의설을 주장하여 이 3파가 정립하여 일치하지 않았다. 이승만李承晩은 부하 노백린盧伯麟으로 하여금 임시정부의 잔해를 옹립케 하고 이동휘李東輝는 블라디보스토크에 있으면서 고려공산당을 주재하였지만, 어느 것이나 아직 전국을 지배하기에는 부족하였다. 한편 안창호安昌浩는 동지 남형우南亨佑 등으로 하여금 국민대표회의를 소집하게 하여 민의에 의해서 대국大局에 대처하려고 했다. 그러나 1923년 1월에 그 회를 개최한 이래 내홍內訌을 거듭하여 귀일歸一할 바를 알지 못하고, 6개월여의 날짜와 6만여 원元의 경비가 들어갔다고 전해지는 이 대표회의도 결국 유야무야로 끝나고 아무것도 얻은 바가 없었다.

그런데 그들의 수년에 걸친 체험은 실로 생활의 터전이 없이 생활에 쫓기는 형편이라, 이 때문에 일부는 벌써 만주 몽고의 기름진 땅에 주목하여 농사경영으로 먼저 생활안정을 도모하고 서서히 후일을 계획하려고 하는 자가 있었다. 1923년부터는 그 경향이 더욱 현저해지고 그것을 이루는 데는 만주에 있는 불령단의 통일이 긴요하다고 하여, 베이징北京에 있는 박용만朴容萬 등의 수령배들이 이 통일운동을 이루려고 책동한 바 있었지만, 그

---

10) 태평양회의 : 일명 워싱턴회의.

때마다 실패를 거듭하였다.

　1925년이 되어서는 국면타개를 위하여 궁여지책으로 임시정부 대통령의 탄핵과 임시헌법을 개정하고, 만주에서는 다시 불령단의 통일을 다시 거론하여 당면문제를 적당히 덮어버렸다. 공산주의자는 상하이파와 이시伊市(이르쿠츠크)파의 분립으로 통일이 되지 않아 통일적으로 적극 운동으로 나갈 수 없기 때문에 그들 가운데는 조선 내에 적화赤化기관을 설립하거나 조선 안팎이 상응하여 적화를 획책하기에 이르렀다.

　다시 1926년이 되어서는 민족주의에 기초한 불령운동은 점차 쇠미해진 데 반해서, 공산주의운동은 점차 그 세력이 커갔다. 그런데 그 내용을 자세히 분석하면 다분히 민족적 색채를 품고 있으며, 민족·공산진영이 타협하고 영합하여 공동의 적인 일본에 대항해야 한다고 하여 이에 상당한 수의 공명자가 있었다. 그리고 그 조직 같은 것도 점차 세포조직을 완성하여 정연한 체계를 이루게 되었다.

　이에 주의를 요하는 것은, 원래 러시아의 동양적화책赤化策이 일본(본토) 및 조선에 대해서는 비교적 소극적인데 반해서 중국에 대해서는 시종 적극적 수단을 써왔기 때문에, 중국에 있는 조선인이 받는 영향 또한 크지 않을 수 없었다.

　중국적화를 위한 러시아의 마수魔手는 1924년 봉직奉直전쟁11) 후 동東중국철도부설권 획득 이후 더욱더 노골화하여, 끝내 주駐중국대사 까라한이 본국으로 돌아가는 것과 같은 부득이한 사건이 일어났다. 그리고 1927년 3월에는 베이징北京주재 러시아대사관의 수색으로 러·중의 국교 단절을 가져왔다. 그런데 펑톈奉天파의 권익회복운동과 장제스蔣介石의 반공산주의 행동으로 해서 한때는 다소 러시아 공산주의의 예봉이 한때 다소 느슨해진 양상이었지만, 그 이면에서의 운동은 결코 완화한 바 없다. 실제로 올해 5월에 다시 중국 측의 하얼빈 러시아 영사관 수색사건으로 중국 측이 압수한 증거서류를 보면, 러시아의 마수가 가공할만하다는 것을 엿볼 수 있었다고 전해지고 있다.

　그리고 재외 불령단체는 1927년 이래 전적으로 집결운동에 분주하고, 정의부·신민

---

11) 봉직전쟁(봉천직례전쟁奉天直隸戰爭) : 중국 군벌 장쭤린(張作霖)의 펑톈파(奉天派)와 우페이푸(吳佩孚) 등의 직례파(直隸派)가 베이징 정권의 패권을 다툰 군벌 전쟁. 만주에서 일본 세력을 배경으로 병권을 잡은 장쭤린은 직례파를 지지하는 척하며 산해관 남부로 진입, 영국·미국 세력을 배경으로 가진 직례파와 대립하였다. 1922년 4월 경한선(京漢線) 연선을 중심으로 양 파가 전투를 벌였는데(제1차 봉직전쟁), 펑톈파는 패하여 동북지방으로 밀려갔다. 1924년 펑톈파는 베이징 정권을 장악한 직례파에게 대규모로 도전(제2차 봉직전쟁), 이번에 직례파의 펑위샹(憑玉祥)이 배반하여 펑톈파에 가담함으로써 펑톈파는 베이징 진출에 성공하였다. 여기서 패한 우페이푸는 허난성으로 도망쳐 물러났다. 장쭤린은 베이징에서 원수부(元帥府)를 조직하였으나, 1928년 6월 장제스의 북벌군에게 쫓겨 동북지방으로 도망치던 중 철도 폭파로 폭사하였다.

부·참의부 3부는 그들의 합동에 관하여 여러 차례 회합을 거듭하여 남북만주와 동만주의 청년단체를 합쳐서 단일동맹을 조직했다. 그리고 베이징北京·난징南京·상하이上海·광둥廣東 방면은 같은 해의 중간쯤까지의 사이에 각 단체가 연합하여 한국독립유일당촉성회를, 또 각지의 한인청년회는 서로 연합하여 중국본부 한인청년동맹을 조직했다. 그리고 남북 여러 단체는 다시 합쳐서 민족적 단일당의 촉성에 광분하였지만, 그들 특유의 파벌 내홍은 사라지지 않고 바라는 바의 진전이 없었다. 1928년이 되어서는 정正·신新·참參 3부와 기타가 하는 통일운동도 촉성회와 협의회의 두 파로 갈라졌다. 한편 청년단체의 통일은 앞서 기술한 바 있는 중국본부 한인청년동맹과 호응하여 중국한인청년동맹을 조직하려고 획책하던 중, 1928년 5월 27일 판스현磐石縣에서 남·북만주의 두 청년총동맹과 그 외 각 청년단체를 합쳐 중국한인청년동맹을 조직하여 각지 촉성회와 보조를 맞추었다. 또 해를 넘겨 금년 2월에는 정의부계열의 남만주청년연맹이 10여 개 단체를 합쳐서 남만주한인청년동맹을 조직하고 북만주조선인청년총동맹과 연락하여 중국한인청년동맹에 대항하여 유일당촉성협의회를 지지하여, 뜻하지 않게 만주 불령단체는 2대大진영이 나타나게 되었다. 금후 그들이 표방하는 목적에 대해 어떠한 정도의 진전을 볼 수 있는가는 의문스럽지만, 어떻든 이와 같이 그들이 총역량을 집중하여 전선戰線통일에 커다란 노력을 기울이고 있음은 주의를 요하는 현상이다.

그리고 이들 민족단체와 공산파의 필연적인 알력 반목은 점차 치열해져서 금년 3월 말이 되어 공산파는, 만주총국을 중심으로 북만주지방에 산재하는 공산계 17개 단체의 대표자가 닝안현寧安縣에 모여 합의하여 민족단체를 배격하고 적극적으로 공산주의 선전을 모의하여, 만주에 있는 여러 단체를 영도하기로 획책한다고 전해지고 있다.

이같이 민족계 제諸단체의 세력은 점차 공산파에 잠식되어, 지금은 모든 민족단체도 그 행동이 다분히 적화한 것으로 보아야 한다. 흉포凶暴와 직접행동을 사명으로 하는 의열단義烈團 같은 민족주의 단체조차, 작년 11월 10일 그 단체의 창립기념일에 배포한 격문에서 혁명운동의 기초를 노농대중에 두고 소비에트연방과의 제휴를 선언하게 되는 등 외국에 있는 조선인 불령단이 향하는 바가 이른바 민족주의와 공산주의가 합류하여 상당히 질서 있는 체계로 진전하고 있다.

이하 각지에서의 운동개황에 대하여 기술하기로 한다.

1. 민족주의운동

(1) 상하이上海·난징南京 방면

　상하이는 본래 동양무역의 중심지라 일컬어지고 구미각국 사람들이 거주 출입하는 자가 많으며 경찰단속이 충분치 못한 등의 사정으로, 외국에 있는 배일 조선인들이 자연히 이 땅으로 몰려들어 마치 배일조선인의 소굴 같은 양상을 나타내었다. 한일병합 후에는 주로 북미·하와이지방에 거주하는 배일조선인과 조선 내에 거주하는 배일조선인과의 연락중계지가 되었다. 재미在美 배일조선인이 발행하는 샌프란시스코의 『신한민보新韓民報』나 하와이의 호놀룰루에서 발행하는 『국민보國民報』 같은 것은 일단 상하이 불령조선인(신규식申圭植 등을 통해 안동현安東縣(박광朴洸12) 등) 배일조선인에게 보내지고, 다시 조선 내에 반포된다. 또 신규식申圭植(견수樫)·박은식朴殷植 등은 1915년 상하이에 대동보국단大同輔國團을 조직하여 북만주 및 극동러시아의 동지 내지는 조선 내의 평양거주 한진교韓鎭敎13)·정주거주 선우혁鮮于爀14) 등의 동지와 연락하여 단세團勢 확장에 노력했다. 그런데 1916년이 되어서 한진교韓鎭敎·선우혁鮮于爀 두 사람은 드디어 상하이로 달아났다. 또 여운형呂運亨은 난징南京 진닝金陵대학 졸업 후 상하이로 가서 미국인 유력선교사 피치와 통하고 선우혁鮮于爀·한진교韓鎭敎 등과 함께 조선 내 청년학생을 꾀어내어 미국에 밀항케 하여, 1918년 10월경까지 그 수는 300여 명에 달했다고 한다. 그렇지만 당시 그들의 운동은 때때로 불온문서 비밀반포 등의 범위이고 대단한 것은 없었다. 그러나 구주대전(제1차세계대전)이 끝날 무렵이 되자, 운동은 점차로 치열의 도를 더했다. 1917년 8월 신규식申圭植 등이 주가 되어 스웨덴 스톡홀름에서 개최되는 만국사회당대회에 대해서 조선사회당의 이름으로 독립을 요망한 이후 점점 더 운동이 활기를 띠고, 드디어 1919년 3월의 일대 소요사건(만세운동)은 그들의 마수에 의해서 점화되었다.

　그 소요사건의 원인은 구주대전이 가져온 세계사조의 변화, 특히 이른바 윌슨의 민족자결주의가 내외 조선인에게 각별한 충격을 주어 다년간의 울분이 폭발하는 등 여러 가지 원인이 있기는 해도, 그 직접적인 도화선의 점화는 실로 상하이거주 불령조선인 신견

---

12) 박광 : 1882~미상, 경북 고령출신, 1990년 애족장(1977년 대통령표창).
13) 한진교 : 1887~1973, 평남 중화출신, 1990년 애국장(1977년 건국포장).
14) 선우혁 : 1882~미상, 평북 정주출신, 1962년 독립장.

申樫 등 일당의 책동에 기인한다고 말할 수 있다.

이미 경성에서의 손병희孫秉熙 일당의 독립선언에 앞서, 선우혁鮮于爀은 소요선동의 목적으로 상하이로부터 선천에 가서 목사 양전백梁甸伯을 움직였고, 다음으로 정주거주 이승훈李昇薰·평양거주 강규찬姜奎燦15) 외 수 명을 선동하여 평양에서의 시위운동을 획책케 했다(뒤에 천도교 측과 합쳤다). 또 신견申樫은 한편으로 심복 조용운趙鏞雲(용은鏞殷)을 도쿄東京에 보내 도쿄東京의 조선인 학생 조팔용趙八鏞 등을 선동하여 2월 8일의 선언서 발표의 행사를 거행하도록 한 것과 같은 일은, 이 사실을 증명하기에 족한 것이다.

이리하여 그해 5월 대한민국 임시정부(가정부假政府)를 조직하고, 이어서 의정원議政院을 개설했다. 그 후 그곳에 모여드는 불령조선인들이 급작스럽게 많아질뿐더러 각종 불온단체를 조직하여, 그 책동이 오늘날에 이르고 있다. 그렇지만 태평양회의 이후, 특히 1926년 이후의 공산주의의 고조高潮로 점차 그들의 몰락은 어쩔 수 없었고 이제는 국외 불령운동의 대세는 만주로 이동하여 상하이 방면에서의 활동은 왕년의 남은 찌꺼기를 안고 옛 성에 해가 지는 모습이다.

1) 상해임시정부

(가) 연혁

1918년 말 구주대전은 종식을 고하고, 이어 파리에서 강화회의가 개최되어 윌슨의 민족자결주의가 제창되었다. 그러자 상하이에 있는 배일조선인 여운형呂運亨·선우혁鮮于爀·한진교韓鎭敎 등은 좋은 기회를 놓쳐서는 안 된다고 하여 그해 12월에 회합 숙의한 결과, 우선 신견申樫의 이름으로, 파리강화회의에 조선독립을 원조해 달라는 요지의 전보를 보냈다. 이어 하얼빈에 거주하는 김규식金奎植을 상하이로 불러 그를 조선민족대표자로서 강화회의에 파견할 것을 결정했고, 그는 1919년 1월 파리로 갔다. 그 후 여운형呂運亨·선우혁鮮于爀 등은 널리 동지를 모으려고 '청년단'이라는 것을 조직하여, 여운형呂運亨이 단장이 되고 단원으로 상하이에 거주하는 청년학생 등 약 100명을 거느렸다. 한편 조선 내·일본 도쿄東京·만주 각지에 동지를 보내어 독립운동 선전에 힘쓴 바가 있었다.

이리하여 1919년 3월 1일 경성에서 손병희孫秉熙 등 33명이 독립선언서를 발표하자, 상하이 불령조선인들의 기세가 갑자기 올리갔다. 곧이어 '상하이 고려교민친목회'를 조지

---

15) 강규찬 : 1874~미상, 평남 평양출신, 2006년 애족장.

하여 신석우申錫雨를 회장으로, 여운형呂運亨을 총무로 밀었고 회원은 300여 명에 달했으며, 기관지 『아등我等의 소식消息』(등사판 인쇄)을 발행하여 독필毒筆을 함부로 휘둘렀다.

이때 여운형呂運亨·선우혁鮮于爀·신규식申圭植·서병호徐丙浩16)·한진교韓鎭敎·김철金鐵 및 소요 전에 상하이로 간 현순玄楯·손정도孫貞道·이광수李光洙 등의 주모로 임시정부 조직의 논의를 진행하고 있었다. 그런데 마침 상하이에서 기세가 올라간 데 자극되어 조선 내·그 외 각지에서 몰려 온 자들이 격증(3월까지는 거류조선인이 300여 명에 불과했는데 4월 중순에는 약 700명에 달했다)하였다. 4월 중순에는 재외 각지의 조선인이 상하이 미국조계租界에서 회합하여 의사회議事會를 열었고, 그달 하순에는 프랑스조계 카이즈愷自통로通路에서 고려국민공화대회를 개최하고 강화회의에 대하여 일대 적극적인 운동을 개시하기를 논의했다. 마침 5월에 안창호安昌浩가 미국에서 상하이로 오게 되어, 드디어 3월 3일 임시정부가 조직되었다. 그리고 아래에 기재한 각원閣員을 정하여 프랑스조계 셰핑리協平里 1호에 사무소를 차렸다. 뒤이어 대한민국 의정원법을 제정하여 그곳의 거주자 중에서 각 도 대의원으로 아래의 33명을 선출하여 손정도孫貞道를 의장으로 천거하고, 별지와 같이 '대한민국 임시헌장'이라는 것을 발표하였다. 이것이 이른바 임시정부 조직의 시작이다.

그런데 임시정부 각원閣員이 발표되자 조선 내외 각지의 불령배들 중 이의를 주장하는 자가 있어, 인심을 끌어 모으려는 조치라 하며 6월에 이르러 각원을 변경하였다.

기記

임시정부 각원 (조직 당시)

국무총리	이승만李承晩	대리	이동녕李東寧
내무총장	안창호安昌浩	차장	신익희申益熙
외무총장	김규식金奎植	차장	현 순玄 楯
법무총장	이시영李始榮	차장	남형우南亨佑
재무총장	최재형崔在亨17)	차장	이재강李載崗
군무총장	이동휘李東輝	차장	조성환曺成煥18)
교통총장	문창범文昌範	차장	선우혁鮮于爀

---

16) 서병호 : 1885~1993, 황해도 장연출신, 1990년 애국장.
17) 최재형 : 1858~1920, 함북 경원출신, 1962년 독립장.
18) 조성환 : 1875~1948, 서울출신, 1962년 대통령장.

임시정부 각원 (6월 변경분)

집정관 총재	이동휘李東輝	(함북)
외무총장	박용만朴容萬	(강원)
내무총장	이동녕李東寧	(충남)
군무총장	노백린盧伯麟	(황해)
재무총장	이시영李始榮	(경기)
법무총장	신규식申圭植	(충북)
교통총장	문창범文昌範	(함북)
학무총장	김규식金奎植	(경기)
노동국 총판	안창호安昌浩	(평남)
참모부 총장	류동열柳東說[19]	

각 도 대의원 (창립 당시)

경기도	신석우申錫雨 · 정대호鄭大鎬[20] · 오의선吳義善[21] · 이기룡李起龍[22]
충청도	홍면희洪冕熹[23] · 신견申樫 · 이명교李命敎 · 유정근兪政根
경상도	김정묵金正默[24] · 류경환柳璟煥 · 백남규白南圭 · 김창숙金昌淑 · 김동형金東瀅
강원도	이춘숙李春塾[25] · 홍도洪濤[26] · 장도성張道成 · 강위건康偉建 · 임봉래林鳳來
황해도	김연金淵 · 이치준李致畯 · 손두환孫斗煥[27]
평남도	손정도孫貞道 · 김현식金鉉軾 · 이희경李喜儆[28]
평북도	김병조金秉祚 · 이원익李元翼[29] · 이광수李光洙
중국	조성환曺成煥 · 황공호黃公浩[30]

---

[19] 유동열 : 1879~1983, 평북 박천출신, 1989년 대통령장.
[20] 정대호 : 1884~1940, 평남 진남포출신, 1991년 애국장(1977년 대통령표창).
[21] 오의선 : 1889~1931, 경기도 용인출신, 1980년 독립장.
[22] 이기룡 : 1885~1952, 경기도 이천출신, 1991년 애국장(1963년 대통령표창).
[23] 홍면희 : 본명 洪震, 1877~1946, 충북 영동출신, 1962년 독립장.
[24] 김정묵 : 1888~1944, 경북 구미출신, 1991년 애국장(1963년 대통령표창).
[25] 이춘숙 : 1889~1935, 평남출신, 2008년 독립장.
[26] 홍도 : 이명 洪震義, 1895 미상, 함남 함흥출신, 2006년 애국장.
[27] 손두환 : 1895~미상, 황해도 은율출신.
[28] 이희경 : 1890~1941, 평남 순천출신, 1968년 독립장.
[29] 이원익 : 1885~1963, 평북 선천출신, 1990년 애족장(1977년 대통령표창).

미국 · 극동러시아　미정

(나) 임시정부 조직 후의 행동

조직 후 5월 1일 각 도 대의원회를 열어 운동자금 모집방법으로 구국의무금救國義務金을 상하이거주 일반 조선인에게서 모집하기로 의논하고, 조선 내의 자산가에 대해서는 부과령賦課令을 내려 일본정부에 납세를 거부하도록 선전하기로 협의하였다. 이는 불령행동의 제1보로서 이후 조선 내에 침입하여 불온선전과 자금징모에 힘쓰고, 1919년 7월에 조선 내 기관으로 연통제聯通制라는 것을 제정하여 각 도와 연락을 도모하였다. 그리고 1920년 1월에는 「임시지방교통사무국장정章程」을 제정하여, 조선 내와의 연락기관으로 중국 안둥현安東縣거주 영국인 G. L. 쇼31)가 경영하는 이륭怡隆양행 내에 임시 안둥현安東縣교통사무국을 설치하여 조선 내외의 교통연락 및 문서왕복 등의 임무를 맡았다.

또 이와 전후해서 구국모험단이란 것을 조직하여 여운형呂運亨(뒤에 김성근金聲近32)으로 바뀐다)을 단장으로 하여 약 40명의 단원을 거느리고 1919년 6월경부터 흉포행동을 목적으로 폭탄제조 연구에 노력하고 있었으나, 1920년 4월 말 프랑스관헌에 의한 검거로 큰 활동 없이 끝났다. 또 1919년 10월 프랑스관헌이 임시정부 해산을 명하고 기관지『독립』의 발행금지를 명한(우리(일본) 관헌의 요구에 따른) 까닭으로, 임시정부의 표찰標札 같은 것은 한때 철거되었다. 그러나 여전히 그 운동을 계속하여, 1920년 3월 6일에는 임시정부 지도하에 김가진金嘉鎭33)(남작男爵이며, 1919년 10월 상하이로 달아난 자)은 나창헌羅昌憲34) 등과 함께 대동단大同團(그 후 철혈단鐵血團으로 개칭)을 조직하고 러시아 과격파와 결탁하여 군자금모집을 획책하였다. 한편『독립신문』(『독립』을 개제改題하여 부활) ·『신대한新大韓』등 불온선전 신문을 발행했고 또『대한민국임시정부공보』를 발행하여 마치 우리(일본) 관보처럼 대통령령 · 포고 · 서임사령敍任辭令 등을 발표함으로써, 일반 조선인으로 하여금 임시정부가 사실상 조직되어 있다고 믿도록 힘쓰는 등, 그 선전은 실로 미치지 않는 데가 없는 상태였다.

그런데 본래 상하이 불령조선인 가운데는, 과격급진주의를 주장하는 이동휘李東輝 일파

---

30) 황공호 : 미상~1919, 평남 평양출신, 1996년 애국장.
31) 쇼 : 조지 L. 쇼(George L. Show). 생몰연대 미상, 아일랜드출신, 1963년 독립장.
32) 김성근 : 본명 金聲根, 1892~1947, 강원도 횡성출신, 1963년 독립장.
33) 김가진 : 1846~1922, 출신지 미상.
34) 나창헌 : 1896~1936, 평북 희천출신, 1963년 독립장.

와 문화적 점진주의를 받드는 안창호安昌浩 일파의 두 당이 대립하여, 일마다 불화와 반목을 계속해 왔다. 그런데 1920년 5월경 나창헌羅昌憲·김가진金嘉鎭 등이 조직한 철혈단鐵血團이 임시정부를 전복하려는 움직임에 대한 성토문을 발표함으로써, 임시정부 내외 각 수령은 사당私黨을 만들어 서로 버티고 다투어 주의를 달리하여 일어나는 싸움이 바뀌어 감정반목이 되어 수습할 수 없게 되었다.

이에 이승만李承晩(재미在美)은 1920년 말에 이를 통일하려고 획책했으나, 성공하지 못하였다. 1921년 1월 야당 측은 의정원(조직)을 전후해서 홍면희洪冕熹·이유필李裕弼[35] 등의 철혈단과 더불어 불평도배를 규합하여 임시정부를 공격했다. 이에 임시정부는 국무원회의를 열어 대책을 강구하려고 했다. 이동휘李東輝는 의원제로 바꾸기를 주장하였고 이승만李承晩·안창호安昌浩는 대통령제를 고집하여, 서로 양보하지 않았다. 결국 이동휘李東輝는 당장 난징南京으로 떠나고, 일반의 성망聲望은 이승만李承晩을 떠나게 되었다.

지금 임시정부 내를 흐르는 당파별을 표시하면 다음의 표와 같다.

문치文治파(안창호安昌浩파)		무단武斷파(이동휘李東輝파)	
1. 이승만李承晩파	조완구趙琬九 최창식崔昌植 윤기섭尹琦燮[36] 이희경李喜儆	1. 이동휘李東輝파	오영선吳永善[37] 김 립金 立 오성묵吳聲默[38]
2. 이동녕李東寧파	이시영李始榮 정영준鄭永俊		
3. 안창호安昌浩파	옥관빈玉觀彬 김 구金 九[39] 김정묵金正默 김인전金仁全[40] 이광수李光洙 김흥제金興濟 이 탁李 鐸 손정도孫貞道	2. 박용만朴容萬파	박건봉朴健奉 김세준金世俊
		3. 노백린盧伯麟파	김 훈金 勳 노주연盧奏然
4. 남형우南亨佑파	이규홍李圭洪 윤현진尹顯振 김 철金 徹	4. 김가진金嘉鎭파	나창헌羅昌憲
5. 김규식金奎植파	여운형呂運亨 여운홍呂運弘		
6. 신규식申圭植파	신익희申翼熙 김용철金容喆		

---

[35] 이유필 : 1885~1945, 평북 의주출신, 1963년 독립장.

이리하여 이 파쟁은 점점 치열해져서 멈추는 바가 없고, 이에 따라 자금의 궁핍도 날로 심해져서 전도가 암담했다. 그때 마침 미국의 제창으로 1921·1922년 태평양회의 개최가 보도되자, 이 기회에 편승하여 크게 기세를 올리기 위하여 이 회의에 대표파견을 꾀했으나, 이 건에 관해서도 각파의 의견이 일치하지 않아 분규가 일어났다. 그러다가 안창호安昌浩의 진력으로 각파가 양해하고 통합을 목표로 하여 그해 8월 13일 외교연구회를 조직하였다. 안창호安昌浩를 회장으로 세우고 임시정부 및 민간 측에서 위원 30명을 천거하여, 표면으로는 양파의 제휴가 이루어진 것 같은 일시적 현상이 왔다. 그러나 얼마 되지 않아 내홍은 여전히 반복되어, 8월 26일에는 안창호安昌浩가 이 회의의 파벌에 의한 무질서를 개탄하여 분연憤然히 탈퇴를 성명했다가 이동녕李東寧 등의 간곡한 만류로 복귀한 것과 같은 일이 있었다. 이 외교연구회는 여하 간에 선전격문의 반포 등으로 민심을 선동했지만 별다른 반향이 없었다. 태평양회의 개최당일인 11월 11일에는 집합축하회를 열어, 홍진洪鎭 이하 22명의 연서連署로 태평양회의에서 한국독립 문제를 해결하여 주기를 바라는 요지의 청원서를 여러 나라 대표에게 송부하는 데 그쳤고, 아무것도 적극적으로 획득한 바 없이 오히려 유일한 긴급사인 일치통일 방법을 둘러 싼 분란만 배가하는 바가 있었다. 1922년 1월 말 내홍은 점점 더 노골적으로 악화되어, 김립金立은 2월 8일 끝내 총살되어 비명의 최후를 마쳤고 이어 공산당원 이성李聖도 저격당하는 등 물정物情이 떠들썩하였다.

　그리고 일부 조선인 가운데는 태평양회의에서 뭔가 얻을 것이라 기대하였고 그들 가운데는 응분의 물질적 원조를 아끼지 않는 등 오로지 회의의 경과에 주목하고 있었다. 그러나 회의진행과 더불어 이 기대는 철저히 배신당하여, 임시정부의 신용은 완전히 땅에 떨어지고 재정은 날로 궁핍을 더해가고 있다.

　이리하여 1922년 1월 하순에 개최한 국무회의는 하마터면 총사직의 운명을 만나게 될 뻔 하였으며, 각 거두巨頭의 거취도 분명치 않았다. 또한 의정원회의 같은 것도 출석자가 전혀 없는 상태가 되었는데, 안창호安昌浩는 이 기회에 대통령이 되려고 세력부식을 꾀했지만 반대파의 간섭을 받아 이루지 못했다. 이러는 동안 공산파는 남북(남은 원세훈元世

---

36) 윤기섭 : 1887~1959, 경기도 장단출신, 1989년 대통령장.
37) 오영선 : 1886~1939, 경기도 고양출신, 1990년 독립장.
38) 오성묵 : 본명 吳成黙, 1886~1937, 함북 명천출신.
39) 김구 : 1876~1949, 황해도 해주출신, 1962년 대한민국장.
40) 김인전 : 1876~1923, 충남 서천출신, 1980년 독립장.

勳[41]), 북은 문창범文昌範)이 서로 연락하여 세력을 심고 임시정부 측을 잠식하기를 게을리 하지 않았다.

이와 같이 태평양회의 후의 그들의 소위 독립운동은 내부의 알력분쟁과 외부 일반의 신용이 실추함에 따라 옛날의 모습은 없이, 상하이거주 불령조선인 중에는 일본관헌의 양해를 얻어 귀순을 신청하는 자, 미국 하와이나 극동러시아방면으로 가려고 하는 자가 계속 나타나게 되었다. 그리하여 임시정부 내에서는 궁여지책으로 공산당과 결탁하여 국면을 호도하려는 주장을 하는 자가 나왔는데, 이 주장은 상당히 사실 그대로 받아들여야 할 부분이 있다. 임시정부의 방침이 점차로 공산당에 기울어졌다 해도, 이것도 원래부터 일관된 방침일 수는 없다.

그리하여 그저 되어가는 대로 추세에 맡기는 실상이었는데, 여기에서 일찍이 1921년 봄·여름의 환절기에 국민대표회의 개최를 꾀하던 안창호安昌浩는 결연히 남형우南亨佑 등의 심복을 규합하여 9월 1일 국민대표회의 소집을 예정했다. 조선 내의 대표참가는 없었지만, 북간도 방면의 국민회國民會 측과 군정서軍政署 측[김규식金奎植(안동) 외 6명]과 그밖에 만주에 있는 각 단체가 대개 이를 지원했다. 그러나 협의회(기호파)의 이승만李承晩계의 반대와 대항으로 각파가 암투하여 거취가 결정되지 않았다. 7월 중 손두환孫斗煥·이동녕李東寧 등은 안창호安昌浩를 밀어 시사책진회時事策進會를 조직하여 그것이 각 단체통일의 최고기관이 되도록 획책했다. 그렇지만 또 다시 내홍이 일어난 결과, 이승만李承晩계가 함께 탈퇴하여 8월 11일 끝내 해산하였다.

이리하여 이승만李承晩은 여전히 임시정부설을 취하여 양보하지 않고 더욱 분규를 거듭했다. 그러던 중 김규식金奎植·김가진金嘉鎭 등이 병석에 눕거나 죽고 김구金龜[42](경무국장이었던 일이 있다) 등의 주요인물도 임시정부로부터 떠나, 가을바람이 불고 해가 지는 양상이 깊어지게 되었다.

그렇지만 안창호安昌浩가 주장하는 국민대표회의는 한형권韓馨權[43]이 러시아로부터 염출해 온 20만 원 중 6만 원을 자금으로 하여, 1923년 1월 이후 자칭 대표 100여 명이 모여 계속 회의를 열었다. 그러나 임시정부 존폐문제로 개조파(안창호安昌浩 등의 계속파)·건설파(윤해尹海[44]·원세훈元世勳 등의 창조파)의 두 파로 갈라져서 크게 암투를 계속하였다.

---

41) 원세훈 : 1887~미상, 함남 정평출신, 1989년 독립장.
42) 白凡 金九의 오식이다.
43) 한형권 : 생몰연대 미상, 함북 경흥출신.

그런데 본 회의에서는 관하(도내)출신 김응섭金應燮(안동출신, 당시 만주)·김상덕金尙德(고령출신, 당시 광둥廣東)·김창숙金昌淑(성주출신, 당시 베이징北京)·김동삼金東三(안동출신, 당시 만주)·이상희李象羲(이상룡李相龍)(안동출신, 당시 만주)·배천택裵天澤44)(대구출신, 당시 베이징北京)·현승건玄昇健(대구출신, 당시 상하이, 공산당원)은 각기 대표로 출석하여 창조파에 가담하였다. 그리고 김동삼金東三 같은 자는 의장으로서 크게 활동하여 6월 7일 폐회 전후에는 건설파에게 유리한 형세가 전개되었다. 그러나 개조파가 임시정부와 제휴·역습하여 형세가 전복되었기 때문에, 창조파(건설파)는 일단 베이징北京으로 물러나고 8월 하순 블라디보스토크의 공산당과 결탁하여 극동러시아·만주방면의 불령단의 통일을 꾀하였다. 그렇지만 그곳에서도 김우진金佑鎭·이범윤李範允 등의 연합군사회의파와 서로 반목하게 되었다.

이리하여 1924년 6월이 되자 대통령 이승만李承晩이 장기로 직무를 보지 않는다는 이유로, 국무총리 이동녕李東寧으로 하여금 대통령 대리를 하기로 결정했다. 이 때문에 이승만李承晩은 미국·하와이 방면으로부터의 재정지원 차단으로 맞서, 결국 이동녕李東寧파가 사직하고 그해 12월 후계 각원으로 국무총리 박은식朴殷植(황해) 외 각원을 임명했다. 그런데 그들은 조각組閣 이후, 임시헌법이 독립운동의 실제에 적합하지 않다고 하며 개정을 기도하여 1925년 3월 30일 이 개정안을 가결하고 7월 7일부터 이를 실시하기로 결정하였으며, 대통령을 국무령으로 개칭하고 국무원의 부서와 명칭을 변경하였다.

그런데 헌법 개정의 발표와 동시에 국무령 박은식朴殷植이 퇴직하고 새로 정의부계 이상룡李相龍(안동군 출신)을 후임으로 취임하게 하여 만주거주 불령단의 통일을 획책했지만, 각원의 결정을 보지 못한 채 그는 그 직을 포기하였다. 그 후 1926년 5월 미국으로부터 안창호安昌浩가 돌아옴에 따라 그를 국무령으로 천거했지만, 기호파의 반대로 취임도 하지 않고 난징南京으로 가버렸다. 다시 홍면희洪冕熹(전 법무총장)를 기용하여, 8월 19일 국무원國務員에 김응섭金應燮(안동군)·이유필李裕弼·조상하趙尙夏·조소앙趙蘇昻46)·최창식崔昌植 등의 임명을 보았다. 이보다 먼저 여운형呂運亨·오영선吳永善의 발기로 안태근安泰根을 회장으로 하는 독립운동촉진회를 조직하고 안창호安昌浩 역시 7월 중 임시정부경제후원회를 조직하여, 전자는 독립운동자의 대동단결을 고창하고 후자는 임시정부 재정확립을 주장

---

44) 윤해 : 1888~미상, 함남 영흥출신, 1990년 독립장.
45) 배천택 : 생몰연대 미상, 경북 대구출신, 1991년 애국장(1963년 대통령표창).
46) 조소앙 : 1887~1958, 경기도 파주출신, 1989년 대한민국장.

했다. 그러나 아무것도 한 일 없이 재정의 궁핍은 점점 더 심해져서 1926년 말에는 임시 정부 청사를 임득산林得山[47]의 우택寓宅(일시로 사는 거처)에 이전하고, 국무령 홍진洪鎭 이하 각료는 그해 12월 드디어 총사직을 하게 되었다.

이로해서 당시 개회중인 의정원에서는 후임 국무령의 선거를 했는데 김구金九가 당선되었다. 그리고 국무원에는 윤기섭尹琦燮(내무)·이규홍李奎洪(외무)·김갑金甲[48](재무)·오영선吳永善(군무)·김철金徹(법무)을 천거했는데, 이 계통을 보니 기호파가 영남파와 결탁하여 서북파를 무너뜨린 것이었다. 그 후 얼마 되지 않아 1927년 2월 25일 헌법(별지)을 개정하여 정치조직을 위원제로 고쳤으므로, 국무령 김구金九 외 각원은 그 약헌約憲에 의해서 자연 소멸되고, 그해 4월 11일 새로 이동녕李東寧 외 6명의 국무원을 선거하였다. 그러나 서북파의 반감 등으로 취임하지 못했다. 이즈음 홍진洪鎭 등 일부가 전부터 계획 중이었던 한국독립유일당촉성회가 4월 11일에 조직을 보게 되고, 집행위원으로서 홍진洪鎭 외 25명(본도 출신은 현승건玄昇健 1명)을 선거했다. 그러나 본회 조직 때 각 단체를 포함시키기 위하여 윤기섭尹琦燮·조완구趙琓九가 몰래 공산당원 여운형呂運亨과 내통했다 하여 기호파가 물의를 일으켜, 기호파의 영수 이동녕李東寧은 인책하여 의정원장을 사퇴하였다.

그 후 6월 26일 의정원은 오랫동안(4월 11일 이래)의 무정부상태를 우려하여, 약헌約憲 제22조에 따라 임시정무위원회 임시 조례를 제정했다. 이동녕李東寧·김명준金明濬·조완趙琓의 3명을 정무위원으로 선정하여 국무위원회가 성립할 때까지의 임시정부 사무일체를 대행하고 있었다. 그러다가 8월 19일이 되어 의정원회의 결과 이동녕李東寧을 주석국무위원에 천거하고, 내무 김구金九·외무 오영선吳永善·군무 김철金徹·법무 이동녕李東寧·재무 김갑金甲 등이 국무위원에 취임하여 조각을 보게 되었다.

(다) 최근의 상황

1928년 이래 아무런 활동소식은 들리지 않고 재정궁핍은 날로 위급해져서, 작년 3월경은 체납집세(월 35달러)가 6개월이나 되어 하마터면 퇴거를 요구당할 뻔했다. 안창호安昌浩의 진력으로 미국에 있는 이승만李承晩에게 읍소泣訴하여 약 200달러를 송금 받아 한때의 위급을 모면했다고 전해지고 있다. 그해 11월에는 중국 국민정부의 보호를 받을 수 있도록 안창호安昌浩가 난징南京이전을 획책하였다는 말이 있다.

---

[47] 임득산 : 1896~1943, 평북 철산출신, 1991년 애국장(1963년 대통령표창).
[48] 김갑 : 1889~1933, 부산 동래출신, 1986년 독립장.

한편 앞에 하와이로 간 이승만李承晚은 여전히 안창호安昌浩와 의견이 맞지 않았다. 이승만李承晚은 자연히 하와이와 미국에서 징수하는 인구세人口稅를 자기 손에 넣고 임시정부로의 송금을 끊고, 구미위원부·동지회를 규합하여 임시정부를 하와이에 옮기려하는 야심을 갖고 책동 중이라는 말이 전해지고 있다.

이리하여 현재는, 종래(1924년 말경)부터 보내오고 있던 참의부·신민부 등의 송금(월 30 내지 50달러 내외라 한다)으로 겨우 속빈 명칭만을 갖고 있는데 작년 10월 중순 안창호安昌浩는 자금모집 때문에 마닐라에 가서 그곳에 거주하는 조선인으로부터 자금송부를 받도록 운동을 한 바 있고 상당히 좋은 결과를 얻은 것도 같다. 그렇지만 이제 조선 내의 인심이 전적으로 평온으로 돌아가서, 임시정부의 이름까지도 흔적이 없다. 왕년에 임시정부를 받들던 무리도 공산당에 가고 혹은 재정궁핍과 더불어 계속 떠나버려 왕년에 조선 독립이 목전에 있다고 예상했던 임시정부도 그저 빈 껍질을 안고 있을 뿐, 하는 일이 없다.

2) 의정원議政院

(가) 의정원의 성립

의정원은 1919년 5월 임시정부설립과 더불어 의회議會를 모방하여 입법·그 밖의 중요 사항의 협의기관으로 병치倂置된 것으로, 이른바 각도各道 대의원으로 선출된 자로 조직한다. 개설당시는 33명(앞 항에 기재)으로 손정도孫貞道가 의장이었다.

김정묵金正默(선산출신)·김창숙金昌淑(성주출신)은 경상도대의원으로 각각 한 자리를 차지했다.

그 후 각도 대의원은 1919년 9월 임시헌법의 개정에 따라 정원을 51명으로 늘렸지만, 매년 1회 개최해야 할 의정원회의도 임시정부 내의 내홍과 암투에 좌우되어 아무런 권위를 갖지 못했다. 1926년 말경에는 51명의 대의원은 겨우 12명으로 줄고, 내무장內務長 최창식崔昌植은 상하이에 있는 각도各道 회에 대하여 대의원 선출을 종용했다. 그러나 결과는 불리하여, 다음해인 1927년 10월 3일이 되어 각도 결원缺員 대의원으로 경기 2명·황해 2명·함경 6명·경상 5명(본도 정원定員 1명)·평안 2명으로 합계 17명을 보선하여 겨우 34명의 대의원을 얻었다.

요컨대 의정원은 개설이후 몇 개 항목의 헌법개정 및 국무령의 추천 등 외에는 특기할 만한 활동이 없어, 당연히 임시정부와 운명을 같이 하게 될 것이다.

(나) 임시헌법의 내용

상해임시정부의 헌장, 약헌, 의정부법의 내용은 아래와 같다.

① 대한민국 임시헌장 선포문

신인神人이 일치하고 중외中外가 협응協應하여 한성에서 의義를 일으킨 이래, 30여 년간 평화적 독립으로 300여 주州를 광복하여 국민의 신임을 얻어 완전하게 조직한 임시정부는, 영구하고 완전한 자주독립의 복리를 우리 자손과 백성에게 대대로 전하기 위해 임시의정원의 결의로 임시헌장을 선포한다.

② 대한민국 임시헌장

제1조 대한민국은 민주공화제로 한다.
제2조 대한민국은 임시정부가 임시의정원의 결의에 의해서 이를 통치한다.
제3조 대한민국의 인민은 남녀 귀천과 빈부의 계급 없이 일체평등으로 한다.
제4조 대한민국의 인민은 종교·언론·저작·출판·결사·합신소合信所[49] 주소이전 등 신체 및 소유의 자유를 향유한다.
제5조 대한민국 인민으로서의 공민자격이 있는 자는 선거 및 피선거권을 가진다.
제6조 대한민국의 인민은 교육·납세 및 병역의무를 가진다.
제7조 대한민국은 신神의 의사에 따라 건국한 정신을 세계에 발휘하고 나아가 인류의 문화와 평화에 공헌하기 위하여 국제연맹에 가입한다.
제8조 대한민국은 구황실舊皇室을 우대한다.
제9조 생명형生命刑·신체형身體刑 및 공창제公娼制를 전폐한다.
제10조 임시정부는 국토회복 후 만 1개년 내에 국회를 소집한다.

대한민국 원년(1919년) 4월 일

임시의정원의장   이동녕李東寧
임시정부 국무총리   이승만李承晚
내무총장   안창호安昌浩
외무총장   김규식金奎植
재무총장   최재형崔在亨

---

49) 합신소 : 원저에는 '合信所'로 되어 있는데, 集會·信書의 오식인 듯하다.

군무총장	이동휘 李東輝
교통총장	문창범 文昌範
법무총장	이시영 李始榮

③ 대한민국 임시 약헌約憲(1927년 3월 개정분)

제1장 총강總綱

제1조 대한민국은 민주공화국으로서 국권은 인민이 이를 가진다. 단 광복완성 전의 국권은 광복운동자 전체가 가지는 것으로 한다.

제2조 대한민국의 최고 권력은 임시의원議院이 이를 가진다. 단 광복운동자가 대단결大團結한 당이 완성될 때는 국가의 최고 권력은 이 당에 있는 것으로 한다.

제3조 대한민국의 인민은 법률상 일체 평등하고 일체의 자유와 권리를 가진다.

제4조 대한민국의 인민은 조국을 광복하여 사회를 개혁하고 약헌約憲 및 법률을 지키고 병역에 복무하며 조세를 납입하고 기타 일체의 의무를 부담한다.

제2장 임시의정원臨時議政院

제5조 임시의정원은 대한민국이 직접 선거한 의원으로 조직한다.
   단 조선본토 내 각지의 선거구에서 의원을 선거할 수 없을 경우에는 각기 선거구에 원적을 가지고 임시정부 소재지에 교거僑居(남의 집이나 타향에서 임시로 몸을 붙여 삶)하는 광복운동자가 당해 각구各區 선거인의 선거권을 대행할 수 있다.

제6조 임시의정원 의원은 경기·충청·경상·전라·함경·평안 각도와 중국교민에서 각각 6명, 강원·황해 각도 및 미주교민에서 각각 3명을 선거한다.

제7조 (생략)

제8조 (생략)

제9조 임시의정원은 매년 10월 제1 화요일 정부소재지에 소집한다. 개회기일은 당원(의정원) 자체가 이를 결정한다. 단 원院의 결의 또는 정부의 요구, 총의원 3분의 1 이상의 요구 또는 상임위원회의 요구가 있을 경우에는 임시의회를 소집할 수 있다.

제10조 임시의정원은 총의원 3분의1 이상의 출석으로 개회하며 출석인원 과반수의 찬동으로 결정하기로 한다. 단, 일단 부결된 의안은 같은 회기 내에 다시 제출할 수 없다.

제11조 (생략)
제12조 (생략)
제13조 (생략)
제14조 (생략)
제15조 (생략)
제16조 (생략)
제17조 (생략)
제18조 (생략)
제19조 (생략)
제20조 임시의정원의 의사는 공개로 한다. 단, 의장 또는 의원 5인의 제의 또는 정부의 요구가 있을 경우는 원의 결의로 비밀로 할 수 있다.
제21조 임시의정원 의장은 원을 대표하여 회의를 소집하며 원의 의사議事를 정리하고 원의 행정을 처리하고 원내의 경찰권을 집행하고 원의 회계를 처리하며 5일 이내의 의원신청에 의한 방청자를 허가한다.
제22조 (생략)
제23조 (생략)
제24조 (생략)
제25조 (생략)
제26조 (생략)
제27조 (생략)

제3장 임시정부

제28조 임시정부는 국무위원으로 조직된 국무회의의 결의로서 국무를 총판(모든 것을 처리)한다.
국무위원은 5인 이상 11인 이하로 한다.
제29조 국무회의는 그 결정한 사항을 집행하거나 또는 정부로 하여금 집행케 하고 임시의정원에 대해서 책임을 진다.
제30조 국무회의는 약헌 및 법률의 범위 내에서 필요한 명령을 발하고 규정을 정한다. 법률에 대체되는 명령을 발할 때는 상임위원회의 동의를 거쳐 차기 의회에 추

인追認을 구하거니와 만일 추인이 되지 못할 경우는 이후 효력이 없다는 것을 즉시 공포하기로 한다.

제31조 국무회의에서 의결해야 할 사항은 다음과 같다.

광복운동·방략方略·법률·명령·예산·결산·예산 초과 또는 예산 외의 지출·조약의 체결·선전宣戰·강화講和·국사國使의 파견·외국 대표원員의 수수授受·기타 일체의 사항

제32조 (생략)

제33조 국무위원의 임기는 3개년으로 하고 재선할 수 있다.

제34조 국무위원은 계속 2개월간 직職에 없을 경우는 자연 해임된 것으로 한다.

제35조 국무위원 및 정부위원은 임시의정원 및 기타의 각 위원회에 출석, 발언할 권리를 가진다.

제36조 국무회의의 주석主席은 국무위원이 이를 호선互選한다.

제37조 국무회의의 의결은 총위원 과반수의 찬동으로 한다.

제38조 국무회의의 회의규정 및 소속직원은 국무회의에서 정한다.

제39조 임시정부에 부部 및 소속직원을 두고 행정사무를 처리하게 한다. 광복운동 기간 중에는 필요에 따라 각부의 행정부서를 적의適宜(무엇을 하기에 알맞고 마땅함)한 지방에 설치할 수 있다.

제40조 내무·외무·군무·법무·재무 등의 각 부를 두고 시의時宜에 따라 그 수를 증감할 수 있다.

각부 또는 행정부서의 조직 및 그 직무 범위에 관한 규정은 상임위원회의 동의를 얻어 국무회의에서 결정할 수 있다.

제41조 행정 각부의 책임 주무원主務員은 국무회의에서 호선한다.

제42조 행정 각부의 책임 주무원은 법률규정 및 국무회의 결의에 의해서 주관 사무를 처리·집행하며, 임시정부에 대해 책임을 지는 것으로 한다.

제43조 행정 각부의 직원은 주무원主務員의 추천을 받아 국무회의에서 임명 또는 면직한다.

제44조 (생략)

제45조 법원과 군법회의 조직 및 직무 권한에 관한 규정은 법률로 정한다.

제4장 회계
(생략)

제5장 보칙補則

제49조 본 약헌은 임시의정원에서 총의원 3분의 1 이상 또는 정부의 제안으로, 총 의원 4분의 3의 출석 및 출석의원 3분의 2의 찬동으로 정한다.

광복운동의 대단결인 당黨이 완성될 때는 이 당에서 개정하는 것으로 한다.

제50조 본 약헌은 대한민국 9년 4월 11일부터 시행함과 동시에, 대한민국 7년 4월 7일에 공포하였던 임시헌법은 이를 폐지한다.

대한민국 9년 3월 5일

국무령   김 구金 九
국무원   윤기섭尹琦燮
         이규홍李圭洪
         오영선吳永善
         김 갑金 甲
         김 철金 徹

(다) 상해임시정부 각원과 의정원의장의 변동상황

아래는 상해임시정부가 성립된 후의 각원과 의정원장의 변동상황이다.

재在상해임시정부 간부 이동異動경과 일람표50)(1929년 5월 조사)

역명役名 · 인명 · 이동異動 연월 및 출신도道명50)									
국무령 (구명舊名 대통령)	이승만 李承晚 (황해) 1919 · 9	대리 이동녕 李東寧 (충남) 1924 · 9	대리 박은식 朴殷植 (황해) 1924 · 12	이상룡 李相龍 (경북) 1925 · 7	양기탁 梁起鐸 (평남) 1926 · 2	임시 최창식 崔昌植 (경기) 1926 · 11	안창호 安昌浩 (평남) 1926 · 5	홍진 洪鎭 (충북) 1926 · 7	이동녕 李東寧 (충남) 1926 · 8
국무총리	이승만 李承晚 (황해) 1919 · 4	대리 이동녕 李東寧 (충남) 1919 · 4	대리 안창호 安昌浩 (평남) 1919 · 6	이동휘 李東輝 (함북) 1919 · 9	대리 이동녕 李東寧 (충남) 1921 · 2	대리 신규식 申圭植 (충북) 1921 · 5	노백린 盧伯麟 (황해) 1927 · 7	이동녕 李東寧 (충남) 1924 · 5	

내무총장	안창호 安昌浩 (평남) 1919·4	이동녕 李東寧 (충남) 1919·6	김구 金九 (황해) 1923·9	이유필 李裕弼 (평북) 1924·12	최창식 崔昌植 (경기) 1926·9	김구 金九 (황해) 1926·8	김구 金九 (황해) 1927·8		
외무총장	김규식 金奎植 (경기) 1919·4	박용만 朴容萬 (강원) 1919·6	대리 이희철 李喜徹 (평남) 1921·8	대리 신규식 申圭植 (충북) 1921·9	조소앙 趙蘇昻 (경기) 1923·9	겸兼 이규홍 李圭洪 (충남) 1924·12	오영선 吳永善 (경기) 1927·8		
법무총장	이시영 李始榮 (경기) 1919·4	신규식 申圭植 (충북) 1919·6	홍진 洪鎭 (충북) 1923·9	대리 김갑 金甲 (경남) 1924·5	오영선 吳永善 (경기) 1924·12	조상섭 趙尙燮 (평북) 1926·9	이동녕 李東寧 (충남) 1927·8		
재무총장	최재형 崔才亨 (함북) 1919·4	이시영 李始榮 (경기) 1919·6	이규홍 李圭洪 (충남) 1924·12	이유필 李裕弼 (평북) 1926·9	김갑 金甲 (경남) 1927·8				
군무총장	이동휘 李東輝 (함북) 1919·4	노백린 盧伯麟 (황해) 1919·6	류동열 柳東說 (경기) 1922·9	겸섭兼攝 이동녕 李東寧 (충남) 1924·5	겸兼 노백린 盧伯麟 (황해) 1924·12	김철 金澈 (전남) 1927·8			
교통총장	문창범 文昌範 (함북) 1919·4	남형유 南亨裕 (경남) 1920·11	손정도 孫貞道 (평남) 1922·9	이탁 李鐸 (평남) 1922·9	대리 김규면51) 金圭冕 (함북) 1924·5	노백린 盧伯麟 (황해) 1924·12			
학무총장	김규식 金奎植 (경기) 1919·6	조성환 趙成煥 1923·9	대리 김태학 金泰學 (평북) 1924·9	조상섭 趙尙燮 (평북) 1924·12					
의정원 의장	이동녕 李東寧 (충남) 1919·4	손정도 孫貞道 (평남) 1919·4	홍면희 洪冕熹 (충북) 1921·5	윤기섭 尹琦燮 (경기) 1922·9	조상섭 趙尙燮 (평북) 1924·3	여운형 呂運亨 (경기) 1924·5	최창식 崔昌植 (경기) 1924·5	송병조 宋秉祚 (평북) 1924·5	이강52) 李剛 (평남) 1927·5

*비고 1. 국무령란 중 박은식까지는 대통령이라 칭하고 1925년 7월 이상룡부터 국무령, 올해 2월 이동녕부터 국무위원으로 개칭.
　2. 본표 중 괄호 안에 기재한 것은 본적도道, 숫자는 취임년월.
　3. 내무차장·외무차장·재무차장·군무차장은 어느 것 할 것 없이 1922년 9월 이후 임명이 없다.
　4. 홍면희와 홍진은 동일인이다.
　5. 1927년 8월 개선改選 시부터 국무령은 국무위원 주석이라 칭한다.

3) 의열단義烈團

1919년 3월의 소요(만세운동) 후 불령의 무리가 상하이방면에 운집하여 임시정부를 중심으로, 혹은 이와 관계없이 국권회복운동을 표방하여 조직한 이른바 불령단체는 중국 본부지방만 해도 수십을 헤아린다. 그렇지만 그 표방하는 데를 향해 감연히 행동실현을 적극적으로 감행하는 자는 참으로 수가 아주 적은데, 그 가운데서 유독 그 표방하는 파괴·흉포 행위를 실제로 하거나 실제로 하려 하는 것은 실로 의열단이다. 게다가 목표로 하는 바는 오로지 조선 내에만 그치지 않고 일본도 목표권 내에 두고, 그 수단이야말로 정교한 폭탄과 권총이다. 이에 더하여 실행 담임자와 동지 간의 비밀을 지키는 것도 엄중해서 도저히 다른 실없는 껍데기 단체의 추종을 허용치 않는 점이 있어 조선 내 민심에 충격을 주는 점이 실로 생각하는 것보다 크다.

(가) 의열단 연혁

원래 의열단은 비밀을 으뜸으로 여기고 동지라 하더라도 다른 단원의 행동을 모르게 하는 등 항상 철저한 상태를 유지하기 때문에 창립 당시의 상황 등을 분명히 알기는 어렵다. 그렇지만 1925년 11월 6일 의열단 자금모집을 위하여 조선에 와 있던 중 본도에서 체포된 의열단 중요간부인 양건호梁健浩 곧 이종암李鍾岩을 취조한 결과(본인은 단장 김원봉金元鳳[53]과 함께 의열단 조직을 맡은 자)에 따르면 1919년 4·5월경 양건호梁健浩가 지린吉林에서 김원봉金元鳳과 함께 있는 동안 한봉근韓鳳根[54]·김옥金玉 등도 함께 모여 급진적 독립운동을 모의하고, 그 방법으로 조선 내 중요건물 파괴와 친일조선인의 암살을 급히 해야 할 일로 삼았다. 그리하여 먼저 폭탄제조와 사용방법 연구를 목적으로, 그해 7월 양梁은 김원봉金元鳳과 함께 상하이에 갔다. 마침 상하이에서는 여운형呂運亨이 주재하는 임시

---

50) 임시정부 간부 일람표 : ① 원문에는 각원(閣員)의 취임년월을 일본의 다이쇼(大正)나 쇼와(昭和) 연도로 표시하고 있는데, 이를 서기로 환산했다. 그러나 각원의 취임연도에 서로 모순되는 것이 보인다. 예컨대 국무총리, 외무총장, 학무총장의 경우, 전임자의 취임연도보다 후임자의 취임연도가 빨라 역자가 이것을 수정하였다. ② 내무총장 김구, 외무총장 조소앙, 법무총장 홍진, 학무총장 조성환이 취임한 연도는 원문에서는 모두 '다이쇼(大正) 2년', 즉 1913년이라고 기재되어 있으나 전후관계로 봐서 이는 다이쇼(大正) 12년'의 오기로 판단되어 역자가 수정하였다. 따라서 이 표는 정확성을 상당히 결여하고 있는 것 같다.
51) 김규면 . 1880~1969, 함북 경흥출신, 2002년 독립징.
52) 이강 : 1878~1964, 평남 용강출신, 1962년 독립장.
53) 김원봉 : 1898~미상, 경남 밀양출신.
54) 한봉근 : 1894~1958, 경남 밀양출신, 1980년 독립장.

정부의 별동대라 할 수 있는 구국救國모험단이 흉포 계획을 목적으로 활발하게 폭탄의 제조·조작을 연구 중이었고, 특히 김성근金聲根이 가장 열심히 이 일을 하고 있었다. 그래서 양梁·김金은 그(김성근金聲根)와 함께 배웠고, 김원봉金元鳳은 약 1개월이 되어 지린吉林으로 돌아와 동지 곽재기郭在驥55)를 상하이에 파견하여 김성근金聲根을 지린吉林으로 초빙하였다. 약 1개월 후 김金·양梁·곽郭 3명이 함께 지린吉林에 왔다. 그해 음력 12월 지린성吉林城 파후멘把虎門 밖 중국인 심瀋모 거처에서 김원봉金元鳳(경남 밀양)·서상락徐相洛56)(달성군 성북면)·김옥金玉(경남 밀양)·곽재기郭在驥(충북)·한봉근韓鳳根(밀양)·이성우李成宇57)(경성)·강세우姜世宇(함남)·권준權俊(예천)·윤소룡尹小龍(밀양) 및 양건호梁健浩 11명이 여러 번 회합·협의한 결과, 당시 그곳 각지에 수없이 생겨난 독립단체는 미온적이고 아무것도 한 일이 없음을 개탄하여, 이에 급진적 독립운동을 표방하여 결사를 조직하였다. 이것이 바로 의열단의 탄생이고, 그 후 곧 베이징北京에 근거를 옮겨 구국모험단이 없어진 후 이를 대신해서 베이징北京·상하이방면의 급진분자를 망라하여 의열단을 조직하였다. 그 후 줄곧 김원봉金元鳳이 단장이 되어서 세력부식에 힘써, 1924년경에는 조선인·중국인 약 70명의 결사단원을 거느리게 되었다.

(나) 조직 후의 활동개황

의열단장 김원봉金元鳳은 경성보성중학교 졸업 후, 1919년 3월 소요사건이 발발하자 시국에 깊이 충동을 받았다. 그때부터 줄곧 헌신적으로 독립운동에 종사하기를 결의하고, 소요직후 중국으로 건너와 지린吉林·베이징北京방면의 동지와 사귀어 앞에서 밝힌 바와 같이 의열단을 조직하여 그 후 줄곧 단장이었다. 성격이 극히 영맹獰猛(모질고 사나움)하고 오만하고 대담무쌍한 기백을 갖고 있으며, 행동 역시 매우 경쾌하고 교묘하여 실로 신출귀몰에 능하였다. 부하를 위해서는 재물을 뿌려도 아까워하지 않고, 매우 염담恬談(조용하고 무욕)한 모습이 있다. 그래서 부하 역시 그를 우러러보아 의백義伯(뛰어난 의사義士)이라 부르고 신망이 매우 두텁다고 한다. 그의 출신지는 예부터 이 기풍이 촌락의 풍습이 되어서 그런지 의열단 중의 모험가 한봉근韓鳳根·김상윤金相潤58)·김대지金大池·김천金泉 등은 전부 김원봉金元鳳과 같은 곳의 사람이다.

---

55) 곽재기 : 1893~1952, 충북 청주출신, 1963년 독립장.
56) 서상락 : 1893~1923, 경북 대구출신, 1990년 애국장.
57) 이성우 : 생몰연대 미상, 함북 경원 출신, 1968년 독립장.
58) 김상윤 : 1897~1927, 경남 밀양출신, 1990년 애족장(1968년 대통령표창).

의열단의 목적은 순전히 독립운동임은 물론이지만, 그 방법이야말로 결전이 아니고 외교가 아니며, 오로지 시종일관해서 폭력·파괴·암살·폭동으로써 조선혁명의 목적을 달성하려는 데 있다.

단장 김원봉金元鳳은 항상 "우리 동지가 조국 광복운동을 개시한 이래, 임시정부를 수립하고 광복군대를 조직하고 공산당과 제휴하는 등 획책에 힘써온 지 이미 몇 해가 지났는데 얻은 것은 시끄럽고 소란스럽다는 비방뿐이다. 혁명의 대업이야말로 정규군 또는 외교선전과 같은 것으로 그 목적을 달성할 수 있는 것이 아니다. 마땅히 결사의 사士와 폭탄의 위력에 기대하는 외의 다른 방도가 없음은 혁명역사가 증명하고 있는 바이다. 몇 명 안 되는 동지가 상하이·만주에서 어떠한 망동을 하더라도, 이것은 하지 않는 것보다 나을 뿐이다.

우리 단의 목표는 경성·도쿄東京의 두 곳이다. 조선에 오는 총독 5~6명을 대대로 죽이면, 그 후계(후임)가 되려고 하는 자가 나오지 않을 것이고, 도쿄東京에서 진천震天(하늘을 진동시킴)의 흉포를 감행하기를 해마다 두 번만 하면 일본인 스스로 조선을 포기한다고 외치게 된다. 이리하여 우리의 목적은 적의 손에 의해서 달성될 것이다. 그리고 이를 감히 할 수 있는 자는 우리 의열단을 두고 절대로 다른 데는 없다."라고 말하고 있는 것으로 보아, 그의 포부와 인물이 어떠한가를 헤아릴 수 있을 것이다.

김원봉金元鳳의 신조와 포부는 여실히 의열단의 행동이 되어 나타나 모든 불온 흉포를 반복하여, 한때는 조선 내외의 민심에 비상한 충동을 주었는데, 지금 그 주된 흉포한 행위(계획)를 들면 다음과 같다.

(ㄱ) 이른바 밀양 및 진영사건

의열단원 김원봉金元鳳 등 일당이 대관大官암살 및 중요건물을 폭파할 목적을 갖고 단원 곽재기郭在驥란 자를 시켜 1920년 3월 중순 안동현安東縣(지금의 단동丹東)으로부터 밀양의 김병완金炳完 앞으로 폭탄을 송부했음을 경기도경찰부에서 탐지하여 수색한 결과, 폭탄 3개를 압수하고 관련자 18명 중 곽재기郭在驥 외 12명을 체포하였다. 그런데 단원 이성우李成宇가 다시 그해 5월 중순경 폭탄 13개와 권총 2정을 입수하여 안동현安東縣 이륭怡隆양행을 통하여 경남 진영으로 송부한 것을 역시 탐색한 결과, 이를 발견하여 압수하고 관계자 윤치형尹致衡59) 외 6명을 체포했다(상세한 것은 별항 제7장의 중요사건 항목에 기재한 바와 같다).

(ㄴ) 부산경찰서 폭탄사건

1920년 9월 김원봉金元鳳 외 7명의 일당이 부산경찰서에 폭탄을 던져 서장 외 2명의 부상자를 내었고, 박재혁朴載赫60) 외 2명은 체포되었다.

(ㄷ) 밀양경찰서 폭탄사건

의열단원 양건호梁健浩·김상윤金相潤은 서로 모의하여 폭탄 2개를 제조하여 동지 최경학崔敬鶴(밀양)이란 자로 하여금 1920년 12월 27일 밀양경찰서에 투척하게 하였다(별항 제7장의 중요사건 항목에 상세한 내용 기재).

(ㄹ) 총독부 폭탄사건

1921년 9월 12일 의열단원 김익상金益相61)은 조선총독부 청사 내에 침입하여 폭탄 2개를 던져(한 개는 불발) 마루판자와 기구 약간을 파손했다. 당시 당자는 도주했지만 1922년 3월 상하이에서 일본의 다나카田中대장大將 저격사건 때 체포되었다.

(ㅁ) 다나카田中대장 저격사건

1922년 3월 28일 의열단원 김익상金益相·오성륜吳成崙·양건호梁健浩 등 일당은, 그날 마닐라에서 귀국길에 있었던 다나카田中(義一)62)대장이 상하이세관 선창부두를 통행하던 중, 폭탄 및 권총으로 그의 암살을 꾀했다. 그러나 목적을 이루지 못하고 옆에 있던 미국인 부인 1명을 죽였는데, 김익상金益相·오성륜吳成崙은 드디어 체포되었다.

(ㅂ) 종로경찰서 폭탄사건

1923년 1월 12일 종로경찰서 구내에 폭탄을 투척하여 그 경찰서의 게시장揭示場을 파괴한 자가 있었다.

당시 범인은 도주하여 행방불명이었는데, 그달 17일이 되어 범인으로 보이는 김상옥金

---

59) 윤치형 : 1893~1970, 경남 밀양출신, 1990년 애국장(1977년 건국포장).
60) 박재혁 : 1895~1921, 부산출신, 1962년 독립장.
61) 김익상 : 1895~미상, 경기도 고양출신, 1962년 대통령장.
62) 다나카 기이치(1804~1929) : 일본의 군인, 정치가. 일본육군사관학교, 육군대학을 마치고 육군대장이 되었고 1927년 총리대신이 되었다. 일본군에서도 강경파로 통하고 일본의 군비확장, 산둥의 일본군출병 등 중국에 대한 강경책을 취했으며 장쭤린폭사사건도 그가 총리대신으로 있을 때 일어났다.

相玉(의열단원)이란 자가 경성부 내에 잠복해 있음을 발견하여 체포하러 갔던 바, 그들은 권총을 난사하여 저항(경찰관 1명 사망·3명 중상)하였으므로 마침내 사살하였다(그달 23일).

(ㅅ) 황옥黃鈺[63]사건

의열단장 김원봉金元鳳은 조선 내에서 대규모의 파괴·암살을 결행하려고 1923년 초부터 비밀로 폭탄·권총·실탄·불온문서 등 다수를 반입하여 착착 실행에 분주했다. 그러던 중 3월 14일이 되어 김시현金始顯[64] 이하 12명의 범인을 체포(관계자 25명)하고 폭탄 36개·권총 5정·기타 불온인쇄물 다수의 증거품을 압수했다(별항 제7장 중요사건 항목에 자세히 기재).

(ㅇ) 상하이영사관의 폭탄압수

1923년 9월 29일 상하이 파견원(일본)이, 의열단이 폭탄을 보관해 두었음을 탐지하여, 영사관은 프랑스조계 푸조오로蒲石路 창위리昌余里 66호 정인대鄭寅臺의 집에서 폭탄 50개를 압수하였다.

(ㅈ) 도쿄東京에서의 대大불온계획

1923년 12월 22·23일 종로경찰서에서 의열단 김재현金在顯·구여순具汝淳[65](구우일具宇一)을 체포·취조한 결과, 의열단은 그해 9월 도쿄東京지방 진재 후 민심동요의 기회를 이용해서 만주에 있는 적기단赤旗團과 함께 일대 흉포 행위를 감행키로 모의하여, 1924년 초봄 일본 황태자 결혼식 때까지 결사의 사士를 도쿄東京에 보내어 황태자와 대관大官을 암살하고 중요건물의 파괴를 계획하였다. 그리하여 그 담당자로 앞에 기재한 구여순具汝淳·김정현金禎顯[66]·양건호梁健浩 등 11명을 선정하고, 한패는 경상도지방 부호로부터 자금 3만 원을 거두기 위하여 조선 내에 들어간 것으로 판명되었다(별항 제7장 중요사건 항목에 자세히 기재).

---

[63] 황옥 : 1887~미상, 경북 문경출신.
[64] 김시현 : 1883~1966, 안동출신.
[65] 구여순 : 1892~1946, 경남 의령출신, 1990년 애국장(1977년 건국포장).
[66] 김정현 : 1903~1964, 경북 안동출신, 1990년 애족장.

(ㅊ) 니주바시二重橋사건

의열단원 김지섭金祉燮(안동)은 1923년 12월 중 상하이에서 왕궁(일본)폭파를 목적으로 도쿄東京에 잠입하여, 1924년 1월 5일 일본왕궁 니주바시二重橋에 돌입해서 폭탄 3개를 던졌으나, 불발로 끝나고 체포되었다(상세한 것은 별항 제7장 중요사건 항목 참조).

(ㅋ) 양건호梁健浩사건

1925년 10월 말 의열단 유력 간부 양건호梁健浩는 활동자금 1만 원을 마련하기 위하여 (미리 동지와 연락이 있었음) 몰래 조선에 들어가 대구부 밖 동지 배중세裵重世67)의 집에 잠복하던 중, 그 해 11월 6일 본도 경찰부에 의해 체포되었다(별항 제7장 중요사건 항목에 자세히 기재).

(ㅌ) 동척東拓 폭탄사건

의열단에서는 1926년 7월 하순 중국 텐진天津에서 김창숙金昌淑(성주출신, 유림사건 주범, 의열단 고문)·류우근柳佑瑾·한봉근韓鳳根·나석주羅錫疇68)·이승춘李承春이 회합하여 흉포한 행위를 하기로 협의했다. 그 결과, 나羅·이李 두 명은 김창숙金昌淑이 건넨 1500원의 자금으로 권총·폭탄을 입수하고(권총은 정원鄭遠의 손으로 교부) 나羅 1명만 먼저 조선에 들어가, 1926년 12월 28일 경성에 잠입하여 동척과 식산은행 본·지점에 난입하여 폭탄을 던졌다. 그러나 불발로 끝나고, 마침내 권총을 발사하여 7명을 저격하고 자신도 권총 자살하였다(자세한 것은 별항 제7장 중요사건 항목 참조).

(ㅍ) 대구부호 암살계획

1927년 2월 의열단 간부 이방신李芳宸·한진산韓震山·이상일李相一 등이 협의하여 의열단을 활민당活民黨으로 개칭하고, 당명의 선전과 자금징수를 위해 친일 부호를 암살하기로 협의했다. 그 목표로서 대구부호 장길상張吉相 및 정재학鄭在學의 암살을 획책하여 이 일의 담당자로서 이창우李昌宇?(28세)·이상일李相一?·박관해朴觀海(함경도, 28세가량)를 파견하기로 결정했다는 정보가 있어서(믿을만한 소식통으로부터 입수한 것) 엄중히 경계하여 무사할 수 있었다.

---

67) 배중세 : 1893~1944, 경남 창원출신, 1990년 애국장(1977년 건국포장).
68) 나석주 : 1892~1926, 황해도 재령출신, 1962년 대통령장.

이와 같은 의열단의 흉포 행위는 1920년 이후 연속 감행되었는데, 많은 것은 미연에 탐지·검거하고 범인 대부분을 체포하는 등 잘 처리할 수 있었다. 그러나 그들의 동작이 매우 재빠르고 사나우며, 비밀엄수는 실로 그들의 생명이라 할 수 있을 정도이고 단원 상호 간이라 할지라도 다른 단원의 동정을 아는 것이 극히 드물기 때문에, 본거지나 조직 내용 등을 판명하기가 어려웠다. 그런데 관계자 취조의 상황·기타 정보 등으로 생각건대, 1920·1921년경에는 본거지를 베이징北京·상하이로 전전하였고, 1922년경에는 암살·재무·교육·비행기·폭탄 총기제조·선전 각부를 두고 각각 이를 담당하고 있었으나, 1927년경에는 본부를 광둥廣東에, 지부를 상하이·우창武昌·난징南京에 두기로 하고, 조직 내용은 1923년 초부터 기밀, 실행 양부兩部로 조직했으며 그 후 1927년 초에는 비서秘書·정치·재정·선전조직 등의 각 부서로 조직되어 있는 것 같다. 그 단원 수 같은 것도 백 수십 명이라 하기도 하고 70여 명이라고 보도되어 원래부터 명백하지는 않으나, 40~50명을 넘지 않는 것 같다.

이에 의열단에 대해서 특기할 것은,

① 1923년 3월 조선 내에서 획책하던 일대一大 흉포 계획이 그림의 떡으로 돌아가자, 이를 계기로 조선은 단지 자금을 조달하는 곳으로 하고 직접행동은 반드시 일본에서 실행하려는 경향을 낳았다. 그 원인은 1923년 오스기 사카에大杉榮가 유럽에 가는 도중에 상하이(혹은 베이징北京?)에서 김원봉金元鳳과 회견하여 흉포 계획에 대해 연락을 취했기 때문으로 판단되지만, 이 사건은 일본인과 조선인 불령자가 손잡은 것이니만큼 엄중히 유의할 필요가 있다.

② 1925년경 의열단장 김원봉金元鳳과 손두환孫斗煥은 조선혁명의 중심이 되어야 할 인물을 양성하기 위하여 황푸黃埔군관학교[69]와 중산대학中山大學[70]에 유위有爲(?)한 조선인 학생을 입학시키기로 했다. 그리하여 졸업 후에는 중국혁명군에 들어가 실지훈련을 하고 장래 유사시에 대비키 위해, 먼저 중국의 중요한 자리에 있는 사람에게 양해를 얻어 황푸黃埔학교 제3기 본과생 25명 입오入伍생(예과 같은 것)에 20명을 입학시켰다. 그런데 그들은 누구나 생명을 걸고 활동하여 그 성적이 볼만한 것이 있다하여 중국혁명군 간부의

---

[69] 황푸군관학교 : 제1차 국공합작(국민당과 공산당의 합작)의 성과로 성립된 국민혁명군을 조직하기 위해 설립한 간부양성기관이다. 1924년에는 장제스가 교장에 취임했으며 1926년 중앙군사정치학교로 개칭되었다.
[70] 중산대학 : 쑨원(孫文)이 1924년에 세운 대학으로 당시는 국립 광둥대학이라 했다. 그가 죽은 후 그를 기념하여 중산대학으로 교명을 바꾸었다. 중산은 쑨원의 호이다. 현재에도 중국 광둥성에 있으며 네 개의 캠퍼스를 갖고 있다.

신임을 얻었고, 그 후 계속 조선인 학생의 입학 희망자가 많아 제4기생으로 21명, 제5기생으로 17명의 졸업생이 있다.

중산中山대학도 매 학년 30·40명의 조선인 학생이 재학하여, 그 졸업생 대부분은 혁명군에 투신하거나 의열단에 들어가는 등 크게 활동하고 있다고 한다. 당장 그 결과에 대해서는 믿기 어렵지만, 그 획책에 대해서는 크게 유의할 필요가 있다.

(다) 최근의 상황

1920년 이래 여러 차례의 흉포 계획도 소기의 목적을 달성하지는 못하여 의기소침해졌다. 따라서 자금의 궁핍과 생활의 불안은 시시각각으로 다가올 뿐 아니라, 1926년 이래 민족주의운동은 점차 쇠미해졌다. 반면에 공산주의운동은 비상한 진전을 하여 재외 불령자 또한 앞 다투어 방향을 전환하게 되고, 의열단도 역시 점차 시들어져 옛 모습은 없다. 작년 1928년 가을 어대전御大典 후에 다소 책동이 있다는 정보가 있었던 것 이외는 특기할 소식을 듣지 못하였다.

한편 작년 11월에 창립 9주년기념이라 하여 배포한 격문檄文에 따르면 아래에 기재한 바와 같이 명백히 공산주의로 전환을 선언하고 있는데, 본래의 사명이라고 하는 폭력은 어디까지나 그 강령의 큰 줄거리로서 이를 버리지 않고 있음에는 주의할 필요가 있다.

이리하여 흉포에 지칠 줄 모르는 의열단도 이제는 시들어지고 왕년의 모습은 없고, 김원봉金元鳳 등 십수 명은 상하이에 숨어 있으면서 준동蠢動하고 있는 것 같지만 장래 큰 활동은 가망이 없다. 그러나 종래의 사례로 미루어 보면, 조선 내에서 특종의 행사(집회)나 그 밖의 사정이 있을 경우에는 상당한 경계를 요한다. 특히 도내 출신자로서 현재 단원이거나 과거 이에 관계한 것이 판명된 자는 아래의 표와 같이 32명을 헤아린다. 그 가운데 김창숙金昌淑은 일찍이 고문이었고, 이종암李鍾岩(양건호梁健浩)은 단원 가운데서도 가장 흉포한 행동을 하는 자이고, 김시현金始顯은 김원봉金元鳳의 신뢰가 가장 두터운 중요간부이다. 기타 이상일李相一·현승건玄昇健·김종철金鍾喆 등 역시 십이분十二分의 흉포성을 가지고 있다.

장래 이들 인물의 행동에 관해서는 계속 십분 유의를 요하는 점이 있다.

본도 출신 의열단 관계자 명부

① 국외에서 관계한 자

성 명	별 명	연령	본 적	비 고
윤자영 尹滋英		36	청송군 청송	국외(주소 부정)
배병현 裵炳鉉	배천택 裵天澤	38	대구부 견정	베이징北京에 있음
박근호 朴根浩	박광 朴洸	48	고령군 고령	평북도 거주
이종암 李鍾岩	양건호 梁健浩 양근호 楊根浩	34	대구부 남산정	사망
이덕생 李德生[71]	이상일 李相一	29	대구부 남산정	1913년 총독부폭탄사건 관계자
이상도 李相度[72]		32	대구부 남산정	대구에 거주 중
류우국 柳佑國[73]	류진 柳盡	35	상주군 중동	사망
이영록 李永祿	청구 靑邱	26	대구부 남산정	베이징北京에 거주 중
정세호 鄭世鎬	원遠		성주군 청파	동척폭탄사건 관계자. 현재 본적지에 있음
권정필 權正弼[74]	동산 東山	42	안동군 풍북	황옥黃鈺사건 관계자. 닝쿠타寧古塔에 거주
김시현 金始顯		48	안동군 풍북	김원봉金元鳳의 신임이 가장 두터운 자로 황옥黃鈺사건 관계자. 지린吉林지방 배회 중
김정현 金禎顯	재현 在顯	27	안동군 풍북	김시현金始顯의 동생으로 1923년 총독부폭탄사건 관계자. 베이징北京 거주 중
김지섭 金祉燮		43	안동군 풍북	니주바시二重橋사건 주범이고, 황옥黃鈺사건 관계자. 사망
김창숙 金昌淑	필산 必山	51	성주군 대가	의열단 고문이었던 자. 동척사건 관계자. 대전형무소 수감 중
김정묵 金正默	국빈 國賓 해산 海山	42	선산군 구미	베이징北京 거주
김상덕 金尙德		39	고령군 고령	판스현盤石縣 거주 중
김종철 金鍾喆		42	경주군 양북	상하이上海 거주 중
김응섭 金應燮	동전 東田	52	안동군 풍북	지린吉林 거주 중
현정건 玄鼎健[75]		37	대구부 견정	신의주형무소
서상락 徐相洛	영림 永林	35	달성군 성북	1920년 밀양 및 진영사건 관계자, 독일 거주
서동일 徐東日[76]		37	대구남南용강정	대구 거주
이현준 李賢俊[77]	한영근 韓英根	28	달성군 하빈	

---

71) 이덕생 : 1900~1939, 경북 대구출신, 1990년 애족장(1977년 대통령표창).
72) 이상도 : 1897~1944, 경북 대구출신, 1990년 애족장.
73) 류우국 : 1895~1928, 경북 상주출신, 1990년 애국장(1977년 건국포장).
74) 권정필 : 1886~1935, 경북 안동출신, 1990년 애국장(1982년 건국포장).
75) 현정건 : 1887~1932, 경북 대구출신, 1992년 독립장.

② 조선 내에서 관계한 자

성 명	별 명	연령	본 적	비 고
신철휴申喆休[78]	우동愚童	33	고령군 고령	1920년 밀양 및 진영사건 관계자
이수택李壽澤[79]	일몽一夢	39	칠곡군 왜관	밀양 및 진영사건, 밀양경찰서 폭탄사건 관계자
류병하柳秉夏[80]		32	안동군 풍남	황옥黃鈺사건 관계자
김사용金思容[81]		47	상주군 상주	〃
이경희李慶熙[82]		49	달성군 성북	〃
황직연黃稷淵[83]		39	문경군 산북	〃
김재수金在洙[84]		42	상주군 상주	밀양 및 진영사건 관계자
이기양李起陽		43	대구부 서내정	양건호梁健浩사건 관계자

【별기別記】 (의열단의 선언문)

창립 9주년을 기념하면서

본단本團(의열단)은 금일 창립 9주년을 맞이하는 우리들은 이날을 최대의 정열과 한없는 감개로서 이를 기념함과 동시에 최대의 냉정으로서 우리의 과거를 회고하고 현재를 직시하며 장래를 계획하는 (중략) 우리들은 폭력적 혁명을 강조하고 민중적 운동을 제창하면서 1919년 11월 10일에 의열단을 조직하였던 것이다. 그리고 본단은 창립정신을 실천하기 위해서 끊임없이 노력하였다. 제1차로 곽경郭敬·이성우李成宇 등의 폭탄사건을 비롯하여 박재혁朴載赫의 부산폭탄사건, 김익상金益相의 총독부파괴사건, 오성륜吳成崙의 황포여울黃埔灘, 다나카田中습격사건, 김시현金始顯·유석현劉錫鉉[85]·황옥黃鈺 등의 폭탄사건, 김지섭金祉燮의 적敵왕궁폭탄사건, 나석주羅錫疇의 동척습격사건…… 등 대충 16건의 큰 파괴·

---

76) 서동일 : 1893~1965, 경북 경산출신, 1990년 애족장.
77) 이현준 : 1902~미상, 경북 대구출신, 1995년 애국장.
78) 신철휴 : 1898~미상, 경북 고령출신, 1990년 애국장(1977년 건국포장).
79) 이수택 : 생몰연대 미상, 경북 칠곡출신, 1990년 애국장(1977년 건국포장).
80) 류병하 : 1898~1987, 경북 안동출신, 1990년 애국장(1977년 건국포장).
81) 김사용 : 1893~1941, 경북 상주출신, 1991년 애국장(1963년 대통령표창).
82) 이경희 : 1880~1949, 경북 대구출신, 1990년 애국장(1980년 건국포장).
83) 황직연 : 1890~1943, 경북 문경출신, 2008년 애국장.
84) 김재수 : 1888~1955, 경북 상주출신, 1998년 애족장.
85) 유석현 : 1900~1987, 충북 충주출신, 1977년 독립장.

암살운동을 실행하였다. 그러나 지금에 이르러 스스로를 비판하면, 본단도 창립 당시 조선혁명을 계획하여 실행함에 있어서 많은 과오와 부족이 있어왔다는 것은 숨길 수 없는 사실이다. 그러나 모든 타락분자·비겁분자·공론空論분자·폭력부인否認분자 등의 사이에서 훌륭하게 혁명적 의열義烈정신을 보지保持·전개하였던 것은, 조선혁명사에 있어서 광휘光輝있는 사실이다. 우리들이 항상 실천으로부터 많은 것을 배워온 본단 자체의 실천, 조선혁명운동 전체의 실천 내지 세계혁명운동의 실천은, 우리들의 견해를 한 단계 한 단계 진전시켰던 것이다. (중략) 조선의 혁명과 세계의 혁명을 연결하게 했던 일, 조선혁명의 결정적 역량을 노동대중에서 구했던 일, 광범한 대중의 혁명적 요구를 반영한 구체적 강령을 내걸었던 일, 폭력혁명의 준비와 조직을 강조했던 일, 그리고 전 혁명을 조직하여 전 민족적 통일기관의 촉성을 주장했던 일 등은 오늘날에 있어서도 그 정당성이 더욱더 강조되지 않으면 안 된다.

우리들은 지금 조선혁명에 관련된 현재의 정세를 한 번 더 고찰할 때, 그 중요한 것을 다음과 같이 요약할 수 있다.

1. 일본제국주의의 조선민중에 대한 극도의 압박착취
2. 이에 대한 조선 각 계급 및 각층의 반항 내지 불평
3. 민족적 공동전선의 개시
4. 공산주의자의 지도하에 급격히 전개하는 노동대중의 운동
5. 혁명전선에서의 우익세력의 대두
6. 제국주의 세계안정의 급격한 붕괴와 그에 따르는 필사적으로 몸부림치는 반동
7. 세계무산계급 및 세계약소민족의 반제국주의적 전선! 세계혁명전선과의 동맹확립. 세계혁명의 파도의 상승
8. 소비에트연방이 세계의 모든 혁명의 벗으로서의 존재, 이에 대한 제국주의 열강의 연합적 반격

(앞부분 생략) 강도強盜 일본으로부터 조선의 절대독립을 탈환하기 위해서, 또 그들의 현재 폭압에 항거하기 위해서는 오로지 협동·통일의 길 만이 있다.

그것을 위해서는 모든 주의에 의한 대립, 모든 붕당에 의한 분열이 극복되어야 한다. 그리고 조선혁명운동은 더 나아가 세계혁명전선에까지 굳건히 통일되지 않으면 안 된다.

여러 약소민중과 민족의 해방운동만이 우리 동맹군의 목적이 아니다. 세계의 무산계급 혁명운동도 역시 우리가 신뢰해야 하는 동맹군이므로 우리는 그들과 동맹하지 않으면 안 된다. 소비에트연방과의 동맹 그것을 제국주의에 대항해서 지지하는 것도 절대 필요하다.

우리들은 민족적 협동정신을 절규하고, 그것을 위해서는 어떠한 노력도 아끼지 않는다. 그러나 우리가 절규하는 협동정신은, 형식적인 것이 아니고 실질적인 것이고, 우경적인 것이 아니고 전투적인 것이다. 우리 민족은 절대다수가 노농勞農대중이며 가장 혁명적인 층도 그들이다. 우리들 전선의 기초는 그들에게 두지 않으면 안 된다. 현재 급속히 진전하는 조선 노농계급이 운동을 더욱더 발전시켜 그것을 독립운동과 연결하게 하는 것이 협동전선의 최대조건이어야 한다. 동시에 현재 대두하고 있는 모든 우경 내지 타락의 경향에 대해서는 협동전선 내에서 끊임없이 투쟁해야 한다. 우리는 모든 전투 회피자·폭력 부인자·점진주의자 등을 여전히 혁명의 적으로 간주하고 그들과 싸우려 한다.

그리하여 우리는 우리 혁명의 전선통일을 절대로 주장하고 그 실현을 위하여 최대의 노력을 기울일 것을 서약한다.

본 단은 9주년 기념일에 즈음하여 위와 같은 견해와 주장을 고창高唱하면서 다음과 같은 함성을 올린다.

　　강도 일본을 타도하자!
　　전투적 협동전선에로!
　　통일적 독립당을 완성하자!
　　자치주의자를 타도하자!
　　혁명의 기초를 노농대중에!
　　세계혁명과 연결하자!
　　소비에트연방과 동맹하자!
　　　　　　　　　　　1928년 11월 10일
　　　　　　　　　　　　　　　　조선의열단 중앙집행위원회

4) 병인의용대丙寅義勇隊

(가) 조직 당시의 정황

임시정부 내의 파벌암투는 1925년 말에 이르러서는 직접폭력을 행사하는 추태를 연출하여 그해 겨울 여운형呂運亨이 구타당하는 등의 사건이 있었다.

당시 임시정부를 옹호하는 정위단正衛團이란 폭력단이 있었다. 1926년 초에 정위단 간부를 중심으로 임시정부 절대옹호를 표방하며, '본대本隊는 임시정부의 기치 아래 철혈鐵血주의를 가지고 독립운동에 스스로 나아가고 스스로 오는 의용청년과 동맹하여 적의 모든 시설을 파괴하고 적에 동조하는 일체의 이류異類행동을 근절하려고 한다.'라고 선언하며 박창세朴昌世・나창헌羅昌憲・최석순崔錫淳・이유필李裕弼 등에 의해서 조직된 것이다. 그 대헌隊憲 제2조에는 '본대는 적의 모든 시설을 파괴하여 임시정부의 신성을 보증함을 목적으로 하는 비밀결사로 함'이라 하며 흉포한 직접행동을 강령으로 하고 있어 언뜻 보면 의열단과 상통한다. 그리고 창립 당시의 대장 박창세朴昌世와 간부 나창헌羅昌憲・이유필李裕弼은 전부가 서북파의 주요인물이라는 점으로 보면, 한편으로는 임시정부 내 서북파를 옹호하는 별동대라는 감이 없지 않다.

(나) 조직 후의 행동

조직 후에는 단원 십수 명을 거느리고 바로 그 목적인 파괴・암살을 획책하고 상하이 방면에 있는 일본관헌의 밀정으로 인정되는 자 수 명을 암살하여, 일시 불령자 사이에 비상한 충동을 주었다 한다(상하이에 파견된 밀정 박재건朴齋乾[86])은 동 대원 최병선崔炳善[87]) 등에 의해서 암살된 자이다).

뒤이어 그해 4월 16일에는 이영선李永善이 일본영사관 내 호리堀순사를 공동조계로 꾀어내어 사살을 기도했지만, 다행히도 사람을 잘못 알아보았기 때문에 그는 난을 면하였다. 그러나 그 일로 해서 일본인 마쓰모토松本(우선郵船회사 일본 고용인)란 자가 권총으로 맹장이 관통하는 상처를 입었다.

또 그해 4월 8일, 대원 김광손金光孫(평남)・김창건金昌健・이수봉李秀峯의 3명은 일본영사관을 폭파하여 관원을 암살하려고 폭탄 2개를 던지고 도주했다. 그런데 폭탄 1개는 불발로 끝났고 1개는 폭발했지만 다행히 기물에 다소의 손해를 입히는 정도로 끝났다.

때마침 같은 해 6월 10일 경성에서 이왕李王 전하의 국장國葬이 있다고 전해지자, 이 기회에 천도교와 연락하여 경성에 잠입해 일대 흉행을 감행하기로 꾀하고, 대원 김광손金光孫(평남)・김준택金峻澤(평북)・김연용金硯龍(평북)・이영선李永善(평북)의 4명이 죽음을 각오

---

86) 박재긴 : 박제건(朴齊乾)의 오식이다.
87) 최병선 : 1886~1943, 평북 정주출신, 1963년 독립장.

하고 이를 담당하기로 했다. 그리하여 폭탄 3개와 권총 1정씩을 휴대하고 6월 1일 상하이에서 외국기선 순천順天호에 승선했다. 그런데 뜻밖에 중국세관 관리에게 폭탄과 권총이 발각되어 압수됨과 동시에 배에서 내릴 것을 명령받고 일본영사관에 인도되었다. 이영선李永善은 영사관에서 문초 받던 중 스스로 목을 매어 죽고 그 외는 전원이 제령위반·기타위반으로 처벌되었다. 다시 그해 9월 15일 상하이영사관에 폭탄을 두고 가, 폭발하게 한 자도 있었다. 이것으로 별로 피해는 없었지만, 본 대원의 소행이거나 의열단원의 행동으로 판단된다고 한다. 이렇게 하여 연속하여 흉포 행동을 감행했지만, 어느 것도 소기의 목적을 달성하지 못하였다. 1927년 이후 특기할 활동은 없지만 그 단원은 이유필李裕弼·최창식崔昌植·나창헌羅昌憲·박창세朴昌世·강창제姜昌濟[88]·이수봉李秀峯·곽중선郭重善[89]·최창봉崔昌鳳·박규명朴圭明[90]·김정근金貞根 등으로 지금도 그들에 관한 불온정보가 끊이지 않지만, 대단한 활동은 없을 것이다(현 단장은 강창제姜昌濟 곧 강화조姜華祖 : 평북출신).

5) 우리 머슴단

이것은 1925년 12월 독립운동의 혁신을 표방하여 박영호朴英浩·김응섭金應燮(안동군 출신)·박희곤朴凞坤·곽병덕郭秉德·박영朴英·장의두張義斗·김태문金泰文 등에 의해서 조직된 순수 독립운동의 비밀결사이다. 당시 여운형呂運亨이 공산운동으로 변절한 데 분개하여 그의 집에 침입·폭행하였고, 뒤이어 박창세朴昌世·김창건金昌健(정위단 병인의용대원)을 습격한 일이 있었다. 그 후 1926년 6월 이왕李王 국장國葬에 즈음해 경성에 잠입하여 연락기관의 설치 및 구체적인 독립운동에 착수하기로 하여, 단원 김응열金應烈 및 박영호朴英浩 두 사람이 조선에 들어갔다. 그렇지만 바로 체포되어 그 후는 단의 세력이 부진하여, 최근 그 소식을 들을 수 없다.

6) 한국유일독립당 상하이촉성회

1926년 10월, 당시 매우 고조된 각 단체의 통일운동 열기로 먼저 베이징北京에서 대한독립당조직촉성회가 조직되기에 이르렀고, 이에 자극을 받은 상하이 불령조선인 가운데

---

[88] 강창제 : 1898~1965, 평북 창성출신, 1963년 독립장.
[89] 곽중선 : 1907~1935, 충북 옥천, 1992년 애족장.
[90] 박규명 : 본명 朴奎明, 1898~1937, 평북 선천출신, 1990년 애국장(1977년 건국포장).

서도 각파의 통일로 대동단결을 기도하는 데 진력하고 있었다. 그러나 그곳은 여전히 서북파와 기호파 간의 알력이 심하여 일이 답보상태에 있었다. 1927년 3월말 공산계의 홍남표洪南杓·정백鄭栢91) 등은 자파의 힘으로 이를 조직하려고 크게 노력한 바가 있었다. 즉 그해 4월 10일 홍진洪鎭·홍남표洪南杓 두 명의 명의名義로 전全민족독립당 결성 선언문을 발표하여, 다음날 11일 삼일당三一黨92)에서 창립총회를 거행했다. 당시 집합한 자는 약 40명이며, ①한국유일당의 조직을 촉성할 것 ②한국민족의 독립적 역량을 집중하는 데 노력하겠다는 강령 및 위원명칭·기타를 결의하고 조직을 끝냈다.

그리하여 당시의 집행위원(△표시가 된 사람은 반대하고 결석했는데도 선출된 자)은 다음과 같이 25명이었다.

홍진洪鎭·이동녕李東寧·△이규홍李奎洪·조상섭趙尙燮·조완구趙琬九·홍남표洪南杓·조봉암曺奉岩93)·정백鄭栢·황훈黃勳·강경선康景善94)·이민달李敏達·나창헌羅昌憲·최석순崔錫淳·최창식崔昌植·△김철金徹·△김갑金甲·△오영선吳永善·△김두봉金枓奉95)·△안태근安泰根·△김구金九·△윤기섭尹琦燮·송병조宋秉祚·김규식金奎植·현정건玄鼎健

그렇지만 처음부터 좌익분자의 일시적 야합인 까닭에, 당내의 암투로 공산·비공산의 2파로 분립하여 매번의 집행위원회도 거의 유회流會를 거듭하였다. 그런데 1927년 9월에 이르러 베이징北京촉성회로부터 상하이에서 각지 촉성회(베이징北京·상하이上海·광둥廣東·우한武漢·난징南京에 촉성회가 있다)의 연석회를 개최하자는 교섭이 있었고, 이를 계기로 집행위원회 25명을 15명으로 줄이고, 연석회의 출석대표로 이동녕李東寧·홍진洪鎭·김두봉金枓奉·홍남표洪南杓·조소앙趙素昻을 선출했다.

그 연석회의는 그해 9월 30일부터 개회 예정이었는데, 각지 대표가 도착하지 않고 공산·민족 양자의 불화로 연기에 연기를 거듭하여 겨우 11월 7일 준비회를 열고 9일부터 본회의를 개최했다. 출석대표로서 베이징北京으로부터 조성환曺成煥, 광둥廣東으로부터

---

91) 정백 : 1899~1950, 강원도 철원출신.
92) 삼일당 : 원저에는 '三一黨'으로 기재되어 있는데, 여기서 '黨'은 건물을 가리키는 '堂'이다. 상하이에 있는 건물로 독립운동 회의가 자주 열렸던 장소이다.
93) 조봉암 : 1898~1959, 경기도 강화출신.
94) 강경선 : 1890~1930, 평북 정주출신, 1995년 독립장.
95) 김두봉 : 1889~1961, 경남 동래출신.

정유린鄭有麟, 우창武昌으로부터 백덕림白德林, 난징南京으로부터 김영호金永浩·김일주金一柱가 출석하여 11월 22일 폐회했다. 이 회의에서는 '전민족의 생사가 걸려있는 우리 독립운동은 지금 어떠한 상태에 있는가. 2천 년래의 외적의 침입과 3백 년 전의 원수와 18년간의 치욕은 말할 것도 없고, 현재 및 장래의 우리의 생존조건을 철저하게 박탈한 왜적에 대한 사활을 건 결투인 이 독립운동이 과연 어떠한 상태에 있는가 말하려하니 전율하여 견딜 수 없지만, 사실은 쇠퇴부진의 상태이다.'라는 말을 모두冒頭에 쓰고, 운동전선의 통일에 힘써 소기의 목적을 달성코자 한다는 선언과 ①본회는 한국의 유일한 독립당 성립을 촉성하는 각지 촉성회조직주비籌備회 성립에 노력한다. ②본회는 한국독립에 필요한 전민족적인 일체의 혁명역량을 총집중하는 데 선구가 되기를 기期한다. ③본회는 우리의 실상과 세계대세에 비추어 독립당 조직에 관한 계획을 연구 제공하는 것을 도모한다는 강령을 결의했다. 또 만주에서 유일당 결성을 권유하기 위하여 대표 2명(상하이 1명·베이징北京 1명)을 파견할 것을 결의하였다. 이렇게 하여 1928년 1월초 판스현盤石縣에서 만주의 각 단체 통일회의를 촉구했지만, 상하이촉성회는 여전히 공산파가 대세를 좌우하여 점차 그 색채의 농도가 더해지고 있고, 화동華東한국학생연합회·상하이한인학우회·상하이한인청년회 등은 촉성회에 가맹하여 지원하고 있다. 현재 회원은 60명 내외라고 하나, 파벌투쟁이 심하다는 것 외에 특기할 활동이 없기는 하다. 그렇지만 불령단체가 끝까지 대동단결에 힘쓰고 어떠하든 각지에서 일제히 촉성회 조직을 보게 된 것은, 조선 내에서의 신간회의 설립과 견주어 고찰해 볼 때 이러한 단체의 움직임에 대해 상당한 주의를 요함은 물론이다. 현재 상하이에 있는 단체 중 이 단체는 중국본부 한인총동맹과 더불어 비교적 유력단체의 범위에 들어간다.

7) 기타

이상의 단체 외에 상하이에는 교민단·인성仁成학교(학생 약 30명)·흥사단지부 등의 제 단체가 존재하기는 하지만, 거의 유명무실하고 아무런 활동이 없다. 또 난징南京에는 안창호安昌浩가 주재하는 흥사단극동본부가 있으며, 그 지부는 중국각지에 걸쳐 산재하고 있는 것 같다. 흥사단은 무실역행務實力行(참되고 실속 있도록 힘써 실행함)을 주의로 하여 비교적 온건하지만, 조선독립을 본지本旨로 하는 데는 아무런 차이가 없다. 그 부속사업으로 난징南京에 동명東明학원을 경영하고 있으나, 1926년 9월 화재로 소실한 후 복구의 가망이 없는 것 같다.

한국유일독립당 난징南京촉성회는 1927년 9월 창립회원은 30명이라 말하고 김일주金一柱란 자가 이를 주관하고 있지만, 다만 타에 추종하는 데 그치고 특기할 활동은 없다.

이쯤해서 지금 본도와 상하이 불령운동과의 관계를 돌이켜 보건대, 이전에는 임시정부 도道대의원이자 영남유림으로 존중받은 유림사건의 수괴인 김창숙金昌淑도 체포되어 감옥에서 거의 죽게되는 병을 앓고 있고, 의열단 간부로서 흉포를 마구 저지른 양건호梁健浩 곧 이종암李鍾岩도 지금은 형무소에 있으며, 기타 정원鄭遠·현정건玄鼎健 역시 체포되어 옛날 모습은 없다. 지금은 이덕생李德生·김종철金鍾喆·권중환權重煥(전부가 의열단원이거나 그것으로 의심이 가는 자) 및 공산주의자 김태연金泰淵[96]·김원식金元植 등이 상하이방면에서 준동하고 있지만, 그 행동은 구체적으로 특기할 사항이 없다. 요컨대 상하이방면은 요즈음 가을바람이 불고 해가 지는 양상이고, 그 대세는 오로지 만주지방으로 이동했다고 보아야 할 것이다.

(2) 광둥廣東 방면

광둥廣東(지금의 광저우廣州)은 본래 중국혁명의 중심지로 알려지고, 재외 불령조선인으로 국민혁명군에 접근하여 일을 성취시키려는 무리들로 광둥廣東에 내왕한 자가 상당수가 되는 것 같지만, 지리적 관계·기타 때문에 그곳의 정황은 종래부터 극히 분명치 않기는 하다. 이전부터 그곳 조선인을 움직여 온 사람은 손두환孫斗煥이지만 1927년 3월 모스크바 공산대학에 입학한다고 그곳을 떠났고, 의열단장 김원봉金元鳳 역시 공산당 탄압으로 이곳을 떠나서, 그 졸개들은 통솔을 잃고 많은 수는 상하이·우창武昌방면으로 이동했다. 특히 1927년 4월 중국 측의 공산당 소탕은 직·간접으로 불령조선인에게 커다란 타격을 주었는데, 그 후 모스크바로 갔던 손두환孫斗煥이 그해 말에 다시 상하이로 돌아와 황푸黃埔군사정치학교의 교관이 되었다는 정보가 있으나 판명된 것은 아니다.

광둥廣東에 존재하는 조선인 단체는 다음 단체 등이 있다.

1) 광둥廣東 한국혁명동지회

이것은 전부터 광둥廣東에서 가장 유력한 단체로서 한때는 회원 200명을 헤아리고 기관지 『혁명운동』을 발행하고 있었다. 그러나 수령 손두환孫斗煥이 러시아에 가고 김원봉金

---

[96] 김태연 : 1900~1938, 경북 김천출신, 2005년 독립장.

元鳳 일당이 광둥廣東을 떠남에 따라 회원 상호 간에 알력이 생겨, 1927년 4월 제2차 임시대회 후 의열단계열의 인물을 배척하고 나서는 비교적 온건화하였고, 그 후 특별한 활동 없이 유명무실의 상태이다.

2) 조선인 학생의 상황

앞서 의열단 항에서 서술한 바대로, 의열단장 김원봉金元鳳과 광둥廣東지구 불령조선인 수령 손두환孫斗煥은 광둥廣東정부 수령 장제스蔣介石에게 접근하여, 조선혁명에 즈음하여 독립군에 복무시킬 목적으로 조선인 학생을 황푸黃埔군사정치학교에 입학시키고자 양해를 구했다. 1925년 여름경부터 조선인 학생을 그곳에 불러들여, 제3기생부터 학기마다 조선인 학생 5명 내지 20여 명을 입학시키고 졸업생은 혁명군에 들어가 군에 복무케 했다. 그리하여 한때는 예상되는 기대 이상의 성적을 거두어, 입학지망자는 한때 200여 명을 헤아렸다. 1927년 5월경에는 광둥廣東 유학생이 아래와 같이 229명에 이르게 되었다.

황푸黃埔군관학교	14명
황푸黃埔교도단敎導團	56명
사허沙河병영兵營	15명
위주魚珠학생군軍	36명
선전深圳요새	51명
광저우둥산廣州東山육군병원	20명
중산中山대학	57명

그러나 그 후 난징南京정부파의 태도가 표변하고 게다가 공산당 탄압이 더욱 준엄해지자 그들 조선인은 상하이·우창武昌방면으로 달아나고, 중국 측도 군관학교에 대하여 1927년 9월 제2학기부터 학비를 미리 내는 제도로 바뀌었기 때문에 입학자가 격감하여 최근에는 특이한 현상을 볼 수 없다.

3) 한국독립유일당 광둥廣東촉성회

1927년 봄 광둥廣東거주 불령조선인 김성숙金成淑(전 혁명동지회 집행위원 및 의열단원)은, 상하이·베이징北京·한코우漢口 방면을 배회하던 중, 우연히 상하이에서 장건상張健相을 만나 베이징北京에서의 대大독립당촉성회 성립경과를 듣고 알게 되고 이에 매우 공명하여, 광둥廣東에 돌아온 후 동지 정학빈鄭學彬 등과 더불어 그해 5월 이 단체를 조직했다. 당시의 회원은 170여 명이라고 말하지만, 대부분은 혁명동지회 회원과 의열단 단원이었다.

그리고 같은 해 11월 상하이에서 개최된 독립촉성회 연석회의에서는 정유린鄭有燐(학빈學彬)이 광둥廣東대표로 출석했지만, 이 또한 그 후 아무런 활동 없이 계속 잠을 자고 있다.

(3) 베이징北京·톈진天津 방면

베이징北京에 거주하는 조선인은 약 30호·500명 내외로 그중 200명은 학생이고 그 외는 무직자가 대부분이며, 대개 불령단에 관계가 있다고 한다.

본래 베이징北京·톈진天津은 상하이·만주·조선 간 연락의 주요 위치에 있으며 따라서 불령조선인의 내왕이 빈번하여, 상하이 다음의 불령조선인 집단 중심지이다.

1919년 소요 후 조선에서 탈출한 불령의 무리 일부는 베이징北京에 숨어살면서 상하이와 서로 왕복·연락하는 한편 그곳에서 여러 불온단체를 조직하여 독립운동에 동분서주하였다. 이미 설립된 의열단 같은 것도 설립 당시(또는 그 후) 본거지를 베이징北京에 두었다가 그 후 상하이로 옮긴 것이다. 또 1923년 3월에는 영남인을 주로 한 배천택裵天澤(대구)·김동삼金東三(안동)·김창숙金昌淑(성주) 등이 베이징北京에서 국민당國民黨이라는 것을 조직하여 공고한 독립운동단체를 창립했지만, 커다란 활동없이 자연 소멸했는데 상하이에 비하면 흥패가 무상하여 특기할 활동이 없다는 것이다. 하지만 이들 불령단체에서는 『혁명』·『도보導報』·『후항後項』·『혈조血潮』 등의 불온신문·잡지를 간행하여 선전에 힘써 왔는데, 그 경향이 1924·1925년경부터 현저히 적화赤化했음은 각지에 있는 다른 불령단의 일반 경향과 다를 바가 없다.

그런데 1927년 봄 이후 중국 측의 공산당 탄압은 그들을 극도로 위축케 하여 단지 빈 껍질을 안고 준동하는 데 그쳤다. 특히 동척폭탄투척사건의 관계자로 베이징北京지방에 숨어있던 최천호崔天浩[97]·이승춘李承春이 1927년 5월 그곳에서 체포되자 그들 불령의 무리에게 두드러지게 충동을 주어, 상하이·만주 각지로 이산離散한 자가 속출하였다. 그리하여 1926년 10월에는 한국독립유일당촉성회의 창립으로 올랐던 기세는 일시적 현상으로 그치고 그 후 따로 기록할만한 활동이 없다.

---
97) 최천호 : 생몰연대 미상, 평북 의주출신, 1963년 독립장.

지금 간신히 허울만 유지하고 있는 것의 개황을 기재하면 다음과 같다.

1) 다물단

(가) 창립 경과

앞서 말한 바 있듯이 1923년 3월 파벌을 극복하여 공고한 독립운동 단체가 되도록 하기 위하여 영남인 배천택裵天澤·김창숙金昌淑 등에 의해서 조직된 국민당도 창립 후 아무런 활동 없이 끝났다. 1925년 초 국민당관계 간부 사이에서 생각을 달리하는 자를 배격하고 직접행동을 표방하여 철권단鐵拳團이란 것을 조직하고자 획책하고 있었는데, 그해 4월 드디어 기회가 와서 배천택裵天澤(대구)·한진산韓震山(경남)·류청우柳青宇(상주)·서왈보徐曰甫[98](함남)·김세준金世俊(강원)·서동일徐東日(대구) 등이 주장하여 당명을 다물단으로 하여 베이징성北京城 마스먀오麻四廟에서 비밀리에 이를 조직하였다.

다물이라 하는 것은 전진하고 용감하게 결단한다는 의미라고도 하고, '입을 다물다'라는 뜻이라고도 한다. 요컨대 말 없는 실행을 주목적으로 하여 밀정密偵의 의심이 있는 자의 암살을 강하게 주장하여 마치 의열단을 방불케 하는 데가 있다. 창립당시의 단원 수 같은 것도 물론 비밀결사의 일이라 알 도리가 없지만, 1925년 5월 30일 본도에서 체포된 서동일徐東日(대구)을 조사한 결과에 따르면(다물단의 내용은 본인의 체포로 판명되었다) 당시 단원은 40~50명 내외인 것 같다.

(나) 창립 후의 활동상황

1925년 4월 4일 창립 후 얼마 되지 않아 베이징北京거주 김달하金達河(친일조선인)를 암살함은, 본 단원인 황익수黃益洙·이호영李皓榮과 의열단원 류우근柳友權 등이 공모한 행동이었음을 당시의 여러 가지 상황으로 보아 명백하다. 이와 같은 사건은 한때 그곳 인심에 비상한 충동을 주었다.

이보다 앞서 1924년 1월 본단의 전신인 국민당의 당원 서동일徐東日은, 자금모집을 위하여 남형우南亨佑·배천택裵天澤의 뜻을 받아 조선에 들어와 도내의 경산·청도군의 부호들로부터 1400여 원을 모집하고 그해 2월 상순 베이징北京으로 돌아갔다가, 다시 다음해 1925년 1월 자금모집을 위하여 조선에 들어와 청도·경산의 두 군에 있는 사람들로부터

---

[98] 서왈보 : 1887~1926, 함남 원산출신, 1990년 애국장(1977년 건국포장).

그해 5월 말까지 500여 원을 내놓도록 승낙을 받았다. 이 사실을 알고 5월 30일 본도 경찰부에서 그를 체포했는데, 그 모금액의 절반은 배천택裵天澤·남형우南亨佑에게 주고 나머지 절반은 자기가 소비했다고 한다(상세한 것은 별항 제7장 중요사건의 항목 참조).

이어서 1925년 5월 하순 펑톈성奉天省 류허현柳河縣에 다물청년당이라 하는 것이 나타났는데, 그 당헌 제3조에는 이 당의 강령으로서,

1. 자연으로부터 문화에, 의존으로부터 독립으로 나아갈 수 있도록 자수자양自修自養(스스로를 다스리고 기름)하고 자작자급自作自給(스스로 일을 하여 스스로를 먹여 살리는 것)할 것
2. 공존공영의 사회성을 기초로 하여 계급상식相識(다른 계급끼리 서로 아는 것)의 옛 생활을 변혁할 것
3. 전 세계 약소민족의 해방운동과 동일보조를 취할 것

의 셋을 들고 있다. 그러나 다물단을 발기한 간부 배천택裵天澤은 서간도의 불령단 수령首領인 김동삼金東三과 특별관계가 있으며 그 본거지 같은 것도 당헌에서 '일정一定하지 않을 것'을 명시해 놓은 것 등의 관계에서 생각하니, 다물단과 이름만 다르고 같은 조직이거나 아니면 다물단 별동대일 것이다. 이리하여 한때 이목을 끌던 이 단체도 그 후 자연 쇠퇴하여 구체적인 활동 없이, 때로는 어떤 사항이 생길 경우에만 그에 대한 불온정보가 있는 정도이다.

아무튼 이 단체는 창립당시부터 영남인, 특히 본도 출신자가 주창·획책한 것이므로 그 동정에 대해서는 아직도 상당한 주의가 필요하다.

2) 한국독립유일당 베이징北京촉성회

(가) 창립 경과

1925년 하반기 경부터 재외 불령단 중 선각자로 자임하는 무리가 한결같이 창도唱導(주장하여 사람을 이끔)하는 것은, 실로 파벌을 극복하고 전선戰線을 통일하여 대동단결된 조직을 결성하자는 외침이다.

때는 마침 안창호安昌浩가 상하이·베이징北京을 왕복하며 대동단결을 빈번히 칭도하고 있었고, 1926년 8·9월에는 베이징北京에 와서 유력자의 찬동을 구하고 있었다. 그런데 당시 베이징北京의 유력 조선인 원세훈元世勳은, 안창호安昌浩의 유일독립당 촉성에 대하여,

독립단은 각지에 먼저 세포細胞를 설치하고 난 후에 이를 통일해서 대大독립당의 결성을 도모해야 한다는 의견을 고집하여, 양자의 의견일치를 보지 못했다. 그때 마침 원세훈元世勳은 극도로 생활난에 쫓기어 어떠한 방도라도 국면을 타개하고자 초조하게 생각하고 있던 중, 우연히 그해 10월 2일에 경성의 이조헌李兆憲으로부터 250원의 송금이 있었으므로 동지 송호宋虎와 황일산黃一山을 데리고 러시아에 들어갈 것을 결심하고 있었다. 러시아에 들어가는데 있어서는, 일찍이 안창호安昌浩 등이 제창한 독립당을 자기 손으로 조직하기로 하였다. 그리하여 먼저 베이징北京에서 한 세포를 조직하여 그 대표파견원의 자격을 가지고 러시아에 가면 러시아영토 내에서의 자금조달에 편리함이 있을 것이라는 야심으로, 급히 동지를 규합하여 10월 10일부터 1·2·3차의 회합을 하고 그달 16일 별지와 같은 선언서를 가결·발표하여 이에 이 회의 창립을 보게 되었는데, 당시의 집행위원은 장건상張健相·원세훈元世勳·조남승趙南升·조성환曺成煥·배천택裵天澤(대구)·김광천金光泉·박건병朴健秉99)의 7명이었다.

(나) 창립 후의 행동

창립의 경위는 앞서 말한 대로 원세훈元世勳 일파의 술책이 있었고, 게다가 종래부터 파벌 내홍을 일삼던 그들은 경성파·평안파·영남파 등이 오월동주吳越同舟하여 각별한 파란 없이 그 조직을 만든 것을 보면, 설사 그것이 일시적 현상이라 해도 오히려 기이한 느낌이 없을 수 없다. 이로 보면 얼마나 그들이 파벌의 폐단에 눈뜨고 대동단결을 이룩하려고 초조했음을 엿볼 수 있겠다.

이리하여 조직 후 기관지『독립당촉성보獨立黨促成報』를 발행했지만 자금난으로 곧 중단되고, 그 후 특별히 기록할 활동은 없다. 그렇지만 본회의 창립은 중국 각지에 있는 불령단의 통일운동에 각별한 자극을 주어, 다음해인 1927년 4월 이후 상하이·광둥廣東·우한武漢·난징南京 각지에 촉성회 창립을 보게 되고 뒤이어 중국본부 한인청년동맹이 성립하였으며, 나아가 다시 뒤에서 설명하게 되는 만주에서의 불령단의 통일촉성회 조직운동과 중국거주 한인청년총동맹조직의 도화선이 되어, 그들이 말하는 민족총역량 집중의 일부 달성(일시적이라도)을 보게 된 것은 실로 본회가 이룩한 것이라 말할 수 있다.

그런데 그들의 창립당시의 파벌극복이 이후 과연 그 결속을 완성할 수 있는가는 매우

---

99) 박건병 : 1892~미상, 강원도 철원출신, 1993년 독립장.

의아스럽고, 종래의 역사에 비추어 보아 일시적인 현상으로 그치는 것으로 예측하여도 크게 잘못은 없을 것이다. 다물단 선언서는 다음과 같다.

선언서

동일한 목적·동일한 성공을 위해서 운동하고 투쟁하는 혁명자들이 반드시 하나의 기치 아래에 모이고 하나의 호령 밑에 모여야 비로소 상당한 효과를 얻을 수 있다는 것은 긴 말이 필요 없다. 보라! 귀족의 특권과 부자의 전횡하는 권력을 전복시켜 천한 자와 가난한 자의 복리를 종용하고 있는 러시아의 무산혁명자는 계급적으로 유일한 공산당의 기치 아래 모였다. 그리고 밖으로는 침략열강의 세력을 쫓아내고 안으로는 봉건의 유습을 타파하여 4억의 국민의 자유와 행복을 향수享受하려고 하는 중국의 국민혁명자는 전국적으로 국민당 기치 아래 모였다. 또한 밖으로는 이민족의 주구誅求와 안으로는 적의 매[鷹]와 개[犬]인 자치파自治派에 대해서 혈투하고 있는 아일랜드의 혁명자는 민족적으로 주의主義정강에 기초한 유일의 쉰펜당에 모였다. 이는 1계급·1국민·1민족의 행복과 자유를 생각하는 동서의 혁명자들이 각각 일정一定한 주의강령과 훈련규율하에 1당으로 결합했음을 명백히 보여주는 것이다. 더욱이 전 세계 인류의 행복을 위해서 세계적 혁명을 완성하려고 하는 것도 또한 같은 것이어서, 세계 1당의 원칙하에서 그 총참모부이고 대본영大本營인 제3국제공산당의 붉은 기치 아래 모이는 것은 누구나 다 잘 알고 있는 바가 아닌가. 그런고로 어떠한 혁명이든 이 혁명사상의 필연적인 과정과 원칙을 어기고 성공을 바란다면, 이것은 기관차 없이 열차를 운전하려고 하고 건축사의 도안과 지휘 없이 큰 건축을 하려는 것과 같아, 실로 더할 나위 없이 어리석다 해야 할 것이다.(중략)

'단결은 약자의 무기이다'라는 말은 사람들의 말을 기다릴 것 없이 자명한 진리인데, 그 단결의 길은 일시적인 권모술수가 아니라 오직 정대正大한 주의와 광명光明·뇌락磊落(마음이 크고 작은 일에 개의치 않음)한 정신을 근거로 한 당적黨的 결합에 있다고 믿는다. (중략) 이에 '동지들이여! 당적으로 결합하자'라 말하는 것을 큰 소리로 외치고 동시에 이 결합이 하루라도 빨리 실현되도록 노력하기 위해서는 대독립당촉진베이징北京촉성회를 조직하여 우리들의 아주 작은 뜻이나마 일반 혁명동지 앞에 고백하고 이로써 여러 동지들의 협동일치를 바라기 때문이다.

그런데 본회를 베이징北京촉성회라 이름붙인 것과 같이 본회만 가지고 대독립당을 완성하려는 것이 아니다. 각지에 있는 동지들로 하여금 다수의 촉성회를 낳게 한 다음에

서로 연락·호응하여 우리 '대독립당'을 빨리 만들어내기를 바라는 것이다. 대독립당이라 하는 명칭도 본회가 막연히 미리 정하기만 한 것이고 결코 독단적으로 확정한 것이 아니다. 더욱이 당의 주의강령에 이르러서는 본회가 단독으로 표시할 것을 바라지 않고, 바로 결당이 있을 때 제 동지의 고상 심원한 연구와 판정에 일임하기로 한다.

청하노라! 일반동지는 깊이 이해하라!

일본 제국주의를 박멸하라!

한국의 절대독립을 주장하라!

한국의 혁명동지는 당적으로 결합하라!

민족혁명의 유일전선을 만들어라!

전 세계 피압박 민족은 단결하라!

건국기원 4259년 10월 28일

대독립당조직 베이징北京촉성회

그리고 회원과 통신소(연락장소)는 아래와 같다.

회원　　강부약姜扶弱(강구우姜九禹의　변명變名)·김광선金廣善·김운파金雲坡·김유성金有成·김인제金人濟·김일성金一成·김찬金贊·김해산金海山(선산)·권경지權敬止·장건상張建相·이광李光·이찬李贊·박건병朴健秉·박해관朴海觀·배천택裵天澤(대구)·송호宋虎·배운영裵雲英·신익희申翼熙·원세훈元世勳·윤국추尹懼椎·원흥元興·조성환曹成煥·황욱黃郁(황일산黃一山)

통신소　　베이징北京우무郵務총국總局 우편함46호 배달민료培達民了

(4) 남북만주 방면

1) 1919년 이전의 상황

조선인이 남북만주에서 거주하게 된 것은 수백 년 전이고 원래부터 그 역사는 분명하지 않다고 하지만 그 수가 많아진 것은 1870년경이다. 그들 대부분은 빈농으로서 그저 의식衣食에 급급할 뿐이었지만, 일부 불령의 무리가 이미 한일병합 전에 시베리아 지방에 있으면서 배일언동을 늘어놓고 있었다. 그러다가 병합 직전이 되자 당시 본도와 같이 도량 발호跋扈가 매우 심했던 폭도 중, 죄를 피해서 국외로 달아난 자 내지는 병합의 기운을 알아차리고 일찌감치 국외로 도망가는 자들이 서로 합쳐 완강하고 사리에 어두운 배일운동을 감행했는데, 당시는 막연한 배일과 조국광복 요망의 외침임을 면치 못했다. 당시 즉 병합 당시와 그 직후의 만주에서는, 구춘선具春先100)·이명순李明淳101)·고병길高丙吉 등은 훈춘琿春을, 류동열柳東說·정안립鄭安立·맹동전孟東田·유일우劉一優·이탁李鐸 등은 지린吉林을, 조맹선趙孟善102)·차도선車道善103)·이시영李始榮·박경종朴慶鍾(영덕)·이상룡李相龍(안동) 등은 서간도지방을 본거지로 하여 항상 조국의 광복을 부르짖었다. 당시 블라디보스토크에 있었던 배일조선인 수령 이동휘李東輝는, 니코리스크에 있었던 문창범文昌範과 마음과 뜻을 통하여 활발하게 배일선전을 시도하고 혹은 불온출판물을 간행하는 등 책동을 하고 있었다. 그런데 1914년의 구주전쟁의 발발을 기회로 그들의 준동은 갑자기 치열해졌다. 러시아 과격파의 발흥과 독일세력이 동쪽으로 옮겨옴에 따라 시베리아 일대가 소란해짐을 보자 러시아령에 거주하는 배일조선인들은 좋은 기회가 왔다 하여 격문을 돌리고, 먼저 만주 각지의 불령의 도배와 연락하여 독일·오스트리아의 포로와 결탁하고 과격파와 통함으로써 여러 해 전부터의 야망을 달성하려고 획책을 하였다. 그러나 일은 예측과는 달리 우리 군軍(일본)의 파견으로 적군赤軍은 여지없이 패하고, 우리 군(일본)은 더욱 진격하여 합부哈府(하바로프스크)와 블라고베시첸스크를 함락시키자, 그들 불령의 무리는 일제히 만주방면으로 도주하거나 갑자기 양민으로 가장하지 않을 수 없게 되어, 그들의 계획은 그림의 떡으로 돌아갔다.

그러나 이 전란에 즈음하여 체코와 슬로바키아가 여러 나라의 동정과 원조로 독립을 선언하게 되는 것을 본 그들은, 체코를 자기나라에 견주어 하는 말이 설령 망국의 백성이라도 기회가 오면 다시 독립할 수 있다 하고, "우리는 적절한 시기가 오기를 기다려야 한다. 그것이 몇 천·몇 백년을 경과한다 해도 결코 조국부흥의 정신을 버리지 말아야 한다. 체코에 배워야 한다."고 말하며 여전히 배일운동을 게을리 하지 않았다. 그런데 얼마 되지 않아 구주대전이 끝나고 평화가 왔다는 소리와 함께 월슨에 의해서 창도된 민족자결주의는, 그들 불령조선인의 사상에 비상한 충동을 주었다. 앞서 독일의 힘으로 일을 성취하려 했던 배일 조선인들은, 미국의 동정에 호소하여 그 후원으로 목적을 달성해야

---

100) 구춘선 : 1857~1944, 함북 온성출신, 1996년 대통령장.
101) 이명순 : 1872~1920, 함북 명천출신, 1986년 독립장.
102) 조맹선 : 1872~1922, 황해도 평산출신, 1962년 독립장.
103) 차도선 : 1863~1939, 함남 갑산출신, 1962년 독립장.

할 것이라 하여, 독립의 외침은 활발하게 각지 조선인 사이에서 고창되었다. 그리하여 다투어 대표자를 프랑스 파리의 강화회의에 파견하려고 기도했지만, 결국 목적을 이루지 못했다. 요컨대 민족자결의 표어는 배일 조선인이든 아니든지를 불문하고 일종의 희망을 갖도록 만들어, 드디어 1919년의 소요(만세운동)를 야기하기에 이르렀다. 그런데 그동안, 곧 1909년부터 1918·1819년 사이에 그들이 조직한 불령단체는 지금 상세히 밝혀지지는 않았지만 대한인국민회大韓人國民會이다. 이 회는 본부를 미국 샌프란시스코에 두고, 하와이·블라디보스토크·치타·간도·쥐즈제局子街·하얼빈·상하이의 각지에 총회總會가 있고 만주각지에는 지방회란 것이 있으며 회원은 엄청난 수에 달했지만, 1918·1919년에는 거의 유명무실의 상태였다. 그 밖의 유사단체도 대소 수천, 수백이고, 흥망이 덧없기는 해도 회원은 어디라도 없는 곳이 없고, 그 가운데서도 간도방면이 실로 불령조선인의 소굴의 양상을 나타내고 있다.

2) 1919년 소요당시 내지 1921년 태평양회의에 이르는 동안의 상황

이리하여 1919년 3월이 되자 천도교의 손병희孫秉熙 일당이 경성에서 독립선언을 하고 조선의 모든 도道의 모든 지역도 역시 이에 따라 소요가 일어나자, 만주의 각 지역, 특히 간도에 있는 불령의 무리는 대중을 선동하여 시위운동을 하고 크게 기세를 올렸다. 그 후 조선본토·상하이·러시아령 각지의 불령자와 연락을 가져 독립운동은 바로 제2의 활동기에 들어간 감이 있다. 특히 극동러시아에서는 때 마침 우리 파견군(일본군)의 단속이 엄중하게 된 까닭으로 점차 지린吉林방면에 운집하여, 그 수령이라 할 이동휘李東輝·홍범도洪範圖·이범윤李範允·문창범文昌範 등은 한때는 잡병을 몰아 조선에 침입하여 무력적 반항을 시도하려고 획책하였지만 그것을 이루지는 못했다는 정보가 있었다.

그리고 소요 후에는 그들은 각지에서 유력한 단체를 조직하여 군비軍備라 일컬으면서, 장년이 된 자에게 훈련을 시행하고 대낮에 대隊를 편성하여 각지를 마음대로 활보했다. 혹은 무기를 가지고 중국과 강을 끼고 마주보는 조선땅에 침입하여, 이른바 군자금이라 하며 양민의 재화를 강탈하는 등의 폭거를 떨쳤다. 당시 그들의 주된 근거지는 간도지방을 주로 하여 점차 남북만주 각지에 확대되는데, 간도방면에서의 주된 불령단체는 아래와 같다.

단체명	근거지	주된 간부	활동 개요
국민회 國民會	汪淸縣 志仁鄕	회장 구춘선具春先 고문 김규찬金奎燦 총무 한상우韓相愚	소요당시 간도에서 성립된 것 같고 반민회磐民會의 후신後身이라 할 것이다. 기독교도가 주된 회원이고 만주각지에 지부가 있다. 상해임시정부와 연락이 있고 무력대원 400~500명이며 총기를 갖고 있고, 간도방면 내지 만주의 통일기관이라 자임하며 일대 세력을 갖고 있다.
군정서 軍政署	汪淸縣 春明鄕	총재 서 일徐 一104) 부총재 현천묵玄天默105) 사령관 김좌진金佐鎭106)	단군교도가 주된 회원이며 러시아 과격파와 연락하는 유력한 무력단체이다. 조직 당시에는 정의단이라 했고, 대원은 1600~1700명이며 군용총·기관총 다수를 가지고 있다. 한때는 무관학교를 설립하여 군인양성에 힘썼고, 재향군인이란 자를 각지에 산재시키고 있다.
광복단 光復團	汪淸縣 春明鄕	단장 이범윤李範允 간부 김성륜金聖倫 　　　김성극金星極 　　　홍두극洪斗極 　　　황운서黃云瑞	공교회孔敎會 교도가 주主 단원이고 대한제국의 광복을 표방하여 국민회와 알력이 있다. 단원 300~400명을 가지고 있고 옌지延吉현 방면에서 한때 폭위를 떨쳤다.
군무도독부 軍務都督府	汪淸縣 春華鄕	총재 최명록崔明祿 간부 박 영朴 英 　　　이춘승李春承 　　　이동춘李同春107)	광복단과 같이 공교회孔敎會 교도가 주가 된 단원이다. 무력행동을 주창하여 1920년 3월과 6월에 국경침입을 한 일이 있다. 대원은 약 600~700명이며 군용총·기관총을 가지고 있다.
의군단 義軍團		단장 방위룡方渭龍 간부 김종헌金鍾憲 　　　허 은許 垠 　　　홍 림洪 林108)	조선 내 무력침입을 주의로 하며 대원은 약 300명이며 소총·권총·수류탄을 가지고 있지만 큰 세력은 없어 보인다.
대한독립군 大韓獨立軍	延吉縣 明月溝	단장 홍범도洪範圖 간부 주 달朱 達 　　　박경철朴景哲	국민회와 서로 제휴하여 점차 타 세력을 잠식하여 한때는 대세를 좌우했다. 대원은 약 400명이며 군용총 다수를 가지고 있고, 한때는 국민회와 공동으로 무관학교를 설립하여 군인양성에 노력했던 일도 있다.
신민단 新民團	汪淸縣 春華鄕	단장 김준근金準根 간부 이존수李存洙 　　　김 성金 聲	단원의 다수는 기독교도이다. 대원은 약 200명 내외이고, 상당한 병기를 가지고 있다.

그리고 위의 단체 외에도 대소의 많은 단체가 있어 점차 조직적으로 진행하여, 일·중 양국의 단속이 철저하지 않음을 이용해서 전력을 다하여 군자·군량 및 장정의 징모를

---

104) 서일 : 1881~1921, 함북 경원출신, 1962년 독립장.
105) 현천묵 : 미상~1928, 함북 경성출신, 1963년 독립장.
106) 김좌진 : 1889~1930, 충남 홍성출신, 1962년 대한민국장.
107) 이동춘 : 1872~1940, 함북 회령출신, 1990년 애국장(1977년 건국포장).
108) 홍림 : 생몰연대 미상, 함남 갑산출신, 1995년 애국장.

꾀하고 있다. 한편 학교를 창립하여 간부장교 양성에 힘쓰고, 상해임시정부는 대표위원 이용李鏞을 파견하여 임시정부와의 연락을 긴밀히 하고 있다. 또 서간도방면 대표자로서 왕삼덕王三德, 극동러시아방면의 대표자로서 안정근安定根[109]을 특파하여 동서東西가 책응策應하고 연락하는 방법을 강구하였다. 무력의 충실을 위해서는 극동러시아방면의 과격파로부터 총기·탄약의 보충에 힘쓰는 한편, 거주 조선인으로부터는 군자금을 징수하고 독립심의 환기유도에 노력하였다. 그러나 각 단체의 각개 독립은 그들 사이에 차차 알력·분규를 계속하게 했는데 일부는 일찍이 각 단체의 합동을 창도하였고, 국민회 같은 것은 1920년 6월 말 각 지부 대표자의 회합을 거쳐 '각 단체의 통일 성립 후는 미련 없이 국민회의 명칭을 폐지하겠다.'라고 결의했다. 이어 7월에는 전후 2회에 걸쳐 앞의 표에 있는 7개 단체의 합동을 논의했으나, 매번 군정서軍政署 측의 반대로 아무것도 얻는 것이 없었다. 그리하여 앞서 서술한 바와 같이, 상해임시정부로부터 이용李鏞, 서간도로부터는 왕삼덕王三德이 간도에 들어와, 이 2명이 각 단체 수뇌와 만나 열렬히 통일합동을 역설했다. 그 결과 구춘선具春先이 거느리는 국민회는 홍범도洪範圖의 독립군 및 최명록崔明祿의 도독부와 군사행동에서의 공동행동을 약속하고, 국민회의 군무부軍務部는 최명록崔明祿의 군무도독부와 합쳐서 대한북로독군부大韓北路督軍部로 개칭하고 국민회 측 간부는 주로 행정사무를 관장하고, 독군부 측 수뇌는 전적으로 군사행동을 맡는 것으로 매듭지었다. 또 홍범도洪範圖 주재의 독립군 역시 이에 합동하여 북로北路사령부로 개칭하고, 뒤이어 군정서를 제외한 다른 6단체는 한때 협동이 성립되어 거의 통일된 감이 있었다. 그런데 얼마 가지 않아 그 협약은 깨어지고 다시 할거割據하게 되었다. 한편으로는 마적의 날뜀이 또한 심하여, 그들 때문에 거류양민은 물론이고 일본인의 생명과 재산에도 위해를 가하는 자가 속출하였다. 그러나 중국 측의 단속이 철저하지 않아 그들의 불령운동은 점점 심해지고, 마침내 같은 해(1920년) 10월 간도에 일본이 군대를 보내어 불령단을 토벌했다. 이 때문에 불령자는 한때 사방으로 흩어졌지만, 완전소탕은 기할 수도 없었다. 이러할 때 태평양회의 개최의 보도가 전해옴에 따라, 1921년 9월경이 되어 북간도방면에서는 둔화현敦化縣에 있던 이홍래李鴻來와 극동러시아방면에 있던 최경천崔慶天[110] 일파가 활발히 부하를 간도지방에 잠입시켜, 그곳에서 태평양회의에서의 조선독립의 요망과 여론을 고조케 하였다. 이곳에 거주하는 조선인도 이를 믿고 자금거출에 응하고, 대표자는 상해임시

---

[109] 안정근 : 1885~1949, 황해도 신천출신, 1987년 독립장.
[110] 최경천 : 1885~미상, 함북 경원출신.

정부를 내왕하며, 평소 친일조선인으로 보이는 자도 반신반의하여 수소首鼠양단(진퇴거취를 결정하지 못하고 망설임)의 태도를 취하고 있다.

한편 간도 및 그 오지에 있는 불령조선인은 이범윤李範允을 수령으로 하는 대한독립군단이란 것에 통일되어 대동단결을 하여, 태평양회의를 계기로 해서 세력확장을 획책하였다. 또한 미산현密山縣지방에 있었던 군정서 총재 서일徐一 및 김좌진金佐鎭의 부하 수천 명(?)은 워싱턴회의에 즈음하여 조선 내 민심의 분발을 촉구하려고 각 부서를 정하고 서북간도로 남하하여 책동하는 바가 있었다.

그런데 같은 해 11월 개최된 워싱턴회의에서는 조선 문제가 상정되지도 않았을 뿐더러 이른바 특파사절인 자(이승만 등)도 그 회의에서는 눈길 한 번 끌지 못했다는 것을 알게 되자, 그들의 실망은 극에 달하고 일반민심 또한 점차로 평온해졌다. 그러나 간도지방은 전술한 바와 같이 1920년 10월 우리 군대(일본군)를 파견하여 불령조선인을 토벌한 이래, 공산당선전원으로 남하 잠입하는 자들이 점차로 많아졌는데, 접경지대에서 특히 심했다. 때마침 워싱턴회의에 대한 실망으로 점차 공산적 색채가 농후해지고, 그 마수는 먼저 북서간도를 석권하고 다시 조선접경에 미쳤고, 적화를 위한 수단 방법을 써서 조선해방을 기하려고 하여 이에 재외 불령운동은 하나의 전환을 보게 되었다. 당시 북간도지방에 반거蟠居(터를 잡고 세력을 뻗침)하는 불령집단은 아래와 같다.

단명	근거지	수재자首宰者	비고
대한국민단	둔화현敦化縣	구춘선具春先	단원 약 300명이라 한다. 공산당과 밀접한 연락이 있는 자.
대한신민단	닝안현寧安縣	김준근金準根	단원 50명이라 한다.
대한의민단	닝안현寧安縣	방우룡方雨龍	
고려공산당 북만주지부	닝안현寧安縣	강구우姜九禹	단원 약 100명
대한군정서	미산현密山縣	현천묵玄天默	단원 약 200명
대한광복단	러·중 국경	이범윤李範允	단원 약 200명

위의 표에 기재한 것들이 주된 단체들인데 그들은 내내 중국 마적과 손잡아 흉포를 떨치고 있었으므로, 1922년 6월 다수의 경찰관을 파견하여 겨우 진압한 일이 있었다.

또 서간도의 불령조선인은 미국 워싱턴에서 태평양회의가 개최되고 있다는 것을 듣고 알게 되자 연래의 희망달성은 바로 이 기회에 있다하여, 각지의 불령조선인과 마찬가지로 크게 기세를 올리려고 장정壯丁 모집·자금 약탈·무기 수집에 힘쓰는 등 급히 활동을 개시했다. 동시에 조선 내로 침입한다고 큰 소리치고, 그중에는 중국관병官兵 같은 복장을 하고 정예한 총기를 휴대하여 대열을 지어 조선과의 대안對岸지방에서 행동하는 등 그 세를 가벼이 볼 수 없는 것이 있었다. 린쟝현臨江縣 오지 화카이산花開山에서는 워싱턴회의 개최 당일 그곳 거류 조선인들은 불령자의 선동으로 독립만세를 고창하였고, 콴뎬寬甸지방의 불령조선인들은 함부로 날뛰어 다니고 불온인쇄물을 반포하여 배일기세를 높였다. 그러나 앞서 말한 바와 같이 워싱턴회의의 결과는 그들의 기대와 매우 다른 바가 있고, 일부 부락민도 불령조선인의 선전이 믿을 것이 못 된다는 것을 알고, 민심은 점차 그들로부터 떨어져나가게 되었다. 그리하여 이의 대책에 부심한 결과 이를 만회하는 방책으로 한층 더 적극적인 활동을 개시하여, 창바이長白·린쟝臨江 방면의 불령단은 공산적 색채하에서 그 진용을 새롭게 하고, 극동러시아방면과의 제휴는 더욱 더 노골적인 점이 있었다. 특히 퉁화通化·환런桓仁·콴뎬寬甸지방의 불령패는 그 행동이 가장 영악하여 우리 관헌이 보호하는 보민회保民會를 습격하여 그 회원에 대해서 집요한 박해를 가하였다. 이 때문에 불령조선인에 대한 주민의 신뢰는 완전히 떨어져 한때 그들은 행동을 완화하였지만 완전히 흉포 행위를 그만 둔 것은 아니었다.

　당시 서간도에 터전을 잡고 있는 불령단체의 주된 것은 국민단國民團·광정단光正團·광복단光復團·서로군정서西路軍政署·독립단獨立團·광복군총영光復軍總營·대한통군부大韓統軍府 등으로, 앞의 3단체는 주로 창바이현長白縣 및 푸우쑹撫松縣방면에서 행동하고, 서로군정서는 린쟝臨江·퉁화通化·지안현輯安縣에 걸쳐 있으며(김동삼金東三, 이상룡李相龍 등이 간부였다), 독립단은 환런桓仁·지안輯安·퉁화현通化縣에, 광복군총영은 콴뎬현寬甸縣에서, 대한통군부는 환런桓仁·콴뎬寬甸·지안輯安 3현縣에서 주로 행동하였다. 그리고 당시 이들 무장단은 각각 50~60명 내지 100명 내외가 되는 것 같다.

　불령단 가운데 가장 큰 세력을 가졌던 것은 1922년 8월 말경 남만주 지방의 각 단체를 통합하여 나타난 대한통의부大韓統義府이다. 그런데 그 통합에 관해서는, 당시 독립단(이웅매李雄梅)·광복군(오동진吳東振111)) 같은 것이 이를 강경히 반대했지만, 가까스로 환런현桓仁縣에서 한교공회韓僑公會·서로군정서·독립단통군부·광복단영光復團營·대한광복군총영總營 외 2단체의 간부대표자들이 회합한 결과 마침내 이들을 통일하여 통의부統義府로

---

111) 오동진 : 1889~1944, 평북 의주출신, 1962년 대한민국장.

개칭하고 총장 김동삼金東三(안동군 출신)·채상덕蔡相惪[112] 이하 각 간부(안동출신 김장식金章植[113]도 당시 간부였다)를 선임했다.

특히 이상룡李相龍(안동출신)이 총재인 남만주군정서는 본도 출신자가 수뇌부를 차지하여 김창숙金昌淑·김응섭金應燮·김동삼金東三·김장식金章植 등 모두가 간부였다. 바로 1922년 본도에서 검거된 김찬규金燦奎사건(제7장 중요 사건 항목 참조)은 그 일당의 책동에 의한 것으로서 한때 본도의 민심을 서늘케 하였다.

3) 태평양회의 후의 상황

태평양회의의 종료 후에는 새삼 타국에 의존함은 득이 되지 않는다는 것을 깨달은 결과, 불령조선인이 한결같이 지향하는 바는 실력의 양성과 사회·공산주의에 의한 민족해방에의 진출이었다. 이로 해서 재래의 무력단체는 현저하게 적화하는 한편 좌경단체가 각처에 많이 생겨서 적화운동과 무력행동을 일삼았다. 당시부터 남북만주에서 날뛴 불령단체의 주된 것으로는, 북만주지방에서는 전前 북로군정서파인 독립군·독립군단과 1923년 2월 이동휘李東輝가 공산계 불령분자를 규합하여 고려공산당의 지도하에 사회혁명과 민족혁명을 목적으로 하여 닝꾸타寧古塔에서 조직한 적기단赤旗團이 있다.

적기단은 1924년경 북간도 각지에 지부를 설치하고 한때는 큰 세력을 가지고 있었고 그해 7월에는 간도총영사관(일본) 파괴음모사건을 꾀하다가 검거되기는 해도 북만주 각지에서 직접행동으로 적화에 힘썼다. 그 후 각 단체마다 자금난으로 큰 활동은 없이 침쇠沈衰상태에 빠졌다. 또 남만주지방에서는, 1922년 8월 남만주의 각 단체를 통일하여 성립한 대한통의부大韓統義府도 성립 후 얼마 되지 않아 임시정부를 옹호하는 청년 측과 왕정복구를 꾀하는 복벽파復辟派에 속하는 유림 측의 두 파로 분립 내홍이 일어나서 1923년 봄에 유림 측은 분리하여 대한의군부大韓義軍府라는 별개의 단체를 조직하여 서로 대립하게 되었는데, 의군부의 세력은 미미하여 통의부에 대항할 수도 없었다. 그러나 이 양 부(대한통의부와 대한의군부)는 각각 무력단을 거느리고 가끔 강 건너에 있는 조선 안으로 침입하여 불령행동을 감행하거나 부락민의 재물을 강탈하는 등 흉포한 상태가 끝이 없었다. 창바이현長白縣 지방에는 김호金虎 등이 거느리는 광정단光正團(원래는 대한국민단大韓國民團)이 헛되게 그 세력을 과장하여 주변을 압도하는 감이 있었지만 일시적인 현상에 그쳤다.

---

[112] 채상덕 : 미상~1926, 황해도출신, 1995년 대통령장.
[113] 김장식 : 1889~1949, 경북 안동출신, 1995년 애국장.

의성단義成團은 1923년 가을 지창옌선吉長沿線에서 조직되어 편강렬片康烈[114]·강진지姜震支가 주관하고 한때는 그 세력을 무시하기 어려운 것이었는데, 1924년 여름에 단장 편강렬片康烈의 체포로 세력은 사방으로 흩어져 실력은 보잘것없게 되었다.

또 대한독립단(북로군정서 잔당殘黨)은 1923년 말에 현천묵玄天默·조성환曺成煥 등이 둥즈옌선東支沿線에서 조직하여 그 지방에 터전을 잡고 불령행동으로 나아갔지만, 이것 역시 세력으로서는 특기할 것이 없었다. 그런데 마침 상하이에서 1923년 6월 국민대표회의의 결렬로, 그해 9월 이래 국민대표회의 개조파에 속하는 김동삼金東三(안동 출신)·이진산李震山(안동출신)·오동진吳東振·구춘선具春先 등 60명이 지린吉林에서 전만주 각 단체의 통일을 논의했으나 일치를 보지 못했다. 또 국민대표회의 창조파인 윤해尹海·문창범文昌範 일당은 닝꾸타寧古塔에서 각 단체의 통일을 꾀하였으나 이루지 못하였다. 또 이범윤李範允·김좌진金佐鎭 등 순독립파는 그해 8월 둥즈옌선東支沿線 샤오수펀小綏芬에서 통일을 논의하려고 했지만 이것도 성과가 없었다. 이리하여 여러 차례의 회합으로 드디어 남북만주의 각 단체를 정의부正義府·신민부新民府로 통일하고 종래부터 서간도 동남에 터전을 잡고 있던 상해임시정부의 만주별동대인 주만참의부駐滿參議府와 더불어 3파가 정립하게 되어, 남북만주에서의 불령단은 3개 진영으로 선을 긋게 되었다.

이제 정의부·신민부·참의부의 창립 당시부터 최근에 이르는 개황을 기재한다.

A. 정의부正義府

(가) 조직 경과

앞에서 언급한 바와 같이 1923년 임시정부 국민대표회의가 결렬된 후 개조파 김동삼金東三(안동)·이진산李震山(안동) 등 수십 명은 지린吉林에서 각 단체의 통일을 획책했지만 유회가 되었다. 또 한쪽에서는 창조파인 윤해尹海·신숙申肅[115]·문창범文昌範 등이 닝꾸타寧古塔에서 집합하여 역시 만주에 있는 조선인 각 단체의 통일회의를 꾀했지만 이루지 못하였다. 그 후 창조파 일당이 블라디보스토크에서 장래의 운동방침을 협의할 때 공산파로부터 배격을 받아 쫓기어 만주에 들어갔는데, 그때 우연히도 통의부統義府를 탈퇴한 양기탁梁起鐸[116]이 그해(1924년) 11월 지린吉林에 있었고 앞서 기술한 창조파의 신숙申肅·윤해尹海

---

[114] 편강렬 : 1892~1929, 황해도 연백출신, 1962년 대통령장.
[115] 신숙 : 1885~1967, 경기도 가평출신, 1963년 독립장.
[116] 양기탁 : 1871~1938, 평남 강서출신, 1962년 대통령장.

등과 만나 만주에 있는 각 단체의 통일을 의논하였다. 그 후 양기탁梁起鐸은 동지 편강렬片康烈 등과 각지 단체를 유세하는 한편 지린吉林지방의 유력자인 이장녕李章寧117)·박관해朴觀海·이청천李靑天118) 등을 설득해서 찬동을 얻어냈고 지린吉林에서 전만주통일의회주비회全滿洲統一議會籌備會를 만들어 이장녕李章寧을 주비회 회장에 추천하여, 준비 끝에 1924년 7월 10일 지린吉林에서 주비발기회를 개최했는데 당일 참가 단체는 아래의 7개였다.

군정서軍政署	대표	이진산李震山(안동)·이광민李光民119)(안동)
지린주민회吉林住民會	대표	이욱李旭
대한광정단大韓光正團	대표	김호金虎·윤덕보尹德甫120)
대한독립단大韓獨立團	대표	이장녕李章寧·윤각尹覺
대한통의부大韓統義府	대표	김동삼金東三(안동)·이종건李鍾乾121)
노동친목회勞動親睦會	대표	최명수崔明洙122)
의성단義成團	대표	승진承震123)

이들은 협의를 한 결과 그해 9월 25일 지린吉林에서 본회의를 개최하기로 결의하여, 남북만주 각 단체에 참석하도록 통지를 보내 가까스로 10월 18일부터 이 회의를 개최하게 되었다. 참가 단체는,

통의부統義府	대표	김동삼金東三(안동)·고활신高豁信124) 외 4명
군정서軍政署	대표	이진산李震山(안동)·이광민李光民(안동) 외 3명
광정단光正團	대표	김호金虎 외 4명
의성단義成團	대표	승진承震
지린주민회吉林住民會	대표	최명수崔明洙

---

117) 이장녕 : 1881~1932, 충남 천안출신, 1963년 독립장.
118) 이청천 : 이명 池靑天, 1888~1957, 서울출신, 1962년 대통령장.
119) 이광민 : 1895~1946, 경북 안동출신, 1990년 독립장.
120) 윤덕보 : 1881~미상, 함남 홍원출신, 1995년 독립장.
121) 이종건 : 1887~1958, 경남 통영출신, 1990년 독립장.
122) 최명수 : 1885~1951, 충북 청원출신, 1991년 애국장(1977년 대통령표창).
123) 승진 : 1890~1931, 평북 정주출신, 1990년 애국장(1977년 건국포장).
124) 고활신 : 1904~미상, 평남 용강출신.

노동친목회 勞動親睦會	대표	이승범 李承範
변론자치회 卞論自治會	대표	윤하진 尹河振125)
고본계 固本稧	대표	신형규 辛亨圭
대한독립군단 大韓獨立軍團	대표	이장녕 李章寧 (임시정부 옹호문제로 도중 탈퇴하다)
학우회 學友會	대표	김철 金鐵 (회명 會名 보존문제 때문에 도중 탈퇴하다)

이상 10개 단체 25명(2개 단체는 중도탈퇴)으로 김동삼 金東三이 의장이 되고 단명을 정의부 正義府로 하여 ①지방 치안유지를 위해 무장대를 둘 것. ②정의부의 구역은 당분간 하얼빈 어무 額穆 · 북간도에 선을 그어 그 이남의 만주 전부를 포용한다. ③유지비로 매호 연 6원과 별도로 소득세를 부과할 것 외 3항을 결의하여 헌장 憲章과 선언문을 발표했다. 분과 위원으로는,

자치 : 이진산 李震山(안동) · 맹철호 孟喆鎬126) · 최명수 崔明洙
군사 : 이장녕 李章寧 · 조욱 曺煜 · 김철 金鐵
교육 : 이창범 李昌範 · 고활신 高豁信 · 김동삼 金東三(안동)
재정 : 김호 金虎 · 윤덕보 尹德甫 · 승진 承震
생계 : 박정조 朴正祚 · 김정제 金定濟 · 백남준 白南俊

을 선임하고, 중앙행정위원으로서 이탁 李沰 · 오동진 吳東振 · 현정경 玄正卿127) · 김이대 金履大 · 윤덕보 尹德甫 · 김용대 金容大128) · 이진산 李震山 · 김형식 金衡植(안동) · 이청천 李靑天을 선임하여 이에 정의부의 조직을 마쳤다.

(나) 조직 후의 상황

조직 후 이에 참여한 각 단체는 이를 전후하여 자기 단체의 명칭을 폐지하였다. 가입단체 중 제일의 무력을 갖고 있던 통의부 같은 것도 1925년 3월 마침내 소속단원 및 무기 전부를 거두어 정의부에 합치고 본부를 류허현 柳河縣에 두고 착착 통일의 열매를 거두

---

125) 윤하진 : 1895~1946, 평북 의주출신, 1990년 애국장(1977년 건국포장).
126) 맹철호 : 1889~1959, 경기도 용인출신, 1990년 애국장(1977년 건국포장).
127) 현정경 : 1881~1941, 평북 박천출신, 1992년 독립장.
128) 김용대 : 1883~미상, 함남 풍산출신, 1995년 독립장.

고 있었다. 그런데 당시 서간도 지안현輯安縣에는 이에 응하지 않는 주駐만주참의부參議府가 있었다. 그 세력은 통의부와 백중하여 양자가 버티고 맞서서 양보 없는 반목을 계속해 왔는데, 임시정부에서는 양 단체를 화해시키려고 이유필李裕弼·오영선吳永善 두 명을 파견하여 그 조정을 담당케 했는데도 끝끝내 융화를 보지 못했다. 1925년 7월 정의부 간부 이상룡李相龍(안동출신)이 임시정부 국무령에 취임하자, 이제 와서 임시정부 앞에 절의를 굽히는 것은 본래의 주장을 허사로 돌리는 것이라 하여 간부의 횡포를 비난하는 소리가 높아졌다. 같은 해 12월 새로운 근거지인 화뎬樺甸에서 개최한 정의부 중앙의회에서는 마침내 중앙행정위원 불신임을 결의하여 중앙행정위원과 중앙회의의원과의 의견이 충돌하였다. 그리하여 다음해 1월 마침내 그 중앙의회를 해산하기에 이르렀다. 그 후에도 내홍은 계속되고 있었는데 그때에 중국관헌의 단속이 점차 엄해지고, 그해 봄 지화吉樺지방에 있던 총관소總管所는 중국관헌에게 수색을 당하고 간부 2명이 체포되었다. 이 때문에 5월 다시 따차大岔로 본거를 옮겼으며 그 후에도 신안둔新安頓·따깡즈大崗子·판스현盤石縣 등으로 본거를 전전하였다. 그러나 종래부터의 폭행행위는 극도로 민중의 반감을 사서 반동단체가 속출하게 됨에 따라 1926년 10월 하순 정의부는 중앙의회를 열어 새로 군사령부를 두고 오동진吳東振을 사령장으로 임명하여 새로운 조직하에 군사 통일을 획책하는 바가 있었다. 당시 정의부의 세력범위는 펑톈奉天·지린吉林의 양 성省에 걸치고 그곳의 거주 조선인은 1만 7000여 호·8만 7000여 명을 헤아려, 정의부의 세력이 고창되는 시대였다. 그런데 종래부터 정의부는 무력행동을 삼가고 식산흥업殖産興業에 힘쓰자는 주장도 있었는데, 이때부터 한층 더 그 기운이 무르익어 그해 11월 농상업을 목적으로 하는 자본금 1만여 원의 흥실업사興實業社를 조직하여 이사 최만영崔萬榮 외 6명을 선임했다. 그러나 그 조직은 그 후 근근이 경농耕農과 정미업을 개시했을 뿐 큰 효과는 없는 것 같다.

그러나 불령단의 횡포는 여전히 그치지 않고, 1927년 2월에는 정의부 단원이 가맹한 고려혁명당이 중국관헌에 검거되자 그들은 점점 더 불안해지고 게다가 그해 4월에는 정의부 주최하에 남북만주에 있는 불령단 통일회의를 개최하여 여러 가지 협의를 거듭했지만 논의의 일치를 보지 못하고 결국 각 단체로부터 위원을 천거 받아 전민족유일당 수립방침을 연구하기로 하여 시사연구회란 것을 조직하였다(다음 항목에 자세히 기재함).

이어 같은 해 8월 하순이 되어 지린현吉林縣 동따오꺼우東道溝에서 제4회 중앙의회를 열어, 시국문제로서 만주의 민족운동전선의 통일을 위해 정正·신新·참參 3부 합동을 적극적으로 촉진하도록 대표로서 이탁李沰·최동오崔東旿[129]·고활신高豁信의 3명을 선임하여 유일당의 촉성을 준비하기로 결의했다. 또 자치문제에 관해서는 지방자치연합회를 조직하고, 자치의 훈련을 하기 위하여 곧 혁명운동기관(독립운동)과 자치기관(산업교육)을 분리하여 거주민에 대한 종래의 폭압적 수단을 폐지하고 문화적 수단으로 옮기려는 정책을 세웠다.

그런데 그해 1927년 12월 16일 정의부 군무위원 오동진吳東振이 일본영사관 경찰에 체포되자 간부의 당황이 상당하였다. 이에 대한 대책에 관하여, 일부 간부는 적극적 보복 행동으로 나아가야 한다고 주장했으나 고활신高豁信·이웅도李雄道 등의 일부 간부는 장래 일이 되어가는 형편을 살펴 차라리 일시라도 일본관헌에 귀순해야 한다고 주장하여, 의견 일치를 보지 못했다. 그리고 그때는 경상도파가 세력을 갖고 전횡하는 것을 마뜩잖아 하던 평안도파는 결속하여 이에 맞서는 상태에 이르렀지만, 대세는 여전히 경상도파가 장악하고 있었다.

그리하여 정의부는 만주에 있는 각 단체를 통일하여 자기들이 이를 거느리고 지배하려는 야심을 드러내어 몇 번 유일당조직촉성회의의 개최를 꾀했지만 그때마다 뜻대로 되지 않았다. 그러다가 별항에서 자세히 기재한 바와 같이 지난 해 5월 12일부터 15일 사이에 지린吉林에서 18개 단체 대표자의 참가를 얻어 간신히 이 회의를 개최했는데, 결과는 협의회와 촉성회의 양파로 갈라져서 정의부는 협의회의 중핵이 되어 촉성회파와 대립했다. 그해 8월 24일부터 개최된 제5회 정기 중앙의회에서, 뜻밖에도 민족유일당 문제로 촉성회 지지파인 중앙집행위원 이청천李靑天·이종건李鍾乾·최명수崔明洙·김원식金元植130)(안동)·이규동李圭東131)·김상덕金尙德(고령)·김동삼金東三(안동) 등은 의견의 차이로 인해서 직무를 포기한다고 성명하고 정의부를 탈퇴하게 되어 마침내 정의부는 세력이 급히 약해지고, 끝내는 올해 3월 하순 정의부(주력)·신민부(민정파)·참의부(잔류부)가 합체하여 국민부國民府가 되고 종래의 정의부는 해체되었다.

B. 신민부新民府

1924년 10월 남만주 각 단체를 통일한 정의부가 조직되자, 북만주 각 단체도 대동단결로 세력의 확대를 획책하였다. 그리하여 1925년 지린성吉林省 무링현穆稜縣에서 독립군(원

---

129) 최동오 : 1891~미상, 평북 의주출신, 1990년 독립장.
130) 김원식 : 1888~1940, 경북 안동출신, 1968년 독립장.
131) 이규동 : 1889~1950, 충남 보령출신, 1992년 애국장.

북로군정서)·독립군단·중둥셴中東線교육회지방구 등 적기단赤旗團을 제외한 북만주지방의 여러 단체대표가 회합하여 부여扶餘통일회를 개최한 결과, 동북만주 소재의 각 단체를 통일하여 신민부를 조직하였다. 당시 본부는 중둥셴中東線 냐오지미鳥吉密 또는 샤오량허즈小亮河子에 두었고 그 후 퉁빈현同賓縣으로 옮겼으며, 기관지 『신민보新民報』를 발행하였고, 무력으로는 별동대 80명이 있으며 자위自衛와 모연募捐(자금모집)에 종사케 했다. 그런데 신민부는 창립 후 항상 김좌진金佐鎭파와 조성환曺成煥파의 세력싸움이 심하여, 서로 견제하여 행동이 일치하는 바가 없었다. 그러다가 1926년 11월 총회 개최의 결과, 실업의 발전·교육의 확장과 개선을 결의하여 내부로는 간부를 다시 선출하고 밖으로는 각지에 지방 총판부總辦部를 설치하는 등 혁신을 도모했다. 또한 쑨원孫文의 삼민주의를 본떠서 민생회라는 것을 조직하여 중국 국민당과 연계하려고 박찬익朴贊翊[132]이란 자를 대표로 한코우漢口에 파견하는 한편 박두희朴斗熙·최창익崔昌益[133]을 블라디보스토크에 파견하여 노농勞農 러시아와의 접근에 힘써 열심히 신민부 세력의 진전에 힘썼다. 그런데 때마침 지난 해 3월 하얼빈 일본영사관 경찰서는 중국관헌과 함께 싱룽쩐興隆鎭에 있는 신민부 본부를 습격하여 부원 12명을 검거하고 다수의 불온문서를 압수했다. 이 때문에 신민부의 세력이 급히 소침해지고 그 후 간부는 각지로 흩어지지 않을 수 없게 되었다. 게다가 앞서 노농 러시아와 연락하기 위해 러시아에 들어간 박두희朴斗熙는 게페우(소비에트 러시아의 첩보기관)에게 체포되었다는 정보가 있으며, 또 한코우漢口로 파견되었던 박찬익朴贊翊의 국민당 측에 대한 교섭은 실패로 돌아감으로써, 소장 급진파는 실망한 나머지 점차 신민부에서 떨어져나가 배반하고 단원의 결속은 되지 않아 앞길이 암담한 점이 있었다.

그런데 그 후 7월 퉁빈현同賓縣에서 임시총회를 개최하여 중앙간부 11명을 선임하여 종래의 제도를 고쳐 군사·문화·행정 각 부문을 정비하였다. 다시 8월 1일에는 문화부 사업으로서 북만주조선인교육회대회를 하이린海林 부근에서 개최하여, 독립혁명의 사상을 제2의 국민인 초등학생에게 주입하여 장래에 대비하도록 결의하였다. 이와 같이 하여 한때는 그 존재를 의심받았던 신민부가 수개월을 지나지 않아 다시 일어설 수 있었던 것은, 김좌진金佐鎭이 펑톈奉天 거주 중국인 공산당원 한톈무韓淸穆와 모의하여 북만주에 중국인으로 이루어지는 노동의용군을 조직한다는 명목으로 노농(러시아) 측으로부터 자금을 얻어서 그 대부분을 신민부 재흥자금으로 유용했기 때문이라는 말이 있다. 그러나 그 자금

---

132) 박찬익 : 1884~1949, 경기도 파주출신, 1963년 독립장.
133) 최창익 : 1896~1957, 함북 온성출신, 허정숙의 남편.

도 곧 바닥나고 1927년 9월경부터는 하이린海林·이몐포一面坡 방면의 주민에 대해서는 종래의 의무금이 매호 6원씩이었던 것을 그들의 재력에 따라 1호당 50원元 내지 500원元의 의무금을 강제로 징수했을 뿐만 아니라, 하이린海林에서는 조선인 소학교의 폐쇄를 명하고 심지어는 단원 십수 명을 하얼빈 시내에 보내어 군자금 납입을 강요했다. 실제로 그해 9월 26일에는 수 명의 신민부 단원이 하얼빈조선인민회 사무소를 습격하여 소원을 포박해 놓고 권총을 들이대어 폭행·협박을 가하고 인장·장부를 강탈하여 도주한 일이 있었다. (범인은 그 후 체포되었다) 백주에, 더욱이 경찰력이 충실한 시내에서 이러한 대담한 행동을 감행하는 것 같은 일은 궁여지책에서 오는 흉포한 행동이거나 그렇지 않으면 단체의 세력만회를 위한 매명賣名 행위일 것이라 할 수 있다. 그렇지만 신민부가 시종 흉포 행위를 상투수단으로 하는 경향이 있는 것은 부락민의 여망을 잃게 하고, 점점 더 자금난을 초래하여 이윽고 스스로 쇠락을 재촉하기에 이를 것이다.

1927년 12월 25일 수토우허즈石頭河子에서 개최된 총회에서 신민부 보안대의 흉포한 행위는 부질없이 부락민의 반감을 높이게 되었고 또 군사부가 민사부의 관장管掌 범위를 침범하는 것이라며, 군사부에 대한 비난의 소리가 높아지고 드디어 스토우허즈石頭河子파(김좌진金佐鎭파 즉 군사파) 및 얼따오허즈二道河子파(박관해朴觀海·최현崔顯파 즉 민정파)의 두 파로 분열하여, 민정파는 김돈金敦134)·이해금李海琴·송상하宋尚夏·신숙申肅 등과 더불어 착착 자파세력을 심는 데 노력하였다. 그런데 우연히 그달 신민부의 보안대원 수 명이 관헌에 체포됨에 따라, 군사파는 비상한 타격을 받아 김좌진金佐鎭과 같은 자는 일시 소재를 감추기도 하였다. 민정파도 또한 소리를 죽이고 침묵하여 하는 일이 없었으나, 때마침 이때 뒤의 별항에서 설명하는 바와 같이 정의부가 각 단체의 대동단결에 관해 협의할 것을 종용해 왔기 때문에, 1월 3일 신민부 대표로서 김좌진金佐鎭·조성환曺成煥·최호崔灝·박정득朴正得을 파견하여 정正·신新·참參의 3부 대표가 합의하려고 한 바가 있었다. 그러나 신민부의 군사·민정 양 파의 갈등은 점점 심해진 바가 있어, 그해 3월경 본부를 류전柳鎭으로 이동하여 임시총회를 열고 위원을 개선했으나 신임위원은 군사파 김좌진金佐鎭이 자기 마음대로 보선補選했다는 말이 있다.

그래서 신민부는 작년 5월 12일부터 화뎬樺甸에서 개최된 전민족유일당 조직촉성회의에서는 회의 목적에 크게 찬동하면서도 양 파의 갈등이 화근이 되어 대표 참가가 있지도

---

134) 김돈 : 1887~미상, 경북 의성출신, 2002년 애국장.

못하고 끝나버렸고 계속 파벌내홍을 일삼았다. 그러다가 그해 6월에 민정파는 고려국민 당의 이름으로 '민중의 생명을 학살하는 혁명전선의 교란자·매족賣族적 주구走狗·혁명의 사기한의 장본인인 김좌진金佐鎭·정신鄭信을 매장하라'는 성토격문을 내어, 양 파는 거의 적대행동을 취하는 데까지 이르게 되었다. 당시 양 파의 간부는 다음과 같다.

군정파(닝안현寧安縣 미쟝密江·신안전新安鎭 소재) : 김좌진金佐鎭·민무閔武·임강林岡·권
　　화산權華山·최준崔俊·김호섭金浩燮 등
민정파(주어허현珠河縣 신카이핑新開坪) : 송상하宋尙夏·김돈金敦(의성출생)·이일세李一世(의
　　성)·최학문崔學文 등

　이 동안 정의부에서는 3부 통일회의의 개최에 힘을 들여 지난해 7월중에 개최하기로 결정하고 신민부에 대표파견을 통지해 왔는데도, 내홍 때문에 대표를 결정하지 못하고 갖가지 분분한 논의 끝에 민정파는 신숙申肅 등이 대표가 되어서 지린吉林에 가고, 군사파도 김좌진金佐鎭·정신鄭信[135]을 그곳에 파견하여 대표권을 두고 다투었다. 그러나 결국 김좌진金佐鎭파는 무자격자로 배척되고 민정파가 대표권을 획득했지만, 이 회의는 이러한 정의부의 내홍 등으로 끝내 정식회의를 보지 못하고 끝났다. 신민부에서도 12월이 되어 드디어 군정파가 장래 자멸의 비운에 떨어질 것을 예상하고 참의부(주력主力)와 합의한 결과, 양 부(신민부와 참의부)를 합동·합체하여 유일당촉성회에 참여하기로 하고 같은 달 해체선언을 발표했다. 한편 신민부 민정파에서도 올해 3월 하순에 정의부(주력)의 주창에 의해서 정의부(주력)·참의부(잔류부) 3자가 합의한 결과, 이들이 합체하여 새로 국민부를 조직하여 신민부라는 이름을 폐지하였다.
　이리하여 만주에 있는 주된 민족단체가 내홍·분열을 하는 동안 공산파는 자파세력의 확장에 힘썼고 민족계 불령조선인 사이에서도 종래와 같은 군사행동을 피하고 사상·자치운동으로 경쟁하다시피 전환하는 경향이 생겼다. 12월 중 공산파는 김좌진金佐鎭·정신鄭信 등 군사파를 공격하는 격문을 반포했기 때문에 더욱 양 파(군정파와 민정파)의 반목이 두드러지게 되었다.
　그리하여 올해 2월경에 이르게 되자 신민부의 민정파는 다시 서울청년파의 만주대표 신일용辛日鎔[136]·상하이파 만주비서 주건朱健[137] 등과 제휴하여 상하이파·서울파의 연

---

135) 정신 : 1898~1931, 함남 홍원출신, 1963년 독립장.

합파를 만들어 만주에 있어서의 사상운동선의 지도권을 획득하려고 기획했다. 간부 독고악獨孤岳·송상하宋尙夏·문우천文宇天 등은 반대파 김규식金奎植·김춘배金春培138) 등을 몰아내는 데에 힘써 완전히 국민부를 장악했다. 한편 최호崔灝 등은 별도로 평안도파를 만들어 이에 대항하는 등 여러 파로 분열되었고, 이일세李一世(의성)·김돈金敦(의성출생) 등은 또 경상도파로서 결속하여, 국민부가 앞으로 나아갈 곳을 전혀 알지 못했다.

그런데 민정파가 북만주 적화를 자임하는 북만주조선인청년총동맹과 완전히 제휴하고 있는 것은 특히 주목할 필요가 있다. 현재 국민부(민정파)의 주된 간부는 아래와 같다.

책임비서	최호崔灝(현재 탈당상태이지만 송래의 관계로 그대로 두었다)
차석	김돈金敦(의성출생)(실제 비서의 자리에 있다)
사법부장	이일세李一世(의성출신)
정치부위원	송상하宋尙夏(서울청년회파 대표)
연락부위원	독고악獨孤岳
선전부위원	최학문崔學文
군사부위원	김규식金奎植(사실 탈퇴했다)
경리부위원	문동봉文東峰
조직부위원	이교언李敎彦

한편 군정파는 사면초가 가운데서 근근이 여맥을 유지하고, 금년 4월경에는 그들의 부하 황학수黃鶴壽·김관金寬 등과 함께 랴오허현饒河縣 방면으로 도주했다고 전해지고 있다.

이리하여 1925년 이후 북만주지방에서 횡행하여 일대 세력을 갖고 있던 신민부도 사분오열하여 옛 모습은 없다.

C. 참의부參議府

(가) 연혁

1922년 8월 남만주의 각 불령단체를 통합하여 조직된 대한통의부大韓統義府(정의부 전

---

136) 신일용 : 1894~미상, 전북 부안출신.
137) 주건 : 1889~미상, 함남 북청출신.
138) 김춘배 : 1904~1946, 함북 경흥출신, 1990년 독립장.

신)는, 조직 후 얼마 되지 않아 내홍이 일어나, 왕정복구를 원하는 파인 유림儒林 측은 1923년 봄 의군부義軍府를 조직하여 갈라섰다. 그 후 통의부 간부인 김사하金篩廈·전덕원소德元139) 등은 어디까지나 상해임시정부를 옹호하여 이를 조선인 단체의 최고기관으로 활동하도록 주장했기 때문에 다른 간부와 서로 맞지 않아, 드디어 1923년 말 통의부 제1·2·3 중대(병원兵員 약 500명)를 거느리고 통의부로부터 탈퇴하여 새로 참의부參議府를 조직하여 본거지를 지안현輯安縣에 두었다.

(나) 조직 후의 상황

참의부는 조직 후 지안輯安·푸우쑹撫松·안투安圖·류허柳河·퉁화通化 각 현縣에서 세력을 키워 5개 중대 총원 150~160명의 무력을 갖고 임시정부 별동대라 하여, 정의부와는 항상 반목 항쟁을 계속하여 서로 양보하지 않았다. 1925년 1월에는 임시정부 간부의 경질에 따라 진동도독부鎭東都督府라 개칭했지만, 얼마가지 않아서 다시 옛 이름(참의부)으로 돌아갔다. 그리고 통의부와의 반목은 점점 심해지고 그해 중간쯤에 임시정부는 이유필李裕弼·오영선吳永善 두 사람을 파견하여 통의부와 화해 융화하도록 진력한 바 있었지만, 결과는 아무런 도움 되는 것 없이 끝났다.

참의부는 만주에 있는 불령단체 중 조선과 마주보는 강변에서 가장 가까이 근거지를 두었기 때문에 항상 활동목표를 조선 내에 두고 방화·약탈을 제멋대로 했으며, 두만강변 지방의 불령단에 의한 피해의 3분의 2는 참의부의 행위라고 말해진다.

그러나 1925년 2월 평북 초산경찰서 토벌대가 참의부에 소속한 중대장 최석순崔錫淳 이하 42명을 토벌함에 따라 급격히 세력이 약해졌다. 1926년 2월과 6월 두 번에 걸쳐서 후쿠시마福島 통역관이 그 지방을 시찰하고, 직접 그곳 조선인 유력자에게 조선통치의 진의를 거듭 설명하고 간곡히 타일렀기 때문에, 참의부 대원 가운데는 귀순을 신청하는 자가 속출했다. 뿐만 아니라 참의부의 세력이 미치는 지역의 주민들은 참의부의 그칠 줄 모르는 불령행동에 반감을 갖고 자위적 반동단체를 조직하기도 하였다. 또 중국관헌의 단속도 점차 엄중해져서, 간부 등은 각지로 이산·도피하여, 참의부의 근거지 및 중심인물까지도 확실하지 않는 슬픈 형편에 빠졌다. 그런데 1926년 말 상하이 『독립신문』의 경리였던 김희산金希山을 참모장으로 맞이하여 진용을 새롭게 한 이후 각지에 있는 반동단체를

---

139) 전덕원 : 1871~1940, 평북 용천출신, 1962년 독립장.

무력으로 진압하고, 동시에 지방조직에 착수하여 오래 쇠잔해진 참의부의 성망聲望회복에 노력하여 약간 세력만회를 보게 되었다. 즉 지난 해 초에는 새로 일본사관학교 출신 마덕창馬德昌140)·윈난雲南사관학교 출신 김강金剛·김태문金泰文을 초청하여 군사위원 등에 추대하여 멩쟝현濛江縣에 무관학교를 설치하고 군인양성에 노력하는 한편, 기관지『정로正路』를 발행하여 선전에 힘썼는데, 당시 참의부는 소속군대 6개 중대·병원兵員 200명을 거느리고 크게 기세를 보였다.

그런데 정의부에 의해서 재만주 유일당촉성회의 개최가 획책되어 제1회 정正·신新·참參의 3부 대표자회의가 작년 1월에 개최되자, 본단(참의부)으로부터는 임병산林炳山 외 3명의 대표를 파견하여 회의개최에 진력하여 별항에서 서술한 바와 같이 작년 5월 12일부터 지린吉林에서 개최되었다. 그러나 그 결과는, 이 회의가 촉성회와 협의회의 2파로 분열되었는데, 당시 관헌의 단속이 엄중하여 이 단체(참의부)는 그 회의에 대표파견마저 하지 못하여 그 거취가 분명하지 않았다.

그 후 정의부 협의회파는 유일당 조직의 준비 행위로 먼저 정正·신新·참參 3부의 합동 통일을 꾀하여, 지난해 7월 중 각 단체에 대표파견을 교섭하였던 바, 참의부는 이를 받아들여 김희산金希山·김소하金筱夏·김강金剛 등을 대표로 지린吉林에 파견하였다. 그렇지만 이 회의는 신민부의 내홍 때문에 끝내 개최할 수 없었다. 그해 9월 18일 참의부 군사위원장 마덕창馬德昌(본명 이종혁李鍾赫)이 펑톈奉天에서 우리(일본) 관헌에게 체포되자, 참의부의 의기가 극히 침쇠沈衰하였다. 게다가 참모장 김희산金希山·김소하金筱夏·김강金剛 등이 3부 통일회의 때문에 지린吉林에 가고 부재중에 간부 사이에서 평소의 암투가 노골화하고 극단화하여, 9월 초순 차천리車千里141)는 심용준沈龍俊142)에게 암살되었다. 심沈은 이 기회를 이용하여 참의부 장악책을 강구하여 김소하金筱夏·김강金剛을 참의부로부터 추방해야 한다고 소리를 높이고, 김강金剛 등은 또 심沈을 암살하려고 꾀하여, 참의부의 공기는 점점 더 험악하게 되었다. 심용준沈龍俊 일파는 별개의 행동을 취하게 되어, 유일당촉성문제에 관한 태도도 자연히 두 파로 분열하였다. 김희산金希山 등 참의부의 주력主力은 촉성회를, 심용준沈龍俊 일파는 협의회를 지지하는 태도를 갖게 되었다. 결국 지난해 12월, 전자는 신민부 군정파와 협의한 결과 양 부(참의부와 신민부)가 합체하고 촉성회와 합쳐, 새로

---

140) 마덕창 : 본명 李種赫, 1892~1941, 충남 당진출신, 1980년 독립장.
141) 차천리 : 미상~1928, 평남 안주출신, 1998년 독립장.
142) 심용준 : 1896~1949, 평북 희천출신, 1998년 독립장.

민족유일당만주책진회民族唯一黨滿洲策進會를 조직했다. 또 심용준沈龍俊파는 올해 3월이 되어 정의부와 신민부 민정파와 합체하여 국민부國民府를 조직하고 양자가 각각 참의부의 해체를 선언하여, 그 명칭은 이에 소멸하게 되었다.

그렇지만 해체 후라 해도 그들은 종래와 그 행동조직에 있어서 별다른 변화가 없고, 환런현桓仁縣 방면에서 준동하고 있었다. 그러나 결국 김희산金希山은 2월 8일에 그곳에서 우리(일본) 관헌에 체포되었고, 김소하金筱夏도 지안현輯安縣 방면으로 달아나 제2의 참의부를 조직하려고 진력 중이라 전해지고 있으나 실현 가능성이 없으며, 사실상 이 단체는 전적으로 붕괴된 것 같다.

D. 대독립당大獨立黨 조직(3부三府통일)운동

(가) 운동 경위

만주에서 독립운동을 하고 있는 불령단체가 서로 갈라서면 불리하다는 것을 통감하여 각 단체의 통일·합동을 창도한 것은, 태평양회의 이후 타국은 믿기 어렵다는 것을 자각하여 사회주의운동에 돌입한 무렵인데 이러한 움직임은 이미 일부 불령자들 사이에서는 창도·획책되고 있었다. 즉 1922년 8월 환런현桓仁縣에서 군정서 외 7개 단체가 통일되어 대한통의부가 생겨나고, 이어 1924년 10월에는 지린吉林에서 통의부 외 7단체가 합체하여 정의부를 조직하였다. 또 1925년 3월에 무링현穆棱縣에서 독립군과 기타 북만주 불령단체가 서로 합체하여 신민부를 조직하는 것 등은 그 경위에 있어서 파벌에 의한 자파세력의 부식을 꾀하는 등 불순한 점이 없지는 않다고 하더라도 그 대강大綱은 어느 것이나 파벌의 극복과 운동전선의 협동·통일이 아닌 것이 없고, 이는 이른바 오늘날 그들의 민족총역량을 집중하는 대독립당 조직으로 나아가려는 전제운동이라 하지만 당시 그들이 당면 목적으로 하는 것은, 단순히 세력확대 내지는 단속관헌에 대한 대항책 또는 자금징모를 위한 단결에 있었던 것으로 판단된다. 그런데 1926년 이래 불령단의 소위 식자識者는, 한일병합 후 이미 20년이고, 3·1운동 때부터 헤아려도 이미 8년여가 된 금일, 독립운동의 성과가 하나도 없다는 것은 결국 민족의 대동단결이 없었던 까닭이라 하여, 파벌 극복과 전민족적 단결을 역설하였다. 그리하여 1926년 10월 먼저 베이징北京에서 대독립유일당베이징촉성회大獨立唯一黨北京促成會의 조직을 보았고, 다음해 1927년 2월에는 조선 내에서 신간회의 창립을 보았다. 그 후 재외 각지에서 대독립당의 촉성회가 조직됨에 따라, 민족운동은 하나의 신기원을 긋게 되었다.

이리하여 조선 내외의 각 단체는 다 같이 유일당조직 운동열이 높아지고 만주의 불령단 중 유력단체인 정의부는 이에 만주에 있는 여러 단체의 영도권 획득을 목적으로 유일당촉성 운동을 꾀하여, 드디어 1927년 4월 15일의 유일당촉성준비대표자회의를 개최하기에 이르렀다.

(나) 촉성회의의 개최

전술한 바와 같이 유일당조직의 촉진의 기운이 무르익자, 일찍부터 만주에서의 불령단의 영도권을 가지고자 하는 야심을 갖고 있는 정의부 간부(당시의 집행위원장은 김동삼金東三이고 위원에는 이광민李光民·김원식金元植 등이 있었다. 본도 출신자가 큰 세력을 가지고 있었다)에 의해서 마침내 각 단체가 연석하여 유일당조직을 의논코자 진력했다. 그 결과 1927년 4월 15일부터 지린현吉林縣 신안툰新安屯에서 제1회 대표자회의를 개최했는데, 참가단체와 대표는,

정의부正義府	김동삼金東三(안동)·오동진吳東振·이광민李光民(안동)·김원식金元植(안동)·고활신高豁信·현정경玄正卿 외 11명
정의부正義府(군대측)	이웅李雄 외 12명
남만청총南靑總	박병희朴秉熙 외 십수 명
한족노동당韓族勞動黨(후에 만주농민동맹)	김응섭金應燮(안동)
기타	안창호安昌浩 이일세李一世(의성)

등 유지有志 52명의 출석이 있었고 그들은 유일당조직에 관하여 협의한 바가 있었다. 그런데 회의 첫날 김응섭金應燮 같은 자는 완전한 각 단체 대표자회의가 아니라 하고 회의의 불성립을 주장하였고, 제4일째는 퇴석자가 속출하여 아무런 결의를 보지 못하고 폐회했다. 그렇지만 뜻이 있는 자는 이 회의를 이대로 해산함은 유감이라 하여 다시 숙의를 한 결과, 유일당조직준비기관으로서 시사연구회를 조직하고, 그 위원으로서 이탁李沰·최동욱崔東旭·박병희朴秉熙·이일세李一世(의성)·김응섭金應燮(안동)을 선임하여 본회의에 의거해서 계속 초지初志대로 나아가기로 했다.

이때 정의부는 8·9 양 월에 제4회 중앙회의를 개최하여 유일당촉성회의를 급히 진전시키려고 결의하였다. 이리하여 정의부는 시사연구회가 조직된 후 유일당조직촉성회의

개최를 결정했으며, 같은 해 12월중 판스盤石에서 남만주혁명동지연석회의를 열고 1928년 3월 1일을 기하여 촉성회의를 열기로 하고, 만주의 32개 단체에 대표파견을 요청하는 통지서를 발송한 바가 있다. 한편 별항에서 이미 기술한 바와 같이 상하이에서 1927년 4월 유일당상하이촉성회의 조직이 이루어지고, 이어 같은 해 10월에는 청년운동 통일의 목적으로 중국본부 한인청년동맹이 조직되어 적극적으로 만주의 각 단체와의 통일·합동을 획책하였다. 1928년 1월에는 연락대표로 홍진洪震과 정원鄭遠(성주군 출신)을 만주에 특파하기로 하여, 이 2명은 1928년 1월 지린吉林방면에 와서 각 단체를 두루 찾아가서 통일과 유일당(청년단일당도 마찬가지임)조직촉진을 종용한 바가 있었다. 그런데 우연히도 정의부 간부 오동진吳東振과 신민부 간부 김혁金赫[143]·유정근俞政根 등이 전년 12월 말 내지 1928년 1월 사이에 일본영사관 경찰에 체포되었다. 그러자 만주에 있는 불령단은 극도로 동요하여, 각 단체의 제휴와 통일의 필요성을 더욱 통감하게 되었다. 그리하여 2월 3일 정正·신新·참參의 3부府 간부가 닝꾸타寧古塔에서 회합하여 4월중 이 건에 관하여 3부연합회의를 개최하도록 결의한 바가 있어, 그 기운이 점차 무르익는 양상이었다. 그렇지만 이 시기에서 조차도 그들의 내홍과 파벌은 일소一掃 되지 않아, 정의부내는 현정향玄正鄕파(구舊 오동진吳東振계로서 김이대金履大·현익철玄益哲[144] 등이 이에 속함)·이청천李靑天파(이른바 문치파로서 김동삼金東三 등이 이에 속함)·고활신高豁信파(한족노동당계로서 김응섭金應燮·김상덕金尙德·이광민李光民 등이 이에 속함)의 3파가 생겨났다. 또 신민부는 김좌진金佐鎭파(군사파)와 박관해朴觀海·정신鄭信(민정파)의 양 파로 갈라져 서로 책동하고 있어서 촉성회의의 개최는 뜻대로 진전하지 않다가, 겨우 작년 5월 12일에 지린성吉林省 화뎬현樺甸縣에서 각 단체 대표자가 회합하여 촉성회의의 개최를 보게 되었다.

회의 상황

1928년 5월 12일부터 15일 동안 지린吉林 화뎬樺甸현(이 기간 중 판스현盤石縣으로 이동함)에서 정의부 외 18개 단체 대표자 39명이 집합하여 유일당촉성문제를 토의하고 먼저 운동방침을 결정하여, 일단 위원으로서 김동삼金東三(안동)·현정향玄正鄕·김이대金履大·김상덕金尙德(고령) 외 17명을 선임했다. 그런데 본회의 명칭문제로 뜻밖에 이론異論이 생기고 집행위원 선임에 대한 불평도 겹쳐서, 주장의 일치를 보지 못하고 결국 개인 본위가 되었

---

[143] 김혁 : 1875~1939, 경기도 용인출신, 1962년 독립장.
[144] 현익철 : 1886~1938, 평북 박천출신, 1962년 독립장.

다. 그리하여 기성단체의 부정否定을 주장하는 전민족유일당조직촉성회파와 소위 기성단체 본위를 주장하는 전민족유일당조직협의회파의 두 파로 분열하고 5월 26일 폐회했다.
당시의 참가단체와 분열상황을 제시하면 다음과 같다.

(ㄱ) 전민족유일당全民族唯一黨조직촉성회파
    북만주청년총동맹 출석대표　　　　　이명도李明道 외 1명
    남만주청년총동맹 출석대표　　　　　이철李鐵 외 1명
    동만주청년총동맹 출석대표　　　　　이의태李義太
    송강淞江청년총동맹 출석대표　　　　손경호孫景鎬
    여족공의회麗族公議會 출석대표　　　　이광민李光民
    합장哈長청년회 출석대표　　　　　　윤정우尹丁雨 외 1명
    재만주농민동맹 출석대표　　　　　　김응섭金應燮 외 2명

(ㄴ) 전민족유일당全民族唯一黨조직협의회파
    다물단 출석대표　　　　　　　　　　이청우李靑雨 외 1명
    정의부 출석대표　　　　　　　　　　이청천李靑天 · 이종건李鍾乾 외 10명
    북만주조선인청년총동맹 출석대표　　김인金仁
    남만주청년연맹 출석대표　　　　　　윤평尹平 외 1명
    동만주조선인청년총동맹 출석대표　　김무金武

    비고 : 본회의에 참의부는 대표를 파견했지만 관헌의 단속이 엄중하여 도중에 되돌아갔으며, 신민부는 대표파견 지연으로 참석하지 못했으나 원만히 성립되면 이의異議없다는 뜻을 알려왔다고 한다.

이리하여 분열 후 두 파별로 집행위원을 선정하여 진용을 가다듬어 유일당조직에 관한 준비를 하기로 하였다.

지금 이 양 파의 내용을 보건대, 촉성회는 주로 북부중국 및 중부중국 방면 거주 조선인과 만주 청년운동 통일을 표방하여 성립한 재중국한인청년동맹 관계자들이 이를 지지하며 지방색으로 보면 경상도파가 중심이고, 협의회파는 정의부와 북만주조선인청년총동맹과 같은 중국청년동맹에 반감을 갖는 단체를 포용하며 지방색으로 보면 평안도파를 주체로 한 조선 내 화요계火曜系와 상하이파 분자가 이에 참가하고 있다.

그런데 전자는 기성세력을 부정하고 개인본위를 주장하기 때문에 실제 세력이 없고 그 운동은 소극적인데 반하여, 후자는 기성세력을 안고 만주의 현 실정에 특히 적극적이다. 그렇지만 만주에 있는 일반 조선인의 기성단체에 대한 혐오와 반감은 극도로 높아서 촉성회파의 주장이 비교적 일반사람들의 동정을 얻고 있다.

(다) 3부三府통일운동

여기에서 협의회파의 중핵인 정의부는, 유일당조직의 단계로서 기성 유력단체인 정의부·신민부·참의부의 통일을 도모하여 촉성회파에 앞서서 유일당의 완성을 기하여 자파에 의한 만주운동단체의 영도권을 파악하려고 계획했다. 그리하여 1928년 7월 중 참의부·신민부 양 파에 3부 통일회의의 개최를 제의하여 대표참가를 권유한 바 있었다. 참의부는 이를 받아들여 8월중 김희산金希山·김소하金筱夏·김강金剛 등을 대표로 파견했지만, 신민부는 이 제의에 응하기는 해도 내부의 군정파·민정파 양 파의 내홍 때문에 결국 대표파견을 하지 못했다. 이에 정의부·참의부 양 부에서는 이백파李白波를 파견하여 다시 신민부에 교섭한 바가 있어, 드디어 그 부내의 군정파·민정파가 다 같이 대표파견을 승낙했다. 그러나 그 대표권 문제에 관해서 다시 군·민 양 파가 대표권의 소재所在를 자파로 확인하려고 서로 획책 배격하여, 결정한 바가 없었다. 이에 정·참의 양 부는 이것은 3부 통일에 화근이라 하여, 신민부의 내정에 밝은 이일심李一心(대구)·이범석李範奭을 지린吉林으로 불러 속사정을 청취하였다. 그런데 그들은 군정파에 유리한 진술을 했기 때문에 민정파에게 불리한 사태가 되어, 민정파는 궁여지책으로 자파의 대표권을 인정해준다면 대원 300명을 데리고 무조건 정의부가 지지하는 협의회를 지지할 것이라 주장했다. 또 신민부 내의 군정파인 김좌진金佐鎭 등은 10월 초 지린吉林에 와서 신민부 대표로서 회의에 출석하겠다는 뜻을 정의부에 통고했다. 그렇지만 정의부 측은 순리純理로서는 군정파를 대표로 인정하면서도, 민정파 300명의 무조건 지원은 정의부에 매우 큰 이해관계가 있게 되어 정의부는 참의부와 상의하여 신민부의 대표권 문제는 정식회의를 개최하여 그 장소에서 군軍·민民 양 파의 자격심사를 한 후 결정해야 한다는 뜻을 발표했는데, 김좌진金佐鎭 파는 누구로부터도 자격심사를 받을 필요가 없다고 하고 분연憤然히 이를 거절하였다.

이렇게 해서 정의부의 입장은 점점 더 곤경에 빠졌고 게다가 8월 하순부터 개최된 제5회 중앙의회에서 유일당 조직문제로 촉성회에 가담한 이청천李靑天·김원식金元植·김상덕

金尙德·김동삼金東三 등은 드디어 위원의 직무포기를 성명聲明하고 사실상 정의부로부터 탈퇴하게 되어, 3부 통일회의의 앞길은 암담하게 되고 아무것도 결정된 것이 없었다. 또한 신민부 내의 군·민 양 파의 암투 및 참의부 내의 파벌 내홍은 점점 심해지고, 이청천李靑天파는 신민부 군정파인 김좌진金佐鎭파와 접근하는 것 같은 태도로 나와, 정식대표자회의는 도저히 개최의 가망 없이 차일피일로 시일만 끌어 지금에 이르렀다.

한편 촉성회 측에서는 그 조직의 성립 후 7월 중순에 지린성吉林省 내 김응섭金應燮(안동)의 집에서 임시간부회를 개최했다. 그리하여 김동삼金東三(안동)·이종건李鍾乾·김상덕金尙德(고령)·배활산裵活山·김응섭金應燮(안동) 등이 참석·협의한 끝에 유일당촉성회의 조직선전을 위해 각자는 구역을 분담해서 남북만주 각지에서 적극적 선전을 하기로 결의했다. 그리고 같은 해(1928년) 11월 중순 판스현盤石縣 호란량창즈呼蘭梁廠子에서 민족유일당의 이름으로 동맹규약을 발표하여 맹원盟員모집에 노력했는데, 신민부 군정파와 참의부는 완전히 촉성회와 의기투합하게 되어, 마침내 그해 12월 서로 합쳐서 혁신의회 및 민족유일당재만책진회를 조직하기에 이르렀다.

(라) 혁신의회 및 민족유일당재만책진회의 조직

3부 통일운동은 결국 결렬상태에 빠졌고 신민부와 참의부는 각각 부내에서의 극단적인 내홍으로 조만간 자멸의 비운에 도달할 것이 예상되자 이에 운동방식을 전환하여 공동행동을 취할 필요에 쫓기어, 신민부 군정파와 참의부(심용준沈龍俊·김이하金履夏 파는 별도의 행동을 취한다)는 대표자연합회를 열고 합체하여 촉성회와 공동행동을 취할 것을 결정하였다. 그리하여 양 부는 해체하고 임시기관으로서 혁신의회를 설치하여 유일당조직운동촉진을 위해 민족유일독립당재만책진회民族唯一獨立黨在滿策進會를 조직했다. 동시에 신新·참參 양 부 및 촉성회는 해체하고 선언서를 발표하여 협의회파에 대항하기 위한 진용을 새로이 하였다. 책진회의 집행위원은 아래와 같다.

책진회 집행위원
촉성회 측(정의부를 탈퇴한 구舊간부)
    이청천李靑天·김동삼金東三(안동)·김원식金元植(안동)·김상덕金尙德(고령) 외 4명
참의부 측
    김희산金希山·김소하金筱夏 외 2명

신민부(군정파) 측
　　　김좌진金佐鎭·황학수黃學秀·김시야金時野·최호崔灝·정신鄭信

　이렇게 책진회가 조직되고 청년단체 통일을 표방하는 재중국한인청맹韓人靑盟과 제휴해서 적극행동에 나가자, 협의회 측은 다시 이에 대한 대항책을 강구하여 올해 3월 하순 정正·신新(민民)·참參(잔류간부)이 서로 제휴하기로 하여 국민부國民府를 조직하게 되었다(혁신의회는 임시기관의 임무를 다했다하여 올해 5월에 해산했다).

　(마) 국민부國民府의 창립
　협의회 측에서는 자파확대를 위해 진력했던 3부 통일이 결렬되고, 이에 반해서 촉성회 측은 책진회를 조직하여 기세를 올리게 되니, 협의회 측에서도 불령단의 대동단결을 획책하여 올해 3월 하순에 이르러 정의부(주력主力)·신민부(민정파)·참의부(잔류부)의 대표가 서로 만나 숙의를 한 결과, 합체하여 국민부를 조직하여 정正·신新·참參 3부를 해체함과 동시에 국민부의 집행위원으로,

　정의부 측(주력)
　　　현익철玄益哲·이웅李雄·김이대金履大 외 11명
　참의부 측(심용준沈龍俊 파)
　　　심용준沈龍俊·이호李虎 외 3명
　신민부 측(민정파)
　　　송상하宋尙夏·독고악獨孤岳 외 2명

을 선임했다. 그리하여 그들은 총무·군사·교육·재무·지방 각 부를 맡고 적극적으로 책진회 박멸을 획책하여, 전에(올해 2월) 책진회를 지지하는 청년운동 통일기관으로 생겨난 중국청맹靑盟과 대항하기 위하여 조직하게 했던 남만주한인청년총동맹과 제휴하여 책진회 측에 육박하기에 이르렀다.
　이리하여 재만운동단체는 책진회(촉성회)와 국민부(협의회)의 2대 세력이 서로 대치하고 청년운동은 주중住中한인청맹 및 남만주한인청총 기타의 3파로 분립하여, 하나는 촉성회를 지지하고 다른 하나는 협의회를 지지하는 2대 분야가 나타났다.

지금 이 분야의 개요를 도식으로 나타내면 아래와 같다.

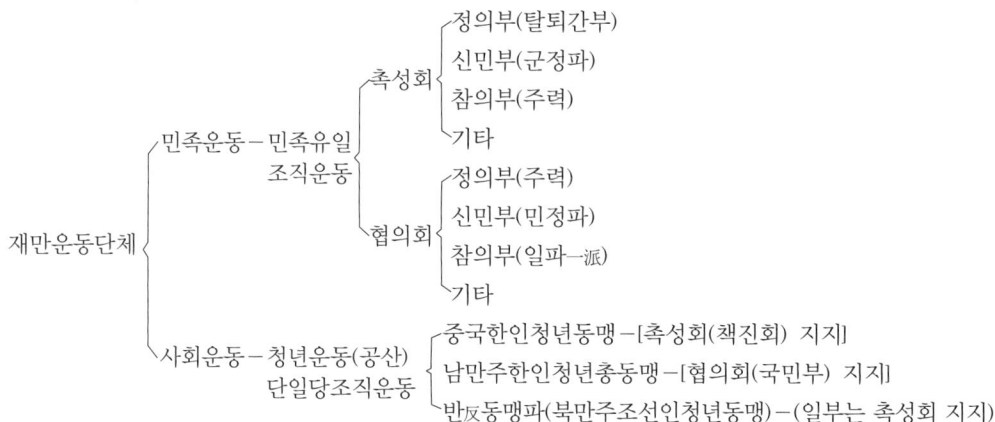

(5) 노령(극동러시아) 방면

1910년의 한일병합 전 수년 동안 조선에서 일본제국의 위세가 날로 더해지고, 한국(조선)의 전도는 대략 예견하기 어렵지 않는 정세를 나타내자 이에 반감을 가지는 무리들은 만주로부터 시베리아방면으로 이동하고, 그때보다 앞서 그곳에 이주해 있던 불량不良의 무리와 결탁하여 국사國事를 빙자하여 과격한 언동을 일삼았다. 한일이 병합되자, 소위 조국의 멸망에 분개한 무리는 스스로 조선 땅을 떠나 국외로 달아나 국권회복을 몽상하며 도당을 규합하여 불령운동에 종사하게 되었다. 당시 이들 무리는 신지식을 갖지 않은, 이른바 완고하고 고루한 무리에 속했다. 따라서 그 행동 같은 것도 그저 비분강개하며 반항적 행동으로 시종하였다. 그리하여 당시 극동러시아방면에서는 이동휘李東輝 · 이강李剛 · 김하석金夏錫 · 김치보金致寶145) 등의 배일조선인은 블라디보스토크를 본거지로, 문창범文昌範은 니코리스크에, 이범윤李範允 · 홍범도洪範圖 · 최재형崔在亨 등은 연추煙秋지방에 본거지를 두고 조국 광복운동을 일으켰다. 블라디보스토크에서는 당시 이미 기관지 『권업신문勸業新聞』과 기타 불온출판물을 반포하여 배일사상 고취에 힘쓰고 있었고, 기회 있을 때마다 군사를 일으켜 일본세력을 조선반도로부터 몰아내야 한다는 과격한 언동이 끊이지를 않았다. 때마침 구주대전란(제1차세계대전)의 발발 후 러시아 과격파의 발흥과 독일세력의 동점東漸(차츰 동쪽으로 옮겨옴)에 의해서 시베리아 일대가 소란해짐을 보게 되자, 러시아령

---

145) 김치보 : 1859~1941, 평남 평양출신, 1996년 독립장.

거주 배일 불령의 무리는 좋은 기회가 왔다 하여 사방으로 격문을 띄우고 만주 거주의 동지와 협력하여 과격파와 통합으로써 몇 년에 걸친 소망을 달성하려고 기도하였다. 그러나 일은 예상했던 기대에 반해서, 아군(일본)의 파견에 의해 러시아 과격파는 참패했다. 아군은 멀리까지 달려가 하바로프스크를 점령하고 블라고베시첸스크를 함락시켰으며 순식간에 연해沿海・헤이룽장주黑龍江洲 방면까지 진정鎭定시키자, 불령자의 무리는 한때 다투어 만주로 도망갔다. 앞서 기재한 『권업신문』 같은 것도 1914년 우리(일본) 관헌의 교섭으로 러시아 관헌이 발행금지를 명령했으며, 그들의 행동은 한때 완전히 침체되었다. 그런데 1917년 3월 러시아대혁명에 따라 언론・결사의 자유가 주어지고, 니코리스크에서는 한족회를 조직하여 그 기관지로 『청구신보靑邱新報(뒤에 『한족공보韓族公報』로 개칭)』를 발행하였고 블라디보스토크에서는 『한인신보韓人新報』라는 한글신문을 발행하여, 빈번히 배일 보도기사를 싣고 민족사상 환기에 노력한 바가 있었다.

그리고 한편으로는 구주전란이 끝남에 따라 민족자결의 부르짖음이 조선 내외에서 떠들썩하였다. 드디어 1919년 3월의 소요(만세운동)가 발발하자, 극동러시아에서는 바로 이에 호응하여 블라디보스토크・니코리스크・스와스코에・타스토크노에 등 각지에서 많은 사람이 모여 대시위운동을 행했다. 그 후는 만주・상하이와 조선 내의 불령자와 연락을 유지하고 운동을 계속했지만, 여전히 우리(일본) 파견군의 엄중한 감시를 받고 있었기 때문에 행동은 뜻대로 되지 않고, 그 행동은 점차로 만주로 옮겨가고 있다. 때마침 1922년 가을 일본군이 철수한 후 러시아국國의 태도가 비교적 조선인에게 유리하게 돌아가, 불령조선인의 일부는 러시아 국가보안부에 들어가 일본관민과 친일조선인에 대해서 극히 포악하여 한때는 민심을 서늘케 하였다. 뒤이어 1923년 여름경 니코리스크 방면에서는, 한옥韓玉 등이 주재하는 1000여 명의 불령조선인이 집합하여 무관학교를 설립하여 투사를 양성했다. 또 같은 해 9월의 (일본)간토대지진[146] 때는, 대대적인 암살・폭파대를 일본・조선 내에 밀파하려고 한다는 정보가 빈번하게 있었으나 실행되지는 않았지만 그 지방에 있어서 불령조선인이 적군赤軍(러시아)에 들어가고 또는 이들과 제휴해서 점차 세력이 증대한 것은

---

[146] 간토대지진 : 1923년 9월 1일 일본의 도쿄를 중심으로 하는 지역에 대지진이 일어났다. 지진 직후 저녁부터 조선인이 방화하고 우물에 독을 뿌린다는 유언비어가 돌기 시작하고 일본 경찰 군대가 치안에 나섰고, 여러 곳에는 재향군인 청년단 소방대기 조직되고 도쿄東京와 노쿄老橋 부근 여러 곳에 검문소를 만들어 조선인과 중국인을 집단적으로 붙들어 살해하고 박해하며 검속했다. 그때에 수천 명의 조선인이 학살되었는데 그들의 대부분은 일본에 건너가서 토목 공사장 같은 데서 열악한 노동 조건에서 일하던, 한국의 농촌에서 온 노동자들이었다.

사실이다.

그렇지만 당시부터 극동러시아방면에 있어서 불령조선인은 거의 전부가 공산주의로 달려가 민족주의단체로서 이 운동은 특기할만한 것을 볼 수 없게 되었고, 단지 매년 3월 1일 소위 독립기념일에는 각지에서 시위운동을 하는 정도에 그쳤다.

요컨대 극동러시아의 불령조선인이 갖는 궁극적 목적은 누구나 조선해방에 있다고는 하나, 그 수단으로는 종래의 민족주의운동은 완전히 자취를 감추고 오로지 공산주의운동에 의존하고 있는데, 뒷부분인 공산주의운동의 항목에서 그 행동의 개요를 기술하는 곳이 있을 것이다.

(6) 미국·하와이 방면

1) 초기의 불령운동

미국·하와이의 불령(민족)운동의 기원은 멀리 한일병합 전의 일이다. 즉 1902년 내지 1905년의 이민으로 도항渡航한 자들은, 병합 전, 일본과 한국의 정세로 보아 조국의 쇠망이 가까운 것을 예견하여 비분悲憤해서 배일언동을 감행했다. 특히 병합 후에는 일본의 치하에 있음을 떳떳하게 생각하지 않는다 하여 미국·하와이 방면으로 도망가서 동지를 규합하여 광복운동을 일으키려 하는 자가 속출하였다. 당시 미국·하와이 방면에 있었던 불령의 무리 중에서 주된 자는 이승만李承晩·안창호安昌浩·김규식金奎植·박용만朴容萬·노백린盧伯麟·서재필徐載弼147)과 정한경鄭翰景148) 등이다. 이승만李承晩·안창호安昌浩는 샌프란시스코에서 신한국민회新韓國民會라는 것을 조직하여 미국·하와이 각지에 지방회를 둠으로써, 거류 조선인을 통괄함과 동시에 한편으로는 이를 배일운동의 기관으로 이용하였다. 안창호安昌浩는 당시 샌프란시스코에 있으면서 중앙총회장이었고, 기관지『신한민보新韓民報』를 발행하여 독립선전에 힘썼다. 이승만李承晩은 하와이 호놀룰루에 있으면서 그곳 지방총회를 통괄하고, 『국민보國民報』를 발행하여 배일운동에 힘쓰는 바 있었다. 한편 박용만朴容萬은 별도로 하와이에 독립단이라는 것을 조직하여 오로지 무력으로 목적을 달성할 것을 기약하며 장정을 모아 군대식 훈련을 시행하고 군사사상 주입에 힘썼으며, 기관지로 『태평양시사太平洋時事』를 발행하였다.

---

147) 서재필 : 1863~1951, 전남 보성출신, 1977년 대한민국장.
148) 정한경 : 1891~1985, 평남 순천출신, 1962년 독립장.

이러한 때인 1917년 9월 뉴욕에서 세계약소국 회의가 열리자 박용만朴容萬은 조선대표로서 회의에 참석하였다. 그 후 구주전란이 끝나고 프랑스 파리에서 강화회의가 열리게 되자, 오랜 소원을 달성함은 이 기회에 있다하여 그들 불량배가 서로 모여 협의한 결과, 약소국동맹회를 배경으로 하여 미국정치가들을 찾아가 조선독립에 대한 원조를 요망하고 그 대표로서 김규식金奎植을 강화회의에 파견하기로 하였다. 김金은 1919년 3월 파리에 도착하여 함께 모여든 프랑스재류 중의 이관용李灌鎔, 영국재류 중의 황기환黃紀煥, 극동러시아재류 중의 윤해尹海, 상하이에 거주하는 김복金復 · 여운형呂運亨과 더불어 프랑스 조야朝野의 동정을 구하고 각국대표와 정치단체에게 조선의 사정을 호소하여 독립승인을 애원한 바가 있었지만, 끝내 얻은 것 없이 김규식金奎植은 돌아왔다.

2) 1919년 소요(만세운동) 후의 불령운동의 상황

1919년 3월 조선 내에 소요사건이 발생하자, 미국의 불령조선인은 일제히 일어나서 제국(일본)의 조선통치에 대한 태도를 비난 공격하고 특히 기독교에 대한 압박이라 강변하여, 조선에 있는 선교사와 서로 호응하여 미국의 여론을 고양시켰다. 한편, 임시정부 외무총장의 이름으로 조선은 미국의 제도와 동일한 정신하에 기독교적 독립국을 건설하려 한다는 선언서를 발표하여, 그곳에 거주하는 조선인의 분기奮起를 촉구하고 민심을 크게 자극하는 데 힘썼다.

한편 안창호安昌浩는 상하이에서의 정세에 마음이 움직여 같은 해 4월 상하이로 건너가 5월에는 임시정부를 조직하고 동시에 임시정부 구미위원부를 미국 필라델피아에 설치하여 김규식金奎植을 위원장으로 천거하고 공채부公債部와 선전부의 두 분과를 설치하였다. 공채부는 독립공채라는 이름으로 자금을 징모하고, 선전부는 전적으로 불온 인쇄물을 발행 배포함과 함께 캘리포니아주의 배일법안 · 산둥山東문제 등을 교묘하게 기회로 잡아 제국(일본)에게 불이익한 사항을 선전하는 데 힘쓴 바 있었다. 그 후 그 위원회는 워싱턴으로 이전하였다. 당시 미국 · 하와이 각지에 조직된 불령단체는 흥사단(안창호安昌浩 주재) · 신한협회新韓協會 · 조선우애단朝鮮友愛團 · 기타 등이 마치 우후죽순처럼 생겨나 그 하나하나를 헤아릴 수 없을 만큼 많은 상태였다. 특히 조선우애단 같은 것은, 미국지명인사의 발기하에 미국인을 회장으로 하여 각처에 지부를 설치하고 월간기관지『조선평론朝鮮評論』을 발행하여 무료 배부하는 등 한때는 비상한 활동을 계속하였지만, 그 후 자연히 쇠미해지고 현재는 그 형태도 남아 있지 않다.

당시 조직된 불령단 중 현존하는 것은 북미에 있는 국민회國民會·하와이에 있는 교민단(국민회 하와이지방총회의 후신)·흥사단 등 수 개 단체에 불과하다.

3) 태평양회의 후의 상황

태평양회의에 대하여 다소 희망을 갖고 있었던 조선인은 의무금의 거출 등에 상당한 성의를 가지고 있었지만, 그 회의결과는 예상되었던 기대에 반하여 그들은 한번도 돌아봐주지도 않았다. 그래서 불령단에 대한 민중의 좋은 평판은 완전히 땅에 떨어지고 그 출연금 같은 것도 급히 감소하여 극도로 재정난을 호소하게 되었고, 자연히 간부 사이에서도 별도 임시정부의 항에서 이미 말한 바와 같이 내홍이 끊어지지를 않았다. 이에 안으로는 민중의 여망을 잃고 밖으로는 종래부터 의존해왔던 미국조차 아무 것도 믿을 바가 못 된다는 것이 분명해져서 완전히 진퇴進退가 막히게 되었다.

그 결과는 불현듯이 타국은 믿지 못한다는 것과 부질없는 행동은 덕이 되지 않는다는 것을 지각한 일부는 독립의 요건은 반드시 교육을 진흥하고 실력양성에 기대를 하지 않을 수 없다고 말하였고, 이에 그들의 불령운동은 한결같이 방향을 전환하였다. 그리하여 분별 있는 자는 관헌의 양해를 구하여 종래의 행동을 고쳤다. 또 종래 곧잘 종교를 이용하여 자국의 강대함을 행세함으로써 조선인의 민심을 끌어들이는 방책으로 이용했다고 의심이 되는 미국·영국인 같은 자도, "조선의 해방은 반드시 일본의 양해를 얻어야 비로소 가능할 것이다."라고 직언하는 경향을 나타냈다.

이리하여 조선인의 민심이반은 불령단의 재정궁핍을 현저하게 하여, 대통령이라는 빈 이름만 가지는 이승만李承晩 같은 이도 하와이 모 학교의 영어교사로 근무하여 겨우 먹고 살 수가 있었다. 또 전에는 주미한국공사관이라 자임했던 구미위원부 같은 것도 한때 폐지설이 전해졌다가 1924년 중반 경에 부활하였고, 그해 10월 이승만李承晩을 해면하고 남궁렴南宮濂이란 자를 후임위원장으로 밀었다. 그러나 이미 사실상의 존재는 상실되고 하등의 헤아림도 받지 못하게 되었다.

게다가 1921년래의 이승만李承晩·안창호安昌浩·박용만朴容萬 사이의 내홍·반목은 융화가 되지 않았고, 박용만朴容萬은 1920년 봄 베이징北京으로 떠나가고 다시 돌아오지 않았다. 하지만 동지同志는 여전히 3파가 정립하여 파쟁을 하고 있었는데 1924년 10월 임시정부는, 이승만李承晩이 오랫동안 하와이에 체류하여 대통령 실무를 보지 않는다는 것은 직무의 광결曠缺(여러 날을 비움)이라 하여 대통령 대리를 두었고, 다음해 1925년 3월에 드디어 이

李를 파면하였다. 이에 이李는 미국·하와이 방면으로부터 자금송부를 차단하여 이에 대항하는 한편, 하와이에 동지회란 것을 조직하여 자신이 총재가 되어 별개의 세력을 심었다. 한편 안창호安昌浩는 1926년 5월에 다시 임시정부 개조의 야심을 갖고 상하이로 떠났다. 그리하여 미국·하와이 방면은 이승만李承晩의 세력이 점차 증대했다고는 하지만, 안창호安昌浩계의 흥사단과 이승만李承晩계의 동지회 등은 아직도 내홍을 계속하고 있다.

4) 최근의 상황

작년부터 미국·하와이 방면의 불령단은 특기할만한 활동 없이 근근이 여맥을 유지하고 있는 구미위원부歐美委員部·동지회同志會·국민회國民會 등이 배일선전을 하는 정도에 그치고 있다. 그런데 다만 여기에서 주의해야할 만한 행동으로서는, 이승만李承晩계 일파의 책동으로 독립운동 기관지『삼일신보三一新報』의 발행을 획책하여 작년 6월 29일 그 창간호를 발행한 일이다. 그 기관지 발행의 취지서에는 그 목적으로서,

- (가) 대한민국의 독립을 완성하기 위해서는, 한민족의 자각을 촉성하고 민론民論을 환기하여 대동단결의 기세를 진작케 한다.
- (나) 왜적의 일체의 불의·잔인·흉포를 적발하여 인습적·전통적 사회조직의 일체결함을 폭로하여 혁명세력의 발양을 기한다.
- (다) 조선 내외에 관계없이 우리 민족사회에 발생하는 각종 사실을 엄정·공평·신속히 보도하여 우리 사회생활의 마음과 뜻을 서로 통하게 한다.
- (라) 정치·경제·과학·문예·종교 등 각 방면에 걸친 세계의 소식을 널리 종합하여 우리들의 생활증진에 보탬을 주고 돕게 한다.

등을 내세웠다. 또 '이 신보의 발행은 어느 일부의 세력을 대표하거나 또는 소수의 사리사익을 도모하려는 것이 아니고, 어디까지나 광복대업을 위한 전민족의 공기公器이다.'라 성명하고 있는 것도, 이승만李承晩계 구미위원부·동지회 일파의 책동임이 명백한 대목이다. 그 후 매 호의 이 기관지는 조선 내에도 비밀리에 우송되어오고 있어서, 장래 상당히 단속에 유의할 필요가 있다(사장은 허정許貞).

요컨대 미국·하와이 방면에 지금 있는 불령단은 아래와 같지만, 어느 것이나 특기할 만한 활동은 없다. 그리고 근간의 조선인의 민족운동은 그 대세가 공산주의운동과 합류

하였으며, 공산운동에는 지리적으로 불리한 미국·하와이 방면의 민족운동은 장래 큰 진전은 없을 것이다.

미국·하와이에 있는 불령단체

단체명	본거지	지부	주된 간부	적요
대한인 국민회	샌프란시스코 마케트가	미국 각지에 지방회를 둠	총회장 백일규149) 白一奎	처음에는 재류 조선인 보호가 목적이었는데, 1919년 후 불령단화함. 흥사단계 기관지『신한민보新韓民報』를 발행한다.
구미 위원부	워싱턴시		위원 김현구150) 金鉉九	1919년 임시정부 외교기관으로 설립된 것. 이승만李承晩을 중심으로 한다.
하와이 교민단	하와이		최창덕 崔昌德	국민회의 하와이지방회가 변신한 것. 단원으로부터 의무금을 징수하여 구미위원부에 그 일부를 제공한다. 단원 2000여 명이며 기관지『국민보國民報』를 발행한다.
동지회	하와이	뉴욕과 시카고 등에 지회 있음	이승만 李承晩	1925년 이승만李承晩이 조직한 것이고 흥사단과 의견이 융합되지 않음. 회원은 200명 내외이다.
흥사단	로스앤젤레스	미국, 하와이, 중국 각지에 지부를 둠	안창호 安昌浩	무실務實수양에 의해서 실력을 양성하고 독립운동을 도우려 한다. 안창호安昌浩의 상하이 거주와 더불어 주력을 상하이로 이동하였다. 기관지『흥사단보』를 발행한다.

미국·하와이에 있는 요주의 인물 (본도 : 경상북도)

본적	주소	성명 및 연령	별명	적요
칠곡군 인동면	와이오밍 우즈벨리	박길문朴吉文 1898년 12월생		배일사상을 가지고 있으며, 불온문서 밀송의 우려가 있다.
청도군 운문면	하와이 마우이섬 몰로카이	박윤조朴允祚 1889년 5월생		배일 불령단에 관계하고 있는 혐의가 있다.
영천군 청경면	하와이 하우하우지방	이창규李昌奎 1871년 3월생	용범 龍範	배일 국민회 대표의원이었던 일이 있다.
군위군 소보면	하와이 호놀룰루	이금례李今禮 1902년 12월생		일찍이 애국부인회 대구지부장이었던 자이다.
선산군 구미면	하와이 호놀룰루	이선강李善江 1878년 3월생		배일사상을 가지고 있으며 불온문서 밀송의 혐의가 있다.

---

149) 백일규 : 1880~1962, 평남 증산출신, 1997년 독립장.
150) 김현구 : 1889~1967, 충북 옥천출신, 1995년 애국장.

2. 공산주의운동

극동러시아에서의 조선인의 공산주의운동은 1919년 소비에트정부의 세력이 동쪽으로 옮겨옴에 따라 종래의 배일조선인 등은 다투어 이에 접근하여 극동러시아 내에 안주의 땅을 얻고, 또 조선독립에 대한 소비에트정부의 원조를 청하려고 애썼으며, 귀화조선인은 공산당 정당원이 되고 그 밖의 사람은 한족韓族공산당을 조직하여 그곳 거주 조선인은 물론 조선 내의 적화를 꾀하고 있었다. 소비에트러시아 내의 질서가 회복되자, 소비에트정부에서도 각 행정부에 고려부를 특설하고 거주 조선인에 대한 공산주의 선전 및 일반 행정사무를 취급하고 있다. 소비에트연방 각 기관에서의 조선인의 주요당원은 제3국제공산당 동양부 중앙집행위원 박진순朴鎭淳 이하 다수가 중요한 지위에 있다.

1927년 4월 15일부터 모스크바에서 개최된 전全소비에트 대회에서는, 제3국제공산당 극동위원회 고려부장 박애朴愛151) 등이 출석하여 극동러시아에서의 조선인의 자치를 용인해 줄 것을 제의했는데, 그것이 시기상조라는 이유로 보류된 사실이 있다. 이는 극동러시아 내에서의 조선인의 처우상황을 엿볼 수 있음에 족하다.

중국방면에서는 근간에 독립운동이 조락凋落(시들어짐)하고 있는데 반하여, 공산주의운동은 점차 활발해지고 있다. 1925년 4월 조선공산당의 승인 후에는 만주의 조선인 공산당원은 조선공산당 만주총국이 관할하는 바가 되어, 북만·남만·동만의 각 청년총동맹은 함께 담당구역을 정하여 활동하고 있다. 1927년 2월 지린吉林에서는 새로 고려혁명당의 결성이 있었고, 같은 해 11월 상하이에서는 베이징北京·톈진天津·난징南京·상하이지방의 청년회를 통일하여 중국본부 한인청년동맹의 조직이 있었다. 또 작년 5월에는 지린吉林에서 청년단체의 통일을 목적으로 위의 중국본부 한인청년동맹 외 7개 단체를 통일하여 재중국한인청년동맹을 조직했다. 다시 금년 2월 지린吉林에서 재만청년연맹 외 10개 단체를 합쳐 남만한인청년동맹을 조직했다. 그리하여 만주총국 또는 내외 공산주의자와 결탁해서 공산주의운동의 연락통일을 꾀하여 불온인쇄물을 비밀리에 반포하고 있으며, 때때로 선전 및 연락을 위해 당원을 조선에 들여보내는 등, 오로지 공산주의 선전에 노력하고 있다.

각지의 개황은 아래와 같다.

---

151) 박애 : 미상~1927, 출신지 미상.

(1) 극동러시아 방면

극동러시아 내의 조선인 공산당원의 통일기관으로는, 하바로프스크에 제3국제공산당 동양부 극동위원회가 있고 블라디보스토크에는 조선공산당 연락부를 두는 외에 각 현에는 고려부를 두어 조선인 일반 행정사무를 처리하고 있다. 또 블라디보스토크에는 혁명자후원회란 것이 있어서, 공산혁명 희생자의 구호사업에 힘쓰고 있다.

그러나 종래 극동러시아거주 조선인에 대해서는 상세히 조사한 것이 없지만, 1927년 1월 블라디보스토크현 집행위원회 고려부 수석위원 김만겸金萬謙152)이 그 현縣 내 각 구區 간부에게 배부했다고 하는『고려농민과 당黨사업의 개황』이라는 제목의 소책자 '별지別紙 제1호(이 절節의 끝부분에 게재)'를 보면 대략 그 지방 조선인의 개황을 엿볼 수가 있다.

제3국제공산당 동양부 극동위원회는 1926년 3월 본부를 블라디보스토크로부터 하바로프스크로 옮겼다. 그리고 고려부장은 소수민족부장을 겸임하여 극동의 각 현의 조선인에 관한 주의主義선전 및 행정사무를 통괄하고, 공산당무黨務에 관해서는 극동위원회의 소관에 속하지만, 제3국제공산당 동양부에 직속하여 조선 및 중국에서의 선전망을 관할하고 있다.

조선공산당 연락부는 본부(1925년 12월 검거 후는 상하이로 이동한 것 같다)로부터 간부 김규면金奎冕을 특파하였고, 공산당 만주총국으로부터도 별도로 김하구金河球153)·장도정張道政 등을 블라디보스토크로 상시 파견하여, 조선과 만주와의 연락통신을 전담하고 있다. 그런데 제3국제공산당으로부터 조선공산당에 대한 지령 및 보고는 전부 모스크바에 있는 제3국제공산당 동양부 중앙집행위원 박진순朴鎭淳으로부터 하바로프스크에 있는 극동위원회 고려부장 박애朴愛를 거쳐 블라디보스토크 연락부에 건네지고 그곳으로부터 연락원에 의해서 조선 및 중국에 전달되는 것 같다. 1925년 4월 경성에서 조직되었던 조선공산당이 정식으로 제3국제공산당으로부터 승인을 받은 후에는, 러시아에 있는 조선인 공산당원은 전부가 러시아 각 현縣 고려부에, 만주에 거주하는 조선인 공산당원은 조선공산당에 소속하게 된다. 그리고 블라디보스토크 연락부는 1927년 9월 재만주공산당대표자를 초청하여 극동연변 보안부장 대리·제3국제공산당 극동위원회 비서·당 관계간부들이 참석한 가운데 주의主義통일회를 개최하여,

---

152) 김만겸 : 1886~1938, 러시아 블라디보스토크출신, 2005년 애국장.
153) 김하구 : 1880~미상, 함북 명천출신.

(가) 본 회의에 참가하는 만주 각 단체는 다 같이 공산주의를 받들고 소비에트연방의 국방國防단체다운 의무를 가질 것.
(나) 본 회의에 참가하지 않는 중국의 각 조선인 단체에게 권유하여 국방단체에 가맹하게 할 것.
(다) 일본과 조선 내에 있는 각 세포단체는 서로 연락을 유지하고 무산無産군중의 단결을 공고히 할 것.
(라) 고려공산당원은 중국·조선·일본에서의 각 세포와 함께 조선민족혁명운동에 노력하여 이의 실현을 기할 것.
(마) 조선민족의 단일 결성을 촉진케 할 것.

등을 결의하여 연해도 간부 카엠은 고려인의 혁명운동을 촉구해야 한다는 것을 강연하였다고 한다. 이리하여 지금은 극동러시아방면의 조선인 당원은, 1928년 말에 정당원 353명·후보당원 407명·공산청년회원 5852명이라고 보도되고 있다.

(2) 남북만주지방

종래 남북만주지방의 공산주의운동은 연혁이 오래 되었음에도 아무런 통일이 없고 각개의 행동을 취해왔으며, 겨우 북만고려공산당과 한족노동당 등 공산주의를 표방하는 단체가 산재하여 기관지를 발행하여 주의선전에 노력중이다.

그 후 지린성吉林省 판스현盤石縣에는 남만청년총동맹(1924년 12월 창립)·뚱즈셴東支線에는 북만노력勞力청년총동맹·북만청년총동맹(1925년 11월 창립)·화뎬현樺甸縣에는 대동大東청년총동맹(1927년 8월 창립) 등이 속출하여 각지 청년단체를 통할하고 제3국제공산당으로부터 다소의 자금을 받고 있었다. 그러나 이들 청년총동맹은 1927년 8월 뚱즈셴東支線 하이린海林에서 민족·공산당 양 주의의 통일과 내외 청년운동의 통일연락에 관하여,

① 남·북·동만 각 청년총동맹을 통일하여 새로이 만주청년총동맹을 조직할 것.
② 만주청년총동맹은 민족운동에 관해서는 조선독립당의 지휘를 받고 공산주의운동에 관해서는 조선공산당의 지휘를 받을 것.
③ 만주청년총동맹은 만주에서의 혁명운동의 중심이 되고 조선청년총동맹과 연락할 것.

등을 결의하여 다소 통일행동으로 나아가게 되었다. 그러나 공산주의운동의 참다운 통일적 운동으로 나가게 된 것은 실로 조선공산당 만주총국의 설치를 획기劃期점으로 보아야 한다.

만주총국은 1925년 4월 경성에서 조선공산당을 조직한 후 만주에 있는 공산당원을 이에 배속하도록 하고, 조선공산당 만주지부 설치가 필요하다는 결의에 따라 당원 최원택崔元澤(대구출신)이 이 사명을 띠고 상하이에 있는 동지 조봉암曺奉岩과 함께 만주에 가서 펑즈옌선東支沿線 일원에 있는 동지 김철훈金哲勳154) · 김하구金河球 · 윤자영尹滋英(청송군 출신)을 불러서 같은 해 5월 만주총국의 조직을 마쳤다. 책임비서 조봉암曺奉岩 · 선전부장 윤자영尹滋英 · 조직부장 최원택崔元澤 등이 각각 취임하여 동만東滿 · 북만北滿 · 남만南滿의 3구로 나누어 이에 구역국區域局을 두고, 다시 그 후 로오웨이饒洖특별국을 설치하여 전만주의 공산운동을 통할하게 된다. 그 가운데 동만 구역국은 1926년 10월 류징춘柳井村 부근에서 결성된 것으로서 당초는 김용락金龍洛이 책임비서였는데, 그 후 정재윤鄭在潤 곧 안기성安基成155)(안동출신)으로 바뀌었다. 그리고 1927년 9월 그 명칭도 동만도東滿道 간부로 바꾸고 동만청년총동맹 등의 청년단을 산하기관으로 하여 적극적인 활동을 꾀하고 있었는데 마침내 1927년 10월 간도영사관이 그들(당원 28명)을 검거하였다. 한편 공산당 만주총국의 설치와 함께 고려공산청년회 만주총국을 결성하여 조선공산당 만주총국과 거의 같은 조직 하에 전만주의 적화赤化에 힘썼지만, 이것 역시 1928년 9월 동만도 간부 72명이 검거되어 한때 그들의 기세가 꺾이는 양상이었다. 그러나 그 잔당은 지금도 조선 내 · 극동러시아 방면을 빈번히 왕래하여 후계당後繼黨의 결성과 주의선전 등을 책동하고 있다고 말한다.

지금 조선공산당 · 조선공산당 만주총국 · 제3국제공산당과의 관계 내지는 조선공산당의 장래에 관해서는, 앞서 기재한 총국검거 때의 안기성安基成의 진술에서 알 수 있다. 그 내용은 아래와 같은데 음미해볼 만한 것이 있다.

(가) 조선공산당과 제3국제공산당과의 중앙간부 사이는 직접관계가 있다.

(나) 조선공산당과 고려공산당과의 관계

극동러시아와 중국영토에 있는 공산당 중 상하이파를 고려공산당으로, 이시伊市(이르쿠츠크)파를 전로全露공산당으로 칭하고 있는데, 조선공산당이 제3국제공산당의 승인을 얻고 난 후에는 자연히 해산되었다. 그리고 현재 극동러시아의 조선인공산당원은 전부 소비

---

154) 김철훈 : 생몰연대 미상, 함경도 출신.
155) 안기성 : 1898~미상, 안동출신.

에트 공산당에, 또 중국령에 있는 자는 조선공산당 만주총국에 각각 편입되어, 현재는 고려공산당이라는 것은 존재하지 않는다.

(다) 조선인 공산주의운동의 최종목적

공산사회의 건설을 목표로 하는 것이지만, 민족 혁명적 기분을 다량으로 함유하고 있음은 사실이다.

(라) 조선공산당의 장래

제3국제공산당에서 승인하고 있는 조선공산당은 그 목적을 달성할 날까지 영구히 존속될 것으로 생각하고, 이 명칭과 주의정신은 장래에도 전통적으로 근저(기반)를 확대해 나갈 것이다.

또 북만주청년총동맹은 북만주적화를 자임하여 기관지 『노력청년勞力靑年』· 기타를 발행하고 있다. 한편 1927년 7월 닝안현寧安縣 지사知事가 해산명령을 했다는 보도가 있지만, 그들은 여전히 책동하고 있다.

이리하여 만주불령단의 대부분은 공산주의에 휩쓸려서 과격한 운동을 계속하고 있는데 현재 만주지방의 공산주의단체의 주된 것과 활동개황을 들어 설명하면 아래와 같다.

1) 재만농민동맹

이 단체는 최초 한족노동당이라 했으며 1924년 봄 김응섭金應燮·김원식金元植(안동군 출신)·김상덕金尙德(고령군 출신) 등이 판스현磐石縣에서 조직한 것이지만, 창립당시에는 하등 분명한 강령을 내걸지는 않고 기관지 『노동보』를 발행하며 민족적 불온기사를 게재하고 있었다. 그런데 1925년경부터 그 논하는 바가 현저히 적화하여 거의 공산주의 선전지 같은 양상을 나타내고, 이 단체의 존재목표도 역시 뚜렷해졌다.

작년 2월 현재의 명칭인 재만농민동맹으로 개칭하고 오늘에 이르렀다. 그 명칭개칭의 동기야말로 제3국제공산당이 지지하는 국제농민동맹에 가맹하려고 하는 데 있다고 말하는데, 물론 그 진위는 판단하기 어렵지만 이 단체가 어떻게 적화되었는지를 판단하기는 어렵지 않다고 할 것이다. 그리고 이 동맹은 창립발기자가 김응섭金應燮 등 남선인이고 그 후의 간부 같은 자도 거의 대부분이 남선인이며 현재 회원이 3000~4000명이라 한다. 본도 출신의 주된 자는 김응섭金應燮·김동삼金東三·김원식金元植·이영형李永衡(전부가 안동군 출신), 김상덕金尙德(고령), 이일심李一心(달성군) 등인데, 현재 본 동맹의 강령 및 간부는 아래와 같다.

강령綱領

① 본 동맹은 일본제국을 박멸하고 조선의 절대독립을 기한다.
② 본 동맹은 농민대중의 경제·정치·사회적 특수요구의 근본적 해결을 도모한다.
③ 본 동맹은 토지의 국유화·경작자의 사용권 획득을 목적으로 한다.
④ 본 동맹은 농민을 폭압(폭력적으로 억압)하고 침해하는 일체의 악법惡法 및 악세력惡勢力을 절대 박멸함을 기한다.
⑤ 본 동맹은 세계혁명의 이론 및 실천을 지지하여 국제노농勞農전선과의 전투적인 통일을 기한다.

현재 간부

중앙집행위원	김응섭金應燮(안동)
동(책임비서)	김상덕金尙德(고령)
동	김원식金元植(안동)
동	이광민李光民(안동)
동	이동일李東一
동	최동산崔東山 외 3명

2) 중국한인청년동맹中國韓人靑年同盟

1927년 11월 한인청년운동의 통일을 목표로 조직된 재중국본부 한인청년동맹이, 창립대회에서 결정한 '만주청년단체와 제휴하여 조속히 중국한인청년총기관을 조직할 것'이라는 결의사항 수행을 위하여, 중앙집행위원 정원鄭遠(성주군 출신)을 작년 1월 대표위원으로 만주에 파견하였다. 정원鄭遠은 만주로 건너간 후 남북만주 각 청년단체와 정의부 등의 간부와 만나, 총기관조직운동에 동분서주하였다. 그리하여 마침내 작년 5월 하순 지린吉林에서 중국본부 한인청년동맹·남만청년총동맹·북만청년총동맹 등 8개 단체의 참여를 얻어 이(중국한인청년동맹)를 창립한 것인데, 그 발기선언의 슬로건에는,

(가) 중국한인청년은 총결속하자!
(나) 조선독립을 완성하자!
(다) 중국국민운동에 직접 참가하자!

(라) 세계혁명을 완성하자!
(마) 제국주의전쟁의 위기와 싸우자!

등의 각 항을 내걸어 아래의 강령을 결정하였다.

기본 강령
① 본 동맹은 한국의 절대독립을 기한다.
② 본 동맹은 청년대중의 독립적 요구의 관철을 도모한다.

행동 강령
① 우리들은 중국혁명청년과 동맹하여 일본제국주의를 타도하기로 한다.
② 우리들은 민족유일협동전선당戰線黨을 완성한다.
③ 우리들은 조직적 군사행동을 일으킨다.
④ 우리들은 대중적 합법적 투쟁을 적극적으로 전개한다.

라는 각 항을 내걸고, 민족운동에 대해서는 민족유일당촉성회를 절대 지지하며, 공산주의운동에 대해서는 조선공산당의 지휘를 받는 것으로 결정했다. 그리고 기관지『청년전위靑年前衛』를 발행하는 등 크게 체계를 가다듬어 활동하기에 이르렀는데, 현재 간부는 아래와 같다.

집행위원장	김만선金萬善
집행위원(서무부)	진공목陳公木[156]
집행위원(조직부)	이병하李炳夏
집행위원(선전)	최환崔煥 외 수 명

3) 남만한인청년총동맹
재중국한인청년동맹 창립이 있을 즈음 이에 가맹하지 않았던 남만청년연맹 외 10개 단

---
[156] 진공목 : 1901~미상, 경남 산청출신.

체는 이에 대항하여 별항의 총기관 설립을 꾀하였다. 중국한인청년동맹이 민족유일당촉성회 지지를 표명했기 때문에, 그 당의 협의회파에서도 자기파를 지원하는 청년단체 설립을 요망했다. 그래서 이의 획책에 진력하였던 바가 있어서, 드디어 금년 2월 17일 지린吉林에서 남만청년연맹 외 10개 단체의 대표가 회합하여 창립을 보게 된 것이 남만한인청년총동맹南滿韓人靑年總同盟이다. 이 총동맹의 창립대회에서 당면의 투쟁과업으로,

(가) 조선노동자의 동맹파업과 농민의 소작쟁의를 정신적 물질적으로 원조한다.
(나) 절대 비타협적인 정치투쟁을 전개하여 만주청년운동의 근본적 의의意義인 군사적 임무를 수행한다.
(다) 중국의 배일운동에 직접 참가하여 일본의 만주·몽고 침략정책에 반대한다.

의 실천을 기하여 아래에 기재한 강령 및 위원을 천거하여 적화운동에 노력하는 한편 민족운동에 관해서는 민족유일당협의회파를 지지하고 있다.

강령
① 남만주에 산재하고 있는 각 계급층의 혁명청년대중역량을 총집중한다.
① 청년대중의 철저한 정치적 교양과 군사적 훈련을 기하여 민족해방운동의 전위 투사를 양성한다.
① 세계의 피압박청년대중운동과 공동전선을 결성하려 한다.

주된 간부
중앙집행위원   고원高元
              이을李乙 외 17명

4) 북만청년총동맹

이 조직은 1926년 5월 10일 재동지선東支線조선인청년연합회·동일東一청년연합회·아성阿城청년회 외 5개 단체의 연합으로서 아청현阿城縣에서 창립된 것인데,

① 계급적·조직적인 단결과 청년운동의 통일을 촉성하여 혁명전선에 참가할 군중의 훈련교양을 한다.

② 모순된 현 사회를 타파하여 합리적 사회를 건설한다.
③ 조선민족의 해방과 혁명수행을 기한다.

라는 강령하에 조선 내 화요회계火曜會系 주의자와 제휴한 후 북만주 적화를 스스로 맡고 과격한 운동을 계속하고 있었다. 그렇지만 그 후 간부의 이산離散 등으로 본거지를 닝꾸타寧古塔로 옮겨 근근이 기관지 『농군農軍』을 단속적으로 발행하고 있다. 그리고 중국에 있는 조선인의 총기관이라 자칭하는 전기前記 중국한인청년동맹에는 가맹하지 않고 있지만 간부 일부는 민족유일당촉성회 지지를 표명하고 있는 것 등으로 보아 조만간 중국한인청년동맹에 가입할 것으로 생각된다. 현재의 중앙집행위원장은 김유성金有聲이고 도내 영천 출신 김은한金殷漢157)도 간부의 한 사람으로서 활동하고 있다. 세포단체는 18개이며 맹원盟員은 300여 명으로 북만주의 유력단체이다.

5) 동만청년총동맹

이 동맹은 1926년 1월 룽찡춘龍井村에서 박재후朴載厚 등의 주창하에 재만청년총연맹을 조직하여,

① 우리는 합리적 사회생활의 지적智的 교육과 현장 훈련을 기한다.
② 우리는 상호부조의 정신으로 대동단결에 힘쓴다.
③ 우리는 대중을 본위로 하여 신문화新文化 향상에 힘쓴다.

라는 강령 아래 간도에 있는 각 청년단체를 규합하여, 그것을 세포로 하고 당시 회원 1000명을 거느리는 일대 세력이었다. 그런데 작년 1월에는 동만조선청년총동맹으로 개칭하고 동만주 각지의 청년회를 단일동맹제로 하여, 경성조선청년총동맹 및 남북만청년총동맹과 밀접한 연락을 하기로 결의했다. 그리고 새로운 강령으로서, '본 총동맹은 조선인 대중의 정치적·경제적·민족적·구체적 이익을 획득하기 위하여 절대적으로 투쟁한다.' 라는 것 외에 2개 항을 내세웠다. 그리고 이 조직은 11개 연맹·102개 세포단체에 회원은 약 5000명에 이르고, 과격한 운동을 계속하여 완연히 저화기간이 된 감이 있다. 그러

---

157) 김은한 : 1891~미상, 경북 영천출신.

나 역시 생각한대로 작년 9월 간도영사관(일본) 경찰서에서 검거한 고려공산청년회 만주총국과 동만 간부가 이 동맹을 산하기관으로 한 것이 판명되고, 그것이 조선공산당 만주총국 동만도東滿道 간부와 같은 단체인 것 같은 감이 있는데 작년 10월 초순 드디어 영사관(일본) 경찰의 유시諭示·해산의 명령이 있었는데도 수차의 검거를 모면한 공산당의 남은 당원 등은 지금도 이 동맹개조改造를 획책 중이라 한다.

(3) 중국동부지방

1921년 상해임시정부 수령 이동휘李東輝는 상하이에서 고려공산당을 조직하여 제3국제공산당의 승인을 받아 선전비 200만 원 중 60만 원을 수령하여 이를 주의主義선전 및 임시정부의 비용에 충당했다. 그 후 내홍이 일어나 이시伊市파와 상하이파로 분립되어 분쟁이 끊이지 않던 결과, 제3국제공산당으로부터 승인이 취소되었기 때문에, 상하이를 중심으로 하는 공산주의운동은 일시 쇠미의 상황에 있었다. 그러나 제3국제공산당이 중국의 혁명운동에 대하여 적극적인 행동을 취하게 되자, 그들도 다시 대두하여, 1925년 4월에는 상하이에 있는 여운형呂運亨이 제3국제공산당의 뜻을 받아 경성에 조선공산당을 조직하고 상하이에는 그 당의 상하이부를 두어 여운형呂運亨이 수령이 되어 활동 중이었다. 그런데 조선공산당 검거 후에는 한때 상하이로 본거를 옮기고 여운형呂運亨·김찬金燦·조봉암曺奉岩 등이 중심이 되어 극동러시아 및 만주총국과 연락하여 활동했다. 그렇지만 지난 봄 이후 중국관헌의 공산운동 단속이 엄중해지고 또 자금난으로 큰 활동은 없는 것 같다. 현재 상하이의 공산주의 조선인 중 주된 자와 분파는 다음과 같다.

상하이上海파 이동휘李東輝파(조선 내 서울계와 비밀연락이 있음)
현승건玄承健(대구)·윤자영尹滋英(청송)·손두환孫斗煥·변장성邊長城·조덕률趙德律·안광천安光泉·김규면金圭冕 등

이시伊市(이르쿠츠크)파 여운형呂運亨파(조선 내 화요계와 비밀연락이 있음)
강경선康景善·조봉암曺奉岩·조동우趙東祐·김태연金泰淵(김천)·김철훈金哲勳·황훈黃勳 등

그리고 위의 관련단체 중 가장 세력 있는 것은 중국동부한인청년동맹이다.

중국동부한인청년동맹은 1926년 10월부터 1927년 6·7월 사이에 동부 중국방면 각지에 독립유일당이 조직되자, 상하이청년회에서는 청년단체를 통일하여 하나의 신흥세력으로서 크게 기세를 올리기를 획책하였다. 그리하여 1927년 12월 4일 제4회 임시총회 개최를 기회로, 상하이上海·난징南京·베이징北京·광둥廣東·우한武漢의 각 청년회 대표와 서로 합칠 것을 협의한 결과, 이에 단일동맹인 중국동부한인청년동맹을 창립했다. 이렇게 되어, 종래의 상하이上海·난징南京·베이징北京·광둥廣東·우한武漢의 각 청년회는 본 동맹의 지부로 개칭 개조하여 각지에서의 행동을 하나로 하게 되었는데, 당시 각지 대표로서 참가한 자는,

상하이上海 정태희鄭泰熙[158]·김기진金基鎭·이관수李寬洙·안우安愚·엄항섭嚴恒燮[159]·
        정원鄭遠(성주출신)·변장성邊長城
광둥廣東 정학빈鄭學彬·최추해崔秋海·함성咸聲·장지락張志樂[160]
베이징北京 김영식金英軾·김성연金聲鍊·장해張海·이상도李相度(대구출신)
난징南京   김수청金秀靑
우한武漢   진갑수陳甲秀 등이다.

당시 결의된 강령은 '한국독립과 세계혁명의 이론과 실제적 전술을 토구討究(토의연구)수립하여 그 실현을 기한다.'로 결정했다. 그리고 조선청년의 총본영인 경성조선청년총동맹의 한 지대支隊로서 임무를 수행하고, 만주청년단체와 제휴하여 조속히 중국한인청년총기관을 조직할 것을 결의했다. 그 집행위원으로는,

중앙집행위원장   변장성邊長城
 위원 서무   정태희鄭泰熙
    동   이관수李寬洙
    재무   엄항섭嚴恒燮
    조사調査   안우安愚
    선전조직   정원鄭遠(성주출신)

[158] 성태희 : 1898~1952, 충북 중원출신, 1963년 독립장.
[159] 엄항섭 : 1898~1962, 경기도 여주출신, 1989년 독립장.
[160] 장지락 : 이명 金山, 1905~1938, 평북 용천출신, 2005년 애국장.

정치문화	김기진金基鎭
검사檢査	김규선金奎善
동	차철우車徹宇
동	우세평禹世平
동	김원식金元植(안동출신)
동	염온동廉溫東161)

등을 선출하여, 본 동맹의 목적인,

(가) 중국에 있는 조선인청년은 결합한다.
(나) 한국청년의 총역량을 청총靑總에 집중한다.
(다) 유일독립당을 촉성한다.
(라) 파벌주의를 박멸하여 봉건사상을 퇴치한다.
(마) 세계피압박민중과의 연합전선을 강고强固히 한다.
(바) 일본제국주의를 타도한다.
(사) 한국독립을 완성한다.
(아) 세계혁명을 완성한다.

의 실행을 기할 것을 결의하였다. 그리고 같은 달 12일에는 다시 제2회 중앙집행위원회를 개최하여 남북만주청년단체와 대연맹을 창설하기로 결의했다. 그 후 대표로서 정원鄭遠(성주출신)을 작년 1월 만주로 밀파하여, 기술旣述한 바와 같이 남북만주지방 각 청년단체를 통일하여, 같은 해 5월 판스磐石에서 중국한인청년동맹의 창립을 보게 되었다.

그리고 이 동맹은 창립당시 여운형呂運亨·조봉암曺奉岩과 같은 공산주의자의 거두가 크게 획책한 바가 있었던 것이고, 제3국제공산당과 연락이 있는 것은 거의 명백한 바가 있다.

즉 본 동맹의 유력 간부인 변장성邊長城(본명 동혁東革) 및 맹원盟員인 소원성蘇元成·이춘李春·황의춘黃義春·김성남金聖男 등이 작년, 곧 1928년 4월 6일 상하이에서 검거되어 한때 큰 타격을 입었지만, 그 후 진용을 가다듬었고 그 세력은 무시할 수 없는 데가 있다.

광둥廣東지방에는 (중국의)국민정부의 활약으로 한때 많은 불령조선인이 몰리고 혁명군에

---

161) 염온동 : 1898~1945, 강원도 김화출신, 1977년 독립장.

참여하는 외에, 군사정치학교·비행학교·기타에 입학하는 자가 있어 1926년 말에는 그 수가 약 400명에 달하는 상황이었다. 이들은 1927년 5월 한국혁명동지회를 조직했지만, 같은 해 8월 이래 광둥廣東의 중국공산파의 실각과 더불어 이들도 자연히 흩어지고, 현재는 특기할 활동이 없다.

베이징北京에서는 원세훈元世勳[162]·신철辛鐵[163] 등의 공산주의자 중심으로 도보사導報社·혁명지도사革命之道社 등을 세워 각종의 선전인쇄물을 만들어 조선 내외에 단속적斷續的으로 우송하는 외에 특기할 사항은 없다.

【별지 제1호】

고려농민과 당사업의 개황

러시아공산당은 10월 혁명 이래 민족문제를 해결하고 또 러시아거주 고려인을 러시아공민과 동일시하여 하등의 차별을 두는 일 없이 문화정치를 시행해왔다. 즉 고려농민의 경제관계를 보호하며 문화생활을 나날이 발전 향상시키고 있음은, 일반관계와 더불어 경하할 바가 있다. 이에 우리들은 과거의 경험에 비추어 장래의 당 사업 방침을 서술하여 동료들에게 참고자료로 제공하고자 한다.

(가) 소비에트 주권에 기초한 방침

공산당원을 선봉으로 하는 소비에트 주권은 민족문제, 즉 고려민족에게 위대한 성과를 주었다. 그 내용의 실례를 들면 다음과 같다.

(ㄱ) 기관조직에 관해서

중앙에는 민족위원인 '고려인', 현縣집행위원회에는 고려위원부, 각 구역에는 감독, 각 농촌에는 고려위원인 '의원議員'을 배치하는 제도를 실행하여 각 단체, 특히 농촌을 정신적으로 지도했다.

(ㄴ) 문화사업에 관하여

각 기관에 고려위원 및 지도원을 배치하여 직접 문화사업 발전에 노력중인데, 교원은

---

[162] 원세훈 : 1887~1959, 함남 정평출신.
[163] 신철 : 1901~미상, 경남 통영출신.

현재 205명(관비급여를 받는 자)이며 6000여 명의 고려학생을 교양하고 있다. 또한 농업노동자農動者의 문맹을 교육하기 위해 각 야학교에 관비교원을 배치하여 농사를 짓는 남녀를 교육하는 한편, 각 곳에 종람소縱覽所(자료를 마음대로 보는 곳), 도서관 기관을 설치하여 문화사업 확장을 도모하고 있다.

(ㄷ) 주의자主義者 양성에 관하여

고려공산당원은 583명, 후보당원은 603명에 이른다. 또 4000여 명의 공산청년회원과 3000여 명의 여자대표가 생겨났다. 이들 모두에게 공산주의 교육을 하여 비교적 양호한 성적을 거두고 있다. 때문에 러시아 공산당간부도 우리들의 노력을 환영하는 상태이다.

(ㄹ) 고려인의 농업발전 상황에 관하여

현縣 내 고려주민의 농업은 점차 발전함에 따라 경작지 면적의 증가를 보게 되었다. 지난 3년 전에 비해서 7372데샤찐[164]의 증가를 나타내고 생산액은 304만 6947루블에 달했다. 그리고 최근 수년 간 남부 우수리烏蘇里지방은 수전水田사업이 진전하여, 1926년 11월 말 조사를 한 현縣 간부의 산업과産業課 통계표에 의하면, 수전水田 면적 5677데샤찐 내에서 고려인이 경영하는 수전 면적은 4597데샤찐이라고 한다.

(나) 현縣 내 고려주민의 추세 및 결함

본 현縣 내의 고려인은 12만여 명의 다수에 이른다. 그러나 그 대부분은 아직 옛날 관습을 고수하고 실제적 사회건설 사업을 이해하지 못하여 새로운 사업에 대하여 방관하는 태도를 취하고 지도기관의 지휘명령에 반하는 경향이 있음은 유감이다. 때문에 구역 간부나 기타의 지도기관은 고려 농민에 대해서 적극적인 지도를 하고 자각을 촉구하여야 한다. (중략)

(다) 토지정리

고려인에게 분배해야 할 토지정리는 1924년 7월 이래 3개년의 예정으로 현縣 토지국에서 실행하여, 니코리스크·스하스카야 지방은 어느 정도 결말이 났다. 그렇지만 블라디보스토크와 하바로프스크군郡은 아직 결말이 나지 않아서, 현재 측량 기사를 파견하여 토지

---

[164] 데샤찐(러시아어) : 1데샤찐이 1.06헥타르이다.

정리를 서두르고 있다.

(라) 공리조합共利組合과 농민의 부업副業

현縣 내 각지에서 고려인이 경영하는 공리조합은 점차 증가하여 경제방면에서 위대한 이익을 주고 있는 상태이다. 그러나 아직은 만족할 수 없으므로, 지금부터 농업조합·축산조합·기타의 각 조합을 조직하여 경제사업의 확장을 도모해야 한다.

고려농민은 종래의 방법에 따라 농업을 전문專門으로 할 때는 도저히 생활향상을 도모할 수 없다. 그러므로 목축·양잠·과수재배·양봉 등의 부업을 주민에게 장려함과 동시에, 자금이 필요할 때는 고려위원부를 경유, 현縣산업부에 신청하여 자금을 대여 받도록 강구해야 한다. 당국은 고려농민에 대한 산업장려비로 극동은행으로부터 12만 5000루블을 빌려 주민에게 대여했지만 아직도 부족한 느낌이 있어서, 올해는 20만 루블의 차용수속을 하려고 한다.

(마) 교육방침

1926년 12월 25일 개최된 고려당원간부회의에서 결정한 조건에 의거하여, 고려출판부에 번역원 5명을 항상 두고 러시아교과서를 번역 출판하여 유감없이 고려학생에게 배부할 방침이다. 그러므로 지방주민 및 각 단체는 고려출판부에 대하여 극력 자금을 주도록 하는 원조를 요망한다.

(바) 고려소비에트기관

1926년 구역편제 당시는 전소 현縣 내를 통하여 87개소의 소비에트기관이 있었지만, 현재 105개소가 되는 증가를 보이고 있다. 또 이번 소비에트대표 개선改選에 있어서는 당기관의 확장에 비추어 사업의 선정 등에 관해서 한층 엄정함을 요한다.

(사) 고려인 여권女權 보호

고려여자의 자유를 속박하는 재래의 악습은 전기前記 고려주민의 결함란缺陷欄 제3항에서 일례를 설명하였지만, 소비에트 수권의 고려 여권女權 보호에 관하여 그 취지를 소개하려고 한다.

블라디보스토크 현縣에서 소비에트 제도가 시작된 후 고려인 노농勞農여자는 당의 지도 하에 여자대표회를 경유하여 사회건설사업에 참가하게 되었다. 그러나 종래의 풍습에 따라 인신매매를 하고 여자의 자유를 구속함은 유감으로 생각한다. 그리하여 블라디보스토크 소비에트 제2회 대표회에서 소수민족위원의 청원에 따라 전소全러시아중앙집행위원회 및 인민위원의 승인을 얻어, 형법을 보충하여 풍습상의 범죄에 관한 벌칙을 제정 공포하였다. 이번의 벌칙은 고려여권보호에 필요한 법령이므로, 고려노농여자는 소비에트 정책을 이해하지 않을 수 없다. 요컨대 소비에트주권은 자본계급을 박멸함과 동시에 노농여자해방을 소홀히 하지 않고 소비에트주권을 강고하게 하려는 방침이다. (후략)

1927년

고려위원　김만겸金萬謙

제4장
일본거주 조선인의 상황

제1절 개황

일본거주 조선인의 수는 해마다 현저한 증가추세를 지속하여 1913년 말 현재로 일본 거류자 총수는 겨우 3653명에 지나지 않았으나, 1917년 말에는 1만 4503명, 1922년 말에는 5만 9722명, 1927년 12월 말에는 17만 5912명에 달하여 5년마다 약 3배의 증가율을 나타냈다.

그리고 이들 일본거주 조선인에 대한 본도관계를 보면, 일본 각지와의 지역적 관계·기타 등의 이유로 일본거주 조선인 총수의 약 4분의 1에 달하며, 1928년 말 그 수는 4만 9358명에 이른다. 또한 그 후의 도항자渡航者 증가상황을 보건대 대체로 전술한 증가율을 나타내고 있다. 1911년 중의 도항자는 23명(당시 일본에서의 조선인 거주인원 미상未詳), 1919년에는 769명인데 비하여 1928년 중의 도항인원은 2만 3787명에 달한 것을 보면 그 큰 증가율에 놀랄만하다.

이제 이들 일본거주 조선인의 분포상황을 보면[별표(1) 참조], 도쿄부東京府가 6260명으로 제일 많고, 그 다음이 오사카부大阪府로 5261명, 후쿠오카현福岡縣이 4997명, 교토부京都府가 4717명의 순서로 나타났다.

그리고 일본거주 조선인의 약 75%는 노동자들이며, 관공리·회사원·상업에 종사하는 자는 겨우 3%에 불과하다. 기타는 부녀자·유아幼兒·실업자이다.(별표 직업표 참조)

제2절 조선인 노동자의 상황

1. 취업·생활 상태

조선인 노동자의 대부분은 무학력자이다. 따라서 노동종별로 보아도 육체노동에 종사하는 자가 다수를 차지하는 것은 자연지세라 할 것이다. 이제 조선인 노동자의 교육 정도를 대충 보면 무학자가 60~70%, 소학이상 학력이 있는 자는 30~40%인 상태이다.

그리하여 노동자의 직종에서 보는 바와 같이, 토공부(토목공사 일꾼과 미장이)가 가장 많다. 그 수는 전全 노동자의 약 20%인 7671명이며, 각종 직공, 갱부坑夫 등이 다음 순서를 차지한다.(자유노동자 제외)

그들 중 많은 자가 공장노동을 희망하지만, 대부분은 그들이 조선에 있을 때 농업에 종사하였고 전기前記한 바와 같이 무학자가 많기 때문에 공장노동에 적합한 기술도 없다. 따라서 공장노동자로서는 취직이 곤란하여, 자연히 자유노동에 종사하게 된다. 또한 이마저도 그들은 교육정도가 낮고, 일본의 사정에 어둡고, 게다가 일본어를 잘하는 자가 적다(일본어를 이해하는 자는 확실히 알 수는 없으나, 약 37% 내외로 본다). 따라서 단순히 체력만을 필요로 하는 토갱부土坑夫(토공과 광부)·자갈채취 등과 같은 것을 제외하고는, 능률에 있어서 일본인 노동자에 비해 떨어지고 임금 역시 20% 내외의 저렴함을 피하기가 어려운 추세이다.

그리고 1921년 이래 일반경제계의 변동과 더불어 그들의 성질은 인내 및 정착성이 부족하고 특히 근래 노동운동의 빈발에 따라 그들 특유의 뇌동성雷同性(주견 없이 남과 어울리는 성격)으로, 사소한 사건을 갖고서도 대중을 등에 업고 곧잘 불온행동을 하는 경향이 있다.

그렇기 때문에 고용주로부터 해고되는 등의 사정도 있고 하여, 점차 실업자가 증가하는 경향이 있다. 금년(1921년) 3월 말 현재 도쿄東京부의 상황에 따르면, 노동자 총수 2만 275명 중 988명이 실업자이다. 금년에 들어 다소 완화되어 가고 있지만 앞서 말한 바와 같이 약 5%의 실직자가 있다.

다음으로 그들 노동자의 수입 및 생활 상태를 보면, 임금은 지방에 따라 혹은 업종에 따라 일정하지 않다. 대체로 잡역 및 날품팔이는 80전~1원 20전, 토목인부는 1원~1원 50전, 공장인부는 1원~1원 70전, 직공은 1원 20전~3원이다. 탄갱부 및 짐꾼은 그들 가운데 하루에 3·4원의 수입이 있는 자가 있기는 해도, 이를 모두 평균하면 1원 20·30전에 지나지 않는다. 그리고 그들 대부분은 독거獨居자로서 일상생활 같은 바깥평판 등에 대해서는 무관심하고 험한 옷과 음식도 감수하는 간편한 생활을 하고 있어서 생활비는 적게 들지만, 노동 평균일수는 1개월에 22·23일에 불과하다. 가령 생활에 다소 여유가 있어도, 음주와 도박 등에 낭비하여 고향을 돌보지 않고 본인의 도항으로 가족이 심한 생활난으로 고생하는 자도 있다. 현재 이러한 자는 금년 5월 말에 2521호戶에 달한다. 그러나 한편 고향에 처자 가족을 남겨두고 온 관계로 송금을 하다가 말다가 하는 자도 적지 않다. 1928년에 일본거주 조선인(본도 출신자 4만 9358명)의 고향으로의 송금상황을 보면, 그 총액이 실로 110만 3757원에 달한다(그 가운데 다액 송금자는 토목청부, 상업, 한바飯場(노동자의 현장합숙소) 경영자이다]. 이는 결코 무시할 수 없는 액수이다.

일본 거주자의 송금은 향리에 있는 조선인의 도항 열을 자극하는 중요한 원인으로 볼 수 있으며, 별항別項에 기재한 조선인 노동자의 일본 도항저지와도 중요한 관계를 갖고 있다. 그래서 장래 도항저지책을 위해 충분히 고려해야할 사안이 될 것이다.

2. 차가분의借家紛議[1]

1927년경부터 일본에 있어서 조선인과 일본인 간의 특수문제로서, 차가분의借家紛議에 의한 조선인, 특히 조선인 노동자의 주택차가借家난 문제가 있다.

이 문제의 연혁은 소상하지 않다. 하지만 1924년 오사카大阪에서 발생한 것이 효시嚆矢인 것 같다. 오사카大阪에서의 발생건수의 증가와 더불어 1926년에는 도쿄시東京市로 파급하여 점차 증가추세를 보였으며, 작년에 들어서는 현저하게 증가해 왔다.

이 원인을 보면, 집을 빌린 조선인은 비위생적이고, 규율이 제대로 없으며, 건물관리

---

[1] 차가분의(借家紛議) : 집을 빌리는 것에 대한 분분한 논의.

상 손해가 있으면 이웃에 폐를 끼치는 것도 서슴지 않고 크게 소란을 피운다. 또한 경제적 궁핍내지는 불규칙성에 의해 집세를 체납하거나 지불하지 않게 되고, 집주인은 자연히 조선인에게 가옥을 빌려주는 것을 싫어하고 피하게 된다. 이 때문에 그들은 집을 빌릴 때에는 많은 경우에, 보통 일본인 명의를 사용하거나 상점 또는 공장용으로 계약을 한다. 하지만 일단 집을 빌리고 나면 곧바로 한바飯場나 하숙업을 개시하는 방도로 나아가 집주인은 당초의 계약을 위반했다고 하여 해약 또는 퇴거를 요구하게 되자, 체납집세의 면제뿐만이 아니라 부당한 이전료를 요구하는 것이 거의 상투적인 수단이었다. 지금 아래에 한 사례를 든다면, 본도에 있는 선산군 해평면 출신으로 도쿄東京일선노동회一善勞動會 회장 최종환崔鍾煥이란 자는, 1926년 3월 도쿄東京시 고이시카와구小石川區 사카시타정阪下町 2번지에 월세 50원·보증금 300원으로 주택 한 호戶에 세 들어, 먼저 보증금만 지불한 뒤 1927년 9월까지 집주인이 아무리 독촉을 해도 한 번도 집세를 지불하지 않았다. 그래서 그해 9월 말이 되어 집주인이 강력히 담판한 결과, 체납집세 550원을 면제해주고 퇴거시킨 일이 있었다. 작년 같은 때에 이러한 종류의 사건은 일일이 헤아릴 수 없이 많았으며, 최근에는 체납집세의 면제뿐만이 아니라 부당한 퇴거이전료를 강요하고 협박마저 하는 것이 보통이다.

 그리하여 이러한 사안을 위와 같은 방법으로 해결하는 것은 점점 이러한 사건의 증가와 악화를 가져올 염려가 있음은 물론이다. 그러나 이러한 사안에 대하여 정규의 재판을 바라는 것은 많은 비용을 필요로 하고 또 판결확정까지는 상당한 날짜를 필요로 해서 그 사이의 집세 같은 것도 받을 가능성이 없음을 예상하여, 다소의 이전료를 지급하고서라도 이를 퇴거시키는 것이 가장 좋은 방책이라 하여 부득이 이런 방법을 취하고 있다.

 따라서 이러한 반작용은 결과적으로 집주인이 다시 조선인에게 가옥을 대여하기를 주저하게 했다. 또한 다른 일반집주인도 자연히 그런 행동을 함에 따라, 조선인이 집을 빌리는 것이 날로 어렵게 되었다. 이에 대한 대책은 일본거주 조선인에 대한 하나의 중요한 사안事案(문제)이라는 생각이 든다.

3. 노자분의勞資紛議

조선인 노동자들이 그들만으로 단결하여 노자분의勞資紛議를 야기한 것은 1924년경부터의 일이고, 종래의 대부분은 일본인 노동단체를 배경으로 하지 않는 것이 보통이었다. 그러나 1925년 초두 도쿄東京민족계 공산계 급진분자 등에 의해서 대중적 민족단일당결성이란 목표하에 일본조선노동총동맹이 창립되고, 그때까지 있었던 각종 조선인단체를 통일하여 대중의 단결에 의해서 조선인의 자유해방과 여러 가지 문제를 적극적으로 해결하고자 하였다. 그리고 이를 시작으로 하여 유리한 권익획득에까지 진출하게 되자, 도쿄東京조선인 노동자들이 속속 이에 가입하게 되었다. 그리하여 일단 노사 간에 분규가 일어나면 단체의 이름으로 부당한 요구와 유리한 해결을 강요하고, 이에 조선인의 노사대립은 단체교섭으로 첨예화를 보이게 되었다.

그 후 이 동맹은 일본전선戰線의 통일에 진력하여 가나가와神奈川·고베神戶·교토京都·오사카大阪·나카다新潟 등의 노동조합을 통일하였다. 그런데 각지의 상황을 종합해보면, 노동쟁의에 관한 특기特記할 사건은 그저 단속斷續적으로 임금인상 요구나 해고자의 복직사건에 다소 간섭하는 정도이다.

그러나 일본인 노동조합과의 제휴, 즉 그들이 말하는 조선민족 내지 피압박계급해방운동을 당면의 중요임무로 하는 상호제휴는, 별항에서 기술하는 공산주의운동의 신속한 진전과 더불어 어느 정도까지 실현되어가고 있으며, 앞으로는 상당한 진전을 보게 될 것이다.

4. 지도구제시설指導救濟施設

일본거주 조선인의 증가와 더불어, 언어습관이 서로 다르고 또 민족적 편견 등으로 일본인과 조선인 간에는 사소한 쟁투爭鬪(싸움)·분의紛議 등이 발생·증가하였고 이에 따라 관공서 또는 사려있는 인사들의 진력으로 일본·조선융화를 위한 구제시설이 현저하게 증가하였다.

그 성적은 이직은 특기할 만한 것은 없는 것 같지만, 일본·조선의 유식자 사이에서 이 문제가 상당히 고려되기에 이르렀다는 것은 기뻐해야할 경향이라고 할 것이다. 지금 이들 시설개황을 약기하면 다음과 같다.

(1) 도쿄東京지방

도쿄東京지방에 있는 시설로는 상애회相愛會를 비롯하여 이 회의 각 지부, 동창회東昌會·자강회自彊會·일선노동회一善勞動會 등 수십 개의 단체가 헤아려지지만, 그 가운데 가장 활발한 것이 상애회相愛會이다. 이 회는 1921년 12월 이기동李起東·박춘금朴春琴 등 도쿄東京에 있는 유력한 조선인이 고학생과 노동자의 구제·선도·직업소개 등을 목적으로 하여 창설한 것이다. 이 회는 그 후 무료숙박소·직업소개·고학생기숙사·일요학교·인사상담부 등을 마련하여 교화 구제에 노력하고, 실비로 질병을 진료하고 있다. 1926년 중의 사업실적에 의하면 무료숙박 연인원 18만 7070명, 직업소개 및 인사상담 1686건 2881명, 고학생숙박자 80여 명, 가족숙박자 79호戶 398명(1927년 3월)이었다. 그밖에 각 지부에서도 상당한 활동을 하고 있어서 그 성적이 볼만하다. 이 회는 그 후 간토關東대지진화재 때 소실된 회관의 재건축을 계획하여 총공사비 32만여 원을 투입해서 1927년 7월에 기공起工하여 올해 4월 15일에 준공했는데 그곳에는 노동자 600명을 수용할 수 있고, 장래 그 활동이 예상된다.

그 밖의 각 시설기관에서도, 사업규모에는 대소大小가 있지만 사업종류는 대동소이하다.

(2) 오사카大阪·고베神戶 방면

시청 등이 토목공사 등에서도 꽤 많은 조선인 노동자를 사용하거나, 혹은 거주하고 있는 유력 조선인을 통해서 교화·위안慰安 등을 위한 사회시설 설치를 강구하고 있다.

제3절 조선인 노동자의 일본 도항渡航단속

　조선인 노동자의 일본 도항渡航은 제1절에 기재한대로 해마다 증가하여, 그동안은 당시 사회사정과 그 밖의 다른 원인으로 1919년 이래 전후 3회, 약 7년간에 걸쳐 도항제한을 가한 일이 있었다. 이 기간의 감소를 별도로 하면, 대세大勢는 현저한 증가경향으로 나아가서, 작년인 1928년에는 도내 도항자는 2만 3787명(전조선의 도항자 총수는 14만 8112명)에 달하였다. 그리하여 1925년 이후의 노동자의 일본도항에 대해서는 다음 항 등에 기재한 바와 같이 제한의 방법을 강구하였는데도 이와 같이 현저한 증가를 나타내었다. 만약 현재와 같은 제한의 방법을 취하지 않았더라면, 1928년에만 경상북도에서의 도항자만으로도 능히 약 3만 5000명에 달했을 것이다. 이에 반하여 귀환자는 겨우 6143명에 불과하다. 조선인의 일본 도항문제는 실로 일본과 조선에 있어서 현재 일대 중요문제로 간주된다. 도항제한 문제는 종래와 같은 일부 좌경조선인의 편견偏見에 따른 논의를 하려는 것이 아니다. 지금이야말로 일본과 조선의 관청과 민간에 있는 논객論客은 이 문제에 관하여 사회정책상 또는 경찰상의 견지 등 각각의 입장에서 진지하고 깊은 논의를 거듭하고 있는데, 지금 이 대책에 대해서 많은 연구를 요함은 물론이다.

1. 현행 도항 저지의 유래

　전술한 바와 같이, 도항자는 해마다 현저한 증가를 가져왔고 도항자의 대부분은 무학자로 일본어·일본풍속·일본인의 습관을 이해하지 못한다. 일단 도항은 하지만 취직할 곳 같은 것도 뜻대로 되지 않았고, 일본의 불량배에게 속아 여비까지도 사취詐取당하는 자가 적지 않았다. 그래서 이들을 보호하는 취지에서 1918년 1월 총독부령 제6호로 조선 밖에서의 사업에 종사하는 노동자의 모집단속규칙이 시행되었다. 이어 1919년 3월의 소요(만세운동) 후에는 주로 경찰단속의 견지에서 경무총감부警務總監部령으로 조선인의 여행단속에 관한 건을 제정하여, 조선인여행자에 대해서는 증명서를 휴대하게 했다. 그 결과, 그해는 도항자가 2000명에 머물렀다.

그런데 이 같은 취급은 심하게 자유를 구속하는 것이라는 점과 조선 내의 민심이 점차 가라앉게 되었다는 점 때문에 그 후 1·2년간은 이 제도를 다소 완화하고 적당히 봐주기도 하였다. 그러다가 1922년에는 마침내 이 증명제도를 폐지하였다.

일단 이 제도를 폐지하자, 그때가 마침 일본은 경제계가 반동反動에 휩쓸려 있음에도 불구하고, 둑이 터진 강물처럼 맹렬한 기세로 일본으로의 도항이 증가하였다. 그리하여 1922년에는 일약 8222명으로 늘어났고, 1923년에도 같은 증가추세였다. 그런데 마침 그해 9월에 일어난 간토關東대지진화재 때문에 한때 그 지방으로의 도항을 부득이 저지하게 되었다. 1924년 5월 지진이 일어난 간토지방의 질서가 회복이 될 때까지 다시 전술한 증명제도를 부활한 결과, 도항자수는 대체로 전년보다 다소 증가한 정도에 그쳤지만 귀환자가 일약 8565명에 달한 것은, 지진피난 귀환과 당시의 유언비어2) 때문인 것이라 해야 한다.

그런데 1924년 5월 위의 제도가 철폐되자, 저지에 대한 반동과 지진재해부흥사업에 따른 노동자의 수요예상으로, 마침내 그해는 도항자가 1만 2000명을 돌파하게 되었다. 원래 일본본토 도항제도 같은 것은 전술한대로 필요사항이 있을 경우는 그렇다하더라도, 그 밖의 경우는 온당치 않음은 물론이다. 하지만 이것을 대세가 흐르는 대로 맡기면 일본 주요도시에서의 노동자의 수급에 심대한 관계가 있어서, 가부可否의 이론은 어떻든 실제문제로서 수급조절의 필요가 절박했다. 따라서 1925년 10월 이후 주로 경상남도에서는 다시 도항자의 보호저지를 실시하여 현재에 이르고 있다. 그런데 이렇게 하여 부산에서 막연히 도항자의 저지에 힘쓸 때, 이미 그들은 향리를 출발한 뒤라 뱃삯과 차비를 되돌려 주어 향리에 귀환케 하는 등의 방법을 사용하였지만 이는 절차만 번거롭고, 게다가 저지를 받은 사람의 불평을 사거나 또는 일본과 조선간의 차별운운의 구실만 만들 우려가 있다. 그리하여 다시 한 걸음 더 나아가서 그들의 생활근거지에서 도항을 저지함으로써 보호·저지의 효과를 얻기 위해, 1928년 7월 이후에는 출향出鄕 전에 상당한 정도의 저지방법을 강구하여,

---

2) 일본 도쿄(東京), 요코하마(横濱)를 중심으로 일어난 간토대지진 때 실제로 수천 명의 조선인이 그 곳에서 일본인에 의해 학살되었다. 이 소문이 당시 한국에서도 퍼졌을 것이며 이는 유언비어가 아니다.

① 취직할 곳이 확실한 자
② 필요 여비를 제외하고도 10원 이상의 여유가 있는 자
③ 모르핀 중독자가 아닐 것
④ 브로커 모집에 응한 자가 아닐 것

등의 각 항 조건을 구비하고, 부득이 도항해야 하는 자에 한해 출발지역 경찰서(혹은 지서)가 부산경찰서 앞으로 도항소개장[되도록이면 호적등본에 오서(奧書: 기재사실이 틀림없음을 증명하기 위해 서류 끝에 적은 글)]을 교부하고 연락을 갖게 했다. 그리하여 도항자가 부산까지 가서 도항이 저지되어 귀향하게 되는 것을 막아, 헛돈을 쓰지 않게 하는 동시에 이른바 부정도항을 줄이려고 노력하고 있다.

2. 저지의 상황

전항과 같은 소개장제도를 실시함으로써, 1924년 8월부터 11월까지의 도항자는 그 수가 줄고 이에 반하여 저지된 자는 상당히 증가를 보였다. 그 이유는 어대전御大典 특별경계에 의한 도항저지도 하나의 원인이었지만, 소개장(증명서)제도의 효과에 의한 바도 적지 않다.

그러나 본도는 작년에 극심한 한해旱害를 만나 극도의 생활난을 호소하는 자가 속출하여, 그 결과 일본 도항을 기도하는 자가 매우 많았다. 그 수가, 11월 어대전御大典에 따른 특별경계의 종료를 기다리고 또 다른 이유로 저지된 자와 합쳐서 마치 눈사태처럼 흘러나가 12월 중의 도항한 자가 1658명, 저지자(생활근거지에서)는 3284명에 이르고 있다. 이제 소개장제도를 실시한 1928년 8월부터 1929년 5월에 이르는 사이의 도항 및 저지의 상황을 표시하면 별표(부록 통계 17)와 같다.

3. 소위 밀항자의 단속

전술한 바와 같이 도항저지 실시의 결과 특히 1928년 7월 소개장에 의한 취급개시 이

래, 소개장을 얻지 못한 자는 처음에 가졌던 뜻을 달성하기 위하여 단속관헌의 감시의 눈길에서 벗어나는 곳에서 은밀히 일본 도항을 기도하거나, 단속경찰관의 면전에서 공공연하게 부정수단을 써서 발각되는 자가 속출하였다. 최근에는 공문서위조 범죄가 현저하게 증가하여 일본 도항에 관한 특수범죄현상이 나타났다. 이하에서 이들 소위 밀항 상황 및 그것에 연유하는 범죄 상황에 대해서 기술하기로 한다.

(1) 소위 밀항의 상황

1925년 10월 도항저지 개시 이래, 저지를 당한 자는 무슨 방법으로라도 처음의 뜻을 달성하고자 하여, 처음에는 연락선 이외에 회사선會社船 내지는 발동기선 등 일본 왕복선에 의한 도항방법을 강구하고 있었다. 그러나 일본연안 부현府縣의 단속이 점차 교묘하고 엄중해져서, 도항행선지에서 적발되는 자가 적지 않았다. 이리하여 이들 밀항조선인에 대해서는 일본관헌들도 상당히 보호방법을 강구하여, 많은 자를 목적지로 가게 하거나 취직알선을 했다. 특히 취직의 가능성이 없는 자에 대해서는 때마침 떠나는 배편 등으로 본적지에 송환하는 등의 방법을 강구하고 있다. 그렇지만 다음 항목에 기재한 바와 같이 이들 밀항자는 최근 부산 그리고 기타 조선 내 연안에 숨어있는 소위 밀항 브로커의 교묘한 마수에 걸린 자가 대부분이다. 두말할 것 없이 밀항자의 단속에 철저를 기하는 것은 물론이지만, 지금의 대책으로는 이 밀항 브로커의 철저한 검거가 가장 긴요한 일이라 판단된다. 지금 한 가지 예를 들면, 1928년 8월 이후 1929년 5월까지 일본 본토의 관헌에게 발견된 도내로부터의 밀항조선인의 상황을 제시하면 별표(부록 통계 18)와 같은데, 교묘한 방법에 의한 것은 많이 발견되지 않고 그 수數도 판명되지 않는다. 그렇다 해도 별표(부록 통계 17)의 도항저지자 중 밀항한 자로 판단된 자의 숫자를 보면, 대략 그것을 미루어 살피는 데 어려움이 없을 것이다.

(2) 일본으로의 도항에 연유하는 범죄

전술한대로, 도항저지는 자연히 밀항자를 속출케 했다. 그리하여 많은 자는 이 밀항의 방법을 취하려하고 있으나, 1929년 7월 소개장제도의 실시와 일본 본토의 관헌의 단속이 엄중해짐에 따라 그 방법도 자연히 제2단계로 나가게 되고 그 방법의 성격상 당연한 귀결로서 아래에 기재하는 것과 같은 특종범죄를 낳게 된다.

1) 도항자의 범죄

소개장제도의 정보가 이미 벽지에도 널리 파급된 결과, 도항희망자의 다수는 소관경찰서(또는 지서支署)에 소개장교부를 신청한다. 하지만 스스로 생각해서 교부의 가능성이 없다고 생각하는 자, 일단 신청했으나 저지된 자, 또는 소개장을 쉽게 받으려는 자는 소개장을 받기 위한 수단으로,

① 타인의 호적등본·성명을 모용冒用(속여 사용)하여 신청하는 자
② 일본거주 지인知人으로부터 사망 또는 위독하다는 가짜 전보를 보내게 하여 이를 제시하는 자
③ 일본거주자를 통해서 일본 내의 공장주·기타의 고용증명서를 우송케 해서 이를 제시하여 출발지 경찰관서에 소개장을 신청하는 자
④ 유학생의 재학증명서를 모용하는 자
⑤ 일본에 있는 지인知人의 저금통장을 우송케 하고 이를 빌려 재도항을 하는 체하여 소개장을 받으려 하는 자
⑥ 일본에 있는 지인과 공모하여 그의 향리가족을 일본에 데려가기 위해 일시 도항한다고 말하는 자

등 다종다양하여 거의 상상할 수 없는 방법을 강구하고 있으나, 이상의 방법조차도 진부陳腐한 것이 되었다. 최근에는 주재소 수석순사의 사인私印을, 심지어 경찰서인警察署印을 위조하여 소개장을 만듦으로써 목적을 이루려고 하는 자까지 나타나게 되었다. 이들 사안事案은 공연히 일본도항자에게 모방케 할 염려가 있고, 특히 공문서 관인위조와 같은 것은 형사범으로서 중요사안이 되므로, 이에 대한 검거는 가차 없이 이루어지고 있다. 그렇지만 그 범행동기의 많은 경우가 단순히 일본 도항열熱에 자극된 것에 불과하기 때문에, 이들에 대한 처분은 대부분 기소유예의견이나 훈계방면放免 등의 방침을 취하고, 그 밖의 다수의 사람에 대해서는 타이르는 것으로 그치고 있다.

2) 밀항브로커의 범죄

고장에서 저지를 받은 자 혹은 막연한 도항 목적으로 부산·기타 해항海港에서 방황·배회하는 자가 증가함에 따라, 이들의 심리를 교묘히 이용하여 일본도항을 알선한다고 하고 수수료로 6원 내지 20원을 거두고 10톤 내지 20톤 내외의 작은 발동선으로 쓰시마 또는 후쿠오카福岡·야마구치山口·나가사키현長崎縣 등으로 밀항시키기도 하다가 작년 8월 이후에는 범죄수법을 고쳐, 위조소개장을 판매하는 사기범이 현저하게 증가했다.

그리고 그 판매라는 것이 1건에 3원내지 14·15원을 거두고, 그 목적 같은 것도 단순히 도항증을 판매하여 주고받는 금전사기에 그치며 하등 도항에 관해 책임을 지는 일이 없기 때문에, 첫 번째 방법 이상으로 악랄한 점이 있다. 이러한 행위야말로 가장 인정미 없는 것이기는 해도 그 범행의 대다수는 모르는 자 상호간에, 더욱이 야간 노상에서 행해지는 것이 보통이기 때문에 그 검거가 어려운 관계로 도내에서의 피해자가 많지만, 범인의 검거(주로 부산지방에서 행해지기 때문에)는 없다.

이상의 범죄로서 1928년 8월 이후 1929년 5월 말까지의 상황은 별표(부록 통계 18)와 같다. 그리고 어느 사범事犯을 불문하고 범죄의 동기와 목적에는 차이가 있지만, 모두가 도항저지가 낳은 범죄라는 점은 같다. 도항저지에 대한 조선인 일반유식자(좌경주의자는 물론)의 생각은 "온당함을 결여한 것이 아닌가" 하는 말에는 일치하고 있다는 사실에 견주어 볼 때, 그것이 어떠한 것이든 사회적 정책에 있어서 양자兩者(단속자와 단속받는 자) 간의 완화 등은 많이 연구해야 할 문제이다.

제4절 일본 내에서의 조선인의 범죄

상술한 바와 같이, 일본거주 조선인의 약 75%는 노동자이다. 그리고 그들 대부분은 무학으로 그들이 종사하는 업태業態 때문에 자연스럽게 심신의 황태荒怠(거칠어지고 나태함)를 가져오고 그 경향은 자연히 범죄경향에 나타난다. 1929년 상반기에 있어서 도쿄東京경시청 관하의 통계를 참고하면, 형법상의 범죄 816건·인원 1453명 중 절도가 344건에 338명, 도박이 339건에 967명, 상해가 38건에 46명, 사기가 26건에 29명, 소매치기 13건에 13명의 순위이고, 기타의 범죄는 대략 7건 내지 1건으로 대동소이하다.

이를 본도에서 건너간 자에 관해서 보면, 도박 308명·절도 82명·사기 4명·기타 각 3명 내지 1명으로 계 411명이며 기타 특별범 511명이 있는데, 대체로 특기할 것은 없다. 하지만 일본거주 조선인 중에 유학생이나 기타 지식계급에 속하는 자 가운데는 사상운동의 선봉이 되는 소위 과격분자가 있어서, 민족해방과 일본제국의 굴레로부터 벗어나려고 하는 불온계획을 모의하고 직접운동을 감행하는 자가 있다. 아래의 별항 제7장 중요사건 항에 따로 기재한 것처럼 1923년 9월의 박열朴烈사건, 1924년 1월의 김지섭金祉燮사건 등 가공할 만한 대역大逆(일본천황에 가해하는 것)행위를 감행한 자가 있다. 이들 사상적 배경을 갖는 범죄는 별개로 하더라도, 일본거주 조선인은 언어와 습관 등의 이유로 곧잘 자질구레한 물의를 일으키고, 조선인은 이것을 가지고 차별대우라고 하여 깊이 이를 분하게 생각하고 있다. 그래서 어떤 방법으로라도 울분을 풀려고 하여, 비교적 단순한 동기로 아래와 같이 불경不敬(일본황실을 모욕하는 일)사건을 감행하는 사례가 적지 않다.

1) 예천군 하리면 남태영南泰榮

세장洗張(옷을 빨아 널빤지에 펴서 말리는 일)직공 남태영南太榮[3] 당 27세

---

[3] 남태영 : 1902~1991, 경북 예천출신, 1995년 건국포장.

위는 1928년 8월 당시, 거주지 교토京都로부터 조선으로 돌아가는 도중에 교토京都경찰서 앞으로 '한 소년으로부터'라 쓰고 '아아, 무엇보다도 슬프다! 기다리고 있었던 어대전御大典은 이제 최후의 5분간이 되었다. 이번의 어대전御大典은 다행하고도 불행하다. 한발의 폭탄으로 폐하陛下의 운명은 ○○○○○○'이라는 불경不敬투서를 작성한 혐의가 있었다. 그리하여 그가 조선에 돌아감과 동시에 소관 예천경찰서에서 수사결과, 필적이나 기타 등으로 그의 소행으로 판단되어 검거하였고 9월 26일 검찰로 보내 예심豫審에 부쳐져 조사 중이던 바, 1929년 3월 24일 예심에서 면소免訴가 되었다.

2) 김천군 아천면의 김동겸金東謙

자유노동 기무라 강이치木村寬一 곧 김동겸金東謙 당 28세

위는 1928년 11월 22일 당시 일본 나가노현長野縣 이히다정飯田町역에서 호주머니에 넣어 두었던 수첩에 연필로 '조선 경북 김천군 아천면 남산동 기무라 강이치木村寬一님이 한 것이다. 1928년 11월 쇼와昭和(일본 쇼와천황을 가리킴)의 바카야로馬鹿野郎('바보자식'이라는 일본말의 욕)가 천황이 되고자 하는데, 누가 그 놈을 죽일 사람은 없는가라는 생각을 합니다.'라는 불경자구不敬字句를 기재해 둔 것을 발견하여 그를 엄중히 조사했다. 그러나 하등 배경이 없고 다만 장난이었던 것이 판명되어 기소유예 처분이 되었다.

3) 성주군 대가면의 이희구李熙龜

이경환李慶煥[4] 곧 이희구李熙龜 당 28세

위는 작년 1928년 11월 어대전御大典 중 교토京都에서 직소直訴를 기도하다가 검거되어 청원령請願令위반으로 징역 6개월에 처해졌다. 그런데 이 사건은 거국적으로 봉축하던 중의 일대一大 불상不祥사건으로 세인에게 상당히 큰 충동을 주었다. 그러나 그 범행에는 사상적 배경은 없지만 일본과 조선 간의 차별대우에 대한 불만에 연유하는 것이었다. 그 상세한 것은 별항 제7장의 중요사건 항목에 상세히 기술할 것이다.

---

4) 이경환 : 1902~1929, 경북 성주출신, 1991년 애국장(1968년 대통령표창).

제5절 일본의 조선인 유학생

도내 조선인의 일본유학생은 1909·1910년경부터 나타났고, 그 후 해마다 증가하여 현재 재학생(1929년 4월)은 359명이다. 1911년 후 일본유학생은 총계 1203명을 헤아린다. 그 분포상황은 별표와 같이 도쿄東京 263명이 수위首位이고, 교토京都 23명, 오사카大阪의 13명 등이 그 다음이다.

유학생 증가는 물론 향학심의 발흥이 주된 원인이고, 사상적으로는 조선민족의 실력이 너무 빈약하기 때문에 (1920년 이후) 금후의 해방운동은 실력함양에 의한 문화운동에 의존할 수밖에 없다는 반발의식과 학비 또는 지리적 관계에도 원인이 있는 것으로 판단된다. 이들 학생들은, 1919년 3월소요사건(만세운동) 전후부터 1921년 워싱턴회의 전후 사이에는, 오로지 조선부흥사업의 선각자로 자임自任하며 언행이 배일색채로 일관하였다. 그리하여 뒤에 건너오는 학생들에게 단결하여 자주·자결의 정신을 주입했다. 또한 음으로 양으로 관헌의 시설施設[5]에 반항적 태도를 갖고, 일본과 조선 간의 이반離反의 감정을 선동하여 왔다. 1920년에 들어서는, 1919년 만세사건에 비추어보아 실력과 단결이 없는 무모한 계획을 함부로 하는 것은 원대한 야망달성에 불이익이 된다하여, 이때부터 이미 실력양성운동으로 나아가 사회문제·식민정책·사상문제의 연구에 몰두하여, 민족해방에 혼신의 노력을 기울이는 경향이 나타났다.

그동안 1919년 소요사건의 선봉이 된 것은, 동년 2월 8일의 조선청년독립단 명의로 민족대회소집청원서·독립청원서·선언서부附결의문을 각 방면에 우송하는 사건에 도쿄東京유학생 최팔용崔八鏞·변희용卞熙瑢 (고령출신, 게이오慶應대학 재학 중), 장인환張仁煥[6](대구출신, 세이소쿠正則영어학교 재학 중), 김상덕金尙德(고령출신, 당시는 재학 중이 아님)

---

[5] 시설 : '시설'은 어휘를 잘못 사용한 것으로 보이고, '시정(施政 : 정치를 시행함. 또는 그 정치)'이 옳은 것 같다.
[6] 장인환 : 1897~1950, 경남 합천출신, 1990년 애족장(1989년 대통령표창).

등이 가담하여 검거된 사건이다. 그 다음으로 1923년 12월에는 박열朴烈(상주출신, 당시는 학생이 아님)의 대역大逆사건(별항 제7장 중요사건 항에 상세히 기술함)이 있었다.

이상으로서 도쿄東京유학생의 사상 경향을 알 수 있는데, 1925년 제1차 조선공산당 검거 전후까지 조선의 사상운동은 실로 그들 일본유학생의 선구지도에 의한 것이라 해도 과언은 아니다. 또 현재 본도 요시찰인 226명 중 일본에 유학했거나 재학하는 자가 62명을 헤아린다.

다음으로 이들 유학생의 졸업 후의 상황을 보면, 1922·1923년경까지의 유학생은 전술한 바와 같이 사상문제연구에 몰두하고 심한 경우는 직접 실제운동에 돌입하는 등 많은 유학생들은 학문에 힘쓰지 않았다. 그리고 졸업이나 퇴학 후에는 취직 같은 것에도 자연히 진지함이 결여되어 있어서 한글신문 관계업무에 종사하거나 무위도식을 하는 자가 대부분이었다. 그러나 근래의 일반적 경향으로는, 비교적 진지하게 학업에 열중하고 졸업 후 취직 같은 데도 진지한 태도를 갖는 경향을 보게 된다. 하지만 조선에 돌아온 후에 취직이 마음대로 되지 않아 놀고먹는 자가 상당수를 헤아리게 되고 자연히 사상이 좌경하는 자도 적지 않아 이에 대한 사찰을 소홀히 할 수 없는 점이 있다. 그리고 유학생의 사상운동에 대해서는 아래에서 기술할 것이다.

제6절 일본에서의 조선인 사회운동

구주대전(제1차세계대전)이 끝남과 동시에 세계적 절규로서 '개조改造'라는 표어가 창조되어, 크게는 국가영토의 갱신, 신국가의 건설, 국제적 정치방침·경제조직의 개조, 작게는 인간사회 생활의 근본 개조, 인습과 전통적 부자유로부터의 해방욕구 내지는 창조 관념화를 절규絶叫하는 형상으로 나타났다. 그리하여 왕성한 해방욕구의 잠재의식을 갖는 조선인, 특히 사려가 일정하지 않고 감격성이 풍부하고, 더욱이 조선인의 선각자로 자임하는 도쿄東京유학생과 기타 유식한 조선인은 이러한 부르짖음에 무조건으로 호응하여 '하는 것이 안 하는 것보다 낫다.'라는 민족적 해방에 대한 공상적 요행심을 조장 환기케 했다. 청천벽력같이 밀려온 민족자결주의의 경음警音이 조선인의 귓전을 두드려, 민족적 해방의 직감적 쾌감에 도취케 하고 뚜렷하지 않은 배타적 감정이 미국을 배경으로 하는 전통적 사대주의 사상에 불타, 갑자기 과장적 민족독립을 절규하게 되고 단숨에 이 야망을 달성하고자 하였다. 드디어 1919년 2월 8일 도쿄東京 간다구神田區 조선기독교청년회관에서 최팔용崔八鏞 일당이 조선독립 시위운동의 봉화를 올렸다. 이리하여 그들은 1919년의 전全조선에 걸친 소요사건의 선봉이 되는 기세를 올리게 되었던 것이다.

지금 도쿄東京유학생의 사상적 추이를 더듬어 보면(일본거주 조선인의 사상은 도쿄東京유학생에 의해 좌우左右·지도되고 대표되므로, 이하에서는 도쿄東京의 상황을 주로 하고 교토京都와 오사카大阪 등의 상황은 필요에 따라 기술할 것이다), 그들의 배일사상이 표면으로 나타난 것은 실로 1914년 독일과 일본의 개전開戰 이래의 일이다. 1919년 3·1사건 전에는 그들의 다수는 조선 내의 상류·중산 계급의 자제였으므로 비교적 진지한 학구 태도를 가졌으며, 일본인에 대해서도 그다지 나쁜 감정을 가진 것 같지 않았다. 다만 일부 급진분자가 조국의 말로末路에 분개하여 배일적 잠재의식을 때에 따라 나타내는 일로 그칠 뿐, 득이한 경향을 보이지 않았다.

그런데 일단 민족자결주의의 고조에 현혹된 이래 1921년과 1922년에 있었던 워싱턴회의까지는, 조선인은 자발적·창조적·의식적 활동에 의해서 새로운 사회를 실현해야 한다고 생각하고 이를 위해서는 한꺼번에 현사회의 제도나 습관 등의 일체를 변혁시켜야 한다는 급진파와 추상적 실력양성이 급무急務라고 크게 주장하는 점진파의 2개의 파가 나타났다. 그러나 그들의 최후의 목적이 스스로 귀일하는 것은 물론이고, 각각은 목적달성에 적합한 방침하에 모든 수단으로 사회운동의 발흥에 노력했다. 그렇지만 그들의 유일한 희망이었던 워싱턴회의는 기대에 반한 것이 너무 심했다. 그래서 그들은 워싱턴회의를 계기로 해서 새로이 현실적 내용의 충실을 주안主眼으로 하는 소위 문화주의운동으로 방향을 전환하여, 오로지 실력양성의 운동방침을 지녀왔다. 그러다가 1927년 초에 민족단일당촉성이라는 조선내외 일반 사람이 가지는 대세에 밀려, 그해를 획기점劃期點으로 하여 민족총역량 집중의 단일당촉성과 전선통일운동을 지속하고 있다. 하지만 이조 500년 동안 처우를 달리 받아온 지방적 편견 등에 연유하는 파벌성 때문에 쉽게 융합하고 결성을 기하기 어렵고 또 지방적 대립 내지는 인습·감정·주의 등의 차이는 무슨 일이 있을 때마다 파벌내홍을 지속토록 하여, 그들의 주장에 비해 성과는 특기할만한 것이 없었다. 그러나 일본에서 공산계 여러 단체의 말단조직분자를 얻고자 하는 운동은 이제 맹렬해지고, 일본 무산단체와의 제휴, 즉 그들이 말하는 세계피압박계급간의 제휴 노력은 서서히 어느 정도 그 실현을 보고 있다. 이리하여 도도滔滔한 공산주의의 흐름은 이제 가득 차서 멈추지 못하는 상태이며, 이런 추이에 대해서는 심심한 주의를 가질 필요가 있다. 이하 각 주의主義운동의 개황에 대해서는 항목을 나누어서 기술하기로 한다.

1. 민족주의운동

일본(본토)에서 민족주의운동이 표면에 나타난 것은 실로 1918년 소위 민족자결주의가 극단적으로 고창되던 당시이다. 그전에는 1914년 일본과 독일의 개전을 획기점으로 하여, 일본에 있는 조선인유학생 사이에서는 종래의 잠재의식인 배타주의가 점차 노골화되어 일이 있을 때마다 일본관헌의 태도를 비난하고 자연히 남을 선동하고 있기는 하였으나, 그때까지만 해도 그들이 뽐내는 독립운동으로 나아가지는 않았다.

그런데 전술한대로 1918년 민족자결의 소리가 한번 세계적인 부르짖음이 되자, 그들은 실로 한천旱天(마른하늘)에서 우예雨霓(쌍무지개)를 보는 것 같은 충동을 받아 민족해방실현의 쾌감에 현혹되어 무조건 그 실현운동에 몰두 돌입하게 되었다.

그리하여 일본에서의 조선인 민족주의운동에는 1919년 이후 시종終始 도쿄東京조선인유학생학우회가 중심이 되는 지도적 지위에 있으며, 그 후 일본에서의 여러 가지의 사회운동도 실로 이 유학생학우회의 손으로 배양된 것이라 말할 수 있다.

(1) 도쿄東京조선인유학생학우회

도쿄東京조선인유학생회는 1912년 10월 28일 도쿄東京유학생의 친목을 목적으로 메이지明治대학 재학 중인 최한기崔漢基(경남) 등에 의해서 조직된 것이다. 당시 회원은 97명을 헤아렸고, 창립 당시 간부인 회장 최한기崔漢基(메이지明治대학)(경남), 부회장 이명우李明雨(메이지明治대학)(함남) 등이 이를 좌우하고, 평의장評議長에는 안동홍安東鴻(경기, 와세다대早稻田大), 평의원으로 신석우申錫雨(경성, 아오야마青山학교), 회계부장 마현의馬鉉義(대구, 메이지대明治大), 지육智育부장 이찬우李燦雨 (의성, 세이소쿠正則영어학교) 등이 업무를 나누어 맡고 있었다.

그리고 이 회가 조직된 후에는 졸업생의 송별과 입학생의 환영회 등을 개최하며 항상 과격한 언사를 일삼았다. 그리고 기관지『학지광學之光』은 거의 매호가 차압差押처분되는 등 당시에 이미 본회가 지향하는 바는 자명한 감이 있었다. 그러다가 결국 1919년 3·1운동사건의 선봉으로 나섰다.

즉 그들 유학생회는 1918년 7월 말경부터 암암리에 재외 불령조선인과 통모하여 파리강화회의를 기회로 독립청원운동에 대한 응원운동을 시도하려는 계획을 세웠다. 1919년 1월 6일 웅변회석상에서 공공연하게 이 문제를 토의하여, 최팔용崔八鏞·김도연金道演[7]·김상덕金尙德(고령) 외 7명의 위원을 천거하였다. 그런데 위의 위원들은 1919년 2월 8일 조선청년독립단이란 명칭아래 민족대회를 소집하여 청원서·선언서와 결의문을 인쇄하여 이를 각 대신, 각국 대·공사, 일본귀족·중의원의 양원의장, 조선총독, 각 신문사에 우송하였다. 나아가 도쿄東京 간다구神田區 소재 조선기독교청년회관에서 민족대회를 열려고 하다가, 이를 변경하여 학생대회를 열고 조선독립선언을 하였다. 3·1사건의 봉화는 먼저 이 대회에 의해서 올려진 것이었다.

그 후에는 3월 1일을 독립기념일이라 말하고 불온한 행동을 계속하였다. 그리고 1922년

---

[7] 김도연 : 1894~1967, 서울출신, 1991년 애국장.

워싱턴회의 때는 다시 선언서를 발표하여 기세를 높이려고, 9월경부터 백남훈白南薰(황해, 청년회간사)·이수철李壽哲(평남, 학우회평의원)·손용수孫龍壽(경남, 학우회간부) 등이 이따금 모여 독립문제를 협의했다. 그러던 중 마침내 11월 5일 기독교청년회관에 도쿄東京 유학생들이 모여, 임시정부가 워싱턴회의에 요구한 안건에 대해 찬동 응원하는 선언서[서명자 이동제李東濟(함남, 메이지대明治大)·김송은金松殷(전북, 메이지대明治大)·방원성方遠成(함북, 간사이대關西大)·이흥삼李興三(함북)·이민철李敏轍(함남, 천도교청년당원)]를 발표하고, 대한독립만세를 고창하며 불온문서를 반포하였다. 그리고 대부분 도쿄東京에 있는 유학생은 일제히 동맹휴교를 결행하였다.

　이보다 앞서 1920년 2월 미국국회의원단이 관광을 위해 도쿄東京에 오자, 그들은 삼삼오오 한국국기 및 미국국기를 흔들고 독립청원의 의미로 만세를 고창하는 등 시종 과격한 민족운동을 지속했다. 하지만 1919년 독립운동의 실패는 조선인으로 하여금 추상적인 실력양성의 문화운동으로 나아가게 하였지만 1920년에 들어서는 사회주의적 경제혁명을 바탕으로 하는 해방운동으로 전환하여, 점차 그들의 운동선線도 여러 갈래로 분리·이산하여 공격의 창끝은 옛날과 같지 않다.

　그러다가 1927년 도쿄시로이시東京城石고등여학교 학생 김정실金貞實의 제명문제를 조선민족문제로 삼아 당국을 규탄하는 행동으로 나오고, 같은 해 7월 대중적 신흥학생운동의 시대사조에 순응하여 조선 내 순회강연단을 조직하였다. 다시 동년 11월에는 당시 조선 내에서 빈발하는 학생동맹휴학사건에 대하여 이것이 곧 조선총독부의 의식적 탄압이라 하고, '전 조선학생 제군에 격檄함'이라는 불온격문을 살포하였다. 해를 넘겨 작년 1월에는 만주에 있는 조선인 압박문제에 관하여 '참학慘虐한 만주동포 구축驅逐문제에 대하여 전 조선민중에 격檄함'이라는 불온문서를 배포하고 기관지『학지광學之光』을 계속 발행하였으나 그 외는 특기할 사항이 없다. 그리고 본회(도쿄학우회)에 관한 본도 출신자의 책동상황을 보니, 1915년에 최태욱崔泰旭(청도, 와세다대早稻田大)은 1913년8)에 창립된 낙동강동지회(경상도출신 학우회)를 이끌고 본회에 참여했고, 이찬우李燦雨(의성, 메이지대明治大)는 간부로서 항상 선동적 불온언동을 늘어놓았다. 해를 넘겨 1916년경에는 이우석李愚奭(선산), 최익준崔益俊(대구) 등이 또한 간부로 있었지만 큰 활동은 없었다. 그런데 그 후 1921년에는 김기봉金基鳳(경주, 도오요東洋대학)·변희용卞熙鎔(고령)·이명건李命健(칠곡, 국민國民영

---

8) 1913년 : 원저에는 '昭和二年', 즉 1927년으로 되어 있으나, 이는 '大正二年'의 오식인 듯하여 1913년으로 수정하였다.

어학교), 1923년에 들어서는 이옥李鈺(안동, 와세다대早稻田大)·이명건李命健 등이 간부로서 상당한 활동을 한 바 있었다. 그렇지만 그 후 변희용卞熙鎔·이옥李鈺·이명건李命健 등은 모두가 공산주의로 전향하여 연이어 떠났다. 지금은 특별한 사안事案으로 기재할 만한 것은 없다.

(2) 기타 민족단체

조선기독교청년회는 1906년 종교단체로 생겨난 것인데, 그 수뇌인물은 모두가 배일 조선인이 차지하였다. 바로 1919년 2월에 유학생학우회가 독립시위운동을 개시하자 그들은 이 회의 이면裏面에 숨어서 전적으로 원조했고 한패인 최팔용崔八鏞 등이 수감되자, 그 회 간사 백남훈白南薰은 그를 위한 변호비와 차입비용으로 2800여 원을 모집하는 등 전적으로 정치단체화하였다. 그 후 임시정부의 선포문이 우송되어 오자 이것을 반포하려했고, 1923년 5월에는 상하이로부터 『조선혁명선언』이라는 불온책자가 우송되어 와서 이것을 반포하려다가 이루지 못한 일이 있었다. 그 후 공산주의 운동의 대두와 민족계운동의 쇠퇴로 이 회의 태도가 점차로 완화되어 그 후의 운동은 볼만한 것이 없다.

형설회螢雪會는 1922년 초 고학생苦學生동우회의 분신分身으로서, 민족적 색채가 가장 농후한 류진걸柳震杰(안동)·서상한徐相漢(대구) 등에 의해서 조직되었다. 그렇지만 본래의 사명으로 생각되는 것에는 아무 활동이 없고 사상 주의에 따라 갈라서는 내홍을 계속하고 있으며, 간부들 역시 1923년 말부터 사회주의적 경향이 농후해지고 부질없이 남에게 영합적인 태도를 보였다. 1927년 3월이 되어 류진걸柳震杰(안동) 등은 떠나고 본회는 전적으로 유명무실하게 되었다. 그러나 본회의 전신前身인 고학생동우회는 1920년 1월 류진걸柳震杰(안동)·김낙준金洛俊 등 도쿄東京민족급진분자에 의해서 조직된 것이고, 창립 후 얼마 되지 않은 동년 4월 이왕세자李王世子 전하가 결혼할 즈음 폭탄투척을 계획한 서상한徐相漢사건이 있었다. 즉 이 회의 창립을 획책한 서상한徐相漢(대구)은 맹렬한 민족주의자였는데, 이왕세자 전하와 나시모토노미야梨本宮 여왕전하9)와의 혼례에 즈음하여 이것(혼례)이 장래 조선독립에 대한 큰 장해라 생각하고 그 식장에 폭탄을 투척하고 동시에 혼례

---

9) 나시모토노미야 여왕전하 : 궁(宮)는 일본 황족의 각 집안을 가리키는 경칭(敬稱). 일본황족 중 한 집안으로 여왕전하는 그 집의 딸을 가리킨다. 그리고 해방 후 우리는 그녀를 흔히 이방자(李芳子) 여사라고 불렀다.

에 참석한 총독을 죽이고 내무성·외무성·경시청 건물도 폭파하려고 그해 2월경부터 동지 양주영梁柱瑛 등과 함께 폭탄제조를 음모하던 중, 4월 11일 검거(상세한 것은 제7장 중요사건 항 참조)되었던 일 등이 있어, 이 회는 도쿄東京민족주의운동단체로서는 가장 주의를 요하는 것에 속한다.

그밖에 조선여자의 민족운동에는 여자흥학회女子興學會가 있다. 1919년 유학생의 독립운동이 발발하자, 이 회는 여자라 할지라도 조국의 광복운동을 원조함이 책임이라 하고, 당시 상하이와 도쿄東京간의 연락기관으로 활동을 했다. 그러나 그 후 1926년 정칠성丁七星(대구)[10] 등 주된 간부들이 조선으로 돌아갔기 때문에, 거의 하는 바 없이 유명무실하다.

이렇게 하여 재래의 민족주의단체는 수뇌투사의 공산주의로 방향전환으로 기세가 갑자기 약해지고 그들 단체는 근근이 여맥을 유지해오다가, 1927년 초에 소위 민족단일당촉성의 사명하에 신간회新幹會가 생겨나자, 일본에서도 동년 5월경부터 1929년 1월 사이에 도쿄東京·교토京都·오사카大阪·나고야名古屋에 각 지회가 설립되었으며, 이를 전후하여 근우회權友會도 도쿄東京·교토京都·오사카大阪·나고야名古屋에 각 지회설치를 보게 되었다. 이에 민족주의운동은 한때 새로운 기축機軸을 열었던 감이 있었으나, 도도한 공산주의운동전선을 통일할 수는 없어서 금일에는 그 활동이 또 다시 점차 부진해졌다.

(3) 신간회新幹會 · 근우회權友會

1) 도쿄東京신간회지회

1927년 2월 조선 내 민족계 주의자에 의해서 민족단일당을 표방하는 신간회가 창립되었다. 그러자, 당시 조선인 사회운동자의 공통표어인 '민족단일당의 촉성'·'총역량의 귀일歸一'이라는 당면한 요구에 자극받은 도쿄東京의 여러 사상을 가진 자들이 계획한 바에 따라, 당시 협동조합운동사協同組合運動社의 간부인 전진한錢鎭漢(상주)이 그해 3월 신간회지회를 설립할 목적으로 경성본부에 가서 타합하고 도쿄東京에 돌아오자 회원 모집과 선전에 노력하여 몇 번의 창립준비위원회를 개최한 후, 동년 5월 7일 도쿄東京부 도쓰카戶塚에서 마침내 도쿄東京신간회지회의 창립대회를 개최하였다.

당시 출석회원 61명(방청 150명)으로 조헌영趙憲泳[11](영양)이 의장이 되어 무사히 회의

---

10) 정칠성 : 1908~미상, 경북 대구출신.
11) 조헌영 : 1900~1988, 경북 영양출신.

를 마쳤다. 그리고 지회장 조헌영趙憲泳 이하 간사 전진한錢鎭漢(상주)·류원우柳元佑[12](상주)·오희병吳熙秉[13](영양)·김황파金荒波(영덕)·강성진姜成鎭(영주) 외 15명을 선출하여 조직을 완성하였다.

조직이 이루어지자, 본회는 도쿄東京에 있는 각 사상단체 관계간부를 망라한 결과를 가져왔고, 따라서 이는 완연히 도쿄東京에 있는 조선인 사상단체의 핵심인 것 같은 감이 있다. 그 후 그해 9월에는 조선총독폭압정치반대동맹의 창립을 책동하는 등 점차 독립운동선상에 진출하여, 그해 12월 18일 제2회 대회를 개최할 때는 의안議案 등이 매우 과격한 점이 있었다. 그런데 간부의 개선 및 전국대회대의원 선거에 즈음하여 이미 후쿠모토福本이즘(이론)을 신봉하는 강성진姜成鎭 일파의 종파적 분열주의자와 민족파인 전前지회장 조헌영趙憲泳·전진한錢鎭漢 등 일파가 본대회의 패권을 가지려고 서로 암투를 획책한 바가 있었다. 그러나 결과는 강소천姜小泉 등 공산파가 태반을 차지하게 되었다. 즉 피선간부 20명 중 공산계는 장지형張志衡 외 9명, 민족계는 류원우柳元佑 외 9명[경상북도: 오희병吳熙秉·황보욱皇甫旭(영천), 이상현李尙鉉(안동), 김영기金永琦(영주)]으로 절반씩 선출되었다. 그러나 대의원 15명 중 13명(강소천姜小泉·박형채朴炯採 등)은 공산계로, 민족계는 겨우 2명을 당선시키는 데 그쳤다. 그 후 양파의 갈등은 계속되어 1928년 2월의 임시대회는 민족계의 책모로 다시 민족계가 세력을 만회하여, 다시 지회장에는 박사목朴思穆(의성), 간사에는 류원우柳元佑·오희병吳熙秉 등이 당선되고, 대의원에도 조헌영趙憲泳·김정희金正希(영천)·전진한錢鎭漢·박사목朴思穆 등 민족계의 사람들이었고 그들이 이 회를 좌우하게 되었다. 그 후에도 양파의 암투는 점점 심해졌지만, 작년 3월 본부의 조정으로 표면으로는 서로 타협의 모습을 보였으나 사사건건 서로 반목하는 상태이다. 그런데 조선공산당에 대한 여러 차례의 검거는 자연히 공산파에게 불리하게 되어, 최근에는 대체로 민족계에 의해서 좌우되고 있으며 때때로 어떤 사건이 있을 때는 격문의 반포나 강연회의 개최 등으로 도쿄東京의 조선인 사회운동의 일익으로서 준동하고 있다. 그러나 일본에서의 사상운동의 현황으로 미루어 보아, 조만간 본회는 공산계 좌익분자에 의해서 조종될 것이다.

또 본회와 본도와의 관계를 보면, 전술한 바와 같이 창립 당초부터 도내 출신자가 중견의 역할을 하고 있는 감이 있다. 즉 작년 5월에는 본도 출신 회원이 56명(회원 총수 약 350명)이며, 현재는 류원우柳元佑·김영기金永琦·이상현李尙鉉 등이 총무간사로서 꽤나

---

[12] 류원우 : 1901~1938, 경북 상주출신, 1990년 애족장(1986년 대통령표창).
[13] 오희병 : 1901~1946, 경북 영양출신.

많은 활동을 하고 있다.

2) 신간회 교토京都·오사카大阪·나고야名古屋 각 지회

도쿄東京지회의 설립에 자극된 교토京都민족계 중요분자(주로 학생) 사이에서는 지회설립의 논의가 있었다. 이때 곽종열郭鍾烈(도시샤同志社대학)이 주로 동분서주하여, 1927년 6월 25일 교토京都제대 기독교청년회관에서 송을수宋乙秀(교토京都대학생)의 사회로 창립대회를 개최(출석자 85명 중 학생 70명)하여, 지회장 김주익金周益(교토京都대), 간사 송을수宋乙秀(교토京都대) 외 10명(전부 학생)을 선출했다. 그 후 정례적 회합을 개최하였으나, 격문의 반포 등 외에는 특기할 만한 활동이 없는데, 본회 회원은 대부분이 학생, 특히 대학생이라는 것이 특이한 점이다.

그리고 본도 출신으로는 도재기都在琪(성주, 3고三高14)학생)15)가 총무간사로서 꽤나 많은 활동을 했다. 그러나 그 후 그가 제2항에서 기술하는 공산당사건에 연좌되어 입감入監된 이후, 본도 관계자로 활동한 자는 없다. 오사카大阪지회는 1927년 10월경부터 주로 오사카大阪조선노동조합의 김수현金守顯·김달환金達桓16)(화요계) 등에 의해서 설립운동이 획책되었다. 그런데 표면으로는 신재용辛才鎔(서울계이지만 조합은 이면裏面에서 조합정신에 따라 지도하려고 했다)을 밀어 동분서주케 하여 동년 12월 5일 텐오지天王寺공회당에서 창립총회를 개최했다. 모인 사람은 실로 853명(회원 572명)으로, 신재용辛才鎔이 사회를 보고 의사를 진행하여 지회장 김시혁金時赫·부회장 김동원金東源·간사 심황파沈荒波(봉화) 외 각 간부를 선임했다. 그러나 본래 오사카大阪는 토지적 관계17)로 공산계 분자가 사상운동의 중심이 되어, 창립 전부터 이미 공산계 분자가 본회(신간회지회)를 자기들 지도정신으로 영도하려고 획책하였다. 한편 아나키스트계열의 조선인 현우玄牛·이윤희李允熙 등은 본회의 창립 같은 것은 '소위 마르크시스트, 즉 부르주아지의 반동적 행위'라 하며 이를 방해하려는(반항하려는) 반항적 기세를 올리는 등, 본회설립의 본래 목적은 당초부

---

14) 3고 : 제3고등학교를 말한다. 일본에서 가장 우수한 학생이 모이는 곳이 도쿄의 제1고등학교와 교토의 제3고등학교였다. 당시 일본에서는 중학교와 고등학교에서 학업을 마쳐야만 제국대학(예컨대 도쿄·교토·도호쿠제국대학 등)에 입학할 수 있었다. 일본과는 달리 한국에서는 일본인이 주로 다니는 중학교나 한국인이 다니는 고등보통학교를 졸업하고 경성제국대학 예과를 마치면 경성제국대학에 입학할 수 있었다.
15) 도재기 : 1906~미상, 경북 성주출신.
16) 김달환 : 1889~1939, 경기도 용인출신, 1992년 애족장.
17) 토지적 관계 : 그 뜻이 분명하지 않지만, 오사카(大阪)의 상업적 특성을 가리키는 것 같다. 이 도시는 당시 일본에서 유수한 상공업도시였다.

터 소실된 감이 있다. 그리고 본회의 설립에 임해서는, 일본노농당오사카大阪지부연합회가 우의友誼단체로서 적극적 원조를 한 것은 특기할 만한 것이다. 그렇지만, 이는 본래 본회의 설립이 공산계의 전선확대를 주목적으로 하여 책동된 것이기 때문에 이는 당연한 현상이다. 그 후 공산계의 활약이 점차 실현되고, 금년 2월이 되어서는 지회장에 김상구金相求, 총무간사에 윤혁제尹赫濟·정팔룡鄭八龍(성주)·김병국金秉國(안동)[18], 간사에 이동혁李東革(예천)과 심황파沈荒波(봉화) 등이 당선되어 공산계 색채가 점점 농후해진 바가 있다. 그 후에는 조선인관계 제諸문제에는 격문의 반포·강연회의 개최 등으로 오사카大阪의 사회단체 중 노동조합과 더불어 주역의 지위에 있다. 나고야名古屋지회는 작년 말경부터 당시 나고야名古屋에 거주하는 한세복韓世福(아이치현愛知縣, 갑甲, 칠곡) 등에 의하여 획책되고 이민한李玟漢(상주군, 특特)과 상통하고 있다가, 조선에 있었던 이민한李玟漢이 마침내 운동에 유리한 일본에 가기로 결심하고 12월 20일 나고야名古屋에 온 후 본회 창립에 동분서주하여, 금년(1929년) 1월 16일 이민한李玟漢의 사회로 창립준비위원회(참석자 22명)를 개최하였다. 그리고 회원모집에 노력하여 43명의 회원을 모아 2월 1일 창립대회를 개최하였다. 지회장에 이민한李玟漢(상주), 총무간사에 공인택孔仁澤과 이병선李丙璇(문경) 등을 각각 선임한 이후 오로지 회원모집에 노력하고 있다. 그렇지만 본래 나고야名古屋는 아직 조선인 사상운동에 있어서는 도쿄東京나 오사카大阪에 비하여 매우 뒤처졌고, 지금까지는 오로지 융화단체인 상애회相愛會가 대표적인 조선인단체였다. 이러한 관계로, 신간회지부 창립당초부터 상애회는 자기 회의 지반붕괴를 걱정하여 신간회 지회를 무너뜨리기를 획책하였다. 이에 신간회 지회는 상애회를 가리켜 일본제국주의의 주구라고 반박하여, 이에 양자兩者의 대립과 항쟁은 점점 노골화되어 갔다. 마침내 1929년 2월 13일 상애회간부 김태석金泰錫(울릉도) 등은 신간회 지회의 태도를 따져야 한다면서 들이닥쳐, 서로 언쟁 끝에 쌍방이 격투하여 부상자가 나고 사법사건이 된 일이 있었다. 그 후 본회는 다시 내부 분란이 생겨, 간부파는 이민한李玟漢을 옹호하고, 한세복韓世福 등은 반간부파로서 서로가 싸우고 있다.

3) 근우회權友會

근우회의 일본지회로는 1928년 1월 22일 강평국姜平國 등 신간회계 인물의 지도로 생겨

---

[18] 김병국 : 1905~1940, 경북 안동출신.

난 도쿄東京지회가 최초이다(당시회원 약 140명). 다음에는 동년 2월 12일 교토京都지회가, 교토京都신간회계의 주요인물인 도재희都在熙(성주)·조용기趙龍基(영양) 등의 지도와 최복희崔福姬(여자고전교女子高專校)의 사회로 창립(당시 회원 십수 명)되었다. 하지만 두 지회 모두, 그 운동은 항상 신간회를 추종하는 것 외에는 특기할 활동이 없다. 그러나 도쿄東京지회에는 김정희金正希(영천), 교토京都지회에는 황인경黃仁卿(김천) 등 본도 관계자가 있어 상당한 활동을 한 흔적이 있다.

2. 공산주의운동

(1) 공산주의운동의 초기

일본에서 조선인의 공산주의운동이 표면화된 것은 1922년 11월 말부터 1923년 초 사이의 일이다. 무정부주의단체인 흑도회黑濤會(현 흑우연맹黑友聯盟의 전신前身)의 박열朴烈일파에 대해 주의主義를 달리하는 공산파인 김약수金若水·김종범金鍾範·변희용卞熙瑢(고령)[19]·이여성李如星(칠곡)[20]·백무白武(대구)[21]·이헌李憲[22]·김천해金天海[23] 등 유력분자가 연이어 흑도회를 떠나 공산주의를 표방하며 북성회北星會(후에 일월회一月會)를 조직하여 공산주의 색채를 분명히 한 것이 최초이다. 그러나 체계적으로 공산주의적 분야로 분명해진 것은, 1924년 이헌李憲일파가 일본 내의 조선노동조합의 전선戰線통일을 목적으로 재일본조선노동총동맹을 조직하여 단결의 위력으로 자본주의와 항쟁하여 절대적 자유와 신사회新社會 건설을 기약한다는 강령 아래 공산주의를 표방하여 생긴 것이 그 획기점이 된 것이다.

그러나 도쿄東京에 있는 조선인의 공산주의운동은 이미 1920년 중에 싹튼 것이다. 즉, 당시 도쿄東京에 있는 민족주의 급진분자 사이에서는 조선의 특수사정을 지배·피지배가 존재하는 사회적 결함의 결과로 보았으며, 모름지기 유산·무산의 차별을 철폐하고, 경

---

[19] 변희용 : 본명 卞熙瑢, 1894~1966, 경북 고령출신.
[20] 이여성 : 1901~미상, 경북 대구출신.
[21] 백무 : 1900~미상, 경북 대구출신.
[22] 이헌 : 1892~미상, 전북 정읍출신.
[23] 김천해 : 1898~미상, 경남 울산출신.

제상으로는 사유재산제의 철폐와 사회상으로는 권리의 평등을 향유함으로써 민족해방의 야망을 달성코자 하는 희미한 공산사상으로 나아갔다. 그리하여 이증림李增林·원종린元鍾麟(이상 북조선파), 변희용卞熙鎔(고령)·김약수金若水(이상 남조선파)는 사카이 도시히코堺利彦24)·다카츠 세이도高津正道25)·야마카와 히도시山川均26) 등의 문을 두드려 신입회新入會에 가입하였고, 원종린元鍾麟(북조선파), 권희국權熙國·이남두李南斗(남조선파) 등은 야마자키 게사오山崎今朝雄27)의 평민平民대학 등에 드나들며 공산주의主義연구에 여념이 없었다. 그리고 이증림李增林(함북, 메이지明治대)은 1920년 7월 상하이에 있는 한족韓族공산당수령(현 고려공산당수령)이며 동향인인 이동휘李東輝에게 가서 1000여 원의 적화赤化운동비를 받았고, 같은 해 8월 이동휘李東輝의 부하 이춘열李春烈이 비밀리에 도쿄東京에 오자, 그를 오스기 사카에大杉榮28)에게 소개하였다. 오스기大杉는 그해 12월 상하이로 밀항하여, 이동휘李東輝로부터 3000원의 적화자금을 받았고 이증림李增林29)은 다시 이동휘로부터 1000원, 별도로 김하구金河球로부터 600원의 자금을 받아 그 일부를 일본에서의 운동자금으로 쓰기 위하여 곤도 에이조近藤榮造30)와 함께 상하이로 가서 김립金立으로부터 6000여 원을 얻어 도쿄東京에 돌아온 것을, 일본 경시청(도쿄의 경찰청)에서 내란죄로 검거한 일이 있다. 그 후 이증림李增林은 행동파로서, 변희용卞熙鎔 등은 이론파로서 운동을 계속하고 있다. 변희용

---

24) 사카이 도시히코(1871~1933) : 일본의 메이지-쇼와 초기의 사회주의자. 일본 제일고등학교를 중퇴. 신문기자, 신문잡지 등을 발행. 일본 사회당 공산당 조직에도 관여하였으며, 이른바 만주사변에서 일본 군대 파견을 반대하였다.

25) 다카츠 세이도(1893~1974) : 와세다대학 재학시부터 사회주의 운동을 하다가 퇴학당함. 그 뒤 공산당 창립에 참여했으며, 1923년 소련으로 망명하였다가 2년 후 일본으로 귀국하였다. 귀국 후 일본공산당을 탈당하였으나, 농민운동에는 계속 참여하였다. 일본 패전(1945년) 후 사회당 창립에 참여했고, 한 때 일본 중의원 부의장을 지냈다.

26) 야마카와 히도시(1880~1958) : 재야의 경제학자이며 사회주의자, 사상가, 평론가였다. 일본 패전 전에는 좌익 활동으로 몇 번 투옥되었다가 패전 후에는 사회당 좌파의 이론적 지주가 되었다.

27) 야마자키 게사오 : 山崎今朝彌(야마자키 게사야)의 오식인 듯하다. 야마자키 게사야(1877~1954)는 주로 1920년대에 일본의 사회운동 전선에서 활동한 변호사이다. 가네코 후미코 재판에서는 후세 다츠지와 함께 변호사로 참여했다.

28) 오스기 사카에(1885~1923) : 일본의 메이지(明治) 다이쇼(大正) 시대를 대표하는 무정부주의자. 일본 유연(일본의 소년들이 다니는 군사 학교)에 다니다가 퇴학당하고 도쿄 외국어학교에 다녔다. 한때는 기독교인이었는데 사회주의 운동과 활발한 저작 활동을 하였으며 당시 일본의 대표적인 사상가였다. 그러나 일본 간토대지진 때 일본 헌병 대위에게 그의 처와 함께 학살당했다.

29) 이증림 : 1897~미상, 함남 함흥출신.

30) 곤도 에이조(近藤榮造) : 일본 원문에는 이와 같이 표기되어 있으나, 이는 近藤榮藏이 오식인 듯하다. 곤도 에이조(近藤榮藏, 1883~1965)는 일본 다이쇼-쇼와시대의 사회운동가. 미국농업학교를 졸업하였으며 1921년 코민테른 극동위원회 일본대표였고, 다음해 일본공산당 창립에 참가하여 1923년에 소련으로 망명하였다. 몇 년 뒤에 귀국하여 국가사회주의로 전향을 표명했다.

卞熙鎔은 1921년 5월부터 북성회의 기관지 『대중시보大衆時報』(1921년 10월 발간)를 발간하여 운동을 계속하였지만 그것은 그때까지도 민족적 색채가 많음을 면치 못했으나, 1921년 워싱턴회의를 획기점으로 하여 조선의 해방은 일본의 적화혁명을 이용하여 바라는 바의 민족해방의 목적을 달성하려고 하였다. 이에 점차 공산주의 색채는 농도가 짙어지고, 1922년에 이르러서는 변희용卞熙鎔은 잡지 『전진前進』을, 김약수金若水는 잡지 『대중시보』를 발행하여 노농勞農러시아를 과장 선전하는 데 힘썼다.

(2) 공산주의의 실천(표면화)운동

이리하여 이헌李憲·김약수金若水·김종범金鍾範31) 등의 공산계 분자는 마침내 박열朴烈일파의 흑도회를 탈퇴하여 기치旗幟를 선명히 하고, 그해 11월 조선노동동맹회를 설립하여 무산자의 이익획득을 표방하고 과격한 운동을 개시했는데 그 후 김약수金若水·김종범金鍾範 등의 일파가 오사카大阪의 노동자들을 세력하에 넣으려고 조선노동총동맹 설립을 획책하자, 이 동맹회 회원인 백무白武·이헌李憲 등은 동서東西가 상응하기 위하여 도쿄東京조선노동동맹회를 조직하려고 했으나 그것은 실현에 이르지 못했다. 그때부터 이 동맹회는 일본인 노동단체와 통하여 1923년 제4회 메이데이에 십수 명이 참가한 이후로 일본·조선노동자의 제휴를 부르짖게 되었다. 그 후 1924년 4월 오사카大阪조선노동동맹회와 함께 전조선노농단체로 통일을 도모했으나, 4월 17일부터 경성에서 개최된 노농총동맹창립대회에 출석하는 데 그치고, 그 후 큰 활동 없이 다만 매년 메이데이에 참가하는 정도였다.

그런데 같은 1923년 1월 김약수金若水·김종범金鍾範·변희용卞熙鎔(고령)·이여성李如星(칠곡)이 설립(흑도회로부터 분립)한 북성회北星會는 '우리는 이론과 실제에 따라 역사적 사명의 완성을 기한다.'라는 강령하에 공산주의 단체로 진출하였다. 그리하여 일본인의 우의友誼단체와 상통하며 항상 박열朴烈일파의 흑우회와 서로 배격하면서 서로 앞서기를 경쟁하였다. 그 후 북성회는 기관지 『척후대斥候隊』를 발간하고, 1923년 메이데이에는 '식민지해방'이라는 슬로건 아래 시위운동에 참가하였다. 또 같은 해 7월에는 다카츠 세이도高津正道 일당과 모의하여 조선 내에서 주의主義선전을 하려고, 후세 다츠지布施辰治·기타하라 다쓰오北原龍雄·백무白武·김종범金鍾範·정태옥鄭泰玉의 5명으로 강연단을 조직하여 8월

---

31) 김종범 : 1892~미상, 경남 창원출신.

1일부터 그달 11일까지 경성·광주·진주·하동·대구·김해·마산·부산 등 각지를 돌며 십수 회의 선전강연을 하여, 계급투쟁의 도화선을 깔고 조선 내 좌경분자에게 큰 자극을 주었다. 그 후 그들은 조선 내 단체의 패권 장악에 노력하여 서울계와는 일대 불화가 생기기도 했으며 한편으로는 극동러시아와 상하이방면과 연락하여 그 운동이 점점 급진적으로 변했다.

그런데 구주대전 후 재계財界의 변동과 1923년 간토關東대지진에 의한 노동자의 실직증가와 새로 도항해 온 조선인의 증가에 자극된 도쿄東京조선인은 권익옹호를 위하여 새삼 단결의 긴요함을 역설하였다. 한편 1922년경부터 공산주의운동에 분주했던 주력분자 안광천安光泉·백무白武·이여성李如星·이헌李憲 등의 일파는 당시 분산되어 설립되어 있는 조선인 각 노동단체를 통합하여 통제된 운동체계를 결성함과 동시에 맹원盟員획득을 도모하였다. 한편 도쿄東京조선노동동맹회의 이헌李憲·박제호朴濟鎬 등도 1924년 말경부터 수시로 만나 이와 같은 조직을 획책하고 있었으므로, 마침내 1925년 1월 18일 이들이 서로 합하여 일본조선노동총연맹창립준비위원회를 개최하였고 뒤이어 동년 2월 22일 창립대회를 개최하여 이헌李憲·김삼봉金三峯 등이 위원에 취임하였다. 이보다 앞서 이헌李憲 등은 오사카大阪에 가서 오사카大阪좌익단체인 조선노동동맹회를 통해서 간사이關西지방 각 단체의 가맹加盟 약속을 받았다. 이로써 간토關東·간사이關西의 노동단체가 조선노농총동맹의 깃발 아래 통일을 보게 되었다. 그리고 이 총동맹의 창립에는 일본인 극좌단체인 일본노동조합평의회·간토關東지방평의회·시덴市電자치회와 손잡고 적극적인 그들의 원조를 받는 등, 실로 공산주의운동의 일대진전을 보게 되는데 당시에 이미 이 총동맹이 지향하는 바는 자명한 감이 있다. 그 후 그들의 활동은 갑자기 활기를 보여 1925년의 3·1기념일 및 메이데이에는 크게 기세를 올렸고 1925년 10월에는 오타루고상小樽高商[32]의 군사교육 야외훈련에서 무정부주의자 및 불령조선인을 가상假想의 적敵으로 상정想定했다는 풍설이 유포되자, 일본 좌익단체와 협동하여 일본정부에 대하여 항의문을 우송하였다. 동시에 오사카大阪에 있는 소속단체인 오사카大阪조선노동동맹회에 지령하여, 같은 내용의 운동을 일으켜 맹렬하게 기세를 올렸다. 본래 이 동맹은 창립 당시부터 일월회一月會계가 중심세력을 이루고 있었다. 1925년 11월 김삼봉金三峯 등이 화요회 측으로 변절하여 한때 양자 간에 알력이 생겼지만, 아무튼 일월회가 대세를 좌우할 수 있게 되었다.

---

[32] 오타루고상 : 1910년 일본 홋카이도(北海島) 오타루에 설립된 고등상업학교. 현재는 오타루상과대학. 당시에는 상업전문학교를 고상(高商), 또는 고등상업학교라고 하였다.

(3) 최근의 상황

이리하여 1926년 초에는 계급전선의 통일을 위하여 간토關東·간사이關西지방연합회를 조직(간토關東연합회 참가단체는 7, 간사이關西연합회 참가단체는 11)하였고, 해를 넘겨 1927년 4월 전국대회에서 1부현府縣 1조합주의로 조직을 변경하여 오늘에 이르고 있는데, 지금은 도쿄東京조선노동조합, 가나가와神奈川조선노동조합, 추부中部조선노동조합, 교토京都조선노동조합, 오사카大阪조선노동조합, 고베神戶조선노동조합, 니가타新潟조선노동조합, 도야마富山조선노동조합(호쿠리쿠北陸 지방의 니가타新潟·도야마豊山조합은 특별한 활동이 없음) 등이 본 동맹 가맹조합으로서 각 지방에서 활동 중이다. 총 조합원이 2만 6000여 명으로 일본의 운동선運動線에 의연하게 일대 중심을 이룬 감이 있다. 1928년의 메이데이에는 도쿄東京에서 약 1000명, 오사카大阪에서 400여 명을 동원하였고 특히 오사카大阪에서는 이동혁李東革(예천)·심황파沈荒波(봉화)·김병국金秉國(안동) 등이 주력분자가 되어 혁명가를 고창하여 검속檢束되는 등 매우 급진적 양상을 나타냈다. 금년 5월 1일 메이데이에는 도쿄東京에서 약 1500명(조선인 동원 총계는 1800명이지만 그중에는 아나키스트계가 300명이 있다), 오사카大阪에서는 485명을 동원하여 참가하도록 했다. 오사카大阪에서는 이동혁李東革(예천)이 박영만朴永萬과 함께 이를 지휘하거나 공산당마크가 있는 조합기를 내걸거나 혁명가를 높이 부르는 등 불온운동을 감행하였다.

그 밖의 공산주의 단체로는 1923년 6월 백무白武·이헌李憲 등 공산계에 의해서 창립된 조선무산청년회의 계통에 속하는 일본조선청년총동맹日本朝鮮青年總同盟(1928년 3월 21일 창립)이 있다. 이 단체는 도쿄東京·교토京都·오사카大阪의 각 지부를 통합하여 회원은 약 1300명이 있고 조선노동총동맹과 더불어 그 세력은 주목할 만하다.

이보다 앞서 그들의 운동은 점점 더 첨예화하여 1927년 2월경 안광천安光泉·양명梁明[33] 등에 의해서 제3차 조선공산당이 조직되자, 박낙종朴洛鍾[34] 등은 곧 조선공산당 일본총국을 조직하여 책임비서에 박낙종朴洛鍾을, 강소천姜小泉·최익간崔益幹 등을 간부로 정했다. 하지만 1928년 2월 박낙종朴洛鍾과 최익간崔益幹 2명이 조선공산당의 검거 때 함께 검거되었으므로, 다시 1928년 3월 조선공산당 제4차의 조직과 더불어 일본총국이 김한향金漢鄉·한림韓林[35]·이우적李友狄[36]·인정식印貞植[37] 등에 의해서 계승되었다. 다시 그해 6월에는

---

[33] 양명 : 1902~미상, 경남 거제출신.
[34] 박낙종 : 1899~1950, 경남 사천출신.

김학의金鶴儀·서인식徐仁植 등이 뒤를 이어서 아래 표와 같은 조직으로 활동하는 한편, 고려공산청년회 일본부는 1927년 5월경부터 인정식印貞植을 책임비서로 하여 조직되고 그 후 아래의 표와 같은 조직으로 각기 활동하던 중에, 1928년 11월·12월 중 일본 도쿄경시청에 검거되었다. 이로 보아 일본에서의 공산운동은 벌써 실행기에 들어간 것으로 장래 십분의 사찰이 필요하다.

【별표】

조선공산당 일본총국

	책임비서·부비서	세포조직명	책임·부책임		구 성 원
일본총국	책임비서　　김학의金鶴儀 조직부비서　서인식徐仁植 조직부부원　인정식印貞植 선전부비서　박득현朴得鉉[38] 선전부부원　김용걸金容杰[39]	동부세포조직	책임 부책임	이병호李炳鎬 윤도순尹道淳[40]	구성원	김계림金桂林[41] 서인식徐仁植 허의순許義淳
		서부세포조직	책임 부책임	인정식印貞植 김탁金鐸	구성원	진병로秦炳魯[42]
		남부세포조직	책임 부책임	정희영鄭禧泳[43] 김강金剛	구성원	박득현朴得鉉
		북부세포조직	책임 부책임	강춘순姜春淳 이재우李載佑	구성원	김용걸金容杰
		서남세포조직	책임 부책임	송재홍宋在洪 곽종열郭鍾烈	구성원	김학의金鶴儀

---

35) 한림 : 1900~미상, 함남 함흥출신.
36) 이우적 : 1905~1950, 경남 사천출신.
37) 인정식 : 1907~미상, 평남 용강출신.
38) 박득현 : 1907~미상, 평북 정주출신.
39) 김용걸 : 1905~미상, 함북 경성출신.
40) 윤도순 : 1910~미상, 경기도 포천출신.
41) 김계림 : 1904~미상, 함북 명천출신.
42) 진병로 : 1903~미상, 함남 정평출신.
43) 정희영 : 1902~미상, 경남 진주출신.

【별표】

고려공산청년회 일본부

(○표는 책임자, ×는 본도 출신자)

공산청년회본부	○인정식印貞植 이재용李載鎔 윤도순尹道淳 ×도재기都在琪	〈도쿄구東京區〉 ○진병로秦炳魯 김강金剛 김계림金桂林	本所제1세포조직	○이슬규李瑟珪, 이재용李載鎔, 박태을朴台乙, 이상욱李相勗[44]
			本所제2세포조직	○조영趙永, 이학순李學淳, 박춘성朴春聲, 이일李鎰
			후카가와深川세포조직	이진李震, 윤도순尹道淳, 임무林茂, ×김두진金斗鎭[45]
			메구로目黒세포조직	○박균朴均, 정희영鄭禧泳, 송재홍宋在洪, 김해金海
			간다神田세포조직	○김강金剛, 박형채朴炯埰, 장심덕張心德[46]
			도즈카戸塚세포조직	○서인식徐仁植, 김정홍金正洪[47], 문철文徹, 인정식印貞植, 김창익金昶翼, 김계림金桂林
			센다가야千駄谷세포조직	○×심재윤沈在潤[48], 김세일金世一, 최진태崔鎭泰
			닛포리日暮里세포조직	○이원현李元賢[49], 진병로秦炳魯, 이기택李起澤[50]
		〈요코하마구橫濱區〉 세포조직		○김천해金天海, 김세일金世一, 이성백李成伯
		〈오사카구大阪區〉 세포조직		○윤동명尹東鳴, ×김우섭金友燮, ×김병국金秉國

3. 무정부주의 운동

(1) 일본에서의 조선인 무정부주의운동의 기원

일본거주 조선인의 무정부주의운동의 기원은 그 연도와 월月 등을 상세하게 알 수는 없다. 그러나 1항의 민족주의운동 항에서 기술한 바와 같이, 1919년 3월의 소요사건 후

---

44) 이상욱 : 1905~1932, 충북 진천출신.
45) 김두진 : 1900~미상, 경북 안동출신.
46) 장심덕 : 1905~미상, 함남 원산출신.
47) 김정홍 : 본명 金正泓, 1903~미상, 함남 영흥출신.
48) 심재윤 : 1906~미상, 경북 달성출신.
49) 이원현 : 1909~미상, 평북 의주출신.
50) 이기택 : 1904~미상, 전북 임실출신.

조선인 주의자 등이 대체로 1920년에 들어오면서부터 사회주의적 경제혁명을 기조基調로 하는 해방운동을 지향하고 있었다. 그 후 그 운동도 급진전이 되었고 1920년 12월 10일에는 도쿄東京 간다구神田區에 있는 기독교청년회관에서 일본사회주의동맹의 창립회가 있었고, 1921년 5월 27일에는 결사의 금지를 명령받는 등 사상계에 일대파란을 일으켰지만, 당시 조선인학생 변희용卞熙瑢·조봉암曺奉岩·김약수金若水·원종린元鍾麟·임택용林澤龍·황석우黃錫禹·권희국權熙國 등은 가끔 일본인이 조직한 사상단체 및 코스모구락부 등에 드나들었다. 그리고 조선인으로 중국에 귀화했다고 하는 권희국權熙國은 사카이 도시히코堺利彦·오스기 사카에大杉榮 등에게 접근하여 점차 사회주의사상을 가지게 되어, 도쿄東京조선인학생에게 과격한 사상을 주입하였다. 1921년 7월 24일 코스모구락부는 일본·중국·조선·프랑스어의 불온선전문을 인쇄·반포한 일이 있었고, 원종린元鍾麟·김홍기金鴻基의 두 명은 1921년 10월 5일 도쿄東京 간다구神田區에 있는 기독교청년회관에서 신인연맹新人聯盟이라는 단체조직을 획책하여 회원모집에 노력한 일이 있었다. 그런데 원종린元鍾麟은 임택용林澤龍·황석우黃錫禹와 모의하여 별도로 흑양회黑洋會를 조직하여 주의主義선전을 획책했는데 때마침 신인연맹과 흑양회를 합병하여 이를 흑도회黑濤會로 개칭하여, 간사로 박열朴烈·정차영鄭又影·김약수金若水·정태성鄭泰成·서상일徐相一·원종린元鍾麟·조봉암曺奉岩·황석우黃錫禹를 천거하였다.

그리하여 흑도회는 1923년 12월 기독교청년회관에서 대회를 개최했는데, 당시 그들의 사상체계는 명료하지 않았고 굳이 평한다면, 추상적 사회주의적 민족주의라 말할 수 있는 상태였다.

그런데 점차 그 주의主義에 대한 이해로 조금씩 체계화가 되어 무정부공산주의적 색채를 띠게 되었다. 그 당시부터 박열朴烈·백무白武·조봉암曺奉岩·서상일徐相一·이용기李龍基·이옥李鈺 등의 실행파(자유연합적 아나키스트)와 김찬金燦·김종범金鍾範·이명건李命健·김약수金若水 등의 이론파(중앙집권적 하이어라르키)의 두 분파로 나누어지게 되었다. 1923년 1월 이론파(중앙집권적 하이어라르키)는 북성회를, 박열朴烈 등의 행동파는 풍뢰회風雷會를 조직(얼마 후에 흑우회黑友會로 개칭)하여 분열의 조짐을 보였다.

이와 같이 분열한 흑우회는 기관지 『흑도黑濤』를 『굵은 조선인』이라 개칭했는데, 이 흑우회 곧 풍뢰회가 바로 일본에 있는 조선인 무정부주의운동의 시초라 할 수 있다.

이보다 앞서 박열朴烈은 1922년 5월 중 가네코 후미코金子文子[51]와 내연의 관계를 맺고 주의실현을 위하여 죽음을 무릅쓰고 권력자를 살해하기로 서약하고 제7장 별항 중요사건 항에 기재한 바와 같이, 1923년 10월 (일본)황태자의 결혼식에 즈음하여 폭탄을 투척하여 황태자와 요로要路대관을 암살하기로 음모를 꾸몄다. 1923년 5월 이의 실행기관으로, 동지 최규종崔奎悰·오가와 다케시小川武·홍진유洪鎭裕52)·장찬수張讚壽·육홍균陸洪均53)·서동성徐東星 등과 함께, 비밀결사 불령사不逞社를 조직하였다. 그리고 동지 김중한金重漢으로 하여금 상하이로부터 폭탄을 들여오는 것을 승낙케 하여, 실행에 옮기려 준비하던 중 그 해 9월 간토關東대지진화재에 즈음하여 뜻밖에도 음모가 발각되었고, 박열朴烈과 가네코 후미코金子文子 이하 19명의 한패가 검거되기에 이르렀다.

(2) 간토關東지진 후의 상황

불령사不逞社 관계자의 검거 후에는 무정부주의계 조선인의 상황은 시들어지고 침체되어 부진하였다. 그러나 남은 무리인 장상중張祥重54)·이홍근李宖根·원심창元心昌55) 등 한패는 서서히 만회운동에 힘을 써, 이혁李革·맹형모孟亨模 등이 주재하는 무산학우회無産學友會, 최낙종崔洛鍾·변영우卞榮雨 등이 주재하는 동흥노동동맹회東興勞動同盟會와 손을 잡고 점차 세력회복을 꾀하여 왔다. 그러던 중 마침 1925년 7월 가네코 후미코金子文子의 옥사獄死 사건을 둘러싼 괴사진怪寫眞사건56)이 일어나 정계에 일대파문을 일으켰기 때문에 이에 대한 사회적 주목을 피하고자 1926년 10월 육홍균陸洪均 등은 흑우회를 흑색청년연맹黑色青年聯盟으로 개칭하고 1) 자유연합주의를 고창한다. 2) 피정복자의 해방은 그 자신의 힘으로

---

51) 가네코 후미코(1903~1926) : 일본 요코하마(橫濱)에서 태어나 외가에서 성장하였으며 조선에 가 있던 친척의 양녀로 한국에서 살았고 그 뒤 일본으로 돌아갔다. 1922~1923년 무정부주의자로 활동하다가 동지인 박열(朴烈)과 동거하였다. 간토대지진 직후 박열과 함께 대역죄(일본왕 암살)로 몰려 일본 대심원에서 사형선고를 받았다가 그 후 무기징역으로 감형되고 형무소에서 목을 매어 죽었다. 박열의 형제가 그의 유골을 경북 문경 산중에 매장하였다. 향년 23세. 그녀의 유골을 한국으로 가져오는데 사인(死因)에 의문이 있어 이를 밝히려 했던 후세(布施) 변호사, 구리하라 가즈오(栗原一男), 구라모토 웅유(椋本運雄) 중 구리하라와 구라모토는 이로 인해 한국에서 약 3년간 감옥생활을 했다.
52) 홍진유 : 1897~1928, 충남 논산출신, 1998년 애족장.
53) 육홍균 : 1900~1983, 경북 구미출신, 1990년 애족장.
54) 장상중 : 1898~미상, 경남 울산출신.
55) 원심창 : 1906~1973, 경기도 평택출신, 1977년 독립장.
56) 괴사진 사건 : 수감 중이던 박열과 가네코 후미코의 모습이 담긴 사진이 일본 정계, 재계, 군부, 신문사 등에 전달돼 일본 전역에 소란을 일으킨 사건. 그 사진 속에는 판사의 예심조사실에서 박열의 무릎 위에 앉은 가네코가 태평스레 책을 읽고 있었다. 당시에 취조하던 다치마쓰(立松) 예심판사는 피의자인 박열과 가네코를 취조실에 놓아두고 오랜 시간 자리를 비웠다고 한다. 일본 우익은 사법권이 문란한 결과라고 하여 당시 와카키(若槻) 내각이 사퇴하기에 이르렀다.

가 아니면 안 된다는 슬로건을 발표하고, 일본인의 무정부주의단체 흑양黑良청년연맹에 가입했다. 하지만 그들은 어디까지나 박열朴烈[57]의 유지遺志를 계승하기 위해서라하여 다시 불령사로 개칭하였다. 그들은 그해 12월 기관지 『흑우黑友』를 발행하였지만 발행금지 처분이 되어 다시 그 단체명을 흑풍회黑風會라 개칭했다. 그리고 이홍근李宏根·원훈元勳·박망朴茫 등은 조선노동총동맹계였던 동흥노동동맹을 이 회(흑풍회)의 세포단체가 되게 획책하였다. 다시 1927년 2월 말 오우영吳宇榮으로 하여금 이 회의 별동대인 조선자유노동자조합을 조직케 하여 운동전선의 확대에 힘쓰고 있는 바 있다.

그러나 이보다 앞서, 불령사사건의 관계자인 서동성徐東星은 예심豫審에서 면소免訴되어 대구로 돌아온 후, 1925년 9월 동지를 규합하여 박열朴烈의 유지를 계승 실현하고자 진우眞友연맹을 조직하여 제7장 별항 중요사건 항에 기재한 바와 같이 불령행동을 획책하다가 미연未然에 검거되었다.

이리하여 1927년 10월 24일 도쿄東京에 있는 조선인 아나키스트계의 단체인 흑풍회·자유노동자조합과 동흥노동조합원 원훈元勳 외 3명은 주의主義상의 반목으로, 신간회(지회장 조헌영趙憲泳) 및 조선청년동맹을 습격하여 싸움을 벌여 쌍방에 부상자가 생기는 사건이 있었다. 이로 인해 원훈元勳 이하 8명은 사법처분에 회부되었다. 그 후부터 이 회는 사사건건 공산주의단체와도 사상적으로 서로 반목하여 양보하지 않았다. 이 회는 항상 적극적인 직접행동을 감행하여 그 행동이 가장 과격하다.

(3) 최근의 상황

1928년 1월 다시 불령사는 흑우연맹黑友聯盟으로 개칭하고 여전히 과격한 운동을 계속하고 있었다. 마침 그해 2월 초 노동자의 취직소개를 하는 일로 상애회와 조선자유노동자조합이 서로 반목한 것이 발단이 되어, 조선자유노동자조합원이 상애회원에게 폭행을 가하였다. 가해한 범인체포를 위하여 소관경찰서원이 위의 조합사무소에 가자, 일본도日本刀로 경찰관에 대항하여 상해를 입혔던 사건이 있었다.

---

[57] 박열(1902~1972) : 본명은 박준식(朴準植). 경상북도 문경에서 태어났고 상주에서도 살았다. 경성제일고등보통학교를 중퇴하고 일본에 건너가 흑도회(黑濤會), 불령사(不逞社)를 조직하는 등 무정부주의운동에 참가했고 1922년 동지인 일본 여성 가네코 후미코와 동거하였다. 1923년 일본 간도내시신 때 가네코와 함께 대역죄로 몰려 사형선고를 받았다가 무기징역으로 감형되어 22년 동안 옥살이를 하다가 1945년 일본 패전 후 출옥하여 일본조선거류민단장이 되었으며, 1949년 이승만대통령의 초청으로 귀국했다가 1950년 한국동란 때 납북된 후 이북에서 활동하였다. 1989년 건국훈장(대통령장)이 추서되었다.

뒤이어 그해 5월 조선자유노동자조합원이 조선노동총동맹으로 전향한 일로, 그해 30일 이용대李龍大·원훈元勳 등 아나키스트계의 한패가 조선자유노동조합사무소를 습격하였다. 그로 인하여 원훈元勳·이용대李龍大·김현철金賢哲 등 8명을 폭력행위처벌법위반으로 검거하여 검찰에 보냈다. 그러나 그 후 소장 급진분자인 한하원韓河源·이시우李時雨 등이 중심이 되어 점점 더 과격한 행동을 계속하였고, 그해 9월 베이징北京에서의 동방연맹東方聯盟(중국인 무정부단체)의 대회개최 때 도쿄東京아나키스트계열의 단체대표 파견을 도모했으나 성공하지 못했다. 한편 흑우연맹 패는 평남 평양의 관서關西흑우연맹과 연락을 갖게 되었다.

이와 같이 아나키스트 조선인의 운동은 극단으로 폭력화하여 생활비를 얻기 위해 회사와 은행 등으로부터 동정금을 받고(소위 약掠 : 빼앗다)있다. 하지만 최근에 이르러 그들은 심각한 실업고失業苦로 고통을 겪고 있고, 각종 직업소개소 등에서 직업쟁탈을 위한 심한 싸움이 빈발하고 있다. 실제로 3월 20일 도쿄東京 홍고우구本鄕區[58]에서 아나키스트계의 조선인과 하이어라르키계 조선인이 사소한 일로 언쟁이 있어, 마침내 하이어라르키계 노동자 박만석朴萬石이 총기에 찔려 상처를 입는 사건도 있었는데 아나키스트단체는 항상 이러한 방식으로 그들의 위축·침체된 기세를 만회하려고 힘쓰고, 금년 메이데이에는 아나키스트단체가 주창하여 일본인단체와 제휴·연락하여 약 300명이 그 행사에 참가하였다. 그리고 지난 6월 9일에 도쿄東京조선인유학생학우회가 주최하는 운동회를 도쿄부東京府 카미이구사上井草에서 개최하기로 하여 학우회가 준비에 착수하자, 아나키스트계 조선인이 이를 방해하기로 획책하여 다액의 비용을 낭비한다는 이유로 협박성 항의문을 학우회에 발송하곤 했다. 마침내 6월 7일 학우회대표 류원우柳元佑(상주)·이주영李周泳(성주) 등이 토츠카정戸塚町에 있는 신간회사무소에서 협의 중이었는데, 아나키스트계 조선인 원훈元勳·양상기梁相基(대구)·하은파河銀波(대구) 등 7명이 일본도와 단도를 들고 그곳에 쳐들어가 중·경상자 5명(이주영李周泳은 빈사의 중상, 류원우柳元佑는 경상)을 내었고 가해자 측도 1명의 즉사자를 냈다(원훈元勳 등은 즉각 검거됨). 그 후에도 아나키스트계 측은 집요하게 제2회의 습격을 계획하는 등 끝끝내 직접적 행동으로 대립투쟁을 격화시킴으로써 동지를 얻고자 오로지 비밀로 하는 운동에 부심腐心하고 있다.

그리고 현재 아나키스트계에 소속한 단체는 도쿄東京를 주로 하여 10개가 있고 회원

---

58) 홍고우구 : 원문에는 本所區로 되어 있으나 도쿄의 本鄕區의 오식인 듯하다.

수는 500명 내외로 판단된다. 하지만 공산주의 계열에 압도되어 쇠퇴되어가고 있으며, 활동은 부진하다.

제5장
출판 경찰

제1절 개황

 현행 출판법규는 신문 및 출판물의 두 종류로 나누어지고, 또 일본·조선인으로 구별하여 속인屬人[1]적으로 적용하고 있으며, 외국인에 대해서는 일본인과 같은 법규에 의거해 단속하고 있다. 신문발행에 대해서는 일본·조선인이 다 같이 인(허)가를 필요로 하는 신문규칙 및 신문지법[2]을 적용한다. 그 밖의 출판물에 대해서는 일본인은 일본 본토에서처럼 계출屆出[3]주의에 의한 출판규칙 및 예약출판법의 적용이 있지만, 조선인에 대해서는 검열제도에 의한 허가주의를 취하고, 구舊한국법령의 출판법을 적용하여 예약출판은 인정하지 않고 있다.

 근래 조선인의 출판이 현저하게 증가했다 해도, 일본에 비할 때는 아직 문화정도가 낮다는 것과, 법규의 관계상 그 수에 있어서 얼마 되지 않는다는 점이 있다. 특히 언문(한글)신문 같은 것은 그 수가 겨우 4종인데, 『조선일보朝鮮日報』·『동아일보東亞日報』·『중외일보中外日報』 등은 그들이 이른바 조선민족의 언론대행기관이라 자임自任하고 있다. 그리하여 시종 잘못된 민족의식에 사로잡혀 음으로 양으로 총독정치에 대해서 반항적으로 사실을 왜곡하고, 혹은 사회·공산주의의 선전에 붓을 함부로 놀려 그 폐단은 참으로 적지 않다. 그러나 한편으로 조선인의 문화향상에 도움을 주는 것 외에도, 총독정치에 대한 불평·불만 내지는 뜻이 있는 곳, 즉 민심의 동향을 통찰하여 시정施政에 참고자료로 기여하는 효과를 간과해서는 안 되는 점이 있다.

 1920년 이후 조선인의 향학심向學心의 발흥은 신문 및 기타 출판물에 대한 비상한 독서열로 드러났다. 하지만 앞서 말한 바와 같이 조선인의 출판물은 이(독서열)에 비례하지 않

---

[1] 속인 : 법률상 용어로 속인법을 말한다. 어디로 가든지 그가 가지고 있는 국적의 적용을 받아야한다는 주의 또는 법을 말한다. 이와 반대가 속지(屬地)주의이다. 즉, 국적에 관계없이 거주하고 있는 국가의 법에 따라야한다는 주의 또는 법이다.
[2] 신문지법 : 1907년(광무 11년) 7월 24일 공포된 언론관계 법률. 광무신문지법이라고도 한다.
[3] 계출 : 어떤 규정에 의하여 어떤 사실을 상사(上司)나 또는 해당 기관에 문서로 냄.

앉고, 많은 조선인은 대부분 일본인 발행서적 또는 번역서를 주로 읽는다. 그러나 문화의 향상과 자각에 의해서 해마다 그 출판발행도 서서히 증가하여 1928년 말에 신문잡지 11종, 같은 해에 신청한 계속출판물 563건, 그밖에 단행출판물 888건에 달한다. 그리고 이들 간행물의 내용에 따라 그 경향을 보면, 3한글지(『조선일보』·『동아일보』·『중외일보』)는 음으로 양으로 혹은 정면으로 혹은 비유하는 가운데 조선민족의 해방을 부르짖고, 총독정치에 대항하려는 자세로 필봉筆鋒을 휘둘렀고 조선인의 신문은 마치 그 목적을 위해서만 존재하는 것 같은 느낌을 준다. 기타 출판물에 있어서도 같은 경향이 인정되지만, 조선 내에서 발행하는 출판물은 검열·허가주의이기 때문에 내용이 불온한 것은 허가하지 않는다. 따라서 현재 발행하는 출판물은 어느 것이나 불온한 것은 없다.

이제 이를 도내의 정세에 따라 살펴보면, 조선인이 발행하는 신문인『남선경제일보』가 있는데, 거기에 등재되는 기사는 단지 경제 기사만으로 제한되어 있어서 민심에 직접적인 영향을 주지는 않는다. 계속출판물(연속간행물)은 때로는 단속적斷續的으로 발행하고, 기타의 단행출판물도 매년 신청이 60~70건에 지나지 않는다. 게다가 그 대부분은 족보·문집의 종류여서 사상적으로는 영향이 없다. 도내에 반포되는 한글신문의 추세를 보면, 올해 5월 말에『조선일보』·『동아일보』·『중외일보』는 도내 반포가 미치지 않는 곳이 없어서, 그 독자는 5200명을 돌파했다. 이들 각 신문에 관계된 지방기자들은 사상단체와 관계가 있거나, 직접적으로 관계되지는 않지만 이를 조종하여 지방문제에 대해서 일부러 곡필曲筆(사실을 왜곡함)의 통신을 싣는 등 각 신문사 본사의 전통적인 불온의 필치와 어우러져서 지방민심에 미치는 폐해가 아주 크다.

그런데 보도내용과 논설이 다 온건한『매일신보每日申報』같은 것은 그 반포부수가 3892부에 지나지 않는데, 다른 신문과 비교하여 고찰해 볼 때『매일신보』는 민심의 추향을 사실 그대로 반영했다고 인정할 수 있다. 또 근래 조선인 청년 다수는 사상서적 탐독에 급급하다. 게다가 일본에 있는 조선인 중에는 일본 내의 계출주의의 출판법규를 이용하여 불온 출판물을 빈번하게 내어놓음으로써 조선내로 우송·밀송密送하는 자가 많아지는데, 이들 출판물에 대한 단속은 좌경운동 단속의 근간 문제로서 특히 유의할 필요가 있다.

도내에서 발행하는 일본인 신문은『조선민보朝鮮民報』및『대구일보大邱日報』의 두 종류가 있으며, 둘 다 일간신문이다. 그것들의 발간취지는 일반시사의 보도·지방산업 및 문화의 발전 향상에 있다. 그런데 1928년 10월『대구일보』발간이 인가되자, 종래에 일인

무대의 횡포로 이름난 『조선민보』의 태도가 갑작스럽게 새로워지고, 그 후 양 신문이 서로 견제하는 과정에서 그 필치는 대체로 온건해지고 신문 본래의 사명으로 나아가는 등 상당한 효과를 거두고 있다.

제2절 신문과 잡지

1. 일본인이 발행하는 신문·잡지

조선에서 일본인이 발행하는 신문·잡지·통신은 현재 50종(그중 외국인 발행 1)으로, 그중 21종은 1919년의 제도개정 전에 인가한 것이고, 기타 29종은 어느 것이나 1919년의 제도개정 후에 인가한 것에 해당한다. 그리고 보도태도는 한결같이 온건하여, 곧잘 총독정치에 대해 이해하고 찬조하며 문화의 향상에 이바지하는 효과가 적지 않다.

도내에서 발행되는 신문으로는 종래 1905년 3월에 인가한 『조선민보』가 유일한 것이었지만, 그 후 지방 정세의 요구에 따라 1928년 8월 『대구일보』를 인가하여, 현재 2종의 일간신문이 있다.

양 신문은 모두 대체로 필치가 온건하며 도내의 독자를 주된 대상으로 하여, 지방시사時事나 기타 일반시사를 등재하여 도치道治의 진전에 일조함으로써 지방문화의 향상에 도움을 준 바가 적지 않다. 그 발행 부수도 점차 증가하여 올해 3월 말에 『조선민보』는 약 4000부(공칭 7000부)·『대구일보』는 3500부(공칭 5000부)라고 주장하기에 이르렀지만, 일본에서 들여오는 신문 118종·1만 1079부에 비하면 그 보급지역이 극히 협소하며, 항상 일본에서 들여오는 신문에 압도되는 경향을 면치 못하고 있다.

또 일본 후쿠오카현福岡縣 와카마츠시若松市에서 발행하는 신문으로 순간旬刊[4]인 『실업신문實業新聞』은 대구부에 거주하는 야마기타 미츠노리山北光德가 운영하는 것이고, 기사의 내용 및 발행부수의 대부분은 대구와 관계된 것이어서 사실상 대구부 내에서 발행하는 것과 다를 바가 없다. 이 신문은 조선에서 새로 신문 인가를 얻는 것이 매우 어려우므로 탈법적으로 일본에서 발행하는 것이지만, 기재사항은 화류계의 풍문기風聞記·기타 사람

---

[4] 순간 : 신문, 잡지 따위를 열흘에 한 번씩 간행하는 일. 또는 그런 간행물.

들의 은미隱微(숨겨진)한 일·소악小惡(자질구레한 잘못)에 대한 직접 또는 간접적인 적발이나 중상中傷 등이 주된 내용이어서 진지한 기사는 극히 적다. 또 잡지로는 대구의 문예잡지 『사바娑婆』(고이케 슈민小池秋眠)가 단속적으로 발간되는 것을 제외하고는 어느 것이나 공공단체나 관청에서 발행하는 기관지뿐이다. 일반잡지는 주로 일본으로부터 들여오는 것이고, 그 수는 532종·3만 2593부에 이르며, 대부분은 문예와 시사에 관한 것이다.

2. 조선인이 발행하는 신문·잡지

조선인이 발행하는 신문·잡지는 현재 11종이지만, 1919년 제도개정 전까지는 일간인 『매일신보』(1906년 허가) 및 시사를 게재하지 않는 월간잡지인 『천도교회월보天道敎會月報』(1910년 허가)와 『중외의약신보中外醫藥新報』 3종뿐이었다. 그런데 1920년 『조선일보』·『동아일보』·『시사신문』(뒤에 『시사평론』으로 개제改題하여 월간잡지가 됨) 및 월간잡지인 『개벽開闢』(1926년 8월 1일 치안방해의 염려가 있어서 발행이 금지됨)이 허가되었고, 그 후 허가된 수가 늘어나 현재 11종에 이르고 있다.

앞에서 기술한 바와 같이, 1920년에 조선인에 대한 종래의 제압制壓정책을 완화하여 한글신문의 발행이 허가되었다. 그러자 마치 마른 하늘에 운예雲霓(구름과 무지개)를 바라보는 것처럼 민중의 요망에 편승하여 바로 전 조선에 반포되기에 이르면서, 민족문화의 향상에 크게 보탬이 되는 바가 있었다. 하지만 다른 한편으로는 이들 한글신문들의 많은 것은 시국에 대해 붓을 빌려 현 정치를 저주하기도 하고, 배일 독립사상을 고취하기도 하고, 좌경사상을 선전하는 등, 글 내용이 과격으로 흘러 항상 조선인 사상운동의 선구가 되는 경향이 있다. 따라서 그 필봉筆鋒(붓끝) 역시 사상운동의 추이를 반영하여, 대체로 1919·1920년 내지 1923년에 이르는 동안은 추상적 배일 기사를, 같은 해인 1923년 내지 1925년경에는 소위 제2기로 이론(경제)투쟁에 관한 기사를, 그 후에는 제3기라고도 할 수 있는 민족단일당촉성에 관한 기사를 중심으로 다루어 금일에 이르게 되었다.

이와 같이 한글신문은 궁극적으로 민족해방 내지 경제혁명 강조의 운필로 일관되어 치안을 방해하는 바가 적지 않았다. 이에 대해서는 그때마다 행정처분에 부치곤 했는데, 그 필조筆調(글 내용)는 쉽게 고쳐지지 않았고 책임자사법처분 내지 발행정지처분에 부쳐지는 일이 한 두 번이 아닌데도 불구하고 지금도 글 내용은 여전하다.

지금 한글신문의 기왕의 글 내용을 돌이켜보면, 『동아일보』는 1920년 이후 금년 5월까지를 전후로 288회·『조선일보』는 318회·『중외일보』(전신 『시대일보』까지 합쳐)는 1924년 이후 올해 5월까지 176회의 차압처분에 부쳐졌다. 또 『동아일보』는 2회·『조선일보』는 4회·『중외일보』(『시대일보』 때와 합쳐)는 1회로 각각 발행정지처분을 받았다. 지금 한 예로 각 한글신문 정간停刊의 직접적 원인이 된 기사를 보면, 『조선일보』는 1925년 9월 4일자 지상紙上에 「조선과 러시아국가 간의 정치적 관계」라는 제목을 붙여 극단적으로 조선통치에 대한 불평을 선동하고, 제국(일본)의 국체國體 및 사유재산제도를 부인하고, 그 목적을 달성하는 실행수단으로 러시아의 혁명운동에 의거하여 현상을 타파할 것을 강조하였으므로, 그날 바로 발행정지처분에 부쳐지고 관계자 또한 사법처분에 부쳐졌다(같은 해 10월 15일 발행정지처분 해제).

『동아일보』는 그 논조가 민족주의적 경향이 현저하고, 항상 민족문제를 들어 독립사상의 고취와 선전에 힘쓰고 있다. 그런데 1926년 3월 5일자 지상에 「국제농민회본부로부터 조선농민에게 본사本社를 통하여 전하는 글」이라는 제목을 붙이고, '러시아국제농민회 본부는 귀국貴國의 제7회의 슬퍼해야 할 기념일(3·1운동을 가리킴)에 즈음하여 깊이 동정을 드린다. 이 위대한 기념일은 영원히 조선농민에게 국제적 의무를 깨우치게 할 것이라 믿고, 또 자유를 위해 죽은 사람들에게 영원한 영광이 있으라. 현재 재감자在監者 및 분투하는 여러 동지에게 형제적 사랑의 위문을 바친다.'라는 독립(만세)소요에 대한 찬미와 격려를 암시한 러시아로부터의 전보문을 게재하였기 때문에, 같은 달 6일 발행정지처분에 부치고 책임자도 또한 사법처분에 부쳐졌다(같은 해 4월 19일 발행정지처분 해제).

잡지 『개벽』은 전후 32회의 행정처분을 받았는데도 여전히 태도를 고치지 않고, 1925년 8월호 지상에서 「해외에 있는 어느 사람의 회상回想」이라는 제목을 붙인 불온기사를 실어 발행정지처분에 부쳐졌다. 그런데도 발행정지가 해제된 후 곧 옛 논조로 돌아가서 1926년 8월호 지상에서 「모스크바에 신설된 국제농촌학원」이라는 제목으로, '조선의 혁명은 변증법적 필연으로 도래해야 하는 것으로서 그 혁명을 일으켜야 하는 사명을 가진 자는 노농勞農대중과 혁명적 인텔리겐챠이다. 그 혁명의 방법은 국제농촌학원에서 연구하고 있는 과학적 방법에 의거해야 한다.'라고 칭송하고, 조선혁명의 고취와 선전이라는 극히 불온한 기사를 실어 같은 해 8월 1일 날짜로 단호히 발행금지 처분에 부쳐졌다. 또 1928년 5월 8일자 『조선일보』는 제남濟南사건5)에 관하여 민중으로 하여금 출병의 참뜻을 오인하게 하여 나라 안팎으로 국위를 손상시키려 하는 비국민적 기사를 실어, 네 번째 발행정지처분을 받았다(9월 19일 발행정지처분 해제).

　같은 해 12월 6일자 『중외일보』는 사설에서 「직업화와 추화醜化」라는 제목을 붙여, 중국의 배일운동을 찬양하고 이에 경의를 표해야 한다고 하고, 이것이 직업화되지 않기를 희망한다는 논설을 실었으므로, 그날 곧바로 발행정지처분에 부쳐졌다(1929년 1월 18일 발행정지처분 해제).

　이와 같이 한글 3신문은 시종일관 불온하고 비국민적 태도를 취했다. 특히 조선일보 사장 신석우申錫雨는 신간회라는 민족적 사상단체를 조직하여, 자신이 그 회會의 총무간사로 취임하였고, 주필 안재홍安在鴻 이하 사원은 거의 전부가 신간회의 주요간부가 되고, 지방지국 기자 같은 자도 거의 대부분이 그 지회 회원으로 되어 있다. 또 몇 차례의 공산당사건 검거 때에는 조선일보 관계자로 검거된 자가 많아, 실로 한때는 사상운동의 주익主翼6)인 것 같은 느낌을 준다. 또 『중외일보』의 문예란文藝欄 혹은 사회 시사보도의 붓을 빌려 '학교투쟁'이라는 신어新語를 게재하여 교내에서의 투쟁훈련을 선동하거나, 「초보初步」라는 소설을 통해 소학교 아동에게 계급사상의 개념을 주입하려고 하는 등, 이들 한글신문의 행동은 총독치하에 있는 신문인가 하는 의구심이 드는 태도를 취하고 있다.

　그런데 이들 3지紙의 도내 반포 상황을 보면, 별표와 같이 1919년 이후 해마다 증가하여 금년 5월 말 현재 『조선일보』 1892부·『동아일보』 1931부·『중외일보』 1384부로 합계 5207부이다. 이들을 기사 내용이 온건한 『매일신보』의 4461부와 비교 고찰하면 『매일신보』의 부수가 수위를 점하지만, 『매일신보』는 주로 관공서의 구독과 관계가 있지 일반 독자는 적다.

　그리고 이들 신문관계자는 도내를 통틀어 129명인데, 그중 불량 사회단체와 관계가 드러난 자는 67명이다. 그들은 지방에서는 잠재세력이 클 뿐만 아니라, 사사건건 지방 문제를 트집 잡아 새삼 분규를 일으키게 하거나, 당국의 시정에 반항하는 것 같은 과장 곡필曲筆(사실을 그릇되게 씀)의 통신을 하는 등, 그 폐해는 간과하기 어려운 점이 있다.

　다음으로, 조선인의 출판물은 출판 전에 검열하는 허가제도이므로, 자연히 그 수나 내용에서는 특이한 것이 없다. 그러나 이러한 출판 전 검열의 결과로, 그들은 문예·동화

---

5) 제남사건 : 1928년 봄 제2차 산둥출병(山東出兵)으로 중국 산둥성 제남(濟南)으로 침략한 일본군과 북벌도 중인 국민당 정부군이 충돌한 사건. 중국 국민당정부의 북상을 막으려고 일본군 1만 5000명이 산둥성으로 침략했으나 국민당군이 제남에 입성하고 중국에서 반일감정이 팽배해지자 그해 일본은 파견군을 철수하였다.
6) 주익 : 비행기가 뜨는데 중심이 되는 날개. 즉, 중심이 되는 것.

의 이름을 빌려서 교묘하게 그들이 생각하는 바를 기술하려는 경향이 생겨난 것이 최근의 특이한 점이다.

그리고 도내에서는 1923년 서성열徐成烈(군위군)이란 자가 문예잡지 『원예園藝』를, 1924년에는 이우백李雨栢(영천)이 잡지 『보步』 및 『잣나무』(뒤에 『이상촌理想村』으로 개제改題함)를, 1925년 김승묵金昇默(선산군)이 『여명黎明』을, 서상일徐相日(대구)은 『농촌農村』을 발행한 적이 있지만, 지속되지 못하여 현재는 모두 폐간되었다. 그리고 서상일徐相日의 『농촌』 창간호 및 1924년 정명준鄭命俊7)(대구)이 신청한 『혁조革潮』는 어느 것이나 내용이 불온한 것이 많아 허가되지 않았고, 그 후 이러한 종류의 사상 잡지는 허가신청이 없다.

그 밖의 출판물(단행본)은 별표(부록 통계 21)와 같이 매년 다소의 증가가 있었지만, 아직도 70~80건이 되고, 대부분은 족보·문집류類이고 이것 역시 주의를 요할 정도의 성향은 보이지 않는다.

그러나 최근 일본에서의 불온출판물은 그 종류가 크게 증가하고 있고, 그것을 조선 내로 들여오는 것도 점차 많아지고 있다. 게다가 특히 불온 격문 등의 우송은 유달리 빈번하고, 그 우송에 관해서는 언뜻 봐서 불온출판물이 아닌 것처럼 보이도록 온갖 방법을 사용하여 비밀로 보내기 때문에, 각 관할경찰서에서는 관계 우편관서와 긴밀히 연락하여 불온출판물을 발견하기 위해 극력 노력하고 있다.

지금 도내의 간행물차압 상황을 제시하면 별표(부록 통계 21)와 같다. 그런데 지금이야말로 일본제국은 쇼와昭和(당시 일본천황의 연호)의 성세聖世를 만나 문운文運이 날로 진보하고 2000만 신부新附(새로 국민으로 들어옴)의 동포는 새로운 정치 아래에서 20년을 맞아 성은聖恩의 혜택을 구가하는 이때에 시대적 상황을 자각하지 못하거나, 잘못된 사상에 현혹된 도배徒輩는 나라 안팎에서 준동을 계속하고 있다. 이들은 불온하고 과격한 선전 인쇄물을 빈번히 간행하고, 조선 내에서의 일부 같은 도배는 권리의 요구를 들고 나와 출판의 자유를 외치며, 신문(한글)은 헛되게 민중을 향도하는 선구인 것 같은 필치를 사용해 민족의 잠재의식에 부단히 자극을 주어 민심을 현혹하고 있다. 특히 청소년의 독서 경향은 한결같이 사상서적에 치우치고, 그 결과로 뜻밖의 일이 생겨날 것이라는 생각을 갖게 한다.

작년 11월 검거한 대구학생비밀결사사건과 관계된 학생은 연령이 아직 약관인데도 벌써 『마르크스경제학 비판』·『사적史的 유물론』 등을 독파하여 상당한 비판을 가하고 있는

---

7) 정명준 : 1900~1959, 경북 칠곡출신, 1990년 애족장(1977년 대통령표창).

등의 일은, 요즈음의 진상眞相을 여실히 드러내고 있다. 사상을 반영하고 사상의 선구가 되는 간행물에 대한 단속은 조선인 사상운동의 단속에 있어 가장 유의해야 할 점이다.

제6장

외사外事 경찰警察

제1절 일반적 개황

도내에 외국인(중국인 제외)으로서 처음 거주한 사람은, 1891년의 프랑스인 신부 로베르 아쉴 폴(김보록金保錄)[1]이다. 그 후 1897년에는 천주교, 1899년에는 미국 북장로파가 대구교구를 설치했고 그 때문에 1904년[2]에 미국인 선교사 제임스 에드워드 애덤스(안의와安義窩)[3]가 대구에 와서 거주하며 최초로 포교에 종사했다. 그 후 교세의 진전에 따라 포교에 종사하는 외국인도 해마다 증가해 왔다. 또 중국인의 거류는 옛날부터 지리적 관계 등으로 해마다 증가하여 왔다. 1928년 말 중국인 거류자는 521호戶·1985명이고 그 밖의 외국인은 27호·46명으로, 합계 548호·2031명에 이르게 되었다. 그리하여 5년 전인 1923년 말에 비하면 651명의 증가를 보인다.

그리고 이들 외국인(중국인 제외)의 대부분은 포교관계 사업에 종사하며, 그 분포도 겨우 대구·왜관·경산·안동의 4개 지역에 불과하다. 이에 반하여 거류중국인은 도내 영양군을 제외한 각 군에 걸쳐 분포되어 있으며, 그 군내에서 장사라도 하는 곳이면 그

---

[1] 로베르 아쉴 폴(Robert Achille Paul, 1853~1922) : 프랑스의 파리 외방전교회(外邦傳敎會) 소속 신부로 한국에 와서 활약한 선교사이다. 한국명 김보록(金保錄). 1876년 12월 사제가 되고, 그 이듬해 두세 신부와 함께 조선에 입국하여 강원도 이천(伊川)을 거쳐 경기·강원도 낭천(浪川), 지평, 부흥골 등지에서 선교활동을 하였다. 1886년 경상도 지방을 전담하고, 1890년 대구의 신나무골과 새방골에 숨어서 선교하던 중 습격당하고 관헌에 잡혀 대구로 호송되었다. 이를 계기로 1891년 정착, 이후 30년 동안 대구지방 천주교회 발전을 위해 헌신하였다.
[2] 1904년 : 원문에는 메이지(明治) 37년, 즉 1904년에 제임스 에드워드 애덤스 선교사가 대구에 와서 거주하기 시작했다고 기술하고 있으나, 대구제일교회 인터넷사이트나 여러 백과사전에 의하면, 그는 1897년에 대구에 거주하기 시작한 것으로 되어 있다.
[3] 제임스 에드워드 애덤스(James Edward Adams, 1867~1929) : 한국명 안의와(安義窩). 미국 인디애나 주 맥코이에서 출생했다. 1894년 시카고의 맥코믹신학교를 졸업하고 미국 북장로회 선교사로 1895년 내한하였다. 내한 초기 부산에 머물다가 베어드 선교사 후임으로 1897년 대구로 와서 대구·경북 최초의 교회인 남문안교회(현 대구제일교회)를 설립했다. 1900년 대구에 희도학교를 설립, 교장으로 활동했다 1906년 계성중학교를 설립하고 교장이 되었나. 그의 전도로 1914년 경산군 평산교회를 비롯하여 1921년 연일군 중감교회 등 여러 교회를 설립하는 데 기여했다. 1921년 선교사 직을 퇴임하고, 1923년 건강악화로 미국으로 돌아가, 캘리포니아 버클리에서 사망했다.

들의 존재를 확인할 수 있는 상황이다.

그리고 거주 중국인의 40%는 노동에 종사하고 기타는 대개 상업에 종사한다.

외국인에 관한 일반 경찰사고事故로는 특기할만한 것은 없지만, 전술한 바와 같이 거류 외국인은 해마다 증가하고 있고 조선 내의 상공업 발달 내지 교통의 발달로 자연히 외국인의 빈번한 내왕을 더욱더 초래하고, 경찰의 사상事象(사실과 현상)도 점차 복잡해지고 있다.

이제 중국인과 그 밖의 외국인으로 항목을 나누어 경찰사고의 대요大要(대략적인 줄거리)를 기술하고자 한다.

제2절 조선거주 중국인

1. 개황

도내 거주 중국인의 약 90%는 산둥성山東省 출신이고, 그 다음이 허베이성河北省 출신이다.

그리고 그들 대부분은 아무런 학식이 없고, 농·상·기타 어떤 일이든 불문하고 단지 재물을 늘리는 데만 급급하여 다른 것을 돌보는 것이 없으며, 세정에도 어두워 작년의 본국의 동란·남북통일의 일들이 있었지만 별다른 충동적 행위가 없다. 그들의 대화내용은 단지 본국에 거주하는 가족의 안부에 불과하고 더 나아가 정치시사에 대해 언급하는 경우에도, 이에 대한 감상感想마저도 드러내려고 하지 않는다. 따라서 조선인과의 사이에서도 참고 참아 자신들이 스스로 사건을 일으키는 것과 같은 사례가 없어서 조선·중국 간의 관계는 현재 하등의 우려할 만한 형세는 보이지 않는다.

이하 몇 항項에서 중국인과 관계된 최근에 있었던 특별한 사안에 대해서 그 개요를 기재한다.

2. 중국 시국時局과 조선거주 중국인의 동정動靜

(1) 중국 측의 만주거주 조선인 압박과 조선인의 조선거주 중국인 배척사건

1927년 가을 만주에 있는 조선인이 중국관민으로부터 부당한 박해를 받고 있다는 사실이 한사례 한글신문에 과장되게 보도되자 이에 보복하기 위해서인지, 같은 해 12월 9일 전라북도 이리에서 약 200명의 조선인 군중이 대거 중국인의 집을 덮쳐 유리창을 부수거나 폭행을 감행한 사건이 있었다.

그 후 이 사건을 시작으로 같은 전라북도 익산군 황등면 외 2개면·김제군·전주군, 전라남도 장성·나주, 충청남도 서천·대전 각 군으로 비화飛火하여, 각지에서 40~50명 내지 400~500명의 군중이 시위운동을 하거나 폐점퇴거를 강요하며 끝내는 폭행하고 기물을 부수고 버리는 사건이 있었고, 급기야 전북 삼례에서는 경찰관이 칼을 빼들거나 발포하여 겨우 진압했다. 이에 중국인 사망자 1명·부상자 5명, 그 외의 부상자 11명을 냈다. 이 사건은 점차 조선 내 각지로 전파될 우려가 있어서, 도내 각 사상단체 및 기타 조선인의 동정을 엄밀히 경계하는 동시에 거류중국인에 대해서는 관헌의 보호가 있으니 안심하라고 주지시킨 바 있었다. 그러나 마침내 같은 달 12일 도내의 상주청년동맹 옥산 지회원員 9명이 중국인 음식점의 기물파기사건을 야기했고, 그 후 도내 각지에서 폭행·폐점 강요·물품탈취의 사건이 계속 발생했다. 그리고 그것은 같은 해 12월 28·29일에 이르러서야 완전히 평정을 되찾았다. 그 사이에 전체 발생건수는 38건에 달했지만 피해는 극히 경미하고 특히 신체에 대한 피해 같은 것은 경상자 1명에 그친 것은, 사상단체에 대한 사전경고와 관계자에 대한 신속한 검거의 결과일 것이다. 지금 당시의 개황을 표시하면 다음과 같다.

1) 사상단체의 책동

단체명	일시	책동(집회) 상황	조치
신간회 대구지회	12월 9일	간사회를 개최하여 만주에 거주하는 동포 옹호문제에 대한 대책회의를 계획했다.	유시諭示로 중지
성주청년동맹	12월 9일	집행위원회를 개최하여 이 문제의 대책을 논의하고 불매동맹을 조직하여 장쭤린張作霖에게 항의문을 발송하려고 했다.	동
신간회 안동지회	12월 12일	간사회를 개최하여 이 문제에 대한 대책협의를 하려 했다.	동
신간회 영해지회	12월 15일	거류중국인을 배척하는 선전 전단 살포를 기도했다.	유시로 전단을 파기하게 하다.
상주 각 사회단체	12월 15일	대표 간부회를 개최하여 본 건의 대책을 논의하려 했다.	금지
상주기자동맹	12월 15일	동	동
영천청년동맹	12월 17일	동	중지시킴
신간회 대구지회	12월 19일	본 문제에 관하여 옹호동맹으로서 유지有志로부터의 거금모집 인용認容을 출원했다.	유시로 중지
용궁청년회	12월 19일	집회를 개최하여 불매동맹조직을 언급하려 했다.	중지

장천청년회	12월 23일	간부가 회합하여 불매동맹에 대해 언급 토의하려 했다.	중지
김천소년회	12월 20일	집행위원회를 개최하여 중국배척문제를 논의하려 했다.	금지
김천청년회	12월 11일	동	유시로 중지
상주연원동청년회	12월 11일	동	동
신간회 영덕지회	12월 11일	동	동

기타 각 사상단체는 각종 방법을 동원하여 다소의 책동 움직임이 있었지만, 각 지역에서 금지 방침으로 대응했기 때문에 큰 사건은 없었다.

2) 중국인 피해 상황

일시	장소	가해자	피해자	피해상황	조치
12월 13일	대구부 달성정	3명	1명	만두 대금의 잔돈을 핑계로 말다툼·폭행, 경상을 입힘	가해자 도주, 소재 불명
12월 12일	상주군 공성면	청년 동맹원 9명	1명	심야에 음식을 요구하다 거절당하여 기물파괴	사법 처분에 부침
12월 14일	김천군 김천면	조선인 아동 10명	1명	기물파괴(장난)	유시諭示
12월 16일	대구부 서성정	수십 명		심야에 집 밖에서 개점요구, 폭언 협박함	가해자 도주, 불명
12월 17일	경주군 읍내	30명	3명	술주정하며 폐점과 귀국·퇴거를 강요	6명을 검거 구류
12월 19일	칠곡군 왜관	6명	1명	만두 먹고 돈 주지 않고 도망, 기물파괴	검속
12월 20일	성주군 읍내	청년회원 3명	3명	물품 외상 강요, 물품 탈취	사법 처분에 부침
12월 20일	봉화군 소천면	1명	1명	조선인 물품구매자에 대하여 사지 말 것을 강요	구류
12월 19일	영천군 영천	1명	1명	외상을 빙자하여 물품탈취	검속
12월 27일	청도군 화양면	1명	1명	폭행	구류
12월 27일	영일군 기계	3명	3명	폐점 퇴거를 강요	사법 처분에 부침

이상 외에도 선산·영천·고령 각지에서 폭언·폐점 강요 등, 단속斷續적으로 작은 일들이 일어나서 마침내 38건이 발생했다. 중국인의 피해는 다음과 같다.

(가) 경상   1건   1명
(나) 폭행 구타당한 자   1건   1명

(다) 상품을 탈취당한 자	3건	7명
(라) 기물을 파괴당한 자	2건	2명
(마) 기타 폭행당한 자	1건	1명

피해 견적은 31원

위에 설명한 대로 이러한 사건은 이 정도로 끝났지만, 멀리 이국의 땅에서 더욱이 외지고 멀리 떨어진 각지에 산재하고 있는 그들은 정신적으로 상당한 불안과 공포의 생각에 사로잡혀, 같은 달 13일부터 대구부 거주 상인의 약 반수와 기타 상주·영주·문경 각지에 거주하는 자는 밤에 문을 닫았고 물품을 마구 팔고 귀국한 자가 5호戶(상주·문경), 기타 거주불안으로 본국으로 귀환한 자도 13명(대구·청도)에 달했으나, 점차 정세의 진정에 따라 그들의 불안도 전적으로 제거되었다. 사건 후 그들은 한결같이 우리(일본) 관헌의 보호가 용의주도하다고 하며 법치국 거주의 혜택에 감사한다는 언동을 보였다.

이제 이웃나라 중국은 표면상 국민혁명의 완성에 의해 내정內政이 충실해지고 외국인이 가지는 이권利權회수에 힘을 쏟아 정치형태가 점차 그 면목을 바꾸어 가고 있다. 하지만 안으로는 아직 풍장馬蔣(펑위샹馬玉祥4)과 장제스蔣介石5))의 관계가 해결되지 않고, 헛되이 대외권익의 회수에 초조하였다. 금년 초부터 동부 3성省 관하에서는 거주하는 조선인에 대한 경작(소작)의 거절·토지의 불매·학교의 폐쇄 등을 비밀리에 명령하여 압박의 태도가 점차 노골화하고 조선 내 한글신문은 이에 맞서 과장하여 보도하는 바가 있다. 따라서 한 번 더 왕년과 같은 사건이 발생된다면 바로 조선 각지에 파동이 전파됨으로써, 불상사가 또다시 발생할 것이라는 것은 쉽게 예상할 수 있는 문제이다. 이 건에 대해서는 부단히 유의해야 할 필요성이 절실하다.

---

4) 펑위샹(1882~1948) : 중국의 군인·정치가. 민주화를 지향했고 1·2차 봉직전쟁에 참가했다. 중국국민당에 입당하고 서북국민연합군 총사령관으로 북벌에 협력했으나, 장제스(蔣介石)와는 시종 이해관계가 대립하여 1930년 반장(反蔣)운동을 펴다 실패했다. 항일전쟁 중 당에 복귀하여 충칭(重慶)의 장제스 밑에서 군사위원장에 취임하였으나 장제스의 파쇼화에 반대하고 공산당과 행동을 같이하였으며, 1937년 국공합작(國共合作) 이후 국방최고위원이 되었다. 1946년 미국에서 반장(反蔣) 성명을 발표하고, 1949년 인민정치협상회의에 참가하기 위하여 소련을 거쳐 귀국하던 중 흑해에서 타고 있던 배에서 화재로 죽었다.

5) 장제스(1887~1975) : 중국 정치가. 일본 육군사관학교 졸업. 만주사변 후 일본의 침공에 대해서는 '우선 내정을 안정시키고 후에 외적을 물리친다.'라는 방침을 세워 군벌을 이용, 오로지 국내통일을 추진하였다. 제2차세계대전 후 국민당과 공산당의 내전에서 패하여 1949년 국민정부와 더불어 타이완으로 건너갔다. 그곳에서 '자유중국', '대륙반공'을 제창하며 중화민국 총통과 중국국민당 총재로서 타이완을 지배하였다.

(2) 중국 동부3성省의 정변政變에 대한 조선거주 중국인의 동정

1928년 5월 31일 펑톈奉天전투에서 이득이 없자 원수元帥 장쭤린張作霖6)은 5월 31일 마침내 하야下野를 전신電信으로 통보하고, 베이징北京으로부터 펑톈奉天으로 돌아가는 길에 6월 4일 황고둔皇姑屯 역驛 동쪽 철로의 교차지점에서 폭탄이 터져 죽었다.7) 이어서 6월 25일 장쉐량張學良8)은 동부 3성 보안총사령관에 취임했고, 같은 해 12월 29일에 남북의 타결이 완전히 이루어지고 동부 3성의 역치易幟9)를 보게 된다. 이처럼 본국이 동란에 당면했는데도, 조선거류 중국인의 다수는 동란에 이은 다른 동란이라는 본국 국정에 순치馴致(길들임)된 국민성과 세정에 어둡기 때문인지 특별히 기술할 만한 충동을 받았다는 모습도 없다. 다만 약간의 지식인 사이에서 나오는 감상 몇 마디를 종합하면, 동란 때문에 오랫동안 주구誅求에 고통을 겪은 그들은 국민혁명군이 표방하는 삼민주의三民主義10)의 선전과 남북타협에 기대하는 것 같았다. 그러나 시일이 경과하면서 장종창張宗昌의 거병擧兵 등의 혼란스러운 사건이 계속되어 본국 시국에 대한 그들의 움직임도 특이할 만한 것이 없고, 많은 자들은 무관심한 상태이다.

---

6) 장쭤린(1873~1928) : 중국 군인 겸 정치가. 일본 육군사관학교 졸업. 1919년경 펑톈 독군 겸 성장으로서 전 동북의 실권을 장악했다. 허베이(河北)에서 즈리파와 안후이파의 군벌 전쟁에서 즈리파를 지지하고 중앙 정계로 진출했다. 1926년 즈리파 군벌과 합세하여 다시 베이징에 진출, 민국 혁명군(장제스蔣介石)의 북벌에 대항하다가 실패하고 쫓기어 만주 펑톈으로 돌아오는 도중 황고둔에서 폭사했다.
7) 황고둔 사건 : 일본 관동군이 펑톈(奉天)군벌의 영수인 장쭤린을 살해하려고 모의한 사건. 1929년 6월 4일 새벽 5시 30분에 장쭤린은 전용 열차를 타고 경봉·남만철로가 교차하는 지점을 지날 때 기차가 일본 관동군이 미리 매설해 놓은 폭약에 의해 폭파되고, 장쭤린은 폭발로 중상을 입고 심양으로 돌아온 후 당일에 죽었다.
8) 장쉐량(1898~2001) : 중국 군인 겸 정치가. 장쭤린의 아들. 폭사한 아버지를 대신하여 만주의 지배권을 장악하고 장제스의 휘하에 들어갔다. 그러나 1936년 장제스를 감금하고(시안사건) 내전중지·일치항일을 간청하여 항일민족통일전선을 결성(제2차 국공합작)하는 계기를 만들었다. 그 뒤 장제스에 의해 감금생활을 하다가 장제스가 타이완으로 간 후에 그곳으로 연행되었다.
9) 동북역치 : 북벌은 중공과 일본의 방해(제남사변濟南事變)로 어려움을 겪기도 했으나 펑위샹(馮玉祥)과 옌시산(閻錫山)이 국민혁명군에 협조하여 순조롭게 진행되었다. 베이징에 있었던 장쭤린은 동북으로 돌아가다가 일본군에 의해서 황고둔에서 폭살을 당하였다. 이에 중국 본토의 동부3성(허베이河北, 산시山西, 산둥山東)의 지배권을 가졌던 장쭤린의 아들 장쉐량이 국민정부의 깃발로 바꾸어 달고(동북역치東北易幟) 국민성부의 명에 따르기로 함으로써 북벌은 끝나고 중국이 통일되었다.
10) 삼민주의 : 쑨원(孫文)이 제창한 중국 근대혁명의 기본 이념. 민족주의, 민권주의, 민생주의로 이루어져 있다.

(3) 역치易幟와 국민당에 대한 태도

중국 본토의 역치易幟(깃발을 바꾸어 다는 것)는 혁명군의 진퇴와 거의 일치하고, 산둥山東방면의 역치는 류첸군劉珍軍의 배반 직후, 즉 9월 1일의 일인데, 동부 3성이 정치적으로 역치(여기서는 장제스의 국민당 정부 치하로 들어간 것을 의미함)를 표명한 것은 같은 해 12월 29일이다.

그런데 도내거주 중국인의 역치는 같은 해 10월 10일의 쌍십절雙十節(혁명기념일)에 부산주재 중국영사의 통고에 의해서 그날 각지에서 일제히 청천백일기青天白日旗(국민당 정부의 깃발)를 게양한 것이 최초이다. 산둥山東성 출신자가 90%를 차지하는 조선거류 중국인인데 요즘의 사정은 언뜻 보기에도 기이한 점이 없지는 않지만, 그들의 행동은 부산주재 중국영사를 통한 대구화교상공회의 강요에 따라 행동한 것으로서 기이하다고 할 것만은 아니고 다만 당시 이 역치가 있을 때, 그들이 정치적으로 아무런 특별한 감상을 말하는 자도 없이 무관심한 것 같은 태도를 보이는 것은 오히려 기이하다는 느낌이 든다.

그리고 조선인 청년 사이에는 이 역치에 즈음하여, "중국통일은 마침내 실현되어 이국의 하늘에도 백일기(청천백일기)가 게양되는 것을 보는데, 우리들의 국기 태극기의 말로와 대조하면 감개무량하다."라고 하면서 암암리에 중국혁명을 선망하고 칭송하는 것 같은 감상을 언급하는 자가 있다. 하지만 일본인·조선인이 다 같이 다만 호기심어린 눈으로 이를 바라보는 것 외에, 특기할만한 충동이나 반향은 없었다.

올해 2월(정식 총회 없었음) 경성에 설치된 중국국민당 특별지부는 각지에서 당원모집에 힘써, 2월말에는 당원이 442명(경성 333, 인천 47, 광주 22, 부산 8, 조치원 9, 원산 6, 울산 5, 영등포·이천·수원·둔해11) 각 2, 개성·금화·연안·함흥 각 1)인데, 도내거주 중국인 중에는 입당자가 아직 한 명도 없음은 그들의 정치적 무관심을 여실히 말하는 것이라 하겠다.

(4) 쑨원孫文의 위령제

올해 6월 2일 쑨원孫文12)의 위령제는 중국 난징南京에서 집행되었다. 그런데 제례기간

---

11) 둔해 : 일본어 원문에는 '屯海'라고 되어 있는데 어디인지 알 수 없다.
12) 쑨원(1866~1925) : 중국 혁명의 선도자·정치가. 공화제를 창시하였다. 광둥성(廣東省) 샹산(香山: 현재의 中山)에서 빈농의 아들로 태어났다. 자는 일선(逸仙)이고, 호는 중산(中山)이다. 공화제 창시자로 국민정부시대에는 '국부(國父)'로서 최고의 존경을 받았다. 그는 러시아혁명을 본받아 국민당을 개조한 뒤, 공산

인 5월 26일부터 6월 2일까지 도내 각지의 거류중국인은 부산주재 중국영사로부터 통보를 받아 일제히 조기를 게양하거나 상장喪章을 달고 가무음악을 중지하고 삼가 조문의 뜻을 표했는데, 특기할만한 감상 등을 말하는 사람은 없었다.

3. 도내거주 중국인 노동자 문제

도내거주 중국인 중 노동에 종사하는 자는 692명이고, 그 가운데 거주허가를 받은 자는 295명이다. 대부분은 석공石工·미장이·토공·목공이다. 이들은 각지의 건축이나 기타 공사에 종사하고 있지만, 그 수가 비교적 적기 때문에 조선인 노동자들이 이들로 인해 특별한 위협을 받은 사실은 없다. 하지만 조선인 노동자 실직자의 증가와 중국인 노동자의 증가는 상당히 중요한 사회 문제가 될 것이고, 이미 작년에 그 맹아萌芽(징조)를 보였다.

당과 제휴(국공합작), 노동자·농민과의 결속을 꾀하였다. 그리고 국민혁명을 추진하기 위하여 북벌을 꾀하였으나, 뜻을 이루지 못한 채 "혁명은 아직 이룩되지 않았다."라는 유언을 남기고 베이징(北京)에서 객사하였다. 그의 정치는 삼민주의(三民主義)로 대표된다. 대한민국 임시정부를 지원한 공으로 1968년 대한민국장이 추서되었다.

제3절 그 밖의 외국인

1. 개황

중국인을 제외한 도내거주 외국인은 현재 거류자 27호戶·48명이고, 그 가운데 4호·30명은 미국인이며, 10호·10명은 프랑스인이다. 그들의 대부분은 포교에 종사하고 있다.

지금 외국인 거주의 연혁을 더듬어 보면, 1891년 7월 1일 프랑스인 로베르 아쉴 폴(김보록金保錄)이 천주교 포교 때문에 대구에 복거卜居(살만한 곳을 찾아서 거처를 정함)하였고, 다음은 1904년[13] 미국 북장로파 선교사 제임스 에드워드 애덤스(안의와安義窩)가 포교 때문에 내주來住한 것이 외국인 거주의 최초라 할 것이다. 그 후 신도의 증가와 더불어 포교 외국인의 내주來住가 증가하여, 갖은 박해를 무릅쓰고 포교에 종사하여 점차 조선인의 종교적 신뢰를 얻게 되었다. 특히 미국인 선교사는 1919년의 독립소요사건(만세운동) 때에 이면에서 각종 책모를 꾸미고, 당시의 독립운동자가 미국에 의존하려고 하는 요망에 편승하여 오히려 포교에 득이 되도록 하려 했다. 그래서 결과적으로 신도의 획득에 상당한 성공을 거두었고, 그들의 종교적 세력 역시 경시하기 어렵게 되었다. 그러나 1921년 워싱턴회의를 계기로 민족해방의 열기에서 솟아나오는 미국인 숭배와 신뢰의 정도도 점차 약해졌다. 게다가 조선인의 문화생활 수준의 자각이 향상하여 그들로부터 점차 이탈함에 따라, 그들의 세력 또한 옛날 같지 않다. 하지만 그들은 학교경영 혹은 병원경영 등 사회사업에 진력한 바가 있어, 설령 그것이 포교의 방편으로 제공하는 목적을 갖고 있다할지라도 그 성과는 크게 인정해야 할 것이다.

다음에 외국인 관계 경찰사안事案의 주된 것을 기술한다.

---

[13] 1904년 : 앞의 '제1절 일반적 개황' 첫 부분에 나오는 각주 '1904년' 항목 참조.

2. 소요사건 당시의 책동

1919년 3월에 발발한 독립소요사건(만세운동)에 관해서 보면, 도내에서는 3월 8일 오후 3시 계성학교 및 신명학교(모두 북장로파가 경영)의 학생을 중심으로 하는 약 800명의 시위운동이 그 선봉이다. 이 계획이야말로 같은 파派 선교사와 전기前記 학교 교사들이 기획한 것으로서, 그 후 도내각지에 걸친 소요횟수 90회(미연 방지 27회) 가운데서 그 파 교도의 사주와 선동에 의한 것이 17회(그 외에 미연방지 7회가 있다)에 이른다. 당시 소요관계자로 사법처분에 회부된 자의 총수는 1785명(참가 연인원 2만 2000명)인데, 그 가운데 기독교 교도 481명, 기독교 목사·조사助事·부속학교 교사(8명) 등 30여 명이 있었다(주註: 당시 장로파 교회당 284·신도 1만 3910명). 그런데 당시 그들의 언동 중에서, 청송군의 같은 파 조사 강원백姜元白같은 자는 "독립운동을 위해 체포되는 것은 국가를 위하는 것으로 본래의 소망이다. 원래 우리들이 기독교를 믿는 것은 조선의 독립을 기대하기 때문이다. 오늘날의 기회를 얻은 것은 오로지 그리스도의 가호에 의한 것이다."라고 하며 수하手下의 신도를 선동하였다. 또 안동군 조사 이상동李相東[14](현재 정政)은 안동에서 "상제上帝(하느님)의 가호로 한국은 순일旬日(열흘)을 지나지 않아 독립할 것이고, 지금 감옥에 들어가지만 출옥할 날이 가깝다."라고 하며 압송하는 자동차 위에서 만세를 높이 불렀다. 영덕군 영해에서는 같은 파 조수助手 정규하丁奎河[15](현재 정요政要)가 군중을 앞에 두고 단상에 올라 독립가와 찬송가를 높이 불렀던 일이 있었다. 또 김천에서는 같은 파 조사인 김재위金在煒[16]가 유치장 내에서 같은 방 유치인에게 "조선을 독립시켜 주소서. 우리를 구해주소서."라고 기도했던 일이 있었다. 기타 각지에서 이와 같은 언동 및 같은 파 선교사의 아래와 같은 당시의 행동으로 미루어 보아, 그들 사이에서 종교 이외에 무엇인가를 길러내고 있었다는 것을 확신할 수 있다.

기記

(1) 4월 1·2일 대구부 내 주요지구의 조선인 상점이 폐점할 때, 북장로파 선교사 헨리 먼로 브루엔(부해리傅海利) 및 동同 허버트 E. 블레어(방혜법邦惠法)는 시중을 돌아다니며

---
[14] 이상동 : 1865~1951, 경북 안동출신, 1990년 애족장(1968년 대통령표창).
[15] 정규하 : 1885~1968, 경북 영덕출신, 1990년 애족장(1977년 건국포장).
[16] 김재위 : 1884~1926, 경북 김천출신, 1995년 대통령표창.

실황을 촬영했다(본국에 송부한 혐의가 있음).

(2) 앞에서 기술한 브루엔은 4월 8일 김천에 가서 헌병대에 유치중인 사건의 수괴였던 신도의 위문을 빙자하여 면회를 요구했으나 거절당한 일이 있다.

(3) 4월 8일 대구지방법원 검사가 앞에서 기술한 블레어의 가택수색을 하려 하자 그가 거절했는데, 직권으로 하겠다는 말에 겨우 승낙했다. 그렇지만 검사가 가택 수색하는 상황을 브루엔이 촬영했다(사진을 본국에 우송한 혐의 있음).

미국인 선교사의 소요사건에 대한 태도는 위에서 기술한 바와 같다. 이에 반하여 천주교 신부는 일불日佛(일본과 프랑스)국교를 감안하여 대체로 신중한 태도를 가지고 있었다. 그들은 일반신도에게 절대로 정치운동에 참가하지 말라고 훈계하였으며, 미국 북장로파의 비운悲運을 이용하여 교세확장에 힘썼다. 구세군사관士官도 거의 이와 같은 태도를 취하고 있었던 것은 주의할 만하다.

3. 기독교 자치운동

상술한 바와 같이 미국인 선교사의 조선인에 대한 신망과 세력도 1921년 워싱턴회의를 획기점으로 해서 점차 그 모습이 얄팍해졌다. 게다가 조선인 교도의 자각향상은 미국인의 감독 관리와 조종의 굴레에서 벗어나려고 하는 이른바 자치自治의 열정의 조성을 보게 된다. 드디어 1921년 3월 대구부 내 남성정교회당 목사 이만집李萬集이 선교사의 행동을 좋게 보지 않았고, 그가 불평신도 약 600명을 거느리고 있어 그 세력이 자칫하면 선교사파를 능가할 상황이었다. 이에 선교사파는 이만집李萬集을 파면하려고 책동했기 때문에, 뜻하지 않게 양자 간의 분쟁이 폭발했다. 이어 3월 말에 이만집李萬集을 정직停職하고 장로 이하 9명을 책벌하여 교회당의 인도를 요구하게 되자, 자치파 또한 이에 대응하여 별항 제7장의 중요사건 항에 기술한 바와 같은 일대 분규와 소요를 야기하게 되었다.

4. 요시찰要視察・요주의要注意 외국인

1919년 소요 이후 그들의 언동은 누그러졌다 하더라도, 지금도 포교를 빙자하여 암암리에 민족의식의 환기에 힘쓰거나 국정탐지의 의심이 드는 바가 없지 않아 평소 그들의 언동에 대해 적잖게 사찰하고 단속 중이다.

최근에 있어서 선교사의 언동 중 특이한 것을 들면, 대구부 거주 미국인 선교사 에드워드 애덤스(안두화安斗華)는 1928년 12월 17일 경주군 양북면 어일魚日교회당에서 포교 중 "옛날 어느 곳에 한 마리의 큰 호랑이가 있었다. 들판에 있는 외딴 집에 가서 안에 있는 사람을 잡아먹으려고 그 방법을 생각했는데, 그 집 부근에는 물이 없으니까 사람은 물을 찾을 것이라 생각하여 물 흐르는 소리를 냈더니 과연 한 사람이 집안에서 나왔다. 호랑이는 바로 그 사람을 통째로 한 입에 꿀꺽 삼켰다. 그 사람은 호랑이 뱃속에서 필사적으로 날뛰어 드디어 창자를 호랑이 몸 밖으로 끌어내면서 외부로 탈출했다. 그리고 그 창자를 부근의 나무에 매달고 막대기로 호랑이를 쳐 죽였다."라고 하며 암암리에 민족의식을 환기시키는 언동이 있었다.

5. 사회사업

외국인 관계의 사회사업으로는 별표(부록 통계 26)와 같이 주로 병원・학교 등의 경영인데, 자금이 상당히 윤택하고 시작이 오래되었다는 것이 사회사업으로서는 어쨌든 상당한 성과를 거두고 있다고 해야 할 것이다.

제7장
병합 이후의 본도관계 주요범죄

제1절 개설

1910년 한일병합 이후의 본도관계 고등경찰상의 주요범죄를 돌이켜 생각하니,

1. 주모자 중에 본도 내의 사람이 혼재混在하지 않았던 사건은 드물다.
2. 사회의 이목을 상당히 놀라게 했던 사건으로 본도에 전혀 관계를 갖지 않은 것은, 1921년 국민협회장 민원식閔元植살해사건, 1926년 4월 창덕궁 금호문 앞에서 타카야마 타카유키高山孝行를 살해한 송학선宋學先[1]사건 및 1929년 4월 경춘가도에서 우편자동차를 습격한 소위 최양옥崔養玉[2]사건 등에 불과하고 그 밖의 전숖 조선의 주요범죄에는 전부가 어떠한 관계를 갖고 있었으며, 또 그 관계자는 대개 음모의 가장 중요한 임무에 참획參畫했다.
3. 범죄는 항상 계통적으로 감행되고, 주요 범인은 배일사상의 흐름을 이해하는 자가 많다.

등을 발견할 수 있다. 그중에서도 범죄의 계통에 대해서는 고등경찰상 극히 흥미가 있고, 또 사찰상 가장 주의注意 연구를 요하는 것이 있는 것으로 판단된다. 곧 그 한두 개의 예를 들면,

1. 1922년 10월 이후 약 2개월간에 걸쳐서 경남북의 자산가에게 협박문 및 사형선언문을 보내고 지방부호를 전율케 한 의용단義勇團사건의 수괴인 본도 영주 출신 김찬규金燦奎는 현 민족유일당재만책진회民族唯一黨在滿策進會 집행위원장 김좌진金佐鎭의 일족이며, 1919년 6월 경기도에서 검거했던 대동단大同團사건 주모자 중 한 사람이다.

---

[1] 송학선 : 1897~1927, 서울출신, 1962년 독립장.
[2] 최양옥 : 1893~미상, 경기도 원성출신, 1962년 독립장.

2. 위의 의용단 총무국장으로 전 단원을 호령하고 있었던 본도 김천출신 이응수李應洙[3]는 1907년 한일신협약에 분개하여 옥사한 보안회保安會부회장 이원필李源弼의 아들이고 고故 폭도수괴 이강년李康年의 친족이다.

3. 1925년 이후 남부조선의 유림을 찾아다니면서 20만 원의 자금 모집 중 1926년 본도에서 검거한 이른바 유림단사건의 주모자이고 1926년 12월 동척폭탄사건의 주모자인 본도 성주출신 김창숙金昌淑은 이조李朝 때의 저명한 유생 동강東岡(김우옹金宇顒의 호)의 직손이며, 아버지인 김호림金護林도 남부조선의 석유碩儒인 한주寒州(이진상李震相의 호)의 고제高弟이다. 일찍이 1895년 한국조정의 정변(을미사변)으로 민후閔后(고종의 왕비 곧 명성황후)가 시해 당하자 국사에 분개, 배일을 창도唱導(앞장서서 이끎)하여 폭도를 모았지만, 일이 이루어지지 않아 국권을 지키라는 유언을 남기고 중도에 병사하였다. 김창숙金昌淑은 1905년 한일보호조약이 맺어지자, 곽종석郭鍾錫·이승희李承熙[4] 등과 함께 반항유림의 선구가 되어 그 조약의 파기와 책임대신의 처벌을 상소하고 한일병합이 제창되자 고향의 동지 김원희金元熙와 함께 병합의 제창자 이용구李容九·송병준宋秉畯 등에게 극형을 처하도록 상소했던 일이 있을 뿐만 아니라, 1919년 소요(3·1만세운동) 당시는 파리강화회의에 제출할 독립원조의 청원서에 유림 137명의 서명을 얻어 그 대표자로서 1919년 3월 말 상하이로 건너가 한문漢文 3000부·영문 2000부의 청원서를 인쇄하여 파리강화회의 의장과 중국·구미 각지에 배포한 것과 같은 전력이 있다.

4. 1917년 10월 이후 남부조선 자산가에게 다수의 불온문서를 우송하고 그간 본도 칠곡군의 부호 장승원張承遠과 충남 아산군 도고면장 등을 살해하였던 광복단光復團사건의 수괴로 그 후 사형을 당한 본도 경주출신 박상진朴尙鎭은, 일찍이 한일보호조약에 분개하여 당시 참정參政의 직분을 버리고 경기도 임진강·강화도 일대에서 의병을 일으켰지만 끝내 체포되어 사형에 처해진 본도 선산군출신 허위許蔿를 수년 동안 스승으로 받들었다. 그 후 허위許蔿가 경성감옥에서 사형이 집행되자, 스스로 그 사체死體를 받아 나와 성의껏 장사를 지냈다. 뿐만 아니라 그의 아버지 박이규朴珥奎 역시 농후한 배일사상자이고, 그의 동생 박호진朴琥鎭과 인척 이정희李廷禧[5] 모두가 의용단義勇團사건에 관련된 자이다.

5. 김창숙金昌淑을 수괴로 하는 앞서 말한 유림단사건의 공범자인 이기원李基元[6]은 한일

---

[3] 이응수 : 1879~1950, 충북 영동출신, 1990년 애족장.
[4] 이승희 : 1847~1916, 경북 성주출신, 1977년 대통령장.
[5] 이정희 : 생몰연대 미상, 경북 청도출신, 1990년 애국장(1977년 건국포장).

병합에 분개하여 만주로 달려가 독립운동에 종사하다가 1917년 펑톈奉天에서 병사한 이승희李承熙의 장남이다. 이승희李承熙는 죽음이 임박하자 두 아들을 베갯머리에 불러 "내 시체는 설사 만주의 허허벌판에서 비바람을 맞더라도, 절대로 원수 왜놈의 땅이 된 조선에서 매장해서는 안 된다."라는 유언을 했다. 이기원李基元은 그 후 1919년 성주에서 있었던 소요(3·1만세운동)에서 주모자로 활약하였고, 또 유림대표청원사건의 관계자이다.

6. 니주바시二重橋(일본 도쿄에 있는 왕궁에 들어가는 정문 앞에 있는 다리)폭탄사건의 주범 김지섭金祉燮은 양반출신이고, 1919년 당시의 추세에 분개하여 국권회복의 목적으로 만주로 달아났으며, 그 후 1923년 3월 폭탄 36개와 그 밖의 불온문서 다수가 발견되어 경기도와 평북에서 검거된 의열단 폭탄암살음모사건 관계자의 한 사람이다. 또 김지섭金祉燮의 근친 가운데는 1919년 경남북의 저명한 배일조선인을 망라하여 조직된 조선국권회복단중앙총부中央總部사건의 밀사로 상하이로 건너갔던 김응섭金應燮(검사·변호사의 전력이 있다)과 같은 저명한 배일인물이 있다.

7. 1927년 11월 조선은행 대구지점 폭탄사건의 주범인 장진홍張鎭弘은 배일사상을 갖는 자들을 많이 배출하고 있는 인동仁同 양반(경북 칠곡군 왜관면에 있는 지명이다. 이곳 장씨를 인동 장씨라고도 한다)출신이며, 그 일족 가운데는 대구학생비밀결사사건 주동자인 장적우張赤宇와 당黨사건(학생비밀결사사건에 배일정당 또는 비밀결사조직운동이 있었다)의 주모자의 한 사람인 장택원張澤遠 등과 같은 강력한 배일인물이 있다.

8. 1928년 11월 어대전御大典이 있었을 때 직소直訴한 범인인 이희구李熙龜는 한일병합에 분개하여 만주로 달아나 1917년 슬프고도 분하다고 하는 배일의 유언을 남기고 객사한 이승희李承熙의 일족이고, 또 유림단사건의 김창숙金昌淑·김창백金昌百 등의 친척이다.

기타 고등高等(불령사상의 사찰)상의 대소大小범죄의 대부분도 배일사상의 계통을 갖는 것이 보통이다. 게다가 이들 범인의 재범再犯은 연고자 및 근친자를 찾아 감행되기 때문에 자연히 비밀을 지킬 수 있고 그 수단 또한 교묘해서, 검거에 더 한층 고심을 요하는 점이 있다. 즉 유림단사건의 수괴 김창숙金昌淑은, 1919년의 유림대표독립청원사건에 연고가 있는 유림을 찾아 조선에 들어와 금전을 강요하고 권총을 들이대고 협박한 것 같은 일이 있었음에도 불구하고, 조선에 들어와서 1년이 되어서야 겨우 탐지되었다. 또 의열단원 양건호梁健浩가 자금모집 때문에 조선에 들어왔을 때, 항상 밀양폭탄사건 관계자 사이를

---

6) 이기원 : 1885~1982, 경북 성주출신, 1990년 애족장(1980년 대통령표창).

전전하며 잠복하고 있었기 때문에, 조선에 들어온 후 4개월째에야 겨우 탐지·체포한 것과 같은 것이 좋은 예이다. 또 그들이 신문訊問을 받을 때도 몇 번의 체포와 문초에서 겪은 경험으로, 전적으로 문초관이 그 사건에 대해 알고 있는 정도를 알려고 힘써서, 문초관의 일언일구에도 주의를 기울여 쉽게 사건의 자발적인 진술을 하지 않았다. 뿐만 아니라 문초할 때, 사실 그대로를 자백하는 것은 스스로 죄에 빠지는 것이라 하여 죽음을 걸고 사실을 진술하지 않았다. 심한 경우에는 증거를 들이대도 완강하게 자백을 하지 않아서, 음모의 진상을 규명하는 것이 극히 곤란한 경우가 많다. 이와 동시에 검거할 때마다 경찰이 고통을 겪는 것은, 유치장의 감방배당에 관한 문제이다. 즉 고등사상상의 범죄는 다수의 관계자가 있고 또 주로 지식계급에 속하며 게다가 이미 몇 번 조사를 받은 자가 많기 때문에, 외부와의 연락통모通謀 등에 관해서는 대담하고 세심하다. 즉 본인의 사건과 관계없는 다른 자와 같은 방에 들어 갈 때조차도, 검속해제나 구류만기 등으로 석방되어 나가는 같은 방에 있었던 석방자에게 부탁해서 외부와 연락을 취하여, 관계자의 도주나 증거인멸 등을 해온 사례가 있다. 그렇기 때문에 독방배당의 필요성을 통감하는 일이 많지만, 실제는 방의 수가 적기 때문에 관계자 전부에게 독방을 배정하는 것은 실제로 불가능한 경우가 많아서, 이 점을 항상 불편하게 느껴왔다.

   본도에 관계를 갖는 주요범죄의 개요는 아래와 같고, 사건관계자는 물론 그 혈육과 근친자의 동정에 대해서도 항상 면밀한 사찰을 가할 필요가 있는 것으로 판단된다.

   그리고 아래 사건의 범인연령은 체포 당시의 것을 기재하였다.

제2절 주요 사건

1. 독립의군부獨立義軍府 사건

본건 범죄는, 1913년 9월 박병찬朴炳瓚·이인순李寅淳·전용규田鎔圭 등이 제의하여 발생한 사건이다. 그들이 제의한 내용은, '경성에 독립의군부 중앙순무총장中央巡撫總長을 두고, 각 도에는 도道순무총장巡撫總長, 각 군에는 군수, 면에는 향장鄕長을 배치하여 내각 총리대신과 총독이하 조선 내 대소 관헌에게 상시에 국권반환을 요구하는 서면을 보내어, 이로써 일본관헌에게 조선통치의 어려움을 알게 한다. 그리고 외국에 대해서는 조선인이 일본에 열복悅服(기쁜 마음으로 복종함)하지 않는다는 것을 보여주며 또 조선인에게 국권회복의 여론을 일으키기 위해' 관견管見(좁은 식견이라는 뜻)이라는 서면을 휴대하고 1914년 4월부터 5월까지 동지를 모집하던 중인 그들을 발견하여 검거한 것이다. 이 사건관계자는 주로, 도내출신 폭도들의 수괴로서 당시 한국제일의 활동가라는 말들이 있는 유학자인 허위許蔿의 일족·부하 또는 친구 등이 많다. 또한 상당히 저명한 유자儒者(유학자)가 참획하고 있어서, 그 결사조직이 깊은 국권회복의 생각에서 나온 것으로 판단된다. 관계자는 아래와 같다.

기記

성명	원적지	경력
이기상李起商[7)	충남 청양군 적곡면	유생. 1907년 허위許蔿가 폭도를 일으키자, 비서역役으로 활동했다.
이기영李起永	상동上同	허위許蔿의 사위이며 이기상李起商의 동생이다.
정재호鄭在鎬	전북 흥덕군 동면	경남 함양에서의 폭도 수괴인 이기상李起商과 친교가 두텁다.

정철화鄭哲和[8]	경기도 용인군 용동	폭도이며 허위許蔿의 부하였다.
임병찬林炳瓚[9]	전북 정읍군 산내면	본건 결사의 수령이었다.
임병대林炳大[10]	상동	병찬炳瓚의 동생이다.
김병기金秉氣	경기도 양주군 동두면	이전에 폭도이며, 그의 아들인 연성演性은 폭도 행동 중에 체포되어 사형되었다.
이중묵李重默	충북 영동군 황간면	유생이고 시천교도이다.
조재학曺在學[11]	경상남도 의령	유생이다.
이은영李殷榮[12]	경상북도 문경군 신북면, 동생 보영報榮의 집	이전에 폭도이며, 폭도수괴 이인영李麟榮의 동생이다.
채상준蔡相俊	강원도 원주군 건등면	이전에 폭도 수괴였다.
이연순李演淳	경성부중부 대마동	함남 북청출신이며, 1913년 봄에 동지와 독립의용군을 일으키려고 하다가 발각되었다.
김두선金斗善	경성 배회	이전에 일진회 평의원이었다.
변항邊恒	황해도 해주읍	이전에 폭도였다.
임응철林應喆[13]	전라북도 정읍군 삼하면	임병찬林炳瓚의 장남이다.
전용규田鎔圭	경성북부 체부동	1913년 봄 독립·의군부 조직으로 징역에 처해졌다.
송주영宋柱營	전남 단양	유생
황참근黃譛根	황해도 해주군 금산면	유생
안태준安泰俊	강원도 원주군 금물산면	시천교도로 이전에 일진회 간부였다.
윤돈구尹敦求	경성북부 삼청동	왕세자의 교사였으며. 국어(일본어)에 통달했다. 일찍이 1912년 겨울 말에 일본의 세력이 쇠하였다고 해서 형세 시찰을 하기 위해 도쿄東京에 간 일이 있다.
이두종李斗鍾	경성북부 소안동	1913년 봄 대한문 앞에 전단을 붙이고 국권이 회복되었다고 하여 대중을 모아 소동을 일으킨 일이 있다.
이태욱李泰旭	경성북부 소격동	윤돈구尹敦求의 도쿄東京여행에 수행했고, 또 베이징北京에 있었던 일이 있다.
이용현李用鉉	경성서부 필운동	잡배이지만 이태왕에게 신용이 있었다.
이명상李明翔	경성서부 보동	궁내부에서 근무하고, 권력이 내외에 떨친 일이 있었다.
윤헌섭尹憲燮	경성서부 공후동	왕년에 이태왕의 뜻을 받들어 도쿄東京로 가서 일본 형세를 탐색하고, 그 공으로 시종에 임명된 일이 있다.
여영조呂永祚	경성서부 동후동	유생으로 태신교太神敎를 조직하여 스스로 교주가 되다.
조기섭趙基燮	전남도 순천	유생
강봉주姜鳳周	충남도 공주군 의당면	양반유생
김창식金昌植	경기도 수원군 매곡면	폭도 이인영李麟榮의 부하로 우군장右軍將이라 하고 부하 150명을 거느리고 횡행하였다. 충남 청양에서 체포되어 처형되었다.
문창수文昌洙	충남 부여군 내산면	불명不明
류순종柳順宗	전북 고부	이전에 폭도였다.

고제만高濟萬	전북 부안군 백산면 죽림	이전에 폭도였다.
박하준朴夏駿	전남 광주 문외	불명
이희구李喜九	전남 광주군 지한면	불명
변승수邊承洙	황해도 해주	유생. 일찍이 블라디보스토크에 있었던 일이 있었다.
박문찬朴文燦	상동	상동
이칙李侙	충남도 홍주(현재의 홍성) 방면	유생. 1906년 민종식閔宗植의 참모장이라 칭하며 폭도를 일으켜 유형流刑에 처해졌다.
전경인田耕寅	전복 임파군 서원동	유생
유진오劉鎭五	충남 부여군 규암면 신리	유생
정학수鄭學洙	전남 영광군 묘장면	유생
정상건鄭尙健	상동	유생
신규식申奎植	전남 해남군 옥천면	불명
이흥래李興來	전북 임파군 산곡	유생
김문좌金文佐	전복 정읍군 길현	유생
김동진金東鎭	경북 영주군 부석면	유생
정돈하鄭敦夏	경북 영주군 풍기면	유생
김현각金顯珏	충남 이방면 상내리	유생
이중윤李重胤	충남 부여군 임천면	일찍이 군청서기였던 일이 있다. 본명은 이용철李容轍인 것 같다.
윤이병尹履炳14)	경성북부 대마동	유생. 총리대신 이완용李完用의 집에 불을 지르는 데 앞장선 자이다.
박종래朴鍾來	경성서부 우동	양기탁梁起鐸의 수하이며, 이전에 폭도였다.
강봉구姜鳳九	전남 나주	이전에 폭도였다.
최국崔局	전북 정읍	이전에 폭도였다.
이윤래李允來	전남 보성	이전에 폭도였다.
허형許蘅15)	경북 선산	유생 허위許蔿의 아들

---

7) 이기상 : 1871~1915, 충남 청양출신, 2005년 애국장.
8) 정철화 : 1878~1943, 경기도 용인출신, 1990년 독립장.
9) 임병찬 : 1851~1916, 전북 옥구출신, 1962년 독립장.
10) 임병대 : 1869~1936, 전북 정읍출신, 1996년 건국포장.
11) 조재학 : 1861~1943, 경남 의령출신, 1990년 애국장(1980년 건국포장).
12) 이은영 : 1868~1921, 경기도 여주출신, 1990년 독립장.
13) 임응철 : 1871~1951, 전북 정읍출신, 1990년 애족장(1983년 대통령표창).
14) 윤이병 : 1885~1921, 충남 논산출신, 1968년 독립장.
15) 허형 : 미상~1918, 경북 구미출신, 1991년 애국장(1968년 대통령표창).

2. 광복회光復會 사건

1917년 10월 이후 안둥현·오용배·신의주·평양·김천·경주 등으로부터 경상남북도·충청남도·경성 등의 부호 앞으로 광복회 명의로 된 국권회복 운동자금 제공을 요구하는 불온통고문이 자주 우송되어 와서, 관계도道 경찰부에서 수사 중이었다. 1918년 1월이 되어 충청남도 경찰부에서 관계자를 체포하여 문초한 결과, 도내 칠곡군 부호 장승원張承遠 및 충남 아산군 도고면장의 살해사건도 광복단원이 한 것으로 판명되었다. 이 사건의 주범인 박상진朴尙鎭은 경북 경주군 외동면 염동리, 이전에 규장각奎章閣(지금의 경학원經學院) 부제학이었던 박시규朴時奎의 장남이다. 박상진朴尙鎭은, 몇 대에 걸쳐서 고위관직에 올랐고 덕망이 높은 양반출신이다. 그는 어릴 때부터 큰 뜻을 품고 16세까지 자기 집에서 한문을 배운 후, 본도 선산군 출신으로 당시 참정參政(지금의 내각서기관장)직에 있었던 허위許蔿를 따라 수년 동안 그 훈도를 받았다. 21세가 되어서는 그 문하門下를 물러나 26세까지 경성의 양정의숙養正義塾에 들어가 법률과 경제학을 공부한 후에 판사 등용시험에 급제했던 자이다. 그간 은사 허위許蔿는 일본이 한국을 보호한다고 통감부를 설치한 것에 분개하여 마침내 관직을 던지고 경기도 임진강·강화도 일대에서 의병을 일으켜 당시의 정부를 전복하고 공고한 정부를 수립하려 했으나 목적을 달성하지 못하였다. 마침내 1908년에 그는 체포되어 경성감옥에서 사형의 처분을 받았다. 이에 박상진朴尙鎭은 허위許蔿의 사체를 받아내어 돈독하게 장사를 치른 인물이며, 또한 허위許蔿의 훈도에 의해 우국憂國의 생각이 대단히 심각한 데가 있었다. 그 후 박朴은 시기가 오기를 기다리고 있었던 바, 1917년 음력 6월 채기중蔡基仲[16](안동출신?)의 방문을 받아 협의를 했다. 그리하여 그는 첫 번째 일로 남조선 부호에게 협박문을 보내어 군자금을 징수하고 만일 응하지 않을 경우에는 사살하고, 그 밖에 충남 직산의 금광을 습격하고 또 중국에 건너가서 통화를 위조하여 사용하다가 점차 정화正貨(진짜 돈)로 바꾼 후 동부 3성省에서 조선인 장정을 훈련하고 군대를 편성하는 한편 조선 내 중요한 곳 100개소에, 1개소 1만 원의 자본으로 겉으로는 잡화상을 개업하여 그 이익을 갖고 국권회복의 자금으로 충당함과 동시에 무기의 구입을 도모하며 일단 유사시 일본이 외국과의 국교를 단절하게 되면 한꺼번에 일어나서 일본에 반항하면 결국 일본은 조선을 포기하게 될 것이라 하고, 우선 광복회라는

---

16) 채기중 : 1873~1921, 경북 상주출신, 1963년 독립장.

비밀결사를 조직하기로 결정하였다. 그렇게 해서, 그는 앞에서 기술한 바와 같이 각지의 부호에게 불온문서를 송부하였다. 또 일찍이 박상진朴尙鎭은 1912년 중국혁명 상황을 시찰하기 위해 중국에 갔을 때 입수한 권총 십수 정(판명된 것과 우이견禹利見 등이 구입한 것을 합치면 11정)을 각 동지에게 나누어주고, 강도·살인용으로 사용케 하였다. 이 사건 관계자의 성명과 주요한 범죄 사실은 아래와 같으며, 1918년 2월 1일 보안법 위반과 살인죄 및 총포화약 단속령 위반으로 송치되었다.

(1) 부호 장승원張承遠 사살

지난날 한국의 국정은 문란하여, 정부는 그 관직을 멋대로 매매하였다. 당시 경북 칠곡군 장승원張承遠은 허위許蔿로부터 20만 원의 시세를 가지는 경상북도 관찰사직을 얻으면서 유사시에는 돈을 내놓기로 약속하였다. 그럼에도 불구하고 장승원張承遠은 관찰사 취임 후 허위許蔿의 말을 받아들이지 않고 오만한 태도가 심하였다. 그 후 허위許蔿가 죽고 그의 형인 모(이름 불상不詳)가 허위許蔿의 유지遺志를 이어 의병을 일으킬 비용으로 돈을 내놓을 것을 강요했지만,[17] 장張은 이에 응하지 않을 뿐만 아니라 관헌에게 밀고하려고 했다. 또 장승원張承遠은 이왕李王 전하의 토지를 편취騙取한 불충한 자이며, 1916년 음력 5월 하순에는 경북도 왜관에 거주하는 김요현金堯賢의 처 이성녀李性女를 불법으로 구타하여 즉사케 했는데, 다액의 금전을 사용하여 마침내 의사로 하여금 병사病死로 검안檢案하도록 하는 등 비행은 일일이 헤아릴 수 없다하여, 박상진朴尙鎭은 장승원張承遠을 살해해야겠다는 생각을 금할 수 없었다. 그리하여 그는 비력臂力(팔힘)이 특히 뛰어난 권백초權百草를 시켜 그에게 권총 4정을 주어 1916년 음력 6월 하순 및 동년 7월 상순의 두 번에 걸쳐서 장張을 살해하려고 했으나 실패로 끝났다. 그뿐만 아니라 권백초權百草는 휴대한 권총으로 김진우金鎭瑀[18]·정운일鄭雲馹[19]·최병규崔丙圭[20]·김진만金鎭萬[21]·최준명崔俊明과 공모

---

[17] 한말 의병항쟁의 대표적인 의병장 왕산 허위 집안은 독립운동에 적극적으로 참여하였다. 맏형 허훈(許薰, 1836~1907)은 경북 진보의진의 창의장이었고, 허겸(許蒹, 1851~1940, 이명 爀)은 형 허훈과 아우 허위를 도와 의병항쟁을 펼쳤다. 또 1910년 국권상실 이후 허겸과 허형(許蘅, 1843~1922)·허필(許苾) 등은 일가를 이끌고 만주와 극동러시아로 망명하여 항일투쟁을 전개하였다. 그 가운데 허겸은 1919२ 망명하여 부민단 단장을 역임하였으며, 이후 만주지역 3·1만세운동 참가 및 군자금 모집활동을 적극적으로 펼쳤다.

[18] 김진우 : 1881~미상, 경북 대구출신, 1990년 애국장(1977년 건국포장).

[19] 정운일 : 1884~1956, 경북 내구출신, 1990년 애국장(1977년 건국포장).

[20] 최병규 : 1881~1931, 경북 대구출신, 1990년 애국장(1977년 건국포장).

[21] 김진만 : 1876~1934, 경북 대구출신, 1977년 독립장.

하여, 1916년 음력 8월 초순 대구부내 서우순徐祐淳의 집에 침입하여 강도를 했다. (이때 박상진朴尙鎭은 권총을 그들에게 건네주었다는 죄목으로 징역 6개월에 처해졌다) 해를 넘겨 1917년 11월 초순 박상진朴尙鎭(대구감옥 출감 후)은 채기중蔡基中에게 장승원張承遠을 살해할 일을 명했다. 그리하여 채기중蔡基中·경창순庚昌淳·임봉주林鳳柱22)·강순필姜順必23)의 4명이 각각 권총을 휴대하여 그 달 10일 장승원張承遠의 집에 침입하여 권총으로 그를 사살하고, 광복회원이라는 격문을 남기고 도주하였다.

(2) 면장 살해

김한종金漢鍾24)·장두환張斗煥25)은 임봉주林鳳柱·김경태金敬泰26)에게 충남 아산군 도고면장 박용하朴容夏를 살해할 것을 명하고, 사형선고문 및 권총 각 1정을 주었다. 그리하여 임봉주林鳳柱와 김경태金敬泰는 1918년 1월 24일 오후 7시 박용하朴容夏를 방문하여 사형선고문을 주고, 그가 이것을 다 읽고 나자 각각 권총 1발을 발사하여 즉사케 하고 도주하였다.

(3) 강도

그 밖에 충남도 관내 2개소 및 도내 안동군 부호 안종국安鍾國의 집에서 권총을 들이대고 협박하여 합계 244원을 강탈하고 도주하였다.

(4) 관계자 주소·성명

경북 경주군 외동면 녹동	충남 예산군 광시면 신흥리
주괴主魁 박상진朴尙鎭(35세)	김한종金漢鍾(35세)

---

22) 임봉주 : 1880~1921, 경북 영주출신, 1963년 독립장.
23) 강순필 : 1884~1921, 경북 상주출신, 1963년 독립장.
24) 김한종 : 1883~1921, 충남 예산출신, 1963년 독립장.
25) 장두환 : 1894~1921, 충남 천안출신, 1963년 독립장.
26) 김경태 : 1880~1921, 충남 청양출신, 1963년 독립장.
27) 정태복 : 1888~1960, 충남 홍성출신, 1992년 애족장.
28) 조종철 : 1891~1957, 충남 천안출신, 1991년 애국장.

충남 천안군 환성면 삼용리 장두환張斗煥(25세)	충남 청양군 적곡면 관현리 김경태金敬泰(39세)
충남 천안군 수신면 복다회리 경창순庚昌淳(38세)	충남 홍성군 장곡면 신풍리 정태복鄭泰復[27](31세)
충남 천안군 북면 매송리 백초百草 곧 권상석權相錫(54세)	충남 천안군 환성면 삼용리 조종철趙鍾哲[28](26세)
충남 예산군 광시면 신흥리 김상준金商俊[29](31세)	충남 청양군 비봉면 청수리 황학성黃學性[30](35세)
충남 천안군 천안면 성정리 성달수成達水(46세)	충남 예산군 광시면 신흥리 김재풍金在豊[31](30세)
충남 예산군 광시면 신흥리 김재창金在昶[32](30세)	충남 천안군 환성면 삼용리 류중협柳重協[33](28세)
충남 예산군 광시면 신흥리 김재정金在貞[34](57세)	충남 예산군 광시면 신흥리 김원묵金元默[35](26세)
충남 예산군 광시면 신흥리 김재철金在哲[36](46세)	충남 예산군 도고면 석당리 성문영成文永[37](32세)
충남 청양군 적곡면 화산리 기재련奇載璉(48세)	충남 청양군 적곡면 관현리 홍현주洪顯周[38](36세)
경북 안동군 풍서면 가곡동 권준흥權準興[39](38세)	경북 안동군 풍남면 하회동 류시만柳時萬[40](56세)
경북 안동군 풍서면 가곡동 권준희權準羲[41](71세)	경북 예천군 지보면 지보리 조용필趙鏞弼[42](52세)
경북 예천군 지보면 신풍리 윤창하尹昌夏[43](35세)	경북 영주군 풍기면 동부동 문봉래文奉來(49세)
경북 영주군 풍기면 서부동 채경문蔡敬文(37세)	경북 청도군 매전면 온막동 이연희李延禧(38세)
강원도 삼척군 노곡면 하군천리 김동호金東鎬[44](42세)	충남 예산군 광시면 신흥리 김재인金在仁(34세)
충남 공주군 반포면 영곡리 신태응申泰應(54세)	충남 청양군 적곡면 분향리 강순형姜順馨(39세)

경북 영주군 풍기면 서부리 재하在夏 곧 조용구趙龍九(17세)	충남 예산군 광시면 신흥리 김성묵金成默(57세)
충남 예산군 신양면 가지리 이재덕李在德[45](29세)	충남 아산군 송악면 동화리 강석주姜奭周[46](22세)
충남 예산군 광시면 신흥리 김완묵金完默(50세)	충남 연기군 전의면 읍내리 박장희朴壯熙[47](24세)
충남 연기군 전의면 읍내리 김영환金暎煥(28세)	충남 천안군 목천면 삼성리 김재호金在浩(47세)
충남 연기군 전의면 동교리 정내붕鄭來鵬(33세)	충남 홍성군 금마면 화양리 안창수安昌洙(35세)
충남 홍성군 장곡면 도산리 김창규金昌奎(39세)	충남 아산군 도고면 시전리 조봉하趙鳳夏(17세)
충남 천안군 동면 죽계리 이덕재李德宰(연령 미상)	경성부 인사동 어재하魚在河(25세)
충남 아산군 염치면 방현리 정우풍鄭雨豊[48](40세)	경북 경주군(이하 미상) 우이견禹利見(연령 미상)
경북 상주군 함창면 이안리 채기중蔡基仲(53세)	경북 상주군 함창면 이안리 권영묵權寧默(연령 미상)
경북 상주군 함창면 이안리 강정만姜正萬(30세)	경북 상주군 함창면 이안리 권중식權重植(27세)
경북 안동군(이하 미상) 권의식權義植(24세)	경북 안동군(이하 미상) 채소몽蔡素夢(40세)
경북 안동군(이하 미상) 정송산鄭松山(54세)	경북 안동군(이하 미상) 강모姜某(연령 미상)
경남 합천군 초계면 중동리 노재성盧在成(28세)	경북 상주군 함창면 이안리 강순필姜順必(35세)
경북 안동군 동후면 도곡리 이종영李鍾韺(40세가량)	경북 문경군 농암면 율수리 신철균申喆均(30세)
경북 풍기군 읍내리 정성산鄭性山(50세)	충남 아산군 송악면 외암리 이각열李珏烈(33세)

3. 조선국권회복단중앙총부朝鮮國權恢復團中央總部 사건
(일명 안일암安逸庵 사건)

　1915년 음력 정월 15일 경상북도 달성군 수성면 안일암에서 표면은 시회詩會라 말하고 집회를 하여, 조선국권회복단중앙총부라 칭하는 비밀결사를 조직했다. 통령統領에 윤상태尹相泰[49], 외교부장에 서상일徐相日, 교통부장에 이시영李始榮·박영모朴永模, 기밀부장에 홍주일洪宙一, 문서부장에 이영국李永局·서병룡徐丙龍, 권유부장에 김규金圭, 유세부장에 정순영鄭舜永[50], 결사대장에 황병기黃炳基를 천거했다. 또 경남 마산에 지부를 설치하여 안확安廓[51]이 그 지부장이 되고 이형재李亨宰·김기성金璣成을 역원役員 등으로 하여 각 부서를 정했다. 그리하여 단군대황조檀君大皇祖를 봉사奉祀하고 신명을 걸어 국권회복운동에 종사할 것을 서약하였다. 그 후 만주·극동러시아露領지방 동지와 연락을 위하여 윤창기尹昌基[52]·이시영李始榮·박영모朴永模·서상일徐相日은 상업시찰이라 빙자하여 그 지방으로의 여

[29) 김상준 : 1885~1994, 충남 예산출신, 1990년 애족장(1977년 대통령표창).
30) 황학성 : 1883~1947, 충남 청양출신, 1990년 애족장(1980년 대통령표창).
31) 김재풍 : 1884~1960, 충남 예산출신, 1990년 애족장(1980년 대통령표창).
32) 김재창 : 1887~1961, 충남 예산출신, 1990년 애국장(1977년 건국포장).
33) 류중협 : 1891~미상, 충남 천안출신, 1990년 애족장(1977년 대통령표창).
34) 김재정 : 1861~1940, 충남 예산출신, 1990년 애족장.
35) 김원묵 : 1891~1972, 충남 예산출신, 1990년 애족장(1983년 대통령표창).
36) 김재철 : 1873~1930, 충남 예산출신, 1990년 애족장(1980년 대통령표창).
37) 성문영 : 1887~1961, 충남 아산출신, 1990년 애족장(1980년 대통령표창).
38) 홍현주 : 1883~1945, 충남 청양출신, 1990년 애족장(1980년 대통령표창).
39) 권준흥 : 1881~1939, 경북 안동출신.
40) 류시만 : 1862~1933, 경북 안동출신.
41) 권준희 : 1849~1936, 경북 안동출신.
42) 조용필 : 1867~1946, 경북 예천출신, 1990년 애족장(1977년 대통령표창).
43) 윤창하 : 1884~1964, 경북 예천출신, 2005년 대통령표창.
44) 김동호 : 1877~1924, 강원도 삼척출신, 1990년 애족장(1977년 대통령표창).
45) 이재덕 : 1888~1961, 충남 예산출신, 1990년 애족장(1980년 대통령표창).
46) 강석주 : 1896~1950, 충남 아산출신, 1990년 애족장(1977년 대통령표창).
47) 박장희 : 1895~1950, 충남 연기출신, 1990년 애족장(1982년 대통령표창).
48) 정우풍 : 1879~1956, 충남 아산출신, 1990년 애족장.
49) 윤상태 : 1882~1942, 경북 대구출신, 1991년 애국장(1977년 대통령표창).
50) 정순영 : 1879~1941, 경북 성주출신, 1990년 애족장(1963년 대통령표창).
51) 안확 : 1886~1947, 서울출신, 1993년 애족장.
52) 윤창기 : 1888~1927, 경북 대구출신, 1990년 애족장.

행계획을 짜는 등, 오로지 시기를 살피고 있었다. 그러던 중에 1919년 3월소요(만세운동)가 발발하자, 중앙총부는 변상태卞相泰53)에게 명하여 4월 3일 경남 창원에서 동리사람 천 수백 명을 선동하여 그 군의 진동헌병주재소를 습격하던 중에 일본헌병과 충돌하여 수 명의 헌병에게 상해를 입혔다. 또 중앙총부에서는 만세소요 발발 후, 상하이에 임시정부를 설치하였고 만주 수샹링蘇項嶺에서 노백린盧伯麟을 교관으로 하여 3만 명의 병兵을 교련하고 있다고 하고 이를 위한 자금을 할당하여 모금하기로 하였다. 그리하여 배상연裵相淵은 액면 5000원의 약속어음에 월月과 일日을 기입하지 않고 서상일徐相日에게 주었다. 또 서상환徐相懽54)·서상호徐相灝는 음력 4월 초순에 할당액 6만 원 중 일부 1만 원을 송부했으며, 최준崔浚도 출자했다. 뿐만 아니라 이 단체는 별항에서 기술한 바 있는 곽종석郭鍾錫·장석영張錫英 등의 독립청원운동과도 연락이 있었다. 즉 1919년 4월 상순경에 단원 조긍섭曺肯燮55)이 집필한 독립진정서초안은 조曺의 명망이 높지 않았기 때문에, 곽종석郭鍾錫·장석영張錫英 등이 기획한 파리강화회의에 제출할 청원서를 받기 위해, 윤상태尹相泰는 그해 4월 상순에 단원 우하교禹夏敎56)를 장석영張錫英의 집으로 파견하였다. 그리고 김응섭金應燮은 이를 영문으로 번역하게 하여 절단해서 종이노끈으로 만들어 상하이로 갈 때 지참했다. 그가 대구를 출발할 때, 윤상태尹相泰와 서상일徐相日이 운동자금 5000원을 건네주어 남형우南亨祐와 함께 출발하였다. 또 이 단체는 부산 백산白山상회와 연락이 있을 뿐 아니라, 서상일徐相日은 태궁太弓상점 조직변경을 구실로 삼아 서창규徐昌圭에게 1만 원을 내게 하고 그 후 다시 서창규徐昌圭에게 시국을 빙자·협박하여 농공은행으로부터 1만 원을 대출받게 했다.

(그리고 이 사건과는 직접관계는 없지만 이 일파에 속하는 자로, 경성의 박중화朴重華, 밀양의 손영순孫永詢·손영와孫永窩, 대구의 정용기鄭龍基·한윤화韓潤和, 밀양의 전영택全榮澤, 동래의 이조원李祖遠, 양산의 안희제安熙濟, 청도의 최태석崔泰錫·최태욱崔泰旭, 동래의 윤현태尹顯泰, 대구의 양재하楊在河·정운기鄭雲騏·서병주徐炳柱·한익동韓翼東, 동래의 정인찬鄭寅贊 등이 있고, 박중화朴重華는 이 계통을 좌우한 자이다. 이를 확실히 하기 위해 이에 부기附記한다)

---

53) 변상태 : 1889~1963, 경남 창원출신, 1990년 애족장(1963년 대통령표창).
54) 서상환 : 1888~1968, 경남 통영출신, 1990년 애족장(1968년 대통령표창).
55) 曺肯燮은 주소로 보아 曺兢燮의 오식인 것 같다(다른 곳에서는 '兢'으로 표시되어 있다).
56) 우하교 : 1872~1941, 경북 대구출신, 1990년 애족장(1983년 대통령표창).

제7장 병합 이후의 본도관계 주요범죄

사건 관계자는 아래와 같다.

기記

본적 : 경북 대구부 시장북통 무역상 외교부장 서상일徐相日(33세)	본적 : 경북 대구부 횡정 대구은행원 이영국李永局(31세)
본적 : 경북 대구부 남산정 천도교교구장 비밀계 홍인일洪寅一(44세)	본적 : 경북 달성군 월배면 상인동 전 군수 중앙총부 통령 윤상태尹相泰(38세)
본적 : 경북 달성군 상인동 농업 전 영사領事 윤흠允欽 곧 우하교禹夏教(47세)	본적 : 경북 성주군 성주면 농업 배상연裵相淵(30세)
본적 : 경남 통영군 통영면 서상환徐相懽(33세)	본적 : 경북 대구부 경정 2정목 농업 서창규徐昌圭(38세)
본적 : 경북 대구부 은행부지배인 문서부장 서병룡徐丙龍(35세)	본적 : 경북 영일군 흥해면 중성동 편동현片東鉉(33세)
본적 : 경북 상주군 상주면 조필연趙弼淵(44세)	본적 : 경남 마산 김기성金基聲(29세)
본적 : 경북 대구부 명치정 2정목 (당시 원산거주) 윤창기尹昌基(31세)	본적 : 경북 고령군 운수면 김재열金在烈(26세)
본적 : 경남 마산부 석정 배중세裵重世(25세)	본적 : 경남 마산부 표정 이순상李舜相(33년)
본적 : 경북 성주군 월항면 장석영張錫英(69세)	본적 : 경북 성주군 성주면 배상렴裵相濂(연령 미상)
본적 : 경북 경주군 광복회원 박상진朴尚鎭(연령 미상)	본적 : 경북 대구부 봉산정 정운일鄭雲馹(연령 미상)
본적 : 경북 달성군 월배면 상인동(무직) 유세부장 정순영鄭舜永(연령 미상)	본적 : 경북 대구부 견정(무직) 교통부장 이시영李始榮(38세)
본적 : 경북 칠곡군 약목면(전 대구은행원) 신상태申相泰57)(연령 미상)	본적 : 경북 칠곡군 왜관면 이수묵李守默(연령 미상)
본적 : 경북 대구부 남산정(전 변호사) 김응섭金應燮(38세)	본적 : 경남 통영군 통영면(곡물상) 서상호徐相灝(51세)

본적 : 경북 고령군(전 보성중학교사) 남형우南亨佑(45세)	본적 : 경북 달성군 가창면 정대동 조긍섭曺兢燮(연령 미상)
본적 : 경북 경주군 최준崔浚(연령 미상)	본적 : 경북 대구부 서천대전정 정용기鄭龍基(42세)
본적 : 경남 진해 변상태卞相泰(연령 미상)	본적 : 경남 합천군(이하 미상) 교통부장 박영모朴永模(연령 미상)
본적 : 경남 마산 이형재李亨宰(연령 미상)	본적 : 경남 창원 안확安廓(연령 미상)
본적 : 충남 아산군(이하 미상) 권유부장 김규金圭(연령 미상)	본적 : 전라(이하 미상) 결사대장 황병기黃炳基(연령 미상)

4. 관공리 사직협박 및 폐점위협 사건(일명 최재화崔載華 사건)

　1919년 5월 8일 이후 도내 각지의 군·면직원과 경찰관에게 협박장을 보내고 사직을 요청하는 한편 대구부내 점포의 폐쇄를 강요하고 찬동하지 않는 자에게는 방화하겠다고 위협하는 내용의 불온문서를 빈번하게 붙이거나 또는 우송하여, 이 때문에 군·면직원은 적지 않게 공포심을 가지며 상점을 폐쇄하는 등의 일이 있었다. 범인수사 중 5월 14일이 되어, 대구부 경정 1정목에 있는 여인숙 박명옥朴明玉의 집에서 주범자 김수길金壽吉을 대구경찰서에서 체포하여 문초한 결과, 전기前記 사실의 범행을 밝혔다. 이 범죄는 그 관계자 및 수단방법 등에 따라 제1기 범죄와 제2기 범죄로 구별할 필요가 있다. 즉 제1기에서는 김수길金壽吉·이영식李永植·허성덕許聖德·이기명李基明·이종식李鍾植[58]·이종헌李鍾憲·최재화崔載華 등이 1919년 3월 18일부터 4월 16일까지 범행했던 것이 사실이고, 제2기는 앞서 기재한 일단一團에 이명건李命鍵·이영옥李榮玉·이수건李壽鍵·이덕생李德生 등이 이에 참가한 것으로 4월 17일 이후의 범죄이다.

---

57) 신상태 : 1889~미상, 경북 칠곡출신, 1990년 애족장(1963년 대통령표창).
58) 이종식 : 1891~1975, 경북 대구출신, 1990년 애족장(1968년 대통령표창).

제1기

김수길金壽吉은 3월 8일 대구에서의 시위운동의 상황을 목격하고 그날 밤 김천에 와서, 그곳의 기독교장로파 조수 김충한金忠漢59) 등과 공모하여 불온경고문을 인쇄하여 3월 11일 그곳 장날에 시위운동을 하기로 기획한 주모자 중의 한 사람이다. 그런데 그 자는, 김천에서의 불온기획에 차질이 생겨, 3월 12일 이래 같은 군 개령면 지방에 잠복해 있다가 3월 16일경 대구에 돌아왔다. 그리고 자기의 교우校友 또는 이전부터 지기知己이며 또 그와 마찬가지로 대구에서의 소요사건의 잔당인 이영식李永植 · 허성덕許聖德 · 이종식李鍾植 등과 회합 공모하여 다시 시위운동을 일으키기를 계획하였다. 또 그동안 이종식李鍾植과 이전부터 알고 있었던 관계로, 이종헌李鍾憲 · 최재화崔載華(최재화는 본적지인 선산군 해평면 내의 무지한 농민 50여 명을 선동 지휘하여 4월 3일 밤 해평경찰관주재소를 야습한 주모자로 그 후 대구로 도주해 온 자이다)가 이에 가담했다. 그리하여 3월 18일부터 4월 16일 사이에 주로 김수길金壽吉의 숙소였던 대구부 신정에 있는 김석진金石鎭의 집 또는 앞서 기재한 이종식李鍾植의 집을 본거로 하여, 대구부내에 거주하는 조선인 일반에게 등사판인쇄로 만든 인쇄물을 반포하고 불온사상을 고취했다. 또 검사 또는 헌병 · 경찰관인 일본인 · 조선인 직원에게 협박장을 송부하여 사직을 강요했다. 또한 조선인 상점에 대하여 점포폐쇄를 강요하고 말을 듣지 않는 자에게는 방화하겠다고 위협하거나, 시국을 풍자하는 의미의 벽보를 내붙이고 민심을 동요케 하였다.

제2기

제1기에서 그들 일단이 기획한 당초 목적의 대부분이 실현을 보지 못하고 계획이 어긋나자, 그들은 다시 이명건李命鍵 · 이영옥李榮玉 · 이수건李壽鍵 · 이덕생李德生 등과 제휴하여 제2기의 범죄를 꾸미기에 이르렀다. 이명건李命鍵은 경성의 기독교학교인 경신儆信학교에서 공부를 했고, 2년 후에는 중앙학교에 전학하여 1917년 4월 그 학교를 졸업했다. 그리고 그해 9월 중 아버지의 토지를 무단 매각하여 4만 5000원을 휴대하고 만주에 가서, 지린吉林에서 남쪽으로 약 30리 떨어져 있는 산쭈앙新莊이라는 지점에 약 1만 원으로 토지를 구입하여 농장을 경영했으나, 결국은 실패했다. 그 후 지린吉林에서 도적의 습격을 당하여 소지금 3000원을 제외한 나머지 전부를 잃고, 1919년 4월 상순에 경성으로 돌아왔

---

59) 김충한 : 1883~1965, 경북 의성출신, 1990년 애족장(1977년 대통령표창).

다고 한다. 그런데 당시 경성은 여전히 독립운동이 활발하였기 때문에 드디어 불온사상의 소용돌이에 빠져 대구에서 독립운동을 일으킬 것을 결의했다. 4월 15일 대구로 와서 촌상정 일송一松여관에 숙박하던 중, 전부터 알고 지내던 이영옥李榮玉·이수건李壽鍵·이덕생李德生 등의 내방이 있어서, 시국에 대해 의견을 교환하며 비밀리에 동지를 규합했다. 그러던 중에 김수길金壽吉과 알게 되고, 김수길金壽吉과 이수건李壽鍵을 연줄로 하여 제1기의 일단과 제휴하게 된 것이다. 이리하여 4월 17일경 밤에 동지일동이 대구부 남산정 한세동韓世東의 집에 회합하여 독립운동에 관한 여러 가지 의견을 교환했다. 그리고는 우선 당면의 운동방법으로는 독립에 관한 각종의 문서를 출판·반포하여 민심을 선동하고, 또 목적을 달성하는 데는 안팎으로 호응할 필요가 있으므로 동지 가운데서 시기를 보아 만주지방에 출장하여 그곳 불령조선인단체와 연락할 것을 모의하고, 각자의 분담을 아래와 같이 정하였다. 그 중에서도 김수길金壽吉·이명건李命鍵·최재화崔載華 3명은 은연중 수령격으로, 많은 책략은 이들 3명의 흉중에서 나온 것 같다. 그리고 그 비용은 우선 각자가 거출하기로 하여, 이명건李命鍵은 59원·이수건李壽鍵은 약 20원, 그 외의 자로부터는 약간씩 거출하여 약 100원을 한데 모았다. 일의 분담은 아래와 같다.

① 인쇄계　　　　　　　　　최재화崔載華·김수길金壽吉
② 인쇄물 기타 배달계　　　　이덕생李德生·이종식李鍾植·이종헌李鍾憲·이기명李基明·
　　　　　　　　　　　　　　허성덕許聖德
③ 출납계　　　　　　　　　　이수건李壽鍵
④ 만주 출장계　　　　　　　 이영옥李榮玉
⑤ 연락계　　　　　　　　　　이명건李命鍵

이와 같이 제반사의 준비를 갖추어 4월 22일·4월 27일·5월 7일 3회에 걸쳐 기독교장로 방명원方明圓의 집을 본거지로 하여,「근고동포謹告同胞」·「경아동포警我同胞」·「경고관공리동포警告官公吏同胞」 등의 격문을 200~300매씩 등사기로 인쇄하여 대구부내 일반조선인에게 반포하였다. 관공리에 대한 부분은, 본도 내 각 군의 군수·면장·면서기에게 우편으로 반포하여 지식계급의 궐기를 촉구했던 것이다. 그리고 이들 불온문서 출판에 사용했던 등사기구는 이영식李永植의 손을 거쳐 대구부 남산정 미국인 선교사 하바드 E. 프라이어의 집에 비치한 것을 반출해 온 것 같은데, 그 진상은 상세하지 않다. 이종식李鍾植의 진술로는 그것은 절취해온 것이라 하는데, 의심가는 점이 있다. 관계자는 아래와 같다.

기記

경북 김천군 증산면 금곡동 대구 기독계성학교 학생 계길季吉 곧 김수길金壽吉(19세)	경북 칠곡군 지천면 신동 무직 여성如星 곧 이명건李命鍵(19세)
경북 대구부 남산정 곡물상 화용化用 곧 이종식李鍾植(25세)	경북 칠곡군 왜관면 봉계동 무직 풍豐 곧 이영옥李榮玉(19세)
경북 달성군 달서면 내당동 기독교 장로파 장로 방명원方明圓(64세)	경북 선산군 해평면 산양동 기독교 장로파 집사 재하在河·동수東秀 곧 최재화崔載華(27세)
경북 칠곡군 지천면 신동 무직 시호時乎 곧 이수건李壽鍵(22세)	경북 칠곡군 지천면 신동 대구 기독계성학교 학생 이덕생李德生(19세)
경북 성주군 대가면 이천동 대구 기독계성학교 학생 이영식李永植(23세)	경북 영덕군 영덕면 삼사동 대구 기독계성학교 학생 허성덕許聖德(18세)
경북 의성군 북부면 상리동 대구 기독계성학교 학생 형석亨錫 곧 이기명李基明(23세)	경북 대구부 남산정 대구 기독계성학교 학생 이종헌李鍾憲(23세)

5. 조선민족대동단朝鮮民族大同團 사건

최익환崔益煥[60]은 항상 불온사상을 품고 있는 불령의 무리인데, 1919년 3월 1일 손병희孫秉熙 등 33명이 독립선언을 하여 체포되자 이를 유감으로 생각했다. 그리하여 최崔는 다시 각 계급을 대표하는 인물을 규합하여, 민족의 의사를 강화회의 및 미국 대통령에게 알림으로써 그들의 원조로 독립의 목적을 달성하려는 계획을 세우고, 전협全協[61]과 모의하여 이의 실행에 착수하기로 결정하였다. 먼저 조선민족대동단朝鮮民族大同團이란 결사를 조

---

[60] 최익환 : 1891~1959 충남 홍성출신, 1990년 애국장(1977년 건국포장).
[61] 전협 : 생몰연대 미상, 황해도 연백출신, 1990년 애국장(1982년 건국포장).

직하여 운동을 개시할 방침을 갖고, 1919년 3월 하순부터 4월 상순에 김찬규金燦奎를 설득해서 이 기획에 참가케 하였다. 전협全協과 김찬규金燦奎는 귀족·유림 등 중류 이상의 계급에서 동지를 구하려 운동하고, 최익환崔益煥은 청년 및 노동자층에 대한 권유를 담당하였고, 동시에 최익환崔益煥은 주로 각종 문서의 입안 및 인쇄·배포의 임무를 맡게 되었으며, 권태석權泰錫을 설득하여 인쇄 및 기타에 드는 비용을 제공하도록 했다. 그는 또 동지가입권유의 수단으로 「선언문宣言文」·「진정서陳情書」·「방략方略 및 기관機關」이라는 제목의 불온문서를 작성하고 중국신문을 발췌하여 「포고佈告」라는 제목을 붙인 문서를 합쳐서 4월 중순 수일에 걸쳐서 전협全協과 같이 이것을 인쇄하여, 그 몇 부를 비밀리에 배부하였다. 또 「선언서宣言書」·「경고문警告文」·「일본 국민에게 고함」이라는 제목의 불온문서를 작성하여 널리 일본인·조선인의 각 분야에 퍼뜨리고, 민족독립의 기세를 해외에 알리기 위하여 5월 16일경 권태석權泰錫과 같이 이를 인쇄했다. 한편, 앞서 기술한 진정서를 중국 상하이에 있는 동지의 손을 거쳐 파리강화회의에 참석한 각국 위원 및 미국 대통령에게 보내기로 하여 도항비 조달을 위하여 이능우李能雨에게 사정을 말하고, 다른 사람들이 돈을 내도록 그가 백방으로 노력하였다. 또 이능우李能雨를 통해서 나경섭羅景燮으로 하여금 노동자를 사주하여 조선인들에게 문서를 배부하도록 하였고, 김영철金永喆로 하여금 일본인에게 문서를 배부하는 방법을 강구해 보겠다는 약조를 받았다. 이렇게 하여 다수 단원의 가입으로 단체조직을 완료하려던 중에 관헌의 단속이 엄중해져서 급히 상하이로 도피하려고 하였으나, 그때까지도 일반에게 문서를 배부하는 데 까지는 손이 미치지 못하였다. 그러다가 이능우李能雨로부터 자금조달이 되었다는 보고를 받고 함께 출발하려 하였지만, 그들이 출발하기 전에 경기도경찰부에 체포되었다. 김찬규金燦奎는 구舊 한국시대에 참판의 직에 있었고 상류사회와 교제가 있었기 때문에, 후작 박영효朴泳孝·남작 김가진金嘉鎭·민영달閔泳達 등에게 남몰래 이 계획에 참여하도록 설득했다고도 한다. 최익환崔益煥은 5월 10일경 경상남도 거창지방에 있는 유생 곽종석郭鍾錫의 문하생에게 자기의 생각을 알리겠다고 말하고 출발한 채 소재가 불명이어서 범죄 상황이 소상하지 않다. 또 전협全協은 원래 일진회一進會 평의원으로 경기도 부천군수였던 일도 있으나, 한일병합에 불평을 갖고 솔권하여 서간도에 이주했던 자로서, 최익환崔益煥 체포 전일까지는 경성에 있었지만 그 후에는 소재불명이다. 사건은 문초를 마치고 1919년 4월 제령 제7호 위반으로 1919년 6월 경성지방법원 검사에게 송부하였다. 관계자는 아래와 같다.

기記

본적 : 충남 홍성군 홍양면 옥암리 주소 : 경성부 종로통 5정목 178번지 양제은楊濟殷 집 무직 석훈錫勳 곧 최익환崔益煥(30세)	본적 : 미상 주소 : 중국 만주 하이룽현海龍縣 무직 국환國煥 또는 도진道鎭 곧 전협全協(45세가량)
본적 : 경북 영주군 읍내 주소 : 중국 만주 하이룽현海龍縣 무직 호號 석연石然 김찬규金燦奎(55세)	본적 : 경북 김천군 김천면 남산정 주소 : 경성부 종로통 5정목 178번지 양제은楊濟殷 집 무직 권태석權泰錫(25세)
본적 : 경성부 장사동 137번지 주소 : 경성부 통동 155번지 무직 이능우李能雨(35세)	본적 : 경기도 수원군 안룡면 송산리 주소 : 상동 재목상 나경섭羅景燮(53세)
본적 : 경북 영덕군 영해면 학역동 주소 : 경성부 인의동 5번지 이인노李仁魯 집 경성의학전문학교 학생 김영철金永喆(22세)	

6. 유학생의 운동자금조달 사건

이용로李龍魯(양부養父는 자산 10만 원을 가지고 있으며, 자기 명의名義의 자산도 수만 원이 있다)는 1919년 6월 23일 도쿄東京에서 돌아와 자기 소유의 전답 등을 매각하여 수천 원을 조달하려 하는 혐의점이 있었다. 그달 24일 대구 헌병분견대가 동행 조사한 결과, 이용로李龍魯는 장인환張仁煥의 사주로 상하이의 임시정부를 원조하기 위해 운동자금 조달 때문에 돌아와 있다는 것과 앞에서 기술한 부동산을 매각코자 한 것은, 그것을 독립운동 자금에 충당하려는 목적으로, 일단 도쿄東京에 갈 때 휴대하여 장인환張仁煥의 지휘를 받을 예정이었던 것도 판명되었다. 뿐만 아니라 오환민吳煥敏(실부實父는 자산 10만 원을 가지고 있다)도 1919년 4월 상순 귀성歸省하여 이용로李龍魯처럼 장인환張仁煥의 사주로 운동자금 조달을 위해 돌아온 자임이 이용로李龍魯의 자백에 의해서 판명되었다. 이 사건은 6월 24일 소관 검사에게 일단 사건을 송부하였고, 주모자 장인환張仁煥에 대해서는 검사가 즉일 일본 본토로 구인장拘引狀을 발송했다. 관계자는 아래와 같다.

기記

본적 : 경북 달성군 하빈면 하산동 동아예비교생 이용로李龍魯(22세)	본적 : 경북 김천군 과곡면 광명동 동아예비교생 오환민吳煥敏(26세)
본적 : 경남 합천군 초계면(이하 미상) 당시 東京府 神田區 北神保町 春陽館內 중앙대학생 장인환張仁煥(23세)	

7. 독립자금 충당을 위한 중국지폐위조 사건

상해임시정부와 연락하여 독립운동자금에 충당하려고 안우선安祐璿의 집에서 인쇄기계를 차려놓고 중국지폐를 위조하던 중에 본도 경찰부에서 검거하여, 미완성의 위조된 중국지폐와 인쇄기계·기타 다수의 증거품을 압수하였다. 관계자는 아래와 같으며 사건은 1919년 10월 송치되었다.

기記

본적 : 경성부 종로 6정목 201번지 전 조선진위대 2등 군의軍醫 전 재판소서기·의사·측량사 안우선安祐璿(39세)	본적 : 경성부 종로 6정목 201번지 인쇄업 정태영鄭泰英(31세)
본적 : 전북 김제군 불량면 상포리 108번지 농업 조내헌趙乃憲(35세)	본적 : 전남 영암군 영암면 대신리 전 경부警部 무직 박행원朴幸源(35세)
본적 : 전남 목포부 북교동 222번지 시천교 포덕사 양정묵梁正默(44세)	본적 : 전라도(이하 미상) 주소 : 경북 대구부 덕산정 번지미상 자칭 흠치교 부副선생 하일청河一淸(40세)
본적 : 경북 달성군 하빈면 하산동 무직 이증로李曾魯(22세)	본적 : 경성부 안국동 46번지 석판직공 최영설崔濚洩(42세)
본적 : 경성부 훈정동 17번지 인쇄직공 김석기金錫基(37세)	본적 : 경북 상주군 상주면 거동리 양반 농업 조남대趙南臺(38세)

8. 대한민국청년외교단 및 애국부인회 사건

1919년 10월 별항에 기재한 중국지폐위조사건 관계자의 소재를 수사하던 중에, 첩자를 통하여 청년외교단지부장 신임장·금전영수증·한국국치기념 경고문·기타 다수의 불온문서를 본도 경찰부 제3부에서 발견하여 조사한 결과, 아래에 기재한 사실을 판명하여 같은 해 12월 11일 사건을 송치하였다.

(1) 대한민국청년외교단

이병철李秉澈[62]·송세호宋世浩[63]·연병호延秉昊[64]·조용주趙鏞周[65]의 4명은 1919년 6월 경성 흡동 170번지 이병철李秉澈의 집에 집합하여, 조선의 독립을 위해서는 일반조선인에게 독립사상을 주입하고 상해임시정부의 운동을 응원하며 또 세계 각국의 동정을 구하는 외에 일본정부에 대해서는 특파원을 파견하여 조선독립을 요구함으로써 그 목적을 달성하기 위하여 대한민국청년외교단이란 비밀결사를 조직하기로 하였다. 그리하여 그 사무소를 이병철李秉澈의 집에 두고, 운동자금으로 1600원을 거출하였다. 그 후 송세호宋世浩·정낙륜鄭洛倫 등을 지휘하여 단원의 모집규합에 노력하는 한편, 동지 중에서 단연 두각을 나타내고 배일사상이 가장 강고한 안재홍安在鴻을 총무에 천거했다. 그리고 전적으로 이병철李秉澈의 거처와 경성 화동 138번지 전 중앙학교의 빈집을 밀회장소로 결정하고, 단원을 모집하였다. 그러자 같은 뜻을 가진 불령조선인들이 점차 호응하여 입단해오므로, 각각 분담을 정하였다. 또한 상해임시정부와 연락을 취하기 위해 송세호宋世浩를 상하이지부장으로 정하고, 또 각도와 연락을 취하기 위해 회령·대전·충주에 지부를 설치하여, 비밀리에 아래와 같은 행동으로 나아갔다.

1) 국치기념國恥紀念 경고문의 반포

1919년 8월 29일 한일병합기념일을 이용하여 독립시위운동을 시도할 목적으로, 편집

---

[62] 이병철 : 생몰연대 미상, 충북 충주출신, 1990년 애족장(1963년 대통령표창)
[63] 송세호 : 1893~1970, 경북 구미출신, 1991년 애국장(1963년 대통령표창).
[64] 연병호 : 1894~1963, 충북 괴산출신, 1963년 독립장.
[65] 조용주 : 1891~1937, 경기도 연천출신, 1991년 애국장(1963년 대통령표창).

원 이의경李儀景66)은 단원 나창헌羅昌憲과 함께, 독립만세를 부르게 하고 상점이 폐점을 하도록 국치기념 경고문이란 것을 썼다. 그리고 단원 안우선安祐璿으로 하여금 이 경고문 300매를 인쇄케 하여, 경성 종로통에서 뿌렸다. 이 때문에 29·30일 양일간 가게를 닫은 자가 많았고, 또 이것이 조선인 사이에 불온사상을 선동하게 됨은 물론 당시 민심에 걱정하고 두려워하는 생각을 낳게 하였다.

2) 상해임시정부에 건의서 제출

이병철李秉澈·안재홍安在鴻·연병호延秉浩·송세호宋世浩·조용주趙鏞周 등은 국제연맹회의에 특파원을 파견하여 한국독립운동에 대해 열강이 원조·승인을 하도록 진력해 볼 필요가 있다하여, 건의서를 상해임시정부에 제출하기로 협의하고 안재홍安在鴻이 주필이 되어 6개조에 이르는 건의서를 작성했다. 그리하여 1919년 8월 안재홍安在鴻·이병철李秉澈 명의로 대한민국 임시정부 국무총리 이승만李承晩 앞으로 건의서를 작성하여, 상해임시정부 통신원 이종욱李鍾郁67)으로 하여금 이를 휴대케 하여 보냈고 같은 해 9월 8일 국무총리 안창호安昌浩로부터 건의建議를 기꺼이 받아들인다는 서한을 받았다. 이 결과, 그달에 외교특파원 조용은趙鏞殷을 파리에 파견하게 되었다.

3) 외교특보의 반포

1919년 9월 2일 일반조선인에게 불온사상을 주입할 목적으로 편집원 이의경李儀景은 단원 나창헌羅昌憲과 함께 신문의 체재體裁로 꾸민 「외교시보時報」라는 불온문서를 써서 단원 안우선安祐璿에게 300매를 인쇄케 하고, 이를 경성부 종로통에서 퍼뜨려 불온사상을 주입하여 민심을 교란하였다.

4) 상해임시정부로 송금

총무 이병철李秉澈 및 재무부장 김태규金泰圭68)는 상해임시정부를 원조할 목적으로 550원을 거출하여, 1919년 9월 초순 상하이에서 온 임시정부 통신원 이철李澈에게 맡겨 송금하였다.

---

66) 이의경 : 1899~1950, 황해도 해주출신, 1990 애족장(1963년 대통령표창).
67) 이종욱 : 1884~1969, 강원도 평창출신, 1977년 독립장.
68) 김태규 : 본명 金泰珪, 생몰연대 미상, 충북 괴산출신, 1990년 애족장(1963년 대통령표창).

5) 대달大達청년당 조직

이병철李秉澈·송세호宋世浩·연병호延秉昊·조용주趙鏞周와 안재홍安在鴻 등은 청년외교단과 같은 소규모 단체로는 독립운동을 완전히 수행할 수 없으므로, 주의를 함께하는 각지의 단체를 한 덩어리로 묶고 또 범위를 확장하여 대달大達청년당을 조직하기로 공모했다. 그리하여 1919년 9월 이후 안재홍安在鴻이 주필이 되어 대달청년당의 강령 및 규칙을 작성하고 그 내용에 대한 안을 짜고 있던 중이었다.

(2) 대한민국애국부인회

오현주吳玄洲·이정숙李貞淑[69]·오현관吳玄觀은 1919년 3월 경성에서의 만세소요사건 때문에 감옥에 간 자에게 물품과 음식물을 차입하기로 계획하여 혈성단血誠團애국부인회를 조직했다. 또 이병철李秉澈·임창준林昌俊 등도 1919년 4월 최숙자崔淑子[70]·백성현白性玄·김원경金元慶[71]·경하순慶河順·김희열金凞烈·김희옥金凞玉 등과 함께 대조선독립애국부인회를 조직했다. 그 후 이병철李秉澈은 1919년 6월 조선독립애국부인회로부터 최숙자崔淑子·백성현白性玄·김원경金元慶·경하순慶河順·김희열金凞烈·김희옥金凞玉을 데리고 경성부 연지동 136번지 오현주吳玄洲의 집에 가서, 오현주吳玄洲·오현관吳玄觀과 만나 혈성단血誠團애국부인회와 합병을 제의하여 찬성을 얻어 대한민국애국부인회라고 개칭하였다. 오현관吳玄觀을 총재겸 재무부장에, 부총재를 김희열金凞烈, 회장 겸 재무주임을 오현주吳玄洲, 부회장을 최숙자崔淑子, 평의장評議長을 이정숙李貞淑, 외교원을 장선희張善禧,[72] 서기를 김희옥金凞玉으로 하고, 이병철李秉澈을 고문으로 선임하였다. 그리고 평양·개성·대구·진주·기장·밀양·거창·통영·양산·울산·부산·마산·군산과 전부터 연락이 있었던 회령·정평定平·목포·전주·광주·여수 등에 지부를 두고, 지부장을 각각 임명하였다. 그간 회원 및 지부장으로부터 거출하여 본부에 보내온 돈은 합계 747원이 되었는데, 그중 300원을 상해임시정부에 송금하였다. 그 후 1919년 9월 19일 경성의 정신여학교 교장인 장로파 미국선교사 천부인千婦人 곧 미스 데인의 집 2층에서 김마리아金瑪利亞[73]·황애시덕黃愛施德[74]의 출

---

[69] 이정숙 : 1898~미상, 함남 북청출신, 1990년 애족장(1963년 대통령표창).
[70] 최숙자 : 본명 崔甲順, 1898~미상, 함남 정평출신, 1990년 애족장(1980년 대통령표창)
[71] 김원경 : 1898~1981, 서울출신, 1990년 애족장(1963년 대통령표창).
[72] 장선희 : 1894~1970, 황해도 재령출신, 1990년 애족장(1963년 대통령표창).
[73] 김마리아 : 1892~1944, 황해도 송화출신, 1962년 독립장.

옥을 축하하는 의미로 대한민국애국부인회의 주된 자와 각 지부장을 소집하였다. 그곳에서 김마리아金瑪利亞·황애시덕黃愛施德·오현주吳玄洲·이혜경李惠卿75) 외 11명은 부인회본부 규칙 및 지부 규칙을 기초起草하기로 결의하고 새로 역원役員을 선출하였다. 회장 김마리아金瑪利亞, 부회장 이혜경李惠卿, 총무겸 편집위원 황애시덕黃愛施德, 임시서기 신의경辛義敬,76) 부서기 황인덕黃仁德, 교제원 오현관吳玄觀, 적십자장赤十字長 이정숙李貞淑·윤진수尹進邃, 결사장決死長 이성완李誠完77)·백신영白信永,78) 재무원 장선희張善禧로 하고, 또 그 밖의 역원役員을 임명·교체하고, 다시 대한민국애국부인회본부로 개칭했다. 그 후, 회장 김마리아金瑪利亞는 이혜경李惠卿과 함께 가는 명주로 만든 지부장 신임장을 먼저 대구지부장 이금례李今禮에게 백신영白信永으로 하여금 전달하도록 하고, 인장도 새로 만들었다. 그간 호놀룰루 조선인애국부인회로부터 그해 10월 2000원을 보조금으로 송부해온 것을, 그달에 김마리아金瑪利亞 명의로 임시정부의 이승만李承晩에게 독립운동자금으로 송부하였다.

(3) 대한적십자회 대한지부

상해임시정부원員 이의경李義儆79)은 조선에 독립전쟁이 있을 때 구호의 임무를 수행하기 위해 조직된 대한적십자회의 총지부를 경성에 설치하고 동지를 규합하기 위하여, 통신원 이종욱李鍾郁을 파견하여 그 계획을 세우도록 하여 경성 수은동 3번지에 사무소를 두었다. 그리고 1919년 9월 이병철李秉澈을 간사 및 명예회원에 추천하고, 각 도에 지부를 두고 널리 동지회원으로부터 의연금을 모집하기 위하여 각각 역원을 임명했다. 이리하여 본회로부터 송부되어 온 그 회의 선언서 500매 중 대부분을 반포하여 활동을 개시했다. 이 조직의 관계자는 다음과 같다.

---

74) 황애시덕 : 1892~1971, 평남 평양출신, 1990년 애국장(1977년 건국포장).
75) 이혜경 : 생몰연대 미상, 함남 원산출신, 1990년 애족장(1963년 대통령표창).
76) 신의경 : 1898~미상, 서울출신, 1990년 애족장(1963년 대통령표창).
77) 이성완 : 1900~미상, 함남 정평출신, 1990년 애족장(1980년 대통령표창).
78) 백신영 : 생몰연대 미상, 경남 부산출신, 1990년 애족장(1963년 대통령표창).
79) 이의경 : 李喜儆의 오식이다. 1890~1941, 평남 순천출신, 1968년 독립장.

(4) 관계자

본적	주소	역원役員	직업	범인 성명	연령
충북 충주군 앙성면 영죽리	경성부 합동 170	청년단총무 부인회고문 적십자간사 겸 명예회원	무직	이병철李秉澈	21세
경기 진위군 고덕면 두릉리	경기 진위군 고덕면 두릉리	청년단총무	무직	안재홍安在鴻	29세
경기 고양군 연희면 연희리	경성부 세브란스병원	청년단외교부원	사무원	김연우金演祐	26세
함남 정평군	중국 상하이	청년단간사장	무직	김홍식金弘植	25세가량
충북 괴산군 읍내	충북 괴산군 읍내	재무부장	무직	김태규金泰圭	23세가량
황해도 해주군 해주면 서영정 96	경성부 안국동 18	청년단편집원	학생	이의경李儀景	22세
경기 연천군	프랑스 파리	외교특파원	무직	조용은趙鏞殷	40세가량
경기 연천군	중국 펑톈奉天 동래상회	외교원	사무원	조용주趙鏞周	35세가량
충북 괴산군 청안	중국 상하이	외교원	무직	연병호延秉昊	27세가량
충북 충주군 노은면	경성부 수은동 3	특별단원	무직	정낙륜鄭洛倫[80]	35세가량
강원 평창군 월정사	부정不定	특별단원	승려	용창헌龍昌憲	25세가량
평북 성천군	경성	특별단원	학생	나창헌羅昌憲	24세가량
충남 대전군 기성면 가수원리	중국 상하이	특별단원	학생	이강하李康夏[81]	23세가량
충북 충주읍	중국 상하이	특별단원	무직	류흥환柳興煥	22세가량
충북 충주읍	중국 상하이	특별단원	무직	류흥식柳興植	27세가량
평북 정주군	경성부 합동	특별단원	학생	이경하李敬夏	28세
충북 충주군 노은면	중국 상하이	특별단원	무직	정석희鄭錫熙	19세
경북 선산군 해평면	경성감옥	청년단상하이지부장	승려	송세호宋世浩	30세가량
함북 회령	함북 회령	청년단회령지부장	무직	나대화羅大化[82]	30세
충남 대전군 기성면 가수원리	충남 대전군 기성면 가수원리	청년단대전지부장	만주일보 지국장	이호승李鎬承[83]	30세
충북 충주군 신니면	충북 충주군 신니면	청년단충주지부장	서당 교사	윤우영尹宇榮	42세

강원 평창군	경성부 수은동 3	상해임시정부통신원 적십자특파원	승려	이종욱李鍾郁	40세가량
경성부 종로 6정목	대구감옥	청년단단원	전 의사 측량사	안우선安祐璿	39세
미상	경성 세브란스병원	청년단단원	사진사	이일선李日宣[84]	24세가량
충남 대전군 기성면 가수원리	충남 대전군 기성면 가수원리	청년단단원	정미업	이원희李元熙	20세
미상	부정	청년단단원	불명	서상일徐相一	30세가량
충북 충주군 가금면	경성부 합동 170	적십자명예회원	고용인	정태영鄭泰榮[85]	32세가량
경성부 연건동 202	경성부 연건동 202		정미소 고용인	이병규李炳奎	33세
경성부 연건동 202	경성부 연건동 202		무직	신애지申愛只	28세
경성부 연건동 202	경성부 연건동 202		고용인	이병호李炳浩	28세
경성부 낙원동	경성부 연건동 136 정신여학교	구舊 정신여학교 내 회원11명대표자신新회장	교원	(여) 김마리아 金瑪利亞	26세
경성부 효제동 44	원산부 상동 22 일진여학교 내	신新 부회장	교원	(여) 이혜경李惠卿	30세
경성부 연지동 27	경성부 연지동 27	구舊 회장 겸 재무주임 신新 교제원	무직	(여) 오현관吳玄觀	31세
경성부 연지동 243	경성부 연지동 243	구舊 총재 겸 재무부장 적십자회원	무직	(여) 오현주吳玄洲	28세
평남 평양부 대찰리 135	경성 종로 6정목 20 방만영方萬榮 집	신新 총무 겸 편집원	도쿄東京 여자의전2년생	(여) 황애시덕 黃愛施德	26세
경성부 입정정	경성부 입정정	구舊 부회장	미상	(여) 최숙자崔淑子	미상
경성부 장교정 3	경성부 장교정 3	구舊 서기	유치원 교원	(여) 김희옥金凞玉	20세
함남 북청군 양가면 초리동	경성 세브란스병원	구舊 평의원 경성지부장 신新 적십자장長 적십자회원	간호부	(여) 이정숙李貞淑	22세
경성부 낙원동	경성부 낙원동	구舊 평의원	미상	(여) 김희열金熙烈	미상

경성 세브란스병원	경성 세브란스병원	구舊 평의원 적십자회원	간호부	(여) 박옥신朴玉信	미상
황해 재령군 재령면	경성부 연지동 136 정신여학교 내	구舊 평의원 신新 재무원	교원	(여) 장선희張善禧	24세
이원利原	미상	구舊 평의원	미상	(여) 박덕혜朴德惠	미상
전북 옥구군 지경역전 앞 대야면 몽자산	전북 옥구군 지경역전 앞 대야면 몽자산	구舊 통신원	미상	(여) 이순길李順吉	미상
경남 울산	경성부 이화학당 내	구舊 통신원	학생	(여) 김백전金白全	미상
황해	황해	구舊 통신원	학생	(여) 이신애李信愛	미상
미상	중국 상하이	구舊 대표원 상하이파견	무직	(여) 김원경金元慶	미상
경성부 죽첨정 3정목 8	경성부 죽첨정 3정목 8 성경학원 내	구舊 성경학원 내 회원대표자 적십자회원	학생	(여) 성경애成慶愛	40세
경성부 정동 32	경성부 정동 32 이화학당 내	동대문병원 내 회원20명대표자	교원	(여) 김태복金泰福	34세
경성부	경성부 동대문 내 사립부인병원 내	이화학당 내 회원20명대표자	간호부	(여) 박인덕朴仁德	22세
경기 인천부	경기 인천부	구신舊新 인천지부장	미상	(여) 이마리아 李瑪利亞	미상
함남 정평군 부내면 경흥리	경성 교동 151 배화여학교 내	배화여학교회원15명대표자·신新 결사대장	교원	(여) 이성완李誠完	23세
경성(이하 미상)	경성(이하 미상)	여자성경학원대표자	미상	(여) 이치수李致壽	미상
경성부 효제동 35	경성 연지동 136 정신여학교 내	신新 서기	교원	(여) 김영순金英順86)	25세
경성부 율목동	경성 연지동 136 정신여학교 내	부서기	교원	(여) 신의경辛義敬	22세
경성 세브란스병원	경성 세브란스병원	신新 적십자장	간호부	(여) 윤진수尹進遂	미상
경성(이하 미상)	경성(이하 미상)	신新 재무원	미상	(여) 홍은열洪恩烈	미상
경성(이하 미상)	경성(이하 미상)	신新 재무원	미상	(여) 정근신鄭根信	미상

황해 황주군 재안면 재안리	전북 옥구군 개정면 구암리	구신舊新 군산지부장	메리보르덴 여학교87) 교원	(여) 이마리아 李瑪利亞	22세
경성(이하 미상)	경성(이하 미상)	개성지부장	미상	(여) 권명범權明範	미상
경남 진주군 진주면 평안동	경남 진주군 진주면 평안동 광재여학교 내	구신舊新 진주지부장	교원	(여) 박보근朴寶卺	23세
경남 진주군 진주면 평안동	경남 진주군 진주면 평안동 광재여학교 내	진주지부회원	무직	(여) 박순복朴順福	32세
경남 진주군 진주면 평안동	경남 진주군 진주면 평안동 광재여학교 내	진주지부회원	무직	(여) 박덕실朴德實	19세
경남 동래군 기장읍	경남 동래군 기장읍	구신舊新 기장지부장	미상	(여) 김인각金仁覺	미상
전북 전주군 전주면 완산정 294	전북 전주군 전주면 완산정 294 기전여학교 내	구신舊新 전주지부장 신新 재무원	교원	(여) 류보柳寶	21세
전북 옥구군 개정면 구암리	경남 마산부 상남리	구신舊新 마산지부장	의신여학교 교사	(여) 이유희李有喜	24세
함북 회령	함북 회령	구신舊新 회령지부장	미상	(여) 김오인金五仁	미상
함북 회령	함북 회령 기독교회 내	회령지부회원	미상	(여) 이효경李孝敬	미상
경성부	경성여자고등보통학교 내	구舊 가정평지부장	교원	(여) 김치순金致順	미상
경기 개성	개성고려병원 내	구신舊新 개성지부장	미상	(여) 이은사李恩師	미상
함북 성진	함북 성진	구신舊新 성진지부장	미상	(여) 신애균辛愛均	미상
경북 대구부 남산정 342	경북 대구부 남산정 342	구舊 부인회대구지부장	무직	(여) 류인경柳仁卿88)	25세
경북 군위군 소보면 위성동 80	경북 대구부 명치정 2정목 139	신新 대구지부장 재무원	무직	(여) 이금례李今禮	26세
경남 부산부 초량동 313	경남 부산부 초량동 313	구舊부산지부장 신新 결사대決死隊장	전도사	(여) 백신영白信永	31세
평남 평양부	평남 평양	구신舊新 평양지부장	미상	(여) 이신성李信聖	미상
자칭自稱 평양(이하 미상)	중국 상하이	상하이통신원	무직	임득산林得山	미상

| 함북 정평 | 함북 정평 | 구舊 정평특별회원 | 미상 | (여)
박봉우朴鳳雨 | 미상 |
| 미상 | 중국 상하이 | 상하이통신원 | 무직 | 임창준林昌俊 | 미상 |

9. 조선독립청년단 사건

  이기호李祁鎬는 안동군의 양반으로 성격이 매우 교활하고 고집이 세서 지금까지 몇 번 정치범으로 경찰관헌의 문초를 받은 일이 있지만, 자백하지 않고 교묘하게 모면해온 자이다. 본인은 1919년 5월중 안동군 지방에서의 불령자의 대표로서 상해임시정부에 연락을 취하려고, 6월 초에 출발하여 중국 안둥현安東縣에 건너가 김사익金思益 집에 3·4일 머문 후 류따오꺼우六道溝에서 1개월여를 체재했다. 이 사이에 임기반林基盤[89](그 당시 안둥현安東縣 거주)과 친교를 맺고, 그 자가 소지하고 있는 지폐위조 재료인 동판·약품 등으로 독립자금으로 사용할 지폐위조를 계획했다. 또 농업경영을 명목으로 베이징北京에서 청년단을 조직하여 상해임시정부와 협력하도록 계획하고 임기반林基盤과 전후해서 베이징北京에 도착하여, 학생 서사보徐四甫 집에 거처하며 약 1개월 반 그곳에 있다가 펑톈奉天으로 돌아갔다. 그간 안둥현安東縣 방면을 수차 왕복하여 오로지 이러한 획책으로 분주했던 자이다. 또 본인은 1919년 7월경 독립자금으로 돈 4만 6000원을 경북 안동군 이李가 일문一門으로부터 모집하여, 그 금액을 수령하도록 김사익金思益에게 부탁한 것이 발견되

---

80) 정낙륜 : 본명 鄭樂倫, 1885~미상, 충북 충주출신, 1990년 애족장(1963년 대통령표창).
81) 이강하 : 1895~미상, 충남 대전출신, 1990년 애족장(1963년 대통령표창).
82) 나대화 : 생몰연대 미상, 함북 경성출신, 1990년 애족장(1963년 대통령표창).
83) 이호승 : 1888~미상, 충남 대전출신, 1990년 애족장(1963년 대통령표창).
84) 이일선 : 1896~1971, 서울출신, 1990년 애족장(1980년 대통령표창).
85) 정태영 : 생몰연대 미상, 충북 충주출신, 1990년 애족장(1963년 대통령표창).
86) 김영순 : 1892~미상, 서울출신, 1990년 애족장(1963년 대통령표창).
87) 메리보르덴여학교 : 원래 이름은 멜볼딘여학교로 미국의 메리 볼드원대학에서 이름을 가져 왔다. 1902년 군산에 파견된 장로파 선교사들이 설립한 여학교로 1913년 설립인가를 내고, 다음해 3월에 제1회 졸업생을 배출하였다. 위치는 군산 궁멀(구암동산)의 영명학교 반대편인 강변에 자리하고 있었다. 3·1운동 당시 이 학교의 학생들이 영명학교 학생들과 함께 만세시위에 참여하였으며, 신사참배거부로 1940년에 폐교되었다. 현재 영광여자고등학교가 그 후신이라고 볼 수 있다.
88) 류인경 : 본명 俞仁卿, 생몰연대 미상, 경북 성주출신, 1990년 애족장(1963년 대통령표창).
89) 임기반 : 미상~1932, 평남 평양출신, 2000년 애국장.

었다. 그리하여 중국 스핑졔四平街 · 펑톈奉天 · 안둥현安東縣 각 경찰서의 후원을 얻어 이기호李祁鎬 · 김사익金思益을 체포하여, 1920년 3월 15일 제령위반으로 송치하였다. 관계자는 아래와 같다.

기記

본적 : 경상북도 안동군 도산면 의촌동 주소 : 중국 奉天 西塔 3정목 영창여관 내 체포 무직 이기호李祁鎬(33세)	본적 : 경상북도 영주군 대평면 지동리 주소 : 중국 安東縣 3번통 7정목 4번지 체포 잡화중개업 김사익金思益(52세)
본적 : 평안남도 평양부(이하 미상) 주소 : 중국 奉天 만주일보사 내 미체포 편집인 형주衡柱 곧 임기반林基盤(연령 미상)	

10. 이왕세자李王世子 혼례에 대한 폭탄암살 · 파괴기획 사건

주모자 서상한徐相漢(20세, 대구출신)은 도쿄東京조선고학생苦學生동우회를 조직하였는데, 이전에 도쿄東京중앙우편국의 집배인이었을 때부터 과격한 언동이 있었다. 그런데 1920년 4월 28일 이왕세자李王世子 전하와 나시모토노미야梨本宮 여왕전하의 혼례식이 거행된다는 것을 듣고 알아, 이 혼례가 아무 일없이 거행된다면 조선독립에 일대 지장이 있을 것이라 하여, 그 식장이 될 이왕세자 저택 내 혹은 입궐(일본 왕궁에 들어감)하는 승용차에 폭탄을 던지기로 기획했다. 또 이판에 사이토齋藤 조선총독도 암살하고, 일본내무성 · 외무성 · 경시청 등도 함께 폭파하여, 이로써 일반조선인의 민심을 자극하여 조선독립의 기세를 올리기로 하였다. 그리하여 1920년 2월부터 동 4월 10일경까지 도쿄東京 교바시구京橋區 30마호리정間堀町 1정목 3번지의 이마이 테츠지로今井鐵次郎와 도쿄東京 혼고구本鄕區 유시마텐신정湯島天神町 1정목 28번지의 김시수金蓍秀의 집에서, 이마이 이쿠로今井幾郎 및 우에무라 킨사쿠植村金作를 시켜 초산칼륨 · 유황 · 회로재懷爐灰 등을 적당히 배합한 화약을 제조했다. 그리고 이것을 양철깡통에 채워 넣어 도화導火장치를 하여 폭탄을 제조했던 자로, 그동안 서상한徐相漢은 도쿄東京부 시모오지정下王子町 부근의 들판 및 다키가와瀧川 부근에서 전후 2회의 폭발시험을 해보았다.

사건은 폭발물단속벌칙 위반으로 4월 14일 도쿄東京지방재판소검사국에 송치하였고, 서상한徐相漢은 공소심控訴審에서 금고 4년에 처해졌다. 덧붙이면, 이 사건에서 서상한徐相漢의 음모계획에 공범으로 의심이 가는 자에는, 양주영梁柱瑛·윤재풍尹在豐·조동식趙東湜·이대관李大瓘·강훈姜勳[90]·김병학金秉鶴·김윤배金允培·서금덕徐金德·이연구李延求·홍승로洪承魯[91]·김여수金呂秀·강거복康巨福·김재학金在學·김시수金蓍秀·김성범金聖範 등이 있다.

11. 의열단義烈團의 흉포凶暴기획 사건(일명 진영進永 사건)

아래에 기재한 이 사건의 관계자 등은 비밀결사인 의열단이라는 것을 조직하여, 상시로 중국 상하이·베이징北京·지린吉林 등을 배회하며 교묘하게 조선·일본의 불령조선인과 연락을 취하고 독립자금의 모집·기타의 불령행동을 감행하고 있는 자들이다. 곽재기郭在驥(당시 지린吉林 체재)는 이성우李成宇와 함께 1919년 12월 하순에 상하이로 가서, 다음해 1920년 음력 2월 하순 그곳에서 폭탄 3개를 구입했다. 그리고 이것의 운반방법에 대해 협의한 결과 소포우편으로 발송하는 것이 안전하다하여, 중국우편국에 맡겨 안동현安東縣 중국세관의 모某 외국인 앞으로 발송하였다. 이렇게 해놓고 곽재기郭在驥는 상하이로부터 기선으로 다롄大連에 상륙하여, 그곳에서는 기차로 안동현安東縣으로 가서 이병철李炳喆[92] 집에 머물렀다. 수일이 지난 후, 미리 상하이로부터 휴대해온 전前 상해임시정부 외교차장 장건상張健相으로부터 중국세관 모某 외국인 앞으로 보내는 소개장을 내밀고 문제없이 이것(폭탄 3개)을 수령하여, 연락기관인 앞서 기재한 이병철李炳喆에게 주었다. 이병철李炳喆은 1920년 3월 중순에 밀양의 김병완金炳完 앞으로, 고량高粱 20가마니를 안동현安東縣 역전驛前에 있는 조선인 운송점 의신공사義信公司에 맡겨 운송케 했다. 그때 그 가마니 안에 그 폭탄 3개를 감추어 넣어 송부했던 것이다. 이러한 사실을 경기도경찰부 제3부에서 탐지하였으므로, 8일 부원을 밀양에 급파하여 그 화물수령인인 앞서 기재한 김병완金炳完 집을 수사한 결과, 3개의 폭탄을 발견하여 압수하였다. 또 이성우李成宇는 그 뒤에 1920년 5월 중순경 상하이에서 다시 폭탄 13개와 권총 2정을 구입했다. 그리고 안동현安東縣 이륭

---

90) 강훈 : 1901~미상, 경북 상주출신.
91) 홍승로 : 1895~1964, 충북 중원출신, 1990년 애족장(1963년 대통령표창).
92) 이병철 : 본명 李丙喆, 1887~1925, 경남 밀양출신, 1995년 애국장.

怡隆양행 기선 퀘이린환桂林丸에 승선하여 안둥현安東縣에 상륙해서, 이병철李炳喆에게 그 무기를 주고 이병철李炳喆이 다시 이 무기를 조선 내로 들여올 계획을 하고 있었으므로, 아마 그것은 조선 내에 이미 들어갔을 것으로 사료된다는 요지의 진술이 있었다. 그래서 일단 이 사건의 문초를 대강 끝내고, 7월 31일 경성지방법원검사국에 송치하였다. 그러나 앞서 기술한 폭탄 13개와 권총 2정이 조선 내에 반입되었는지의 사실유무에 대해서는 여전히 분명하지 않았으므로, 경기도경찰부 3부에서는 극력수사 중이었다. 그러던 중 바로 본건의 중요범인인 이일몽李一夢이 경상남도 진주읍내 이주현李周賢93) 집에 드나든 형적이 있었고, 또 이주현李周賢은 과거에 배중세裵重世의 고용인이었던 사실을 확인하고, 그가 혹 이 사건의 연루자가 아닐까 하여 문초했다. 그랬더니 이李는 5월 15일 배중세裵重世의 부탁을 받아 고량 20가마니를 경상남도 부산진으로부터 같은 도의 진영으로 송부한 일이 있다고 진술하였다. 이에 이 사건의 단서를 얻게 되어, 드디어 9월 20일 진영에서 약 10리 떨어진 김해군 동면 무점리 강상진姜祥振 집에서 폭탄 13개·권총탄 80발·폭탄 부속품 4개·도화선 6본·폭약 2포를 발견하여 압수했다. 뒤이어 연루자를 검거하여 문초한 후, 10월 9일 경성지방법원검사에게 송치하였다. 이 사건의 개략은 아래와 같다.

(1) 폭탄반입의 경로와 범죄의 개요

김원봉金元鳳94)은 1920년 4월 중순 상하이 프랑스조계 오싱리吳興里에 거주하는 중국인 돤이산段益山이란 자로부터 앞에서 말한 폭탄 등을 은화 230원에 구입하였다. 그리고 이성우李成宇는 세관통과를 쉽게 하기 위해 이것을 중국식 의류상자에 담아 휴대하여 중국인으로 가장해서 5월 초순에 상하이발 이륭怡隆양행 기선 퀘이린환桂林丸에 승선하여 안둥현安東縣에 상륙하여 그 무기를 전부터 김원봉金元鳳이 지정한 그곳 원보상회元寶商會 이병철李炳喆에게 인도하고 이李는 이것을 고량高粱 5가마니에 밀포密包하여 다른 고량 15가마니와 합친 20가마니를 배중세裵重世 앞으로 하여 경상남도 부산진역㊁ 김명국金鳴國운송점으로 송부하였으며, 그 점포에서는 즉일 이를 배달할 곳인 진영미곡상 강원석姜元錫의 집으로 배달하였다. 강원석姜元錫은 이것을 보통 고량이라 생각하고 창고 내에 보관하고 있었는데, 그달 19일 배중세裵重世는 강姜에게 와서 15가마니의 매각을 부탁하고 폭탄을 밀포장해서

---

93) 이주현 : 1892~1949, 경남 진주출신, 1990년 애족장(1963년 대통령표창).
94) 김원봉 : 1898~1958, 경남 밀양출신.

부쳐온 5가마니를 수령하여 이를 그곳에서 약 10리 떨어진 김해군 동면 무점리 강상진姜
祥振 집으로 운반하여 그 집의 창고에 감추어 둔 것을 이번에 발견하여 압수한 것이다.

폭탄사용의 목적은 요로要路의 대관을 암살하고 또 관청건물을 폭파하여 일반조선인의 독립심을 고무하려는 데 있었다. 이병철李炳喆·배중세裵重世는 오로지 폭탄운반의 임무를 담당하고, 곽재기郭在驥·이성우李成宇·김기득金奇得[95]·한봉근韓鳳根·신우동申愚童[96]은 폭탄 투척의 임무를 담당하기로 되어 있었다. 그러나 실행담임자에 대한 사기士氣 고무의 필요상 금전을 줄 필요가 있다하여, 이일몽李一夢은 이 사건의 기획내용을 윤치형尹致衡에게 말하고 윤尹은 이 거사에 찬동하여 1000원을 제공할 것을 승낙하였다. 또 그해 음력 3월 곽재기郭在驥·이성우李成宇는 이 음모기획의 목적으로 안동현安東縣으로부터 조선에 들어오게 되자, 그곳 이병철李炳喆 집에서 그들과 만나 여비 30원을 지급했다. 또 1919년 음력 8월 중에는 윤尹이 구영필具榮珌에게 독립운동비 및 폭탄구입비로 2000원을 제공하였다. 그리고 구具는 이 가운데 300원을 폭탄구입비로 김원봉金元鳳에게 주었던 것이다. 그 밖의 다른 피고들은 이 사건의 주요범인을 숨기거나 피하도록 하거나, 증거인멸을 도모하고, 또는 폭탄을 숨겼던 자들이다.

(2) 관계자

본적 : 경남 밀양군 밀양면 내이동 번지미상 주소 : 동상 체포, 상민 무직 윤치형尹致衡(28세)	본적 : 경남 창원군 동면 무점리 51번지 주소 : 동상 체포, 상민 농업 강상진姜祥振
본적 : 경남 고성군 개천면 명성리 번지미상 주소 : 경남 김해군 김해면 남문통 번지미상 체포, 상민 의생醫生 김관제金觀濟(35세)	본적 : 경남 창원군 동면 무점리 51번지 주소 : 동상 체포, 상민 곡물상 강원석姜元錫(31세)
본적 : 경북 상주군 상주면 인봉리 71번지 주소 : 경남 동래군 구포면 구포리 472번지 체포, 상민 경남은행 구포지점장 김재수金在洙(33세)	본적 : 경남 창원군 동면 무점리 번지미상 주소 : 동상 체포, 상민 강상진姜祥振 집 고용인 최성규崔成奎(33세)

---

[95] 김기득 : 본명 金箕得, 생몰연대 미상, 서울출신, 1991년 애국장(1968년 대통령표창).
[96] 신우동 : 본명 申喆休, 1898~미상, 경북 고령출신, 1990년 애국장(1977년 건국포장).

본적 : 경남 창원군 동면 무점리 번지미상 주소 : 동상 체포, 상민 강원석姜元錫 집 고용인 곽영상郭永祥(30세)	본적 : 경남 밀양군 밀양면 가곡리 번지미상 주소 : 중국 吉林省 吉林城 寧古塔병원 내 미체포, 상민 무직 구영필具榮珌(30세)
본적 : 충북 청주군 강외면 상봉리 체포, 김광삼金光三 곽경郭敬 곧 곽재기郭在驥(28세)	주소 : 경성부 인사동 62번지 김락계金樂桂 집 체포, 동소同韶 곧 이성우李成宇(21세)
본적 : 경남 밀양군 읍내 당시 경성부 수창동 이병기李炳基 집 체포, 허탁許鐸 곧 황상규黃尙奎(30세)[97]	본적 : 경남 밀양군 밀양면 내이동 88번지 당시 경성부 교남동 번지미상 체포, 세주世胄 곧 윤소룡尹小龍[98](21세)
본적 : 함남 단천군 파도면 덕천리 당시 安東縣 6번통 9정목 1번지 안형원安衡遠 집 체포, 안종묵安鍾黙 곧 이낙준李洛俊[99](20세)	본적 : 경남 밀양군 읍내 번지미상 체포, 김광근金光根 한수옥韓洙玉 김병완金炳完
본적 : 경남 밀양군 당시 중국 北京 미체포, 김원봉金元鳳(37세)	본적 : 경북 대구부(이하 미상) 미체포, 영림永林 곧 서상락徐相洛(25세)
본적 : 경북 고령군(이하 미상) 미체포, 철휴喆休 곧 신우동申愚童(24세)	본적 : 경남 밀양군(이하 미상) 미체포, 한봉근韓鳳根(26세)
본적 : 경북 대구부(이하 미상) 당시 중국 吉林省 재류 미체포, 주평周平 곧 양건호梁健浩(22세)	본적 : 함남 삼수군(이하 미상) 미체포, 강세우姜世宇(21세)
본적 : 경남 밀양군(이하 미상) 미체포, 상화相嬅 곧 김옥金玉(25세)	본적 : 경북 대구부(이하 미상) 미체포, 이일몽李一夢(29세)
본적 : 경남 밀양군(이하 미상) 당시 安東縣 2번통 원보상회元寶商會 주인 미체포, 이병철李炳喆(30세)	본적 : 경남 마산부(이하 미상) 미체포, 행농倖儂 곧 배중세裵重世(26세)

---

97) 황상규 : 1890~1931, 경남 밀양출신, 1963년 독립장.
98) 윤소룡 : 본명 尹世胄, 1901~1942, 경남 밀양출신, 1982년 독립장.
99) 이낙준 : 1890~1938, 함남 단천출신, 2007년 애국장.

12. 최동희崔東曦의 음모사건

경성부 가회동 79번지
양반 무직 최동희崔東曦[100](31세)

위 최동희는 1919년 3월소요(만세운동)사건이 각지에서 발발하자 중국 지린성吉林省으로 달아나 그곳의 불령조선인 등과 연락하고, 다시 상하이로 가서 조선부흥에 분주하였다. 그렇지만 결국 상해임시정부원員이란 자의 행동은 심히 졸렬하여, 금전을 제공하는 자는 누구든 역량·재간의 유무를 논하지 않고 중요한 직분을 주는 등 단지 사복私腹을 채우려고 하는 패가 많았다. 이와 같이 권위 없는 임시정부는 진정으로 조선부흥을 도모하는 것이 아니라는 것을 깨치고, 오히려 자신이 주창자가 되어 조선의 부흥을 계획하는 것이 상책이라 생각하여 1919년 11월 귀국하였다. 그는 착수의 첫 번째로, 1920년 8월 21일 대구부 금정 다나카田中여관에서 최완崔浣·이근호李根鎬에게,

(1) 만주에 중립국을 건설하여 조선의 독립을 도모할 것. 즉 만주지방은 토지가 광막하고 값이 싸서 하루거리 경작지는 약 50원으로 쉽게 매수할 수 있으므로, 우선 10만 원으로 토지를 매수하여 이에 이민을 장려하여 5000호 가량의 일대 조선인부락을 만들어 학교를 세워 교육기관을 충실히 하고, 병영을 건설하여 동지를 훈련하여 실력을 양성함으로써 중립국의 기초를 공고히 하여 일본과 개전開戰할 준비를 할 것.

(2) 러시아 과격파와 서로 결탁하여 무력침입을 할 것. 즉 종래 조선인의 독립운동은 만세를 절규하고 시위운동을 하거나 또는 문서로 선전하는 데 그치고 아직 개전開戰한 일이 없다. 이러한 수단으로는 독립을 기약하는 것이 가능치 않다. 모름지기 조선의 부흥을 갈망하는 우리들은 무력, 즉 전쟁에 의하지 않을 수 없으며, 이를 위해서는 먼저 러시아 과격파와 결탁하여 과격주의를 선전하는 조건하에 그들로부터 돈과 무기의 공급을 받아 무력을 충실히 하여 침입(조선으로)할 것.

(3) 조선인경찰관을 매수할 것. 즉, 무력침입을 용이하게 하기 위해서는 먼저 조선인 경찰관을 매수해야 한다. 국경방면의 조선인관리는 박봉이므로 우선 5만~6만 원을 주고 이들을 매수하여 경계를 느슨하게 하여 국내출입을 용이하도록 할 것.

---
[100] 최동희 : 1890~1927, 서울출신, 1990년 애국장(1977년 건국포장).

등을 말하고 그들의 참여를 권유하였다. 그러나 그들은 이에 응하지 않았다는 것을 본도 경찰부에서 탐지하여 최동희崔東曦를 체포하였고 제령위반으로 1920년 9월 3일 사건을 송치하였다.

13. 무관학교武官學校 학생모집 사건

주범 최재화崔載華는 1919년 6월경 김영철金永哲·조강제趙强濟와 더불어 펑톈성奉天省 류허현柳河縣지방의 불령조선인과 마음과 뜻이 통하여, 조선 내에서 독립을 바라는 다수의 청년들을 모집하여 그 지방으로 보내어 군사교육을 실시하고, 병기兵器를 갖고 무력침입을 함으로써 독립운동의 봉화를 올리기로 기획했다. 한편 상당한 학력이 있는 자는, 이들을 상해임시정부에 보내어 독립운동에 종사토록 권유하기로 하였다. 최재화崔載華는 조선 내에서 청년권유모집의 임무를 맡아 배승환裵昇煥101)·김두칠金斗七·강수남康壽男에게 권유·가맹시켜, 이들에게 장정모집의 임무를 담당케 하였다. 김영철金永哲은 신의주에서 여관업을 하고 있으므로 이를 이용해서 미리 정해둔 부호符號로 이들 밀항자를 식별하여, 주로 그들을 대안對岸인 안둥현安東縣에 밀항하게 하는 것을 담당하였다. 조강제趙强濟는 안둥현安東縣에서 이들 밀항자를 상하이 또는 펑톈성奉天省 류허현柳河縣의 신흥학교 또는 독립단에 보내기로 하였다. 그리하여 최재화崔載華는 조성순趙誠淳102)·류우국柳佑國103)에게, 배승환裵昇煥은 권원하權元河104)·이재영李縡榮105)·조태연趙台衍106)·권재수權在壽에게, 최재화崔載華와 김두칠金斗七은 김종엽金鍾燁에게, 강수남康壽男은 천재환千載桓에게 권유하였다. 최재화崔載華는 이들 권유를 받고 온 자들에게 김영철金永哲 또는 조강제趙强濟가 미리 정해둔 손바닥에 十자를 기재하는 암호를 가르쳐주고, 이들을 김영철金永哲에게 보냈다. 김영철金永哲은 이도성李道成과 공모하여, 최재화崔載華로부터 보내온 각자를 이도성李道成의 길안내로 밀항하여 안둥현安東縣 류따오꺼우六道溝에 상륙시켜 안둥현安東縣 거주의 조강제

---
101) 배승환 : 1885~1951, 경북 안동출신, 1992년 애족장.
102) 조성순 : 본명 趙誠惇, 1896~1945, 경북 상주출신, 1998년 대통령표창.
103) 류우국 : 1895~1928, 경북 상주출신, 1990년 애국장(1977년 건국포장).
104) 권원하 : 1898~1936, 경북 예천출신, 1990년 애족장(1977년 대통령표창).
105) 이재영 : 1898~1925, 경북 예천출신, 1995년 건국포장.
106) 조태연 : 1895~1945, 경북 상주출신, 2005년 대통령표창.

趙強濟에게 보냈다. 조강제趙強濟는 이들 도래자渡來者에게 강강이란 자字의 부호를 10전 지폐의 뒷면에 눌러주어 그것을 갖게 하고 연락해둔 행선지로 보냈다. 그리하여 권원하權元河·김종엽金鍾燁의 2명은 1919년 8월 류허현柳河縣 산웬푸三源浦 소재의 군정부軍政府 소관인 신흥학교 제4기생으로 입학하여 1920년 1월 하순 동교를 졸업하고, 1920년 2월 조선에 돌아왔다. 한편 천재환千載桓은 5월(날짜 미상)에 조선을 출발하여 지린성吉林省 내 군정부원軍政府員 김金세몬에게 보내지고 조선독립전쟁이 있게 되면 참가할 준비로 실지의 군사교육을 받지 않으면 아니된다 하여, 하얼빈에 있는 러시아 홀왈장군의 용병으로 주선되어 그해 10월까지 근무하였다. 그는 그 후 시베리아를 유랑하다가 1920년 7월 조선에 돌아왔는데 경성에서 권원하權元河·김종엽金鍾燁과 만나게 되었다. 그리하여 전 신흥학교 졸업생이고 현재 중국 지린성吉林省 중동현中東縣 마토우톄링허磨刀石鐵嶺河에서 독립운동에 종사 중인 배만두裵萬斗 아래에 들어가 함께 조선독립운동에 종사하기로 공모하였다. 권원하權元河는 이들 3인의 여비를 마련하기로 하여 김병두金炳斗(김병두는 대월단大月團의 외교원이라고 하지만 확실하지 않다)가 소지하고 있는 대동단 총재 김가진金嘉鎭이 발행한 독립운동자금모집 수령증 한 장을 김종엽金鍾燁을 통해서 받아 자금모집을 하려고 칠곡군 왜관에 와서 유숙하다가 본도 경찰부에 체포되었던 것이다. 조태연趙台衍·조성순趙誠淳·류우국柳佑國은 1919년 7월경을 전후하여 상하이로 도항하기로 하고 조선을 출발했으나 조태연趙台衍·조성순趙誠淳 2명은 안동현安東縣에서 병에 걸려 갖고 있던 돈을 모두 써버리고 그해 9월 경성에 돌아왔다. 그리고 그들은 그 후 조선인이 당면한 급무는 일반 조선인의 실력을 양성해야 하는 것이라 하며 노동공제회의 취지에 공명하고, 그 회의 발기인이 된 후 무보수로 그 회를 위해 힘쓰고 있던 자들이다. 관계자는 아래와 같고, 사건은 1920년 9월 24일 제령위반 및 사기의 죄명으로 송치했다.

기記

본적 : 경북 선산군 해평면 수탕동 14번지 주소 : 부정 기독교 집사 공동수孔東秀·공주사孔主事 최동철崔東哲·최동수崔東秀 최덕규崔德奎·최일崔一 곧 최재화崔載華(28세)	본적 : 미상 주소 : 중국 安東縣(이하 미상) 무직 조강제趙強濟(28·29세가량)

본적 : 경북 안동군 풍산면 하리동 번지미상 주소 : 경북 상주군 상주면 인봉리 71번지 기독교 성서공회권서 및 기독교조사 배승환裵昇煥(35세)	본적 : 평북 의주군 의주면 동부동 주소 : 평북 신의주부 노송정 2번지 숙박영업 기독교 영수 김영철金永哲(51세)
본적 : 경북 예천군 용문면 하금곡리 471번지 주소 : 경성부 간동 55번지 엄시일嚴時一·권세형權世衡 곧 무직 권원하權元河(23세)	본적 : 경기도 수원군(이하 미상) 전 경성부 서대문감옥 간수 강수남康壽男(24세)
본적 : 평북 의주군 광성면 마전동 번지미상 뱃사공 허상신許相信(30세)	본적 : 평북 의주군 광성면(이하 미상) 무직 이도성李道成(35세)
본적 : 경남 동래군 기장면 대라리 436번지 주소 : 경성부 견지동 56번지 동아일보 사무원 김종엽金鍾燁(24세)	본적 : 경남 고성군 고성면 서외동 주소 : 경성부 관동 129번지 무직 천세환千歲桓(22세)
본적 : 경북 예천군 예천면 노하동 38번지 이발업 기독교도 이재영李縡榮(24세)	본적 : 경북 상주군 낙동면 운평동 306번지 농업 조태연趙台衍(26세)
본적 : 경북 안동군 풍서면 가곡동 446번지 군집君集 또는 재중在重 곧 권재수權在壽(39세)	본적 : 경북 상주군 중동면 우천리 무직 류우국柳佑國(25세가량)
본적 : 경북 봉화군 물야면 오록리 주소 : 경성부 문천동 25번지 대동단 외교원 김병련金秉璉[107](25세)	본적 : 경북 안동군(이하 미상) 주소 : 부정 무직 김두칠金斗七(30세가량)
본적 : 경북 상주군 상주면 인평리 무직 조성순趙誠淳(25세가량)	

14. Z단 사건

무카이 노보루向井昇·사카모토 마사유키坂本正行·야마구치 요시오山口芳夫·아마츠 가츠에天津一枝·야마모토 시게루山本繁의 5명은 평소 러시아 노농勞農정부의 공산주의에 공명하여 항상 이 연구에 흥미를 갖고, 자본가의 노동자에 대한 압박과 횡포를 책망하여 동료들에게 선전하고 있었다. 그러다가 마침 그들의 감독자인 고바야카와 게이조小早川敬藏

---

[107] 김병련 : 1897~미상, 경북 봉화출신, 2006년 애족장.

란 자가 평소 그들을 비인도적으로 취급하는 데 분개하여 나카쓰루中鶴탄광을 탈출하기로 결심하고 조선과 만주에 건너가 조선독립운동단체에 가입하여 일을 일으키고, 나아가 러시아 과격파와 결탁하여 일본의 공화정체政體 실현에 노력할 것이라고 하였다. 1920년 9월 상순 일본 후쿠오카현福岡縣 옹가군遠賀郡 나카쓰루中鶴탄광 등구계燈具係합숙소에서 모의하고, 9월 10일경 무카이向井가 거처하던 옹가군遠賀郡 소코이노무라底井野村에서 무카이向井·야마구치山口·야마모토山本 3명이 회합하여 Z단이란 명칭하에 단칙團則을 작성하여 이를 회원들에게 상의하여 찬성을 얻기로 한다며 9월 12일 오후 1시경 옹가군遠賀郡 나카쓰루준가진자中鶴順賀神社 배전拜殿에서 위의 5명이 모여 단칙을 고치고, Z단장에 무카이 노보루向井昇·회계계에는 야마모토 시게루山本繁·구호계에는 야마구치 요시오山口芳夫를 천거하였다. 이어 회원들은 서로가 단단히 결속하여 죽음으로써 목적의 관철에 노력하겠다 하여, 각자의 왼팔 상박부를 끊어(약 세치가량) 단칙을 쓴 종이 말미에 서명하고 혈판血判[108]을 눌렀다. Z를 단체명으로 정한 것은 Z는 영어의 과격주의 혹은 열광·열렬 등의 과격한 의미(Zealoti zur)[109]가 포함되어 있다 해서 그것으로 한 것이다. 사카모토 마사유키坂本正行는 조선과의 연락에 관해, 전에 1919년 6월경 대구경찰에 업무횡령죄로 유치되었던 중에 같은 감방에 검속 중이었던 진용섭陳瑢燮과 장래 함께 일할 것을 약속한 일이 있어서, 그자와 연락하여 Z단의 목적을 달성하기 위해 일본에서 편지를 보냈다. 그랬더니 진陳에게서 찬성·노력하기로 하겠다는 회신이 있었다. 이들 5명은 마침내 조선에 건너가 거사하기로 하였다. 단장 무카이 노보루向井昇는 앞서 말한 탄광갱내 화약출납계인 이리에 유헤이入江勇平에게 사정을 밝히고, 다이너마이트·뇌관·도화선을 얻어 그 탄광을 떠났다. 그러나 이 5명은 여비가 궁해서, 무카이向井·아마츠天津 2명은 가스야군糟屋郡 스에무라順惠村 해군海軍탄광에 가서 여비조달과 동지의 규합에 노력하기 위하여 당분간 그곳에 남아있기로 하였다. 야마구치 요시오山口芳夫는 도중에서 되돌아갔으며, 사카모토坂本와 야마모토山本만이 선발대로서 10월 7일 후쿠오카현福岡縣 나오카타直方를 출발하여 10월 9일 대구에 도착하여 부내 촌상정 동진관東津館에 도착한 후 연락해둔 진용섭陳瑢燮의 집에 가서 1박하고, 다음 날 북내정 에도야江戸屋로 숙소를 옮겼다. 그동안에 진용섭陳瑢燮에게, "우리들 Z단은 현재 3파로 나누어, 1파는 상하이·1파는 일본·1파는 조선에 건너온 것이다. 조선독립단과 결탁하여 함께 러시아 과격파 및 마적馬賊과 제휴하여 과격주의 선

---

[108] 혈판 : 서약하는 뜻으로 손가락 끝 등을 끊어 그 피로 이름 밑에 도장을 찍는 것.
[109] Zealoti zur : 원본에는 이렇게 쓰여 있는데, 영어도 아니며 잘못 쓰인 것으로 보인다.

전에 힘씀으로써, 현 정부를 무너뜨리고 일본을 공화정체로 변혁할 목적이다. 이를 위해 폭약을 가지고 왔다. 또 폭약은 얼마든지 제공할 터이니 협력하여 일을 일으켜 일본요로의 대관을 암살하고 목적을 달성하지 않으면 안 된다. 그리고 이러한 위험한 일은 우리가 담당할 터이니, 그쪽(당신)은 독립단과 연락해서 동지를 규합하여 조선의 부흥에 힘써라. 우리들은 일본공화정체 실현에 노력하겠다."라고 권유했다. 그리고 근거지를 대구부 내에 둘 때는 사전에 발각의 염려가 있으므로, 달성군 수성면 비슬산 중턱에 있는 산사山寺에 두고자 하여 그곳에 갔다. 그러나 도중에서 계획을 바꾸어 먼저 일본의 동지와 함께 북간도에 가서 그곳에서 직접 과격파와 연락하여 일을 도모하기로 하여, 진용섭陳瑢燮에게 여비를 마련하도록 하고 함께 일본으로 출발하려 했을 때 본도 경찰부 제3부에서 검거하여, 내란죄·제령위반 등으로 10월 26일 사건을 송치했다. 관계자는 아래와 같다.

기記

본적 : 경북 대구부 상정 37번지 주소 : 동 광동여관 진용섭陳瑢燮(23세)	본적 : 鹿兒島縣 出水郡 下出水村 字脇本 번지미상 주소 : 福岡縣 遠賀郡 中鶴탄광 당시 경북 대구부 북내정 江戸屋 내 무직 坂本正行(21세)
본적 : 福岡市 鳥飼 586번지 주소 : 福岡縣 遠賀郡 中鶴탄광 당시 경북 대구부 북내정 江戸屋 내 Z단회계계 山本繁(22세)	본적 : 愛媛縣(이하 미상) 주소 : 福岡縣 糟屋郡 順惠村 海軍탄광 외운계外運係 Z단장 向井昇(26세가량)
본적 : 能本縣 天草郡(이하 미상) 주소 : 福岡縣 糟屋郡 順惠村 海軍탄광 외운계外運係 天津一枝(23세)	본적 : 東京市(이하 미상) 주소 : 福岡縣 遠賀郡 中鶴탄광 등구계燈具係 山口芳夫(34세)
본적 : 福岡縣 遠賀郡 中鶴村(이하 미상) 주소 : 福岡縣 遠賀郡 中鶴탄광 화약출납계 入江勇平(25세)	

15. 주비단籌備團 사건

이민식李敏軾은 구舊 한국 궁내부 주전원경主殿院卿110)의 요직에 있었는데 한일합병에 따라 실각하여 매우 울분에 쌓여 치열한 배일사상을 가지고 현재의 정치를 좋아하지 않았다. 그는 장응규張應圭·여준현呂駿鉉·안종운安鍾雲111)·심영택沈永澤112)·조경준趙景俊·소진형蘇鎭亨113)·신석환申奭煥114)·이철구李哲求·정인석鄭寅錫115)·이규승李奎承116) 등의 동지와 함께 항상 국권회복의 모의를 하고 있었다. 그런데 앞에서 말한 소요(만세운동) 발발 후 상하이에 임시정부가 수립된 것을 듣자 때가 왔다 하여, 임시정부를 돕고 그와 연락을 가지고 부흥운동에 진력하면 목적을 달성하는 것은 틀림없고 또한 다시 현요顯要의 직에도 있게 될 수 있다 하여, 동지와 함께 운동에 착수했다. 그리하여 관헌의 주목을 피하기 위해 안종운安鍾雲과 협의하여 경성부 황금정 경성신문사를 매수하여, 표면은 신문경영을 표방하고 이를 근거로 하여 일대 비밀결사를 조직하려고 기획했다. 그리고 이(신문사)를 매수하는 자금으로 이민식李敏軾이 7000원, 안종운安鍾雲이 5000원을 조달하기로 했다. 그 후 이李는 경기도 김포군의 이규동李圭東을 설득하여 7000원을 출자케 하고, 그중 5000원은 그 신문경영자 아오야기 난메이靑柳南冥에게 주고, 나머지 2000원은 자기가 소비했다. 그러나 모자라는 자금을 조달할 수 없어서, 이 계획은 성공하지 못하고 끝났다.

이에 그들은 다시 다른 방법으로 비밀결사를 조직하려고 했다. 우선 상해임시정부의 상황을 시찰한 다음에 이에 대한 방침을 정하기로 하고, 1919년 3월 하순 연락을 겸해서 장응규張應圭를 파견하기로 결정했다. 또 동지 여준현呂駿鉉은 상하이에 있는 여운형呂運亨과 친척관계에 있으므로 여呂의 소개서를 휴대케 하고 장張에게 여비 300원을 주어 출발하게 하였다. 장張은 진남포에서 중국기선을 타고 상하이로 건너가 여운형呂運亨·서병호徐丙浩 등과 만나 임시정부의 정황을 소상하게 시찰하고, 주비단 규칙·적십자 규칙·민국공보·'신한청년' 등의 불온문서를 얻어 1919년 6월 상순에 조선에 돌아왔다. 이에 그

---

110) 주전원경 : 주전원은 구한말에 궁내부 소속으로 전각의 수호, 수리를 맡은 관아인데, 처음에는 주전사로 하고 뒤에 주전원으로 고쳤다. 주전원경은 주전원의 장(長)이다.
111) 안종운 : 1883~1948, 충남 논산출신, 1990년 애국장(1977년 건국포장).
112) 심영택 : 1869~1949, 경기도 김포출신, 1995년 애족장.
113) 소진형 : 1886~1936, 전북 익산출신, 1990년 애국장(1982년 건국포장).
114) 신석환 : 생몰연대 미상, 서울출신, 1999년 건국포장.
115) 정인석 : 1872~1953, 충남 천안출신, 2006년 건국포장.
116) 이규승 : 1883~1961, 서울출신, 1992년 애족장.

들은 주비단 규칙에 따라 단체조직을 계획하여 동지가 회합하여 숙의한 결과, 심영택沈永澤을 사령장에, 안종운安鍾雲을 부사령장, 이민식李敏軾을 참모장, 여준현呂駿鉉을 재무부장, 장응규張應圭를 교통부장에 선임하였다. 후에, 이민식李敏軾을 사령장으로 하고, 신석환申奭煥을 참모장에, 새로 소진형蘇鎭亨을 주비단장으로 선정하고, 서기·기타는 이민식李敏軾이 임명하기로 하였다. 그리고 이 단체의 조직의 경과를 상해임시정부에 통보하였는데 그들은 다시 그 단체의 기초를 공고히 하기 위해 자금 모집을 획책했다. 이를 위해 군정서軍政署총사령관 등의 인장을 새기고, 활자를 구입하여 주비단장의 사령辭令을 작성해서 이를 정인석鄭寅錫에게 주어 단장에 임명하고, 또 필요할 때 마다 불온문서를 작성하는 것으로 활동을 계속하고 있었다.

이보다 앞서 안종운安鍾雲·이재환李載煥117)·권영만權寧萬118)·김재수金在洙·소진형蘇鎭亨·김도수金道洙 등은, 안安이 거주하는 충청남도 논산에서의 군자금 모집을 계획하여 그곳 자산가에게 협박장을 보내 그들이 두려워하는 생각을 일으키게 한 다음, 이들에게 들이닥쳐 자금제공을 강요하거나 권총으로 위협하는 등의 행위를 하여, 마침내 6000여 원을 강탈한 일이 있었다. 이에 그들은 다시 이 같은 방법으로 자금을 더 얻으려고 여러 차례 불령의 행동을 시도했지만, 끝내 그 목적을 달성하지 못했다. 때마침 장응규張應圭는 상해임시정부 공채모집원으로부터 공채증권 1만 원을 모집하도록 위촉되었으므로, 이를 김양한金瀁漢(간도 독립군 사령관 김좌진金佐鎭의 친척이 되는 자)과 그 밖의 동지에게 주어 자금을 모집하게 했다. 그러나 겨우 500원을 마련했을 뿐, 도저히 기대했던 만큼의 계획을 수행하기 어려워 다시 가장 과격한 방법을 사용하려고 하여, 폭탄의 제조·입수 등에 고심하며 동분서주하던 중, 경기도경찰부에서 검거하여 1920년 12월 28일 이 사건을 송치했다.

관계자는 아래와 같다.

기記

경성부 연건동 316번지 양반 하숙업 영업 장응규張應圭(49세)	경성부 연건동 325번지 양반 하숙업 영업 여준현呂駿鉉(45세)

---

117) 이재환 : 1899~1951, 전북 익산출신, 1990년 애국장(1982년 건국포장).
118) 권영만 : 1877~1950, 경북 청송출신, 1963년 독립장.

경성부 관훈동 100번지 양반 상신여관 김양한金瀁漢(22세)	경성부 가회동 83번지 양반 무직 김준한金畯漢(23세)
주소 부정 양반 무직 김성진金聲鎭119)(40세)	경성부 어성정 116번지 양반 무직 안종운安鍾雲(37세)
경성부 화동 110번지 양반 무직 신석환申奭煥(43세)	경성부 숭일동 86번지 양반 무직 이규승李奎承(38세)
경성부 관훈동 78번지 양반 무직 류장아柳章我(33세)	경성부 남대문통 5정목 40번지 양반 상업 조경준趙景俊(47세)
경성부 평동 13번지 이용식李容植 집 양반 학생 이윤식李允植(22세)	충남 공주군 계룡면 중장리 220번지 상민 농업 이재환李載煥(33세)
경기도 고양군 용인면 공덕리 10번지 양반 무직 서세충徐世忠120)(33세)	경성부 예지동 양반 무직 이민식李敏軾(55세가량)
경성부 수창동 1번지 양반 무직 이관규李觀珪(36·37세가량)	경북 영양군 입암면 병옥리 양반 무직 권영만權寧萬(35세)
경북 경주군(이하 미상) 우이견禹利見 곧 김재수金在洙(42·43세)	충남 논산군 논산면 주천리 상민 농업 김도수金道洙(50세가량)
충남 논산군 성동면 개척리 번지미상 양반 무직 소진형蘇鎭亨(35세)	경성부 필운동 83번지 미곡중매 김동진金東鎭(30세)
경북 안동군 풍북면 현애동 358번지 양반 농업 김시현金始顯(38세)	충남 천안군 북면 매송리 22번지 양반 전 면장 정국진鄭國鎭 곧 정인석鄭寅錫(50세)
경성부 가회동 번지미상 양반 무직 이철구李哲求(34·35세가량)	경성부 팔판동 번지미상 양반 무직 이상조李相祚(30세가량)121)
경남 창원군(이하 미상) 신분·직업미상 이상만李相萬(연령 미상)	경기도 김포군 검단면 당하리 311번지 양반 농업 심영택沈永澤(50세가량)
경성부 권농동 185번지 상민 무직 김두섭金斗燮(40세)	

---

119) 김성진 : 생몰연대 미상, 충남 청양출신, 1995년 애족장.
120) 서세충 : 1889~1957, 경기도 고양출신, 1990년 애족장(1963년 대통령표창).
121) 이상조 : 1904~미상, 경남 창원출신.

16. 군정서軍政署의 의용병 및 자금모집 사건

　이덕생李德生 및 김태연金泰淵은 1919년 8월(날짜미상) 경상남도 거창면 피고 오형선吳亨善122) 집에서 오형선吳亨善·고운서高雲瑞·주남고朱南皐123)와 회합하여, 국권회복운동을 위한 군자금 및 의용병을 모집해서 만주군정서軍政署에 파견하는 모의를 하였다. 1919년 8월(날짜미상) 거창군 거창면 피고 신도출愼道出124)에게 군자금 813원을 내어놓도록 하였다. 이로써 주남수朱南守125)·이사술李四述·이성년李聖年 및 백기주白基周의 4명을 의용병으로 김태연金泰淵이 인솔하여 만주군정서에 파견했다. 또 주남수朱南守는 앞서 말한 이덕생李德生 외 4명의 모집에 따라 의용병으로 만주군정서에 도착했다가, 1920년 3월말 경 일단 귀가했다. 그리고 그는 오형선吳亨善·송명옥宋明玉과 공모하여 오형선吳亨善 집에서 「신한별보新韓別報」라는 불령사상의 선전 및 동지규합의 의미가 담긴 불온문서 수천 부를 등사판으로 인쇄하여, 피고 정장현鄭章鉉과 이갑수李甲銖·안덕보安德保·유진성俞鎭成의 4명에게 각각 5부 내지 15부를 배부했던 자이다. 이로써 소관 거창경찰서에서 조사한 후, 제령 및 출판법 위반으로 1921년 1월 8일 이 사건을 송치했다.
　관계자는 아래와 같다.

기記

경북 칠곡군 지천면 신동 262번지 이덕생李德生(20세)	경북 김천군 개령면 동부리 69번지 김태연金泰淵(20세)
경남 거창군 거창면 하동 387번지 주남고朱南皐(34세)	경남 거창군 거창면 하동 359번지 고운서高雲瑞(34세)
경남 거창군 거창면 하동 368번지 이사술李四述(28세)	경남 거창군 거창면 하동 368번지 이성두李聖斗(25세)
경남 거창군 거창면 하동 368번지 백기주白基周(21세)	경북 상주군(이하 미상) 이태홍李泰洪(25세)

---

122) 오형선 : 1875~1944, 경남 거창출신, 1990년 애족장(1983년 대통령표창).
123) 주남고 : 1888~1951, 경남 거창출신, 1990년 애국장(1977년 건국포장).
124) 신도출 : 1898~1959, 경남 거창출신, 1992년 애족장.
125) 주남수 : 1892~1930, 경남 거창출신, 1990년 애족장(1982년 대통령표창).

경남 거창군 거창면 하동 359번지 신도출愼道出(24세)	경남 거창군 거창면 하동 387번지 주남수朱南守(30세)
경남 함양군 지곡면 개평리 301번지 정장현鄭章鉉(31세)	경남 함양군 석복면 백연리 34번지 이갑수李甲銖(38세)
경남 거창군 거창면 하동 359번지 오형선吳亨善(42세)	평남 평양신학교 한성진韓聖震(25세)

17. 김찬규金燦奎 사건

본적 : 경북 영주군 이산면 석포리 번지미상
주소 : 중국 펑톈성奉天省 시타다제西塔大街 경북여관慶北旅館
무직 사협士夾 또는 혁규赫奎 곧 김찬규金燦奎

위의 자는 1922년 6월 19일 관하 본도 문경군 산양면 불암리 여인숙 강만형姜萬馨 집에서 식사하기 위해 휴식하고 있는 것을 수사출장중인 문경경찰서署 형사가 체포하여 신변 및 소지품을 검사했더니, 권총 1정·실탄 14발·폭탄용 꼭지쇠와 도화선이 달린 뇌관雷管 1개를 휴대하고 있는 것을 발견하게 되었다. 이에 자세히 의복과 기타를 검사한 결과, 남만주군정서 총재 이계원李啓元126)이 발행한 자금모집 위임장 2장·암호 한 장·부총재 김응섭金應燮이 형에게 보내는 서한 1통이 버선 속에 꿰매어 있음을 발견했다. 김찬규金燦奎는 십수 년 전부터 본적지를 떠나 경성鏡城·경원·경성京城·만주의 간도·펑톈奉天·지린吉林 등을 유랑하였고, 최근에는 펑톈奉天 시타제西塔街에 있는 여관(경북여관慶北旅館)을 경영하는 차남 김건金健 집에 머물며 첩을 두고 일정한 직업 없이 북간도 또는 지린성吉林省 혹은 조선 내 각지를 왕복하였다. 그러다가 1922년 음력 4월 20일경 본인이 병을 얻어 지린성吉林省 덕승문德勝門 밖 제중濟衆의원에 입원하여 치료하던 중에, 고향에 있을 때 지기이자 오래 소식을 몰랐던 남만주군정서 부총재 김응섭金應燮과 우연히 만났다. 그리하여 그달 26일 지린성吉林省을 떠날 때 그곳 동대문의 중국인 위수성玉樹聲 집에서 김응섭金應燮으로부터 형에게 보내는 편지를 받았다. 김찬규金燦奎는 이 통신문이 도중에 발각될 것을

---
126) 이계원 : 이상룡(경북 안동출신)의 다른 이름이다.

걱정하여 조선식 버선 속에 꿰매어 넣은 뒤에 자신이 이를 신고, 5월 2일 펑톈奉天을 출발하여 안둥현安東縣을 거쳐 5월 5일 신의주에 도착하여, 그곳 한성韓城여관 내에서 대서업을 하는 이범욱李範郁을 찾았다. 그리고 7일에 평양에 도착하여 대동강변의 김석봉金錫鳳 외 4명을 방문하고, 10일에는 수원에 하차하여 조영원趙英元을 찾고 경성으로 되돌아가 돈의동의 이범선李範善 집에 있는 김추강金秋岡[127]을 방문하고, 평택에서 1박했다. 이어서 김천역에 하차하여 감천면 양천동의 신정순申正淳 집에서 8일간 병 요양을 하고, 그동안에 미곡상 이성로李星魯 집에서도 1박하였다.

그리고 그가 말하기를, 각지에서 하차하여 몇 사람을 방문하던 중에 김추강金秋岡은 김응섭金應燮의 부탁으로 그의 안부를 알기 위해 찾았던 것이지만 다른 사람들 전부에게는 경북여관의 숙박료 재촉으로 들렀을 뿐이며 밀봉한 비밀문서는 단지 김응섭金應燮의 형에게 전달할 임무가 있었을 뿐이라 하고, 불령계획의 참획이나 기타 군정서의 조직·내정內情 등에 관해서는 입을 봉하고 일체 말을 하지 않았다. 그리고 휴대한 총기는 상주 또는 영천사람이라 자칭하는 권준희權俊熙로부터 김천역 앞에서 맡겨진 것이고, 권權은 1919년 12월 중 펑톈奉天 경북여관에 그가 체재할 때 알게 된 자인데 이번에 조선에 돌아오는 도중에 역포力浦역에서 다시 만나 차를 같이 타고 오다가 후일 김천역에서 다시 만나기를 약속하고 권權은 개성에서 하차했다 한다.

그리고 김찬규金燦奎는 음력 5월 19일 김천에 도착하여 여비가 떨어져 김천의 우인友人을 방문하여 돈을 마련하던 중에 우연히 김천역 앞에서 앞서 말한 권權과 재회하여 그로부터 20원을 빌렸다. 그때 권權으로부터 후일 예천군 읍내 자동차정류장 앞에 있는 여인숙 허許의 집에서 그 물건(총기)을 수수授受하기로 한다는 약속을 하고 그것을 맡아 예천을 거쳐 안동에 가려는 도중에 체포된 것이라 하고, 그 총기를 권權이 어떤 목적으로 소지하고 있었는가에 대해서는 자기는 전혀 관계없다고 하며 완강하게 다른 얘기는 하지 않았다. 이 사건을 제령 및 폭발물단속벌칙 등의 위반으로 1922년 7월 2일 송치했다. 그런데 이 사건에서 김찬규金燦奎에게 총기를 맡겼다는 권준희權俊熙라는 자는 인상人相·기타로 추측하건대 상주출신의 권중찬權重燦으로 판단되지만, 확실한 것은 판명되지 않는다.

---

[127] 김추강 : 추강은 김지섭(경북 안동출신)의 호이다.

18. 의용단義勇團 사건

1922년 10월 이후 본도 내 안동·영천·군위·영일군과 경상남도 창녕군 각지에, 지린성吉林省 군정서軍政署의 명의로 독립군자금을 제공하도록 협박장 및 사형선고서 등을 우송하는 자가 있었다. 엄밀히 이를 수배·수사하던 중인 11월 28일, 수상한 자로 여겨 미행·시찰 중이던 대구부 계림여관에 투숙한 이태기李太基[128]에게 본도 김천군 봉산면의 이응수李應洙가 보낸 의심쩍은 편지가 있었다는 내용을 탐지했다. 즉일 그 여관에 묵고 있는 이태기李太基·김사묵金思默·장탁원張鐸遠·곽방郭玶의 4명을 경북경찰부에서 체포하고 이어 이응수李應洙도 체포하여 문초했다. 그 결과, 김찬규金燦奎·이응수李應洙·김동진金東鎭 등이 주가 되어, 경상남북도 지방의 배일의 계통을 따르는 인물을 규합하고 있었다. 그리고 김찬규金燦奎는 자금모집실행에 필요하여 군정서의 김응섭金應燮으로부터 권총 1정·탄환 14발을 받았고 군정서 총재 이계원李啓元이 발급한 위임장 2매를 가지고 있었다. 또 김동진金東鎭[129]은 실형實兄인 군정서 이계원李啓元의 밀명을 받아, 남조선지방의 군자금모집자를 임명하기 위해 군정서 군무총장 노백린盧伯麟이 발급한 자금모집사령장 20매와 사형선고서 10매·기타 다수의 불온문서를 군정서로부터 직접 송부 받은 후 의용단이란 비밀결사를 조직하여 아래와 같이 업무를 분담하였다.

경북 단장	신태식申泰植[130]	경북 총무국장	이응수李應洙
경북 군무총장	장세명張世明	경북 군량총장	이명균李明均[131]
경북 재무총장	김병동金秉東[132]	경북 군무국장	김병표金炳豹[133]
경북 재무국장	서상업徐相業[134]	경북 재무국장	손성운孫聖雲
경북 경주지국장	허달許達	경남 단장	김찬규金燦奎
경남 총무국장	김홍기金洪基	경남 재무국장	김돈희金敦熙

---

128) 이태기 : 본명 李大基, 1888~1940, 경북 안동출신, 1995년 애족장.
129) 김동진 : 1891~1938, 충남 홍성출신, 1990년 애족장(1977년 대통령표창). 여기에서 언급된 김동진은 백야 김좌진의 친동생으로 추정된다.
130) 신태식 : 1864~1932, 경북 문경출신, 1968년 독립장.
131) 이명균 : 1863~1923, 경북 김천출신, 1968년 독립장.
132) 김병농 : 1858~1928, 경북 예천출신, 1993년 애국장.
133) 김병표 : 본명 全炳豹, 1876~1961, 경북 예천출신, 1990년 애족장(1977년 대통령표창).
134) 서상업 : 1873~1929, 경북 문경출신, 1990년 애족장(1977년 대통령표창).

또 경북 재무국장 서상업徐相業 밑에 내무주임 엄주련嚴柱璉135)·집사 장진우張進瑀136)·간사 이만녕李万寧과 김회문金會文137)·서기 김용환金龍煥138)을 배치하고, 재무국장 손성운孫聖雲 밑에 간사 김동명金東明과 한양복韓良復·집사 김환록金煥祿·서기 류재욱柳在昱139)을 부하로 하여 대규모의 활동을 개시하여 다른 관계자 동지와 함께 1922년 1월부터 11월 사이에, 도내 경산군의 안병길安炳吉, 청송군의 조규한趙奎漢·황보훈皇甫薰·조병식趙炳植, 안동군의 이중황李中晃·최명길崔命吉·권병규權秉奎, 영일군의 이경연李慶淵·이원기李源璣, 영천군의 권중황權重晃, 군위군의 홍해근洪海根·홍정수洪貞修, 영덕군의 권權모 외 1명, 경남 창녕군의 신연식辛延植 등의 자산가에 대하여 판명된 것만 해도 계 37만여 원을 내도록 협박하였다. 그중 이중황李中晃 외 6명에게는 사형선고서를 발송하여 자산가를 전율케 했다. 사건은 1922년 12월 18일과 28일 제령위반 및 기타로 검찰에 송치하였다. 관계자는 아래와 같다.

기記

본적 : 경북 안동군 동후면 도곡동 주소 : 중국 吉林省 樺甸縣 성내城內 이계원李啓元 곧 이상희李象羲(65세)	본적 : 황해도 송화군 풍해면 성하리 주소 : 중국 상하이 노백린盧伯麟(50세)
본적 : 경북 안동군 풍북면 오미동 주소 : 중국 吉林省 魁刹店客棧 내內 김응섭金應燮(45세)	본적 : 경북 영주군 이산면 석포리 주소 : 중국 奉天省 西塔大街 경북여관 김찬규金燦奎(61세)
본적 : 충북 영동군 황간면 용암리 307 주소 : 경북 김천군 봉산면 예지동 503 농업 이응수李應洙(42세)	본적 : 경북 안동군 임동면 고천동 번지미상 주소 : 동 무직 이대기李大基(35세)
본적 : 경북 안동군 부내면 신세동 20 주소 : 대구부 상서정 48 농업 이종국李鍾國140)(35세)	본적 : 경북 예천군 유천면 수심동 38 주소 : 동 농업 김병동金秉東(65세)

---

135) 엄주련 : 생몰연대 미상, 경북 문경출신.
136) 장진우 : 1866~1945, 경북 예천출신, 1993년 대통령표창.
137) 김회문 : 본명 金賢東, 1876~1927, 경북 안동출신, 1990년 애족장(1983년 대통령표창).
138) 김용환 : 1887~1946, 경북 안동출신, 1995년 애족장.
139) 류재욱 : 본명 柳在贊, 1881~1944, 충북 영동출신, 2005년 대통령표창.

제7장 병합 이후의 본도관계 주요범죄 | 381

본적 : 경북 예천군 용문면 두인동 319 주소 : 동 농업 손영기孫永箕141)(30세)	본적 : 경북 상주군 화북면 상오리 주소 : 동 농업 김치방金致方 곧 김규헌金奎憲142)(37세)
본적 : 충북 보은군 속리면 삼가리 주소 : 동 농업 서상업徐相業(50세)	본적 : 경북 문경군 가은면 죽문리 주소 : 동 한문교사 한양리韓良履143)(40세가량)
본적 : 경북 청도군 매전면 온막동 169 주소 : 동 도평의원 이정희李庭禧(42세)	본적 : 경북 경주군 외동면 녹동 469 주소 : 대구부 본정 1정목 34 여관업 박호진朴晥鎭(35세)
본적 : 경북 선산군 구미면 원평동 번지미상 주소 : 동 무직 김사묵金思默(30세)	본적 : 경북 칠곡군 인동면 신동 71 주소 : 동 농업 장탁원張鐸遠(40세)
본적 : 충남 서산군 정미면 수동 12 주소 : 대구부 서내정 무직 곽방郭玤(36세)	본적 : 경남 거창군 읍외면 가지리 236 주소 : 동 정내우鄭乃佑 곧 정은상鄭殷相(33세)
본적 : 경남 의령군 읍내 주소 : 동 농업 김돈희金敦熙(50세)	본적 : 경성부 필운동 번지미상 주소 : 경성부 체부동 번지미상 무직 김동진金東鎭(32세가량)
본적 : 경성부 태평통(이하 미상) 주소 : 중국 吉林省 東大灘 王樹聲 집 김찬규金燦奎의 첩 (여) 이여주李汝珠(31세)	본적 : 충북 영동군 황간면 백자전리 주소 : 동 농업 류재욱柳在昱(42세)
본적 : 경북 안동군 풍북면 현애동 주소 : 경성부(이하 미상) 무직 김시현金始顯(41세)	본적 : 경성부(이하 미상) 주소 : 동 무직 김용운金龍雲(35세가량)
본적 : 경남 합천군 가회면 덕촌리 주소 : 동 농업 김홍석金洪錫(36세)	본적 : 경북 대구부 덕산정 주소 : 동 무직 양한체梁漢締(40세)
본적 : 경북 선산군 구미면 임은동 주소 : 동 대서업 겸 운송업 허종許鍾(40세)	본적 : 경북 문경군 용암면 민지리 183 주소 : 동 전 폭도수괴 신태식申泰植(59세)
본적 : 경북 문경군 산북면 서중리 주소 : 동 농업 장세명張世明(28세)	본적 : 경북 김천군 석현면 상원리 주소 : 동 농업 이명균李明均(59세)

본적 : 경북 문경군 산양면 위만리 주소 : 동 농업 엄주련嚴柱璉(60세)	본적 : 경북 안동군 서후면 금계동 주소 : 동 무직 김용환金龍煥(36세)
본적 : 경북 예천군 용궁면 산택리 주소 : 동 농업 장진우張進瑀(55세)	본적 : 경북 문경군 호남면 저전리 주소 : 동 한문교사 정원영鄭源英[144](51세)
본적 : 경북 상주군 함창면 구향리 주소 : 동 농업 김재명金在明(56세)	본적 : 경기도 안성군(이하 미상) 주소 : 동 무직 허달許達(41세)
본적 : 경북 김천군(이하 미상) 주소 : 동 농업 신현식申鉉式[145](60세)	본적 : 경북 예천군 용궁면 동부리 주소 : 동 농업 전병록全炳祿(30세)
본적 : 경북 예천군 지보면 만화리 주소 : 동 농업 김병표金炳豹(40세)	본적 : 경북 예천군 용문면 두인동 주소 : 동 농업 손성운孫聖雲(60세)
본적 : 경북 예천군 유천면 중평동 주소 : 동 농업 김회문金會文(50세)	본적 : 경남 창녕군(이하 미상) 주소 : 미상 김홍기金洪基(45세)

19. 대한광복군단大韓光復軍團의 장정모집 사건

주범 안해용安海溶[146]이 1922년 11월 23일 도내 성주군의 형 집에 들른 것을 상주경찰서에서 체포했는데, 안安이 신고 있는 버선바닥에 대한광복군사령장司令長 조맹선趙孟善 외 1명으로부터 받은 특파원사령장 2매가 숨겨져 있음을 발견했다. 그 후 본도 경찰부에서

---

[140] 이종국 : 1888~미상, 경북 안동출신.
[141] 손영기 : 1893~1958, 경북 예천출신, 1990년 애족장(1982년 대통령표창).
[142] 김규헌 : 1886~1970, 경북 안동출신, 1990년 애족장(1986년 대통령표창).
[143] 한양리 : 1883~1946, 경북 문경출신, 1990년 애국장(1977년 건국포장).
[144] 정원영 : 1872~1953, 경북 문경출신, 2009년 대통령표창.
[145] 신현식 : 1873~1944, 경북 김천출신, 2008년 애족장.
[146] 안해용 : 1873~1951, 경북 성주출신, 1990년 애족장(1977년 대통령표창).

조사한 결과, 그자는 1919·1920년 사이에 중국 류허현柳河縣 제2구 둬화젠多花劍지방에 거주하고 있던 중 앞의 조맹선趙孟善이 조종하고 있는 대한광복군단에 출입하며 함께 독립운동에 종사하고 있던 자였다. 1921년 1월 그 군단의 사령장 조맹선趙孟善 및 참리부장參理部長 조병준趙秉準147) 두 명이 발급한 경상남북도특파원이라는 명주로 만든 신임장 2매를 받아, 조선 내에서 배일사상이 치열한 장정을 모집하여 그 단(대한광복군단)에 보내기 위해 조선 내에 잠입하였다. 그 후 그 신임장을 버선바닥에 숨겨 도내의 대구부·안동·예천·상주·칠곡·성주 등의 각지를 배회하며 독립운동의 선전 및 장정 모집에 종사했다. 그 결과 1921년 9월경 이덕생李德生·이수건李壽健 두 명의 응모자를 김옥명金玉明148)의 안내로 국경을 건너 중국 류허현柳河縣 지방으로 보냈다. 뿐만 아니라 안해용安海容은 1922년 12월 4일 도내 성주군 벽진면 가암동에서 상주경찰서 조선인 순사에게 체포되자 그 순사에게 우국지사를 연행하는 것은 부당하다고 큰소리치며, 또한 "너는 조선인이면서도 우리 동포를 괴롭히는 것은 지금의 조국상황을 생각하지 않는 매국노이자 불충한 자"라고 매도했다. 그리고 그는 그날 압송도중, 도내 성주읍내 및 왜관도선장倭館渡船場과 상주읍내의 자동차정류장에서 독립만세를 고창한 자다. 이 사건은 12월 20일 제령위반으로 송치하였다.

관계자는 아래와 같다.

기記

중국 奉天省 柳河縣(이하 미상) 조맹선趙孟善(53세)	중국 奉天省 柳河縣(이하 미상) 조병준趙秉準(56세)
경북 성주군 벽진면 가암리 양반 무직 안해용安海容(49세)	평북 의주군 수진면 운천동 상민 농업 김옥명金玉明(53세)
중국 奉天省 柳河縣(이하 미상) 이덕생李德生(22세)	중국 北京 燈轎市 口敦紀雲閣書館 한진산韓震山 집 이수건李壽健(25세)

---

147) 조병준 : 1870~1931, 평북 의주출신, 1963년 독립장.
148) 김옥명 : 생몰연대 미상, 평북 의주출신, 1995년 애족장.

20. 독립공채모집 및 워싱턴회의 독립청원 사건

　　1920년 8월부터 1921년에 걸쳐서 도내 관공서의 조선인 관공리·기타 조선인 부호 등에게 빈번하게 불온문서를 우송·배부하는 자가 있어서 수사한 결과, 상해임시정부로부터 특파된 이현수李賢壽의 소행인 것이 판명되어, 그자의 체포에 노력하고 있었다. 그런데 그자는 경찰관헌의 수사가 점점 엄중해져 신변의 위험을 감지하자, 1923년 1월 9일 본도 경찰부에 출두하여 자수하기에 이르렀다. 그러나 본인은 당초에는 범행의 전부를 진술하지 않고 최소한도의 진술에 그쳤는데 가택수색 및 관계자 등을 체포하여 엄중히 조사한 결과, 다수의 증거품을 발견했다. 이에 따라 신문한 결과, 그자는 1917년 9월 상하이로 건너가 이후 홍콩香港·광둥廣東·아모이廈門·셴터우汕頭의 각지를 배회하며 불령조선인과 교우交友하고 있었다. 그런데 1919년 3월 중순 그의 어머니의 사망으로 귀가했을 때, 조선에는 마침 만세소요가 발발하여 민심이 동요하여 불안하고 상하이에서도 소위 대한민국 임시정부가 조직되었다는 것을 듣고 알게 된 그는 임시정부에 참여할 목적으로 다시 상하이로 달려가 임시정부 재무차장 윤현진尹顯振의 알선으로 재무부서기가 되어 임시정부에 참여하였다. 그런데 피고는 조선의 독립에는 장래 반드시 무력이 필요할 것이라 하며 무관학교 교관 도인권都寅權의 소개로 1920년 1월 그 무관학교에 입학하여 동년 7월에 졸업하였다. 그 후 그는 상해임시정부 교통차장 김철金澈·재무총장 이시영李始榮·재무차장 윤현진尹顯振·무관학교 교관 도인권都寅權으로부터 다음과 같은 여러 가지 명령을 받았다. 즉 조선에 돌아가서는 인쇄물을 뿌리는 등 인심을 교란하는 동시에 독립공채모집을 하는 한편, 조선 내부와 연락·기타 제기관을 충비充備(충분히 갖춤)할 것, 그리고 미국의회의원단이 근간에 조선에 가서 시찰할 예정이므로 그 단원들에게 일반조선인들이 얼마나 독립사상이 왕성한지를 알게 하고 그 동정을 얻도록 노력하라는 것 등이었다. 그리하여 재무총장 이시영李始榮·차장 윤현진尹顯振으로부터는 독립공채증권 1000원권 30매·500원권 20매와 달성군 외 2군郡 공채모집위원사령장을, 또 교통차장 김철金澈로부터는 경북교통사무특파원사령장을 받았다. 그 외로 임시정부 및 무관학교에서 사용하는 암호·주비단籌備團의 단제團制 등 몇 가지의 불온문서를 베껴 이를 구두창 및 손가방 바닥에 교묘하게 감추고 1920년 8월 10일경 경상북도 달성군 화원면 명곡동의 자택에 돌아왔다. 그는 그곳에서 다시 경고문·긴급경고문·자유신보·물품불매고지서·납세거절협박문과 포고문·유고문諭告文, 독립공채모집에 관한 인정서 등의 안을 세워, 서장환徐章煥[149]

으로부터 등사판을 빌려 1920년 8월 중순 박기형朴璂瀅 집 앞 숲 속에서 자기가 직접 이를 인쇄했다. 그 후 1921년 2월 말일경까지 자기와 상피고相被告[150] 정팔진丁八鎭[151]은 경상북도 내 조선인 군수·면장 기타 관공리·부호 및 경상남도 합천군 합천면장 등에게 가끔 이들 불온문서를 우송하거나 심야에 대구부 내 조선인 가게 앞과 거리에 인쇄물을 뿌려 민심을 공포·동요케 했다. 뿐만 아니라 임원조林元祚를 영천군 교통사무지국장에, 이상철李相徹[152]을 달성군 교통사무지국장에, 또 박기석朴喬石[153]을 안동군 교통사무특파원에 임명하고, 그 밖의 관계자와 더불어 안동·영천·대구·경주지방의 관공서 및 주요거리에 불온문서를 뿌렸으며, 공채모집의 선전 등도 일삼았다. 그 외에 이현수李賢壽는 워싱턴회의에서 조선통치에 대한 외국인의 여론을 환기하기 위해 외국인선교사에게 배부하려고 '조선인이 일본의 군국주의 압제로부터 벗어날 것을 충심으로 열망하고 있을 때, 워싱턴회의라는 절호의 기회가 왔으므로 조선에 대한 원조와 동정을 구한다.'라는 요지의 영어로 된 글 ヅウテイフオリンブロテイス, エントシステイ[154]과 워싱턴회의를 기회로 하여 독립운동이 필요함을 기재한 『자유지自由誌』를 인쇄하였다. 영문으로 된 인쇄물은 대구·평양·전주의 외국인 선교사와 부산거주 외국인 의사 아아힌 등에게 우송하고 『자유지』는 동아일보사·조선일보사와 조선 내 각지에 배부하여, 독립운동의 선전과 민심의 동요를 도모했던 일이 판명되었다. 이리하여 1923년 1월 24일 제령위반으로 이 사건을 검사국에 송치하였다. 관계자는 아래와 같다.

기記

본적 : 경남 부산부(이하 미상)	본적 : 전남 함평군 신광면 함정리 605
주소 : 중국 上海	주소 : 중국 上海 兆豐路 442 海松洋行
고故 상해임시정부 재무차장	미체포, 상해임시정부 교통차장
윤현진尹顯振(30세)	김영탁金永鐸 집
	김철金澈(37세)[155]

---

149) 서장환 : 1890~1970, 경북 대구출신, 1990년 애국장(1977년 건국포장).
150) 상피고 : 같은 사건에 계류된 피고.
151) 정팔진 : 본명 丁德鎭, 1897~미상, 경북 대구출신, 1990년 애족장(1977년 대통령표창)
152) 이상철 : 1897~1935, 경북 대구출신, 1990년 애족장(1983년 대통령표창).
153) 박기석 : 1899~1936, 경북 안동출신, 2000년 애족장.
154) 영문을 일본 가나로 이와 같이 표시하였는데 무슨 뜻인지 알 수 없다.

본적 : 경성부 영락정 1정목 주소 : 중국 上海 프랑스조계 미체포, 상해임시정부 재무총장 이시영李始榮(55세)	본적 : 평남 평양부 설암리 152 주소 : 중국 上海 체포, 상해임시정부 무관학교교관 옥수향玉壽鄉 곧 도인권都寅權(45세)
본적 : 경북 달성군 화원면 명곡동 686 주소 : 동 체포, 상해임시정부 경북교통사무특파원 삼광三光 곧 이현수李賢壽(28세)	본적 : 경북 달성군 유가면 금동 928 주소 : 동 미체포, 기독교 조사 이상철李相徹(27세)
본적 : 경북 달성군 화원면 설화동 753 주소 : 동 체포, 기독교조사 임원조林元祚(27세)	본적 : 경북 영천군 화산면 부계동 86 주소 : 경북 영천군 영천면 성내동 22 체포, 기독교조사 이철락李哲洛(29세)
본적 : 경북 영천군 청통면 우천동 주소 : 동 체포, 기독교부속학교교사 김세민金世民(23세)	본적 : 경북 달성군 가창면 행정동 91 주소 : 경북 경산군 경산면 중방동 340 체포, 기독교부속학교교사 이경만李敬萬156)(26세)
본적 : 경북 달성군 화원면 설화동 633 주소 : 동 체포, 상점원 서장환徐章煥(33세)	본적 : 경북 달성군 달서면 성당동 주소 : 동 체포, 기독교신도 농업 정팔진丁八鎭(26세)
본적 : 경북 경주군 외동면 말방리 559 주소 : 동 체포, 기독교조사 최갑덕崔甲德(27세)	본적 : 경북 안동군 풍산면 하리동 488 주소 : 동 미체포, 농업 기석璂錫 곧 박기석朴璂石(24세)
본적 : 경북 청도군 풍각면 차산동 103 주소 : 경북 대구부 명치정 2정목 50 체포, 외국인선교사집 서기 홍재범洪在範(39세)	본적 : 경북 달성군 화원면 명곡동 563 주소 : 동 체포, 농업 박기형朴璂瀅(58세)
본적 : 경북 경산군 안심면 각산동 615 주소 : 동 체포, 기독교영수 송원재宋元在(28세)	본적 : 경남 합천군 적중면 정토리 주소 : 경북 대구부 수정 277 체포, 기독교부속학교교사 김봉도金奉道(29세)

본적 : 경북 영일군 포항면 포항동 148 주소 : 동 체포, 기독교목사 김복출金福出(39세)	본적 : 경기도 경성부 태평동 2정목 240 주소 : 동 체포, 여인숙 민영태閔泳泰(44세)
본적 : 경북 달성군 현풍면 중동 260 주소 : 동 체포, 농업(현풍청년회장) 곽종해郭鍾海[157](33세)	본적 : 경북 달성군 현풍면 하동 48 주소 : 동 체포, 농업 김윤규金潤奎(32세)
본적 : 경북 달성군 현풍면 하동 27 주소 : 동 체포, 농업 김태원金太元(37세)	본적 : 경북 경산군 경산면 삼북동 186 주소 : 동 체포, 기독교목사 김성로金聖魯(42세)
본적 : 경북 고령군 다산면 상곡동 281 주소 : 동 체포, 농업 이학로李鶴魯(53세)	본적 : 경북 대구부 서성정 2정목 21 주소 : 동 체포, 의생醫生(기독교신도) 정광순鄭光淳[158](43세)
본적 : 경북 경산군 경산면 사월동 306 주소 : 동 체포, 기독교목사 김영옥金泳玉(53세)	본적 : 경북 대구부 남성정 118 주소 : 동 체포, 서방書房(기독교신도) 백군언白君言(67세)
본적 : 경북 고령군 임천면 안림동 288 주소 : 동 체포, 농업(기독교신도) 최영돈崔永敦[159](27세)	본적 : 경북 경산군 안심면 신서동 894 주소 : 동 체포, 농업(기독교신도) 류정락柳廷洛(38세)
본적 : 경북 달성군 화원면 명곡동 주소 : 동 미체포, 농업 서동순徐東淳(32세)	본적 : 경북 달성군 현풍면 하동 주소 : 동 미체포, 농업 김문기金汶基(32세)
본적 : 경북 달성군 화원면 명곡동 주소 : 경남 밀양군 밀양읍내 체포, 정미업(기독교신도) 이희수李希壽(33세)	본적 : 경북 대구부 남성정 주소 : 동 미체포, 직업미상 정동환鄭東煥(32세)
본적 : 전북 금산군 읍내 주소 : 동 미체포, 직업미상 정해민鄭海珉(24세가량)	본적 : 경남(이하 미상) 주소 : 경성부 광학문통 117 미체포, 직업미상 홍진洪鎭(31세가량)

본적 : 경북 김천군 개령면(이하 미상) 주소 : 동 미체포, 직업미상(기독교신도) 김태연金泰淵(24세가량)	본적 : 경북 영덕군 영덕면 화개동 주소 : 동 체포, 직업미상(기독교신도) 노병곤盧炳坤(26세가량)
본적 : 경북 상주군 상주읍내 주소 : 동 미체포, 직업미상 이희봉李喜鳳(35세가량)	본적 : 경남 거창군(이하 미상) 주소 : 동 미체포, 직업미상 임모任某(40세가량)
본적 : 경북 영천군 영천면 성내동 106 주소 : 동 미체포, 곡물상(기독교신도) 이찬호李瓚鎬(29세)	본적 : 미상 주소 : 중국 上海 프랑스조계 朱家橋海松洋行 미체포, 직업미상 한송계韓松溪[160](42세)

21. 의열단義烈團 폭탄암살음모 사건(일명 황옥黃鈺[161] 사건)

(1) 사건의 발단

김원봉金元鳳을 단장으로 하는 의열단이 러시아공산당으로부터 자금공급을 받아 요로要路대관의 암살과 건축물 파괴를 단행함으로써 조선을 적화赤化함과 동시에 독립운동을 야기하려는 일대음모사건을 계획하고 있음을, 경기도경찰부·평안북도경찰부 및 신의주경찰서에서 탐지하였다. 먼저 1923년 3월 14일 평안북도경찰부 및 신의주경찰서는 안동安東경찰서(만주)와 협력하여 조선일보 안동지국장 홍종우洪鍾祐 외 5명의 관계자를 검거했다. 동시에 파괴용·방화용 및 암살용 3종류의 폭탄 18개, 「조선혁명선언」 및 「조선총독부소속 관공리에게」라는 제목을 단 불온문서 660부도 압수하였고, 또 경기도경찰부에서

---

155) 김철의 본명이 김영탁.
156) 이경만 : 1897~미상, 경북 대구출신, 1990년 애족장(1983년 대통령표창).
157) 곽종해 : 1891~1946, 경북 대구출신, 1990년 애족장(1983년 대통령표창).
158) 정광순 : 1880~1961, 경북 대구출신, 1990년 애족장(1977년 대통령표창).
159) 최영돈 : 1897~1985, 경북 고령출신, 1990년 애족장(1983년 대통령표창).
160) 韓鎭敎의 이명이다.
161) 황옥 : 본명 黃喆淵, 1887~미상, 경북 문경출신.

도 미리 탐지해둔 바에 따라 그달 15일 이들의 검거에 착수하여 관계자 12명을 검거함과 함께, 경성시내에서 각종 폭탄 18개(신의주 것과 합쳐서 36개)·폭탄장치용 시계 6개·뇌관 6개·권총 5정과「조선혁명선언」및「조선총독부소속 관공리에게」라는 제목을 붙인 불온문서 249부를 압수하였고, 신의주경찰서는 3월 28일, 경기도경찰부는 3월 29일에 이 사건을 그들의 신병身柄과 함께 소관검사에게 송치했다. 이 사건의 음모계획·내용 및 검거의 개략은 아래 (3)항과 같은데 그간 압수한 각종 폭탄은 그 위력이 아주 대단하여, 이전에는 이와 같은 것을 보지 못했다.

(2) 관계 피고인의 체포

본적 : 경남 밀양군(이하 미상) 주소 : 중국 상하이 김암산金岩山 또는 왕석王石 곧 의열단장 김원봉金元鳳(27세)	본적 : 경성부 옥인동 번지 미상 조선무산자동맹회장 김한金翰162)(37세)
본적 : 경성부 봉익동 88번지 주소 : 동 김석진金錫鎭, 정섭丁燮, 우각迂珏 곧 남영득南寧得163)(27세)	본적 : 미상 주소 : 중국 상하이 김덕金德(27세가량)
본적 : 경남 부산부 좌천동 46번지 주소 : 중국 상하이 프랑스조계 건상建相 곧 장명상張明相(41세)	본적 : 경북 안동군 풍북면 현애리 주소 : 부정 김시현金始顯(42세)
본적 : 함남 원산부 북촌 25번지 조선일보 안동(중국)지국장 홍종우洪鍾祐(31세)	본적 : 경북 달성군 하빈면 신동 주소 : 중국 北京 路何중학교 내 한영근韓英根 곧 학생 이현준李賢俊(22세)
본적 : 평북 의주군 매지정 18번지 주소 : 평북 의주군 광성면 미륵동 조선일보 평양지국원 백영무白英武164)(31세)	본적 : 충남 서천군 화양면 다대리 주소 : 安東縣 六道溝 南三條通 1번지 소독저(나무젓가락) 제조업 이오길李吾吉(30세)
본적 : 충남 서천군 화양면 다대리 주소 : 安東縣 六道溝 南三條通 1번지 이오길李吾吉의 처, 조영자趙榮子 곧 조영자曺榮子(22세)	본적 : 충북 충주군 충주면 교현리 330번지 주소 : 부정 금산錦山, 김세진金世震, 정창섭鄭昌燮 곧 유석현劉錫鉉(24세)

본적 : 평북 용천군 양평면 신창동 주소 : 평북 신의주부 약죽정 9번지 조선일보 평북지국원 조동근趙東根(28세)165)	본적 : 평북 신의주부 매지정 번지미상 주소 : 평북 신의주부 권원정 9번지 조동근趙東根의 처 김초선金楚仙(25세)
본적 : 평북 선천군 읍내면(이하 미상) 주소 : 부정 김태규金泰奎(26세)	본적 : 평북 의주군 고관면 로동 주소 : 평북 용천군 읍동면 양책동 사립정칙正則학교교사 이재곤李在坤(22세)
본적 : 경기도 경성부 삼각정 42번지 주소 : 경기도 경성부 계동 15번지 만동晩東 곧 황옥黃鈺(38세)	본적 : 경북 안동군 풍북면 오미리 주소 : 부정 김지섭金祉燮(38세)
본적 : 경북 안동군 안북면 농동 주소 : 부정 동산東山 곧 권정필權正弼(37세)166)	본적 : 경북 안동군 풍남면 하회동 당시 경성부 소격동 86 이상준李相俊, 류시창柳時昌 곧 류시태柳時泰167)(33세)
본적 : 경북 안동군 풍남면 하회리 주소 : 경성부 소격동 61번지 동아강습소 학생 류병하柳秉夏(27세)	본적 : 충남 논산군 부적면 감곡리 주소 : 경성부 효자동 21번지 황석漢石 곧 조황趙晃168)(42세)
본적 : 경북 상주군 상주면 인봉리 3번지 주소 : 경성부 북미창정 138번지 김사용金思容(41세)	본적 : 경북 달성군 성북면 서변리 주소 : 경성부 안국동 이경희李慶凞(44세)
본적 : 충남 대전군 진잠면 송정리 주소 : 경성부 안국동 126 조선일보기자 김병희金炳禧169)(36세)	본적 : 경북 문경군 산북면 대하리 476번지 주소 : 경성부 계동 15번지 황직연黃稷淵(34세)

---

162) 김한 : 1888~미상, 서울출신, 2005년 독립장.
163) 남영득 : 본명 南廷珏, 1897~1967, 경기도 용인출신, 1963년 독립장.
164) 백영무 : 1893~미상, 평북 의주출신, 1991년 애국장(1963년 대통령표창).
165) 조동근 : 1896~미상, 평북 용천출신.
166) 권정필 : 1890~미상, 경북 안동출신.
167) 류시태 : 1891~1965, 경북 안동출신.
168) 조황 : 1882~1934, 경기도 포천출신, 1990년 애국장(1977년 건국포장).
169) 김병희 : 1886~1928, 충남 대전출신, 1991년 애국장(1968년 대통령표창).

(3) 의열단 음모계획(개요)

　1920년 이래 수차의 폭탄투척계획에 실패한 의열단은 점차 재정곤란을 느껴, 자금조달에 부심하고 있었다. 그때 마침 공산주의가 점차 극동지방으로 들어와서 주의자 일부가 불령조선인과 행동을 함께하여 그 적화赤化에 노력하려고 했다. 이에 단장 김원봉金元鳳은 이들과 제휴하면 소기의 목적을 관철하는 데는 가장 유리하다고 생각하여, 1921년 말경 드디어 공산당과 결탁하여 조선의 독립혁명을 기도하였다. 의열단의 단시團是(단체의 기본 방침)로는 다음과 같은 내용이 있었다. 즉, 유일한 무기는 폭력이고 파괴는 곧 건설이고 일본 통치는 조선고유의 통치가 아니다. 고유의 조선을 건설하려면 반드시 이민족 통치를 파괴하지 않을 수 없다. 총독과 같은 특권계급의 압박하에 있는 조선민족이 자유민족이 되려면, 자진해서 총독과 같은 특권계급을 타파해야 한다. 또 이민족의 정치는 경제적 이익을 약탈하고 조선민족을 잡아먹을 뿐이다. 조선의 현재는 귀족에 의해서 사회 불평등이 초래된 것으로서 민중은 결국 소수자의 노예에 지나지 않는 까닭에, 반드시 그 속박과 쇠사슬을 풀지 않을 수 없다고 주장하였다. 그리고 이러한 목적을 관철하고 특권계급을 타파하기 위해서는, 천황(일본 천황)을 비롯하여 일본에 살고 있는 일본 관리는 물론 조선총독 및 소속관공리나 기타 조선귀족과 노예적 문화정치에 찬동하는 신사 부호 나아가 파괴사업을 방해하는 밀정密偵에 이르기까지, 그들의 암살을 단행함과 동시에 관청·기타의 모든 시설물을 파괴하지 않을 수 없다. 그리고 그 수단으로는 각종의 폭탄을 사용하여 일거에 조선을 동란화動亂化함으로써 민족을 각성케 하고 동시에 혁명을 기약하지 않을 수 없다하였고, 이에 폭탄의 밀수입 및 실행의 계획을 짜기에 이르렀다. 그리고 김원봉 등의 계획이야말로 매우 주도하여, 동지사이라도 각자에게 지정된 임무 이외에는 일체 서로가 연락을 끊고 비밀의 누설을 방지하였다. 이에 단장 김원봉은 1922년 6월 톈진天津에 있던 단원 최용덕崔用德과 양건호梁健浩로 하여금, 조선 내의 교통상황 및 폭탄수송방법의 연구·시찰을 겸하여 조선무산자無産者동맹회장 김한金翰과 만나게 하여 그가 폭탄 밀수입·투척실행에 진정으로 뜻이 있는가를 확인하고 돌아오도록 명하여, 계획의 첫 번째 일에 착수하였다. 남영득南寧得은 명에 따라 그달 말 조선에 들어가 김한金翰과 면회하여, 재삼 교섭을 거듭하여 마침내 김金을 움직여 이 계획의 실행을 받아들이도록 하였다. 김한金翰은 이를 받아들이는 조건으로, 폭탄의 수송을 안둥安東(만주)까지는 김원봉金元鳳이 담당하고 안둥安東 이남은 자기의 부하로 이를 담당케 하기로 했다. 그리고 그 준비 및 실행자금으로 6000원을 제공해주도록 남영득南寧得을 통하여 김원봉金元鳳에게 요구하였다. 남南은 다음달 7월 상하이로 가서 이 취지를 보고하자, 김원봉金元鳳은 곧 남영득南寧得을 다시 조선에 밀파하여 김한金翰에게 2000원을 주게 하였다. 김한金翰은 2000원 중 350원을 남영득南寧得에게 주어, 그를 안동安東의 중계기관이 되도록 그곳에 파견하였다. 남南은 안동安東에서 표면을 호도할 목적으로 안동安東 그곳 3번지170) 양한규梁漢奎 집에 체재하면서 그의 중개로 중국인 거리에 있는 김성덕金成德 소유의 약국을 구입하려고 하여 영사관(일본)에 그 허가를 신청하였으나, 그 뜻을 이루지 못하고 보람 없이 경성으로 되돌아왔다. 그리하여 김한金翰은 안동安東의 중계기관은 별도로 생각해보기로 하고, 다시 남영득南寧得을 상하이로 파견하여 김원봉金元鳳에게 폭탄반입 방법을 교섭케 하였다. 이에 김원봉金元鳳도 폭탄수송의 준비에 착수함과 동시에, 한편으로는 수송에 앞서서 1922년 12월중 남영득南寧得에게 폭탄투척 방법을 가르치고 여비를 주어 경성에 파견하였다. 남南은 경성에 들어가 경성부 운니동 49번지 박정명朴定明 집에 잠복해서, 김한金翰과 연락하며 시기를 기다리고 있었다. 그런데 마침 김한金翰은 1923년 1월 28일 경찰관 사살범인 김상옥金相玉171)사건에 연루되어 종로경찰서에 검거되었기 때문에, 이 계획수행이 좌절되었다. 그러나 전부터 김한金翰과 함께 이 계획의 내막에 참여하고 있었으며, 공산당원이고 김원봉金元鳳과 알고 지내는 김시현金始顯이 김한金翰을 대신하여 주로 이 계획 수행을 맡았다. 김시현金始顯은 이 일이 있기 전에 김한金翰과 협의하고, 1922년 1월 3일 경성을 출발하여 이전부터 중계기관이 되도록 할 목적으로 조선일보 안동安東지국장에게 추천하여 취직케 해둔 동지 홍종우洪鍾祐 집에서 수일간 머물렀다. 그리고 다시 펑톈奉天에 있는 조선일보 펑톈奉天지국장 신명구申明球 집에 1박一泊하며 미리 타합해 두었던 이현준李賢俊이 경성으로부터 오는 것을 기다려, 그와 함께 톈진天津으로 갔다. 그들은 김원봉金元鳳과 면회하여 실행 및 기타에 관하여 여러 가지를 타합하던 중, 마침 1월 12일 경성부 종로경찰서에 폭탄을 투척한 사건이 있어서 경기도경찰부 경부警部 황옥黃鈺이 이 투척사건의 조사차 2월 8일 톈진天津에 출장온 것을 듣고, 이 기회에 황옥黃鈺을 한패로 끌어들여, 폭탄을 가장 안전하게 조선 내에 비밀로 들여놓으려고 하였다. 그달 9일 김시현金始顯 자신이 안동安東에 가서 홍종우洪鍾祐와 여러 가지로 협의한 결과, 홍洪의 소개로 폭탄운반자로 조선일보 평북지국원 백영무白英武를 데리고 그달 24일경 안동安東을 출발하여 톈진天

---

170) 안동 그곳 3번지 : 원문에 이렇게 나와 있고 어디의 3번지인지 적혀있지 않다.
171) 김상옥 : 1890~1923, 서울출신, 1962년 대통령장.

津으로 되돌아갔다. 그리고 김시현金始顯은 톈진天津 프랑스조계에 있는 중국여관에 들고 백白은 그곳 창바젠張發棧에 잠복토록 해두었다. 한편 김원봉金元鳳은 남영득南寧得으로 하여금 황옥黃鈺일행을 톈진天津으로 마중 나가게 했다. 그리고 황黃을 중국여관에 끌어들여 그곳에서 황옥黃鈺에게 자기들 일당에 가담하도록 권고하여 그가 이 일에 가담하게 되자 황옥黃鈺은 김원봉金元鳳의 부하인 유석현劉錫鉉을 2월 15일 상하이로 파견하였고 같은 달 25일 동지 김덕金德과 함께 폭탄을 휴대하여 톈진天津에 오도록 하였다. 3월 4일 김원봉金元鳳·김시현金始顯·황옥黃鈺 등은 그 폭탄 등을 크고 작은 2개의 가방에 넣고, 이것을 백영무白英武·이현준李賢俊 2명으로 하여금 기차로 안동安東의 홍종우洪鍾祐 집으로 운반하도록 하여, 홍洪과 조영자趙英子 등이 이를 보관하도록 맡겼다. 다음날 5일에는 그들 일당에 가담한 황옥黃鈺과 김시현金始顯 2명이 단장 김원봉金元鳳에게 이후의 성공을 서약하고, 폭탄 등이 들어있는 가방 3개를 가지고 톈진天津을 출발해서 7일 안동安東에 도착하여, 그 가방을 전번처럼 홍종우洪鍾祐 집으로 운반하여 조영자趙英子 등이 보관하도록 하였다. 다음날 8일 홍종우洪鍾祐는 파괴용 폭탄 3개, 백영무白英武는 2개, 이오길李吾吉은 1개, 계 6개를 호주머니 또는 품속에 넣고 모두가 인력거로 신의주로 건너와 백영무白英武 집에 비밀로 운반하고 안동安東으로 되돌아갔다. 다음날 9일 황옥黃鈺·김시현金始顯·김인순金仁順·홍종우洪鍾祐·백영무白英武 및 이오길李吾吉의 6명은 홍종우洪鍾祐 집에 폭탄 10개를 남겨두고, 다른 방화용 및 암살용 폭탄 20개, 파괴용 폭탄뇌관 6개와 그 폭탄장치용 시계 6개, 권총 5정과 그 실탄 155발 및 『조선혁명선언』 1권과 「조선총독부소속 관공리에게」라는 제목의 인쇄물 700매를 휴대하여 인력거로 신의주 다리를 건너와 황옥黃鈺의 숙소인 한성여관에 반입하여 숨겼다.

　이리하여 황옥黃鈺과 유석현劉錫鉉은 비밀로 가져들여온 폭탄류 가운데서 방화용 폭탄 5개, 파괴용 폭탄발화뇌관 6개와 시계 6개, 권총 5정과 탄환 155발 및 『조선혁명선언』 1권, 「조선총독부소속 관공리에게」라는 인쇄물 248매를 가지고 11일 경성에 돌아왔다. 폭탄 5개는 소형가방에 넣어 김사용金思容에게 주고, 권총 5정과 탄환 155발은 조황趙晃에게 모든 사정을 밝히고 감추어 두도록 했다. 「조선총독부소속 관공리에게」라는 제목을 붙인 불온문서는, 그 후 그달 15일에 황옥黃鈺이 이경희李慶凞에게 주어 각 도지사와 경찰부에 우송케 하였다. 그리고 김시현金始顯·김태규金泰奎는 신의주에 운반하여둔 물품 가운데서 파괴용 3개·방화용 1개·암살용 9개 계 폭탄 13개를 조선고리짝에 넣어 짐으로 묶어 3월 11일에 신의주역으로부터 철도편으로 경성부 효자동 21번지 조황趙晃 집으로 발송하고 다음날 12일 나머지 폭탄을 손바구니에 담아 신의주 조동근趙東根 집에 가져가서 사정을 이야기하고 이것의 은닉을 부탁하고 맡겼다. 조동근趙東根은 이것이 발각될까 겁이 나서 첩妾 김초선金楚仙으로 하여금 이웃에 있는 자형 김우선金迂善 집에 운반케 했다.

폭탄의 은닉을 마친 김시현金始顯·김태규金泰奎의 두 사람은 동지 이현준李賢俊·이오길李폼吉과 함께 그달 12일 경성으로 출발했다. 그런데 김시현金始顯은 도중 기차 안에서 차 내에 근무하는 경찰관에게 검문을 당하여 일단 양책良策역에 하차하도록 명령을 받았기 때문에 일행보다 하루 늦은 13일에 경성에 도착하였다. 그리고 이현준李賢俊·이오길李폼吉·유석현劉錫鉉의 3명은 조황趙晃 집에 잠복하여 동지가 상하이로부터 경성으로 오는 것을 기다려, 실행에 착수하기로 하고 그 시기를 기다리기로 하였다.

이렇게 되어 평안북도경찰부 및 신의주경찰서는 안동安東경찰서와 협력하여 검거에 착수하여 홍종우洪鍾祐 등을 체포했다. 동시에 그자 집에서 폭탄 10개를 발견했고, 그 후 신의주에서 발견한 것과 합친 18개를 압수했다. 한편 경기도경찰부에서도 이미 탐지해둔 바에 따라 그달 15일 관계 피고들을 체포하고, 동시에 폭탄 18개를 압수하였다.

이보다 앞서 김원봉金元鳳은 실행비용의 부족을 느꼈기 때문에, 조선에 있는 동지 권정필權正弼 및 톈진天津에 머물고 있는 남영득南寧得에 대하여 경성에서 군자금을 모집하도록 명령했다. 이 두 사람은 동지 류병하柳秉夏·류시태柳時泰에게 이 취지를 말하고 공모하여, 2월 21·23·24일 3회에 걸쳐서 경성부 내자동 192번지 이인희李麟熙 집에 침입하고 협박해서 50원을 강탈하고 다시 돈을 더 받기로 약조하였다. 그렇지만 이것 역시 실패로 끝나고 종로경찰서에 체포되었다.

22. 박열朴烈 일당의 대역大逆 사건

박열朴烈 곧 박준식朴準植은 경성고등보통학교에서 3년 동안 배우고, 그 후 일본으로 건너가서 1921년 이래 도쿄東京에서 반역운동에 종사하여, 잡지 『흑도黑濤』·『굵은 조선인』·『현사회現社會』 등으로 활발하게 무정부주의 선전과 회원의 규합에 힘썼다. 1923년 4월 가네코 후미코金子文子(일본인)·홍진유洪鎭裕·최규종崔圭悰·정태성鄭泰成·육홍균陸洪均·서동성徐東星·오가와 다케시小川武(일본인) 등과 함께 도쿄東京부 도요타마군豐多摩郡 요요하타정代代幡町 오지요요키大字代代木에 있는 박준식朴準植 집에 집합·모의하여 직접행동을 목적으

제7장 병합 이후의 본도관계 주요범죄 | 395

로 하는 비밀결사 불령사不逞社를 조직하였고, 그 밖의 자를 그해 6월까지 가입케 하여 활동하였다. 그러던 중인 1923년 9월 1일 간토대지진 당시 경시청에 검거된 것인데, 그동안 (일본)황실에 대한 음모를 기획하여 김중한金重漢으로 하여금 상하이에 있는 동지로부터 폭탄입수를 계획하던 중에 발각된 것이다. 관계자는 아래와 같다.

기記

경북 상주군 화북면 장암리 870번지 잡지발행인 박열朴烈 곧 박준식朴準植 1902년 2월 3일생	山梨縣 東山梨郡 諏訪村 枡口 1236번지 인삼행상 金子文子 1902년 1월 25일생
충남 논산군 성동면 삼호리 224번지 인부 홍진유洪鎭裕 1897년 10월 24일생	전북 김제군 백산면 하리 185번지 무직 최규종崔圭悰 1896년 6월 14일생
경북 선산군 옥성면 주아동 301번지 무직 육홍균陸洪均 1900년 10월 1일생	경북 대구 서천대전정 48번지 무직 서동성徐東星 1895년 2월 13일생
함남 단천군 북두일면 신덕리 183번지 무직 정태성鄭泰成 1901년 8월 28일생	高知縣 高知市 北奉公人町 232번 저택 무직 小川武 1898년 1월 1일생
평남 용강군 지운면 두륵리 803번지 무직 김중한金重漢 1902년 11월 10일생	경남 울산군 서생면 서생리 311번지 인부 장반중張絆重 곧 장찬수張讚壽 1898년 3월 14일생
전남 영암군 영암면 교동리 337번지 무직 한현상韓睍相 1900년 5월 8일생	충북 충주군 신니면 신청리 489번지 무직 서상경徐相庚[172] 1900년 8월 22일생
경남 합천군 가야면 청현리 214번지 용인傭人 하일河一 곧 하세명河世明 1901년 6월 10일생	愛知縣 豐橋市 大字神明 7番戶 무직 野口品二 1899년 5월 8일생
埼玉縣 北足立郡 興野町 大字八王子 873번지 무직 栗原一男 1903년 3월 12일생	

23. 경남 가이甲斐순사(일본인) 사살 사건

　최윤동崔胤東은 강렬한 파괴적 인물로 평소의 언행이 위교危矯(괴이하고 엉뚱함)한 점이 많아 엄히 주의하고 있었는데 최崔는 1923년 3월 경성에서 검거한 의열단사건 전후에는 몇 차례 경성으로 여행하는 등 의심되는 점이 매우 많았다. 그래서 더 한층 치밀하게 내사內査를 계속하던 중, 최근에 이르러 그가 상당한 자금을 얻어 국외로 달아나려고 애태우고 있다는 정보가 있었다. 마침 그해 10월 11일 대구출신 이상도李相道[173]가 베이징北京으로부터 돌아와서 최崔와 빈번하게 서로 내왕할 뿐 아니라, 다음 달인 11월 2일에는 경성에 거주하고 있는 용의容疑 인물 이수영李邃榮[174]이 급히 대구로 와서 그를 방문하는 일들이 있어서 더욱 주목하고 내사 중이었다. 그러할 때 최윤동崔胤東과 이수영李邃榮이 전후하여 도내 군위군에 가려고 대구를 출발하였음을 탐지하여 수사한 결과, 그들이 권총을 소지하고 있음을 밝혀내어 11월 27일 그 2명을 체포하고, 이어 동지 수명을 검거하게 되었다. 그런데 그동안 다른 관계자의 자백에 약간 의문이 가는 점이 있어서 계속 추궁하여 신문訊問을 한 결과, 별도의 강도단이 있음을 밝혀내었다. 그리하여 바로 그 수괴 송두환宋斗煥[175]을 대구부 밖 신암동 자택에서 체포하고, 이어 그의 동지 수명을 검거·조사했다. 그 결과 그가 경상남도 의령군의 가이甲斐순사(일본인)를 사살한 범인임이 분명해졌고 동시에, 수괴 송두환宋斗煥이 보관을 부탁해 두었던 대구부 밖 신암동 구장 정동석鄭東錫[176]의 자택 처마 밑 땅속에 묻어 둔 권총 4정·실탄 315발·그 밖의 다수의 불온문서를 발견·압수하였다. 개황은 아래와 같고, 각각에 유죄의 의견을 부쳐 12월 25일 이 사건을 송치하였다.

(1) 범죄사실

　1) 최윤동崔胤東은 성격이 과격하여, 1916년 20세 되는 봄에 중국 베이징北京으로 건너가 그해 가을 중국 윈난雲南의 탕징야오唐敬堯(중국군인) 휘하의 무관학교에 입학하여 1918년 겨

---

[172] 서상경 : 1900~1962, 충북 충주출신, 1990년 애국장(1977년 건국포장).
[173] 李相度의 이명이다.
[174] 이수영 : 1887~1969, 서울출신, 1991년 애국장(1963년 대통령표창).
[175] 송두환 : 1892~1969, 경북 대구출신, 1990년 애국장(1977년 건국포장).
[176] 정동석 : 1885~1968, 경북 대구출신, 1992년 애족장.

울 그 학교를 졸업하고 육군 보병소위에 임명되어, 탕징야오唐敬堯가 지휘하는 윈난雲南 제3사단 소속으로 근무하고 있었다. 최는, 1919년 3월 조선독립운동이 발발하여 그해 4월 외국 각 지방에 있는 망명조선인들이 상하이에 집합하여 상해임시정부를 조직하여 활발하게 독립운동에 종사하고 있는 내용을 듣고 알았다. 최崔는 그해 5월 당시 보병중위의 직에 있었는데 이를 그만두고 전기前記 임시정부에 참여하였고 그해 7월 펑톈성奉天省 류허현柳河縣과 지린吉林지방에 가서, 대한독립군정서軍政署에 관계가 있는 김응섭金應燮을 만났다. 김金으로부터, 근간에 조선 내 각도에 다수의 폭탄을 수송하여 주요 관공서를 파괴하려는 계획이 있고 곧 폭탄 수개를 휴대한 투척실행자를 파견해야 하므로 최崔가 고향인 대구로 먼저 돌아가, 폭탄투척을 실행하는 자가 도착하면 협력하여 그 중임重任을 담당하라는 내용의 명령을 받았다. 그리하여 최崔는 김응섭金應燮으로부터 여비 70원을 받아 곧 조선으로 돌아왔던 것이다. 그 후 그는 1920년 1, 2월경 대구부 명치정에 있는 최윤동崔胤東의 자택에서 김응섭金應燮의 사자使者 김의삼金義三으로부터 건조물 파괴용 폭탄 3개를 받아 이것을 그 가옥 내의 움막에 보관하고 투척실행의 기회를 엿보고 있었는데, 그해 3월 말경 동지 김지섭金祉燮의 요구에 따라 폭탄 3개를 그에게 주었다. 다음해 1921년 5월경 당시 중국 베이징北京에 거주하고 있는 배천택裵天澤으로부터 군사통일회의가 개최중이라는 통지를 받고, 그 회의에 출석하기 위한 도항여비로 정두희鄭斗禧177)로부터 1200원을 받아 6월 2일 본적지(대구)를 출발하였다. 그리고 김연수金緣洙(여) 또한 그와 전후하여 최윤동崔胤東의 운동을 도울 목적으로 중국으로 건너가 베이징北京지방에서 국권회복운동에 종사하고 있었다. 1922년 9월 하순 최윤동崔胤東은 운동자금을 모집하기 위해 조선에 돌아왔다. 그 후 그는 전라북도 정읍군 입암면 보천교普天敎본부에 각지 교도로부터 수금하여 보관해두고 있는 약 3만 원의 현금이 있다는 내용을 듣고 알아, 전부터 이것을 강탈할 것을 계획하였다. 1923년 음력 6월 20일경 낮 경성부 인사동 7번지 이수영李遂榮 집에서 노기용盧企容178)과 만났을 때, 이 건의 계획을 말하고 함께 습격하여 강탈할 것을 모의하였으며, 또 종제從弟 백동희白東熙를 동지로 끌어들여, 중국 각 방면의 독립운동단체의 자금에 충당하기 위한 수 만원의 돈 마련에 대해 자주 모의하였다. 그리하여 최崔는 1923년 봄부터 백동희白東熙로 하여금 대구부 수정에서 미곡중매상을 경영케 하고, 미곡상인들의 예입·기타에 의해서 수 만원의 현금이 한데 모일 때는 이것을 백동희白東熙로

---

177) 정두희 : 1896~1922, 경남 합천출신, 1990년 애족장(1980년 대통령표창).
178) 노기용 : 1895~1975, 경남 합천출신, 1963년 독립장.

부터 받아, 이 횡령한 돈을 휴대하여 도주할 계획을 했다. 또 1923년 4월 이후는 경성부 인사동 7번지 이수영李遂榮 집이나 기타에서, 1921년 베이징北京 거주 당시부터의 동지인 오의선吳義善과 회합할 때 오吳가 베이징北京지방에서의 독립운동의 거괴巨魁인 박용만朴容萬의 심복부하인 김복金復[179]의 밀령을 받아, 표면상으로는 흥화興華실업은행의 주식모집을 빙자하여 국민군자금(독립운동자금)을 모집하는 중임을 알아, 이것을 도와주기 위해 모집방법 등에 대해 모의하였다.

　뿐만 아니라 최崔는 1923년 6월경 경성부 인사동 7번지 이수영李遂榮 집에서 만주지방의 조선독립단체를 돕기 위하여 조선 내에서 자금모집을 하기로 하고 각 지방의 부호를 물색하던 중에, 경상북도 군위군 부계면의 홍정수洪禎修란 자가 다액의 현금을 소지하고 있다는 내용을 탐지했다. 이에 10월 29일 이수영李遂榮에게 권총을 휴대하고 홍洪에게 가도록 서면으로 촉구하여 이李가 11월 2일 권총 1정에 실탄 7발을 장전하여 대구에 오자, 그와 협의를 마치고 11월 3일 아침 일찍 앞에 기술한 목적지로 가는 도중에 군위경찰서원에게 발견되었다. 그리하여 군위경찰서에서 구류처분에 부쳐져서, 끝내 목적을 달성하지 못하였다.

　2) 송두환宋斗煥은 성격이 교활하고 탐욕스러웠다. 1919년 독립소요(만세)사건 직후에 중국 상하이에는 임시정부가 조직되어 유언비어가 무성하고, 조선 내 민심의 동요가 아직 잠잠해지지 않았음을 핑계로 독립운동이란 미명美名을 빙자하여 동지를 규합해서 유력한 강도단을 조직하려고 했다. 이를 위하여 그해 여름경 성격이 비슷한 최해규崔海奎·김종철金鍾喆에게 권유하여 그들의 공명共鳴과 찬동을 얻어내어, 각자가 동지를 규합할 것을 약속했다. 또 집합·연락기관으로 송宋이 스스로 700원을 거출하여, 대구부 서천대정西千代町에 가옥을 사들여 그 가옥에 최해규崔海奎를 거주케 하여 동지의 조종·연락을 담당케 했다. 한편 만주지방으로부터 무기·불온문서 등을 입수하는 방편으로 신의주에 연락기관을 설치하기로 정하고, 자금 600원을 거출하여 신의주 노송정에 가옥을 사들여 자기의 조카 송협욱宋埉郁을 거주시켜, 겉으로는 상업을 경영케 하고 이면으로는 연락임무를 맡게 하였다. 1920년 봄 무렵까지 송두환宋斗煥은 정동석鄭東錫·안영중安英中을, 최해규崔海奎는 김명제金命濟를, 김종철金鍾喆은 정두희鄭斗禧·정내영鄭騋永[180]·김봉규金鳳奎[181]를, 정두

---

[179] 김복 : 본명 金奎興, 1872~1936, 충북 옥천출신, 1998년 애국장.
[180] 정내영 : 1900~1961, 경북 월성출신, 1990년 애국장(1980년 건국포장).
[181] 김봉규 : 1892~1968, 경북 월성출신, 1990년 애국장(1977년 건국포장).

희鄭斗禧는 1921년 2월경까지 노기용盧企容을,[182] 노기용盧企容은 정두규鄭斗奎[183] · 노원용盧園容을 각각 동지로 끌어 들였다. 그 이후 1919년 9월 최해규崔海奎와 400원을 협동 출자하여 최해규崔海奎를 만주지방에 보내 권총 2정 · 실탄 약 100발을 구입해서 가져오도록 했으며 다시 자신이 권총 · 불온문서 등을 구입하는 용무를 겸하여 독립운동 상황의 시찰을 위해서 상하이지방을 여행하였다. 돌아오는 도중에 그는 그해 12월 중순경 펑톈奉天에서 김종철金鍾喆 · 김명제金命濟와 만나 그곳에서 권총 3정 · 실탄 300발을 구입하였다. 한편 신의주의 연락기관인 송협욱宋埉郁으로부터 불온문서와 예경령預警令 약 40매 · 의용단위임장 수數매 · 애국금수합위원 사령장 · 군사주비단단제軍事籌備團制의 인쇄물 · 사형집행목찰木札 등을 입수하여, 김종철金鍾喆로 하여금 그것들을 가져오도록 하였다. 그 후 김종철金鍾喆 · 김봉규金鳳奎는 경상남도 합천군의 부호 정진사鄭進士와 같은 도道 의령군의 부호 남진사南進士의 집을 습격하여 1만 원씩을 협박 강탈하기로 했다.

이를 위하여 김종철金鍾喆 · 김봉규金鳳奎는 1920년 12월 6일 송두환宋斗煥이 건네준 권총 1정과 예경령預警令 1매를 휴대하여 경상남도 합천군 상백면 평조리 정달락鄭達洛(정진사) 집에 침입하여 군자금조로 1만 원을 제공하도록 협박했다. 그랬더니 정鄭이 당장 가진 돈이 없다고 거절하자, 다시금 권총을 들이대었고 이에 정달락鄭達洛이 15일간의 여유를 달라고 애원하며 가지고 있던 40원을 제공하였으므로 이를 수령하였다. 이어서 8일 오전 11시경 송宋은 김봉규金鳳奎와 함께 다시 경상남도 의령군 유곡면 칠곡리 남연구南延九(남진사) 집에 침입하여 남南에게 대한독립군자금모집원이라 말하고 1만 원의 제공을 강요했다. 그런데 남연구南延九가 돈 마련을 위해 가출해서 그가 돌아오기를 기다리고 있을 때, 그들은 의령경찰서 일본인 순사 가이 히데甲斐秀 · 조선인 순사 손기수孫騏秀의 2명에게 발견되었으며 용의자로서 조사를 받고 가장 가까운 경찰관 주재소로 동행하고 있는 도중, 유곡면 칠곡리의 남연구南延九 집으로부터 약 5정町이 되고 인가人家가 없는 지점에서 권총을 꺼내어 가이甲斐순사를 향해서 전후 3발을 쏘아 그중 1발이 가이甲斐순사에게 명중하여 그는 즉사하고, 송宋은 김봉규金鳳奎와 함께 도주했던 것이다. 이외에 정내영鄭騋永은 1920년 3월 경상남도 의령군 유곡면의 남연구南延九에게, 정두희鄭斗禧 · 노기용盧企容은

---

182) 정두희는 ~ 노기용을, : 일본어 원저에는 '정두희는 1921년 2월경까지 노기용은 정두규 · 노원용을 각각 동지로 끌어 들였다.'라고 되어 있어 정두희가 누구를 끌어 들였다는 설명이 없다. 전후 문맥으로 보아 정두희가 노기용을 끌어 들인 것으로 해석하였다. 그리고 노기용이 정두규 · 노원용을 끌어 들인 것으로 번역하였다.

183) 정두규 : 1898~1956, 경남 합천출신, 1990년 애족장(1980년 대통령표창).

1921년 8월 경주군 양북면의 최세림崔世林과 경남 합천군 덕곡면의 조성걸趙性傑에게 각각 돈을 내놓으라고 협박했지만 목적을 이루지 못했다. 뿐만 아니라 노기용盧企容·노원용盧圓容은 경성에서 부호를 협박하기 위하여 출발하여 가던 중에 일본의 간토대지진 발생에 따른 경계가 엄중하여, 대전에 와서 그곳 춘일정春日町의 윤길수尹吉洙에게 권총 1정과 실탄 6발의 보관을 부탁하였다.

(2) 관계자

본적 : 경북 안동군 풍북면 오미동 주소 : 중국 吉林省 魁斗店 客棧(여관) 內 김응섭金應燮(45세)	본적 : 경북 안동군 풍북면 오미동 주소 : 중국 吉林省 魁斗店 客棧(여관) 內 김지섭金祉燮(37·38세가량)
본적 : 평북(이하 미상) 주소 : 중국 吉林省 魁斗店 客棧(여관) 內 김의삼金義三(36·37세가량)	본적 : 강원도 철원군 동송면 중리 18통 8호 주소 : 중국 北京 小西城 兵馬司雄同 28호 박용만朴容萬(42세)
본적 : 경기도 경성부(이하 미상) 주소 : 중국 北京(이하 미상) 興革실업은행원 김복金復(50세)	본적 : 경북 대구부 수정 254번지 주소 : 상하이 프랑스조계 寶康里 50호 병현炳鉉 곧 배천택裵天澤(32세)
본적 : 경북 대구부 명치정 2정목 88번지 주소 : 동 사립대성학원교사 해광海光·최진崔震 곧 호주 양반 최윤동崔胤東(27세)	본적 : 경성부 인사동 7 주소 : 동 여인숙 삼호森湖 곧 호주 상민 이수영李遂榮(37세)
본적 : 경북 대구부 남산정 647번지 주소 : 중국 北京 東城燈市口 平民대학학생 상응보천相應普天 곧 상민 이상도李相道(28세)	본적 : 경기도 용인군 원삼면 죽릉리 668 주소 : 동 호주戶主 양반 무직 오의선吳義善(34세)
본적 : 경북 봉화군 법전면 소천리 383 주소 : 경성부 봉익동 28 규각圭略 2남 교남학우회위원 백농白農 곧 호주 양반 이원식李元植(49세)	본적 : 경북 대구부 횡정 22 주소 : 경북 대구부 수정 210 호주 양반 곡물상 백동희白東熙(27세)

본적 : 경북 대구부 수정 82 주소 : 동 호주 배추당裵秋堂(여) 장녀 양반 기생 김연수金緣洙(여)(23세)	본적 : 경남 창원군 상남면 토월리 993 주소 : 경남 마산부 원정 번지미상 호주 상민 점원 배중세裵重世(29세)
본적 : 경북 달성군 수성면 신암동 1215 주소 : 동 잡화상 겸 토지중개업 상민 송두환宋斗煥(32세)	본적 : 경남 울산군 언양면 언양리 주소 : 중국 奉天(이하 미상) 최해규崔海奎(40세)
본적 : 경남 함양군 면面미상 (뒤길)리 주소 : 동 안영중安英中(30세가량)	본적 : 평북 신의주부 애사정 주소 : 동 송협욱宋埉郁(27세)
본적 : 경북 경주군 양북면 용당리 주소 : 중국 奉天(이하 미상) 김종철金鍾喆(35세)	본적 : 경북 경주군 양북면 나정리 주소 : 동 상민 농업 김봉규金鳳奎(32세)
본적 : 경남 합천군 초계면 원당리 주소 : 동 (1922년 윤5월 22일 사망) 정두희鄭斗禧(당년미상)	본적 : 경북 경주군 양북면 팔조리 253 주소 : 동 상민 농업 정내영鄭騋永(25세)
본적 : 경남 합천군 적중면 황정리 번지미상 주소 : 동 상민 무직 노기용盧企容(27세)	본적 : 경북 달성군 수성면 신암동 669의1 주소 : 동 상민 농업 재익在益 곧 정동석鄭東錫(39세)
본적 : 경남 합천군 초계면 원당리 303의1 주소 : 동 양반 농업 정두규鄭斗奎(26세)	본적 : 경남 합천군 묘산면 화양리 주소 : 충남 대전군 춘일정 3정목 52의1 염색상 윤길수尹吉洙(30세)
본적 : 경남 합천군 초계면 대평리 365의1 주소 : 동 양반 농업 노원용盧圓容(24세)	본적 : 경남 합천군 오덕면 대평리 주소 : 경성부 봉익동 22번지 이원용李圓容(32·33세)
본적 : 평안도(이하 미상) 주소 : 중국 興京縣(이하 미상) 치명致命 곧 김명제金命濟(30세)	

24. 신형섭申亨燮 사건

본적 : 경북 영천군 영천면 교촌동 18
주소 : 중국 펑톈성奉天省 카이웨인開原 역전
신형섭申亨燮(28세)

위의 자는 전前 폭도들의 수괴 신동엽申東曄의 장남인데, 항상 조국의 광복을 몽상하여 1918년 3월 가족동반으로 중국 펑톈奉天 카이유엔현開原縣 청허꾸우淸河溝에 이주하였다. 때마침 그곳 지방의 불령조선인 등에 의해 신흥무관학교新興武官學校가 설립되자, 거기에 입학하여 1919년 12월에 졸업하자 곧 북만주군정서 소속으로 불령운동에 종사하던 중 그 단체가 해산됨에 따라, 1923년 5월경 조선에 돌아와 대구부 시장 북쪽 거리에서 상업에 종사하였다. 그 후 다시 만주로 건너갔다가 그해 10월경 또다시 조선에 돌아온 것을, 본도 경찰부에서 발견하여 조사했다. 그 결과, 그자는 그해 5월 조선에 와있을 당시에, 군자금 모집을 위해 조선에 들어온 대한통의부大韓統義府 특파원 이동건李東健으로부터 자동권총 3정·실탄 100발과 군자금수령서 등의 은닉을 부탁받고 이를 승낙하여 자택의 한 방에 넣어 보관하고 있었다. 다음달 6월 상순경, 역시 대한통의부 특파원이고 전에 무관학교 재학 중의 동창생이며 본적이 본도 안동군 남후면 수상동인 이선우李宣雨 곧 이덕숙李德淑[184] (이동건의 부하이고 영덕군 창수蒼水사건의 범인으로 1923년 9월에 체포되어 신병은 이미 송치하였다)이 찾아왔다. 그리하여 이동건李東健이 몰래 맡겨둔 권총과 실탄을 이덕숙李德淑에게 주고 그들의 자금모집 모의에 관여하는 등 여러 가지 편익을 도모한 것이 판명되어, 1924년 12월 19일 총포·화약류 단속령 위반으로 이 사건을 검사국에 송치하였다.

25. 니주바시二重橋 폭탄 사건

김지섭金祉燮은 향리에서 21세경 소학교 교원으로 봉직하였고 그 후 전라북도에서 3년 동안 재판소 통역 겸 서기를 했다. 이후 1919년 국권회복단 김응섭金應燮의 뒤를 따라 만주로 도망쳐 달아난 후 일정한 직업이 없었다. 그러다가 1922년 봄경부터 한때 경성에

---

[184] 이덕숙 : 1894~1960, 경북 안동출신, 1990년 애국장(1977년 건국포장).

제7장 병합 이후의 본도관계 주요범죄 | 403

주거를 마련하여 살고 있었는데, 1923년 2월 강도죄로 체포되는 것이 두려워 상하이로 달아났던 자이다. 본인의 자백에 따르면, 의열단 가맹은 경성에서 거주하던 중에 이현준 李賢俊의 소개로 김시현金始顯과 함께 했으며, 의열단에 가입하기 전에는 고려공산당에 가맹해 있었다고 한다.

범행의 동기로는, 상하이에 건너간 후 무위도식하여 사상이 거칠어졌을 무렵인 1923년 12월 초순에 의열단 기밀부원 김옥金玉·윤자영尹滋英·현玄모·이李모와 함께 5명이 일본침입의 건을 모의한 일이 있었다. 그 후 그달 15·6일경 다시 이 일에 관해 모의를 할 때 그는 이 임무를 맡을 것을 자청하여, 당시 베이징北京에 체재중인 단장 김원봉金元鳳에게 서면으로 그 뜻을 보고했다. 또 일본침입 경로에 관해서는 정정당당히 기차로 조선을 경유하겠다는 취지를 첨부하였다. 이에 대하여 김원봉金元鳳이 '이제 와서 권하지도 않고 말리지도 않는다. 그러나 침입의 경로에 관해서는, 조선인으로 당당하게 일본에 들어가는 것에 찬성한다.'라는 내용의 전보를 보내 왔으므로 그렇게 하기로 결심했던 것이라고 김지섭金祉燮은 말하고 있다.

그런데 출발 수일 전에 동지 윤자영尹滋英으로부터 '침입의 경로에 관해 가장 안전한 방법이 있다. 일본인 선원을 소개할 테니, 그 사람 도움으로 밀항을 하라.'라는 가르침을 받아, 윤尹의 소개로 히데시마秀島와 고바야시 카이小林開를 알게 되었고 고바야시 카이小林開의 소개로 그의 형 고바야시 칸이치小林寬一 및 구로시마黑島를 알게 되었다. 1923년 12월 20일 밤 폭탄 3개를 휴대하여 푸동浦東(상하이 대안對岸)에 정박 중인 미쓰이三井석탄선 아마기야마마루天城山丸에 승선하여, 그달 30일 일본 야하타八幡항에 입항하였다. 구로시마黑島 등의 알선으로 야하타八幡시 혼마치本町 비젠야備前屋여관에 나카무라 히코타로中村彦太郎라는 거짓이름으로 투숙하였다(범인은 상하이에서 이미 나카무라 히코타로中村彦太郎라는 명함을 준비해두고 있었다). 김金은 1924년 1월 3일까지 그 여관에 투숙하고, 3일 밤 오후 7시경 에타미츠枝光역에서 도쿄東京까지의 차표를 샀다. 그달 5일 오전 6시 (도쿄부)시나가와品川역에 하차하여 곧 쇼센省線전차(도쿄 내의 순환철도)로 갈아타고 다카타노바바高田馬場역에서 내렸다. 그리고 오전 10시경 와세다早稻田 쓰루마키초鶴卷町부근 몇 곳에서 하숙집을 구하려고 했지만 어디서나 거절당했다. 마지막으로 쓰루마키초鶴卷町 미즈호瑞穗館에 이르러 아침을 먹고 휴대품이 든 작은 트렁크(그 속에는 셔츠·치약·여행안내서 등)를 그곳에 남겨두고, 히비야日比谷공원에 이르러 실행의 뜻을 굳혔던 것이다. 본인의 자백에 의하면, 그는 제국(일본)의회의사당에 난입하여 정부위원석에 폭탄을 투척하여 요로의 대관과 귀현

貴顯(신분이 높고 유명한)신사를 암살할 목적이었다. 그러나 공교롭게도 도쿄東京에 도착할 당시 의회는 휴회 중이었고, 가진 여비도 바닥이 났고 특히 위험물을 소지하고 있는 까닭에 이것이 발각될까 두려웠다. 그래서 이판에 차라리 니주바시二重橋의 위병을 쓰러뜨리고 왕궁 내에 돌진하여 왕궁을 폭파하면 일본의 귀족 내각은 쉽게 무너질 것이고, 또한 직접 행동한 자가 조선인이기 때문에 자연히 조선독립문제가 야기될 것이라 판단하여, 독단으로 바로 실행할 것을 결의하였던 것이다. 오후 7시경 일본왕궁 니주바시二重橋 앞으로 접근했을 때 경찰관의 검문을 받게 되자, 준비해 간 폭탄 하나를 경관에게 던졌는데 터지지 않았고 다시 니주바시二重橋 정문으로 돌진하며 앞쪽 니주바시二重橋에 2탄을 던졌으나 이것 역시 터지지 않았다. 그 사이에 후방으로부터 온 경찰관이 달려들어 붙들리게 되자 3탄을 던졌지만 이것도 성공하지 못했고 분개하며 자기에게 시시한 죄명이 붙여진 것은 매우 유감이라 하며, 우국지사인 체 허세를 부렸다. 이 사건에 관해 김지섭金祉燮의 밀항을 방조한 고바야시 카이小林開는, 상하이에서 히데시마秀島로부터, 조선인 한 명이 일본으로 도항하는 것을 주선해주도록 부탁받아 실형實兄 고바야시 칸이치小林寬一가 승선하여 일하고 있는 아마기야마마루天城山丸가 입항했음을 기회로, 자기 형과 구로시마 사도쓰네黑島里經에게 부탁하여, 일본 야하타八幡항에 김金을 상륙하도록 한 것이다. 고바야시 카이小林開는 항해 중 김지섭金祉燮이 폭탄을 휴대해서 도쿄東京에 가고 있는 사정을 알고 있었던 자이다. 고바야시 카이小林開는 나가사키長崎에서, 고바야시 칸이치小林寬一·구로시마 사도쓰네黑島里經의 2명은 다롄大連에서, 히데시마 고지秀島廣二는 상하이에서 체포되었다. 폭발물단속벌칙·선박침입죄로 이 사건을 검사에게 송치하였다. 관계자는 아래와 같다.

기記

경북 안동군 풍북면 오미동 의열단원 조선인 김지섭金祉燮(40세)	일본 長崎縣 南高來郡 口津村 전 이발직 일본인 小林開(24세)
일본 長崎縣 南高來郡 口津村 天城山丸 기름 치는 자油差 일본인 小林寬一(23세)	일본 長崎縣 南高來郡 口津村 天城山丸 화부火夫 일본인 黑島里經(31세)
일본 東京府 下豐多摩郡 戶塚町 源兵衛24 　　무직·주의자 秀島廣二(26세)	

* 역자주 : 이 표에서 보면 형인 小林寬一가 아우인 小林開보다 연령이 적다.

26. 불령조선인 사살 사건(일명 장사長沙 사건)

(1) 범죄사실

1924년 6월 9일 오후 5시경 영덕군 남정면 장사동 소재 영덕경찰서 장사長沙 주재소 남南방에 거동이 수상한 조선인 2명이 포항방면에서 걸어 들어오고 있는 것을 그곳 근무순사 오기영吳基永이 보고 주재소로 동행하였다. 그리고 수석首席순사 무라세 주이치村瀬重一와 함께 소지품 보자기를 탁상에 올려놓게 하고 신체검사를 하려고 했다. 그러자 한쪽 조선인이 다른 조선인에게 눈짓을 하여 서로가 하복부의 양복바지 사이에 오른손을 넣는 순간, 권총을 꺼내려고 하는 것이라 직감한 두 순사는 각각 그 등 뒤에서 달라붙었다. 그러나 적賊은 둘 다 권총을 꺼내어 난사亂射했기 때문에, 오吳순사는 대퇴부와 어깻죽지에, 무라세村瀬순사는 팔꿈치와 대퇴부 두 곳에 총상을 입었지만 굽히지 않고 서로 격투를 계속하고 있었다. 그러던 가운데, 6월 5일 영덕군 창수면에서 불령조선인 잠입을 경계수사하기 위하여 순사 김익환金益煥과 함께 본서로 소집되어 갔다가 약 한 시간 전에 주재소로 돌아와 자택에서 휴식 중이던 그 주재소 근무 순사 데라가와 아키노리寺川明德는 총성을 듣고 뛰쳐나가려 했다. 바로 그때 무라세村瀬순사 처의 급보가 있어서 급히 현장에 달려가, 데라가와寺川는 단신으로 격투 중의 적으로부터 권총을 탈취하려고 하다가 도리어 오른손 첫손가락과 다리에 총상을 입었다. 이로해서 데라가와寺川순사는 급히 자택으로 되돌아가 사물私物인 10연발 자동권총을 꺼내들고 다시 현장에 달려가, 오吳순사와 격투중인 적에게 전후 4발의 총탄을 발사하여 끝내는 그 범인을 사살하였다.

그런데 앞서 적과 격투하고 있었던 무라세村瀬순사는 오른쪽 팔꿈치에 관통상을 입어 힘이 빠져 적을 놓쳤다. 그런데도 그는 자기 처로부터 44식 기총騎銃(일본 기병이 가지는 소총)을 받아듦과 동시에 한편으로는 김金순사에게 위급함을 알리고 함께 범인을 추적하였으나 출혈이 심한 중상으로 보행이 자유롭지 않아 2정町쯤을 가다가 길에 쓰러졌다. 그래서 그는 동행한 김金순사를 격려하고 휴대한 기총을 건네주며 적을 급히 추적하여 체포하도록 명하였다.

이리하여 김金순사는 적을 체포하기 위해 추적했는데, 적은 도중에 있는 염전(소금밭)의 흙모둠 장소·가로수·제방 등의 지형물을 이용하여 추적해오는 김金순사를 요격했다. 김순사 또한 지형물을 이용하여 그때마다 4·5간間 내지 10간間 내외의 거리에 접근하여 총화銃火를 교환했고, 기회를 봐서 체포하려고 한 것도 전후 3회가 되었다. 범인은 최후에는 그 면面 장사동의 인가로부터 약 8정 떨어져 있는 지점에 멈춰 서서 다시 지형물을 이용하여 발포를 시작하였다. 이때 오吳순사의 위급을 도와 주재소에서 1명의 적을 사살하고 되짚어 적을 추적하러온 데라가와寺川순사와 만나, 약 5분간 맹렬한 적의 발포에 대항하여 마침내 그를 사살하였다. 적은 최후까지 항복을 하려하지 않았고, 총탄이 그의 오른손에 맞아 그 손이 자유롭지 못하면서도 왼손으로 총을 쏘며 완강하게 저항하였다. 그동안 김金순사가 발포한 것은 겨우 8발, 데라가와寺川순사도 7·8발에 불과하였다. 그러나 적은 그의 총을 세 번 장전하였으므로, 최초 장전한 것까지 합치면 약 40발을 발사하였다. 적의 행동, 특히 권총장전이 민첩하고 지형물의 이용에 요령이 있는 것으로 짐작컨대, 그는 군대식 훈련을 상당히 받은 자인 것으로 판단된다.

한편 무라세村瀨순사의 처 히사(이름)는 전술한 바와 같이 사건이 돌발하자 위급함을 데라가와寺川순사에게 알렸을 뿐만 아니라, 자신이 적의 저격을 받으면서도 총화 속을 뚫고 나가 사무실 뒤편 숙사에 넣어둔 44식 기총騎銃과 탄환을 꺼내어 이것을 무라세村瀨순사에게 주었고, 또 전화로 본서에 급보하였다.

순사 4명 중 3명은 아래와 같이 중상을 입었지만, 그것이 모두 급소를 벗어나서 다행히 생명에는 이상이 없었던 것이다.

(2) 경찰관의 부상 상황

오기영吳基永순사
왼쪽 어깨 갑관胛關(쇄골상박부를 연결하는 관절)에 찰과총상 한 곳
왼쪽 대퇴부에 맹관盲貫(총알이 빠져나가지 않고 내부에 있는 것) 총상 한 곳
왼쪽 하퇴부에 관통총상 한 곳

무라세 주이치村瀨重一순사
오른쪽 대퇴부에 관통총상 한 곳
오른손 팔꿈치 관절부에 관통총상 한 곳

데라가와 아키노리寺川明德순사
　오른쪽 하퇴부에 맹관盲貫 총상 한 곳
　오른쪽 대퇴부에 관통총상 한 곳
　오른손 첫손가락 관통총상 한 곳
　오른쪽 무릎관절 바깥쪽에 찰과총상 한 곳

(3) 범인의 신원

그런데 그 후 범인의 신원에 대하여 극력 세밀하게 수사한 결과, 도내 영일군 죽남면 상옥리 출신이며 중국 펑톈奉天 카이웬인현開原縣 얼따오허二道河 저촨방즈子船房子에 거주하는 김홍진金洪鎭과 아우 영진榮鎭이란 자가 아버지 성규成奎의 성묘를 위하여 1924년 5월 하순경 평안북도의 김창호金昌鎬[185]라는 자와 함께 이곳으로 돌아왔다. 김홍진金洪鎭은 김창호金昌鎬와 함께 같은 고향의 이진규李晋奎 집을 방문하고 1박一泊 후 떠난 사실이 있었다. 뿐만 아니라 동생 영진榮鎭은 조상의 산소가 있는 영덕군 남정면 토암동에 갈 예정이었는데, 그 면 장사동에서 불령조선인 사살사건이 있었음을 듣고 매우 당황하여 만주로 돌아갔던 것이다. 그런데 같은 달 하순에 3남 영진榮鎭(홍진洪鎭의 동생)의 명의로 친척인 죽남면 상옥리 최일호崔一浩에게 '김홍진金洪鎭은 향리방문차 귀국하여 6월 상순경 성묘를 위해 죽남면 상옥리의 이양잠李陽蠶에게로 간다고 하고 여기를 출발했을 터인데 그 후 그의 행동이 알 수 없으므로 이에 대해 상세한 회답이 있으면 한다. 그(김홍진金洪鎭)가 지금까지 돌아오지 않아 일동은 심통心痛하여 견딜 수 없다.'라는 편지가 있었다는 것이다. 그 후 파견원으로부터 들어온 정보 등을 종합하여 조사한 결과, 앞에서 기술한 바 있는 사살된 두 범인 중 한 명은 김홍진金洪鎭이었다. 김홍진金洪鎭은 1918년경 그의 부친인 성규成奎·기타 가족과 함께 서간도로 이사하였고, 편강렬片康烈 등의 의성단義成團에 들어갔던 자이고 다른 한 명은 평북 출신의 김창진金昌鎭인데, 그는 마침 이번 김홍진金洪鎭이 성묘하러 귀향할 때 군자금을 모집하려고 함께 조선에 들어왔던 자임이 판명되었다.

---

185) 김창호 : 본명 金昌鎭, 미상~1924, 평북출신, 1995년 애국장.

27. 대한통의부大韓統義府의 자금모집 사건(일명 창수蒼水 사건)

1924년 6월 5일 오전 10시 도내 영덕군 창수면 오촌동에서 범죄를 수사 중인 관할 경찰관이 혐의가 있는 조선인 1명을 체포 동행하던 중이었다. 그런데 적賊이 도주하려고 하여 격투가 벌어졌고 그 순사는 돌로 안면·기타를 구타당했고, 혐의자는 그 틈을 타서 도주하였다. 이에 추적·수사하던 중, 그 혐의자가 부근 산중에서 잠복하고 있음을 발견하여 체포하려고 했다. 그러자 그는 권총을 계속 발사하며 강원도 울진 방면으로 도주하여 그 소재를 감추었다. 그런데 그 적을 자기 집에 숨어있도록 한 이겸호李謙浩[186]는 양반 가문에 태어나 산웬푸三源浦무관학교에서 배운 일이 있었다. 그리고 그는 이 사건에 관해서도, 그 적과 함께 같은 면의 김상락金相洛에게 군자금 300원을 내놓도록 협박한 사실이 있음을 발견하여 이李를 문초한 결과, 도망간 적은 본도 안동군 남후면 수상동의 이덕숙李德淑임이 판명되었다. 그 후 계속 이李의 소재를 수사 중이던 9월 18일 그가 경기도에서 체포되어 압송을 받아 그를 문초했던 상황은 아래와 같으며, 사건은 그해 6월 19일 및 10월 3일에 살인미수·강도예비상해 및 제령위반으로 검사에게 송치하였다.

기記

이덕숙李德淑은 1915년 본적지로부터 서간도 류허현柳河縣 쉐이허즈水河子에 거주하는 처남 모某를 의지하여 만주에 가서 농업에 종사했다. 그러던 중인 1919년 그곳 무관학교와 신흥학교에 입학하여 1920년 4월에 졸업한 후, 곧 같은 통교성대通敎成隊[187]에 편입된 이후 불령운동에 종사하고 있다가 1923년 5월 대한통의부 제4중대장 김명봉金鳴鳳[188] 휘하로 달려가 같은 대隊 제1소대장 이동건李東健의 부하가 되었다. 그해 7월 그는 조선 내에서의 군자금모집의 명을 받았다. 그리하여 소대장 이동건李東健 곧 이혁李赫(강원도 울진군 출생) 및 류연덕柳淵德[189](도내 안동군 출생)의 2명과 함께, 대장 김명봉金鳴鳳으로부터 권총 3정·탄환 80발 및 경고문·영수증 등을 받고, 무기는 트렁크에 숨겨 8일가량이 걸리는 거리를 걸어서 펑톈奉天역까지 약 120리의 거리가 되는 싱깅현興京縣 이하 미상에 있

---

[186] 이겸호 : 1895~1942, 경북 영덕출신, 1990년 애국장(1980년 건국포장).
[187] 통교성대 : 무슨 뜻인지 알 길이 없다.
[188] 김명봉 : 1893~1924, 출신지 미상, 1995년 애국장.
[189] 류연덕 : 1894~1923, 경북 안동출신, 1995년 애국장.

는 김모某 집에서 일단 머물렀다. 그곳에서 3명이 합의하기를, 각각 조선에 잠입하여 이덕숙李德淑의 지기인 경북 대구부 시장통에 있는 신형섭申亨燮 집에서 만날 것을 서로 약속하였다. 그러나 마침 류연덕柳淵德이 병이 났기 때문에, 이동건李東健이 먼저 그 무기를 휴대하고 7월 중순 펑톈奉天역에서 승차하여 남행南行하였고 이덕숙李德淑은 이동건李東健이 출발한 후 4일을 지나, 마찬가지로 펑톈奉天역에서 기차를 타고 중간에 있는 중국 안둥安東역에 내려 8월 17일 대구부 시장통의 신형섭申亨燮 집에 도착하여, 이동건李東健의 도착 유무를 물었다. 그런데 이동건李東健은 이덕숙李德淑 등의 도착이 늦어지는 것을 알고 혹시 도중에서 관헌에게 검거된 것이 아닌가 매우 걱정이 된다고 하며, 무기와 불온문서가 들어 있는 트렁크를 그대로 신형섭申亨燮 집에 맡겨 놓은 채 만주로 되돌아 간 것이 판명되었다. 그리하여 이덕숙李德淑은 신형섭申亨燮 집에서 이동건李東健이 다시 오기를 기다리고 있었는데, 10월 9일경이 되어 이동건李東健으로부터 류연덕柳淵德은 싱징현興京縣역에서 중국군인에게 사살되고 자기는 다른 볼일로 조선에 들어갈 수 없다는 내용의 연락을 받게 되었다. 그리하여 이덕숙李德淑은 1919년경 서간도 무관학교에 재학할 때 동창생이었던 관하 영덕군 창수면 오촌동의 이겸호李謙浩를 신형섭申亨燮 집에서 만나, 대한통의부의 실상과 조선에 온 목적을 이야기했다. 그런데 이겸호李謙浩는 다음날 아침에 다시 만날 것을 기약하고, 본적지로 가버렸다. 이리하여 이덕숙李德淑은 11월 중순경 우선 그 트렁크를 휴대하고 본적지로 돌아가서, 트렁크는 자택 마루 밑에 숨겨두고 자신은 소금장수가 되어 안둥安東(한국)읍내에 체재하고 있었다. 1924년 4월 하순 이덕숙李德淑은 권동호權東鎬로부터 봉화군 내성방면에는 부호가 많으니 그곳에서 목적수행을 하도록 권유를 받았다. 이어 전술한 이겸호李謙浩의 내방도 있어서, 3명이 모의한 끝에 영덕 영해방면에서 군자금 모집에 착수하기로 하였다. 그해 5월 9일 이덕숙李德淑은 도내 영덕군 창수면 오촌동 이겸호李謙浩 집에 도착하여 트렁크는 부근의 빈집 천장 안에 숨기고, 이겸호李謙浩가 하고 있는 그곳 서숙書塾에 기거하며 둘이서 자금수집방법에 대해 모의를 거듭하고 있었다. 그러던 중에 그는 소관 창수주재소 시마네島根순사의 검문을 받고 주재소로 동행하던 중, 그 순사와 격투하다가 도주하여 곧 권총 등의 은닉장소에 이르러 트렁크를 찢어서 권총 2정과 탄환 수십 발을 꺼내 부근 등운산騰雲山 기슭을 향하여 도주하던 중에 다시 조선인 순사가 추적해 오는 것을 보자 군총 3발을 발사하고 만세를 고창하며 산중으로 도주한 자이다. 관계자는 아래와 같다.

본적 : 안동군 남후면 수상동 99 선우宣雨 곧 이덕숙李德淑(31세)	본적 : 영덕군 창수면 오촌동 농업 이겸호李謙浩(30세)
본적 : 영양군 청기면 저동 농업 권동호權東鎬(31세)	

28. 다물단 사건

서동일徐東日은 부모의 재산 약 1만 원을 탕진하고 자포자기가 되어 1923년 1월경 중국 베이징北京으로 달아나, 전부터 알고 지내던 사이이고 당시 베이징北京 전문내前門內 시와창갑細瓦廠甲 17호에 거주하는 경성출신 김복金復의 동생인 김자중金自重 집에서 기식했다. 그러던 중 서徐는 남형우南亨佑・배천택裵天澤 두 사람이 그해 6월 상하이 국민대표회의에 출석을 마치고 되돌아가는 길에 그들과 만났다. 그리고 그는, 남南・배裵 두 사람이 그해 6월 상하이 국민대표회의에 출석하던 중에 발기와 창립을 한 국민당에 입당하여, 그 당의 재무부장에 취임하였다. 1924년 1월 그는 그 당의 주의・강령을 실현하기 위하여 남형우南亨佑・배천택裵天澤과 모의하여, 그 당의 이사장 남형우南亨佑로부터 군자금모집특파원 신임장 및 군자금모집 취지서 각 1매와 남형우南亨佑사진 10여 매를 받았다. 그리고 그것을 감추어 조선에 들어와서 본도 경산군 하양면 도리동에 거주하는 이종호李鍾昊를 방문하였고, 이李의 진력으로 그는 그 동에 거주하는 박경칠朴敬七 외 1명으로부터 45원을 조달했다. 그리고 그는 단신으로 경산군 자인면 북사동의 부호 석제원石濟元과 같은 군의 남산면 경동리의 부호 김상규金相珪를 협박하여, 이 두 사람이 각각 10원을 제공하도록 했다. 다시 그해 1월 12일, 전부터 연계를 가지고 있던 도내 청도군 운문면 공암동에 사는 전직 군수이며 이 사건에 상피의자相被疑者 윤영섭尹瑛燮을 방문하여 그에게 군자금모집에 대한 알선을 부탁했다. 그리고 윤영섭尹瑛燮의 별장 거연정居然亭에 윤병래尹炳來・윤병일尹炳馹을 불러 사정을 말하여 그 두 사람도 동지로 끌어들여, 당원증으로 남형우南亨佑 사진 각 1매를 주었다. 또한 서徐는 윤병래尹炳來를 통하여 같은 면에 거주하는 자산가 이심동李心同(여)에게 협박하여 2000원의 군자금을 강청하여 현금 1000원을 제공케 했다. 다시 같은 면 내의 재력資力 있는 자들인 윤병권尹炳權·최홍태崔洪台·최홍열崔洪烈·박순병朴淳炳·김일준金馹俊 등을 협박하여, 윤병권尹炳權에게 2000원을 요구하여 100원을, 최홍태崔洪台·최홍열崔洪烈 두 사람에게 15원, 박순병朴淳炳에게 35원, 김일준金馹俊에게 100원을 내도록 하였다. 그리하여 모집총액 1400여 원을 가지고 그해 2월 상순 베이징北京으로 되돌아가, 1000원은 남南·배裵에게 제공하고 나머지는 서徐가 소비했던 것이다.

다음해 1925년 1월 서동일徐東日은 다시 군자금모집의 밀명을 받아 특파원신임장 및 다액제공자 표창기휘장表彰記徽章 두 개를 휴대하고 조선에 들어왔다. 그달 8일 전술한 바 있는 도내 청도군 운문면의 앞서 말한 윤영섭尹瑛燮을 방문하여, 지난번처럼 그의 별장인 거연정을 집회소로 하여 일당인 윤병래尹炳來·윤병일尹炳馹을 불러 여러 가지로 모의를 거듭하였다. 또 전술한 이심동李心同(여) 집에 식객으로 출입하고 있는 최성희崔聖熙를 거연정으로 불러들여 또한 동지가 되도록 권유하여, 그 증명으로 표창기휘장 1개를 주고 최성희崔聖熙와 윤병래尹炳來를 통해서 다시 이심동李心同(여)에게 돈을 내도록 강요하여 현금 30원을 제공케 하고, 일단 베이징北京으로 철수했다. 그런데 그는 그 후 1925년 4월 14일 국민당원이 조직한 다물단의 선언서 및 특파원신임장 각 1매를 휴대하고 5월 22일 베이징北京을 출발하여 세 번째로 조선에 들어왔다. 5월 28일 그는 청도를 경유하여 경산군 자인면에 이르러 그 면의 자산가 장재수張在洙·석제원石濟元·김윤근金潤根 등을 두루 찾아 다물단 선언서를 제시하고 군자금 제공을 강청했다. 그러나 누구도 현금이 없어서 장재수張在洙로부터 100원, 김윤근金潤根으로부터 20원을 후일에 제공하도록 승낙케 하였다. 또 그는 전의 약속을 이행하도록 경산군 남산면 김상규金相珪의 집에 갔지만, 본인의 부재로 가족이 여비로 10원을 제공하게 했다. 이를 관할 경산경찰서에서 탐지하여 제령위반으로 6월 22일 검사에게 송치하였다. 관계자는 아래와 같다.

기記

본적 : 경성부 가회동 주소 : 중국 北京 北城 大石牌胡洞 10호 무직 남형우南亨佑(51세)	본적 : 경북 대구부 수정 254번지 주소 : 중국 北京 東城井 兒胡洞 花立公寓 무직 병현炳鉉 곧 배천택裵天澤(34세)
본적 : 경북 대구부 남용강정 21번지 주소 : 중국 北京 東城 汪芝麻胡洞 14호 무직 천구天球, 춘파春波 곧 서동일徐東日(33세)	본적 : 경북 청도군 운문면 공암동 번지미상 주소 : 동 한문교사 윤영섭尹瑛燮(61세)

본적 : 경북 청도군 운문면 공암동 730번지 주소 : 동 무직 윤병래尹炳來(28세)	본적 : 경북 청도군 운문면 공암동 735 주소 : 동 무직 병형炳亨 곧 윤병일尹炳馹(28세)
본적 : 경북 청도군 운문면 공암동 158 주소 : 동 무직 최성희崔聖熙(33세)	본적 : 경북 대구부 서내정 53번지 주소 : 경북 경산군 하양면 도리동 107번지 하양노동공제회 사교부장 이종호李鍾昊(36세)

29. 의열단원 양건호梁健浩의 자금모집 사건

의열단원 양건호梁健浩가 조선에 들어올 계획이 있다는 것에 대해서는 1925년 이후 몇 번 그러한 정보가 있었고 또 10월 27일에는 양梁이 1주일 전에 조선에 왔다는 내용의 전화수배手配가 있었다. 이 사건에 대한 여러 차례의 정보에 비추어 볼 때 그 정보가 상당히 믿을만한 것이 있어서, 계통적으로 조사를 수행하였다. 그러던 중 경남 밀양역 앞 이병태李炳泰의 집에서 이병태李炳泰・이병호李炳浩(이상 2명 모두 1920년 밀양사건의 관계자이고 고인이 된 이병철李炳喆의 아우)와 김병환金鉼煥[190](밀양사건 관계자)의 3명이 비밀리에 모의했다는 것을 탐문하였다. 그래서 곧 그들 3명을 연행하여 취조한 결과, 양梁이 조선에 들어온 것은 확실하고 또 밀양의 한봉인韓鳳仁[191](의열단원 한봉근韓鳳根의 아우)이 주로 연락 임무를 맡고 있다는 내용의 진술이 있었다. 그리하여 계속 한봉인韓鳳仁을 체포하여 문초한 결과, 양梁이 조선에 있는 동안은 그에게 오는 문서는 밀양의 한韓에게 송부하고, 한韓은 다시 배중세裵重世(밀양사건 관계자)를 거쳐 양梁에게 송부할 것을 협의했다는 내용을 자백하였다. 이리하여 위의 배중세裵重世의 출입장소로 판단되는 곳에 대해서 내사를 계속 진행하였다. 그 결과, 대구에서 약 20리 북쪽으로 떨어진 지점에 있는 달성군 달서면 노곡동에 있는 산정山頂의 독립가옥에서 배裵가 양梁과 함께 기거하고 있다는 사실을 밝혀내어, 11월 5일 그들을 체포했다. 그 집은 극히 조망이 좋고 또 눈 아래로 금호강이 있어서, 부근 통행자가 한눈에 들어오는, 지리상 도망치는 데 편리한 점이 많을 뿐 아니라, 밀의密議하는 곳으로도 알맞은 장소에 있었다. 그런데 관계자들의 문초 경

---

[190] 김병환 : 1889~1947, 경남 밀양출신, 1991년 애국장(1963년 대통령표창).
[191] 한봉인 : 1898~1968, 경남 밀양출신, 1990년 애국장(1980년 건국포장).

과를 보면, 주범자인 양梁은 의열단의 금후의 활동에 미칠만한 사항은 어디까지나 진술을 피하고, 겨우 국외에서의 행동과 오늘날까지의 범행으로 공판정에서 드러난 관계사건에 대해서만 마지못해 진술했을 뿐이었다. 특히 1920년 12월 최경학崔敬鶴의 밀양경찰서 폭탄투척사건과 같은 것에 그가 관여했다는 것은 별도로 기술한 바와 같이 그때 그의 행동과 주위 정황으로 미루어보아 거의 단정하기에 어려움이 없는데도 불구하고, 그는 끝내 이를 부인하고 있었다. 또한 이번에 조선에 들어온 동기와 목적에 대해서는 양梁은 다음과 같이 진술했다. 즉, 양梁이 1917년 국외로 도주할 때 휴대하고 있었던 대구은행 예금 1만 원 중 7000여 원을 구영필具榮珌에게 맡겨 보관하도록 했다. 그러나 그 후 수차 이를 돌려줄 것을 독촉했는데도, 구具는 밀양사건에 그 돈 전부를 소비하였다는 말만 하고 이에 응하지 않았다. 그런데 그 돈의 용도에 관해서는 운동자금에 충당한 일이 없고 구具가 그 돈으로 전부 토지를 구입했을 것 같다는 말들이 들렸다. 양梁은 그 돈을 되찾기 위해, 밀양사건에 대해서 그 사정을 가장 잘 알고 있는 배중세裵重世·윤치형尹致衡에게 물어보아 상당히 소상한 내용을 밝혀낸 후에 구具와 최후의 교섭을 하고 또 다리의 병 치료 등의 관계도 있어서, 1924년 가을이후 배중세裵重世와는 몇 차례 서면을 주고받았다. 그리고 배裵로부터 조선에 오는 여비로 1925년 8월경 60원을 부쳐 받아 조선에 들어왔을 뿐이라 하고, 다른 것에 대해서는 입을 다물고 전혀 말을 하지 않았다. 양梁과 가장 관계가 깊은 배중세裵重世 역시, 다구쳐 신문을 해도 결과는 겨우 양梁과 대동소이한 말만 했다. 그런데 앞서 병 치료를 위해 왔다는 양梁의 말은 전혀 믿을만하지 않았다. 계속 엄중히 문초한 결과, 겨우 김재수金在洙의 진술로, 폭거계획과 자금조달 때문에 양梁이 조선에 들어왔다는 것이 판명되었다. 즉 종래에 재외 각 단체가 취해온 강제적인 자금모집은 쉽게 관헌에게 발각될 염려가 있으므로, 표면으로는 온건한 사업자금이라 핑계를 대어 운동자금을 조달하기로 하였던 것이다. 우선 현재 김재수金在洙가 예입한 5000원(김재수金在洙가 5000원을 제공한 후에는 그 대가로서, 현재 배중세裵重世가 대구부 밖 달성군 달서면에 약 1만 원을 투자하여 경영·공사 중인 수리사업을 김金에게 인계하기로 약속이 되어 있음) 및 이전에 경상남도 하동군 하동면 박종원朴宗源을 기만하여 근간에 포항에서의 어업자금으로 내놓을 예정인 5000원과 합친 1만 원을 10월 15일까지 조달하여 배裵가 이것을 휴대하여 중국으로 가고, 양梁은 도중에 평안남도 비현역 앞 광혜의원光惠醫院 내 이종범李鍾範에게 들렀다가 배裵와 서로 전후하여 닝꾸타寧古塔에 가서 다시 상하이로 되돌아가 김원봉金元鳳을 면회하여 흉포凶暴사업을 서서히 계획할 예정이었다는 것이다. 그런데 전술한 박朴으로부터 조달할 돈 5000원이 그 후 늦어져서 그들의 손에 들어가기 전에 체포되었다는 내용을 김재수金在洙가 자백했다. 그러나 그 이상은 입을 다물고 아무것도 말하지 않아, 그 이상의 계획 내용은 분명하지 않다. 관계자는 아래와 같으며, 사건은 1925년 12월 7일 살인미수 및 제령위반 등으로 송치하였다.

기記

체포범인의 원적 · 주소 · 성명 · 연령

본적 : 경북 대구부 남산정 621 주소 : 중국 吉林省 寧安縣 東京城 懇民소학교 내 별명 이종순李鍾淳, 권택건權宅建, 양근오梁權吾, 　　　양주평梁州平, 이집중李集中, 이중호李仲浩 무직 본명 이종암李鍾岩 통칭 양건호梁健浩(31세)	본적 : 경남 창원군 상남면 토월리 992 주소 : 경북 대구부 서내정 18 밀양사건 관계자 농업 배중세裵重世(31세)
본적 : 경남 밀양군 밀양면 가곡동 558 주소 : 동 밀양사건 관계자 한봉근韓鳳根의 실제實弟 무직 한봉인韓鳳仁(28세)	본적 : 경북 상주군 상주면 인봉리 77 주소 : 경남 부산부 초량동 981 밀양사건 관계자 호 무성無聲 무직 김재수金在洙(38세)
본적 : 경남 밀양군 밀양면 가곡동 718 주소 : 동 밀양사건 관계자 이병철李炳哲의 아우 운송업 이병태李炳泰(27세)	본적 경남 밀양군 밀양면 가곡동 367 주소 : 동 밀양사건 관계자 이병철李炳哲의 아우 농업 이병호李炳浩(30세)
본적 : 경남 밀양군 밀양면 내이동 848 주소 : 동 조선일보 밀양지사 기자 밀양사건 관계자 별명 군顒 호 해산海山 김병환金鉼煥(36세)	본적 : 경북 고령군 고령면 고아동 5 주소 : 동 밀양사건 관계자 별명 우동愚童, 호 해영海影 무직 신철휴申喆休(28세)
본적 : 경북 대구부 수정 131 주소 : 경북 대구부 서내정 18 농업 호 나봉那峯 이기양李起陽(37세)	본적 : 경남 진주군 진주면 중성동 94 주소 : 동 밀양사건 관계자 농업 이주현李周賢(34세)

30. 허무당虛無黨 선언서 사건

범인 윤우열尹又烈은 경성부에 있는 사립중동학교·중앙크리스트청년회 영어과와 도쿄東京 세이소쿠正則영어학교 속성과 등에서 공부를 하였다. 그렇지만 어디서나 중도퇴학을 하여, 1923년 이래 공산·무정부 및 허무주의 등의 서적을 탐독했다. 한편 경성과 대구에서 공산 또는 무정부주의 계통에 속하는 흑노회黑勞會·흑풍회黑風會·청년당 등의 조직에 관계할 뿐만 아니라, 대구에 있는 폭력단체 철성단鐵城團에 관계하여 직접행동을 주장해 오고 있었다. 그런데 1925년 4월 곽철郭澈일파가 경성에서 무정부주의를 주장하며 흑기黑旗연맹을 조직하여 검거되자 이것에 자극되어 그해 7월 동지 박흥곤朴興坤(전남 태생으로 지난해 가을 병사病死)과 이야기하여 다수의 동지를 규합하여 혁명을 실행할 것을 약속하였다. 그런데 그 후 박흥곤朴興坤의 부음을 받고 크게 비관했다. 한편 가산家産이 점차 기울어짐과 동시에 서자庶子라는 비애와 지병인 늑막염은 날이 갈수록 중태가 되어가므로, 지금은 병사病死 아니면 아사餓死의 두 길 중 어느 하나를 갈 수 밖에 없다고 생각하였다. 그는 차제에 사회와 친족에 대한 반감을 과격행동으로 앙갚음하고, 이것이 잘되면 소비에트러시아혁명처럼 성공하기를 몽상하였다. 그가 첫 번째로 착수한 것이 과격한 선언서를 작성하여 이를 널리 배부하여 세인을 자극해 둔 후에, 서서히 동지를 규합하여 최후에는 직접파괴 행동으로 나아갈 것을 꾸몄다. 1925년 11월 초순부터 대구의 자택에서 아래에 기재한 번역문(한글을 일본어로 번역) 제1호와 같은 허무당선언서를 기고起稿하여 12월 말 탈고脫稿하였다. 그리하여 그달 31일 대구를 출발하여 경성에 가서 2전錢짜리 우표 및 봉투를 각각 500매를 매입하여 1926년 1월 2·3일의 양일간에 경성부 견지동의 조선청년총동맹사무소와 서대문정 2정목의 한성강습원에 비치된 등사판 원지를 사용하여, 그 두 곳에서 대구에서 가져온 선언서원고를 정서하여 하은수河銀水에게 돕게 하고 한성강습원 교사 안병희安秉禧의 승낙을 얻어 그 강습원에서 등사케 했다. 그리고 이를 계동의 전일소一의 집에 가져가서 그 집에서 조선 내 각지에 발송할 준비를 하고, 그달 3일 시내 수개소의 우체통에 투입하였다. 윤우열尹又烈은 그 후 양명梁明·강정희姜貞姬·이윤재李允宰[192] 등에게 사정을 밝히고 그 물건의 은닉을 부탁하고 경성부 내를 전전하면서 교묘하게 잠복하며 도주준비를 하던 중, 1926년 1월 12일 팔판동에서 종로 경찰서원에게 체포된 것이다. 관계자는 다음과 같다.

---

192) 이윤재 : 1888~1943, 경남 마산출신, 1962년 독립장.

기記

본적 : 대구부 남산정 254 주소 : 대구부 명치정 2정목 1 대구청년동맹집행위원 조선청년총동맹집행위원 대구철성단鐵聲團(전 철성단鐵城團)원 경북사회운동자동맹원 자유노동자조합원 서울청년회원 조선사회운동자동맹원 주범 무직 윤우열尹又烈(23세)193)	본적 : 대구부 달성정 44 당시 경성부 서대문정 2정목 7 조선청년총동맹사무소 내 대구철성단鐵聲團원 서울청년회원 종범從犯 무직 하발河勃 곧 하은수河銀水(23세)
본적 : 경남 밀양군 초동면 검암리 43 주소 : 경성부 서대문정 2정목 7 한성강습원 교사(한성강습원 내) 방조 안병희安秉禧(37세)	본적 : 경남 통영군 사등면 사등리 주소 : 경성부 장사동 67 범인은닉 저술업 양명梁明(24세)
본적 : 불명 출생지 : 러시아령 사마리임 주소 : 부정 당시 경성부 계동 42 조선여성동우회상무집행위원 경성여자청년동맹상무집행위원 경성청년회원 경성청년회 러시아어교사 범인 은닉 강아끄니아 곧 강정희姜貞姬(22세)	본적 : 마산부 상남동 248 주소 : 경성부 팔판동 83 사립협성학교 교원 범인 은닉 갑종甲種요시찰인 이윤재李允宰(38세)

【별지別紙】 제1호

역문譯文

허무당선언서

혁명을 앞에 둔 조선이 불안과 공포로 신음하고 있는 이때에 즈음하여, 폭파·방화·총살의 직접행동을 주장하는 허무당은 분기奮起(분발하여 일어섬)하였다.

현재 조선은 이중삼중으로 포악한 적의 박해를 받아, 한걸음도 전진하는 것이 불가능

---

193) 윤우열 : 1904~1927, 경북 대구출신.

한 최후의 처참한 절정에 서 있다.

2000만 생령生靈은 위기일발의 무서운 난경難境에 있으면서 방황하고 있다. 죽음에 직면한 민중의 현 사회에 대한 저주는 하늘을 찌른다.

현세의 우리들은 희망도 이상도 장래도 아무것도 없다. 포악한 적의 착취와 학대와 살육과 조소와 모욕만 있을 뿐이다. 암흑의 수라장修羅場에서 야망으로 혈안이 된 적의 난무亂舞만 있을 뿐이다. 이 전율해야 할 현상을 타파하지 않으면, 조선은 영원히 멸망할 것이다. 우리들이 이상으로 하는 최대다수의 최대행복도 일종의 공상이 될 것이다.

포악한 적은 정치·법률·군대·감옥·경찰 등을 가지고 멸망한 조선의 명맥을 각일각刻一刻으로 침해하고 있다. 이 전율할 광경을 그저 묵과할 수만 있겠는가. 우리들이 이대로 살육되고 있을 수는 없다. 혁명의 봉화에 불을 붙이자. 파괴의 의검義劍을 휘두르자. 의분義憤과 혈기가 있는 자가 분기奮起해야 할 시기는 왔다. 아무런 의의와 가치도 없는 이 참혹한 생生보다는 대중을 위해서 하는 반역의 순사殉死(주군이나 주인의 뒤를 따라 자살함)가 얼마나 통쾌한 것인가. 우리들을 박해하는 포악한 적을 향하여 선전포고를 하자. 우리들이 부인否認하는 현재의 이 흉포하고 악독하기가 마치 사갈蛇蝎(뱀과 전갈)같은 정치·법률과 일체의 권력을 근본부터 파괴하자. 이 전율의 광경을 파괴하는 방법은 직접행동뿐이다. 혁명은 결코 언어나 문자만으로 할 수 있는 것이 아니다. 유혈과 전사戰死의 각오가 있지 않으면 안 된다. 합법적으로 현 질서 내에서 혁명이 가능하다고 믿는 자가 있다고 한다면 그는 저능아이다. 우리는 죽음으로써 맹약盟約하고 폭력으로써 조선혁명의 완성을 기하고자 허무당을 조직하려 한다. 혁명당시의 러시아허무당의 행동을 배우지 아니하면 안 된다. 우리가 여러 해를 두고 가져오던 저주와 원한과 분노는 폭발하였다.

우리들을 착취하고 학대하고 살육하는 포악한 적에 대해 복수의 투쟁을 개시하자. 조선인이 받는 학대와 비애를 절실히 느끼는 자라면, 누구든 허무당의 주장과 일치할 것을 확신한다. 허무당의 주장을 반대하는 자는 민중의 적이다. 민중의 적에게는 폭파·방화·총살의 최후수단을 쓸 뿐이다.

포악한 적의 학대에 신음하는 민중이여, 허무당의 기치 아래로 집합하라. 그 참혹하고 잔인하고 흉포한 적을 단숨에 격파하자. 최후의 승리는 우리에게 있다. 허무당 만세. 조선혁명 만세.

병인丙寅 1일194)

허무당虛無黨

31. 밀양경찰서 폭탄투척 사건

1920년 12월 27일 오전 9시 30분경 경상남도 밀양경찰서 사무실에서 서장이 서원署員에게 훈시하던 중, 한 조선인이 외부로부터 경찰서 남쪽 유리창이 있는 방을 향하여 폭탄을 투척하였다. 이 폭탄은 정렬해있던 한 순사부장의 오른팔에 맞아 마루 위에 떨어졌지만, 불발로 끝났다. 그러자 그는 다시 정면 현관으로부터 제2탄을 던져 복도에서 폭발한 사건이 있었다.

이 사건으로 경찰서원·기타에는 피해가 없었고 범인은 그 장소에서 도망하였지만, 10정町여를 추적 체포하여 문초한 결과, 그는 밀양군 상남면 마산리의 최수봉崔壽鳳 곧 최경학崔敬鶴(당년 24세)이었는데, 그는 1919년 11월중 마침 밀양군 상남면 기산리 묘지에서 그 동리의 김상윤金相潤(당 25세)이란 자와 만났고 그때 김金으로부터 조선독립운동에 진력하도록 권유를 받고, 마침내 이에 응했다. 그리고 그 후 같은 장소에서 김상윤金相潤의 소개로, 대구부로부터 10리쯤 떨어진 시골에 거주한다고 하는 원석元石·근수根壽 곧 김원석金元錫이란 자와 만났다. 그때 독립운동의 기세를 올리기 위해 폭탄을 던져 밀양경찰서를 파괴함과 동시에 경관을 살해하기로 모의하였고, 그 후에도 밀양읍내에서 원석元錫과 회합하여 12월 27일 이를 결행하기로 협의하였다. 그리하여 26일 저녁 무렵 최경학崔敬鶴은 김원석金元錫으로부터 밀양면 삼문리에 있는 장봉석張鳳錫 소유의 농막에서 크고 작은 2개의 폭탄을 받아, 다음날 27일[194) 밀양경찰서에 투척했다는 내용으로 진술하였다. 그런데 당시 이 사건은 김상윤金相潤·김원석金元錫을 체포하지 못한 채 일단 송치하였다. 그러나 1925년 11월 6일 자금모집을 위해 조선에 들어왔던 의열단원 양건호梁建浩를 체포하여 문초한 결과, 양梁은 김상윤金相潤과 함께 이 사건의 주범자이고 앞서 기술한 최경학崔敬鶴이 말하던 김원석金元錫은 양건호梁建浩임에 틀림없음이 판명되었다. 즉 양건호梁建浩·김상윤金相潤 등은 안학수安鶴洙를 통하여 이전에 국외에서 폭탄제조법을 습득한 고인덕高仁德[195)에게 교섭하여 폭탄에 쓸 약품 및 재료를 제조케 하고 외피外皮는 밀양읍 바깥 산중의 암굴에서 제작하여, 우선 시험적으로 밀양경찰서에 투척하였던 것이다. 이를 맡은 사람은 최초에는 최경학崔敬鶴·이원경李元慶 두 사람이었는데, 이李는 탈이 나서 최崔가 단독으로 결행했음이 판명되어, 1926년 7월 2일 사건을 송치하였다. 관계자는 아래와 같다.

---

194) 1일 : '1월'의 오식인 듯하다.
195) 고인덕 : 생몰연대 미상, 경남 밀양출신, 1963년 독립장.

기記

본적 : 경북 칠곡군 왜관면 석전리 220번지 주소 : 대구부형무소 수감 중 이각李覺, 이일몽李一夢 곧 무직 이수탁李壽鐸(36세)	본적 : 경북 대구부 남산정 621번지 주소 : 대구형무소 수감 중 양건호梁建浩, 권택건權宅建, 양주평梁朱平 이중호李仲浩, 이종순李鍾淳, 양근오梁槿吾 이집중李集中 곧 무직 이종암李鍾岩(31세)
본적 : 경남 밀양군 밀양면 내이동 1009번지 주소 : 대구형무소 수감 중 농업 기독교신자 고인덕高仁德(40세)	본적 : 경남 밀양군 상남면 기산리 번지미상 주소 : 중국 厦門(이하 미상) 무직 김옥金玉 곧 김상윤金相潤(31세)
본적 : 경남 밀양군 상남면 조음리 번지미상 주소 : 상하이 奉天省 西塔 홍형도洪亨道 집 이원학李元鶴, 이원경李元璟 곧 무직 이원경李元慶(28세)	본적 : 경남 밀양군 밀양면 가곡리 558 주소 : 대구형무소 수감 중 무직 한봉인韓鳳仁(28세)
본적 : 경남 밀양군 밀양면 가곡리 번지미상 주소 : 중국 吉林省 寧古塔(이하 미상) 농업 구영필具榮珌(45·46세가량)	

32. 진우연맹眞友聯盟 사건

(1) 진우연맹 조직의 경위

 1925년 9월 대구에서 주의자 등이 서로 모여 친목과 수양을 표방하여 진우연맹을 조직했다. 그 동기를 보면, 박열朴烈사건에 연좌하여 예심면소豫審免訴(예심에서 고소면제)가 된 서동성徐東星이 박열朴烈의 유지를 이어 지조가 강고하고 희생정신이 풍부한 동지 8명을 규합하여 조직한 것이다. 그런데 그해 11월 연맹원 방한상方漢相이 도쿄東京에 남몰래 가서 약 3개월간 체재하며 일본인 무정부주의자와 내왕한 일이 있었다. 그 후 방한상方漢相·신재모申宰模196)의 두 명은 도쿄東京에 있는 동지와 빈번하게 왕래한 일이 있었을 뿐만 아니라 그들은 전에 박열朴烈이 감옥에 들어가자 그에게 의연금을 보낸 형적이 있다. 진우연맹원은 경찰의 시선을 피하기 위해, 창립 이래 공공연하게 집합하는 일은 전혀 없고 비밀리에 회합하고, 동지간의 중요한 연락은 문서를 이용하지 않고 구두로 하여 극력 비밀누설을 막으려고 고심하는 상황이었다. 그리하여 엄중하게 주의하고 있던 바, 마침내 파괴·암살에 대한 구체적 방법을 모의한 것을 소관 대구경찰서에서 탐지하였다. 1926년 7월 중순에 연맹원 10명을 다른 관계일로 일단 구류처분에 부치고 문초를 하는 동시에 관계자의 가택수사를 하였던 바,

  1) 김정근金正根이 방한상方漢相에게 우송한 반역아反逆兒연맹의 선언서
  2) 김정근金正根이 신재모申宰模 앞으로 보낸 우편물
  3) 상하이에 있는 고백성高白性이 방한상方漢相에게 보낸 우편물
  4) 구라모토 웅유椋本運雄가 방한상方漢相에게 보낸 우편물을 발견했다. 그 외 구리하라 가즈오栗原一男가 본건과 밀접한 관계가 있다는 것이 판명되어, 김정근金正根·구리하라栗原·구라모토椋本의 3명을 도쿄東京에서 체포·연행하여 문초했다. 그 결과 3인이 모두 아래와 같은 범죄 사실이 있음이 명료해졌으므로, 유죄의견을 부쳐서 8월 28일 검사국으로 송치하였다.

(2) 범죄사실

1) 흑색연맹에의 참여

구리하라栗原가 조선에 와서 파괴·암살을 교사敎唆했다는 관계자의 진술을 종합컨대, 올해 4월 구리하라 가즈오栗原一男가 박열朴烈이 사형당했을 때 그의 시체인수에 필요한 위임장과 가네코 후미코金子文子의 입적入籍에 관한 용무 때문이라 하며 박열朴烈의 형 박연식朴延植과 면회하기 위하여 대구에 왔다. 그때 그는 진우연맹원 신재모申宰模·서학이徐學伊[197]·마명馬明·우해룡禹海龍[198]·정명준鄭命俊의 5명과 회견하며, 도쿄東京에서의 흑색黑色청년연맹의 활동상황 특히 그 동맹원이 올해 1월 21일 도쿄東京 긴자銀座통에서 상점을 파괴했던 직접행동의 상황을 설명했다. 그리고 일본과 조선을 통하여 현재의 강권주의 치하에 있어서는 자유의 옹호, 주의 촉진을 위한 파괴·암살 등은 당연히 우리가 맡지 않

---

[196] 신재모 : 1885~1958, 경북 칠곡출신, 1990년 애국장(1977년 건국포장).
[197] 서학이 : 1900~1955, 경북 성주출신, 1990년 애국장(1977년 건국포장).
[198] 우해룡 : 1906~1969, 경북 대구출신, 1990년 애족장(1980년 대통령표창).

을 수 없는 사명이라는 취지를 여러 번 말하여 폭행의 교사教唆와 선동을 함과 동시에 극력 흑색청년연맹에 가맹을 권유하고, 참가한 자들의 가맹동의를 얻었다.

2) 파괴단破壞團의 조직

12일 밤 진우연맹원인 서동성徐東星·신재모申宰模·방한상方漢相·서학이徐學伊·정명준鄭命俊·하종건河鍾健·김소성金召成(이상은 창립당시부터의 연맹원)과 마명馬明[199]·우해룡禹海龍·안달덕安達德[200](창립 후 가맹한 자)의 10명(이상 외 진우연맹원 김동석金東碩은 그 후 파괴계획에 참가하였다)은 구리하라栗原가 부재중에 그가 숙박하고 있던 대구부 신정 이금이李今伊(신재모申宰模의 처) 집에서, 13일은 신재모申宰模 집에 집합하여 다음과 같은 내용을 협의하였다. 즉 무정부주의운동 실현의 제1보로 도쿄東京에서의 흑색청년연맹의 폭거를 본받아 우선 부호로부터 자금을 조달한다. 그리고 2개년 이내에 대구부 내에 있는 도청, 경찰서, 우체국, 지방·복심覆審 양 법원을 비롯하여 주된 관청 및 대구의 상업중심지인 원정 1정목의 점포를 파괴하고 또 도지사, 경찰부장, 기타 관청의 수뇌자의 암살을 감행하기 위해 새로 파괴단이란 것을 조직하고 선언·강령을 만들어 참석한 각자가 이에 서명·무인拇印(손도장)하고, 직접행동의 구체적 방법은 후일에 다시 결정하기로 합의하였다. 그리고 구리하라栗原가 대구를 출발하여 경성으로 갈 때, 신재모申宰模는 동지를 대표하여 그를 정거장에서 전송하고 구리하라栗原에게 파괴단의 조직을 은밀히 알린 사실이 있다. 구리하라栗原는 전술한 바와 같이 흉폭행위를 선동·교사하는 데 그치지 않고 그들의 불온계획의 내용에도 관여했던 것이 아닌가 생각되지만, 지금은 확증을 얻지 못하고 있다. 그뿐 아니라 파괴단원은 흉행兇行에 사용할 목적으로 폭탄을 중국 상하이에 있는 민중사民衆社의 고백성高白性의 손을 거쳐 입수하려는 계획이 있었다. 그런데 그들은 선언·강령이 있는 곳에 대해서는 죽는다 해도 말하지 않겠다고 하여 이를 입수하지 못하였다.

3) 반역아叛逆兒연맹과의 관계

김정근金正根은 반역아연맹이 흑우회黑友會에 배부했다고 하는 반역아연맹선언서 9매를 올해 5월 중 신재모申宰模 앞으로 보내 온 일이 있었다. 신申이 이것을 동지에게 나누어

---

[199] 마명 : 생몰연대 미상, 경북 대구출신.
[200] 안달덕 : 본명 安達得, 1897~1928, 경북 대구출신, 2007년 애족장.

주었던 결과, 서학이徐學伊·방한상方漢相·정명준鄭命俊 과 신재모申宰模의 4명은 그때부터 반역아연맹에 가맹하여 지금에 이르고 있는 자들이다. 따라서 두 연맹 사이에 연락이 있었음은 충분히 판단되지만 파괴계획에 대한 관계에는 아무런 증거가 없기에, 그것의 사실여부는 판명이 되지 않는다.

4) 김정근金正根과의 관계

김정근金正根은 박열朴烈의 유지를 이어 홀로 도쿄東京에 머물면서 흑우회의 부흥에 힘을 쏟고 있던 자인데, 작년 10월경 조선에 돌아와서 진우연맹원과 회합하여 함께 장래의 운동방법에 대하여 협의했다. 그런데 그는 그해 말 도쿄東京에 돌아가자, 진우연맹과 일본인 무정부주의자 사이에서 전적으로 연락 임무를 담당하여 올해 1월 중 신재모申宰模 앞으로 과격한 내용의 우편물을 우송해 왔을 뿐만 아니라 전항前項과 같은 반역아연맹선언서를 송부해온 사실이 있는 것으로 보아, 이 사건과 상당히 깊은 관계가 있는 것으로 판단된다. 그러나 파괴단과의 관계에 대해서는 아직 분명하지 않다. 그리고 별지 제2호[201]의 통신문은 신재모申宰模가 마명馬明에게 회람하도록 건네주었던 것을 마명馬明 집에서 발견한 것이다.

5) 구라모토 웅유椋本運雄와의 관계

구라모토椋本는 작년 말 연락하기 위하여 도쿄東京에 밀행密行했던 방한상方漢相과 만나 그로부터 진우연맹의 내정內情을 들었다. 또 금년 4월 조선에서 일본으로 되돌아간 구리하라 가즈오栗原一男로부터 진우연맹원이 파괴단을 조직하였다는 내용을 듣자 그는 그들 연맹원에게 직접행동을 촉구하는 수단으로 여러 차례 교사·선동하는 편지를 보낸 사실이 있다.

6) 고백성高白性과의 관계

경남 함안군 출신이고 상하이에 있는 고백성高白性 곧 고삼현高三賢이 방한상方漢相에게 보낸 우편물을 경찰에서 압수했다. 그 우편물은 무정부주의단체를 증설하도록 선동하고 또 현재 상하이에서 계획 중인 원동遠東무정부주의자총연맹이 성립하면 이에 가맹하도록

---
[201] 별지 제2호 : 이것은 원저(일본문) 어디에도 기재되어 있지 않아 그 내용이 어떠한 것인지 알 수 없다.

종용해온 것이다. 그러나 고高와 상하이방면의 유력단체와의 관계는 분명하지 않다.

(3) 관계자의 주소 · 성명

본적 : 대구부 서천대전정 48
주소 : 대구부 봉산정 53
경시청편입 갑종요시찰인
전 도쿄잡지사 불령不逞 조선인기자
진우眞友연맹원
서동성徐東星(30세)

본적 : 경북 칠곡군 북삼면 율동 207
주소 : 대구부 달성정 311
대구노동공제회농민부위원
대구노동친목회상무서기
정오正午회원 진우연맹원
신재모申宰模(42세)

본적 : 경남 함양군 수동면 화산동 168
주소 : 대구부 남성정 57
대구청년회 간부 진우연맹원
흑전黑田 곧 방한상方漢相(27세)

본적 : 경북 성주군 성주면 경산동 733
주소 : 대구부 신정 67
흑파黑波 곧
서학이徐學伊(27세)

본적 : 경북 칠곡군 지천면 신동 399
주소 : 동
흑도黑陶 곧 정명준鄭命俊(23세)

본적 : 대구부 수정 276
주소 : 동
대구소년혁진단 간부
대구노동공제회원 진우연맹원
승주昇宙 곧 마명馬明(21세)

본적 : 대구부 서내정 34
주소 : 동
대구소년혁진단 간부
진우연맹원
해운海雲 곧 우해룡禹海龍(20세)

본적 : 대구부 북내정 28
주소 : 동
전 철성단鐵聲團 용진단勇進團원
진우연맹원
적파赤波 곧 안달덕安達德(23세)

본적 : 경남 함양군 안의면 금천리 59
주소 : 동
진우연맹원
하종진河鍾璡[202](24세)

본적 : 경북 성주군 성주면 경산동
주소 : 대구부 명치정 2정목 242
용진단 간부 진우연맹원
대산大山 곧 김소성金召成(29세)

본적 : 경북 선산군 장천면 상장동 488
주소 : 동
잡지농촌사雜誌農村社 기자
김동석金東碩(24세)

본적 : 埼玉縣 北足立郡 興野町 大字金子 873
주소 : 東京府 下西巢鴨堀內 73
무직 栗原一男(28세)

본적 : 福岡縣 京都郡 行橋字大橋 2657 주소 : 東京府 豊多摩郡 落合字上落 625 무직 椋本運雄(25세)	본적 : 경성부 효제동 230 주소 : 東京府 豊多摩郡 高田町 雄司谷 431 무직 김흑金黑 곧 김정근金正根(26세)
본적 : 경남 함안 주소 : 중국 上海(이하 미상) 고백성高白性 곧 고삼현高三賢	

33. 동척東拓203) 폭탄 사건

　1926년 12월 28일 오후 2시 10분경, 중국인 복장을 한 한 명의 흉한兇漢이 경성부 남대문통 2정목 조선식산은행과 황금정 2정목 동척지점에 침입하여 폭탄을 던졌으나 불발로 끝났는데, 다시 동척에서 권총을 발사하여 아야다綾田기사장技師長 외 5명에게 부상을 입힌 사건이 있었다. 범인은 도주하려고 문 앞 전차가 다니는 거리로 뛰쳐나갔지만 경찰부 경무과 하시土師·다바타田畑 두 경부보, 본정本町경찰서 요코야마橫山경부와 노구치野口 외 수 명의 순사에게 포위되었기 때문에 다바타田畑 경부보를 저격하여 부상을 입힌 후, 자신도 도저히 피하기 어려움을 각오하고 스스로 복부를 쏘고 자살하려고 한 것을 바로 체포하여 조사한 결과, 별항과 같이 자백하고 그는 곧 사망하였다. 생전生前의 그의 숙소와 그 밖의 다른 곳에서 한 언동 및 유류품 등에 의거하여 경기도 인천·황해·평안남북·충남 각 도에 걸쳐서 엄중한 수사를 수행한 결과, 범인은 본적이 황해도 재령군 북율면이고 의열단원 35세 나석주羅錫疇였다. 그는 26일 오후 2시 만주 다롄大連 츠푸芝罘, 웨이하이웨이威海衛를 경유하여 인천에 입항하였던 츠푸이통芝罘利通 운수선 무한공사無限公司 소유기선 리통利通호에 쿨리(coolie, 중국어로는 苦力; 중국의 하급노동자)로 변장하여 츠푸芝罘에서 승

---

202) 하종진 : 1905~1981, 경남 함양출신, 1990년 애족장.
203) 동척 : 동양척식주식회사의 약칭이다. 1908년 조선 산업자본의 조장과 개발을 위한다는 명목으로 일본이 세운 국책회사이다. 그러나 자기자본과 융자받은 자금으로 전라도, 황해도 등의 비옥한 전답을 강제로 싸게 사들여 막대한 토지가 이 회사의 소유가 되었으며 조선인 농민에게 미곡을 빌려주어 5할이 넘는 소작료를 징수하는 한편 영세농민에게 빌려준 곡물에는 추수 때 2할 이상의 고리로 현물을 받아들였다. 그 후 회사가 확장되자 본사를 도쿄로 옮기고 동북·동남아시아에 52개의 지사를 두었으며 우리나라에도 17개의 지사가 있었다. 해방과 함께 폐지되었다. 동척의 악랄한 착취 때문에 많은 일본인이 지주로 한국 농촌에 정착하게 되었다.

선, 인천에 상륙하여 그곳 중국거리에 있는 중국인여관 원화잔元和棧에서 잠시 쉬고, 그날 오후 8시 45분 인천발 기차로 경성으로 향하여 12월 27일 오전 10시경 경성부 남대문통 4정목 중국인 여관 동춘잔同春棧에 투숙하고, 다음날 12월 28일 흉행을 감행한 것이 판명된 것이다. 그 후 본도에서의 유림단儒林團 사건의 우두머리 김창숙金昌淑을 1927년 6월 18일 상하이 총영사로부터 호송을 받아 조사했다. 그 결과에 따르면, 김창숙金昌淑은 자금모집에 응하지 않는 부호의 암살을 계획하여 일단 중국에 건너갔다. 그러나 얼마 후 조선에 있는 동지가 검거되었다는 정보를 접하고 둔병제屯兵制[204] 등의 지구적인 독립운동방법이 바닥부터 무너진 데에 분개하여 중국에 건너간 후 그곳의 의열단원 한봉근韓鳳根과 류우근柳友瑾을 불러놓고 조선내의 유림으로부터 모은 3000여 원 중 1500원을 단團의 활동자금으로 제공하기로 약속하고 우선 권총 구입비로 현금 400원을 그들에게 주었다. 한봉근韓鳳根은 이것으로 권총 7정·실탄 490발을 구입하여 정세호鄭世鎬에게 보관하도록 하고, 폭탄은 신채호申采浩가 보관 중인 2개로 충당하기로 하였다. 그리하여 1926년 7월 21일 톈진天津에서 김창숙金昌淑·류우근柳友瑾·한봉근韓鳳根·나석주羅錫疇·이승춘李承春이 회합하여 흉행을 실행하기 위하여 류우근柳友瑾·한봉근韓鳳根·나석주羅錫疇·이승춘李承春의 4명이 조선으로 가기를 결의하고, 김창숙金昌淑은 휴대한 현금 1100원을 그들에게 주었다. 그런데 그 후 조선에 들어가는 방법에 관하여 날짜가 걸려 그들은 자금의 대부분을 소비하였기 때문에 나羅와 이李만이 조선에 들어가기로 결정하고, 우선 나석주羅錫疇가 단신으로 조선에 들어가 이를 거사하였음이 판명되었다. 관계자는 다음과 같다.

관계자

본적 : 경북 성주군 대가면 칠봉리 전주소 : 上海 佛租界 望志路 212호 심산心山 곧 김창숙金昌淑(49세)	본적 : 충북 충주군(이하 미상) 주소 : 廣東省 黃埔 의열단원 류우근柳友瑾(35세)
본적 : 황해도 재령군 북율면 진초리 주소 : 天津 佛租界(이하 미상) 의열단원 고 나석주羅錫疇(39세)	본적 : 경남 밀양군 밀양면 가곡동 주소 : 廣東省 黃埔軍官學校 內 의열단원 한봉근韓鳳根(32세)

---

[204] 둔병제 : 둔전병제(屯田兵制)의 준말. 군사를 변경이나 군사 요지에 주둔시켜 평상시에는 토지를 경작(屯田)하게 하고 전시에는 전투병으로 동원하는 제도.

본적 : 황해도 장연군 낙도면 석장리 주소 : 天津(이하 미상) 의열단원 이승춘李承春(28세)	본적 : 경북 성주군 청파면 수성동 주소 : 湖北省 武昌軍官學校 정원鄭遠 곧 정세호鄭世鎬(25세)
본적 : 충남 문의군(이하 미상) 주소 : 北京 西坡報子街 寄廬 신채호申采浩(연령 미상)	본적 : 함북(이하 미상) 주소 : 上海 (이하 미상) 박관해朴觀海(28세가량)
본적 : 전남 장성군(이하 미상) 주소 : 上海(이하 미상) 박승철朴承喆(30세가량)	본적 : 전남 장성군 이하 미상 주소 : 上海(이하 미상) 황의춘黃義春(30세가량)
본적 : 미상 주소 : 天津 獨租界(이하 미상) 이지영李志永(연령 미상)	

34. ㄱ당黨 사건

1928년 6월 11일 도내 달성군 해안면 둔산동 부호 김교식金敎式의 집에 양복을 입은 도회인 같은 청년 2명이 방문하여 1박하고, 다음날 12일 아침 일찍 대구로 향하여 출발하였다.

그런데 그 지방은 당시 농번기로 사람들의 눈을 끌어 마침내 부락민의 화제가 되었음을 듣고 알아 김교식金敎式에 대하여 일단 조사를 하였지만 요점을 잡지 못하였다. 그런데 그 거동과 내방인물 등에 석연치 않은 점이 있어서 다시 그를 관할 대구경찰서에 동행 조사한 결과, 노차용盧且用205)과 곽동영郭東英의 두 사람이 김金을 방문하였고 권총을 소지했으며 잡지발행 자금의 지출을 강요했던 사실이 판명되었다. 그를 더 문초한 결과, 노차용盧且用·장택원張澤遠·정대봉鄭大鳳·문상직文相直 등은 1928년 4월 하순경부터 대구부내 경정 문상직文相直206)의 하숙에 집합하여 현재 조선에서의 민족운동의 부진을 개탄하며 철저한 민족운동의 봉화를 올리기로 하고 협의에 골몰하고 있었는데 마침 5월 초순 동지 이강희李康熙207)·류상묵柳尙黙 등이 전후하여 대구에 온 것을 기회삼아, 5월 18일 도내

---

205) 노차용 : 본명 盧且甲, 1904~1967, 경남 창녕출신, 1995년 애족장.
206) 문상직 : 1892~미상, 경북 대구출신.

달성군 성북면 산격동 강변 모래밭에 집합하여 결사結社의 조직을 계획하였다. 그러나 그 날은 이강희李康熙·문상직文相直이 사고로 불참하여 끝내 결정을 보지 못하고 산회하였고, 다시 5월 20일 오후 2시경 부내 달성공원 숲 속에 집합하여 다음 사항을 결정하였다.

(1) 결사의 명칭에 대해서는 문상직文相直은 미회未會(1919년 기미운동을 의미한다), 장택원張澤遠은 혁진당革進黨, 이강희李康熙는 ㄱ당(ㄱ은 한글의 첫 번째 글자이고 조선의 기원을 의미한다), 노차용盧且用은 바바군軍 등의 제의가 있었지만, 결국 동지 이외의 사람이 알게 되는 것을 막기 위해 ㄱ당으로 하기로 결정하였다.

(2) ㄱ당의 목적과 강령
목적
본회는 조선인 중에서 전도 유위한 청년을 모집하여 중국 광동군관학교에 유학하게 하는 한편, 만주방면에서 미개간지 등을 개척하고 이로써 실력양성을 하여 조선의 혁명과 독립을 도모하는 데 있다.

강령
1) 조선민족의 절대해방을 기期한다.
2) 우리의 활동무대는 만주에 둔다.

(3) 역원役員
    재무부   노차용盧且用   장택원張澤遠
    조사부   이강희李康熙   류상묵柳尙黙
    연구부   정대봉鄭大鳳   문상직文相直

(4) 양성해야하는 투사의 모집방법 및 당의 방책 등의 구체적 사항은 다음 회합날인 6월 22일(음 5월 5일)에 결정하기로 하는 등의 의결을 하였다. 그러나 6월 22일의 제3회 회합이 있기 전에 경찰이 검거에 착수했기 때문에 ㄱ당으로서의 구체적인 방책에 대해

---

207) 이강희 : 1898~1943, 경남 부산출신, 1990년 애족장(1980년 대통령표창).

서는 결정되어 있지 않았다. 그러나 당 조직 이후 6월 15일의 수사착수까지 약 1개월간의 행동으로는, 노차용盧且用·장택원張澤遠이 재무부 담임인 까닭에 두 사람이 협의하였다. 그리하여 우선 활동자금이 필요하다하여, 노盧는 동지 곽동영郭東英을 데리고 6월 11일 오후 9시 도내 달성군 해안면 둔산동의 부호 김교식金敎式을 방문, 표면으로는 잡지발행자금이라 말하고 처음에는 5000원의 차용을 청하였지만 거절당했다. 노차용盧且用은 그러면 생명과 물질을 바꾸자는 의사이겠다 말하고 호주머니에서 무엇인가 꺼내려고 하였기 때문에, 김교식金敎式은 경악하여 곧 응낙한다는 취지로 대답했다. 그러면 이것에 필요사항을 기입하라 말하고 노盧가 미리 준비해 둔(약속어음에 이미 3전錢 우표를 붙인 것) 용지를 꺼내어 2000원 2매·1000원 3매에 기입케 했다. 그러나 김金이 인감을 숙부가 휴대하고 대구로 여행 중이라 하니 그들은 2·3일 중에 그것에 날인하여 지참 또는 등기로 우송하도록 명命하고, 그날 밤은 그곳에서 1박했다. 그리고 다음날 12일 아침을 먹은 후 노盧는 위협의 목적으로 김교식金敎式의 면전에 가지고 간 권총을 꺼내고 다시 약속이행을 엄명嚴命하고 대구로 돌아 간 것이 판명되었다. 그 뒤에 권총은 대구부내 횡정橫町 영일嶺一여관의 변소에 투기한 것을 이달 17일 발견하고 압수했다. 범인은 모두가 도내 소장少壯민족주의자로서 청년사이에서 무게가 있고 또 배짱이 세고 심모深謀(깊은 꾀)가 많은 자들뿐이다. 사건은 치안유지법 등 위반으로 1928년 7월 24일 검사국으로 송치했다. 관계자는 다음과 같다.

기記

본적 : 경남 창녕군 이방면 동산동 109
주소 : 부정
전 신간회 대구지회 간사
대구청년동맹원
운기雲機, 재원在原 곧
무직 노차용盧且用(25세)

본적 : 경북 칠곡군 인동면 신동 588
주소 : 부정
신간회 대구지회 간사
무직 하명何鳴 곧
장택원張澤遠(28세)

본적 : 경북 달성군 유가면 가태동 440
주소 : 부정
무직 탄우彈宇 곧
곽동영郭東英(28세)

본적 : 경남 부산부 보수정 1정목 77
신간회 부산지회 총무간사
부산노우회 서무간사
부산협동조합장
무직(정政) 이강희李康熙(29세)

본적 : 경북 고령군 고령면 중화동 265 주소 : 부정 무직(정政) 문백文白 곧 문상직文相直(36세)	본적 : 경북 의성군 점곡면 동변동 1196 주소 : 부정 무직(정政) 류상묵柳尙黙(34세)
본적 : 전남 화순군 동복면 칠정동 269 주소 : 대구부 서성정 2정목 39 신간회 대구지회 간사 무직 정빈鄭鑌 곧 정대봉鄭大鳳(26세)	본적 : 경북 의성군 의성면 중리동 818 주소 : 경북 의성군 의성면 상리동 전 의성청년동맹 간부 전 의성 정의사正義社 집행위원 인쇄업 오진문吳進文[208](34세)
본적 : 대구부 본정 2정목 11 주소 : 동 신간회 대구지회 출판부 서무간사 인쇄업 상화尙火 곧 이상화李相和(28세)	본적 : 대구부 남산정 311 주소 : 동 무직 만회萬恢 곧 이상쾌李相快(27세)

35. 도쿄東京 유학생의 독립운동 사건

조선유학생 등이 1919년 2월 23일 밤, 조선청년독립단민족대회소집촉진부취지서라는 불온문서를 몰래 인쇄하여 다음날 24일 일본 도쿄東京 히비야日比谷공원에서 이를 배부할 것을 기획했으므로 인쇄물에 서명한 자와 그 관계자로 인정되는 자에 대해 24일 이래 조사 중인 바, 서명한 자 중 최승만崔承万·강종섭姜宗燮은 취지서 작성에, 변희용卞熙瑢·장인환張仁煥은 이의 인쇄, 비용은 최재우崔在宇가 부담할 것을 협정하고, 김희술金熙述 외 수 명은 인쇄담당자 변희용卞熙瑢의 의뢰로 23일 밤 김희술金熙述의 집에서 이를 인쇄하여 다음날 24일 아침에 변희용卞熙瑢에게 주고, 그는 다시 최재우崔在宇에게 주고 최재우崔在宇는 조선어문文은 히비야日比谷공원에서 배부를 기획하고 일본문은 김증달金曾達에게 보관하도록 부탁한 것이 판명되었으나, 어느 것이나 경미한 죄로 판단하여 25일 타일러서 석방하였다. 조사 받은 자는 아래와 같다.

그리고 변희용卞熙瑢은 그해 1월 하순, 학비 이외로 실형實兄으로부터 200원의 송금送金이 있었던 사실이 있다. 그래서 그 돈은 혹 이 사선의 기획에 충낭했던 것이 아닌가 하

---

[208] 오진문 : 1896~1955, 경북 의성출신, 1990년 애족장(1977년 대통령표창).

는 판단이 선다.

記記

神田區 西小川町 2의5 조선기독청년회관내기숙 외국어학교생 최승만崔承万(21세)	豊多摩郡 戸塚町 字下戸塚 626 松風館내 早稻田大 상과생 강종섭姜宗燮(23세)
神田區 仲猿樂町 九堀米浦八내 明治대학생 최재우崔在宇(29세)	神田區 仲猿樂町 5佐藤四十七내 中央대학생 장인환張仁煥(23세)
芝區 二本榎町 1의9 西本セン내 고령군 출신 慶應대학생 변희용卞熙瑢(23세)	豊多摩郡 戸塚町 源兵衛 21 正則영어학교생 김희술金凞述(22세)
神田區 南神保町 7佐伯悟내 正則영어학교생 박한형朴漢馨(22세)	神田區 南神保町 7佐伯悟내 正則영어학교생 이수경李壽慶(18세)
주소 : 神田區 南神保町 7佐伯悟내 正則영어학교생 손의순孫儀淳(18세)	豊多摩郡 戸塚町 源兵衛 21 正則영어학교생 백순제白淳濟(22세)
豊多摩郡 戸塚町 源兵衛 21 一特宿泊 무직 계응상桂應祥(25세)	豊多摩郡 戸塚町 下戸塚 354 松葉館내 무직 강성주姜晟周(19세)
豊多摩郡 戸塚町 下戸塚 354 松葉館내 早稻田大생 이희재李凞齋(26세)	

36. 유림대표의 독립청원獨立請願 사건

1919년 3월소요(만세운동) 발발로 해서 경상남도 거창군 곽종석郭鍾錫, 경상북도 성주군 장석영張錫英·송준필宋浚弼·김창숙金昌淑·송규선宋圭善[209] 등의 주장에 따라, 경성에서는 이미 독립운동이 발발하여 소요중인데도 경상북도 부근에서는 아무런 계획이 없다는 것은 남부조선의 치욕이라 하여 경상남북도 내의 양반유생을 규합하여 파리강화회의에 조선독립승인 청원서를 제출하려고 기획한 바가 있었다. 그런데 그 후 위의 계획은 아주 우회적이니 차라리 조선독립청원서를 조선총독에 제출하기로 결정하고, 장석영張錫英과 송준

---

[209] 송규선 : 1880~1948, 경북 성주출신, 1990년 애족장(1980년 대통령표창).

필 宋浚弼이 그달 3월 중에 각기 따로 기초起草하여 이를 대조하여 그 중에서 철저한 것을 제출하기로 했다. 그리하여 3월 말 위 두 사람이 기초한 것을 대조하였으나 아직도 뜻에 차지 않는 점이 있다하여 다시 청원서 초안을 작성하던 중에 발각되었다. 그런데 별도로 기술記述한 바 있는 김응섭金應燮·남형우南亨佑 두 사람이 조선국권회복단중앙총부中央總部를 대표해서 상하이로 가지고 간 독립청원서는 곽종석郭鍾錫·장석영張錫英 등이 기초했던 것으로, 이 사건의 청원서사건과는 밀접한 관련이 있었다. 김창숙金昌淑이 유림대표로서 휴대했던 청원서는 상하이에 도착 후 한문 3000부·영문 2000부를 인쇄하여 이것을 파리강화회의 및 구미歐美·중국·조선 내에 배포했다는 것이 김창숙金昌淑의 체포·조사에서 판명되었다. 조선 내에서의 우송郵送에서 발견했던 것은 순 한문으로 기술되어 있고, 그것에 서명한 자는 아래와 같다.

본 적	주 소	성 명	연령
경남 거창군 가북면 중촌동	좌동	곽종석郭鍾錫	74
경북 안동군 도산면 토계동	좌동	이만규李晩煃[210]	
경북 성주군 월항면 안포동	좌동	장석영張錫英	69
경북 영주군 부석면 상석리 364	좌동	김동진金東鎭[211]	53
경북 성주군 대가면 칠봉동	좌동	김창숙金昌淑	42
경북 고령군 고령면 내상동 228	좌동	이인광李寅光[212]	42
경북 성주군 월항면 안포동 511	좌동	이현창李鉉昌[213]	65
경북 성주군 대가면 용흥동 716	좌동	이수인李洙仁[214]	41
경북 성주군 벽진면 가암동 716	좌동	이봉희李鳳熙[215]	40
경북 성주군 초전면 문덕동 617	좌동	송홍래宋鴻來[216]	54
경북 고령군 임천면 월막동 109	좌동	곽수빈郭守斌[217]	37
경북 성주군 청파면 북성동 850	좌동	정재섭鄭在燮	62
경북 성주군 초전면 고산동 532	좌동	송준필宋俊弼	51
경북 성주군 초전면 월곡동 659	좌동	성대식成大湜[218]	51
경북 성주군 월항면 대산동	좌동	이기형李基馨[219]	52
경북 성주군 월항면 대산동 330	좌동	이정기李定基	37
경북 성주군 초전면 월곡동	좌동	이정기李定基[220]	25
경북 성주군 초전면 월곡동	좌동	이덕후李德厚[221]	65
경북 안동군 임동면 수곡동	좌동	류연박柳淵博[222]	
경북 의성군 단밀면 생송동	좌동	권상두權相斗[223]	53
경북 영주군 영주면 가흥리 5	좌동	김택진金澤鎭[224]	46
경북 영주군 영주면 상줄리 534	좌동	정태진丁泰鎭[225]	44

충남 홍성군 서부면 이호리	좌동	김복한金福漢[226]	60
충남 홍성군 홍동면 구정리	좌동	최중식崔仲軾[227]	43
	충남 보령군 미산면 개화리	백관형白觀亨[228]	59
	충남 보령군 청라면 옥계리	류호근柳浩根[229]	67
	충남 보령군 대천면 내항리	류준근柳濬根[230]	60
	충남 홍성군 서부면 이호리	이길성李吉性[231]	
경북 봉화군 내성면 해저리	좌동	김건영金建永[232]	72
경북 봉화군 내성면 해저리	좌동	김창우金昌禹[233]	66
경북 봉화군 내성면 해저리	좌동	김순영金順永[234]	59
경북 봉화군 내성면 유곡리	좌동	권상익權相翊[235]	57
경북 봉화군 내성면 유곡리	좌동	권상원權相元[236]	58
경북 봉화군 내성면 유곡리	좌동	권병섭權昺燮[237]	35
경북 봉화군 내성면 유곡리	좌동	권상도權相道[238]	25
경북 봉화군 내성면 유곡동	좌동	권명섭權命燮[239]	35
경북 달성군 월배면 도원 1036	좌동	조석하曹錫河[240]	54
경북 달성군 명호면 도천리	좌동	권상문權相文[241]	70
경북 영양군 석보면 원리동 107	좌동	이돈호李墩浩[242]	51
경북 안동군 현내면 천전동	영양군 청기면 청기동 663	김병식金秉植[243]	64
경북 고령군 고령면 내상동	좌동	이상의李相義	
경북 고령군 임천면 월막동	좌동	곽걸郭杰[244]	53
경북 고령군 성산면 용소동	좌동	윤양식尹亮植[245]	54
경북 성주군 월항면 안포동	좌동	이만성李萬成[246]	
경북 성주군 월항면 안포동	좌동	이계원李啓源[247]	
경북 성주군 월항면 안포동	좌동	이계준李季埈[248]	
경북 김천군 석현면 하원 167	좌동	이석균李鉐均[249]	65
경북 달성군 월배면 상인동 598	좌동	우성동禹成東[250]	39
경북 달성군 월배면 상인동	좌동	우찬기禹瓚基[251]	59
경북 달성군 월배면 상인동 59	좌동	우하교禹夏敎[252]	49
경북 달성군 월배면 상인동 933	좌동	우경동禹經東[253]	44
경북 달성군 월배면 상인동 463	좌동	우승기禹升基[254]	31
경북 선산군 산동면 송산동 224	좌동	이능학李能學[255]	79
충남 홍성군 용천면 형산리	좌동	전양진田穰鎭[256]	48
충남 청양군 화성면 신정리	좌동	안병찬安柄瓚[257]	66
충남 청양군 적곡면 낙지리	좌동	덕진德鎭 곧 김덕진金悳鎭[258]	55
충남 청양군 화성면 수정리	충남 홍성군 서부면 판교리	임한청林翰淸[259]	48

	경북 경주군 내남면 율동리	손병규孫秉奎	
경북 안동군 동후면 주진동 843	좌동	류필영柳必永[260]	80
충북 서산군 운산면 거성리	좌동	김봉제金鳳濟[261]	62
충북 서산군 음암면 유계리	좌동	김상무金商武[262]	28
경남 산청군 단성면 남사리 261	좌동	하용제河龍濟[263]	66
경남 산청군 단성면 사월리 1424	좌동	박규호朴圭浩[264]	70
경남 산청군 단성면 소남리 532	좌동	조현육趙顯奎[265]	43
경남 진주군 수곡면 사곡리 61	좌동	하겸진河謙鎭[266]	50
경남 진주군 수곡면 사곡리	좌동	하재화河載華	61
경남 김해군 우부면 외동리	좌동	류진옥柳震玉[267]	48
경남 울산군 웅촌면 석천리	좌동	이규린李圭麟[268]	64
경남 창녕군 대합면 평지리	좌동	노수용盧壽容	37
경남 거창군 남하면 양항리	좌동	이승래李承來[269]	64
경남 거창군 남하면 양항리	좌동	윤인하尹寅夏[270]	65
경남 거창군 남하면 양항리	좌동	윤철수尹哲洙[271]	52
경남 거창군 가동면 토병리	좌동	변양석卞穰錫[272]	61
경남 거창군 남상면 대산리	좌동	김재명金在明[273]	68
경남 의령군 상정면 하촌리	좌동	조재학曺在學	57
전남 구례군 내산면 관산리 229	좌동	김택주金澤柱[274]	65
경남 구례군 광의면 방광리 44	좌동	이종춘李鍾春[275]	62
전남 고흥군 두원면 학곡리 1235	불명	송주헌宋柱憲[276]	46
경북 김천군 조마면 신안동 631의 1	좌동	학광鶴光 곧 최익길崔益吉[277]	58
경북 김천군 석현면 하원리 169	좌동	명균銘均 곧 이명균李明均	56
경북 대구부 서성정 2정목 53	좌동	이종섭李鍾燮	30
경북 영천군 임고면 우항동	서간도	정재호鄭在浩[278]	29
경북 달성군 가창면 우록동 48	경북 대구부 남산정 485	서건수徐健洙[279]	
불명	불명	고석진高石鎭[280]	
불명	좌동	노상직盧相稷[281]	
불명	좌동	하봉수河鳳壽[282]	
불명	좌동	이수안李壽安[283]	
불명	좌동	배종순裵鍾淳	
불명	좌동	허평許坪	
불명	좌동	박상구朴尙九	
불명	충남 보령군 웅천면 평리	김지정金智貞[284]	30
불명	좌동	이학규李學奎	

불명	좌동	안종달安鍾達	
불명	좌동	손상현孫上鉉	
불명	좌동	이이익李以翊	
불명	충북 괴산군 청천면 화양동	송철수宋喆洙285)	
불명	좌동	문용文鏞286)	
불명	좌동	송호완宋鎬完	
불명	좌동	송과곤宋鍋坤	
불명	좌동	박정선朴正善287)	
불명	좌동	황택성黃宅性	
불명	좌동	김양모金養模288)	
불명	좌동	박준朴俊	
불명	좌동	박은용朴殷容289)	
불명	정근	정근鄭根	
불명	좌동	전석구全錫九290)	
불명	좌동	김석윤金錫允291)	
불명	충남 홍성군 구항면 신곡리	이태식李泰植292)	
불명	충남 부여군(이하 미상)	김학진金鶴鎭	
불명	좌동	이병회李柄回	
불명	좌동	김용호金容鎬293)	
불명	좌동	이복래李福來	
불명	충남 보령군 대천면 화산리	신직선申稷善294)	66
불명	좌동	고제만高濟萬	
불명	좌동	고예진高禮鎭295)	
불명	좌동	박종권朴鍾權296)	
불명	좌동	안효진安孝珍297)	
불명	좌동	강신혁姜信赫298)	
불명	좌동	이정후李定厚299)	
불명	좌동	김정기金定基	
불명	좌동	고순진高舜鎭300)	
불명	좌동	송호기宋鎬基301)	
불명	좌동	박익희朴翼熙302)	
불명	좌동	송재락宋在洛	
불명	좌동	김영식金榮植	
불명	좌동	김양수金陽洙303)	
불명	좌동	김상진金相震304)	
불명	좌동	장영구張永九	

불명	충남 논산군 부적면 충곡리	이내수李來修305)	
불명	좌동	김영찬金永贊	
불명	좌동	손진창孫晉昌	
불명	좌동	우하삼禹夏三	
불명	좌동	박순호朴純鎬306)	
불명	좌동	김동수金東壽	
불명	좌동	박재명朴在明	
불명	충남 보령군 청라면 소양리	김병식金炳軾	
불명	좌동	김태린金泰麟	

210) 이만규 : 1845~1921, 경북 안동출신, 1995년 건국포장.
211) 김동진 : 1867~1952, 경북 영주출신, 1993년 애국장.
212) 이인광 : 1878~1934, 경북 고령출신, 1995년 건국포장.
213) 이현창 : 1855~1930, 경북 성주출신, 1990년 애족장(1983년 대통령표창).
214) 이수인 : 1880~1963, 경북 성주출신, 1995년 건국포장.
215) 이봉희 : 1880~1958, 경북 성주출신, 1990년 애족장(1983년 대통령표창).
216) 송홍래 : 1866~1953, 경북 성주출신, 1995년 건국포장.
217) 곽수빈 : 1882~1951, 경북 고령출신, 1995년 건국포장.
218) 성대식 : 1869~1925, 경북 성주출신, 1995년 건국포장.
219) 이기형 : 1868~1946, 경북 성주출신, 1995년 건국포장.
220) 이정기 : 1898~1951, 경북 성주출신, 1995년 애족장.
221) 이덕후 : 1855~1927, 경북 성주출신, 1995년 건국포장.
222) 류연박 : 1844~1925, 경북 안동출신, 1995년 건국포장.
223) 권상두 : 1870~1936, 경북 의성출신, 1995년 건국포장.
224) 김택진 : 1874~1961, 경북 영주출신, 1995년 애족장.
225) 정태진 : 1876~1960, 경북 영주출신, 1990년 애족장.
226) 김복한 : 1860~1924, 충남 홍성출신, 1963년 독립장.
227) 최중식 : 1877~1951, 충남 홍성출신, 1995년 건국포장.
228) 백관형 : 1861~1928, 충남 보령출신, 1990년 애족장(1983년 대통령표창).
229) 류호근 : 1853~미상, 충남 보령출신, 1995년 애족장.
230) 류준근 : 1860~1920, 충남 보령출신, 1990년 애국장.(1977년 건국포장).
231) 이길성 : 1874~1935, 충남 홍성출신, 1990년 애족장.
232) 김건영 : 1848~1924, 경북 봉화출신, 1995년 건국포장.
233) 김창우 : 1854~1937, 경북 봉화출신, 1995년 건국포장.
234) 김순영 : 미상~1934, 경북 봉화출신, 1996년 건국포장.
235) 권상익 : 1863~1934, 경북 봉화출신, 1990년 애족장(1968년 대통령표창).
236) 권상원 : 1862~1937, 경북 봉화출신, 1995년 건국포장.
237) 권병섭 : 1885~1964, 경북 봉화출신.
238) 권상도 : 본명 權相瑋, 1895~1943, 경북 봉화출신, 1995년 건국포장.
239) 권명섭 : 1885~1949, 경북 봉화출신, 1995년 건국포장.

240) 조석하 : 1883~1955, 경북 대구출신, 1995년 건국포장.
241) 권상문 : 1850~1931, 경북 대구출신, 1995년 건국포장.
242) 이돈호 : 1868~1942, 경북 영양출신, 1995년 건국포장.
243) 김병식 : 1856~1936, 경북 안동출신, 1995년 애족장.
244) 곽걸 : 1868~1927, 경북 고령출신, 1998년 건국포장.
245) 윤양식 : 1866~1944, 경북 고령출신, 1995년 건국포장.
246) 이만성 : 1872~1922, 경북 성주출신, 1996년 건국포장.
247) 이계원 : 1871~1944, 경북 성주출신, 1995년 건국포장.
248) 이계준 : 1869~1929, 경북 성주출신, 1995년 건국포장.
249) 이석균 : 1855~1927, 경북 김천출신, 1995년 건국포장.
250) 우성동 : 1861~1920, 경북 대구출신, 1995년 건국포장.
251) 우찬기 : 1861~1921, 경북 대구출신, 1995년 건국포장.
252) 우하교 : 1872~1941, 경북 대구출신, 1990년 애족장(1983년 대통령표창).
253) 우경동 : 1876~1960, 경북 대구출신, 1995년 건국포장.
254) 우승기 : 1875~1948, 경북 대구출신, 1995년 건국포장.
255) 이능학 : 1841~미상, 경북 구미출신, 1995년 건국포장.
256) 전양진 : 1873~1943, 충남 홍성출신, 1995년 건국포장.
257) 안병찬 : 1854~1929, 충남 청양출신, 1990년 애국장(1977년 건국포장).
258) 김덕진 : 1864~1947, 충남 청양출신, 1990년 애국장(1980년 건국포장).
259) 임한청 : 본명 林翰周, 1871~1954, 충남 청양출신, 1990년 애국장(1983년 건국포장).
260) 류필영 : 1841~1924, 경북 안동출신, 1995년 건국포장.
261) 김봉제 : 1860~1929, 충남 서산출신, 1995년 건국포장.
262) 김상무 : 1892~1923, 충남 서산출신, 2005년 건국포장.
263) 하용제 : 1854~1919, 경남 산청출신, 1995년 애족장.
264) 박규호 : 1850~1930, 경남 산청출신, 1995년 건국포장.
265) 조현육 : 본명 趙顯珪, 1877~1950, 경남 산청출신, 1995년 건국포장.
266) 하겸진 : 1860~1946, 경남 진주출신, 1995년 애족장.
267) 류진옥 : 1871~1928, 경남 김해출신, 1999년 건국포장.
268) 이규린 : 1856~1937, 경남 울산출신, 1995년 애족장.
269) 이승래 : 미상~1927, 경남 거창출신, 1995년 건국포장.
270) 윤인하 : 1853~1928, 경남 거창출신, 1995년 건국포장.
271) 윤철수 : 1868~1942, 경남 거창출신, 1996년 건국포장.
272) 변양석 : 1858~1922, 경남 거창출신, 1995년 건국포장.
273) 김재명 : 1852~1923, 경남 거창출신, 1995년 건국포장.
274) 김택주 : 1855~1926, 전남 구례출신, 1995년 건국포장.
275) 이종춘 : 1858~미상, 전남 구례출신, 1995년 건국포장.
276) 송주헌 : 1872~1950, 전남 고흥출신, 1990년 애족장.
277) 최익길 : 1862~1937, 경북 김천출신, 1995년 건국포장.
278) 정재호 : 1891~1943, 경북 영천출신, 1990년 애국장(1977년 건국포장).
279) 서건수 : 1874~1953, 경북 대구출신, 1995년 건국포장.
280) 고석진 : 1856~1924, 전북 고창출신, 1990년 애국장(1977년 건국포장).

이 가운데 경남·북 유림 139명이고, 이들은 누구나 이 사건 모의에 직접 관계했던 자로 생각되지만 사실여부는 분명하지 않다. 검거한 사건 관계자는 다음과 같다.

기記

본적 : 경남 거창군 가북면 유생 곽종석郭鍾錫(74세)	본적 : 경북 달성군 가창면 정대동 조긍섭曺兢燮(47세)
본적 : 경북 달성군 월배면 상인동 우하교禹夏敎(47세)	본적 : 경북 달성군 월배면 상인동 우경동禹經東(44세)
본적 : 경남 창녕군 고암면 계상동 김희봉金熙琫307)(45세)	본적 : 경북 성주군 월항면 유생 장석영張錫英(69세)

281) 노상직 : 1855~1931, 경남 밀양출신, 2003년 건국포장.
282) 하봉수 : 1857~1939, 경남 진주출신, 1995년 건국포장.
283) 이수안 : 1859~1929, 경남 진주출신, 1995년 건국포장.
284) 김지정 : 1889~1948, 충남 보령출신, 1995년 건국포장.
285) 송철수 : 1863~1955, 경남 합천출신, 2005년 건국포장.
286) 문용 : 1861~1926, 경남 합천출신, 1996년 건국포장.
287) 박정선 : 1879~1956, 경남 산청출신, 2005년 건국포장.
288) 김양모 : 1850~1935, 경북 안동출신, 1996년 건국포장.
289) 박은용 : 1880~1949, 전남 장성출신, 1990년 애족장(1977년 대통령표창).
290) 전석구 : 1896~1970, 경남 합천출신, 2005년 건국포장.
291) 김석윤 : 1877~1949, 제주도 출신, 1990년 애족장(1977년 대통령표창).
292) 이태식 : 1875~1952, 경남 의령출신, 2004년 애족장.
293) 김용호 : 1853~1924, 경북 대구출신, 2003년 건국포장.
294) 신직선 : 1854~미상, 출신지 미상, 2002년 건국포장.
295) 고예진 : 1875~1952, 전북 고창출신, 1990년 애국장(1977년 건국포장).
296) 박종권 : 1861~1927, 경남 거창출신, 2003년 건국포장.
297) 안효진 : 1874~1946, 경남 김해출신, 1996년 건국포장.
298) 강신혁 : 1879~1966, 경남 창녕출신, 2003년 건국포장.
299) 이정후 : 1871~1950, 경남 창녕출신, 2005년 건국포장.
300) 고순진 : 1863~1938, 전북 고창출신, 1990년 애족장(1986년 대통령표창).
301) 송호기 : 1866~1935, 경남 합천출신, 2005년 건국포장.
302) 박익희 : 1853~1922, 경남 합천출신, 2005년 건국포장.
303) 김양수 : 1849~1930, 출신지 미상, 2001년 건국포장.
304) 김상진 : 1897~1946, 경남 합천출신, 2005년 건국포장.
305) 이내수 : 1860~1933, 충남 논산출신, 1990년 애족장(1983년 건국포장).
306) 박순호 : 1873~1934, 경북 대구출신, 2004년 건국포장.

본적 : 경북 성주군 초전면 이준필李浚弼(51세)	본적 : 경북 성주군 초전면 양반 송규선宋圭善(41세)
본적 : 경북 성주군 월항면 양반 이기완李基完(37세)	본적 : 경북 성주군 벽진면 양반 이봉희李鳳熙(40세)
본적 : 경북 성주군 벽진면 양반 장진홍張鎭洪(47세)	본적 : 경북 성주군 월항면 양반 이기윤李基允[308](29세)
본적 : 경북 성주군 초전면 양반 이병철李炳喆(37세)	본적 : 경북 고령군 고령면 양반 이인광李寅光(42세)
본적 : 경북 성주군 초전면 양반 이덕후李德厚(65세)	본적 : 경북 성주군 초전면 양반 성대식成大湜[309](51세)
본적 : 경북 성주군 벽진면 양반 여상윤呂相胤[310](55세)	본적 : 경북 성주군 대가면 양반 김창숙金昌淑(41세)
본적 : 경북 성주군 월항면 양반 이기성李基聲(52세)	본적 : 경북 성주군 초전면 양반 이정기李定基(25세)

37. 펑톈奉天에서의 폭탄작렬爆彈炸裂 사건

1919년 9월 15일 오후 6시 15분경, 만주 펑톈성奉天城 내 샤오난먼小南門 뒤 톈청天成여관 제3호실에서 폭탄 제조 중 잘못해서 작렬하여 전성인田誠忍이란 자가 즉사하였다. 그런데 당시 이미 만든(旣製) 폭탄과 유류품 등은 중국관헌인 다수의 관리가 임검臨檢하여 각자가 들고 가버렸기에 명료하지 않으나, 주위의 정황을 종합 고찰하건대 폭발하였던 방은 죽은 사람의 작업실이고 이미 만든 폭탄과 그 밖의 것은 이웃 방에 두었던 것 같다. 이미 만든 폭탄의 수량은 134개라 말하는 자도 있으나, 당시 이를 실제로 보았다고 말하는 자에 의하면 23개인 것 같다.

전성인田誠忍의 유류품인 수첩에는 50여 명의 성명이 기재되어 있었는데, 그와 서면書面

---

307) 김희봉 : 1874~1928, 경남 창녕출신, 1999년 대통령표창.
308) 이기윤 : 1891~1971, 경북 성주출신, 1996년 대통령표창.
309) 성대식 : 1869~1925, 경북 성주출신, 1995년 건국포장.
310) 여상윤 : 1856~1942, 경북 성주출신.

왕복을 한 자 가운데 아래 기재한 자는 이 사건에 관계가 있는 혐의가 짙다(주註 : 그 후 조사의 결과에 대해서는 본부本府로부터 아무런 정보가 없어서 불명不明이다).

기記

경북 안동군 서후면 금계동 김연환金璉煥311)	평남 평원군 영유면 무은리 임홍범林洪範
평남 평원군 숙천면 통덕리 (폭탄제조비를 지출한 자) 신두식申斗湜312)	

이를테면 전성인田誠忍은 스스로가 중국 통화현通化縣사람이라 말하고, 전일문田一文 또는 전의田義라 칭하며, 이군철李君哲·이철李哲도 그가 사용하고 있었던 가짜 이름이다. 하지만 본적은 평안남도 용강군 삼화면 충락리이며, 신원조사 중이다(주 : 조사결과에 대해서는 기록이 없음).

38. 이강공李堈公 유출誘出 사건

이강공李堈公은 평상시 마음이 편하지 않았고, 또 종종 외유의 뜻을 측근에게 말하는 일이 있었다. 그리하며 불령不逞의 무리는 공公을 옹립하여 국권회복운동에 종사하면 양반 유생은 물론 조선 내외 동지에게 신용을 얻음이 클 것으로 생각하여 은밀히 공을 꾀어내려고 하였다. 공은 평소 주색酒色을 가까이 하고, 행동이 흔히 상궤常軌(사람이 보통 지키는 일)를 벗어나고 또 시정잡배와 즐겨 왕래하였고, 특히 1919년 3월의 독립소요의 수괴 손병희孫秉熙와는 은밀히 회합 모의하여 손孫이 체포되자 공은 매우 당황한 기색이 있었다 한다. 당시 불령의 도배徒輩는 공을 유인하여 상하이로 달아나려 한다는 풍설이 있어서 경기도경찰부에서 엄중히 공저公邸 부근의 경계에 힘써오던 바, 공은 1919년 11월 9일 오후 10시경에 종자從者(귀한 사람의 수행원) 김삼복金三福을 데리고 몰래 공저公邸를 탈주하여 소

---

311) 김연환 : 1879~1947, 경북 안동출신, 1990년 애족장(1977년 대통령표창).
312) 신두식 : 1896~미상, 평남 평원출신, 1990년 애족장(1963년 대통령표창).

재를 알 수 없게 되었다. 이에 각지에 수배하여 극력 수사 중이던 바, 11일 오전 11시 30분 경 중국 안동安東역 정거장 밖에서 공과 그리고 동행한 정남용鄭南用313)을 발견하여 그들을 경성으로 보호 연행하였다. 동시에 이재호李在浩314) 외 수 명이 경성 초음정初音町에 잠복한 것을 알고 12일 새벽, 초음정 192번지 이관수李觀修 집에서 이재호李在浩를 체포하였다. 또 불령자 등이 경성 창의문彰義門 밖 산중턱의 민가에 있음을 염탐하고, 그날 오후 4시 반 동창률董昌律315)·정운복鄭雲復·김삼복金三福의 3명을 체포하고 또 동창률董昌律이 소지한 권총을 압수하고 그 가택을 수색하여 불온 문서와 그 원고 및 인쇄기 1대를 발견·압수하였으며 이어 19일에 이르기까지 거괴巨魁(중심이 되는 두목) 전협全協 이하 공범자 수 명을 체포하였다. 이 사건은 2·3의 다른 사건과 우연히 얽혀 있기 때문에 사태가 매우 착종(얽히고 설킴)해 있다. 개요는 이래와 같다.

기記

(1) 사건기획 전의 전협全協 등의 행동

이 사건의 절반은 전협全協이 우두머리가 되어 구상 기획한 것으로, 그의 책략이야말로 대담하면서도 세심細心하여 그 수단이 극히 괴기하고 정교하다. 전全은 경성 양반의 집에서 태어나 14세에 과거를 보고, 21세에 농상공부 주사主事에 임명되었고 2년 뒤에 사직하였다. 1904년 일진회一進會에 들어가 송병준宋秉畯·이용구李容九 등의 신용을 얻어 그 회의 평의원·총무원이 되고, 다음해 1905년에는 경기도 부평 군수에 임명되었지만 당시의 여러 가지 일에 분개하여 1907년에 이를 사임하였다. 그리고 1909년 가을, 충청남도 천안군 출신 장석우張錫祐 외 1명과 함께 서간도에 이주하였다. 그 후 장張은 베이징北京으로 가서 1918년 7·8월 경 간도 하이롱현海龍縣으로 돌아와 그곳에서 전협全協과 윤기우尹基祐(윤尹은 충청남도 천안 사람으로 극동 시베리아지방을 배회하다가 우연히 그곳에 왔음)와 만나, 제1차세계대전의 결과 약소국弱小國으로 독립을 선언하고 혹은 민족이 단결하여 국가의 부흥을 도모하려는 자들이 있으니 우리들도 이 기회에 조국을 회복하지 않으면 안된다고 설득하자, 장張은 전全·윤尹과 함께 그 뜻을 같이 하고 국권회복운동에 진력하기

---

313) 정남용 : 생몰연대 미상, 강원도 고성출신, 1963년 독립장.
314) 이재호 : 1878~1933, 강원도 고성출신, 1990년 애국장(1982년 건국포장).
315) 동창률 : 1868~1943, 서울출신, 1990년 애족장(1983년 대통령표창).

로 약속하였다.

그들은 먼저 미국으로 건너가서 배일排日의 수령 이승만李承晩 등과 모의하려고 하여, 이에 필요한 여비를 조선에서 모집하기로 하고, 함께 1918년 9월 중순 경성에 들어갔다. 윤尹은 경상북도 경주의 부호 최준崔浚316)을(윤尹은 그 뒤에 오지 않았다), 장張은 경상북도 칠곡군 부호 장승원張承遠을 꾀기로 했다. 그리고 전협全協은 경성에 있으면서 남작男爵317) 정주영鄭周永의 아들 정두화鄭斗和에게 1만 원의 조달을 청했는데 거절되고, 생활비와 기타 등으로 1000여 원의 증여贈與를 받았다. 12월 10일 경 전全과 장張은 함께 경성을 출발하여 상하이로 가서 김구金龜(임시정부 경무국장)·김중호金重浩·이원일李元一 등과 만나 상의하였고 또 은밀히 도미를 꾀하였으나 뜻을 이루지 못했다. 당시 상하이에서는 조선은 강화회의 결과 확실히 독립할 것이라는 말이 성행盛行하였으므로, 그들은 독립이 실현될 것이라고 믿었다. 따라서 그곳에 오래 머무를 필요가 없고 차라리 독립에 대한 제국(일본) 관헌의 행동을 살피는 것이 급한 일이라고 하여, 1919년 2월 초순에 전全은 다시 경성으로 돌아와 봉익동에서 거주하였다. 그리고 3월 1일 만세소요가 발발하자 전全은 전前 일진회원 최익환崔益煥과 협력하여 독립운동에 진력할 것을 맹세하고, 전全은 전적으로 동지규합에 종사하고, 최崔는 불온 문서의 인쇄·배부를 담당하였다. 이것이 이른바 대동단大同團이라는 불온 단체 조직의 시작이고, 그 후 다수의 가입자가 있었다. 이 단체원은 끊임없이 불온문서를 뿌리고 민심을 선동하면서 오늘에 이르고 있다.

1919년 6월 초순, 최익환崔益煥이 검거되자 전全은 경성부 주교정에 잠복해 있다가 뒤에 예지동 양정楊楨318) 집에 몸을 의지하였다. 6월 20일경, 정남용鄭南用은 대동단원 권태석權泰錫319)의 소개로 전全을 찾고, 자진해서 최崔의 뒤를 이어 불온 문서를 인쇄하고 배부하는 임무를 담당할 것을 청했다. 또 장의준張義俊(전라북도 김제군 출신)이 1350원을 출자하였으므로, 전全은 인쇄기구를 구입하여 수은동 150번지에서 겉으로는 인쇄업을 하는 체 하면서 은밀히 『대동신문大同新聞』을 발행하였다. 『대동신문』은 불온하고 험악한 문구가 아주 많아 민심을 혼란케 하는 바가 매우 컸다.

---

316) 최준 : 생몰연대 미상, 경북 경주출신, 1990년 애족장(1983년 대통령표창).
317) 남작 : 한일병합이 된 후 일본 왕이 조선왕조 말의 귀족, 그리고 특히 이들 중 친일파에게 일본에서와 같이 작위를 주었고 남작은 그 작위의 하나이다. 작위 가운데 가장 높은 것은 공작(公爵)이고 그 다음이 후작(侯爵), 백작(伯爵), 자작(子爵), 남작(男爵)의 순이다. 한국인이 받은 작위 가운데 최고의 작위가 후작이다. 친일파 이완용(李完用)은 백작이다.
318) 양정 : 1865~미상, 평남 강서출신, 2008년 애족장.
319) 권태석 : 1894~1948, 경북 김천출신, 2006년 애국장.

(2) 이강320)공李堈公의 일주逸走(도망쳐 나감)

(가) 이강공은 방만하고 남에게 구애받지 않는 생활을 동경하여, 공저公邸에서의 의례를 싫어하고 청소淸素(검소하고 조촐함)에 만족하지 않아 항상 한국을 빠져나가 외유外遊하고자 했다. 공비公妃(이강공의 정부인正夫人)의 동생 김춘기金春基는 어린 나이에 미국에 유학하였고, 귀국 후 무위도식, 하는 일이 없어 다시 국외에 나가려고 자주 공과 외유를 얘기한 바가 있었다. 그러나 둘 다 자금이 넉넉지 않아 뜻대로 되지 않음을 함께 한탄한 지 오래였다. 9월경, 강석룡姜錫龍321)(일명 태동泰東)이 상하이로부터 와서 공의 저택의 부속가옥 내에서 김춘기金春基와 만나 상하이의 형세를 말하고, 이강공을 옹립하고 또 조선 귀족과 중망重望이 있고 지체 높은 사람들에게 권유하여 상하이로 달려가 독립선언을 발표하여 크게 위세를 떨칠 계획을 설명하였다.

김춘기金春基가 공에게 이를 진언하자, 공은 자금조달이 되면 그 일도 좋다는 뜻을 말하였다. 전협全協은 몰래 공의 뜻이 있음을 듣고 이에 음모를 꾸며 정운복鄭雲復을 이용해서 공에게 돈을 빌려주도록 교섭한 바가 있었다. 공은 정운복鄭雲復을 믿고 4만 5000원을 빌리려 하여, 그 기일을 9일로 약속하였다. 그리고 강석룡姜錫龍은 자금 조달이 되면 바로 공을 상하이로 빠져나가게 하려고 여권旅券(안동현安東縣 경찰서가 발급하는 것으로, 안동현安東縣의 거주자가 조선에 왕래하는 여행증명권) 2통을 준비하여 4일 이를 김춘기金春基에게 주고 시기가 오기를 기다리고 있었다.

(나) 강석룡姜錫龍은 전에 김중옥金中玉322)과 함께 전협全協을 방문하여, 이강공을 옹립하면 민중의 마음을 끌어모아 크게 위세를 떨칠 수 있겠고 이강공 또한 외유의 뜻이 있어도 자금조달에 애를 먹고 있다고 말하였다. 이보다 앞서 상해임시정부원 이종욱李鍾郁은 전협全協을 방문하여 남작男爵 김가진金嘉鎭이 서한을 상해임시정부 국무총리 안창호安昌浩에게 보내 그 자신이 상하이에 가고자하는 희망을 통고했기 때문에 이번에는 김金남작과

---

320) 이강(1877~1955) : 조선 고종의 다섯째 아들. 의왕(義王)·의친왕(義親王)·의화군(義和君)이라고도 한다. 일본의 게이오대학교를 거쳐 1900년 미국으로 건너가 그곳에서도 여러 대학을 다녔다. 상하이로의 일주사건에 관해서는 원문에 자세하게 나와 있다. 일주사건 이후 일본으로부터 계속해서 도일을 강요받았던 그는 끝까지 저항하여 배일정신을 지켜냈다. 해방 후 6·25사변 때 부산에 내려가 돌봐주는 이 없어 먹는 끼니보다 굶는 끼니가 많았다. 1955년 서울 안국동 별궁에서 79세의 나이로 타계하였다.
321) 강석룡 : 본명 姜泰東, 1889~1946, 함남 이원출신, 1990년 애국장(1977년 건국포장).
322) 김중옥 : 본명 金庸源, 1892~1934, 충남 대전출신, 1990년 애국장(1977년 건국포장).

동행하는 사명을 갖고 경성에 왔다고 말하고, 그 일을 도와줄 것을 청했다. 이종욱李鍾郁이 그 뒤 김가진金嘉鎭과 회담할 때, 김金남작은 이강공도 근간에 상하이에 갈 단계에 이르렀다는 뜻을 말했다. 또 다음날 김金남작의 아들 의한義漢으로 하여금 이李에게 '소인 금왕상해 계전하 종왕가 운운小人 今往上海 計殿下 從往駕 云云'[323]의 서면을 가지고 가게 하여, 이 서면을 전하에게 보여드리면 공은 곧 상하이로 가실 것이라고 이李에게 말하게 하였다(김金남작은 이강공과 매우 친밀하고 공의 서녀를 김金남작의 아들에게 시집가게 하는 약조가 있다고들 한다). 이종욱李鍾郁은 김金남작의 말을 믿고 다시 김춘기金春基를 통하여 이강공의 상하이행行을 종용케 하고 이강공으로부터 10만 원의 준비가 있으면 가는 것도 좋다는 대답을 얻었고, 이를 전협全協에게 말하였다. 이종욱李鍾郁의 뜻은 이강공·김가진金嘉鎭·기타 귀족 명사 다수를 망라하여 그들을 상하이로 건너가게 하려고 한 것 같다.

전협全協은 막대한 자금을 조달한다는 것은 쉽지 않다는 것을 생각하고 또 다수의 사람을 동행하게 하는 것은 불가능하다고 판단하여, 먼저 김가진金嘉鎭을 상하이로 출발케 하고 뒤이어 공의 결심을 촉구함이 상책이라 생각하였다. 그리하여 김가진金嘉鎭으로 하여금 상하이행을 결심케 하여, 김金남작을 관수동 26번지 박봉구朴奉九 집에 오도록 하고, 그의 틀니를 모두 빼어 면상面相을 바꾸고 또한 옷을 갈아입혀 시골사람의 모습으로 차리게 하여, 그의 아들 의한義漢과 함께 일산一山역에서 기차를 타고 이종욱李鍾郁을 동반하여 상하이로 도망가게 하였다. 그런데 막대한 금전은 말할 것도 없이 전협全協이 조달할 수 있는 바가 아니었다. 그는 처음부터 속임수를 쓰려고 하였던 것이다. 그리하여 어업권의 일을 가지고 한다면 반드시 이강공의 마음을 움직일 수 있겠고, 또 경무국 촉탁囑託 정운복鄭雲復은 공이 가장 신뢰하고 있으므로 정鄭을 움직일 수 있다면 모책은 쉽게 성취할 수 있을 것이라 예측하였다. 정鄭은 일찍이 대신에 견주어지기도 하였는데 한 번 좌절이 있고는 부진하고 지병으로 가난이 뼈에 저리어 애타게 금전을 갖고자 했으므로, 전全은 이재호李在浩를 시켜 이득利得으로 정鄭을 끌어들이게 하였고, 마침내 그 목적을 달성하여 정鄭은 자진해서 돈을 빌려오려고 동분서주하게 되었다.

이재호李在浩는 옛 양반으로 한국정부 기사技師가 되기도 하였고 또 시종侍從이기도 했지만 불평으로 직을 그만두고, 지금은 몰락하여 의식衣食에 궁하였는데 나창헌羅昌憲 등과 교제한 후로는 불령의 행동을 하고 있는 자이다. 이재호李在浩는 정운복鄭雲復과는 평소 매

---

[323] 소인금왕상해계전하종왕가운운(小人今往上海計殿下從往駕云云) : '소인이 지금 상하이로 떠남에 있어서 전하(殿下)의 행차에 따르겠습니다.'라는 뜻이다.

우 친근한 사이이므로, 정鄭은 쉽게 이李의 말을 믿고 전협全協의 간계에 빠진 것이다. 즉 전소은 이재호李在浩로 하여금 정鄭을 설득해서 말하기를, "이강공으로 하여금 어업권(이강공의 어장漁場은 현재 경상남도 부산부 거주 가시이 겐타로香椎源太郎가 이것을 빌려 쓰고 있는데, 그 어장의 수익이 대단하여 이 어장을 빌려 받으려는 자가 많다. 공은 가시이香椎와의 임대차 계약기간 만료 후에는 이를 대여貸與하겠다는 계약을 하여 가끔 부정不正하게 돈을 빌리는 일이 있었다. 이번의 일도 가시이香椎와의 계약 만기 후에는 새로 계약을 하여 그 전도금을 건네려고 한 것이다)을 저당하면, 부호 이민하李敏河는 기꺼이 자금을 조달할 것이고 부호인 한韓참판도 또한 참가할 것이다. 가시이 겐타로香椎源太郎와의 계약 만료 후 그 권리를 임차하는 계약을 하게 되면 선금으로 3만 원을 내놓을 것이고, 이 계약이 성사된다면 별도로 중개료로 1만 5000원을 제공하고, 정鄭에게는 특히 그 동안에 9000원을 주겠다."라고 말하였다. 그런데 이민하李敏河와 한韓참판은 가공인물이고 전협全協 자신을 한韓참판이라 속이고, 윤희용尹喜用으로 하여금 이민하李敏河로 가장假裝케 하였다. 그리하여 정鄭은 곧 서면으로 자금 조달의 일을 이강공에게 통고하고, 또 공을 찾아가 권유한 바가 있었다. 공은 "어업권의 문제는 이왕직李王職324) 사무관의 연서連署가 필요하므로 그 수속이 매우 까다롭다. 이와 같은 수속을 하지 않고 빌릴 수 있다면 자금 조달을 부탁하겠다."라고 대답하였다. 정鄭은 이러한 내용을 이李에게 말하고, 이李는 다시 전소에게 전하였다. 이렇게 되자 전소은 그렇다면 어업권을 저당하지 않더라도 전하를 위하여 자금을 융통하겠다고 이강공에게 통고케 하고, 점점 더 이강공을 상하이로 꾀어내는 계획을 진행하였다. 어느 날 이재호李在浩·한韓참판(전협全協)·이민하李敏河(윤희용尹喜用) 외 1명이 정운복鄭雲復을 종로통 중국 요리집 신세계新世界로 초대하여 술과 음식을 대접하고, 이에 계약이 성립하였다. 이민하李敏河(윤희용尹喜用)는 이 기획企劃에 공포를 느꼈는지 그 소재를 감추게 되니, 전협全協은 이 일이 발각될까 겁이 나서 서둘러 이재호李在浩로 하여금 정운복鄭雲復을 통해 이강공에 대하여 한韓참판이 직접 뵙고 약속한 돈을 드리겠다고 말하게 하고, 11월 9일 밤에 만나 현금을 수수하기로 약속하였다. 이리하여 정鄭은 약속에 따라 그 날 오후 8시경 공평동 3번지로 갔으나, 공은 오지 않았다. 공은 그날 밤 몰래 저택을 빠져나가 이문동에 있는 첩 김정완金貞完의 집에 있었고 그 집에서 돈을 수수授受하려 했다. 정鄭이 몇 번 왕복 후 마침내 공은 정鄭의 말에 따라 오후 11시경 하인下人 김삼

---

324) 이왕직 : 한일합병 이후 일본이 한국황실을 이왕(李王)이라 하고 일본황족 대우를 하였는데 이왕과 그 왕족을 돌보는 사무처를 이왕직이라 했다.

제7장 병합 이후의 본도관계 주요범죄 | 445

복金三福을 데리고 그곳에 왔다. 전협全協과 이재호李在浩는 술과 안주를 준비하여 이강공과 정鄭을 대접할 장소에 있었다. 전협全協은 이강공이 그 장소에 오기 전에 정鄭을 융숭하게 대접하고 조선독립에 관한 의견을 물었고, 정鄭은 간곡하게 그것이 불가능하다는 것을 설명했다. 그런데 이강공이 오자 전협全協은 정鄭을 별실로 불러내어 자기의 본심本心을 말하고, 또 숨어 있었던 정남용鄭南用·나창헌羅昌憲·김중옥金中玉 모두가 그 방안으로 들어왔으며, 김중옥金中玉은 단총短銃을 들이대고 협박하여 정鄭의 동의를 구하였다. 정鄭은 깜짝 놀라 실색하여 간신히 마음을 굳혀 앞 방으로 돌아가 이강공에게 "전하, 결심하십시오." 라고 권유했지만, 벌벌 떨고 머뭇거리기만 할 뿐 그 뜻을 충분히 말할 수가 없었다. 그리하여 전협全協이 앞으로 나아가 이강공을 받들어 상하이로 탈출하려는 음모를 누누이 설명하여 마침내 공의 승낙을 얻었다. 이때 김중옥金中玉이 단총을 들고 실내에 들어갔다고 한다. 그때 전협全協은 손가방을 열고 지폐를 보여주며 공에게 말하기를, 이 돈은 총액이 4만 5000원이 된다, 이것은 어업권 때문에 마련한 것이 아니고 모두 독립운동을 위해서 사용하는 것이다, 운운 하고 또 동창률董昌律을 불러 1000원을 정운복鄭雲復 집에 갖다 주라고 명령했다고 한다. 이러한 금액은 전부 거짓이고, 전협全協이 그때 가지고 있었던 것은 겨우 400여 원에 불과하였다. 이강공의 승낙을 얻자 곧 공을 인력거에 태우고 또 전협全協의 지휘하에 정鄭의 손을 묶고 재갈을 물려 인력거에 태워, 그들 모두가 창의문 밖 고양군 은평면 구기리 73번지 최성호崔成鎬(양정楊楨 첩의 오빠) 집으로 연행連行하였다.

 이강공은 그날 밤 전협全協 등에게 상하이로 가는 데는 수인당修仁堂(공의 저택 안에 있는 가옥의 이름. 본채 저택 내에는 비妃(황족의 본 부인) 외에 5명의 첩을 거주케 했다)에서 거처하는 첩 김흥인金興仁과 간호부 최효신崔孝信을 동반하도록 하고, 흥인興仁에게는 고 이태왕(고종)이 외국인으로부터 받아내야 하는 120만 원의 채권증서와 기타 비밀서류가 들어있는 가죽가방을 맡겨두었으니 흥인興仁이 이를 가지고 오도록 명하고 또 이재호에 대해서는 전동磚洞(전동은 김춘기金春基의 집을 가리킨다)의 심부름으로 왔다고 말하고 공의 저택에 가서 공비公妃 등에게 전하라고 하고 서면을 이李에게 주었다. 이재호李在浩는 곧 이를 가지고 나갔지만 그날 밤은 공저로 가지 않고 자기 집에 있었다. 다음날 10일 오전 8시경, 공은 정남용鄭南用을 다시 심부름꾼으로 하여 이재호李在浩를 찾아가게 하여 이강공이 첩 김흥인金興仁이 오는 것을 몹시 기다리고 있다는 내용을 전하게 했는데, 이재호李는 간동諫洞에 이르러 인력거 차부로 하여금 그 내용을 김흥인金興仁에게 전하게 하였다. 흥인興仁은 전부터 맡고 있던 둘로 접는 가죽가방과 여행용 가죽가방을 휴대하고 김춘기金春

基・최효신崔孝信과 함께 간동諫洞에 가서 이재호李在浩를 만났는데, 이李는 김춘기金春基의 동행을 거부하고 흥인興仁과 최효신崔孝信을 동반하였다. 이강공은 흥인興仁과 최崔의 동행同行을 바랐지만 전협全協 등이 완강하게 이를 거부하므로, 공은 그들에게 내일 출발하라고 하고 200원을 전협全協으로부터 받아 여비조로 흥인興仁에게 130원을 교부하고, 흥인興仁 등은 경성으로 돌아갔다.

이강공이 비妃에게 보낸 서면을 이李가 과연 전했는가 아닌가는 분명하지 않다. 아무튼 이강공의 저택 내에서는 10일 이전에 이미 공의 탈출계획을 아는 자가 있었다. 경찰에서는 전날 밤 야심한 시간에 공의 저택의 뒷문에서 거동이 수상한 사람을 보아 추적했지만, 이문동(첩 김정완金貞完의 주택부근)에서 그를 놓쳤기에 10일 아침 일찍부터 공이 저택에 있는가 여부를 물어보아도 저택 내의 사람들은 입을 다물고 말을 하지 않았다. 오후 6시가 되어 비로소 공의 부재不在를 밝힐 수 있게 되었다. 이 때문에 경보警報수배를 하는데 있어서 신속하지 못한 것은 심히 유감으로 생각하는 바이다.

(다) 김춘기金春基는 9일, 공의 자금이 조달되었다는 것을 듣고 강석룡姜錫龍과 함께 여러 가지 준비를 하여 출발하는 날이 오기를 기다렸다. 그러나 9일 밤 이후에는 공의 소재를 알 수 없게 되자 크게 당황하여 공의 행방을 수사하고 있었다. 그때, 전술한 바와 같은 사실로부터 공이 창의문 밖에 있음을 알게 되고 강姜과 함께 창의성문 밖 세검정洗劒亭으로 급히 갔더니, 마침 정남용鄭南用・김중옥金中玉・나창헌羅昌憲・이을규李乙奎[325]가 그 정자에 있었다. 이로해서 강姜은 크게 분노憤怒하여 "공을 상하이로 꾀어내는 것은 우리의 오래 전부터의 계획이다. 어찌하여 나의 기획을 방해하느냐?"라고 고함지르고 서로 격론을 했는데 김춘기金春基는 일이 심상치 않은 데 겁을 먹고 경성으로 도망쳐 왔다. 정남용鄭南用 등은 강석룡姜錫龍을 데리고 최성호崔成鎬 집에 이르렀다. 강姜이 그 집에서 전협全協을 보자 서로가 의외意外의 사태에 놀랐고, 교섭한 결과 양자가 협력하여 일을 진행하기로 타협했다. 그리하여 10일 밤 정남용鄭南用・이을규李乙奎・한기동韓基東[326]은 이강공李堈公과 함께 도보로 수색역에 가서, 착용한 외투를 벗어 해어진 옷으로 갈아입고 기차 3등석에 승차하게 하였다. 또 종세호宗世浩는 관헌의 수사경계의 정황을 살피기 위해 남대문 역에서 승차하여 같은 목적으로 출발하여, 일단 평양역에 하차하여 다음날 안동安東역으로 향하였

---

[325] 이을규 : 생몰연대 미상, 충남 논산출신, 1990년 애족장(1963년 대통령표창).
[326] 한기동 : 1898~미상, 경기도 인천출신, 1990년 애족장(1968년 대통령표창).

다. 또 한기동韓基東은 개성역에 하차하여 경성으로 되돌아왔으며, 공과 정남용鄭南用·이을규李乙奎는 안동安東역에 하차하였고 이李는 그곳부터는 소재를 감추었다.

이강공은 압록강 철교상에서 검문하는 순사에게 소지하였던 여권으로 성명은 속였으나 드디어 안동安東역에서 평안북도경찰부의 고메야마米山경부에게 발각되었던 것이다.

평안북도경찰부에서는 공의 탈출 경보警報를 받자 즉각 자동차를 불러 고메야마米山경부를 신의주에 출장토록 하여, 고메야마米山경부가 가까스로 기차에 올라 차내를 뒤졌지만 공을 찾지 못하였다. 기차가 국경을 넘어 안동현安東縣에 도착했을 때, 하차하는 자의 거동을 수상히 여겨 바로 검문을 하여 공의 일행이라 판단하여 이들을 체포하게 되었다.

그동안 사태는 긴박하였다. 들리는 바에 의하면, 강姜 등은 안동현安東縣에 도착하는 대로 곧 이륭양행怡隆洋行에 가서 양행의 기선으로 우쑹蜈蚣으로 항해하여 상하이로 들어갈 계획이었다고 한다. 그리고 강석룡姜錫龍은 이왕직李王職 의사 안상호安商浩와 간호사 최효신崔孝信을 상하이로 유인하여 다시 이들을 미국에 보내고, 그곳에서 이태왕李太王 독살사건의 말을 퍼뜨리고 두 사람을 증인으로 삼을 계획이었다고도 한다. 그리고 김흥인金興仁·최효신崔孝信은 다음날 출발하려고 했지만 사고가 있어서 그렇게 하지 못하였다. 그들이 준비한 이강공의 유고諭告는 아래 별지와 같다.

관계자의 주소·성명

본적 : 민적 없음 주소 : 中國 奉天省 海龍縣 北山城子大荒溝 출신지 : 경성부 남대문외 이문동 김국환金國煥, 김동진金東震, 한석동韓錫東, 한유동韓裕東 곧 무직 전협全協(44세)	본적 : 경성부 관수동 29번지 주소 : 경성부 초음정 192번지 무직 범재範宰 곧 이재호李在浩(42세)
본적 : 강원도 고성군 현내면 철동 주소 : 경성부 초음정 192번지 정필성鄭必成, 홍우식洪宇植 곧 무직 정남용鄭南用(24세)	본적 : 평남 평양부 상수구리 83번지 주소 : 함남 원산부 상동 34번지 무직 한기동韓基東(22세)
본적 : 평북 희천군 진면 행천동 577번지 주소 : 부정 전 경성의학전문학교 2학년생 왕성준王成俊, 강우규姜宇圭 곧 나창헌羅昌憲(24세)	본적 : 경성부 입정정 7번지 주소 : 경성부 초음정 192번지 무직 동창률董昌律(52세)

본적 : 경성부 예지동 65번지 주소 : 동 포목상 양정楊楨(55세)	본적 : 경성부 관훈동 196번지 주소 : 동 이강공저李堈公邸 차부 김삼복金三福(35세)
본적 : 주소 미상 김중옥金中玉(27·28세가량)	본적 : 경북 선산군 해평면 송곡동 주소 : 경성부 수은동 3번지 종세호宗世浩(26세)
본적 : 충남 공주군 신상면 유구리 이달하李達河(27세)	본적 : 충남 아산군(이하 미상) 윤희용尹喜用(연령 미상)
본적 : 경기도 인천부(이하 미상) 주소 : 安東縣 신동상회 내 이을규李乙奎(25세)	본적 : 충남 부여군 규암면 외리 157번지 주소 : 경기부 수송동 50번지 이강공李堈公 비妃의 동생 김춘기金春基(26세)
본적 : 경기도 고양군 은평면 구기리 23번지 주소 : 동 최성호崔成鎬(41·42세)	본적 : 평남 평양부(이하 미상) 양제민楊濟民(34·35세)
본적 : 경기부 화동 260번지 이강공李堈公 첩妾(이우공李鍝公 모母) 김흥인金興仁(36세)	본적 : 경기도 개성군 송도면 본정 751 이강공李堈公 간호부 최효신崔孝信(23세)
본적 : 주소 미상 태동泰東 곧 강석룡姜錫龍(38세)	본적 : 주소미상 이종욱李鍾郁(45·46세)

유고諭告(타이르며 일반에게 통고함)

마음이 너무 애통해서 나의 이천만 백성에게 고하노라.

아, 슬프도다! 이렇게 하지 않을 수 없는 소위는 하늘에 사무치고 땅속 깊이 맺힌 나의 원수를 갚으려 함이요, 내 몸의 뼈가 으스러지고 창자가 찢어질 같은 큰 치욕을 설분코자 할 따름이다.

지난해 선제先帝(고종임금)폐하의 밀지를 받들어 곧 바로 거사(궐기)하고자 하였으나 내 몸은 이미 위리안치가 되어 이것을 막아내지를 못함으로써 선제先帝께서 세상에 드문 흉한의 악독한 손에 시해당하셨다. 아! 이 한 목숨을 보존한들 무엇을 하겠는가? 오직 스스로 죽지 못한 것이 한이 될 뿐이다. 이때를 당하여 융성한 운세를 맞는다면 나뿐만 아니라 나의 이천만 민족의 생사를 건 단 한 번의 기회를 맞는 것으로 알고 또한 감옥과 채찍이 앞뒤에서 기다리고 있음에도 불구하고 궐연히 나와 함께 궐기분발 전진하여 삼천리 강토의 기틀을 회복함으로써 이천만 겨레의 치욕을 씻고 다 함께 좋은 세상을 맞이함에 뒤쳐지지 말지어다.

    오호, 만세!

건국 4252년 11월 9일

의친왕義親王   이강李堈

39. 민단조합民團組合 사건

    아래에서 기술하는 주모자의 한 사람인 이동하李東下327)는 폭도 수괴 이강년李康年의 참모장이었는데 그는 경북·충북·강원 등 각지를 횡행하던 중 이강년李康年이 1908년 체포됨으로써 강원도 영월군으로 도망갔다. 그 후 동지인 경북 의성군 비안면 모창리 권병을權秉乙·같은 군의 불덕리 조용필趙鏞弼·의성군 김성추金聲秋와 함께 간도로 건너갔다가 1914년 9월 다시 조선으로 돌아온 자이다. 이은영李殷榮은 사형에 처해진 폭도 수괴 이인영李麟榮의 동생이고, 김낙문金洛文328)은 일본의 위세威勢가 날로 더하고 한국의 국운이 날로 기울어짐에 분개하고 단식하여 자살한 김제흠金濟欽329)의 아들로서, 부의 사망 후 그 원수를 갚는다며 상복을 벗지 않았던 인물이다. 또 이식재李湜宰는 고故 폭도 이강년李康年의 조카이며 그는 일찍이 1914년 12월, 이강년李康年의 군자장軍資長이었던 경북 문경군 영순면 백불리 최욱영崔旭永330)과 함께 충북 제천군 근북면사무소를 습격하여 100여 원을 강탈하였다. 이와 같은 공범자는 모두 계통적 불온사상을 갖고 있던 자들인데 1915년 중국권회복을 목적으로 민단조합民團組合이란 비밀결사를 조직하였다. 이동하李東下는 충남, 이은영李殷榮은 충북, 이세영李世榮331)은 경북 등의 각 민단조합 지부장이 되어 격문을 배부하고, 김낙문金洛文과 이식재李湜宰를 동지로 가맹시켰다. 또 재산가들로부터 운동 자금

---

327) 이동하 : 1856~1919, 경북 문경출신, 1990년 애국장(1986년 건국포장).
328) 김낙문 : 1872~1943, 경북 문경출신, 1992년 건국포장.
329) 김제흠 : 김순흠(金舜欽)의 오식이다. 1840~1908, 경북 안동출신, 1990년 애국장(1977년 건국포장).
330) 최욱영 : 1854~1919, 충북 제천출신, 1977년 독립장.
331) 이세영 : 1869~1951, 충남 아산출신, 2005년 애족장.

을 모집하기로 하여 1916년 8월, 경북 예천군 박심수朴尋洙·안동군 귀여리 김숙헌金叔憲을 협박하였지만 목적을 달성하지 못하였으며, 그 후 경남 밀양 박인근朴仁根을 협박하여 200원을 강탈한 것을 충남 경찰부가 검거한 것이다.

주모자 성명

경북 문경군 동로면 명전리 양반 이동하李東下(66세)	충북 제천군 덕산면 도기리 양반 이은영李殷榮(50세)
경북 문경군 동로면 석항리 양반 서당교사 김낙문金洛文(46세)	경북 문경군 가은면 완장리 양반 이식재李湜宰(31세)
충남 청양군 적곡면 관현리 이세영李世榮(49세)	

40. 경성고보京城高普 교원양성소 내 비밀결사 검거

1914년 9월 이우용李雨用(당시 교원양성소 4년생으로 졸업 후 도내 영해공립보통학교 훈도)의 발기로 동기생 6명과 함께, "지금의 상태는 일본의 물산이 조선 내에 넘쳐흘러서, 조선인은 경제적으로도 패퇴자가 되어 조선의 국권회복 같은 것은 몽상夢想으로 끝날 것이다. 또 우리들도 다음날 각지에 분산하게 되면 자연히 오늘의 정신은 어느 곳에도 기대할 수 없게 될 것이다. 장래 학생들에게 이 정신을 고취하고 또 우리들이 헤어져서도 서로가 마음과 뜻을 통하는 기회를 마련할 필요가 있다."라고 하여 그 사업 선택에 관하여 협의하던 가운데 그해 10월 일본으로 수학여행을 하여 일본의 문물제도 발달을 보게 되고, 조선인은 지금 각오하는 바가 없으면 영구히 일본인의 노예로 만족할 수밖에 없다는 데 의견 일치가 있었다. 1915년 1월 성경연구회에서 모여 이우용李雨用은 "우리가 훈도(초등학교 교원)로 취직한 후 학생 및 청년들에게 조선의 혼을 고취하여 정신적 결합을 도모하고, 일본인에게 빼앗기고 있는 각종 사업을 조선인 스스로가 일으킬 수 있는 모임을 설립하여 민족부흥에 나아가야 한다."라고 역설하여 일동의 찬동을 얻었다. 그 후 이우용李雨用은 복안을 갖고 남형유南亨裕(당시 휘문의숙 교사)와 상의했으며, 다시 그의 소개로 최남선崔南善에게 자문을 구하고 그의 동의를 받았다. 그리고 그들 학생만으로는 설립이 곤란하다는 이유로 남형유南亨裕가 주가 되어 각종 중등학교 교사와 협의하여 마침내 1915년 3월, 조선산직장려계朝鮮産織獎勵楔를 조직하여 주식을 나누어 한 주를 20원으로 정하고, 주의 수는 한정하지 않고 교사들이 전적으로 주주가 되고, 계원이 훈도로 취임한 후에는 적어도 한 명 당 10명의 주주를 모집할 것을 맹약盟約했다. 이를 탐지한 각도 경찰부는 그들을 조사하여 계의 해산을 명하고 동시에 계원 각각을 사법 조치하였다. 이 사건조사 중 1914년 10월 양성소 학생들이 일본 수학여행에서 돌아온 후 불온문구가 가득한 동유지東遊誌라는 것을 90부 출판하여 동급생에게 배부했던 것도 경찰이 발견했으므로, 1917년 3월 5일 보안법위반으로 검사국에 송치했는데, 이 계의 역원役員과 계원 등은 다음과 같다.

계장	중앙학교 교사	최규익崔奎翼	총무		윤창식尹昶植
회계		최남선崔南善	회계		민용호閔溶鎬
서기	보성중학 졸업	이진석李鎭石	서기	보성중학 졸업	엄주동嚴柱東332)
협의원		류 근柳 瑾333)	협의원		남형유南亨裕
협의원	상인	김창덕金昌德	협의원	한성병원 주	오상현吳相鉉
협의원		김두봉金枓奉	협의원	청년회원	백남진白南震
협의원	청년회원	안종건安鍾健	협의원	학교교사	이강현李康賢
협의원	보성학교 교사	김 일金 馹	협의원	휘문의숙 장	박중화朴重華

일반계원

장련공립보통학교	이기종李箕鐘	초산공립보통학교	김용기金鎔起
덕산공립보통학교	홍범식洪範植	양덕공립보통학교	정도준鄭道俊
정주공립보통학교	노현근盧鉉根	경성교원양성소	이향주李鄉柱
고령공립보통학교	문명호文命浩	안변공립보통학교	강낙진康樂鎭
서면공립보통학교	최병협崔秉協	홍산공립보통학교	주병건朱柄乾
경성교원양성소	박순계朴淳階	정평공립보통학교	이석하李錫夏
개천공립보통학교	최윤경崔潤慶	경성교원양성소	김사중金馴重
운산공립보통학교	정도상鄭道相	경산공립보통학교	서성용徐聖鎔
줄포공립보통학교	안인묵安仁黙	경성교원양성소	김규하金奎河
은진공립보통학교	김성률金成律	평창공립보통학교	편용국片容國
경성부 관훈동	김두봉金枓奉	영양군 감천동	오희태吳熙台
경성부 삼각정	안종건安鍾健	경성부 삼각정	안종만安鍾萬

---

332) 엄주동 : 1897~1974, 충북 진천출신, 1990년 애국장(1977년 건국포장).
333) 류근 : 1861~1921, 경기도 용인출신, 1962년 독립장.

중앙학교	이규영李奎榮	경성부 삼각정 22번지	최창선崔昌善
정주청정공립보통학교	김창무金昌懋	경성부 돈의동 76번지	이진석李鎭石
경성부 내자동	최규익崔奎翼	경성교원양성소	배병열裵秉烈
경성교원양성소	박정서朴政緖	경성교원양성소	고기영高基英
경성교원양성소	주낙용朱洛龍	지도공립보통학교	이광수李光壽
경성공업전습소	유군석劉君奭	하동공립보통학교	강우진姜祐鎭
영양군 동부동	김기두金基斗	중앙학교	백남규白南奎
경성부 수창동	김성호金城鎬	경성부 수하정	민병대閔丙臺
흥해공립보통학교	이우용李雨用	경성교원양성소	김인주金仁柱
영양군 옥동	남정팔南廷八	단천공립보통학교	오계선吳啓璿
흥해공립보통학교	김창연金昌淵	청양공립보통학교	원기용元基容
경성중앙학교	김성수金性洙	벽동공립보통학교	김최진金最鎭
경성부 삼각정 22번지	최남선崔南善	경성부 훈정동	최성우崔誠愚
경성부 경운동 51번지	백남진白南震	경성교원양성소	손시열孫時說
경성교원양성소	권태형權泰亨	경성교원양성소	최용상崔用翔
경성교원양성소	김휘각金彙珏	위원공립보통학교	이재성李在成
강계공립보통학교	이교창李敎昌	상주공립보통학교	이순의李舜儀
경성상회	한병상韓炳翔	자성공립보통학교	윤기용尹箕容
연천공립보통학교	김제원金堤元	선산공립보통학교	박동화朴東和
경성교원양성소	김백현金百鉉	회령공립보통학교	이인구李麟求
무안군 압해면	정석진丁碩鎭	경성교원양성소	이현정李鉉廷
자성공립보통학교	정열모鄭烈模	함남 북청군 노덕면	김유육金裕宍
강서군 보림면 화학동	김창식金昌弒	가산공립보통학교	이승백李承伯
성천공립보통학교	김성룡金成龍	함안군 읍내	조동벽趙東壁
경성직유회사	이강현李康賢	경성부 관철동 143번지	노홍석盧洪錫
경성중앙학교	안재홍安在鴻	경성교원양성소	정광호鄭光好
경성교원양성소	박의화朴義和	공덕리 활인동	윤창식尹昌植
한성병원	오상현吳相鉉	여수군 여수면	최석옥崔錫玉
경신학교	장지영張志暎	휘문의숙	김행일金行一
화안보통학교	이황룡李瑝龍	운산보통학교	심호섭沈鎬燮
강화군 양통면	전효배田斅培	경성부 장교정 8번지	김진옥金鎭玉
경성부 서린동 45번지	이응수李應秀	경성부 서린동 15번지	박유진朴裕鎭
경성교원양성소	최진규崔鎭圭	경성부 장사동 82번지	김덕창金德昌
경성부 장사동 82번지	김성창金聖昶	평원보통학교	윤기선尹基善
경성부 수표정 27번지	이용헌李容憲	경성부 관수동 148번지	홍재규洪在珪
경성부 황금정 1정목 83번지	이은상李殷相	나주군 봉황면	서맹수徐孟洙
상주군 낙동면	조태연趙台衍	영양군 석보	이현각李鉉覺

해주군 서변면	권영봉權寧鳳	해주군 서변면	최관용崔寬溶
동경제국대학청년회기숙사	강만겸姜萬兼	경성부 창신동 66번지	낭대호浪大鎬
경성부 황금정 2정목	홍승번洪承煩	경성부 수교정 67번지	신석우申錫雨
합천군 강양면	강만달姜晚達	합천군 강양면	이판원李判㝵
합천군 강양면	김홍식金洪植	합천군 강양면	김연포金蓮浦
합천군 강양면	정우기鄭釪箕	보성전문학교	박재욱朴在郁
화순군 능주면	구재율具齋律	경성부 가회동 156번지	남형우南亨祐
경성부 청진동 223	엄주동嚴柱東	개성부 송도면	박한선朴漢瑄
전남 장성군 진원면	박일구朴一求	경성부 다옥정 33번지	전연병全㳊炳
경성부 태평정 2정목 9번지	이근재李根宰	경성부 광화문통 114번지	박형원林亨元
경성부 공평동	이규남李圭南	경성부 교동 자생의원	김서종金書鍾
경성부 계동 49번지	류 근柳 瑾	천안군 성산면	이영균李榮均
김제군 월촌면	정권진鄭權鎭	경성부 관수동 7번지	박승철朴勝喆
경성부 재동 55번지	김부권金富權	안성읍내	박형병朴衡秉
경성부 적선동 43번지	박재강朴載堈	공주군 정안면	장기덕張基悳
천안군 풍출면	김성묵金聖黙	거락보통학교	장봉환張鳳煥

41. 대동상점大同商店 사건

한일병합에 분개하고 있었던 주범 박재선朴齋璿은 제1차세계대전의 발발에 따른 전국戰局의 장래가 동양에 미칠 것이니, 이 기회에 국권회복의 소지素志(늘 품고 있는 뜻)를 관철하기 위해 동지 권영목權寧睦[334]과 모의하여, 운동자금을 조달하고 아울러 밀의장소로 쓰기 위해 타인으로부터 자금을 빌려 1915년 8월 3일 경북 영주군 영주시장 내에 대동상점이란 잡화점을 개업하였다. 박재선朴齋璿은 감독, 권영목權寧睦은 경영주임이 되고 류명수柳明秀[335](박朴의 매부)·정응봉鄭應鳳[336]·이교덕李敎悳[337] 등을 설득하여 이에 동참시켰다. 이들 3명은 상점 운영을 맡고 시기를 봐서 그들은 만주로 이주하여 거사를 하려고 계획하던 중, 러시아의 정변 및 중국의 내전에 따른 블라디보스토크와 간도지방 동포의 독립운동 기획 상황을 살피고 또 이들과 연락을 취하고자 박재선朴齋璿이 만주 펑톈奉天지방의

---

[334] 권영목 : 1884~1935, 경북 영주출신, 2007년 애족장.
[335] 류명수 : 생몰연대 미상, 경북 봉화출신, 1996년 애족장.
[336] 정응봉 : 1895~1947, 경북 봉화출신, 1998년 애국장.
[337] 이교덕 : 1895~1950, 경북 영주출신, 2008년 대통령표창.

상황 시찰을 위해 1917년 8월 3일 출발하여 가던 도중에 경성에서 김노향金魯鄕을 동지로 끌어들였다. 20일 정도의 시찰을 한 후 펑톈奉天에서 돌아온 박朴은 1918년 3월까지는 만주 이주를 결행하겠다고 말하고, 상품을 처분하여 뚜렷한 이유없이 상점을 폐쇄했다. 그리고 그해 12월 24일 경성 남문여관에서 권영목權寧睦·김노향金魯鄕·조재하趙在夏·권영만權寧萬 및 광복회 수괴 박상진朴尙鎭 등과 회합 협의한 결과 권영목權寧睦으로 하여금 장래 만주로의 이주 준비 및 군대 교육을 받게 하도록 중국 지린吉林 독군督軍성(省)의 군대를 통솔하는 장관 멍스웬孟思遠 밑으로 파견하였다. 그런데 대동상점 경영의 자금과 기타 비용의 태반은 이교덕李敎悳의 아버지에게 출자하도록 한 관계로 교덕敎悳으로 하여금 금고 보관을 하게 했기 때문에, 교덕敎悳이 보관 금액 전부를 그들에게 제공하는 것에 승낙하지 않을까 우려하여 권영목權寧睦이 중국으로 출발하기에 앞서 이교덕李敎悳을 속여 경성에 가게 하고 류명수柳明秀로 하여금 금고 내의 700여 원을 탈취하도록 하여 권權과 같이 지린吉林에 가도록 한 것이다. 권영목權寧睦은 위의 운동자금 조달의 수단으로 1916년 3월 이래 영주군 영주면 권상수權相洙338)·송주찬宋柱燦 등을 꾀어 지방 자산가로부터 몇 번에 걸쳐 1만여 원을 사기횡령했음을 영주 헌병분견소에서 발견, 1918년 3월 보안법위반과 사기횡령으로 사건을 송치하였다. 관계자는 다음과 같다.

기記

경북 영주군 풍기면 산법동 풍기공립보통학교 훈도 박재선朴齋璿(40세)	경북 영주군 영주면 영주리 권영목權寧睦(25세)
경북 봉화군 내성면 거촌리 전 공립보통학교 훈도 류명수柳明秀(26세)	경성부 팔판동 경성매동공립보통학교 훈도 김노향金魯鄕(25세)
경북 영주군 풍기면 서부동 의극義極 곧 정응봉鄭應鳳(24세)	경북 영주군 영주면 상망리 이교덕李敎悳(24세)

---

338) 권상수 : 1873~1941, 경북 영주출신, 1995년 애족장.

42. 이동흠李棟欽의 협박 사건

  1918년 4월 2일 경상북도 봉화군 법전면 풍정리에 거주하는 자산가인 이정필李廷弼에게 광복회의 이름으로 '1천원을 제공하라. 만약 이를 응낙하지 않으면 위해를 가할 것이다.'라는 내용의 협박문을 발송한 자가 있다는 사실을 관할 봉화 헌병분대가 탐지했다는 통보에 따라 안동경찰서에서 피의자를 검거한 결과, 협박문 봉투에 찍혀있는 '친전親展'・'함緘'・'다이쇼大正 7년339) 2월 10일' 등의 인영印影(도장찍힌 모양)이 경상북도 안동군 도산면 사무소에 비치된 것과 아주 흡사하고, 또한 그 봉투는 그 면사무소용의 것과 같은 종류이며, 봉투 겉에 쓴 필적은 면장 이명호李明鎬의 것과 동일하다는 사실을 확인했다. 이에 안동경찰서는 그 면장을 이 사건의 혐의자로 조사했더니, 이명호李明鎬는 그와 아주 친한 사이인 안동군 도산면 토계동에 거주하는 이동흠李棟欽(당 30세)이라는 자가 4월 2일 면사무소로 그를 찾아와서 봉투 겉의 수신인 이름을 써달라고 부탁하므로 이에 따라 대필했지만, 그 봉투의 내용은 몰랐고 또 찍힌 도장은 이李가 제멋대로 사용한 것이며 자기는 이에 관여하지 않았다고 주장했다. 그래서 이동흠李棟欽을 문초했던 바, 자기는 전부터 광복회원이 발송한 협박문 내용을 들어 알고 있었으므로 광복회의 이름을 빌려 금전을 강탈하려고 계획한 것이며, 봉투 겉을 써달라고 면장에게 부탁한 것은 편지 내용과 봉투와의 필적을 달리함으로써 이 일의 발각을 막으려 한 수단에 지나지 않는다고 하고, 면장은 이 사건에 관여하지 않았다고 주장하였다. 그 두 사람이 광복회와 관계가 없다는 것은 명백하지만, 그들의 진술은 애매한 점이 있고 또 평소의 두 사람의 관계 및 전후 사정을 종합해볼 때 이들이 공모했음에 의심할 여지가 없으므로, 두 사람을 모두 보안법위반과 공갈 미수로 1918년 5월 3일 그들의 신병과 함께 사건을 소관 검사에게 송치하였다.

43. 제주도 소요 사건

  수괴 김연일金蓮日은 경상북도 영일군 출신으로 4년 전부터 승려로 제주도 좌면 법정사에 거주하며 항상 교도들에게 반일사상을 고취하고 있었다 그런데 1918년 9월 19일 음력

---

339) 大正 7년 : 일본왕실의 연호이고 서기 1918년이다.

우란분孟蘭盆340)에 법정사에 모인 교도 30명에게 "왜놈들은 우리 조선을 병탄했을 뿐 아니라 병합 후에는 관리는 물론 상인에 이르기까지 우리 동포를 학대하고 있다. 근간에 불무황제佛務皇帝(불도를 다스리는 황제)가 출현하여 국권을 회복할 터인데 우리는 우선 제주도에 거주하는 일본인 관리를 죽이고 상인을 섬 밖으로 쫓아내야 한다."라고 말했다. 다음 달 10월 5일 교도 33명을 소집한 그는 스스로를 불무황제라 하고 전에 선언한 목적을 수행하려 한다 말하고, 도대장都大將 이하 군직軍職을 임명하였다. 그리고 대오隊伍의 편성을 하게 하고, 각 면의 이장里長에게 격문을 배부하여 동리 사람들을 이끌고 군에 따르도록 명령하였다. 그리고는 그 자신은 법정사에 남아 폭도를 지휘하여 전선電線을 절단하고 주재소를 습격하여 파괴 소각하며, 주재소원을 해치거나 길 가는 일본인을 포박 구타하여 상해를 입히는 등 2일간에 걸쳐 동리 사람 약 400명을 강제로 모아 폭동을 일으켰다. 이 사건의 원인은 선도교仙道敎에 대한 경찰 단속이 엄중하였기 때문에 김연일金蓮日은 전부터 친교가 있는 그곳 선도교仙道敎 수령 박명수朴明洙341)와 서로 모의한 데 있었다. 주모자는 34명이고, 그중 본도 출신은 다음과 같다.

기記

본적 : 경북 영일군(이하 미상) 수괴 김연일金蓮日(48세)	본적 : 경북 영일군 창주면 승려 정구룡鄭九龍342)(40세)
본적 : 경북 영일군 창주면 승려 강민수姜閔洙(37세)	

44. 암살음모단 사건

주범 문상직文相直은 1919년 3월 박광朴洸의 집에 고용되어 있는 중에, 만주 안둥현安東縣 구시가舊市街 평산平山의원 사무원이며 상해임시정부 통신원인 황대벽黃大闢으로부터 조선

---
340) 우란분 : 음력 7월 15일(백중)에 하는 불사(佛事)이다. 여러 가지 음식을 차려 조상이나 부모의 영혼에 바친다. 우란분재(盂蘭盆齋)라고도 한다. 우란은 Ullambana의 번역어이다. 원문에는 맹란분(盂蘭盆)으로 적혀 있으나 이는 '우란분'을 잘못 기록한 것으로 보인다.
341) 박명수 : 본명 朴周錫, 1864~1921, 제주도출신, 1995년 애국장.
342) 정구룡 : 본명 鄭九鎔, 1880~1941, 경북 포항출신, 2002년 애족장.

남부지방에 퍼뜨리기 위한 선포문과 '상해임시정부 강령'이란 제목을 붙인 불온 인쇄물 각 50매를 받아 이것을 과자 통에 넣어가지고 1919년 4월 13일 안둥현安東縣을 출발, 인력거로 압록강 철교를 건너 신의주 역에서 기차를 타고 경성에서 하차하여 김사용金思容을 방문하고 선포문 40매와 임시정부의 강령 40매를 그에게 주었다. 그는 다음 날 14일에는 대구로 와서 서상일徐相日을 방문하여 나머지 각 10매를 주고 퍼뜨리도록 하였다. 문文은 다시 1919년 7월 박광朴洸의 집에서 황대벽黃大闢으로부터 고유문告諭文·『독립신문』·각원閣員개조서 등을 합친 300매를 받아 이것을 송재기宋載基에게 주었고, 송宋은 이를 우유깡통 속에 숨겨 와서 조선 내 각지에 운반하고 퍼뜨렸다. 그 후 문상직文相直은 1919년 8월 상순, 중국 류허현柳河縣 제2구감區監 산천山川 신흥학교 군사과 졸업생으로 조직하고 단장을 이건호李健浩로 하는 학우단學友團에 가맹했다. 문상직文相直은 김노원金魯元·김용만金用萬·이순원李淳元 등과 함께 중국 류허현柳河縣 꾸산즈孤山子 신흥학교 제3호 교실에서 밀회하여, 멀리서 개 짖는 식의 독립운동은 성공 가능성이 희박하니 이 판에 매우 중요한 관공서 및 주요한 위치에 있는 조선인 관리를 폭탄으로 습격함으로써 조선인 관리를 전율하도록 하기 위해, 김용만金用萬은 폭탄 제조를 담당하고 김동산金東山·김노원金魯元·이순원李淳元 등에게는 자금조달 및 동지 규합의 임무를 맡겼으며, 문상직文相直은 조선 내의 상황을 정찰하는 한편 자금조달 역할도 맡기로 했다. 문文은 권총을 소지하고 1919년 9월 11일 그곳을 출발하여 대구로 와서 서영균徐榮均의 집에 잠복하고 있는 동안, 서영균徐榮均·송정덕宋貞德·김근金根·홍천제洪千濟를 이 일에 참가하게 하였다. 홍천제洪千濟는 1920년 1월 26일 김용만金用萬의 집에 있는 폭탄을 가져오기 위해 중국으로 먼저 출발하고, 문상직文相直도 일단 중국에 돌아가 드디어 이 범행 수행에 착수하려고 하는 것을 본도 경찰부에서 검거, 1920년 2월 제령·보안법·총포화약 단속 시행규칙 위반으로서 검사국에 송치하였다. 관계자는 다음과 같다.

기記

본적 : 경북 고령군 고령면 중화동 265번지 주소 : 부정 문백文白, 문일구文一球, 김춘배金春培, 이을록李乙錄 곧 무직 문상직文相直(28세)	본적 : 경북 달성군 수성면 상동 272번지 주소 : 대구부 봉산정 53번지 상업 서영균徐榮均(24세) 서영균 부父 서병일徐丙日(43세)

본적 : 경북 달성군 유가면 쌍계동 번지미상 주소 : 경북 대구부 덕산정 139번지 상업 기찬箕贊 곧 송정덕宋貞德(27세)	본적 : 경북 상주군 상주면 인봉리 번지미상 주소 : 경기도 경성부 관훈동 51번지 미곡상 김사용金思容(36세)
본적 : 경북 대구부 시장북통정 11번지 주소 : 동 곡물상 서상일徐相日(34세)	본적 : 경북(이하 미상) 주소 : 부정 무직 이기호李祁鎬(연령 미상)
본적 : 경북 고령군(이하 미상) 주소 : 중국 安東縣 二番通 四丁目 3番地 곡물 무역상 신동信東상회 주인 근호根浩 곧 박광朴洸(39세)	본적 : 전남 원군343)(이하 미상) 주소 : 중국 奉天省 撫松縣 炭海 이남기李南基(26세)
본적 : 부정 주소 : 부정 무직 홍천제洪千濟(26·27세가량)	본적 : 경북 안동군(이하 미상) 주소 : 부정 무직 김근金根(32세)
본적 : 경남 의령군(이하 미상) 주소 : 부정 무직 주재기朱載基(30세)	본적 : 미상 주소 : 부정 무직 이백헌李伯憲(연령 미상)
본적 : 평북 의주군 위화면 하단동 28번지 주소 : 중국 安東縣 興隆街 怡隆洋行內 무직 황대벽黃大闢(21세)	본적 : 미상 주소 : 중국 柳河縣 孤山子 김노원金魯元(연령 미상)
본적 : 미상 주소 : 중국 柳河縣 三原浦 김동산金東山(연령 미상)	본적 : 미상 주소 : 중국 海龍縣 四合 김용만金用萬(연령 미상)
본적 : 미상 주소 : 중국 通化縣 小南岔 이순원李淳元(연령 미상)	

---

343) 원군 : 원문에는 '原郡'이라 되어 있는데 알 길이 없다. 전남에는 '원(原)'이 들어있는 군이 없다. 오식인 것 같다. '남원군(南原郡)'인가 생각할 수 있지만 이는 전라남도 지역이다.

45. 청도淸道에서의 태을교도太乙敎徒의 흉포 사건

　1920년 3월 15일 밤, 도내 청도군 화양면에 있는 신둔사新芚寺에 거동이 수상한 자 4명이 침입하여 난폭한 행동을 하고 있다는 신고가 소관 경찰관 주재소에 들어왔다. 그 주재소에 있던 소원 3명이 곧 현장으로 급히 갔으나 이미 때는 늦었다. 그들은 앞마당에 여승을 끌어내어 참살斬殺한 후 그 시체의 가슴 위에 큰 돌을 올려놓고, 절 지붕을 파괴하는 등 흉포한 행위를 감행하고 떠난 후였다. 소원들은 범인들이 있는 곳을 찾기 위해 그 부근 일대를 수색했지만 전혀 단서를 찾지 못했으므로 그 내용을 경찰 본서에 급보하였고, 본서에서는 사태가 용이하지 않다고 생각하여 곧바로 지원대를 급파하였다. 그런데 약 10분이 경과한 후 대성면 원동 적천사磧泉寺의 동자승으로부터 거동이 수상한 자 4명이 와서 난폭한 행동을 하고 있다는 내용의 신고가 있었다. 이에 그 4명은 앞서 신둔사를 습격한 흉한으로 판단되는 점이 있어 신둔사로 보낸 지원대를 도중에서 곧 돌아오게 한 후, 수사대를 4조로 나누어 적천사를 포위했다. 먼저 우가이鵜飼순사 일대一隊 4명이 절 안으로 들어갔고, 한 방에 모여 있던 4명을 범인으로 간주, 이를 체포하려고 실내로 들어섰다. 그랬더니 그중 2명의 범인이 앞마당으로 뛰쳐나와 2명의 순사와 격투하고 있을 무렵, 실내에 남아 있던 2명을 체포하고자 방안으로 들어갔던 우가이鵜飼순사는 마침내 범인에게 살해되었다.

　그리고 우가이鵜飼순사를 살해했던 범인 2명은 앞마당에서 격투하고 있는 범인에 가담하여 더욱 폭위暴威를 떨치므로, 2명의 순사는 도저히 그들을 체포할 수 없을 뿐 아니라 오히려 불리해진 것을 우려하여 일단 퇴각하여 후속 지원대가 오기를 기다려 그들이 오면 함께 범인들을 체포하려고 힘겨운 싸움을 하고 있었는데, 범인들은 각자가 곤봉·낫을 가지고 저항하여 광란의 행동은 극에 달했다. 이에 경찰서원은 부득이 총기를 사용해서 위협발포를 했음에도 아무런 효과가 없어 더욱더 체포하기가 어렵다고 판단하여, 마침내 4명을 총살하기에 이르렀다.

　그 후 조사에 의하면, 신둔사에서 여승을 살해한 범인 4명은 적천사로 가는 도중에도 촌락민 3명을 살해했었다. 그들은 태을교太乙敎를 믿는 4형제들이었고, 그들의 흉포한 행동의 원인과 동기 등은 명확히 밝혀지지 않았지만, 태을교에 대한 신앙이 두터운 나머지 그들은 정신이상이 되어 이러한 결과를 낳은 것으로 판단된다.

46. 대한민국 임시정부의 자금모집 사건

주범 김연환金璉煥은 1920년 2월 하순 상주면 지방을 배회하며 거동이 미심쩍은 점이 있어서 소관 경찰서가 그달 29일 상주읍내 자동차 정류장에서 그의 신변을 검사했더니, 그로부터 대한민국 임시정부 재무부라 쓰고 도장이 찍힌 애국금납입통지서와 재무총장 이시영李始榮의 명의를 사용한 염출제炎出製344) 출연出捐금액 영수증을 상의 속에 꿰매어 둔 것을 발견하여 그를 경찰서에 동행하여 조사했다. 그 결과, 그자는 1920년 1월 10일 상해임시정부 내무부에 근무 중인 김창숙金昌淑으로부터 같은 부서에 근무하는 김법金法이란 자가 독립자금 모집을 위하여 조선에 가게 되니 동행하라는 내용의 통지를 받았다. 그리하여 1월 중순 펑톈奉天을 출발하여 경성에 와서 동지 이운형李運衡과 면회하고, 그의 소개로 그달 30일 김연환金璉煥의 숙소인 경성부 계동 김기창金起彰의 집에서 김법金法과 만나 독립자금모집에 관한 협의를 했다. 그리고 임시정부원임을 증명하는 것으로 김연환金璉煥은 김법金法으로부터 전기前記 애국금납입통지서와 불에 쬐어 사용하는 불온문서를 받아 경상북도지방에서의 운동자금모집 목적으로 그달 26일 펑톈奉天으로부터 온 권태일權泰馹과 함께 김金이 대구부 남산정 서건수徐健洙의 집에 와서 묵고 있던 중, 서徐에게 말하기를 "상해임시정부는 이제 강국이 되고 장래에는 그 목적을 달성함이 확실한데 조선 내 청년이 이에 공명하고 노력해주기를 크게 기대하고 있다. 그러한 데도 이들 유위한 청년은 자기나라의 역사를 망각하고 다른 나라의 역사를 읽고 있는 형편이다. 당신도 대한민족이니 마땅히 청년들에게 자기나라의 역사를 열심히 읽게 하여 조국의 정신을 환기토록 하라."라는 불온의 언동을 늘어놓았다. 그 후 김연환金璉煥은 2월 23일부터 28일에 이르는 동안 김병하金炳河·조해제趙海濟와 상주군 상주읍 성하리 류경원柳慶元과 같은 군 내서면 낙서리 정재룡鄭在龍에게 상해임시정부의 상황을 과장하여 선전했다. 또 소지하고 있던 애국금납입통지서·만주농사의 공제조합취지서와 그 규약서를 두루 보여주고, 이 공제조합은 이면으로는 독립자금모집을 목적으로 하고 우리 동지자들이 설립을 계획 중이라는 취지를 말했다. 그리고 독립운동자금으로서 기부금의 제공을 권유하여 김병하金炳河로부터 10원, 조해제趙海濟로부터 3원을 받았다. 또 상주군 상주면 신봉동 강후석姜厚錫이란 자에게는 앞서 말한 것과 같은 수단 방법으로 상주군 같은 면 복룡리의

---

344) 염출제 : 일본어 炙り出し를 잘못 쓴 것 같다. 불에 쬐면 글자나 그림이 나타나는 종이를 말한다.

부호 조남윤趙南潤에게 돈을 내놓도록 권유하라는 부탁을 했지만 강夌이 이를 거절했던 것이어서 사건은 1920년 5월 16일 송치하였다. 관계자는 다음과 같다.

기記

본적 : 경북 안동군 서후면 금계동 주소 : 중국 奉天 四塔橫街 사기寫寄, 연환鍊煥, 기중器重 곧 무직 김연환金璉煥(40세)	본적 : 충남 예산군 읍내 주소 : 중국 상하이 무직 김법金法(33세)
본적 : 경북 성주군 대가면 칠봉동 주소 : 중국 상하이 무직 김창숙金昌淑(43세)	본적 : 경북 영양군(이하 미상) 주소 : 부정 무직 권태일權泰馹(31세)
본적 : 경북 영양군 석보면 포산동 주소 : 중국 奉天 이운형李運衡(39세)	본적 : 경북 안동군 풍서면 소산동 주소 : 동 농업 김병하金炳河(50세)
본적 : 경북 예천군 지보면 지보리 주소 : 동 농업 조해제趙海濟(35세)	

47. 폭탄암살음모 사건

양한위梁漢緯345)는 권태일權泰鎰과 공모하여 죽음을 각오하고 조선독립운동을 하기로 하여, 1919년 음력 9월경 도내 영천역전에서 계획을 세우고, 경성에서 수집한 『독립신문』과 독립경고문 등 수십 매를 이 사건의 상피고相被告(같은 사건에 계류되어 있는 피고)인 허병률許秉律346)·조선규趙善奎 등에 송부하고 남은 것을 대구에서 많은 자에게 돌려보게 한 자이다. 그 후 그는 조기홍趙氣虹347)과 함께 1920년 6월 하순경 남몰래 대구부 내로 숨어들어와 관헌의 주의를 모면할 방법으로 밤에 가끔 대구부 남문시장에 모여, 조선독립을 촉진하는

---

345) 양한위 : 1883~1949, 충북 옥천출신, 1990년 애국장(1980년 건국포장).
346) 허병률 : 1885~1943, 경북 경산출신, 1990년 애국장(1980년 건국포장).
347) 조기홍 : 1883~1945, 경북 대구출신, 1990년 애족장(1968년 대통령표창).

방법으로 조선인 관공리에게 폭탄을 가지고 습격하는 것이 가장 적당한 방법이니 이것을 실행하자고 비밀로 모의하였고, 또 폭탄의 입수와 그 제조에 대하여 획책하다가 발각된 것이다.

양한위梁漢緯·오기수吳麒洙348)·권태일權泰鎰 등은 1920년 1월 이후 상해임시정부 운동자금모집에 종사하여 임시정부를 도울 목적으로 허병률許秉律로 하여금 그가 가지고 있는 8000원을 상하이에 휴대하여 가도록 하였으며, 뒤이어 권태일權泰鎰로 하여금 모집한 180원을 가지고 상하이에 건너가게 하였고, 또 김영우金永佑·오진문吳進文 양자와 공모하여 조선규趙善奎를 설득하여 독립운동에 가담하도록 하여 그 자금으로 740원을 제공하도록 한 자들이다. 그들 모두를 제령위반 및 총포·화약단속령위반으로 1920년 7월 24일 사건을 송치하였다.

관계자는 아래와 같다.

기記

본적 : 경북 영양군 입암면 병옥동 주소 : 부정 무직 전 광복회원 권영만權寧萬(32세)	본적 : 경북 대구부 명치정 2정목 132번지 주소 : 경북 대구부 명치정 1정목 62번지 대장장이 조기홍趙氣虹(38세)
본적 : 경북 영일군 죽북면 두마동 주소 : 충북 옥천군 청서면 산계동 농업 양한위梁漢緯(38세)	본적 : 경북 의성군 의성면 후죽동 592번지 주소 : 부정 무직 오기수吳麒洙(29세)
본적 : 경북 청송군 현서면 구산동 127번지 주소 : 동 농업 현서면장 김영우金永佑(41세)	본적 : 경북 청송군 현서면 구산동 126번지 주소 : 동 농업 조선규趙善奎(32세)
본적 : 경북 의성군 의성면 후죽동 690번지 주소 : 동 농업 오진문吳進文(26세)	본적 : 경북 영덕군 영해면(이하 미상) 주소 : 부정 권태일權泰鎰(30세)
본적 : 경북 경산군 하양면 금락동 주소 : 중국 奉天(이하 미상) 허병률許秉律(32세)	본적 : 경북 안동군 서후면 금하리 주소 : 중국 柳河縣 三源浦 김원식金元植(35세)

---

348) 오기수 : 1892~1959, 경북 의성출신, 1990년 애족장(1977년 대통령표창).

| 본적 : 경북 영양군 영양읍내
주소 : 부정
무직 김문국金文國(25·26세가량) | |

48. 대한민국 독립공채 모집 사건

본적 : 경북 안동군 풍남면 하회리

주소 : 부정(당시)

야마모토 이치로山本一郎 곧 류창우柳昶佑[349](28세)

위는 1920년 9월 26일 나가사키長崎에 입항하는 기선 가즈가마루春日丸로 상하이에서 나가사키長崎로 왔다. 그런데 거동이 수상한 점이 있어서 그곳 수상경찰서에서 그가 갖고 있는 '접는 가방'을 조사했더니 일찍이 상해임시정부가 선전용으로 발행한 잡지 『신한청년新韓靑年』 및 「조선독립에 관한 격문」이 그 가방 안에 들어 있었을 뿐만 아니라, 그 가방 안의 천과 가죽 사이에 임시정부 재무총장 이시영李始榮의 이름으로 발행한 독립공채 발매에 관한 인증서를 숨겨둔 것을 발견했다. 다시 그의 신체검사를 했더니 대한민국 임시공채 2만 원(1000원 권 5매, 500원 권 10매, 100원 권 100매)과 공채모집위원임명사령장 1통을 흰 무명 보자기에 싸가지고 휴대하고 있는 것을 발견했다. 이러한 통보를 받은 경기도 경찰부 제3부에서 그의 신병을 인도받아 조사한 바, 그 자의 행동 및 범죄 사실은 아래와 같음이 판명되었다.

기記

이 자는 1918년 6월 히로시마현廣島縣 인노시마因島 조선소 직공모집에 응모하여 일본에 도항했지만, 심한 노동을 견디지 못하여 한 달이 조금 지나 그 조선소를 그만두었다. 그리고 오사카大阪에 가서 공장 또는 상점에 고용되어 있던 중, 1919년 7월경 오사카부大阪府 니시구西區 이케야마정池山町 우체국 집배원으로 고용되어 있다가 1920년 4월에 사직했다.

---

349) 류창우 : 1884~1921, 경북 안동출신, 1991년 애국장(1977년 대통령표창).

그래서 고향에 돌아가려고 시모노세키下關에 이르렀지만 가진 돈이 100여 원밖에 되지 않아서 귀향하는 것도 면목이 없다고 생각하여 미국 하와이에 건너가려고 상하이로 가서 임시정부원인 충청도 출신의 이향李좁이란 자와 알게 되었다. 이李로부터 임시정부에서는 독립공채를 발행하고 있는 것을 알게 되자 그는 평소부터 조선인의 독립을 희망하고 있었으므로 임시정부를 위하여 진력하기로 결심하고, 공채모집원이 되도록 주선을 부탁하였다. 이향李좁은 그가 보증인을 데리고 온다면 주선해 보겠다고 말하였기에 5월 중 류창우柳昶佑는 나가사키長崎에 돌아가 나가사키長崎·야하타八幡 각지의 조선인을 방문하여 보증인이 될 만한 인물을 물색하였다. 오사카大阪 이케야마정池山町 우체국 집배인 신택균申宅均과 그곳 다마즈쿠리정玉造町 페인트 도장업 신현휴申賢休에게 그의 속사정을 털어놓고 보증인이 되겠다는 승낙을 얻었다. 9월 초 두 사람을 데리고 상하이로 가서 이향李좁의 소개로 이시영李始榮을 면회하고 조선독립을 위하여 공채모집에 종사할 것을 서약했다. 이시영李始榮은 그를 경상북도 안동군 공채모집위원에 임명하고 류柳에게 앞서 기술한 서류와 공채증권을 주었다. 그리하여 그는 단독으로 그달 24일 상하이를 출발하였고 나가사키長崎에서 육로로 시모노세키下關를 거쳐 조선에 잠입하려고 돌아오는 도중 나가사키長崎에서 발각되었던 것이다.

49. 임시정부 독립운동자금 모집 사건

범인 등은 공모하여 조선의 독립을 달성하기 위한 첫 번째 일로, 임시정부 사람이라 말하고 군자금 강탈의 목적으로 1920년 음력 2월 22일 밤 관하 문경군 산북면 서중리 장수학張守學 집으로 가서 "당신은 양반이고 부호이니 그에 알맞게 우리를 돕는 의미로 돈을 내놓아야 한다."하고 권총을 들이대어 그 자리에서 110원의 돈을 내놓게 하고, 또다시 임시정부에 대한 군자금을 기부하기를 강요하였다. 장張이 당장 가진 돈이 없다고 대답하자, 그렇다면 5000원을 기부하겠다는 계약서를 내놓으라고 협박하여 마침내 이를 쓰게 하였다. 그리고 그해 음력 3월 상순경 장수학張守學의 가사 관리인 장세명張世明으로부터 문경군 산북면 서중리 우암友岩서당에서 범인들은 1000원을 받고, 앞의 5000원의 계약서를 4000원의 계약서로 고쳐 쓰게 하였다. 그 후 다시 그해 음력 4월 29일 경성부 화동 96번지에 있는 범인 류시언柳時彦350)의 숙소에서 장수학張守學의 사자使者인 장세명張世明으로부터 1000원을 받고 전에 고쳐 쓴 4000원의 계약서는 피해자에게 돌려주고, 2000원 중 약간의 돈을 류시언柳時彦이 상해임시정부에 송부한 것이다. 사건은 소관 안동경찰서에서 조사를 마치고, 1921년 7월 3일 검사국으로 송치하였다.

관계자는 아래와 같다.

기記

본적 : 경북 안동군 풍남면 광덕동 132번지 주소 : 부정 체포, 양반 무직 류시준柳時俊351)(27세)	본적 : 경북 안동군 풍서면 구담동 번지미상 주소 : 부정 미체포, 양반 무직 류시언柳時彦(27세)
본적 : 미상 주소 : 부정 미체포, 상민 무직 천영기千永基(28세)	본적 : 경북 문경군 산양면 존도동 번지미상 제령위반으로 목하 서대문감옥 수감 중 양반 무직 류성우柳性佑352)(32세)
본적 : 경북 예천군 용궁면 내동 번지미상 강도죄로 현재 대구감옥에 수감 중 상민 무직 이병한李炳漢353)(31세)	본적 : 경북 안동군 풍북면 현애동 358번지 주소 : 부정 明治대학 법과 졸업생 체포, 양반 무직 김시현金始顯(39세)

50. 지린성吉林省 군정서軍政署 부속 흥업단興業團의 자금모집 사건

이만준李萬俊354)은 10여 년 전 19세 때 시국을 개탄하여 상하이로 건너갔고 그 후에는 랴오양遼陽・잉커우營口와 지린성吉林省 환런현桓仁縣지방을 유랑 배회하고 있던 중, 마침 1919년의 독립만세운동이 발발하자 당시 푸우쑹撫松縣에서 조직된 지린성吉林省 군정서軍政署 부속 흥업단興業團이라는 독립운동 단체에 참여하여 그 단체의 적십자사 회계서기에 임명

---

350) 류시언 : 1895~1945, 경북 안동출신, 1990년 애국장(1980년 건국포장).
351) 류시준 : 1895~1947, 경북 안동출신.
352) 류성우 : 1890~1922, 경북 문경출신, 1990년 애국장(1977년 건국포장).
353) 이병한 : 1890~1971, 경북 예천출신, 1994년 애국장.
354) 이만준 : 1891~1943, 전남 장성출신, 1990년 애국장(1977년 건국포장).

된 자이다. 그는 1919년 3월 이후 5월 말경까지 흥업단장 김호金虎의 명령을 받아 동지인 경상북도 대구부 출신 고故 이시영李始榮·전라북도 익산군 출신 고故 성호成浩 등과 함께 안둥현安東縣에 출동하여, 불온사상을 가지고 조선으로부터 만주에 온 청년 약 400~500명을 모집하여 김호金虎가 경영하는 푸우쑹撫松縣 백산白山학교(무관학교)에 보냈다. 뿐만 아니라, 1920년 11월경 흥업단장 김호金虎와 그 단의 외교부장 김성규金星奎의 명으로 흥업단의 재정난을 구하기 위해 조선 내에서 약 20만 원의 자금모집을 목적으로, 김호金虎가 주는 서면을 가지고 그 단체와 밀접한 관계·맥락이 있고 환런현桓仁縣 류따오허즈六道河子에 본거를 둔 한교공회韓僑公會 회장인 손경헌孫庚憲355)을 방문하였다. 그리하여 그의 부하이며 경상도와 충청북도 지방의 사정에 밝은 김인제金仁濟·최성기崔聖基·황문익黃文益356) 3명이 그에게 배속되고, 이만준李萬俊이 스스로 지휘자가 되어 권총 5정·실탄 90여 발(그중 이만준李萬俊은 권총 2정·탄약 약 50발, 김인제金仁濟·최성기崔聖基·황문익黃文益은 각각 권총 1정과, 탄약 합계 40여 발)을 가지고 그해 말 서로 전후해서 조선 내에 침입하였다. 그 후 경상남도 밀양군·양산군, 경상북도 대구 등을 본거지로 하여 위 4명은 활발히 동지규합에 노력하였다. 이리하여 1922년 2월까지 손기성孫基聖·권충락權忠洛357)·이재술李再述358)·김연환金璉煥·최명해崔明海·안모安某·심상욱沈相旭·박사숙朴士淑·정낙산鄭樂山·손재헌孫載憲 등을 권유하여 동지로 끌어들였다. 또 손기성孫基聖은 손종헌孫綜憲을, 이만준李萬俊·손종헌孫綜憲 2명은 우홍기禹洪基를, 이만준李萬俊·이재술李再述의 2명은 박수의朴守義(여)를, 권충락權忠洛은 권정락權政洛·홍종락洪鍾洛359)을, 홍종락洪鍾洛은 김종만金鍾萬·박재화朴在華360)·양한위梁漢緯를 각각 권유하여 가입케 했다. 그 후 이만준李萬俊은 스스로 그 일단의 우두머리가 되어 아래의 범행을 했던 것이 판명되어, 제령위반 및 강도상해로 1922년 12월 26일 사건을 검사국에 송치하였다.

  관계자는 아래 기재한 바와 같다.

---

355) 손경헌 : 1870~1931, 경남 밀양출신, 1990년 애족장(1980년 대통령표창).
356) 황문익 : 1879~1953, 경남 밀양출신, 1990년 애족장(1983년 대통령표창).
357) 권충락 : 1891~1955, 충남 논산출신, 2008년 애국장.
358) 이재술 : 1901~1968, 경북 포항출신, 1990년 애족장(1968년 대통령표창).
359) 홍종락 : 1887~1939, 경북 군위출신, 1990년 애국장(1980년 건국포장).
360) 박재화 : 1890~1928, 경북 의성출신, 1999년 애족장.

기記

(1) 심상욱沈相旭·김인제金仁濟·최성기崔聖基·안모安某 4명은 이만준李萬俊의 명에 의해 1921년 3월 날짜미상, 경상남도 동래군(전 기장군) 이하미상 자산가인 오吳모(택호가 신령新寧) 집에 강도의 목적으로 침입했던 것이다.

(2) 이만준李萬俊·심상욱沈相旭·김인제金仁濟·우홍기禹洪基·안모安某 외 2명(성명미상)의 7명은 1921년 4월 하순경 경상남도 밀양군 단장면 고례동 뒷산 위에서 회합·모의하여, 김인제金仁濟·심상욱沈相旭·안모安某의 3명을 같은 군 면面미상 시례동 자산가인 손모孫某 집에 권총 2정을 가지고 습격케 하여 실탄 2발을 발사, 집에 있는 사람들을 위협하고 돈을 강탈하려 했지만 목적을 이루지 못하였다.

(3) 최성규崔聖奎·박사숙朴士淑·심상욱沈相旭·김인제金仁濟·안모安某 5명은 이만준李萬俊의 명에 따라 1921년 5월 상순경 양산군 서면 선리 약종상 정남서丁南瑞 집에 권총 3정을 가지고 가서 그에게 금전제공을 억지로 요청하던 중, 동리 사람들이 몰려오므로 가족을 사살하고 도주하려고 하여 정남서丁南瑞와 그의 아들 모某를 쏘았다. 정남서丁南瑞에게는 복부, 아들에게는 다리에 명중하는 상해를 입히고 도주하였다.

(4) 이만준李萬俊은 1921년 8월 날짜미상, 경상북도 청도군 금천면 신지동의 부호인 박순병朴淳炳을 습격하려고 그 지방을 배회 중이었다. 그런데 수상한 점이 있어서 그를 청도경찰서로 동행하여 부랑죄로 구류 20일에 처했기 때문에, 이李는 목적을 이루지 못하였다.

(5) 양한위梁漢緯·권충락權忠洛·홍종락洪鍾洛·우홍기禹洪基 4명은 1922년 1월 하순 날짜미상, 대구부 덕산정 양한위梁漢緯와 첩 권견화權絹花 집에서 회동하여 경상북도 청도군에서 그 지방의 부호에게서 돈을 강탈하기로 협의했다. 그 다음날 권충락權忠洛·홍종락洪鍾洛·김종만金鍾萬·박재화朴在華 4명은 권총 2정과 탄약 약간을 가지고 달성군 가창면 우록동에 집합했으나, 안내역을 맡았던 우홍기禹洪基가 오지 않았기 때문에 그곳에서 대구로 되돌아오게 되어 그 목적을 이룰 수가 없었다.

(6) 그 다음날(1922년 1월 하순 날짜미상), 권충락權忠洛·홍종락洪鍾洛·김종만金鍾萬·박재화朴在華 4명은 권총 2정과 실탄 약간을 가지고 경상북도 영천군 신녕면 갑현리에 사는 부호 권주경權周慶의 집에 침입하려 했으나, 그 집에 있는 사람으로부터 주인이 집에 없다는 말을 듣고 계획한 행동을 중지하고 대구로 돌아갔다.

(7) 다음으로 권충락權忠洛·홍종락洪鍾洛 2명은 1922년 1월 하순 날짜미상, 경상북도 달성군 공산면 지묘동의 부호 최재교崔在敎의 집에 들이닥쳐 최재교崔在敎의 목에 권총을 들이대고 돈 3만 원을 내놓으라고 하고, 이에 응하지 않으면 사살하겠다고 협박하여 그가 가진 돈 240원을 강탈하고, 다음날 권정락權政洛 집에서 이만준李萬俊·권충락權忠洛·홍종락洪鍾洛·권정락權政洛·김종만金鍾萬·박재화朴在華 6명이 그 돈을 나누어 가졌다.

(8) 홍종락洪鍾洛·이재술李再述 2명은 1922년 4월 하순경 당시 경성부 원남동 29번지에 거주하고 있던 이만준李萬俊의 명령에 따라 경상북도 봉화군 지방에서 강도의 목적으로 박수의朴守義(여)로부터 권총 2정과 실탄 47발을 받았다. 그러나 홍종락洪鍾洛은 사고가 있어서 출발할 수 없었고, 이재술李再述·김우창金佑昌 2명을 그곳으로 보내기로 하였다. 이 두 사람이 5월 27일 자동차를 타고 그 방면으로 가고 있을 때, 경상북도 경찰부가 이를 탐지하여 도중인 군위군에서 체포하였고 권총과 실탄이 압수되어, 그들은 목적을 이루지 못하였다.

관계자 주소·성명

본적 : 함남 함흥군(이하 미상) 주소 : 중국 吉林省 撫松縣(이하 미상) 김호익金虎翼 곧 흥업단장 김호金虎(42세)	본적 : 미상 본적 : 중국 吉林省 撫松縣(이하 미상) 흥업단 외교부장 전성규全星奎361)(40세가량)
본적 : 경남 밀양군(이하 미상) 주소 : 중국 奉天省 桓仁縣 六道河子 손장옥孫章玉 곧 한교공회韓僑公會 회장 손경헌孫庚憲(50세가량)	본적 : 경남 밀양군 부북면 대항리 주소 : 중국 奉天省 鳳城縣 鳳凰城 황문익黃文益(43세)
본적 : 경북 청도군(이하 미상) 주소 : 중국 奉天省 桓仁縣 六道河子 김준삼金俊三 곧 김인제金仁濟(32·33세가량)	본적 : 전라도(이하 미상) 주소 : 중국 奉天省 桓仁縣 六道河子 최봉규崔鳳奎 곧 최성규崔聖奎(35세)
본적 : 경남 양산군 하서면 명전리 주소 : 미상 심상욱沈相旭(40세가량)	본적 : 경북 대구부(이하 미상) 주소 : 중국 奉天省 安東縣(이하 미상) 고故 이시영李始榮(40세가량)
본적 : 미상 주소 : 중국 吉林省 撫松縣(이하 미상) 고故 성호成浩(30세)	본적 : 전북(이하 미상) 주소 : 중국 吉林省 撫松縣(이하 미상) 무직 성제成濟(30세가량)

본적 : 전남(이하 미상) 주소 : 부정 이규형李圭亨, 이만복李萬福, 이성칠李成七, 이상진李尙鎭, 이상우李相友 곧 무직 이만준李萬俊(30세)	본적 : 경남 밀양군 단장면 안법리 주소 : 동 농업 손기성孫基聖(30세가량)
본적 : 경남 밀양군 부북면 대항리 주소 : 동 농업 손재헌孫載憲(40세가량)	본적 : 경남 밀양군 단장면 안법리 298 주소 : 동 농업 한문교사 손종헌孫綜憲(34세)
본적 : 경남 밀양군 단장면 고례동 주소 : 경북 달성군 가창면 오동 246 농업 한문교사 우홍기禹洪基(40세)	본적 : 경남 양산군(이하 미상) 주소 : 동 농업 안모安某(24세)
본적 : 경남 양산군 하서면 선리 주소 : 동 약종상 박사숙朴士淑(36세가량)	본적 : 경남 양산군 상서면 어곡동 주소 : 동 약종상 정낙산鄭樂山(35세가량)
본적 : 경북 영일군 송라면 화진동 주소 : 대구부 시장정 101번지 대구감옥 수감 중 무직 이재술李再述(23세)	본적 : 경북 경주군(이하 미상) 주소 : 경북 대구부 시장정 101번지 무직 최명해崔明海(24세)
본적 : 충남 논산군 두마면 석계리 1번지 주소 : 부정 무직 권충락權忠洛(33세)	본적 : 경북 군위군 부계면 월곡동 주소 : 동 대구감옥 수감 중 홍종락洪鍾洛(30세가량)
본적 : 경북 안동군 서후면 금계리 주소 : 경성부(이하 미상) 무직 김연환金璉煥(42세)	본적 : 경북 대구부 달성정 257 주소 : 동 곡물상 권정락權政洛(35세)
본적 : 경북 군위군 효령면 장군동 224 주소 : 동 농업 김종만金鍾萬(39세)	본적 : 경북 의성군 소문면 대리동 주소 : 동 농업 박재화朴在華(32세)
본적 : 충북 옥천군 청서면 산계리 주소 : 대구부 덕산정 259 무직 양헌위梁漢緯(40세)	본적 : 경북 달성군 수성면 대명동 주소 : 부정 무직 (여)박수의朴수義(30세)

---

361) 전성규 : 미상~1920, 출신지 미상, 2009년 애국장.

51. 의열단의 자금모집 사건(일명 구우일具宇一 사건)

의열단원義烈團員 구우일具宇一은 1923년 12월 13일 베이징北京을 출발, 펑톈奉天을 경유하여 조선으로 향했고 또 의열단원으로 현재 감옥에 있는 김시현金始顯의 아우 김재현金在顯362)이란 자가 역시 그달 19일 밤 베이징北京을 출발하여 조선으로 향했다는 확실한 정보에 접하였으므로 엄밀하게 수배를 하고 있었는데, 김재현金在顯은 그달 22일, 구우일具宇一은 그달 23일 경성 종로경찰서에 체포되었다. 그 후 엄중한 조사 결과, 일당인 오세덕吳世悳363)은 그달 24일, 강일姜逸364)은 그달 28일, 문시환文時煥365)은 그달 29일에 모두 체포되어 1924년 1월 7일 사건이 검사국에 송치되었고, 조사 상황은 아래와 같다.

아 래

(1) 체포한 범인의 원적·주소·성명

원적 : 경북 안동군 풍북면 현애리 347 주소 : 北京 김재현金在顯 곧 김정현金禎顯(21세)	원적 : 경남 진주군 진주면 중안동 192 주소 : 北京 交通口二条胡同 第三號 同興公偶內 김수현金守顯, 구우일具宇一, 김창한金昌漢, 김창환金昌煥 곧 구여순具汝淳(31세)
원적 : 경기도 고양군 숭인면 안암리 127 주소 : 동 한성은행원 오세덕吳世悳(27세)	원적 : 경남 동래군 동래면 복천동 205 주소 : 동 동아일보 부산지국 기자 문시환文時煥(25세)

(2) 범인 조사의 경과

제일 먼저 체포된 김재현金在顯(또는 김정현金禎顯)은 고집 세게 입을 봉하고 진술하려 하지 않았고, 두 번째로 체포된 구여순具汝淳(일명 구우일具宇一)의 자백으로 겨우 일당의 동정을 알

---

362) 본명은 김정현(金禎顯)이다.
363) 오세덕 : 1897~1986, 경기도 고양출신, 1990년 애국장(1980년 건국포장).
364) 강일 : 본명 姜弘烈, 1895~1958, 경남 합천출신, 1990년 애족장(1977년 대통령표창).
365) 문시환 : 1899~1973, 경남 동래출신, 1995년 애족장.

수 있게 되어 수배 결과 오세덕吳世悳 이하 각 범인을 체포할 수 있었으나, 의열단에서는 다른 단원의 행동은 절대 비밀에 부치므로 조선에 들어와 있는 자나 조선에 들어올 예정자 전부의 진상을 알 수 없음을 가장 유감으로 여기는 바이다.

(3) 구여순具汝淳(일명 구우일具于一)의 공술供述

1) 경력

본인은 진주보통학교를 졸업한 후, 1919년 3월 만세 소요사건에 참여하여 징역 1년에 처해졌다. 출옥 후 경성 중동학교에 재학했고 또 대한적십자사 등 불온단체에 가입하여 독립운동에 종사했으나, 조선 내에서는 단속이 엄중하기 때문에 중국 베이징北京으로 가서 천도교도와 왕래하였다. 1922년 여름, 상하이로 가서 의열단장 김원봉金元鳳과 서로 알게 되었고, 그의 권유로 마침내 의열단의 객원客員이 되었다. 1923년 8월엔 베이징北京으로 되돌아가 그곳에서 정식으로 의열단에 입단하였던 자이다.

2) 조선에 온 목적과 동기

이 보다 앞서 러시아공산당을 배경으로 북부 만주에서 행동하고 있는 적기단赤旗團이 그에게 서로 손 잡고 일본 및 조선에 대하여 직접 행동으로 나아가자고 1923년 초여름 이래 몇 차례 권유해 왔지만, 주의主義가 서로 달라 이에 응하지 않았다. 그러다가 그해 9월, 마침 일본 게이힝京濱(도쿄東京와 요코하마橫濱)지방에 진재震災(지진과 화재)가 일어났을 때 민심이 극도로 동요하고 있으므로 이 기회를 이용하여 건조물의 파괴와 현관顯官(지위가 높고 중요한 위치에 있는 관리)의 암살을 실행해야 한다고 재차 권해옴으로써 의열단에 가입하였고, 의열단에서는 협의한 결과 늦어도 1924년 초봄 동궁東宮(일본 황태자)이 결혼할 때까지 이를 결행할 것을 결정했다. 그러나 이 일을 위해서는 다수의 행동 대원과 폭탄·권총 등 흉기가 필요했다. 그래서 이에 따른 경비 약 3만 원을 조달하지 않을 수 없다하여 김원봉金元鳳은 200여 명의 부하 단원 중 자금조달에 가장 적임으로 판단되는 아래 11명의 단원을 선정하여 의열단 신임장을 가지게 하고, 각자가 가고자 하는 조선 내 각 방면에 잠입할 것을 명령했던 것이다. 그러나 동지의 행서지·모집방법 등은 단원 간에조차도 절대 비밀에 부쳤다 그들의 이름은 구여순具汝淳·김정현金禎顯·양건호梁建浩·권재만權在萬·장두환張斗煥·서국재徐國才・박두일朴斗一・김창한金昌漢[366]・김수한金守漢・김한조金漢祚・강기만姜基滿이다.

3) 구여순具汝淳의 그 후 행동

본인은 1920년 출옥 이래 그때까지 조선 내에서 범죄 관계가 없었다. 그리하여 단장 김원봉金元鳳은 제일 먼저 그에게 조선에 들어갈 것을 명령했다. 그러나 여비가 없어서 베이징北京의 천도교도로부터 여비를 거출 받은 후, 조선 옷을 입고 의열단 신임장 2매를 받아 이를 상의 양 소매를 이은 자리에 꿰매어 넣고, 베이징北京 천도교구실天道敎區室 김홍선金弘善(아호 김천우金天友)이란 자로부터 경기도 고양군 숭인면 안암동 127번지 오세덕吳世悳(당 27세)이라는 자에게 구두 소개를 받아 그곳을 잠복할 장소로 정하였다. 국경통과에 대해서는 안둥현安東縣 천도교 종리사宗理師인 이인건李仁乾에게 부탁하여 편의를 얻기로 하고, 12월 13일 오후 8시 베이징北京을 출발하여 14일 오후 8시 펑톈奉天에 도착, 그곳에서 1박하고 그달 15일 오후 9시에 펑톈奉天을 출발하였다. 그는 그때 베이징北京 천도교구실 최동오崔東旿와 함께 같은 열차(그러나 별실)에 타고 16일 오전 6시 안둥역安東驛에서 하차하여 미리 김홍선金弘善이 지시한 대로 우선 그곳 천도교도 최인홍崔麟弘을 찾아 그자의 안내로 이인건李仁乾 집에서 하루를 묵었다. 다음날 17일 이李의 지시에 따라 일부러 쌈지담배 한 통을 구입하여 가지고 가 특히 번잡스러운 통관수속을 마치고(세관에서 보병・헌병・경찰관의 면전에서 번잡스러운 통관수속을 할 때는 그들의 검문이 엄중하지 않다는 것을 가르쳐받았다고 함) 신의주에 들어와, 오전 11시 신의주역에서 평양까지의 승차권으로 승차하였다. 그랬더니 차중의 단속 순사가 평양행이라 듣고 주의하는 태도여서 일단 신의주역에서 하차하고 평양까지의 승차권은 포기하였다. 다시 그날 오후 10시 40분 신의주발 남행열차에 타고 그 열차 내에 있었던 안둥현安東縣 천도교 종리사인 이인건李仁乾・최인홍崔麟弘 외 몇 사람과 일행인 체하며, 18일 아침 경성역에 하차하였다. 이후 경성부 간동 90번지 신풍申豊 집에 묵고, 다음날 19일 진주 천도교구장의 숙소인 부내 화동 136번지에 있는 모某의 집에서 자고, 20일 한성은행漢城銀行에서 앞서 말한 오세덕吳世悳을 만나 사정을 밝히고 그의 집에서 숙박하면서 지방 상황을 시찰한 후 근간에 그가 어디론가 가려하는 것을 체포했던 것이다.

---

[366] 김창한 : 1905~1950, 전북 남원출신, 2005년 건국포장.

(4) 김재현金在顯의 행동

본인은 1923년 3월 경성에서의 의열단 폭탄사건의 범인 김시현金始顯의 아우로, 그해 1월부터 베이징北京에 유학중 최근 형인 김시현金始顯이 옥중에서 단식한다는 신문 기사를 읽고 생전에 꼭 한번 면회하려고 조선에 왔다고 한다. 그는 12월 19일 밤 베이징北京을 출발하여 21일 아침 국경을 통과할 무렵 신의주경찰서에 용의자로 연행되어 조사를 받았지만, 아무런 실토를 하지 않아 석방되었다. 석방된 그날 밤 그는 신의주를 출발, 다음날 22일 경성에 도착했다. 그런데 그는 1923년 봄, 경성에서의 백白판사 댁 강도사건에 관계한 혐의가 있어서 다시 경성 종로경찰서에서 유치되어 조사를 받던 중 별항에 기재된 바와 같은 자금모집자 11명 중 한 사람으로 밝혀져 엄밀한 조사를 하였다. 그러나 그는 입을 봉하고 말을 하지 않았다. 더욱이 그가 입고 있는 양복을 검사하니, 상의 왼쪽 소매 안깃 속 부분이 해어지고 무엇인가를 꺼냈다는 흔적이 뚜렷하게 남아있어 의열단 신임장을 그곳에서 꺼냈다는 혐의가 충분할 뿐 아니라, 구여순具汝淳의 진술로 보아도 아래 서술에서 보듯 그가 의열단원으로서 자금 모집을 위하여 조선에 들어온 것이 확실하였다.

김재현金在顯은 베이징北京에서 유학중 형이 검거되었다는 것을 듣고 몹시 분개하여 신명身命을 걸고 이를 복수하기 위하여 단장 김원봉金元鳳 등 간부와 몇 차례 상의하였지만, 그의 나이가 연소하다는 등의 완곡한 위로를 받으며 지금에 이르렀다. 그런데 마침 의열단이 자금이 필요하게 됨에 따라 김재현金在顯이 말하기를, 지난 봄 형(김시현金始顯)이 경성에서 일을 일으키기 전에 친족인 모某에게 자금 5만 원의 제공을 강요했던 바 1만 원의 공급을 승낙한 일이 있었지만 형이 너무 적다하여 받지 않았던 일이 있었는데 지금 어떠한 방법을 갖고 이를 요구하게 되면 받아 낼 수도 있다고 하였다. 이에 그들 일동은 작약雀躍(기뻐하며 덩실거림)하며 이 판에 1만 원은 큰돈이니 혼내주고 빼앗는 것이 상책이라 하여, 닝꾸타寧古塔에 있는 권재만權在萬(東山)과 협력하여 이를 실행키로 하고, 양건호梁健浩로 하여금 그 취지를 권재만權在萬에게 알려 결국 이들 3명이 협력하여 행동하기에 이른 것이다.

(5) 오세덕吳世悳의 공술

본인은 1919년 3월 이래로 독립운동에 열중하여 당시 신상완申尙玩이 조직한 독립단도

단道團을 좌지우지하였고 또 상해임시정부와 상하이에 있는 철혈단鐵血團에 참여했다. 그 후 러시아령 블라고베시첸스크로 가서 공산당 대회에 출석하는 등 러시아와 중국 각지를 방랑한 후 한 때는 경성으로 돌아와서 다시 베이징北京에 가려고 하다가 가지 못하고 1922년 여름, 한성은행에 취직하여 월급 45원을 받고 지금에 이르렀다. 그는 1923년 말 베이징北京의 김천우金天友란 자로부터 근일 우인友人이 그쪽으로 밀행密行할 터이니 잘 부탁한다는 통신을 받고 기다리던 중 구여순具汝淳이 도착하여, 그가 자금 모집과 암살 결행의 목적으로 조선에 온 취지를 말하므로 크게 기뻐하였다. 의열단원이 종래 경성에 올 때는 황옥黃鈺367) 또는 다른 사람을 찾고 그들의 형편이 나쁠 때는 자기를 다시 찾는 것이 상례인데, 이번에는 제일 먼저 자기를 찾아온 것은 자기의 신용이 두텁기 때문이라 생각하고 만족하였다. 구여순具汝淳은 먼저 오세덕吳世惪에게, 러시아공산당으로부터 자금 공급을 받기 위해 장건상張健相이란 자가 교섭 차 그곳에 가 있고, 약 20만 원의 조달이 가능할 터인데, 성공해서 돌아오고 그 반액을 조선에 가져와 은행에 맡기면 재미있는 연극을 할 수 있다고 말하였으므로, 오吳는 자기의 수단으로 그것을 한성은행에 예금하기로 약속하였다. 또 오吳는 자금모집 방법에 관하여 말하기를, "1923년 이후 연구한 결과, 민간으로부터 수천 원 이상의 돈을 강탈하는 것은 불가능하다. 또 여러 단체 중 보천교普天敎에는 수십만 원의 현금이 있으나 교주 차경석車京錫이 이를 보관하고 특히 그 교의 진정원眞正院의 소재지인 정읍井邑은 한 마을이 전부가 교도들이므로 이를 강탈하려면 다수의 단원이 필요하다. 또 운반이 쉽지 않으므로 미리 황黃모(배치문裵致文368)?)란 자를 첩자로 들여보냈으니 그의 내보內報를 받고 일을 착수하는 것이 좋다. 그러니까 이번에는 차라리 연전부터 줄곧 김천우金天友와 계획 중인 한성은행 습격을 단행해야 한다."라고 하니, 구여순具汝淳은 파괴 기구를 만주 펑톈奉天 방면에서 보내올 예정이니 도착을 기다려 실행해야 한다고 대답했다. 그래서 예전부터 연말이 되면 한성은행 개성지점에서 본점으로 다액의 현금을 보내오는 사실을 알고 있는 오吳는 구具에게 가르쳐주기를, 돈을 가져오는 자는 한성은행원으로 12월 30일경 경의선 열차에서 하차하고, 은행 가방을 휴대한 자가 있으면 그가 곧 당자일 터이니 정거장에서 주의 깊게 보면 식별이 용이하다고 말하였던 바, 구具는 놓칠 수 없는 좋은 기회이지만 무기 부족으로 실행이 불가능하다고

---

367) 황옥 : 일본문 원문에는 '黃珏(황각)'으로 되어 있으나, 이는 '黃鈺(황옥)'의 오식이 아닌가 한다. 황옥은 1919년 11월 이강공의 상하이 탈출계획(이강공 유출사건 : 제7장 38)을 도운 당시 경찰의 경부(현재의 경감급)이다.
368) 배치문 : 1890~1942, 전남 목포출신, 1990년 애국장(1982년 건국포장).

비관하며 후일을 약속했다. 그때 오吳는 현금 송부의 일은 은행 안에서도 지배인 이외는 아무도 모르는데 자기가 전에 숙직할 때 현금 송부의 일을 상세히 조사해두었다고 덧붙여 말했다. 또 은행으로부터 돈을 빼앗을 경우, 다른 동지로 하여금 운반하게 하며 오세덕吳世惪은 이에 관여하지 않았던 것으로 하고, 또 암살 결행 시에는 전에 김시현金始顯의 소재를 관헌에 밀고하여 김金을 체포하게 한 오종섭吳宗燮이란 자를 꼭 살해할 것을 주장했지만, 이것도 뒷날로 미루기로 했다. 그 밖의 실행에 관한 여러 가지 타합을 하여, 오직 그 시기만 오기를 기다리고 있었다.

(6) 강일姜逸 곧 강홍열姜弘烈의 공술

본인은 1923년 12월 29일 그의 고향인 경상남도 합천에서 체포되었는데, 그는 경성 경신학교와 중앙학교에 3년씩 다녔다. 그는 1922년 7월 공산당원 최팔용崔八鏞으로부터 여비 150원을 받아 북만주 쌍청바오雙城堡에 있는 현정건玄鼎健의 소개로 대한공산당 대표로서 러시아령 치타齋多에서의 공산당대회에 출석했지만 자격 문제로 분쟁이 생겼으며, 또 상하이 국민대표회로부터 160원의 여비를 받아 보천교 청년회 대표로 1923년 1월부터 6월까지 국민대표회에 출석하였다. 그 후 그해 7월 김원봉金元鳳의 권유로 의열단 간부원이 되고, 단원 및 자금모집계에 임명되어 1923년 여름 상하이에 있는 훼이링惠靈전문학교의 재학증명서를 얻어 조선에 들어왔다. 그는 7월 말 부산진 좌천동 최천택崔天澤[369]·동래 읍내 허영조許永祚[370]·동지 문시환文時煥에게 신임장·협박문·관공리사직권고문·의열단 선전문을 교부할 테니 자금 모집을 하도록 명령했다. 그 후 상하이에 있는 윤자영尹滋英의 부탁이라며 경성부 안국동 김기수金麒壽와 화동 유치형俞致衡 집에 있는 류장오柳章五 외 3명에게 윤자영尹滋英(청송군 출신) 앞으로 송금하도록 강요하였다. 11월 2일경에는 대구 사람 이상쾌李相快라는 자를 데리고 베이징北京에 가서 김원봉金元鳳과 면회하여 무기와 신임장이 필요하다는 것을 설명하고, 그것을 안동현安東縣에 거주하는 박광朴洸(고령군 출신) 앞으로 송부해줄 것을 약속받고, 다시 자금 모집의 목적으로 조선에 되돌아왔으나 실행에 이르지 못했다는 진술을 했을 뿐 다른 말은 하지 않았다. 그러나 구여순具汝淳의 자백에 의하면, 강姜이 베이징北京을 출발하기 전 조선에서의 행동 중의 통신 연락방법 등을

---
369) 최천택 : 1896~1962, 경남 부산출신, 2003년 애족장.
370) 허영조 : 1897~1929, 경남 부산출신, 1996년 대통령표창.

결정하여 조선에 돌아온 후는 박운균朴運均과 그 밖의 동지들과 함께 활동했던 혐의가 충분하다.

(7) 문시환文時煥의 공술

본인을 1923년 12월 29일 부산경찰서에서 체포하고 경성 종로경찰서로 이송하여 조사하였는데 그는 상하이 국민대표회의 후 의열단에 입단하고 그해 9월 조선에 들어올 때 중국 안동현安東縣에서 일단 체포되었으나, 안동현安東縣영사관 부영사 김우영金雨英의 보증으로 석방된 자이다. 그는 통신 연락 등의 활동은 합천에 있는 강일姜逸을 중심으로 하기로 하고 의열단 신임장은 강일姜逸에게 보관토록 맡겼으며 그가 조선에 들어온 후에는 동지와 두세 번 회합했지만 아무런 실행에 이르지 못했다고 진술할 뿐, 말 수를 줄이고 이야기를 잘 하지 않았다.

(8) 미체포자 중 행동이 판명된 자(구여순具汝淳의 진술)

1) 양건호梁建浩의 행동

본인(양건호梁建浩)은 1922년 3월 상하이에서 김익상金益相・오성륜吳成崙과 함께 일본의 다나카田中대장을 저격한 범인 중의 한 사람인데, 1923년 여름 이후 구여순具汝淳과 함께 조선에 들어와서 행동을 함께할 터였다. 그러나 출발 전 그는 닝꾸타寧古塔에 가서 여비가 궁하여 김원봉金元鳳에게 알린 결과 80원을 송부 받았으나, 그래도 부족한 까닭에 함께 출발함이 불가능하였으므로 구여순具汝淳은 양건호梁健浩가 그에게 오는 것을 기다릴 수가 없어 단독으로 조선에 들어온 것이고, 양건호梁健浩는 김원봉金元鳳의 명령에 따라 닝꾸타寧古塔에서 바로 조선에 들어온 것일 터이지만, 그 일시와 경로 등은 판명되지 않는다.

2) 권재만權在萬의 행동

본인은 김시현金始顯과 문경刎頸(생사를 함께 하는 정도로 절친함)의 친구로서 항상 조선 내외에서 활동하였다. 1923년 봄 김시현金始顯과 함께 검거되어야 했는데도 그는 교묘하게 도주하여 현재 만주 닝꾸타寧古塔에 있다. 이번에 김재현金在顯과 행동을 함께하도록 조선에 들어가기를 명령 받았고 이를 흔쾌히 승낙하였으므로, 그는 곧 조선에 올 터이다.

3) 장두환張斗煥의 행동

본인은 구여순具汝淳과 함께 있었으며 구具에 이어 조선에 올 터였고, 12월 10일 구여순具汝淳이 출발할 때까지는 그대로 베이징北京에 있었다. 자금 모집과 기타에 관해 두 사람이 함께 할 필요가 있을 때는 대구에서 연락을 취하기로 약속하였다.

4) 구여순具汝淳과 동반한 자

구여순具汝淳이 조선에 들어올 때 산하이꽌山海關에서부터 같은 열차를 타고 대구로 향한 서동일徐東一과 펑텐奉天에서 경성으로 돌아온 학생 한 명이 있다고 진술하고 있다. 두 사람은 다 자금 모집을 위해 조선에 들어온 동지로 추측된다.

52. 상해임시정부 군자금 모집 사건

주범 김찬규金燦奎는 한국시대 후릉厚陵 참봉과 비서승秘書丞[371](칙임급勅任級) 등의 관직을 역임한 일이 있지만 을사조약 당시에 하야했고, 그 후에는 한일병합이 되자 배일사상이 더욱 짙어졌으며, 1919년에는 대동단 사건에 관계하였다. 그 후 그는 만주 펑텐奉天으로 건너가 겉으로는 경북여관을 경영하며, 불령자不逞者에게 숙박소를 제공하곤 했다. 1922년 4월 북부만주지방에 근거를 갖는 한국판의단判義團 검판장檢判長 김응섭金應燮의 밀사로 조선에 들어와 군자금을 모집하던 중에 제령위반으로 관할 문경군경찰서에 검거되었으며 그로해서 징역 1년 6월에 처해져 복역하고, 1924년 2월 16일 만기 출옥했다. 그 후 동지 손병선孫秉善[372](복역 중 알게 된 사람임)과 종래부터 서로 알고 지내던 신태식申泰植과 서로 뜻을 같이 하였고 1924년 6월경에는 밀양군 하남면 수산리 신석원申錫遠을 동지로 끌어넣어, 그들과 함께 자금모집을 목적으로 행동했다. 그리하여 그해 7월 20일경 위 신석원申錫遠의 집에서 상해임시정부 군무총장 노백린盧伯麟 명의의 지령 180매를 인쇄하여 그달 말경 피의자 선철관宣徹觀에게 1매, 같은 피의자 구기언具耆彦[373]에게 40매, 그해

---

[371] 비서승 : 조선시대 고종 때 왕명의 출납을 맡아보던 비서감(秘書監)의 종5품 관직명. 비서감은 1895년 승선원(承宣院)을 고쳐 부른 것이며, 뒤에 비서원(秘書院)으로 잠시 고쳤다가 다시 비서감으로 고쳤다.
[372] 손병선 : 1895~1942, 경북 칠곡출신, 1990년 애국장(1977년 건국포장).
[373] 구기언 : 1884~1958, 경남 고성출신, 1992년 건국포장.

음력 8월 말경 신기균申襪均374)에게 1매, 같은 시기에 박수환朴秀煥에게 9매, 그해 음력 11월 경 신태식申泰植에게 14매, 다음해인 1925년 4월경 피의자 손병선孫秉善에게 4매, 송채원宋彩源375)에게 2매를 교부하고, 각각을 군정서軍政署 조선 내 운동원으로 임명하여 그들 각 1명에게 운동원 임명 등기료로 30원씩을 내게 했다. 그 후 그들은 김찬규金燦奎를 군정서 밀사로 상해임시정부에 파견토록 결의하고 있었지만 당시 중국에서의 동란에다가 상해임시정부에서도 내홍이 일어나고 있었기에 형세를 관망하기로 했다. 그러다가 미처 중국에 가기 전인 1925년 2월 대구경찰서에 검거된 자들로서 제령 및 출판법위반으로 송치되었다. 관계자는 아래와 같다.

기記

본적 : 경북 영주군 이산면 석포리 주소 : 中國 奉天역전 석연石然, 보량普亮 곧 무직 김찬규金燦奎(65세)	본적 : 경남 밀양군 하남면 수산리 595 주소 : 동 종휴從休, 숙현淑賢, 선호先怙 곧 농업 신석원申錫遠(45세)
본적 : 경남 밀양군 상남면 예림동 1072 주소 : 동 무직 신기균申襪均(67세)	본적 : 경남 마산부 석정 137 주소 : 동 매약업 선철관宣徹觀(45세)
본적 : 경남 고성군 회화면 배둔리 401 주소 : 동 농업 구기언具耆彦(42세)	본적 : 경남 밀양군 하동면 율동 91 주소 : 동 농업 송채원宋彩源(48세)
본적 : 경북 칠곡군 약목면 덕산동 주소 : 대구부 봉산정 99의 1 무직 손병선孫秉善(34세)	본적 : 경북 문경군 가은면 민지리 주소 : 부정 무직 신태식申泰植(61세)
본적 : 경남 밀양군 상남면 기산리 주소 : 동 무직 박수환朴秀煥(60세)	

---

374) 신기균 : 1864~미상, 경남 밀양출신, 2008년 대통령표창.
375) 송채원 : 1872~1935, 경남 밀양출신, 1996년 대통령표창.

53. 경성 적기赤旗 사건

　전여종全呂鍾·장순명張順明376)은 1925년 4월 20일 경성부 내에서 개최 예정이었던 전조선민중운동자대회의 준비위원이고 다른 자들은 모두 이 대회에 출석할 목적으로 경성에 온 자들이다. 그런데 대회 전날인 4월 19일 오후 9시에 돌연 안녕·질서를 해칠 우려가 있다며 경성 본정경찰서로부터 보안법 제2조에 근거, 이를 금지하라는 명령이 내려졌다. 그들은 이에 격앙하여 다음날인 20일 오후 6시경, 경성부내 남산공원 게이조진자京城神社377) 서북쪽 언덕에 집합하여 경찰당국의 조치에 반항하는 시위운동을 하기로 모의하였다. 그리하여 그날 밤 9시 20분경 종로 2정목(오늘날의 2가) 우미관優美館 앞에 다른 수십 명과 함께 모여, 피고 전여종全呂鍾은 모여 있는 군중에게 '억지를 하는 경찰에 반항하라'라는 내용을 흑색으로 쓴 적기赤旗 3개를 던져 넣어 그 기세를 돋우었다. 이어 그들 피고 등은 군중들과 함께 그 적기를 흔들면서 그곳으로부터 종로 3정목 거리로 나가, 단성사 극장 앞에서 순사의 제지를 듣지 않고 민중운동자대회 및 무산계급노동자 만세를 외치며 시위행진을 벌였다. 또 신철수申哲洙는 야시夜市 때문에 단성사 앞에 모여든 군중에게 경찰관헌의 압박 횡포를 공격하는 선동적 연설을 하여, 무턱대고 따르는 자가 수백 명 더 몰려들어 다시 만세를 고창하였다. 이들은 보안법위반으로 송치되었고, 관계자는 아래와 같다.

기記

재적 : 함북 회령군 회령면 2동 121의 2 거주 : 경성부 낙원동 289번지 화요회 내 무직 전해全海378) 곧 전여종全呂鍾(24세)	재적 : 경북 대구부 덕산정 131번지 거주 : 대구부 덕산정 93번지 무직 신철수申哲洙379)(22세)
재적 : 함남 원산부 용동 72번지 거주 : 경기도 인천부 금곡리 16번지 무직 장수산張水山 곧 장순명張順明(26세)	재적 : 전남 광주군 광주면 서광산정 거주 : 경성부 관수동 105번지 조선일보 기자 서범석徐範錫(24세)

376) 장순명 : 1900~미상, 함남 원산출신.
377) 경성신사 : 경성에 있었던 신사. 신사는 일본 천황의 선조 또는 국가에 공로가 컸던 사람을 신으로 모신 건물.

재적 : 경남 마산부 만정 100번지의 1 거주 : 동 조선일보 마산지국 기자 전상주全尙珠(24세)	재적 : 경북 대구부 남산정 17번지 거주 : 대구부 남산정 249번지의 2 상직相直 또는 적파赤波 곧 농업 서상욱徐相郁(34세)
재적 : 함북 온성군 유포면 풍천동 336 거주 : 경성부 관수동 92 신흥청년동맹회원 무직 김창준金昌俊(26세)	재적 : 경북 성주군 성주면 대성리 23 거주 : 대구부 신정 76 무직 서흑파徐黑波 곧 서학이徐學伊(26세)

54. 정론사正論社 사건

주범 김종범金鍾範과 이우형李宇珩은 1925년 5월 상순 김병로金炳魯 외 수 명의 발기인으로부터 승낙을 받아, 그해 6월 1일 일본인 마에다 미나오前田三七男 명의로 『정론正論』이라 이름붙인 한글 잡지 창간호 3000부를 발행하여 총독부 경무국에 납본納本계를 제출했는데 그 내용은 인신공격에 해당하는 부분이 많아 출판법 제2조 단서但書의 범위를 넘는 것이라 하여 그 일부 기사를 삭제하고 판매 반포하도록 하는 승인을 경무국으로부터 받았다.

그런데 위의 경고를 받았음에도 불구하고, 아래에 기술한 3명은 발매 반포가 금지된 일부 기사를 삭제하지 않은 채 그 잡지 42부를 휴대하는 한편, 남부조선 각지에 있는 조선인 부호나 개인 또는 회사의 비행과 죄악 등을 조사한 원고를 작성하여 이를 유일한 공갈 무기로 하여 금품을 빼앗을 것을 공모하였다. 그들은 그해 6월 경북 의성읍내 도동동 김규수金圭壽, 경남 밀양군 읍내 손영돈孫永暾・박장억朴章億, 김해군 진영 하경균河慶均, 동래군 구포 허걸許杰, 양산읍내 배영복裵永復, 같은 군 통도사 김구하金九河, 통영군 읍내 김상용金尙用 등을 차례로 방문하여 인신공격 기사의 전례前例를 제시하고 정론사에 출자를 신청하도록 강청하였다. 그리고 그들이 이에 응하지 않을 경우, 『정론』제2호에 각자의 죄악을 게재 발표하겠다고 음으로 양으로 공갈하여 두려운 마음이 생기도록 했다. 그리하여 앞의 김규수金圭壽로부터 1000원, 박장억朴章億으로부터 1000원(수표), 손영돈孫永暾

---

378) 전해 : 1901~미상, 함북 회령출신.
379) 신철수 : 1903~미상, 경북 대구출신.

으로부터 1000원, 하경균河慶均으로부터 500원(약속어음), 허걸許杰로부터 1000원(약속어음), 배영복裵永復으로부터 현금 약 100원을 각각 받았고 김구하金九河·김상용金尙用 등은 그 요구를 거절하여 그 목적을 달성하지 못했던 것이다. 경상남도경찰부에서 그들을 조사한 후 사건을 송치하였다. 그 관계자는 아래와 같다.

기記

본적 : 경남 창원군 웅동면 덕곡리 전주소 : 경남 부산부 영주동 현주소 : 경성부 운니동 45 사회주의자 갑요甲要 김종범金鍾範(35세)	본적 : 경성부 광희정 1227 주소 : 경성부 서사헌정 92 잡지 정론사 기자 이우형李宇珩(31세)
본적 : 경북 의성군 점곡면 동변동 주소 : 경성부 재동 78 고학생공학회共學會 집행위원 이종률李鍾律(20세)	

55. 유림단儒林團 음모 사건

 유림 일단의 독립군자금 모집에 관한 소위 유림단 사건의 주범 김창숙金昌淑은 본도 성주군 내 문벌양반 출신으로 전부터 한일병합에 분개하고 있었다. 그는 1919년 3월 독립만세운동 발발 당시 석유碩儒(큰 유학자) 곽종석郭鍾錫 이하 남부조선지방 유림 137명의 대표로서 파리강화회의에 제출할 독립원조청원서를 휴대하고 중국 상하이에 건너가 참칭僭稱(제멋대로 일컫는) 임시정부에 투신하여 의정부 대의원代議員이 되고 의열단 고문 혹은 판의단判義團이라 불리는 흉폭 단체를 조직하는 등 온갖 독립운동에 시종 몰두해왔지만, 전부가 실패로 끝났다. 이에, 최후를 빛내기 위해 내몽고지방에 있는 미개간지와 내몽고 황무지 20만 정보를 사들여 남북만주에 흩어져 살고 있는 조선인을 한곳에 모아 개간사업을 일으켜서 그 수익으로 군대를 양성하고 옛 둔병식屯兵式제도를 시행하는 등 향후 10년 기한으로 독립운동이라는 목적을 달성하려고 노력하였다. 그리고 이에 필요한 자금은 1919년 유림대표 청원사건의 정실情實(사사로운 의리나 인정)을 이용하여 그때의 관계자를 찾아서 모집한다는 묘책을 생각해냈다. 이 일의 실행을 위한 수단과 방법에 관해서는 1925년 3월부터 7월에 걸친 3개월 동안 동지 송영호宋永祜380)(영주)·김화식金華植381)(봉화)·이봉노李鳳魯382)(달성) 등과 여러 차례 비밀로 협의한 결과 대략 아래에 기재한 방법에 따라 행동하기로 결정하였다.

1) 모집 자금은 20만 원으로 하고 그 금액에 달할 때까지 계속 모집할 것.
2) 모집 구역은 3남지방(경상도·전라도·충청도)으로 하고 김창숙金昌淑·김화식金華植·송영호宋永祜의 3명이 조선에 들어가 모집에 종사하고, 이봉노李鳳魯는 베이징北京에 남아 내외연락 임무를 담당할 것.
3) 모집원 일행이 조선에 들어간 후에는 김창숙金昌淑과 연락을 계속 유지하고 3남 지방 유림단과 서로 제휴하여 이들과 함께 모집의 임무를 맡을 것.
4) 무기를 휴대하여 만일의 경우와 자금 모집에 응하지 않을 경우에는 그를 사살하여 일반 부호를 전율케 하여 쉽게 돈을 내도록 할 것.
5) 김창숙金昌淑은 자금 모집의 총지휘를 하고, 김화식金華植은 무기와『조선독립혈사朝鮮獨立血史』를 조선 내에 반입하며, 송영호宋永祜는 단원의 비용을 부담하고 무기를 휴대하여 모험적 직접행동을 취할 것.
6) 이봉노李鳳魯는 상하이 거주의 정세호鄭世鎬(성주 출신)로부터 무기를 수령할 것.

이렇게 하여 이봉노李鳳魯는 상하이에 가서 정세호鄭世鎬로부터 권총 2정과 실탄 5발을 입수하고 송宋은 5월 중순, 김화식金華植은 8월 상순, 김창숙金昌淑은 9월 상순을 전후하여 모두 조선에 들어왔다.

김창숙金昌淑은 조선에 들어와 경성에 도착한 후 송영호宋永祜와 김화식金華植을 불러 김화식金華植으로 하여금 경주군 정수기鄭守基383)·울산군 손후익孫厚翼384) 등을 데려오도록 명령하는 동시에, 당시 곽종석郭鍾錫 문집 출판 때문에 경성에 와있는 곽대연郭大淵·김우림金佑林385)·이기원李基元·하장환河章煥386) 등과 만나 비밀로 협의한 결과,

---

380) 송영호 : 1903~1968, 경북 영주출신, 1990년 애족장(1977년 대통령표창).
381) 김화식 : 1903~미상, 경북 봉화출신, 1990년 애족장(1968년 대통령표창).
382) 이봉노 : 생몰연대 미상, 경북 대구출신, 1990년 애족장(1963년 대통령표창).
383) 정수기 : 1896~1936, 경북 경주출신, 1990년 애국장(1977년 건국포장).
384) 손후익 : 1888~1953, 경남 울산출신, 1990년 애족장(1977년 대통령표창).

1) 김우림金佑林은 경남 진주·산청·의령·거창의 유림과 연락하여 자금을 모집할 것.
2) 송영호宋永祜는 운동 자금 조달을 위해 향리 영주로 돌아갈 것.
3) 곽대연郭大淵은 고故 곽종석郭鍾錫의 문하생이었던 경북 봉화 권상경權相經387)·대구 최해윤崔海潤과 거창방면을 담당할 것.
4) 손후익孫厚翼은 경남 울산·양산·동래방면을 분담할 것.
5) 정수기鄭守基는 저명한 한학자 김동진金東鎭을 통하여 경북 안동·봉화지방의 부호로부터 자금을 모집할 것.

등의 부서를 정하고 각자의 임무를 맡은 후 1개월이 지났음에도 모집원으로부터 아무런 소식이 없자, 이를 독려하기 위해 1926년 1월 상순 대구에 온 김창숙金昌淑은 김화식金華植·송영호宋永祜로 하여금 각지에 출장을 보내 동지들을 격려케 하고, 구홍묵具洪黙·이동흠李棟欽·이종흠李棕欽388)·김협식金峽植·이영로李永魯389)·김헌식金憲植390)에 대해 정수기鄭守基를 통해서 그들이 자금 모집을 하도록 명령하였다. 대구에 온 지 3주가 되어 김창숙金昌淑이 경남 울산 손후익孫厚翼의 집에 체재하는 동안 정수기鄭守基는 경북 봉화 강필姜必391)과 김협식金峽植으로부터 4000원을 모금해왔는데, 김金은 그 가운데 500원은 활동비로 남기고 3500원을 받았다. 그러나 김창숙金昌淑이 조선에 온 후 6개월이 경과했지만 그 모집 총액은 1만 2400원(김창숙金昌淑은 그 가운데 7900원의 모집만 알고 있을 뿐)에 불과하고 예정액 20만 원에 훨씬 못 미치자, 제2차 계획을 세웠다. 1926년 3월 17일경 김창숙金昌淑은 경남 범어사에서 손후익孫厚翼·정수기鄭守基·이재락李在洛392)과 비밀 협의를 거듭한 결과, 전혀 모집에 응하지 않는 자 또는 소액 응모자는 암살(암살회의에서 확정된 인명은 경북 대구 장길상張吉相·봉화군 권상경權相經·경남 진주 하재화河載華 등이다)하여 일반 부호를 전율케 해서 쉽게 돈을 받아내도록 하기위해 김창숙金昌淑은 일단 중국으로 되돌아갔다. 그는 그곳에서 의열단과 교섭하여 폭탄 또는 권총을 입수하고, 모험단원 수 명을 데리고

---

385) 김우림 : 1896~1978, 경남 산청출신, 1995년 애족장.
386) 하장환 : 1874~1928, 경남 진주출신, 2002년 대통령표창.
387) 권상경 : 1890~1958, 경북 봉화출신, 2005년 대통령표창.
388) 이종흠 : 1900~1976, 경북 안동출신, 1990년 애족장(1986년 대통령표창).
389) 이영로 : 1884~1937, 경북 고령출신, 1995년 건국포장.
390) 김헌식 : 1868~1934, 경북 봉화출신, 2002년 대통령표창.
391) 강필 : 본명 姜泌, 1878~1942, 경북 봉화출신, 1995년 대통령표창.
392) 이재락 : 1886~1960, 경남 울산출신, 1990년 애족장(1982년 대통령표창).

다시 조선에 들어오려고 했던 것이다. 그리하여 3월 23일 경성을 출발하여 4월 11일 중국 상하이에 도착하였다. 그리고 의열단 류우근柳友瑾·한봉근韓鳳根과 협의, 이 두 사람으로 하여금 조선에 파견하는 모험단원으로서 중국 광둥성廣東省 황푸黃埔무관학교 재학 중인 의열단원을 불러들이고 있던 중, 조선에 있는 동지가 검거되었다는 소식을 듣고 마침내 자금 모집을 중지하기에 이르렀다. 그런데 김창숙金昌淑은 둔병제도 등의 오래 견딜 독립운동 방법이 밑바탕부터 무너진 것에 분개하여, 이제까지 조선 내 유림을 규합 모집하여 가지고 온 금액을 자기가 평소 고문으로서 원조해오던 의열단에 제공하고, 총독 이하의 요로대관要路大官과 주요 건조물을 파괴하도록 의열단 간부와 그 실행을 협의해온 것이다. 그리고 1926년 12월 동척東拓폭탄 사건으로 사회의 이목을 놀라게 했던 의열단원 나석주羅錫疇 일파의 흉행 사건은 김창숙金昌淑이 무기와 운동자금을 공급하고 흉행 전에 몇 차례 흉폭계획의 구체적 모의에 참여했음이 판명되었다.

관계자는 아래와 같다(동척폭탄 사건은 별항에서 기술한다).

기記

본적 : 경북 성주군 대가면 칠봉동 343 주소 : 중국 北京 西城大僕寺街 52 양반 무직 심산心山 곧 김창숙金昌淑(48세)	본적 : 경북 영주군 장수면 호문리 919 주소 : 부정 양반 무직 송영호宋永祜(24세)
본적 : 경북 봉화군 법전면 소천리 189 주소 : 부정 양반 무직 란수蘭秀 곧 김화식金華植(24세)	본적 : 경북 경주군 서면 신평동 번지미상 주소 : 부정 양반 무직 정수기鄭守基(31세)
본적 : 경남 울산군 범서면 입암리 264 주소 : 부정 양반 무직 손후익孫厚翼(39세)	본적 : 경북 군위군 부계면 동산동 982 주소 : 동 양반 약종상 홍묵洪黙393)(35세)
본적 : 경북 봉화군 내성면 해저리 번지미상 주소 : 부정 양반 농업 김창백金昌百394)(48세)	본적 : 경남 마산부 원정 215 주소 : 동 양반 무직 김창탁金昌鐸395)(46세)
본적 : 경남 산청군 신등면 상법리 373 주소 : 부정 양반 무직 황괴黃槐 곧 김우림金佑林(31세)	본적 : 경남 거창군 다곡면 다전리 번지미상 주소 : 부정 양반 무직 곽재郭齋 곧 곽대연郭大淵(35세)

본적 : 경북 성주군 월항면 대산리 408 주소 : 동 양반 농업 이기원李基元(42세)	본적 : 경남 진주군 대곡면 단목리 번지미상 주소 : 부정 양반 농업 하장환河章煥(53세)
본적 : 경북 안동군 도산면 토계동 238 주소 : 동 양반 농업 이동흠李棟欽(26세)	본적 : 경북 안동군 도산면 토계동 150 주소 : 동 양반 농업 이종흠李棕欽(26세)
본적 : 충남 대전군 진잠면 학하리 311 주소 : 부정 양반 농업 이원태李源泰396)(42세)	본적 : 경남 울산군 웅촌면 석천리 302 주소 : 동 양반 농업 이재락李在洛(41세)
본적 : 경북 영주군 영주면 영주리 353 주소 : 동 양반 인쇄업 박재형朴齋衡(45세)	본적 : 경북 영주군 부석면 상석리 364 주소 : 동 양반 농업 김동진金東鎭(60세)
본적 : 경남 울산군 범서면 입암리 264 주소 : 동 양반 농업 손진인孫晋仁397)(58세)	본적 : 경북 칠곡군 약목면 각산동 번지미상 주소 : 동 양반 농업 회당晦堂 곧 장석영張錫英(75세가량)
본적 : 경북 봉화군 내성면 해저리 591 주소 : 경북 대구부 봉산정 52 양반 농업 김헌식金憲植(59세)	본적 : 경남 울산군 언양면 반송리 908 주소 : 동 양반 농업 정영식鄭永植(32세)
본적 : 경북 봉화군 내성면 해저리 723 주소 : 동 양반 농업 김협식金陜植(50세)	본적 : 경남 진주군 지수면 청원리 596의 1 주소 : 동 양반 농업 이길호李吉浩(34세)
본적 : 경남 동래군 철마면 와여리 번지미상 주소 : 동 양반 농업 오규환吳珪煥398)(연령 미상)	본적 : 경북 봉화군 춘양면 의양리 번지미상 주소 : 경성부 수표정 42 양반 학생 홍순철洪淳喆(22세)
본적 : 경북 달성군 하빈면 하산동 번지미상 주소 : 중국 北京 西城捨飯店而口中央公寓 양반 무직 이봉노李鳳魯(26세)	본적 : 경북 성주군 청파면(이하 미상) 주소 : 중국 上海 프랑스조계(이하 미상) 양반 무직 정원鄭遠 곧 정세호鄭世鎬(25세)
본적 : 경북 영주군 영주면 동망리 번지미상 주소 : 중국 北京 豐台南三家口農庄 양반 무직 좌송左松 곧 권상수權相銖(50세가량)	본적 : 경북 선산군 고아면 원호동 21 주소 : 중국 哈彌賓(이하 미상) 양반 무직 김정묵金正默(39세)
본적 : 경북 봉화군 법전면 소천리 189 주소 : 동 양반 무직 창식暢植 곧 김창식金昌植(21세)	본적 : 함남 북청군 하거서면 월근태동 976 주소 : 경성부 수표정 42 양반 학생 김성필金性必(23세)

본적 : 경북 대구부 봉산정 66 주소 : 동 양반 농업 임경규林慶奎(연령 미상)	본적 : 경북 봉화군 법전면 소천리 189 주소 : 동 양반 농업 김동식金東植³⁹⁹(27세가량)
본적 : 경남 의령군 정곡면 오방리 번지미상 주소 : 동 양반 농업 이태식李泰植(52세)	본적 : 경북 칠곡군 왜관면 석전동 번지미상 주소 : 동 숭향崇鄕 곧 이수일李壽逸⁴⁰⁰(38·39세가량)
본적 : 경북 청도군(이하 미상) 주소 : 부정 양반 농업 윤병권尹炳權(연령 미상)	본적 : 경북 대구부 남산정 134 주소 : 동 양반 무직(여) 박만규朴晩圭(연령 미상)
본적 : 경북 대구부 남산정 86 주소 : 동 김창근金昌根(연령 미상)	본적 경북 봉화군 내성면 유곡리 번지미상 주소 : 동 양반 농업 권상익權相翊(64세)
본적 : 경남 진주군 수곡면 사곡리 번지미상 주소 : 동 하겸진河謙鎭(40세가량)	본적 : 경성부 원동 150 주소 : 동 임형준任炯準(50세가량)
본적 : 경남 김해군(이하 미상) 주소 : 부정 조경기曹敬璣(35세가량)	본적 : 경북 대구부 남산정 번지미상 주소 : 동 권용택權容澤(38세가량)
본적 : 경북 영일군 기계면 오덕동 205 주소 : 경남 동래군 철마면 와여리 396 상민 농업 이준식李俊植(31세)	본적 : 경남 울산군 범서면 입암리 번지미상 주소 : 동 양반 한문교사 이우락李宇洛⁴⁰¹(48세)
본적 : 경남 양산군 웅상면 주남리 번지미상 주소 : 동 양반 농업 이규린李奎麟(71세)	본적 : 경남 울산군 웅촌면 석천리 112 주소 : 동 양반 농업 이현구李鉉球(48세)
본적 : 경북 경주군 경주면 성건리 257 주소 : 경북 경주군 서면 아화리 565 운초雲憔 곧 상민 양잠업 이홍석李洪錫(38세)⁴⁰²	본적 : 경북 봉화군 내성면 해저리 485 주거 : 동 김순우金順隅, 만창晩蒼 곧 양반 농업 김홍기金鴻基⁴⁰³(44세)
본적 : 경북 봉화군 내성면 해저리 713 주소 : 동 양반 농업 김탁녀金卓汝 곧 김한식金漢植(52세)	본적 : 경북 상주군 상주면 서곡리 279 주거 : 동 양반 농업 조필연趙弼衍(49세)

본적 : 경북 칠곡군 약목면 각산동 588 주거 : 동 장시원張是遠, 장우원張右遠 곧 양반 농업 장익원張翼遠(53세)	본적 : 경북 봉화군 내성면 해저리 723 주거 : 동 양반 농업 김창희金昌禧(31세)
본적 : 충북 충주군(이하 미상) 주거 : 중국 廣東省 廣浦(이하 미상) 신분·직업미상 의열단원 류우근柳友瑾(25세)	본적 : 경남 밀양군 밀양면 가곡동 번지미상 주거 : 중국 廣東省 黃埔군관학교 내 신분·직업미상 의열단원 이승춘李承春(28세가량)
본적 : 충남 문의군(이하 미상) 주거 : 중국 北京 西坡報子街寄盧 신분·직업미상 신채호申采浩(연령 미상)	본적 : 함북(이하 미상) 주소 : 중국 上海(이하 미상) 신분·직업미상 박관해朴觀海(28세가량)
본적 : 경북 경주군 내동면 신평리 1711 주거 : 동 양반 농업 정을기鄭乙基[404](35세)	

56. 이왕李王전하 국장國葬 시의 불온문서 사건

1926년 6월 5일 종로경찰서 사법계에서 마침 본도 경찰부의 중국지폐위조범인 수사를 돕고 있었다. 그런데 경성부 도염동 50번지에 묵고 있는 경북 예천출신 이동규李東圭의 가택을 수사하다가 변소 판자 밑에서 위조지폐를 발견하고, 그 외에 방안 재떨이에 작게

---

[393] 홍묵 : 1901~1934, 경북 군위출신, 1995년 대통령표창.
[394] 김창백 : 1879~1942, 경북 봉화출신, 1990년 애족장.
[395] 김창탁 : 1881~1960, 경남 마산출신, 1998년 애족장.
[396] 이원태 : 1885~1936, 충남 대전출신, 1998년 건국포장.
[397] 손진인 : 1869~1935, 경남 울산출신, 1995년 건국포장.
[398] 오규환 : 1885~1932, 경남 부산출신, 1998년 대통령표창.
[399] 김동식 : 1898~1949, 경북 봉화출신, 2005년 대통령표창.
[400] 이수일 : 1885~1966, 경북 칠곡출신, 2005년 건국포장.
[401] 이우락 : 1875~1951, 경남 울산출신, 1996년 건국포장.
[402] 이홍석 : 1890~1946, 경북 경주출신, 1990년 애족장(1977년 대통령표창).
[403] 김홍기 : 1884~1954, 경북 봉화출신, 1990년 애족장(1977년 대통령표창).
[404] 정을기 : 1893~1964, 경북 경주출신, 1990년 애족장.

뭉쳐 버려놓은 대한독립당 이름의「격고문檄告文」이라는 제목을 부친 불온선전문 1매를 발견하게 되었다. 경찰에서 곧바로 각 관계자를 체포하여 조사한 결과를 종합하니, 권오설權五卨은 신의주사건 관계자로 검거를 모면하고 항상 그 소재를 감추어 가면서, 은밀히 상하이에 있는 일명 김단야金丹冶405) 곧 김태연金泰淵과 마음과 뜻이 통하고 있었다. 그런데 이왕李王전하 홍거薨去 후 5월 1일, 권權은 당시 안동현安東縣(만주)에 잠복중인 김단야金丹冶로부터 오라는 전보를 받고 안동安東 역전에서 그를 만났다. 그때 김단야金丹冶는 이왕전하의 장의에 즈음하여 민족주의자들이 만세소요를 야기하는 것과 같은 일이 있으면 다시 민족운동 왕성시대가 나타나게 되고 공산주의 운동은 쇠퇴의 비운悲運에 빠지게 될 터이니, 다소 민심의 동요상태에 있는 지금과 같은 좋은 기회를 잡아 우리 공산주의자가 선수를 쳐서 불온문서를 살포하고 만세를 고창하여 왕년과 같은 소요를 일으킴으로써 중심세력을 파악하여 이면에 숨어서 주의(공산주의)의 선전에 힘써야 한다하고 그 실행방법에 관해서는 권오설權五卨에 일임하기로 하였다. 권權도 역시 이에 찬동하여 두 사람이 협의하여 대체로 불온선전문을 5종의 내용으로 결정하였다. 그리고 이에 드는 경비로 김단야金丹冶가 권權에게 1000원을 주고, 또 조선 내에서 장문(길게 쓴 글)의 인쇄물 작성은 위험이 따르니 국외에서 이를 작성하여 늦어도 6월 5일까지 이를 부쳐 주기로 약속을 받고, 권오설權五卨은 그대로 경성으로 돌아왔다.

(권오설權五卨은 도피 중인 몸으로 감시가 엄중한 국경을 넘어 가까스로 중국 안동현安東縣에 가고, 게다가 큰돈을 소지하고 왕래했다고 말하지만 이는 이해할 수 없는 일이다. 이와 반대로 권權이 이 사건을 계획하고 김金에게 돈을 내도록 교섭한 것으로 생각되지만, 본인(권權)은 어디까지나 위와 같다고 진술하고 있었다.)

권오설權五卨은 돌아온 후 5월 3일 고려공산청년회(별항에 기술한대로 신의주사건 후 여전히 예비당원들에 의해서 계속하고 있었던 것) 간부회를 개최하여 권權 이외에 이지탁李智鐸406)·박민영朴珉英407)의 3명이 모여 협의한 결과, 모든 행동은 일체 권오설權五卨에 일임하기로 결정하였다. 그리하여 우선 문서살포 실행자 물색에 관해서 고려공산청년회 학생부 간부 이병립李炳立408)에게 희생이 될 수 있는 학생의 인선을 명령하고, 다시 불온

---

405) 김단야 : 본명 김태연金泰淵, 1899~1938, 경북 김천출신, 2005년 독립장.
406) 이지탁 : 1899~1976, 평남 강서출신.
407) 박민영 : 1904~미상, 길림 연길현 소영자촌 출신.
408) 이병립 : 생몰연대 미상, 강원도 통천출신, 1990년 애족장.

문서 인쇄실행자로 박내원朴來源409)을 물색하여 그의 승낙을 받았고 또한 민창식閔昌植410)도 이에 조력케 하여 인쇄에 관한 모든 것을 박내원朴來源에게 일임하였다. 5월 15일경 선전문 원고와 인쇄비용으로 그에게 400원을 주고 후일 다시 200원을 주었다.

그 후 박내원朴來源은 인쇄 장소로서 경성부 안국동 36번지 집을 빌려 그곳에 천도교도로 보안법 전과자인 백명천白明天(인장조각업) 모자母子와 지인知人 양재식楊在植을 함께 살게 하였고, 5월 19일 경부터 인쇄기 대소大小 2대·용지 20매·활자와 기타 필요한 물건전부를 사서 갖추었다. 그는 또 손재기孫在基에게 사정을 말하여 개벽사開闢社 제본부에서 용지를 대소大小로 재단케 하여, 양재식楊在植·이용재李用宰에게도 사정을 말하고 조력하게 하는 등 일체의 준비를 갖추었다. 5월 25일 모두가 일류 인쇄 직공인 박내원朴來源·민창식閔昌植·양재식楊在植·이용재李用宰 등이 인쇄에 착수하고 있었다. 그런데 소형인쇄기계의 소리가 높아 비밀인쇄에 불편을 느꼈을 뿐 아니라 이웃집으로부터 지폐를 위조하는 것이 아닌가 하는 의심을 받는 따위의 정황에 있게 되었으므로 곧바로 중지하고, 5월 27일 인쇄기는 민창식閔昌植의 자택에 운반하고 인쇄한 문서는 석유통에 넣고 못질을 하여 천도교당 내로 옮겼다. 또한 백명천白明天을 이화동 122번지로 이사를 가게하여 대형인쇄기는 사용하지 않은 채 그의 집으로 운반한 후, 민창식閔昌植의 집에서 인쇄를 계속하여 5월 31일경까지 약 5만 매의 인쇄를 마쳤다. 그리하여 증거인멸을 꾀하고자 활자전부를 불을 이용하여 녹이고, 원고 및 인장·종잇조각 등은 모조리 소각하였다. 또 불온문서는 다시 버들고리에 넣고 끈으로 그것을 묶어서 밤에 천도교당에 운반하였으며, 그 후 손재기孫在基 부부는 장소를 전전轉轉해가면서 이를 숨겨놓고 있었다.

그리고 이 동안에 박내원朴來源은 5월 23·24일경 백명천白明天에게 부탁하여 대한민국임시정부지인大韓民國臨時政府之印(2치의 각角)과 대한독립당인大韓獨立黨印(1치 5푼의 각)의 2개의 인장을 조각케 하여 대한독립당인장만 찍어 사용한 후 태워버렸고, 다른 도장은 사용하지 않은 채 동대문 밖 박인호朴寅浩411)(전 천도교대도주大道主)의 주택인 상춘원常春園 내에 파묻어 둔 것을 경찰부에서 발굴 압수하였다.

불온문서 살포에 관해서는, 국장國葬당일 전부터 지방에서 다수의 배관자拜觀者(삼가 관람하는 사람)들이 경성에 와 있을 때 혼잡한 틈을 이용하여 이병립李炳立이 선정한 자와 인쇄

---

409) 박내원 : 1902~1982, 서울출신, 2005년 애족장.
410) 민창식 : 1899~1938, 서울출신, 2007년 애족장.
411) 박인호 : 1854~1940, 서울출신, 1990년 독립장.

직공 조합원, 그 밖의 결사적 청년으로 하여금 6월 8일 종로의 야시夜市에서 그것을 살포케 하였고 또 6월 9·10일에 걸쳐 다시 군중에 살포하는 외에, 계획대로 10만 매를 더 인쇄할 수 있으면 그중 5만 매는 경성에, 나머지 5만 매는 특사特使로 하여금 각도 주요 지방에 배부하도록 할 예정이었다. 그러나 인쇄부수가 적고 또 송부해올 터인 김단야金丹冶로부터 자금도 도착하지 않았으므로, 결국 목적을 달성할 수 없었던 것이다. 그리고 현재 조사 결과, 천도교와 기타의 단체와는 직접 아무런 관계도 없었던 것 같다. 단지 국장 당일 만세를 고창했던 연희전문학교 학생 중의 주모자인 이병립李炳立은 위에 기술한 바와 같이 이 사건에 관여하고 있었던 것이 발각되었고 다음 항목에서 보는 바와 같이 이병립李炳立은 박하균朴河鈞 등과 함께 불온행동으로 나아가기도 했지만, 이 사건에는 이병립李炳立 이외의 학생은 직접 관계가 없는 것 같다. 사건은 치안유지법 및 출판법위반으로 송치하였다. 관계자는 아래와 같다.

기記

본적 : 경북 안동군 풍서면 가곡리 43 주소 : 경성부 장사동 52 박영옥朴永玉 집 내 체포, 화요회원火曜會員 무직 권오설權五卨(29세)	본적 : 경성부 숭인동 157 주소 : 동 체포, 화요회원火曜會員 무직 박내원朴來源(25세)
본적 : 경성부 안국동 26 주소 : 동 체포, 정우회원正友會員 매일신보 인쇄직공 민창식閔昌植(28세)	본적 : 평남 중화군 상도면 고암리 61 주소 : 경성부 안국동 26 민창식閔昌植 집 체포, 경성인쇄직공조합 집행위원 양재식楊在植(28세)
본적 : 경기도 양주군 시둔면 민락리 198 주소 : 경성부 천연동 29 체포, 신흥청년동맹원 해영사海英社 인쇄직공 이용재李用宰(22세)	본적 : 평남 중화군 상원면 신읍리 70 주소 : 경성부 이화동 122의 2 체포, 인장조각업 백명천白明天(31세)
본적 : 경성부 재동 31 주소 : 경성부 경운동 88 체포 천도교청년동맹원 천도교제본부원 손재기孫在基(35세)	본적 : 경성부 경운동 88 주소 : 동 석방, 손재기孫在基 처妻 김재엽金在燁(36세)

본적 : 전북 익산군 망성면 화산리 706 주소 : 경성부 낙원동 49 석방, 제본공 이상우李祥宇 처妻 고우섭高宇燮(48세)	본적 : 전북 익산군 망성면 화산리 706 주소 : 경성부 낙원동 49 체포, 천도교연합회 간부 호암湖菴 곧 이상우李祥宇(47세)
본적 : 경북 예천군 풍양면 흥천리 198 주소 : 경성부 경운동 48 체포, 양말제조업 안정식安正植(20세)	본적 : 경북 예천군 풍양면 와룡동 75 주소 : 부정 체포, 무직 이동규李東圭(33세)
본적 : 경북 김천군 개령면 동부동 69 주소 : 부정 미체포, 화요회 간부 전 조선일보기자 김단야金丹冶 곧 김태연金泰淵(27세)	본적 : 평남 강서군 쌍룡면(이하 미상) 주소 : 부정 당시 경성부 돈의동 125의 2 체포, 중앙기독교청년회관 영어과학생 이지탁李智鐸(26세)
본적 : 중국 北間島 延吉縣 小營子村 주소 : 경성부 누하동 191 체포, 무직 박민영朴珉英(23세)	본적 : 평북 선천군 동면 노상동 250 주소 : 평북 신의주부 약죽정 6 체포, 신만新灣청년회원 평북도청 산업과 고용원 김항준金恒俊(30세)
본적 : 평북 정주군 안흥면 호현동 2100의 1 주소 : 安東縣 堀割南通 9丁目 1 체포, 운송점 점원 강연천姜延天(27세)	본적 : 경기도 수원군 서신면 전곡리 55 주소 : 경성부 가회동 184 체포, 화요회 집행위원 조선일보지방부장 홍덕우洪悳祐(40세)
본적 : 경남 진주군 진주면 비봉리 주소 : 경성부 삼각정 18 김광선金光善 집 미체포, 조선노농총동맹위원 조선일보기자 강달영姜達永412)(38세)	본적 : 미상 주소 : 미상(충북 생生) 미체포, 김필성金必成(27세)

---

412) 강달영 : 1887~1942, 경남 진주출신.

57. 이왕李王전하 국장國葬 시 학생들의 불온전단 살포 및 만세고창 사건413)

1926년 6월 10일 이왕李王전하 국장당일 대련大輦(황실의 행사에 사용하는 큰 가마, 여기에서는 상여)이 통과할 즈음 7개소에서 학생들의 불온전단 살포와 만세고창이 있었다. 관계자는 사립고등보통학교 학생 46명, 그 학교직원 5명, 사립연희전문학교 학생 34명, 사립세브란스의학전문학교 학생 4명, 사립보성전문학교 학생 7명, 사립배재고등보통학교·관립의학전문학교·관립경성대학 예과·보성고등보통학교 학생 각 1명, 기타 3명, 계 106명을 당일소관 경찰서에서 검거·조사한 결과, 78명을 구속하여 6월 14일 제령위반으로서 송치하였다. 개황은 아래와 같다.

(1) 불온문서 작성의 동기와 경로

1) 동기

검거된 자 중 이선호李先鎬414)·이천진李天鎭415)은 조선학생과학연구회 집행위원으로, 전부터 공산주의에 찬동하여 조선에서 조선특유의 공산제共産制인 조선공산당의 실현을 꿈꾸고 있던 자이다. 이병립李炳立은 전 신흥청년동맹집행위원으로 북풍회北風會계 공산주의운동에 동분서주하였는데, 작년에 집행위원을 사임하고 현재 조선학생총연합회 집행위원인 자이다. 이석훈李錫薰416)·박두종朴斗鍾417) 역시 민족운동 또는 공산주의운동에 흥미를 가지고 있었다. 그런데 이들 모두가 지방출신이라 하여 경성의 사회 또는 민족운동의 마당에서 항상 시골뜨기라고 해서 중요시되지 않음을 불만으로 여겼다. 그리하여 기회가 오면 열성이 있는 모습을 나타내어 기호인들을 놀라게 하려고 초조해하고 있던 중, 이왕전하의 훙거薨去가 있었지만 일반 사람들은 하등 적극적인 행동에 나가려하는 기미가 없음에 분개하여, 천재일우의 이 기회를 놓치는 일 없이 이판에 소요를 일으켜 1919년 당

---

413) 6·10만세운동이라 불린다.
414) 이선호 : 1903~미상, 경북 안동출신, 1991년 애국장(1968년 대통령표창).
415) 이천진 : 1902~미상, 함남 북청출신, 1990년 애족장(1968년 대통령표창).
416) 이석훈 : 1896~미상, 함남 단천출신.
417) 박두종 : 1904~1967, 함남 홍원출신, 1990년 애족장(1968년 대통령표창).

시의 소요(만세운동)를 실현한다면 당국에서도 크게 반성하는 결과가 될 것이고 만일 그 목적을 달성하지 못하더라도 민족정신을 깨치게 하는 데는 커다란 효과가 있을 것이라고 생각하였다. 그래서 먼저 이병립李炳立은 6월 6일 경성부 내 견지동 97번지 조선학생과학연구회에서 이선호李先鎬에게 국장 시에는 어떠한 거사擧事라도 있도록 동지와 협의할 것을 약속하고, 다음날 7일 죽첨정 1정목 36의 16 박하균朴河鈞의 집에 모여 범죄의 실행방법을 협의하기에 이르렀다.

2) 경로

박하균朴河鈞의 집에 모였던 이선호李先鎬·이병립李炳立·박두종朴斗鍾·이천진李天鎭·박하균朴河鈞의 5명은 국장 당일 중등이상의 학생이 연도에 도열하는 좋은 기회를 놓치지 않고, 모든 학생이 결속하여 공경하는 마음으로 모인 군중에게 읽기 쉬운 불온문서를 살포하고 태극기를 흔들며 대한독립만세를 고창하여 독립운동을 일으키면, 반드시 다수의 군중은 이에 따라 고창할 것이고 그 혼란은 경찰이라도 도저히 손을 쓸 수 없을 것이라 하고, 이를 위해 기안起案해 둔 이병립李炳立이 작성한 원고를 보이니, 참석자 모두가 찬성의 뜻을 나타내었다. 그리하여 박두종朴斗鍾·이병립李炳立 등은 지인인 김낙환金洛煥에게 사정을 밝히고 인쇄기계의 주선을 부탁하였다. 김낙환金洛煥은 이를 승낙하고 이전부터 절친한 동지인 장규정張奎晶[418]이 명함인쇄기를 소지하고 있으므로 사정을 밝히고 이를 제공토록 했다. 한편, 박두종朴斗鍾·이병립李炳立은 각자 2~3원씩을 갹출하여 김규봉金圭鳳으로 하여금 서대문 밖 평화상점과 다른 곳에서 백지와 금포金布를 구하게 했다. 또 이병립李炳立·박두종朴斗鍾은 사직동 뒤편 산중에서 8·9일 오전 중 태극기 30개가량을 만들었다. 이석훈李錫薰·이병립李炳立·박두종朴斗鍾·박하균朴河鈞 등은 외부의 볼일을 김규봉金圭鳳에게 맡기고 9일 오후 1시부터 다음날 오전 2시경까지 평동 12번지의 3 이석훈李錫薰의 숙소에서 이미 입수해둔 인쇄기로 6000매 이상을 인쇄하고, 박두종朴斗鍾은 오전 10시경부터 이 전단을 분배하기 시작하였다. 한편, 이병립李炳立은 8일 태극기와 '대한독립만세'라 쓴 기旗 30개를 작성하여 이를 동지에게 배부하였다.

---

418) 장규정 : 1905~미상, 서울출신.

(2) 범행자의 주소·성명

본적 : 경북 안동군 예안면 부포동 178번지
주소 : 경성부 수표정 42번지
조선학생과학연구회 집행위원
주모자 이선호李先鎬(23세)

본적 : 함남 홍원군 포청면 송호
주소 : 경성부 죽첨정 1정목 36번지의 16
연희전문학교 문과 2학년생
주모자 박하균朴河鈞(24세)

본적 : 강원도 통천군 학산면 학고리 19번지
주소 : 경성부 태평통 2정목 198번지
연희전문학교 문과 2학년생
조선학생총연합회 집행위원
상민 주모자 이병립李炳立(23세)

본적 : 함남 북청군 양가면 중리 1633번지
주소 : 경성부 관철동 124번지
경성대학 예과 1학년생
조선학생과학연구회 집행위원
상민 주모자 이천진李天鎭(23세)

본적 : 함남 단천군 이중면 용산리
주소 : 경성부 평동 12번지의 3
연희전문학교 문과 2학년생
주모자 이석훈李錫薰(26세)

본적 : 함남 홍원군 경포면 좌상리
주소 : 경성부 죽첨동 1정목 36번지
경성중앙기독교청년회학관 영어과생
주모자 박두종朴斗鍾(23세)

본적 : 경기도 김포군 검단면 원당리
주소 : 경성부 견지동 99번지
시대일보 배달부
시대배달동무회 집행위원
상민 공범 김낙환金洛煥(24세)

본적 : 경성부 청운동 98번지
주소 : 경성부 청운동 130번지
조선일보 배달부
상민 공범 장규정張奎晶(22세)

본적 : 경기도 강화군 삼산면 석포리 313번지
주소 : 경성부 관훈동 157번지
경성중앙기독교청년회학관 영어과 2년생
상민 공범 유원식劉瑗植(24세)

본적 : 경성부 창신동 168번지
주소 : 경성부 도염동 313번지
연희전문학교 문과 2학년생
공범 김규봉金圭鳳(23세)

본적 : 경북 경주군 양북면 전촌리
주소 : 경성부 수표정 43번지 교육협회 내
중동학교 3학년생
공범 김인오金仁梧(27세)

본적 : 충북 충주군 소태면 복탄리 175번지
주소 : 경성부 수표정 42번지 교육협회 내
중동학교 3학년생
상민 공범 박한복朴漢福(25세)

본적 : 경북 안동군 삼산면 943번지
주소 : 경성부 계동 35번지
중앙고등보통학교 4학년생
양반 공범 류면희柳冕熙419)(22세)

본적 : 함남 정평군 문산면 풍성리
주소 : 경성부 간동 95번지의 5
공범 원종뢰元鍾雷(19세)

제7장 병합 이후의 본도관계 주요범죄 | 495

본적 : 충북 충주군 소태면 검원리 236번지
주소 : 경성부 수표정 42번지 교육협회 내
연희전문학교 문과 1학년생
조선학생과학연구회 집행위원
공범 홍명식洪明植(23세)

본적 : 전북 금산군 지면 외부리 123번지
주소 : 경성부 재동 20번지
중앙고등보통학교 4학년생
상민 공범 이현상李鉉相420)(21세)

본적 : 경북 김천군 김천면 황금정 73번지의 1
주소 : 경성부 재동 18번지
중앙고등보통학교 4학년생
상민 공범 임종업林鍾業421)(20세)

본적 : 미상
주소 : 경성부 수표정 42번지 교육협회내
연희전문학교 수물과 1학년생
상민 공범 권오상權五尙422)(24세)

본적 : 함남 홍원군 주익면 학중리 4번지
주소 : 경성부 권농동 152번지의 2
근화여학교 학생
상민 공범 김정자金貞子(20세)

본적 : 함북 성진군 학동면 용연동
주소 : 경성부 팔판동 40번지
중앙고등보통학교 4학년생
양반 공범 최제민崔濟民(19세)

본적 : 강원도 홍천군 순령면 전천리 191번지
주소 : 경기도 고양군 용강면 아현리 470번지
연희전문학교 문과 2학년생
상민 공범 유경상劉慶尙(23세)

본적 : 평북 용천군 부라면 송현동 14번지
주소 : 경성부 서대문정 1정목 191번지의 1
연희전문학교 문과 1학년생
상민 공범 김세진金世鎭(22세)

본적 : 강원도 간성군 간성면 신안리 214번지
주소 : 경성부 인사동 226번지
연희전문학교 문과 2학년생
상민 공범 함창래咸昌來(21세)

본적 : 함남 함흥군 함흥면 풍서리
주소 : 경성부 계동 132번지
연희전문학교 상과 1학년생
상민 공범 박병철朴炳哲(21세)

본적 : 경기도 수원군 장안면 수촌리 573번지
주소 : 경성부 행촌동 3번지
연희전문학교 수물과 1학년생
상민 공범 김영식金榮植(19세)

본적 경기도 개성군 송도면 동본정 329번지
주소 : 경기도 고양군 연희면 창천리 55번지
연희전문학교 상과 1학년생
상민 공범 송운순宋運淳(21세)

본적 : 평북 선천군 읍내면 남천동 371번지
주소 : 경기도 고양군 연희면 창천리
연희전문학교 상과 3학년생
상민 공범 김윤근金允根(24세)

본적 : 평북 용천군 북중면 북현리 482번지
주소 : 경기도 고양군 연희면 창천리 기숙사
연희전문학교 문과 1학년생
상민 공범 장홍식張洪植(20세)

본적 : 강원도 강릉군 군내면 금정 96번지
주소 : 경기도 고양군 연희면 창천리 기숙사
연희전문학교 문과 3학년생
상민 공범 이광준李光俊(20세)

본적 : 황해도 봉산군 사리원면 서리 106번지
주소 : 경기도 고양군 연희면 창천리 기숙사
연희전문학교 문과 1학년생
상민 공범 김윤근金潤根(18세)

본적 : 평북 선천군 신부면 원동 522번지 주소 : 경성부 서대문정 1정목 191번지 연희전문학교 수물과 3학년생 상민 공범 최창일崔昌鎰(21세)	본적 : 황해도 봉산군 서종면 홍수리 142번지 주소 : 경기도 고양군 연희면 창천리 연희전문학교 문과 1학년생 상민 공범 안태희安泰熙(22세)
본적 : 경성부 광화문통 126번지 주소 : 경성부 광화문통 126번지 연희전문학교 상과 2학년생 상민 공범 장희창張熙昌(19세)	본적 : 경기도 김포군 검단면 원당리 주소 : 경기도 고양군 연희면 창천리 47번지 연희전문학교 상과 3학년생 상민 공범 김낙기金洛基(28세)
본적 : 경성부 죽첨정 2정목 58번지 주소 : 동 연희전문학교 문과 4학년생 상민 공범 이은택李恩澤(27세)	본적 : 평북 용천군 부라면 송현리 14번지 주소 : 경기도 고양군 연희면 창천리 기숙사 연희전문학교 상과 2학년생 상민 공범 김영조金泳照(19세)
본적 : 전남 완도군 완도면 정도리 274번지 주소 : 경기도 고양군 연희면 창천리 기숙사 연희전문학교 상과 2학년생 공범 박안근朴安根(24세)	본적 : 충남 청양군 비봉면 범정리 61번지 주소 : 경기도 고양군 연희면 창천리 연희전문학교 문과 4학년생 공범 이관희李觀熙(25세)
본적 : 경북 영주군 풍기면 성내리 34번지 주소 : 경기도 고양군 연희면 창천리 기숙사 연희전문학교 수물과 1학년생 공범 김영기金榮基(21세)	본적 경기도 고양군 연희면 창천리 50번지의 5 주소 : 동 연희전문학교 상과 3학년생 공범 김근배金根培(32세)
본적 : 함북 명천군 상가면 자가동 주소 : 경기도 고양군 연희면 창천리 기숙사 공범 이금산李金山(26세)	본적 : 황해도 해주군 청룡면 덕영리 350번지 주소 : 경기도 고양군 연희면 노고산리 86번지 연희전문학교 문과 1학년생 공범 박복래朴福來(22세)
본적 : 경기도 강화군 길상면 길직동 124번지 주소 : 경기도 고양군 연희면 창천리 연희전문학교 수물과 3학년생 공범 조대벽趙大闢(22세)	본적 : 함남 영흥군 복흥면 상태리 113번지 주소 : 경성부 종로 6丁目 12번지 연희전문학교 문과 4학년생 공범 윤치련尹致鍊(연령 미상)
본적 : 평남 개천군 군내면 저리 250번지 주소 : 경성부 평동 92번지 연희전문학교 상과 3학년생 공범 김명진金鳴鎭(25세)	본적 : 황해도 금천군 서천면 율동 81번지 주소 : 경성부 궁정동 17번지 연희전문학교 수물과 1학년생 공범 이석영李錫永(23세)

본적 : 함북 경성군 용성면 용향동 101번지 주소 : 경성부 완동 136번지 연희전문학교 문과 1학년생 공범 박영준朴英駿(33세)	본적 : 평북 영변군 팔원면 용산동 656번지 주소 : 경기도 고양군 연희면 창천리 51번지 연희전문학교 문과 2학년생 공범 채우병蔡祐炳(22세)
본적 : 평북 철산군 참면 유정동 주소 : 경기도 고양군 연희면 창천리 기숙사 연희전문학교 상과 3학년생 공범 김특삼金特三(23세)	본적 : 전남 장성군 황룡면 황룡리 주소 : 경성부 원남동 102번지 연희전문학교 문과 1학년생 공범 김영하金永夏(25세)
본적 : 미상 주소 : 미상 연희전문학교 문과 2학년생 공범 한일청韓一淸423)(연령 미상)	본적 : 미상 주소 : 미상 연희전문학교 상과 2학년생 공범 최현준崔賢準(연령 미상)
본적 : 경기도 죽첨정 3정목 172번지 주소 : 동 연희전문학교 학생 공범 박영규朴榮奎(21세)	본적 : 경북 안동군 풍산면 안교동 80번지 주소 : 경성부 수표정 42번지 교육협회 내 공범 권태성權泰晟424)(18세)

58. 보통학교 훈도訓導의 치안유지법 위반 사건

본도 경주군 산내면에 있는 산내山內청년회는 1926년 8월에 설립한 것이다. 그런데 그 회를 좌지우지하는 유봉조兪鳳祚란 자는 당시 그 군 건천乾川공립보통학교 6학년 학생이고 또 평소의 언동으로 보아 자발적으로 이 청년회설립을 계획한 것으로 판단하기 어려워, 달리 선동자가 숨어있는 것 같은 의심이 농후한 점이 있었다. 그리하여 그 후 줄곧 주의하고 있었는데, 그해 10월 하순 도내 영천군 신녕면에 거주하는 이상윤李相潤(그곳 동아일보지국장 겸 기자이고 당시 북성회北星會계 신녕청년회 총무의 직에 있는 공산주의 사상을 가진 자) 외 1명이 홀연히 산내청년회를 방문하여 수일간 머물다가 떠난 사실이 있을

---

419) 류면희 : 1906~1944, 경북 안동출신, 1990년 애족장(1963년 대통령표창).
420) 이현상 : 1906~1953, 전북 금산출신.
421) 임종업 : 1906~미상, 경북 김천출신
422) 권오상 : 이명 權五敦, 1900~1928, 경북 안동출신, 2005년 애족장.
423) 한일청 : 1899~1960, 경북 예천출신, 2009년 애국장.
424) 권태성 : 1908~미상, 경북 안동출신.

뿐 아니라 그 후에도 빈번하게 영천군 지방으로부터 통신(편지)이 오고 있음을 경주경찰서에서 탐문하여, 임의로 그 통신 문서를 검색하였다. 그 결과 1926년 9월 19일과 그해 11월 16일 2회에 걸쳐 도내 상주군 청리靑里공립보통학교 훈도(초등학교 교원) 이중근李重根425)이 유봉조兪鳳祚 앞으로 보내 온, 러시아소비에트 사회주의공화국의 출현을 예로 들어 청년운동의 필요를 역설함과 동시에 자본가를 죽여 없앨 필요를 풍자하고 사회의 파괴는 모험적이지 않을 수 없다는 내용을 알려주고 최후에는 동지들에게 그렇게 선전토록 부탁한다는 내용의 우편물이 있었다. 또 도내 영천군 신녕공립보통학교 훈도 이만근李萬根으로부터 곧 교시敎示하기 위하여 산내면에 갈 것이니 공산주의 서적을 구하도록 명령하고 또 동지가 집합하도록 부탁한다는 것이 적혀있는 우편물과 함께 앞에서 말한 이상윤李相潤으로부터 온 사회혁명의 필요를 풍자한 우편물을 발견하여, 이 모든 것을 경찰에서 영치領置426)했다. 그리하여 이만근李萬根·이중근李重根과 유봉조兪鳳祚와의 관계를 조사하니, 유봉조兪鳳祚는 이만근李萬根이 전에 경주군 사립대동大同학교 교사로 재직했을 때의 제자였고 앞서 서술한 이상윤李相潤과의 교우交友도 위 이만근李萬根이 소개의 수고를 하고 있었으며, 또 산내청년회의 설립도 1926년 8월 이만근李萬根·이중근李重根의 두 사람(형제)이 여름휴가로 고향인 경주에 돌아왔을 당시 그들이 뒤에서 전적으로 획책하였던 결과임이 분명해졌다. 이러한 여러 가지의 사실은 나아가 이만근李萬根·이중근李重根 등의 평소 제자 훈육상의 언사言辭에 대해서도 십분 주의해 볼 필요가 있다고 생각되어, 그 후 이 양 훈도의 소관경찰서 및 영천·상주에서 학생의 잡기장과 평소 그 두 사람의 언동 등에 대해 약 1개월을 소비해가면서 극비로 조사하였다. 그 결과, 이 두 사람 모두가 교직의 신분을 잊고 그곳에 있는 좌경단체와 관계하거나 혹은 학생에게 안중근安重根 등의 불온 창가唱歌를 가르치는 등 매우 한심할 만한 사실을 발견하였다. 관계자는 아래와 같고 사건은 그들의 신병과 함께 1927년 4월 11일 소관 검사에게 송치하였다.

기記

본적 : 경북 경주군 산내면 의곡리 99의 1 주소 : 경북 영천군 신녕면 화성동 7의 4 전 신녕공립보통학교 훈도 양반 이만근李萬根(30세)	본적 : 경북 경주군 산내면 의곡리 99의 1 주소 : 경북 상주군 청리면 청하리 199 전 청리공립보통학교 훈도 양반 이중근李重根(23세)

---

425) 이중근 : 1905~1932, 경북 경주출신, 1990년 애족장(1982년 대통령표창).
426) 영치 : 법원이나 수사기관이 피고인이나 피고자 등이 가지고 있는 물건을 임의로 제출케 하여 보관하는 것.

본적 : 경북 경주군 산내면 외칠리 89 주소 : 동 전 산내청년회 서무부위원 상민 농업 편수갑片壽甲(21세)	본적 : 경북 경주군 산내면 외칠리 주소 : 동 산내청년회 서무부위원 상민 유봉조兪鳳祚(24세)
본적 : 경북 경주군 산내면 외칠리 583 주소 : 동 산내청년회 재무부위원 양반 농업 황도환黃道煥(22세)	본적 : 경북 경주군 산내면 감산리 1968 주소 : 동 산내청년회 집행위원장 및 감산리구장 상민 농업 김재홍金在洪(25세)
본적 : 경북 경주군 산내면 신원동 78 주소 : 동 산내청년회 서무부위원 상민 농업 최철수崔喆守(22세)	본적 : 경북 청송군 현서면 구산리 15 주소 : 경북 영천군 신녕면 화남동 853 전 동아일보 신녕지국기자 상민 무직 이상윤李相潤(29세)
본적 : 경북 영천군 신녕면 화성동 28 주소 : 경북 영천군 신녕면 화성동 818 전 동아일보 신녕지국장 상민 무직 황동창黃東昌(27세)	

59. 일본 천황427) 대전大典 시의 직소直訴사건

천황폐하天皇陛下(곧 일본 천황)께서 1914년 11월 25일 후시미모모야마伏見桃山(교토京都지방에 있음)의 능陵428)에 참배를 마치시고 그날 오전 11시 20분 교토京都역에 도착하시어 곧바로 교토京都에 있는 황궁으로 노부鹵簿(일본천황의 행렬)가 나아가시는 11시 32분경 교토시京都市 시모쿄구가라쓰마루下京區烏丸거리 가미주즈야초上珠數屋町를 내려가는 동쪽 편에서 황후皇后폐하가 타신 차가 막 통과하려던 찰나, 봉배奉拜(공손히 배례)하고 있는 자들 중에서 갑자기 "직소直訴429)"(말소리[音]가 명확하지 않아 '왓'하는 소리로 들리다)라 외치며 한 범인이 봉배선奉拜線(배례하는 사람들 앞에 친 줄)의 밧줄 밑으로 빠져나가 일행이 지나가는 길에 나오려고 하는 것을 본 경호 중의 호리가와堀川경찰서원 등이 붙잡았다. 그런데 다른 봉배자에

---

427) 천황 : 일본의 쇼와(昭和) 천황을 가리킴.
428) 후시미모모야마의 능 : 한일합병 당시의 일본왕 메이지 천황(明治天皇)의 왕능.
429) 직소 : 일정한 수속을 밟지 않고 직접 군왕에게 호소하는 것.

게는 아무런 동요가 없었고, 노부鹵簿는 아무런 차질 없이 그곳을 통과하시었다.

그런데 범인이 당시 오른손의 손바닥 안에 반지半紙430) 크기의 양지洋紙원고용지(1줄 10자字의 10줄[行])에 붓으로 별지別紙 내용의 직소하는 글을 써서 혈판血判을 찍어 여덟 번 접은 것을 거머쥐고 있었기에, 곧 교토부京都府 경찰부에 연행하여 조사했더니, 그자는,

본적 : 경상북도 성주군 대가면 용흥동 805 이상우李相雨의 장남
주소 : (일본) 효고현兵庫縣 카자리마군飾磨郡 데가라무라手柄村 내內 히가시노부스에東延 35
   末 다카다 마사노부高田政喜 집
이경환李慶煥 곧 이희구李熙龜(27세 6월생)

임이 판명되었다. 직소의 동기는 아래와 같은데, 그의 신병은 기록과 함께 11월 27일 청원령請願令위반으로 교토京都지방재판소 검사국에 송치하였다.

기記

직소直訴의 동기와 행동

본인은 1923년 6월 일본으로 도항하여 항상 차별대우를 받아온 데 불만을 갖고 있었다. 그런데 신문 잡지 등을 통해서 만주에 있는 조선인이 속속 중국에 귀화하고 있는 사실과 조선인의 일본도항에 엄중한 제한을 받고 있는 일 등에 분개하고 있었다. 그러다가 마침 일찍이 수평사원431)의 직소사건을 신문을 보고 알고 또 그 범인에 대한 형벌이 비교적 가벼웠기 때문에, 이때부터 일본천황에게 직접 호소하기를 기도하여, 그 후 기회가 오기를 기다리고 있었던 자이다. 이 직소 사건에 관해서는 타인과 모의하거나 또는 타인의 교사敎唆를 받은 형적이 없고, 전적으로 본인 혼자의 생각으로 한 것으로 판단된다. 본인은 11월 23일 오전 중, 주인집에서 남몰래 직소장直訴狀을 쓴 후에 동료인 모리 다카오森孝雄에게 아카이시시明石市에 있는 일명 오야마 리사부로大山李三郞 곧 이성립李成立을 방문하고 당일로 돌아온다는 말을 남기고 출발하였다. 도중에 가자리마정飾磨町의 종제從弟인 조선인 이토 도쿠타로伊藤德太郞(일본명)를 방문하고 검은 모직외투(소매가 없는 외투)를 빌려

---

430) 반지 : 일본에서 습자에 쓰는 종이.
431) 수평사원 : 수평사의 일원(一員). 수평사는 일본의 천민단체이고 천민은 한국의 백정과 유사하다.

입고, 오후 4시 반경 아카이시시明石市 니하마新濱 4丁目에 있는 오야마 리사부로大山李三郞 곧 이성립李成立을 방문하여 1박一泊했다. 다음날 24일 오전 7시경 기상하여 아침식사를 마치고, 이성립李成立으로부터 6원을 받는 한편 카자리마정飾磨町에 있는 고용주 다카다 마사노부高田政喜 앞으로 편지를 써서 히메지시姬路市로 간다는 말을 남기고, 헌팅모자(鳥打帽)(일본말로 도리우찌보)와 일본 나막신을 매입하여 오전 8시 아카이시明石역발 기차로 출발했는데, 도중의 기차 안에서 이동경찰관에게 신체검사를 당할 우려가 있는 까닭에 직소장은 양복바지 자락에 접어 넣어 숨겨 교토京都에 하차하였다. 그리고 그는 이전에 교토京都에 살 때 익혀둔 후시미정伏見町에 도착하여 그곳 지보바나子棒鼻(지명)의 싸구려 여인숙인 아사히깡朝日舘의 구마모토 아사지로熊本淺次郞 집에서 1박一泊했다. 이어 25일 오전 6시경 시치조七條역전에 도착, 직소장을 입고 있는 털실셔츠의 소매에 말아 넣어 숨겨 교묘하게 검색을 피해 직소를 하려고 했는데, 군대가 도열해 있으므로 이를 이루지 못하고, 다시 앞서 말한 장소로 가서 기회를 보고 직소하려 했던 것이다.

직소문의 사본

전前 한국인 이경환李慶煥은 감敢히 존엄尊嚴하심을 무릅쓰고 이에 삼가 공손히 우리 천황폐하에게 원망願望하고자 한다.

천황天皇 시정施政하에 민족적 차별이 있으면 이것은 동양평화정신의 장애이다.

민民 등 2천만 민족도 폐하의 신민인 이상 국가를 위하여 일하고자 하는 고로, 아래의 사항을 돈수頓首돈수頓首 원망願望

사항事項
1. 조선총독부 폐지의 일
1. 일본에서처럼 중의원衆議院의원 선거의 일
1. 일본인처럼 징병할 일
1. 재외 조선인을 일본인처럼 보호할 일
1. 기타 정치적 차별폐지의 일
　　끝際
　　　　　　　　쇼와昭和 3년(1928년) 11월 25일
　　　　　　　　　　　　　民民　이경환李慶煥 돈수頓首

혈판血判

60. 조선공산당 사건

　원래 공산당은 한 지방에서 조직을 이루면, 가령 이것이 검거나 다른 이유로 간부 및 당원을 잃는 일이 있더라도 체포·발각을 모면한 잔당殘黨이 곧 후보당원을 보충하여 새로 간부의 조직을 이룩하여 제3 인터내셔널의 승인을 얻는 것으로, 결코 당의 절멸을 기대할 수는 없다. 그러므로 조선공산당에 있어서도 1925년 11월 신의주경찰서에서 제1차 검거를 하자 당 간부 대부분이 구속되었으나, 교묘하게 체포를 모면한 책임비서 김재봉金在鳳[432]이 조선일보 지방부장 홍덕우洪惠祐와 협의하여 당시 조선일보 진주지국장 강달영姜達永을 적임자로 판단하고 그를 추천하여 당인계引繼를 완료했고, 강姜은 다시 이준태李準泰와 협의하여 1926년 2월 후계조직을 마쳤다. 그러나 그해 6월 고 이왕전하의 국장 시에 권오설權五卨을 주범으로 하는 불온문서 사건이 단서가 되어, 경성 종로경찰서에서 제2차의 공산당을 검거하였다. 그런데 이 검거를 모면한 김철수金綴洙[433] 등이 상하이파인 한위건韓偉健·양명梁明 등과 회합한 다음 1월회계一月會系 안광천安光泉 일파와 손을 잡고, 또 양명梁明을 통해 서울계 신파新派를 가입케 하여 1926년 12월 통일된 중앙간부의 조직을 완료하여 활동하던 중, 1928년 2월 경성 종로경찰서에서 제3차 검거를 하였다. 그랬더니 잔당 간부는 손 빠르게도 그달 하순 당선黨線을 장악한 파를 중심으로 서울파와 상하이파의 일부를 가입케 하여 새로운 당조직을 완료했는데 그 후 1928년 7월에 이르러 경기도경찰부의 손에 검거되었다. 그런데 이 제4차 공산당조직에서는 특히 학생부를 신설하여 이를 공산주의운동의 선구로 삼아 그들 학생에게 주의主義선전을 계획하고 있는 새로운 사실을 발견했던 것이다. 즉 1928년 11월 본도에서 검거한 학생비밀결사結社 사건 등이 바로 그 적절한 예라고 할 수 있을 것이다.
　제1차 검거 때 판명된 조선공산당이 파견한 러시아공산대학 유학생과 제1차 내지 제4차 사건의 관계자[434]는 아래와 같다.

---

[432] 김재봉 : 1891~1944, 경북 안동출신, 2005년 애국장.
[433] 김철수 : 1893~1986, 전북 부안출신, 2005년 독립장.
[434] 조선공산당 사건 관계자 : 원문에는 1차부터 4차까지의 조선공산당 관계 피의자 명단이라고 했으나, 표에는 1차와 2차의 구분만 있고 3차와 4차의 구분이 없다. 그리고 '조선공산당 회원'이라고 한 것은 '조선공산당원'의 오식인 것 같다.

제1차

본 적	주 소	직업	성명 및 연령
충남 예산군 신양면 신양동 299	경성부 훈정동 4번지	저술업	박헌영朴憲永 당25세
함남 함흥군 함흥면 상취리 256	경성부 훈정동 4번지		박헌영朴憲永의 처 주세죽朱世竹 당25세
경기도 강화군 부내면 관청리 238	좌동	시대일보 강화지국장	박길양朴吉陽435) 당31세
경기도 개성군 임한면 하조강리	경성부 관철동 119	무산자신문청년대중지국장	박원근朴元根 당26세
평북 의주군 고성면 연하동	평북도 의주군 광성면 마전동 40	조선일보 신의주지국장	독고전獨孤佺436) 당31세
평북 의주군 가산면 옥강동 206	신의주부 약죽정 8	조선일보 신의주지국기자	임향관林享寬 당23세
신의주부 진사정 7정목 1의 1	신의주부 운정정 4	무역상점원	김경서金景瑞437) 당23세
평북 용천군 양하면 신창동	안동현 3번통 6정목 2	조선일보 안동지국장	조동근趙東根 당29세
충남 예산군 임성면 예산리	경성부 도염동 39	저술업	유진희俞鎭熙438) 당32세
경남 마산부 만정 100의 1	좌동	조선일보지국장	김상주金尙珠439) 당24세
경성부 숭삼동 75	경성부 관철동 124	시대일보기자	조이환曺利煥 당26세
경기도 강화군(이하 미상)	上海 法界 여운형 집		조봉암曺奉岩 당28·29세
경북 김천군 개령면 동부동	경성부(이하 미상)	저술업	김단야金丹冶 곧 김태연金泰淵 당25세
경북 안동군(이하 미상)	경성부 견지동 88	(노동총동맹원)	권오설權五卨 당28·29세가량
경북 안동군(이하 미상)	上海 法界	학생	권오직權五稷440)
함북 명천군(이하 미상)	경성부(이하 미상)	저술업(신흥청년동맹원)	김찬金燦 당31세
경북 안동군(이하 미상)	모스크바 혹은 上海	농업	안상훈安相勳441) 당32세
경북 대구부(이하 미상)	서대문형무소 재감중	저술업	신철수申哲洙 당21세
함북 회령(이하 미상)	서대문형무소 재감중		장수산張水山 곧 장순명張順明 당25세
전북(이하 미상)	경성부(이하 미상)	학생	김동명金東明 당30세
경성(이하 미상)	경성(이하 미상)	조선일보기자	홍증식洪增植 당30세
미상	대구(이하 미상)		서상욱徐相郁

---

435) 박길양 : 1894~1928, 경기도 강화출신, 1990년 애국장(1982년 건국포장).
436) 독고전 : 1888~미상, 평북 의주출신.
437) 김경서 : 1902~미상, 평북 신의주출신.
438) 유진희 : 1893~미상, 충남 예산출신, 1992년 애족장.
439) 김상주 : 1902~미상, 경남 마산출신.
440) 권오직 : 1906~1953, 경북 안동출신.
441) 안상훈 : 1898~미상, 경북 안동출신.

원 적	단 체 명	직 업	성 명	연 령
강원 양양군	양양신흥동맹회원	기술원	이건호李建鎬	당25세
충남 논산군 강경	대구여자청년회간사, 조선여성동우회간부, 경성여자청년동맹간부	학생	고명자高明子442)	당20세
경남 창원군	경성여자고학생상조회역원, 경성여자청년동맹집행위원	기술원	김조이金祚伊443) 은곡隱谷	당22세
경남 마산부	조선여자고학생상조회원, 조선동우(여성)회회원, 마산청년회원	직공	김명시金命時444)	당18세
경북 예천군	예천신흥청년회집행위원, 예천 오오회 회원	농업	김응기金應基445)	당25세
경북 안동군	신흥청년회동맹회원, 혁청단역원	신문기자	권옥직權玉稷446)	당19세
함북 온성군	신흥청년회동맹회원, 학생과학연구회회원	학생	박지성朴知成	당24세
함북 이원군	신흥청년동맹회원, 화요회회원	기술	장서성張曙星447)	당25세
평북 철산군	신흥청년회동맹회원, 철산청년회원	배우	정운림鄭雲林	당23세
경북 안동군	안동신흥청년회원, 경성인광회(학생단체)	학생	이영조李永祚448)	당19세
경북 김천군	신흥청년회동맹집행위원, 김천청년연맹집행위원	기술	김일성金一星 종수琮洙	미상
중국 安東縣	안동국경청년연맹원	신문기자	강한姜翰	당18세
경북 대구부	대구청년회원	학생	최춘택崔春澤449)	미상
평북 철산군	신흥청년동맹회원	학생	정병욱鄭炳旭	미상
출생지 미상	경성청년회원	미상	박광일朴光一	미상
경남 동래군	경성청년회원	학생	김석연金石然	미상
함북 회령군	신흥청년동맹회원	기술	장도명張道明450)	미상
경기도 강화도	신흥청년동맹회원	기술	조용암曺龍岩451)	당20세
경기도 강화도	강화중앙청년회원, 신흥청년동맹회원, 인천노동총동맹집행위원	기술	정경창鄭敬昌	당23세
함북 회령군	인천노동총동맹집행위원	기술	김형관金衡寬452)	당25세
경북 안동군	풍산소작인회집행위원, 안동군와룡청년회집행위원	농업	안상훈安相勳	당29세

---

442) 고명자 : 1904~미상, 충남 부여출신.
443) 김조이 : 1904~미상, 경남 창원출신, 2008년 건국포장.
444) 김명시 : 1907~미상, 경남 마산출신.
445) 김응기 : 1900~미상, 경북 예천출신.
446) 權五稷(경북 안동출신)의 오식이다.
447) 장서성 : 1901~미상, 함남 이원출신.
448) 이영조 : 1906~미상, 경북 안동출신.
449) 최춘택 : 1905~미상, 경북 대구출신.
450) 장도명 : 1904~미상, 함남 원산출신.
451) 조용암 : 1903~미상, 경기도 강화출신.
452) 김형관 : 1901~미상, 함북 경성출신.

제2차

본적	주소	관계단체	직업	직책	성명·연령	변명變名	비고
경남 진주군 진주면 비봉동 12	경성부 삼각정 28	화요회	조선일보촉탁	조선공산당중앙간부 책임비서	강달영姜達永 40세	황산黃山 홍로紅爐	국장國葬사건관계자
경북 안동군 풍산면 상리동 364	경성부 견지동 88	화요회		조선공산당중앙간부 책임차석	이준태李準泰 35세	권혁權赫 일봉一烽	제1차공산당 및 국장사건관계자
함남 북청군 양천면 중리 800	경성부 누하동 191	화요회		조선공산당중앙간부 조직부위원	전정관全政琯 27세(453)	전덕순德, 전혁순赫, 김덕金德	국장관계자
함남 홍원군 주익면 창대리 18	경성부 계동 79의 3	무명회	동아일보 경제부장	조선공산당중앙간부 조직부위원	이봉수李鳳洙 35세(454)	이철李哲	제1차공산당 및 국장사건관계자
경북 안동군 풍서면 가곡리 43		무산자동맹회		조선공산당중앙간부 선전부위원, 고려공산청년회간부책임비서	권오설權五卨 29세	김향선金享善	국장사건관계자로 예심중, 제1차공산당사건관계자
전북 부안군 백산면 원천리 131				조선공산당중앙간부 선전부위원	김철수金錣洙 34세	동재銅再 동재東宰	
경기도 양평군 갈산면 신애리 297	경성부 예지동 128	무산자동맹회	시대일보 비서부장	조선공산당중앙간부 선전부위원	홍남표洪南杓 38세(455)	한산韓山	국장사건관계자
경기도 수원군 서신면 전곡리 55		화요회	조선일보 지방부장	조선공산당중앙간부 선전부위원	홍덕유洪悳裕 40세(456)	소죽蘇竹	국장사건관계자로 예심중, 제1차공산당사건관계자
경성부 경운동 29	좌동	화요회	시대일보 논설부장	조선공산당경성부간부	구연흠具然欽 44세(457)		국장사건관계자
함북 경성군 (이하 미상)	부정			조선공산당원	김석준金石駿 27세가량(458)	상탁相鐸 석순石順 양순揚順	러시아에서 당조직을 위해 조선에 들어온 자
간도 延吉縣 小營子村		浦鹽고려공산청년회원		조선공산당 고려공산청년회중앙간부	박민영朴珉英 23세		블라디보스크 공산당조선파견원, 국장사건으로 예심중
경성부 안국동 26		화요회	매일신보 인쇄직공	조선공산당 고려공산청년회경성부간부	민창식閔昌植 28세		국장사건으로 예심중
경성부 숭인동 157		화요회		조선공산당원	박내원朴來源 25세		국장사건으로 예심중
함북 회령군 회령면 1동 222의 2	미상	화요회		조선공산당원	전여종全呂鍾 35세	전해全海	
경기도 용인군 원삼면 죽릉리	미상	화요회	시대일보 기자	조선공산당경성부간부	여의선呂義善 38세		
전남 순천군 서년 시논리 963	미상	조선노농총동맹		조선공산당전남책임비서	김기수金基洙 38세(459)		
전남 광주군 광주수기옥정	전남 광주군 서방면 우산리	조선노농총동맹		조선공산당전남간부	신동호申東浩 32세		

마산부 석정 212	좌동	마산노동 동우회	시대일보 마산지국장	조선공산당경남간부	김명규金明奎 37세[460]		
경남 진주군 진주면 평안동 320	좌동	진주 청년회	농업	조선공산당경남간부	박태홍 朴台(泰?)弘 35세[461]	태홍台洪	
경남 진주군 진주면 중성동 13	좌동		조선일보 지국장, 여인숙	조선공산당경남간부	김재홍金在泓 40세[462]		
경남 합천군 초계면 관평리	좌동	東京일월회	明治大 독일어과	조선공산당일본부책임비서	김정규金正奎 28세[463]	김한金寒	
경기도 강화군 부내면 관청리 591	浦潮	화요회		조선공산당滿洲部책임비서, 고려공산청년회중앙집행위원	조봉암曺奉岩 29세	박철환 朴哲煥	제1차공산당사건관계자
함북 명천군 상우남면 마전리	上海	화요회		조선공산당만주부책임비서, 고려공산청년회중앙집행위원	김낙준金洛俊 33세	김찬 金燦[464]	제1차공산당사건관계자, 국장사건관계자
충북 옥천군 청산면 백운리	上海			조선공산당만주부책임비서, 고려공산청년회上海部간부	조동우趙東祐 38세		제1차공산당사건관계자
경북 김천군 개령면 동부동 124	上海	화요회	전 조선일보기자	고려공산청년회책임비서	김태연金泰淵 27세	추성秋星 단야丹冶	제1차공산당 및 국장사건관계자
함북 온성군 유포면 풍리동 236	경성부 봉익동 12	화요회	사립대학원교사	조선공산당원	김창준金昌俊 27세[465]		
경기도 김포군 하성면 석탄리 611	경성부 예지동 128	화요회	시대일보기자	조선공산당원	어수갑魚秀甲 32세[466]		
함남 홍원군 주익면 남계리	沿海州(이하 미상)	신흥청년동맹회	전 연희전문학교	조선공산당원, 고려공산청년회원	정달헌鄭達憲 29세		국장사건관계자
평남 강서군 쌍용면 (이하 미상)		浦汐공산청년회	중앙기독교청년회학관 영어교사	조선공산당원, 고려공산청년회원중앙간부	이지탁李智鐸 29세	수엽秀燁	모스크바공산대학주의선전실습원, 국장사건관계자
함북 온성군 유포면 향당동 11	경성부 견지동 88	화요회		조선공산당원	박일병朴一秉 34세[467]	춘도春濤	제1차공산당사건관계자
황해 재령군 청수리면 망월 853		화요회		고려공산청년회중앙간부 조선공산당원	염창열廉昌烈 24세		제1차공산당 및 국장사건관계자
강원 통천군 학삼면 학고리 19		신흥청년동맹	전 연희전문학교	고려공산청년회중앙간부 조선공산당원	이병립李炳立 23세		국장사건관계자 (예심중)
황해도 황주군 제안면 천황리 120		신흥청년동맹	朝鮮의光기자	고려공산청년회중앙간부 조선공산당원	김경재金璟載 27세[468]		국장사건관계자 (귀순자)
함남 북청군 북청면 당포리 375	上海	화요회		고려공산청년회중앙간부 조선공산당원	김동명金東明 30세	김황金晄	제1차공산당 및 국장사건관계자
강원도 양구군 남면 석포리	沿海州(이하 미상)	신흥청년동맹	전 연희전문학교	고려공산청년회중앙간부 조선공산당회원	조두완趙斗元 29세		국장사건관계자

제7장 병합 이후의 본도관계 주요범죄 | 507

강원도 양구군 남면(이하 미상)	沿海州(이하 미상)	조선과학연구회원	전 연희전문학교	고려공산청년회중앙간부 조선공산당회원	윤기현尹基鉉[469] 26·27세가량		국장사건관계자
강원도 양구군 강현면 물유리	沿海州(이하 미상)	전 조선노농총동맹 집행위원		고려공산청년회중앙간부 조선공산당회원	김대봉金大鳳 27·28세[470]		국장관계자, 러시아에서 당조직을 위해 조선에 들어온 자
함북 경원군 (이하 미상)	浦潮(이하 미상)			고려공산청년회중앙간부 조선공산당회원	한인갑韓仁甲[471] 27·28세가량		국장관계자, 러시아에서 당조직을 위해 조선에 들어온 자
경북 대구부 칠성정 218	좌동	조선노농총동맹	사립학교 교사	조선공산당원	이상훈李相薰 32세		
경북 대구부 남산정 291	上海(이하 미상)	신흥청년동맹		조선공산당원	최원택崔元澤 32세[472]	林源太郎	제1차공산당사건관계자
충북 제천군 근우면 미당리	東京市 深川區 (이하 미상)	在日本조선노동총동맹		조선공산당후보당원	김한향金漢鄉 23세		
함북 온성군 온성면 주원동 537	경성부 돈의동 125의 2	화요회	시대일보기자	고려공산청년회경성부간부 조선공산당원	박순병朴純秉 25세[473]	순병舜秉	
함남 북청군 양천면 중리 895	경성부 입정정 135		전 중동학교	조선공산당원	김현철金鉉哲 22세		
함남 안변군 주이면 보중리 154	경성부 누하동 191	신흥청년동맹			김동부金東富 30세[474]		
함남 홍원군 용운면 인흥리 45	경성부 사직동 166	조선노동당	여자직업조합간부	조선공산당원	이충모李忠模 31세[475]		
함북 회령군 회령면 2동 256	부정	화요회		조선공산당원	이재익李在益 38세	극광極光	제1차공산당사건관계자
충남 논산군 강경면 남정 185	경성부 권농동	정우회		조선공산당원	김세연金世淵 28세	성현聖鉉	
경성부 봉래정 4정목 288	경성부 중학동 1101호	화요회	시대일보 판매부서기	조선공산당원	구창회具昌會 30세[476]		
경성부 주교정 265	경성부 황금정 4정목 135	신흥청년동맹		조선공산당원	이은식李殷植 33세[477]		
경북 안동군 임하면 임하리	경성부 숭삼동 83		시대일보기자		류연화柳淵和 28세[478]		
경성부 누하동 135	좌동	화요회	구두직공	조선공산당원	고윤상高允相 26세[479]		
함북 성진본정 59	경성부 재동 84	북풍회		조선공산당원	이규송李奎宋 28세[480]	규송奎松	
경성부 연지동 298	좌동	신흥청년동맹	농민사인쇄직공	조선공산당원	강표환姜杓煥 27세[481]		
경성부 관수동 160	경성부 관훈동 110	북풍회	염군사주간	조선공산당원	이호李浩 25세		
경기도 김포군 대관면 대릉리	경성부 재동 84	북풍회		조선공산당원	김연희金演羲 29세[482]		

경북 성주군 성주면 경산동 251	경성부 누하동 10의 3호	화요회		조선공산당원	배성룡裵成龍 31세[483]	
인천부 화평리 330	경성부 가회동 134	화요회			김영희金瑛禧 22세[484]	
경성 부천군 영흥면 외리 1090	인천부 외리 162	화요회	조선일보 기자	고려공산청년회원 조선공산당원	이병엽李秉燁 21세	
강원 간성군 간성면 하리 173	원산부 석우동 175	서울청년회		조선공산당원	박태선朴泰善 29세[485]	
함남 함흥군 함흥면 상리 256	좌동	화요회		조선공산당원	주세죽朱世竹 26세	제1차공산당 및 국장사건관계자
경북 영천군 영천면 창구동 66	좌동	정우회		조선공산당원	백기호白基浩 24세[486]	
전남 광주군 광주면 금계리 55	좌동	조선노농총동맹	시대일보 광주지국장	조선공산당 광주군간부	김유성金有聲 34세[487]	경성庚成
목포부 호남정 7	좌동	목포제주공조합		조선공산당원	배치문裵致文 36세	
경남 진주군 진주면 비봉리	부산부 대신정 389		경남내무부수산과 고용인	조선공산당원	남해룡南海龍 32세[488]	남홍南洪
충남 논산군 양촌면 모방리 440	좌동	서울청년회	농업		신표성愼杓晟 30세[489]	
경남 하동군 덕양면 읍내동 1085	좌동	북풍회	농업	조선공산당원	조동혁趙東赫 43세[490]	
경성부 송현동 19	경기 고양군 은평면 홍지리 98		시대일보사원	조선공산당원	이민행李敏行 38세	
전남 화순군 능주면 석고리 56	전남 광주군 광주면 금계리 57	광주노동공제회	농업	조선공산당원	조준기曺俊基 37세[491]	
경성부 재동 52	경성부 가회동 51의 2		조선일보지방부기자	조선공산당원	조용주趙鏞周 36세[492]	
전남 광주군 광주면 금정 4	전남 광주군 효천면 방림리 313	광주노동공제회	시대일보 광주지국장, 농업	조선공산당원	설병호薛炳浩 36세[493]	
함남 정평군 주이면 중흥리 157	대구부 신정 82		조선생명보험회사		김종욱金悰昱 31세	불구속
경북 안동군 풍서면 가곡리 419	좌동	신흥청년동맹	연희전문학교생	조선공산당원	권오상權五尙 27세	
함남 함흥군 함흥면 하서 하리 92	좌동		조선일보 함흥지국장	조선공산당원	도용호都容浩 32세[494]	
경성부 원동 179	좌동	화요회	조선일보東京파견원	조선공산당원	이봉수李鳳洙 28세	이석李奭 제1차공산당사건관계자
함남 홍원군 보청면 풍동리 58	함남 함흥군 함흥면 중리 91	화요회	조선일보 함흥지국 기자	조선공산당원	채규항蔡奎恒 30세[495]	준식駿植

경북(이하 미상)	대구부 남산정	東京 노동동맹	전 明大生	조선공산당원	이상호李相昊 27·28세가량		
황해 해주군 (이하 미상)	東京 小石川區 노동동맹	노동동맹		조선공산당후보당원	최계선崔桂善 25세가량[496]		
미상	東京 小石川區 노동동맹	노동동맹		조선공산당후보당원	오기성吳基成 27·28세가량		
황해 재령군 북율면 석해리 302	좌동	신흥청년동맹		조선공산당원	김효종金孝宗 27세[497]		
함남 함흥군 주서면 상리	경성부(이하 미상)	화요회 전무산자동맹회		조선공산당원	원우관元友觀 39세[498]	정룡貞龍	제1차공산당사건관계자
강원 횡성군 횡성면 읍상리 336	경성부 가회동 208	조선노동당	중앙청년회관영어과	조선공산당원	고광수高光洙 26세[499]		
강원 울진군 읍남면 읍남리	경성부 가회동 (이하 미상)	시대배달동무회	(전)시대일보배달부	조선공산당원	장진수張震秀 23세[500]	진수鎭洙 영준英俊	
충청남도(이하 미상)	미상			조선공산당원	이융무李隆武 25·26세	이환李煥	
함경도(이하 미상)	미상			조선공산당원	노상열盧尙烈 25세	일우一友	
충북 청주군 (전 충남 공주)	전남 군산(이하 미상)			조선공산당원	조창희趙昌熙 25·26세가량		
경남 김해군 우부면 답곡리	좌동	북풍회			배덕수裵德秀 32세[501]		
함남 홍원군 주익면 천중리	경성부(이하 미상)	정우회		조선공산당원	임영선林英宣 28세[502]	칠룡七龍	
미상	인천시대일보 지국장			조선공산당원	함익계咸翊桂 27·28세가량		러시아에서 당조직을 위해 조선에 들어온 자
경북 안동군 풍북면 오미동 48		화요회		조선공산당원	김재봉金在鳳 30세		제1차공산당사건예심중
미상	北京 平民大學				김성룡金成龍 26세가량		러시아로 도주
경상도(이하 미상)	중국 北京 北門東(이하 미상)			조선공산당원, 고려공산청년회, 滿洲部책임자	박광수朴光洙[503] 25·26세가량		

---

453) 전정관 : 1897~미상, 함남 북청출신.
454) 이봉수 : 1892~미상, 함남 홍원출신.
455) 홍남표 : 1888~1950, 경기도 양평출신.
456) 홍덕유 : 1882~1947, 경기도 수원출신.
457) 구연흠 : 1883~1937, 경기도 양주출신, 2005년 애국장.
458) 김석준 : 1899~미상, 함북 경성출신.

459) 김기수 : 1888~미상, 전남 순천출신.
460) 김명규 : 1892~미상, 경남 마산출신.
461) 박태홍 : 1892~미상, 경남 진주출신, 2005년 애족장.
462) 김재홍 : 1886~미상, 경남 진주출신.
463) 김정규 : 1899~1973, 경남 합천출신.
464) 김찬 : 1884~미상, 함북 명천출신.
465) 김창준 : 1900~미상, 함북 온성출신.
466) 어수갑 : 1896~미상, 경기도 김포출신.
467) 박일병 : 1893~미상, 함북 온성출신, 2007년 애국장.
468) 김경재 : 1899~미상, 황해도 황주출신.
469) 윤기현 : 1902~1942, 함북 회령출신.
470) 김대봉 : 1901~미상, 강원도 양양출신.
471) 한인갑 : 1899~미상, 함북 경원출신.
472) 최원택 : 1895~1973, 경북 대구출신.
473) 박순병 : 1901~1926, 함북 온성출신, 2007년 애국장.
474) 김동부 : 1899~미상, 함남 정평출신.
475) 이충모 : 1896~미상, 함남 홍원출신.
476) 구창회 : 1897~미상, 서울출신.
477) 이은식 : 1902~미상, 경성출신.
478) 류연화 : 1899~미상, 경북 안동출신.
479) 고윤상 : 1901~미상, 서울출신.
480) 이규송 : 1899~미상, 함북 성진출신.
481) 강표환 : 1899~미상, 서울출신.
482) 김연희 : 1898~미상, 경기도 김포출신.
483) 배성룡 : 1896~1964, 경북 성주출신, 2005년 애족장.
484) 김영희 : 1904~미상, 경기도 인천출신.
485) 박태선 : 1898~미상, 강원도 고성출신.
486) 백기호 : 1803~미상, 경북 영천출신.
487) 김유성 : 1894~미상, 전남 광주출신, 2005년 건국포장.
488) 남해룡 : 1894~미상, 경남 진주출신.
489) 신표성 : 1897~1947, 충남 논산출신, 2009년 건국포장.
490) 조동혁 : 1885~미상, 경남 하동출신.
491) 조준기 : 1891~미상, 전남 화순출신, 2005년 건국포장.
492) 조용주 : 1889~1937, 경기도 파주출신.
493) 설병호 : 1891~미상, 전남 광주출신.
494) 도용호 : 1895~미상, 함남 함흥출신.
495) 채규항 : 1897~미상, 함남 홍원출신, 1990년 애족장.
496) 최계선 : 1901~미상, 황해도 연백출신.
497) 김효종 : 1899~1927, 황해도 재령출신, 2007년 애족장.
498) 원우관 : 1888~미상, 함남 홍원출신.
499) 고광수 : 1900~1930, 강원도 횡성출신, 2007년 애족장.

61. 대구 학생 비밀결사秘密結社 사건

　　대구부내 중등학생을 중심으로 하는 비밀결사조직과 불온계획이 있다는 것을 탐문한 바가 있고 또 어대전御大典을 직전에 두고 상당한 조치가 필요하다고 판단하여, 1928년 11월 6일에 관계자 40명을 일제히 검속檢束하였다. 그들을 조사함에 따라 수 개의 현존하는 결사結社를 발견하여 경찰서 계원 9명을 이 사건에 전속케 하고 사건의 관련자 검거에 착수하여, 40여 일이 걸려 겨우 이 사건의 완결을 보게 되었다. 조사의 모든 결과를 종합하면, 그들이 결당結黨(비밀결사조직)을 마친 단체가 7개, 조직 완성에 이르지 못한 단체가 1개 임이 판명되었고, 검거한 인원도 105명에 달하며, 결사조직 후 11개월 동안에 그들 중앙부의 집회만 하더라도 16회나 될 만큼 많았다. 또한 이들 단체의 대부분은 제3 인터내셔널의 강령을 사용하였으며 또 집회 등에서는 민족적 학생운동을 실천적으로 수행하는 방법 외에, 일반 사회적 훈련의 바탕을 닦기 위해 조선혁명의 이론과 방법, 중국혁명과 러시아혁명과의 비교, 레닌과 트로츠키[504] 정책의 비판, 헤이그회의에서의 조선대표인 이준李儁의 격분 등을 연구하고 토의하는 것 등으로 시종 조선공산혁명과 독립사상 양성에 진력해 왔다. 그리고 결당(비밀결사)의 발단은 1926년 겨울부터 약 1년간에 걸치는 마르크스강좌 개최의 결과 몰려드는 인원이 많아져서 이에 조직적 훈련의 필요성을 깨닫고, 1927년 11월 실재운동의 제일보로서 신우동맹新友同盟 조직을 시작으로 비밀누설 방지를 위해 해당解黨 또는 내부조직의 변경 등을 했던 일도 전후 3회에 이른다. 적우동맹赤友同盟에 이르러서는 거의 완전한 조직 상태였는데, 마침 1928년 4월 대구고보高普 퇴학처분의 발표가 있고 이를 기회로 우선 학생운동의 실천으로서 긴급간부회의를 소집, 동맹휴학의 구체적 실행방법 협의로 옮겨갔다. 그러나 그 후 얼마 되지 않아 당원 간에 질시가 원인이 되어 내홍內訌이 생겼기 때문에, 당원 가운데 졸업생들은 전적으로 이를 수습코자

---

500) 장진수 : 1903~미상, 강원 울진출신.
501) 배덕수 : 1896~미상, 경남 김해출신, 2005년 대통령표창.
502) 임영선 : 1899~미상, 함남 홍원출신.
503) 박광수 : 1905~미상, 경북 대구출신.
504) 트로츠키(1879~1940) : 러시아의 혁명가. 17세부터 혁명운동에 참가하여 체포, 유형, 해외탈출을 되풀이하였다. 1917년 2월 혁명 후 귀국하여 레닌과 함께 러시아혁명 달성에 공헌하였고 국제적으로도 레닌과 더불어 러시아혁명의 지도자로 알려졌다. 그러나 혁명 후 러시아경제발전에 관해서는 볼셰비키의 입장이 레닌과 자주 대립하였으나 큰 문제는 없었다. 레닌 사후 스탈린의 주류파와의 당내 논쟁에서 패하고 공산당에서 제명되어 국외로 추방되었으나 국외에서도 계속 스탈린 정권을 혁명의 반역자로 공격하다가 모스크바에서 궐석재판에서 사형을 언도받고 1940년 망명지인 멕시코에서 암살되었다.

자기들은 이면에 있으면서 지도하였고, 겉으로는 어쨌든 재학생 자신의 손으로 당(결사)을 조종케 하기로 하고 중앙간부를 개선했다. 그러나 때는 이미 늦어 내홍으로 4파가 생겨나고, 그 후 1파내에 다시 내홍이 발생하여 5파가 생겨났다. 이 가운데 3파는 각기 결당結黨(결사조직)을 마치고, 다른 1파는 9월에 결당하여 최근 실제 활동에 들어가기 위해 암호 등을 작성하고 있었다. 또 나머지 1파는 11월 6일, 즉 어대전御大典 직전까지 결당하기로 계획하던 중에 그 주모자를 체포했던 것이다. 그동안 조선공산당은 그들의 활동으로 당원을 양성한 것이 7명에 이르며, 외부에 대한 혁명사상의 선전과 실행협의를 한 일이 전후 십수 회에 이른다. 특히 1928년 9월과 10월, 2회에 걸친 대구고등보통학교 동맹휴교는 투철한 민족관념이 아낌없이 나타났음을 말해주는 것이며, 그 통제된 동맹휴교기관의 계통형태의 주도면밀한 조직방법은 보통사람의 기획으로는 할 수 없을 뿐만 아니라, 동맹휴교 결행의 구체적인 방법에 관해서는 협의가 새벽까지 계속되는 일이 몇 번이나 있었으며, 또 교실에서의 동맹휴교 선언 당시의 상황과 결행 후의 그들의 활약은 오히려 비장한 느낌을 갖게 하는 점이 있다. 그때 동맹휴교 최고 간부의 한사람으로 활동했던 황보선皇甫善[505]이 말하는 바 "이번의 맹휴盟休(동맹휴교)는 민족을 위하여 신명身命을 걸고 싸울 각오를 가지고 임했으며, 또 조직방법은 전 조선 각 학교의 장점을 취한 것이고, 이는 우리가 가장 큰 자랑으로 여긴다."라고 호언하고 있음을 보아도, 1년여에 걸친 혁명사상 주입의 효과와 공산당이 학생에게 가르쳐 온 해방운동의 심도深度를 엿보는 데 부족함이 없다. 그들이 개최한 마르크스강좌 및 결사조직의 내용은 아래와 같고, 이 사안事案은 장래에 사상적 학생운동의 절멸絶滅을 기하는 데 있어서 준엄한 처분을 가할 필요가 있는 것으로 판단하고 이번 결사結社간부 26명에 대해서는 치안유지법 폭력행위 및 보안법 위반으로 그들의 신병과 함께 1928년 12월 11일 소관 검사에게 사건을 송치하였다.

(1) 마르크스주의 강좌

제1회 1927년 2월부터 3월까지
강사　　박광세朴光世
청강자　대구고등보통학교 남국희南國熙, 윤장혁尹章赫, 상술상尚戌祥, 김재수金在壽, 김낙형金洛衡, 남만희南萬熙, 백대윤白大潤, 장종환張鍾煥

---

[505] 황보선 : 1908~1982, 경북 영천출신, 1993년 애족장.

제2회　1927년 4월부터 9월까지

강사　　　장적우張赤宇, 시바다 켄스케柴田健介(日本人), 김선기金善基

제1회 청강자 외의 청강자　대구고보 이월봉李月峯, 대구농림 권태호權泰鎬, 대구중학 조은석趙銀石,[506] 대구고보 이봉재李鳳在, 대구고보 손익기孫益基

제3회　1927년 10월부터 1개월

강사는 제2회와 같음

제1·2회 청강자 외의 청강자　대구중학 박득룡朴得龍,[507] 대구고보 김봉구金鳳九, 대구고보 문철수文鐵洙, 대구고보 정부흥鄭復興, 대구고보 정수광鄭壽光, 대구상업 장원수張元壽[508]

(2) 비밀결사조직秘密結社組織

1) 신우동맹新友同盟

1927년 11월

　　당수黨首　　　　장적우張赤宇
　　책임비서　　　　대구고보 윤장혁尹章赫
　　중앙집행위원　　대구고보 장종환張鍾煥, 대구고보 손익기孫益基, 대구농림 권태호權泰鎬, 대구고보 김낙형金洛衡, 대구고보 백대윤白大潤, 대구중학 조은석趙銀石

소속그룹

　제1그룹
　　책임자　윤장혁尹章赫, 장종환張鍾煥
　　　　　　대구고보 백대윤白大潤, 대구고보 상술상尙戌祥, 대구고보 이월봉李月峯, 대구고보 정부흥鄭復興

　제2그룹
　　책임자　손익기孫益基

---

506) 조은석 : 1906~미상, 경북 달성출신, 1998년 애족장.
507) 박득룡 : 1908~1941, 경북 대구출신, 1996년 애족장.
508) 장원수 : 1905~1974, 경북 대구출신, 1990년 애족장(1983년 대통령표창).

대구중학 조은석趙銀石, 대구고보 이봉재李鳳在, 대구농림 권태호權泰鎬,
대구중학 박득룡朴得龍, 대구상업 장원수張元壽

제3그룹
  책임자   문철수文鐵洙
              대구고보 김낙형金洛衡, 김봉구金鳳九, 정수광鄭壽光

선전책임위원
고등보통학교	대구고보 장종환張鍾煥, 문철수文鐵洙
농림학교	대구농림 권태호權泰鎬
상업학교	대구상업 장원수張元壽
사립계성학교	대구중학 장은석張銀石
사범학교 및 여자고보	대구고보 김봉구金鳳九
사립교남학교	대구고보 이봉재李鳳在

2) 혁우동맹革友同盟

1927년 12월 27일

비서부위원	장적우張赤宇[509]
재정부위원	대구고보 이월봉李月峯
선전부위원	대구고보 김낙형金洛衡
조직부위원	대구고보 윤장혁尹章赫
정치문화부위원	대구고보 장종환張鍾煥
조사출판부위원	대구고보 손익기孫益基

소속세포단체
  제1세포
    책임자   윤장혁尹章赫
              대구중학 박득룡朴得龍, 대구중학 조은석趙銀石, 대구고보 상술상尙戌祥,
              대구상업 장원수張元壽, 대구고보 문철수文鐵洙

---

509) 장적우 : 1902~미상, 경북 칠곡출신.

제2세포
    책임자   장종환張鍾煥
              대구고보 최해영崔海永, 박상호朴常浩, 이기대李起大, 박명근朴命根

제3세포
    책임자   손익기孫益基
              대구고보 김승한金承漢, 김규조金奎早, 김석구金石九, 박태식朴泰植, 손정기孫定基

제4세포
    책임자   김낙형金洛衡
              대구고보 황보선皇甫善, 대구농림 한상훈韓相勳, 대구고보 김성칠金聖七

제5세포
    책임자   이월봉李月峯

3) 적우동맹赤友同盟

1928년 2월 26일

중앙간부

서무부위원	대구고보 윤장혁尹章赫
정치문화부위원	대구고보 장종환張鍾煥, 김성칠金聖七
조직부위원	대구중학 조은석趙銀石
조사연구부위원	대구고보 상술상尚戌祥, 대구농림 한상훈韓相勳
출판부위원	대구중학 박득룡朴得龍, 대구고보 황보선皇甫善
선전부위원	대구고보 김낙형金洛衡, 대구농림 권태호權泰鎬
재정부위원	대구상업 장원수張元壽, 대구고보 손익기孫益基
보통회원	대구고보 이월봉李月峯, 김승한金承漢, 박명근朴命根, 최해영崔海永, 박상호朴常浩, 이기대李起大, 장적우張赤宇, 이봉재李鳳在

1928년 4월 22일

간부개선

    서무부위원   대구고보 장종환張鍾煥

정치문화부위원　　대구고보 손익기孫益基, 김성칠金聖七
조사연구부위원　　대구고보 이봉재李鳳在, 황보선皇甫善
출판부위원　　　　대구농림 한상훈韓相勳, 대구고보 김승한金承漢
선전부위원　　　　대구고보 이월봉李月峯
재정부위원　　　　대구상업 장원수張元壽

소속그룹
　제1그룹
　　책임자(고보1년 담당)　윤장혁尹章赫, 김성칠金聖七
　　　　　　　　　　　　　대구고보 이상길李相吉, 김선진金善鎭, 최종진崔鍾珍, 박찬희朴燦熙, 김철기金徹基
　제2그룹
　　책임자(고보2년 담당)　황보선皇甫善
　　　　　　　　　　　　　대구고보 정소수鄭小秀,510) 박상점朴相點, 김영학金永學, 김일식金一植,511) 문상우文祥祐, 손정기孫鼎基
　제3그룹
　　책임자(고보3년 담당)　장종환張鍾煥
　　　　　　　　　　　　　대구고보 최해영崔海永, 이기대李起大, 박숙희朴璹熙, 이동수李東壽
　　　제3의 1그룹
　　　　책임자(고보3년 담당)　김연형金沿衡
　　　　　　　　　　　　　　　대구고보 김승한金承漢, 김규탁金奎卓
　　　제3의 2그룹
　　　　책임자(고보3년 담당)　손익기孫益基
　　　　　　　　　　　　　　　대구고보 박명근朴命根, 박태식朴泰植, 박상호朴常浩
　제4그룹
　　책임자(고보4년 담당)　장적우張赤宇

---

510) 정소수 : 1911~1945, 경남 합천출신, 2000년 애족장.
511) 김일식 : 1911~미상, 출신미상.

제7장 병합 이후의 본도관계 주요범죄 | 517

　　　　　　　　　대구고보 정수희鄭壽熙, 정부흥鄭復興, 김봉구金鳳九, 백대윤
　　　　　　　　　白大潤
　제5그룹
　　　책임자(상업학교 담당)　이월봉李月峯　책임자 미체포로 불명不明함
　제6그룹
　　　책임자(농림학교 담당)　권태호權泰鎬
　　　　　　　　　대구농림 한상훈韓相勳
　제7그룹
　　　책임자　　조은석趙銀石
　　　　　　　　대구중학 박득룡朴得龍, 대구고보 상술상尙戌祥, 대구상업 장원수張元壽,
　　　　　　　　대구고보 이봉재李鳳在

4) 일우당一友黨
1928년 4월 30일
　　서무부위원　　　　대구고보 장종환張鍾煥
　　조직부위원　　　　대구농림 권태호權泰鎬
　　선전부위원　　　　대구고보 이월봉李月峯, 박명근朴命根
　　정치문화부위원　　대구고보 손익기孫益基
　　조사부위원　　　　대구고보 이봉재李鳳在
　　출판부위원　　　　대구상업 장원수張元壽
　　후보당원(당일 출석하지 않기 때문)　대구고보 정수강鄭壽崗, 정부흥鄭復興

5월 상순　간부개선으로 새로 간부가 된 자
　　정치문화부위원　　대구상업 권영구權寧九
　　조사부위원　　　　대구농림 김정섭金貞燮, 권태호權泰鎬
　　출판부위원　　　　대구고보 이남기李南基

일우당 그룹
　제1그룹

책임자   손익기孫益基
　　　　대구고보 김두환金斗煥, 박명근朴命根, 박태식朴泰植, 박경식朴敬植

제2그룹
　　책임자   권태호權泰鎬
　　　　대구상업 권영구權寧九, 대구농림 김정섭金貞燮, 대구상업 권태우權泰禹

제3그룹
　　책임자   권종환權鍾煥
　　　　대구고보 이월봉李月峯, 이남기李南基, 최해영崔海永, 김규탁金奎卓, 황경수黃庚壽

제4그룹
　　책임자   이봉재李鳳在 책임자 병으로 인하여 활동 없음

제5그룹
　　책임자   장원수張元壽 활동 없음

5) 우리동맹
1928년 9월 8일
　　서무부위원   　 교남학교 졸 이덕주李德周
　　정치문화부위원   대구고보 중퇴 상술상尙戌祥
　　조직선전부위원   교남학교 졸 김영수金永壽
　　조사연구부위원   대구중학 졸 조은석趙銀石

붉세회(曙光會)
1928년 6월 상순
　　서무겸 재무부   대구고보 김동광金東光
　　정치문화부   　 대구고보 김성칠金聖七
　　조직부   　　　 대구고보 이상길李相吉
　　연구부   　　　 대구고보 이남기李南基
　　조사부   　　　 대구고보 이정업李定業

6) 구화회丘火會

1927년 11월경

간부

    서무부위원   대구고보 황보선皇甫善
    문화부위원   대구고보 김성칠金聖七
      (2월 적우동맹에 입회入會와 동시에 퇴회退會함) — 김영학金永學
    재무부위원   대구고보 문상우文祥祐(5월말 퇴회)
    일반회원   대구고보 정소수鄭小秀, 김일식金一植, 박상점朴相點

62. 대구 조선은행지점 폭탄 사건

1927년 10월 18일 오전 11시 50분경 대구부 전정에 있는 조선은행 대구지점에 벌꿀을 가장하여 조선은행·식산은행·도지사·경찰부장 앞으로 신문지로 포장한 4개의 나무상자를 가지고 온 자가 그중 한 개를 내밀었다. 이에 접수하는 사람이 그 포장을 풀고 나무상자의 뚜껑을 열었더니, 폭탄에 회로懷爐(일본인이 몸을 따뜻하게 하기 위하여 사용하는 불을 담아 품속에 지니고 다니는 조그만 도구)재를 붙여 이에 점화點火되어 있는 것을 보고 곧바로 이를 끄고, 다른 3개는 부랴부랴 사환으로 하여금 은행 앞 거리로 가져나가게 하고 대구경찰서에 전화로 급히 알렸다. 이에 대구경찰서의 고등주임이 순사 10명과 함께 출동하여 절반은 지점 정문으로, 나머지 절반은 뒷문으로 달려 들어와 즉각 폭탄을 가져온 자를 체포했다. 이와 동시에 3개 폭탄의 포장을 풀어 그중 1개는 도화선을 절단할 수 있었으나, 다른 두 개의 폭탄은 이미 도화선에 불이 붙을 것 같은 형편이어서 몸을 피하려던 찰나, 폭탄 1개가 작렬하고 그 후 약 2분 간격을 두고 또 한 개가, 다시 30·40초를 지나 3개째가 작렬했다(대구경찰서원이 도화선을 절단한 폭탄이 다른 폭탄의 작렬 때문에 뇌관에 격돌을 일으킨 것으로 판단된다). 때문에 현장에서 폭탄처리중이던 대구경찰서 순사 4명, 조선은행 사환 1명과 통행중이던 사람 1명, 합쳐 6명이 경상을 입었던 사건이 있었다. 폭탄지참자는 대구부 전정 덕흥德興여관 호객꾼인 당 20세 박노선朴魯宣이고, 그기 당일 오전 9시경 수일간 투숙을 약속한 한 손님으로부터 그 일을 부탁받았던 것으로 판명되었다. 그렇지만 범인은 폭탄을 호객꾼에게 맡겨 보낸 후 도주하여 신원 등도 판명되지 않았다. 그 호객꾼의 진술과 증거물에 대한 수사를 진행한 결과, 나무상자를 포장한 신문지는 대구부 본정 2정목 잡화상 마현석馬鉉碩이 고물취급 가게로부터 상품포장용으로 구입한 것이었다. 그리고 범인은 도주하던 도중에 부내 경정 1정목 음식점 문갑순文甲順(여) 집에 들러 당일 아침에 맡겨 놓았던 자전거를 타고 갔다는 것이 판명되었을 뿐, 그 이상 수사의 진행을 보지 못하였다. 그런데 그 후, 강우규姜宇奎의 아들 강신호姜信鎬란 자가 이 사건이 있기 직전 경북 각지를 숨어 다닌다는 내용을 탐문하여 극력 그자의 소재를 수사 중이었는데, 1928년 12월 평양경찰서에서 강신호姜信鎬 곧 강진삼姜鎭三을 사기공갈로 검거했다는 통보를 받았다. 그리하여 그의 신병을 인수하여 조사한 결과, 전에 대구경찰서에서 검거한 ㄱ당 관계자 정빈鄭贇・장하명張河鳴 등이 이번 사건의 진상을 알고 있는 것으로 추측되는 데가 있었으므로 더욱더 정鄭과 장張을 심문하였다. 그 결과 이번 사건의 실행자는 본도 칠곡군 인동 장진홍張鎭弘이라는 심증心證을 얻었으므로, 경찰부원을 일본 오사카大阪에 파견하여 그의 동생 장의환張義煥 집에 잠복 중인 그를 1929년 2월 14일에 체포하여 조사한 결과, 다시금 폭탄 3개와 기타 다수의 증거품을 발견하게 되었다. 그리고 이 사건의 계획과 실행의 이면에는 별항에 기재된 ㄱ당사건 관계자와 서만달徐萬達 등이 개재하지 않았는가 판단되는 점이 있기는 했으나, 분명하게 밝혀지지 않았다. 사건의 개황은 아래와 같고, 1929년 3월 23일 치안유지법 및 폭발물단속벌칙 위반으로 검사국에 송치하였다.

기記

(1) 조선은행 사건

장진홍張鎭弘은 1926년 11월 경성에 갔을 때, 동향의 죽마고우인 이내성李乃成과 만나 그로부터 공산당의 투사가 되도록 권유를 받고 이에 찬성한다는 뜻을 표했더니 이내성李乃成은 국제공산당원 특파원인 일본인을 소개해야하지만 지금 만주방면에 여행 중이므로 그가 돌아오면 소개할 것이라 말하기에, 그 일본인이 돌아오면 통지해달라고 부탁하고 장진홍張鎭弘은 고향으로 돌아갔다. 그 후 1927년 4월 이내성李乃成(그는 1927년 8월 17일 본도 선산군 구미에서 쥐약을 먹고 자살하였다. 원인불명)으로부터 소개가 있었던 국제공산당 특파원 호리키리 시게사부로堀切茂三郎란 자와 경상북도 경산시장에서 회합하였는데, 호리키리堀切는 현 사회제도의 불합리함을 설명하고 이를 이상理想의 공산제도로 변혁하는 데는 관공서·은행·부호 등에게 폭탄을 투척하여 민심에 동요를 주고 이로해서 혁명을 촉진하는 방법을 취하지 않으면 안 된다고 역설하였고, 장張은 이에 찬성하여 폭탄만 입수한다면 자기가 언제든지 결행하겠다고 답하였던 바, 호리키리堀切는 만주에서 폭탄을 가져오겠다는 뜻을 말하고 재회를 약속하고 작별했다. 그 후 약 2개월이 지나 경상북도 영천시장 음식점에서 호리키리堀切와 재회하였을 때, 그는 장張에게 만주에는 이미 제조해 둔 다수의 폭탄이 있지만 불발탄이 적지 않을 뿐 아니라 이것을 가지고 돌아오는 것은 경비가 엄중한 국경인 신의주 통과가 곤란하므로 대신에 백발백중의 폭탄을 가져왔다하고, 다이너마이트 뇌관 4개와 도화선 약간을 제시하고 이것을 양철통에 넣어 그 둘레에 다수의 철편으로 채우는 폭탄제조법을 가르쳐 주었다. 그리고 자금으로 50원과 국제공산당결사대원증(영문으로 썼으며 일본으로 도항할 때 장張이 이를 파기하였다)을 주고 빨리 폭탄투척을 실행할 것, 폭탄제조 재료인 다이너마이트는 도로 공사장 또는 광산 등의 노동자를 매수하여 입수할 것, 이를 실행했을 때는 공산당본부에는 그것을 곧 밝히는 조직이 있으므로 별도의 보고는 필요 없다는 것, 만일 검거되었을 경우는 동지와의 관계를 자백하는 일 없이 혼자 미련 없이 목숨을 바쳐야한다. 그렇지 않으면 동지는 전부 검거되기 때문에 혁명사업이 성공하지 못하고 끝나게 된다는 것, 그리고 가령 죽는다하더라도 가족구제기관이 있으므로 마음을 편히 먹어도 좋다는 것, 또 희생이 된 본인에 대해서는 공산당의 공로자로서 오래도록 제사를 받들어 모시고 공적을 표창하는 규정이 있다는 것 등의 주의를 주고, 만주로 간다고 말하고 헤어졌다. 이리하여 장진홍張鎭弘은 호리키리堀切의 주의에 따라, 1927년 6월 본도 경주군 출신이고 당시 영천 거주의 토역꾼(토목공사의 막벌이꾼) 박문선朴文善과 영천군 출신 토역꾼 정방락鄭芳洛을 속여 약에 쓴다하고 전후 2회에 걸쳐 다이너마이트 30개와 뇌관 30개·도화선 25척을 15원을 주고 영천 거주 농민 고바야시 미네하루小林峯治로부터 양도받게 하였다. 그리고 이를 재료로 하여 다수의 폭탄을 제조하여 경상북도지사·경상북도경찰부장·조선은행·식산은행의 두 대구지점·법원·형무소·동척대구지점·대구경찰서와 대구의 부호 장길상張吉相 집의 9개소에 그것을 투척하기로 계획하고, 참여할 동지의 물색에 착수하였다. 장張이 1927년 8·9월의 두 달에 걸쳐 선산군 출신 무직 황진박黃鎭璞[512]과 같은 군 출신 박관영朴觀永에

---

512) 황진박 : 1888~1942, 경북 구미출신, 1990년 애족장(1968년 대통령표창).

게 직접행동으로 공산혁명을 빨리 진행시킴이 유리하다며 설득하니, 이 두 사람 모두 크게 찬성의 뜻을 표하였지만 가정 사정으로 폭탄투척의 실행을 담당하는 것은 불가능하다고 답하였으므로, 장張이 단독으로 이를 실행하기로 결심하였다.

  1927년 8월중, 장진홍張鎭弘은 폭탄의 위력을 시험하기 위해 다이너마이트 뇌관 각 3개·다이너마이트 뇌관 각 2개로 된 2개의 폭탄을 제조하여, 칠곡군과 선산군 양 군 경계의 산중 협곡에서 다른 곳에 폭음이 새어나가는 것을 우려하여 특히 천둥이 치고 비가 오는 날을 택하여 이 2개의 폭탄을 따로따로 터지게 했다. 이에 협곡의 양 벽이 심하게 무너지므로 이 폭탄의 위력이 건물을 파괴하고 인명을 살상하는 데 충분하다는 것을 확인하였다. 그리고 그는 운전사를 매수하여 자동차로 앞서 기술한 9개소에 폭탄을 투척할 계획을 하였다. 그러나 운전사 매수에 어려움을 느껴 끝내는 이 계획을 중지하고, 스스로 결행하는 것으로 계획을 바꾸었다. 동시에 투척장소를 스토須藤도지사·이시모토石本경찰부장·조선은행·식산은행 대구 각 지점과 장길상張吉相의 집 5개소로 줄이고, 이 5개소에는 폭탄을 벌꿀선물처럼 꾸며 가지고 갈 수 있도록, 보내는 곳·보내는 사람과 속에 들어있는 물건의 이름을 황진박黃鎭璞에게 사정을 말하고 대신 쓰게 하였다. 그해 10월 16일 장진홍張鎭弘은 자택에서 냄비·솥·괭이의 파편을 부수어 철 조각으로 만들고 다이너마이트 뇌관 도화선을 사용하여 1원짜리 위산胃散(일본의 위장약 이름) 빈 통에 넣은 폭탄 5개(폭탄 1개 속에는 다이너마이트 뇌관 각 5개), 20전짜리 위산 빈 통에 넣은 폭탄 1개(다이너마이트 뇌관 각 3개), 계 6개의 폭탄을 제조하였다. 그러나 장길상張吉相 집은 지리적 관계로 투척이 불편한 까닭에 그 집의 투척계획은 중지하고 폭탄 5개 중 1개는 미완성품으로 그대로 두었다. 다음날 17일 오후 2시경 작은 폭탄 하나는 자살용으로 호주머니 속에 넣고 다른 큰 폭탄 4개는 각각 나무상자에 넣어 이를 책 보자기로 싸서 자전거의 짐받이에 싣고, 자기 집을 출발하여 오후 5시경 대구부 달성정 자형 김상한金尙翰 집에 갔다. 그리고 그날 밤 대구부 본정 1정목 박승원朴承源의 서점에서 풀 한 병과 삼끈 한 두루마리를 15전에 샀으며 본정 2정목 마현적馬鉉磧의 잡화상에서 『시즈오카신보靜岡新報』(일본의 한 지방에서 발행하는 신문) 15·16매를 10전으로 구입하여, 그날 밤은 김상한金尙翰 집에 돌아가서 잤다. 다음 날 18일 오전 9시경 지난밤에 구입했던 포장용 신문·삼끈과 폭탄 4개를 함께 자전거 짐받이에 싣고 그 집을 출발, 부내 경정에 있는 음식점 문갑순文甲順 집에 가서 술을 마시고, 자전거는 짐을 실은 채로 그 음식점에 맡겨놓고, 그곳을 나와 폭탄의 점화·포장에 적합한 장소로서 덕흥여관을 물색했다. 그리고 그 여관의 호객군 박노선朴

魯宣에게 4·5일간 이곳에서 요양하고자 한다하여 숙박을 약속하고, 위에서 말한 자전거에 실어 두었던 폭탄과 포장용품을 덕흥여관 2호 객실로 들고 간 후, 4개의 폭탄에 점화하여 위의 호객꾼 박노선朴魯宣에게 송달을 부탁해 놓고, 곧바로 그 여관을 나와 문갑순文甲順의 음식점에 가서 맡겨놓은 자전거를 타고 도주하였다. 그리고 그는 도중에 자형 김상한金尙翰 집에 들러 그 집에서 파나마모자를 벗어버리고 두루마기로 갈아입고 선산군으로 향했다. 그는 도중에 칠곡군 다부면 고개에서 금 의치 4개를 빼버리고, 백색 편리화를 벗고 미리 준비하여 가지고 간 흰 구두로 바꾸어 신었다. 이렇게 범행당시의 인상착의人相着衣를 전적으로 바꾸어 선산군 산동면에 이르러 동지 황진박黃鎭璞과 박관영朴觀永에게 범행상황을 말하고 같이 성공을 축하한 후, 칠곡군 인동면 옥계동의 자택으로 돌아갔던 것이다.

또한 국제공산당원이라고 말한 호리키리 시게사부로堀切茂三郞는 1927년 10월 22일 대구부 칠성정 이사야마諫山 집에서 다이너마이트를 터뜨려 폭사爆死한 사실이 있다. 당시 그의 전 거주지인 만주 스핑제四平街로 신원조회를 했더니 과격사상을 가진 자라는 회답이 있었지만 자살의 원인은 전혀 판명되지 않아, 행정검시行政檢屍의 취급을 한 후 수수께끼의 폭탄사건으로 취급해왔다. 그러나 이 사건의 검거로 그가 국제공산당원이고 또 조선은행 폭탄사건의 관계자임이 판명됨에 따라, 그가 1927년 6월 영천시장에서 장진홍張鎭弘에게 다이너마이트 뇌관 등의 폭탄재료를 건네주었을 때 주의主義를 위하여 목숨을 바쳐야 한다는 내용의 주의注意를 장張에게 준 관계도 있어, 조선은행사건 직후 피의자가 검거되었다는 것을 범인 장진홍張鎭弘이 검거된 것으로 오인하여 자기 몸의 위험과 발각이 두려워 폭사한 것이 아닌가 생각되기도 하지만, 오늘날에 있어서는 아무것도 이를 증명할 수 있는 것이 없는 까닭에 진상은 판명되지 않는다.

(2) 영천 사건

장진홍張鎭弘은 조선은행사건이 기대했던 효과를 가져오지 못하고 실패로 끝난 것을 유감으로 생각하여, 다시 제2차 계획을 수립하는 데는 힘센 동지가 필요하다는 것을 통감하였다. 그는 1927년 11월 중 도내 안동군 서후면에 친척관계에 있는 매약행상 장용희張容熙[513]를 농지로 끌어들여 폭탄을 부척하여 암살파괴의 직섭행동에 종사할 것을 서로

---
513) 장용희 : 1904~1928, 경북 칠곡출신, 1990년 애족장.

서약했다(그 후 병사病死). 또 1928년 3월 1일, 전부터 친교가 두터운, 영천읍내에 거주하며 여인숙 영업을 하는 김명숙金明淑 곧 김기용金基用[514]을 최적임자로 판단하여 자기가 조선은행 폭탄사건의 범인이라는 사정을 말하고, 공산당결사대원이 되어 함께 활동할 것을 권유하여, 영천경찰서와 영천읍내 부호인 이인석李仁錫 집에 폭탄을 투척하여 파괴 암살을 감행할 것을 모의하였다. 그는 영천읍내 성명미상의 일본인 상점에서 철사 약간을 5전, 그곳 조선인 철물점 윤우동尹祐東 가게에서 신품 다리미 한 개를 30전에 사들여 이를 부수어 철편으로 만들었다. 그리고 첩 이근신李謹愼 집 방안에서 50전짜리 위산 빈통 2개를 폭탄 껍질로 하고 미리 준비해 둔 다이너마이트 5개·뇌관 6개를 둘로 나누어 이를 위산통 속에 넣고 그 통 주위를 앞서 말한 철편과 폭탄의 동요를 막기 위해 찰흙을 채우고 그 외각을 몇 가닥의 철사로 돌려 묶고 다이너마이트를 도화선 대용의 점화장치로 하고 손으로 던지는 폭탄 2개를 제조하였다. 그리하여 다음날 오후 8시경 그 폭탄 2개를 김기용金基用 집에 가지고 가서 투척방법을 가르치고, 또 그자의 집 변소 안에서 다이너마이트 약간을 가지고 불을 붙이는 실험을 하여 점화 작렬이 완전하다는 것을 확인한 후, 그 폭탄 2개를 김기용金基用에게 주고 실행을 담당하게 하였다. 그 후 김金은 이를 두 번 투척하려고 했으나 시기를 놓쳐 다시 기회를 엿보고 있던 중에 검거된 것이다. 관계자는 아래와 같다.

기記

본적 : 경북 칠곡군 인동면 옥계동 352 주소 : 大阪市 東成區 猪飼野町 508 양반 매약행상 장진홍張鎭弘(34세)	본적 : 千葉縣 君津郡 淸川村 大字祇園 주소 : 경남 부산부 대신정 969 당시 경북 대구부 칠성정 602번지 　　諫山秋三郎 집 　　(1927년 10월 22일 諫山집에서 폭사) 생선상 堀切茂三郎(49세)
본적 : 경북 선산군 산동면 성수동 주소 : 兵庫縣 武庫郡 良元村 노동자飯場 국서國瑞 곧 황진박黃鎭璞(42세)	본적 : 경북 선산군 산동면 동곡동 403 주소 : 경북 선산군 산동면 적림동 386 무직 박관영朴觀永(28세)

---

514) 김기용 : 1883~1938, 경북 영천출신, 1990년 애국장(1980년 건국포장).

본적 : 경북 칠곡군 인동면 진평동 　　　(1927년 8월 17일 구미에서 자살) 이내성李乃成	본적 : 경북 칠곡군 인동면 임수동 307 　　　(1928년 7월 28일 병사病死) 장용희張容熙
본적 : 경북 칠곡군 인동면 옥계동 352 주소 : 大阪市 東成區 猪飼野町 508 양반 안경제조업 장의환張義煥(27세)	본적 : 전남 나주군 봉황면 덕림리 104 주소 : 大阪市 中河內郡 高井田村 西高井田 1068 　　　김원출金元出 집 상민 도금鍍金직공 박노선朴魯宣(22세)
본적 : 경북 칠곡군 인동면 옥계동 356 주소 : 경북 칠곡군 가산면 학상동 565 양반 어물상 김상한金商翰(47세)	본적 : 경북 선산군 (이하 미상) 주소 : 미상 상민 무직(여) 이근진李謹瑱(39세)
본적 : 長野縣 上水內郡 鳥居村 大字倉 번지미상 주소 : 경북 영천군 영천면 문외동 56 평민 농업 小林峯治(49세)	본적 : 미상 주소 : 경북 경주군 강서면 안강리 번지미상 상민 토공 박문선朴文善(52세)
본적 : 경북 군위군 효령면 금매동 번지미상 주소 : 경북 영천군 영천면 교촌동 번지미상 상민 토공 정방봉鄭芳鳳(39세)	

부록
통계표

1. 각종 단체 조사

종별 연차	정치 政治	사상思想 민족 民族	사상思想 사회 社會	사상思想 무정부 無政府	노동 勞動	농민 農民	청년 靑年	소년 少年	여성 女性	형평 衡平	학사 學事	종교 宗敎	종교유사 宗敎類似	기타	계	일본인	외국인	계	합계
1918년 이전							3						18	13	34	1		1	35
1918년							3						18	20	41	1		1	42
1919년					2		5				1	3	18	22	51	3		3	54
1920년	1				3		40	1	1		12	13	21	57	148	3		3	151
1921년	1	12			8	1	49	1	3		17	17	33	72	214	4		4	218
1922년	1	12			7	1	58		4	1	24	19	47	85	260	5		5	265
1923년	1	12			10	5	70	3	3	15	26	22	47	86	300	6		6	306
1924년		12	1		20	10	80	7	2	17	28	20	39	64	300	8		8	308
1925년		14	5	1	30	13	98	21	4	23	30	25	47	73	384	9		9	393
1926년		18	8	1	39	20	117	23	5	24	35	27	43	85	445	10		10	455
1927년		27	9	1	38	28	122	21	6	22	36	21	36	35	402	8		8	410
1928년		38	9	1	40	35	150	24	5	22	37	22	33	36	452	14	1	15	467
1929년		39	5	1	35	34	145	18	4	23	39	25	32	30	430	23	1	24	454

2. 각종 단체집회 단속 상황표(조선인)

연차	구별	정사(政事) 민족주의 民族主義	사상 思想 사회주의 社會主義	사상 思想 무정부주의 無政府主義	단체별 노동 勞動	농민 農民	청년 青年	소년 少年	여성 女性	형평 衡平	학사 學事	종교 宗教	종교유사 宗教類似	기타	계
1929년	개회횟수 開會回數	126	4		33	24	197	12	7	5	33	58	33	51	583
1929년	집회인원 集會人員	1,950	63		5,987	1,810	3,367	205	169	171	1,646	4,665	1,855	2,589	24,477

3. 집회集會 단속 상황표

연차	일본·조선인별	개회횟수 開會回數	집회인원 集會人員	경찰사고 警察事故 사전금지 事前禁止	제한 制限	해산 解散	검속 檢束	처벌 處罰	계
1929년	일본인	51	8,678						
1929년	조선인	692	35,395	113	121	2			216

4. 노동쟁의 勞動爭議 조사

연차	건수	참가인원				원인			결과		
		일본인	조선인	중국인	계	임금 賃銀	대우 待遇	기타	성공 成功	불성공 不成功	타협 安協
1920년	3		80		80	3				2	1
1921년	4		261		261	1	1	2		3	1
1922년	3		106		106	2		1		3	
1923년	1		25		25	1			1		
1924년	4		389		389	3	1		3		1
1925년	1		469		469	1			1		
1926년	4	7	214		221	2		2	2	1	1
1927년	7		1,134		1,114	5	1	1	1	2	4
1928년	8		335		335	4	2	2	2	2	4
1929년	7	1	252		252	5	1	1	3	3	1

5. 소작쟁의 小作爭議 조사

연차	건수	관계인원			원인					결과			
		지주 地主	소작인 小作人	계	소작권 이동 小作權 移動	소작료 감액 요구 小作料 減額 要求	지세 공과금 부담 地稅 公課金 地主 負擔	기타		거절 拒絕	관철 貫徹	타협 妥協	기타
1920년	4			2,353		1		1		3	1		
1921년	7			1,641		4	2	1		2	2	1	2
1922년	3			134		2	2	1		1	2		
1923년	5			71		2		1		3	2		3
1924년	21			587	5	2		14		3	8		10
1925년	14			638	7			7		5		3	6
1926년	6			114	2	2		2			4	1	1
1927년	2	1	831	833	1			1				1	1
1928년													
1929년													

부록: 통계표

6. 정치政治 출옥자出獄者 조사(1928년 말)

서별 署別	보안법 위반 保安法 違反	제령 위반 制令 違反	치안유지법 위반 治安維持法 違反	출판법 위반 出版法 違反	폭발물 단속 벌칙 위반 爆發物 團束 罰則 違反	폭력행위 등 처벌에 관한 건 위반	계
대구大邱	22	8	9	2	2		43
경산慶山	4	1					5
영천永川		1					1
경주慶州	10						10
포항浦項	13						13
영덕盈德	92	2	1				95
영양英陽	13						13
청송靑松							
안동安東	106	7					113
의성義城	64	3					67
군위軍威	3	7					10
왜관倭館	34	2					36
김천金泉	15	4				4	23
상주尙州	5						5
예천醴泉	41	3					44
영주榮州	11	3					14
봉화奉化	6						6
성주星州	34	1					35
고령高靈	23						23
청도淸道	8						8
선산善山	7						7
문경聞慶							
울릉도鬱陵島							
계	511	42	10	2	2	4	571

부록: 통계표

7. 동맹同盟 휴교休校 조사

연차	건수	참가인원	원인 교원 배척 敎員 排斥	설비 불완전 設備 不完全	승격 운동 昇格 運動	교수의 불평 敎授의 不平	기타	결과 유시 복교 諭示 復校	결과 관철 貫徹	기타
1911년	2	60				2		1	1	
1912년	1	7	1					1		
1913년										
1914년										
1915년	1	19	1					1		
1916년	2	72	1				1	1	1	
1917년	1	43	1					1		
1918년	1	22	1					1		
1919년	3	111	2				1	3		
1920년	5	608	3				2	5		
1921년	6	779	3	1			2	5		1
1922년	8	578	4	1			3	8		
1923년	23	2,113	13	1	2		7	17	2	4
1924년	11	713	7	1		2	1	7		4
1925년	11	626	5	2		1	3	7	1	3
1926년	7	620	6			1		3		4
1927년	6	319	5				1	3	1	2
1928년	9	512	3				6	2	2	5
1929년	2	70	2					2		

8. 요要 시찰인視察人 조사

구별 연차	갑종甲種				을종乙種				합계
	일본인	조선인	외국인	계	일본인	조선인	외국인	계	
1911년	2	144	2	148	5	26	1	32	180
1912년	2	140	2	144	9	24		33	177
1913년	2	92	1	95	7	7		14	109
1914년	2	51	2	55	5	5		10	65
1915년	2	68	2	72	4	13		17	89
1916년	2	54	2	58	3	24		27	85
1917년	2	25	2	29	4	61		65	94
1918년	2	26	1	29	6	63	1	70	99
1919년	2	98	2	102	4	123	4	131	233
1920년	1	94	2	97	2	118	3	123	220
1921년	1	92	1	94	1	120		121	215
1922년	1	90	2	93	1	127	2	130	223
1923년		75	1	76	1	97	1	99	175
1924년		136	1	137		123	2	125	262
1925년		78	1	79		87	1	88	167
1926년		86	1	87		82	1	83	170
1927년		61	1	62		70	1	71	133

규정 개정 규程 改正	조선					일본					국외					합계
	특特	정政	노勞	보普	계	특特	정政	노勞	보普	계	특特	정政	노勞	보普	계	
1928년	64	57		19	140	8	6	2	3	19	13	22			65	224
1929년	76	56	2	20	154	8	5	2	3	18	15	53			68	240

9-1. 양반兩班 유생儒生 분포 상황(1929년 10월 조사) (1)

본관\성별	호구	대구	경산	영천	경주	포항	영덕	영양	청송	안동	의성	군위	예관	김천	상주	예천	영주	봉화	문경	성주	고령	청도	선산	울릉	계
경주 이李	호수	210												9		7	81		83			34			424
	인구	1,120												63		36	390		245			179			2,033
영일 정鄭	호수	35		648	50									7								3			743
	인구	216		2,730	180									56								11			3,193
하양 허許	호수	10																							10
	인구	50																							50
중화 양楊	호수	30																							30
	인구	90																							90
김해 김金	호수	70				150		100						18			4					60		3	405
	인구	220				790		566						96			18					420		17	2,127
인천 이李	호수	200												21											221
	인구	900												118											1,018
능주 구具	호수	80																							80
	인구	320																							320
단양 우禹	호수	140									85			10											235
	인구	675									452			56											1,183
현풍 곽郭	호수	846				42															83				971
	인구	4,601				210															333				5,143
서흥 김金	호수	503																							503
	인구	3,003																							5,003
밀양 박朴	호수	34			40									27								1,010		6	1,117
	인구	216			200									159								4,775		28	5,378
달성 서徐	호수	490		31		15			41								120								697
	인구	2,385		145		90			178								520								3,318
전주 이李	호수	163		207										146				40							598
	인구	691		1,030										436				200							2,596
남평 문文	호수	14												8											22
	인구	55												20											75
전주 최崔	호수	40																							40
	인구	223																							223
성주 도都	호수	63																		191					254
	인구	359																		844					1,203

부록: 통계표

9-2. 양반兩班 유생儒生 분포 상황(1929년 10월 조사)

본관별	호구	대구	경산	영천	경주	포항	영덕	영양	청송	안동	의성	군위	왜관	김천	성주	예천	영주	봉화	문경	성주	고령	청도	선산	울릉도	계
순천 박朴	호수	134																							134
	인구	504																							504
정주 황黃	호수		61																						95
	인구		206																						373
창녕 조曺	호수			337									20												457
	인구			1,522									548												2,570
하성 조曺	호수			180																					180
	인구			650																					650
광산 김金	호수			9						215														2	226
	인구			41						565														5	611
영천황보皇甫	호수			96																					96
	인구			449																					449
안동 권權	호수			35	18	100	91	55	120	282	57					60	72	215							1,269
	인구			170	526	402	511	262	584	1,277	251					350	352	1,155							6,240
창녕 성成	호수			83											653										736
	인구			470											3925										4,395
밀양 손孫	호수			70																					70
	인구			350																					350
광주 안安	호수			57																		30			87
	인구			265																		230			495
성산 이李	호수			100										9	200						68				377
	인구			500										50	569						264				1,383
여주 이李	호수				390	70										105									565
	인구				2,000	727										594									3,321
월성 최崔	호수				400																	24		9	433
	인구				2,000																	148		34	2,182
이천 서徐	호수				70																				70
	인구				300																				300
월성 김金	호수				25																	25			50
	인구				110																	225			335
광주 노盧	호수				7																				7
	인구				33																				33

부록: 통계표

9-3. 양반兩班 유생儒生 분포 상황(1929년 10월 조사)

서울별 본관	호구	대구	경산	영천	경주	포항	영덕	영양	청송	안동	의성	군위	왜관	김천	성주	예천	영주	봉화	문경	성주	고령	청도	선산	울릉도	계
월성 손孫	호수				117																			2	119
	인구				387																			7	394
청안 이李	호수				100																				100
	인구				400																				400
곡산 한韓	호수				42																				42
	인구				209																				209
월성 이李	호수				55																				55
	인구				292																				292
안동 장張	호수					60							787			41	142								1,030
	인구					248							3,200			529	686								4,663
수원 김金	호수					150																			150
	인구					600																			600
해주 최崔	호수					70																			70
	인구					288																			288
경주 최崔	호수					80							3								25	75			183
	인구					410							22								110	252			794
해덕 홍洪	호수					40																			40
	인구					167																			167
영해 신申	호수						423		250																673
	인구						1,530		1,065																2,595
영양 남南	호수						542		200		53														795
	인구						2,137		1,100		270														3,507
대흥 백白	호수						37																		37
	인구						176																		176
무안 박朴	호수						87	40																	127
	인구						515	185																	700
영천 이李	호수						170	20		152		132													724
	인구						899	115		868		652													3,834
재령 이李	호수						130	106																	236
	인구						655	303																	958
옹금 정鄭	호수							27																	27
	인구							235																	235

부록: 통계표

9-4. 양반兩班 유생儒生 분포 상황(1929년 10월 조사)

본관별	호구	대구	경산	영천	경주	포항	영덕	영양	청송	안동	의성	군위	예천	김천	성주	예천	영주	봉화	문경	성주	고령	청도	선산	울릉도	계
영해 남南	호수							32																	32
영해 남南	인구							194																	194
낙안 오吳	호수							92																	92
낙안 오吳	인구							710																	710
춘천 박朴	호수							26																	26
춘천 박朴	인구							230																	230
함양 조趙	호수							161								60								2	223
함양 조趙	인구							850								250								4	1,104
야성 정鄭	호수							40																	40
야성 정鄭	인구							200																	200
평해 황黃	호수							5									117								122
평해 황黃	인구							38									538								576
봉화 금琴	호수							14																	14
봉화 금琴	인구							82																	82
함양 오吳	호수							102																	102
함양 오吳	인구							465																	465
신안 주朱	호수							80																	80
신안 주朱	인구							306																	306
의성 김金	호수							1																	1
의성 김金	인구							6																	6
김녕 김金	호수							30																	30
김녕 김金	인구							150																	150
흥주 황黃	호수							1																	1
흥주 황黃	인구							5																	5
함안 조趙	호수							350						13											363
함안 조趙	인구							1,800						106											1,906
영해 남南	호수						32																		32
영해 남南	인구						194																		194
청송 심沈	호수							450						1									50		501
청송 심沈	인구							3,055						7									232		3,294
경주 정鄭	호수							100																	100
경주 정鄭	인구							250																	250

부록: 통계표

9-5. 양반(兩班) 유생(儒生) 분포 상황(1929년 10월 조사)

본관	시군별	대구	경산	영천	경주	포항	영양	영덕	청송	안동	의성	군위	왜관	김천	성주	예천	영주	봉화	문경	성주	고령	청도	선산	울릉도	계
여흥 민閔	호수								90																60
	인구								290																290
평산 신申	호수								60		13		82	32		30			120						337
	인구								300		52		325	104		106			578						1,465
풍산 류柳	호수									237	75			2				1	12						335
	인구									1,641	370			70				6	73						2,154
고성 이李	호수									91												362			454
	인구									282												1,632			1,920
안동 김金	호수									480	335							170							985
	인구									1,902	1,248							538							3,688
전주 류柳	호수									374								7							381
	인구									839								40							879
횡성 조趙	호수									151															51
	인구									151															151
진성 이李	호수									58	141					75		52	13						439
	인구									611	412					341		211	97						1,672
순흥 안安	호수									45						80		209							334
	인구									155						418		738							1,511
한산 이李	호수									61					45										106
	인구									247					249										496
연안 이李	호수									15	70	60		1,480					2						1,627
	인구									64	350	250		9,350					27						10,041
풍산 김金	호수									117								130							247
	인구									322								680							1,002
청주 정鄭	호수									38						18			7	70					253
	인구									111						129			42	290					982
봉화 김金	호수									63															63
	인구									306															306
흥해 배裵	호수									30															30
	인구									121															121
전의 이李	호수									36				10								69			115
	인구									199				50								262			511

9-6. 양반兩班 유생儒生 분포 상황(1929년 10월 조사)

본관별·성별	호구	대구	경산	영천	경주	포항	영덕	영양	청송	인동	의성	군위	왜관	김천	상주	예천	영주	봉화	문경	성주	고령	청도	선산	울릉도	계
선성 이李	호수									130															130
	인구									711															711
의성 김金	호수									889	20			80			28	200		201					1,418
	인구									2,720	95			430			125	1,000		616					5,986
이주 신申	호수										449														449
	인구										2,302														2,302
순천 장張	호수										105														105
	인구										455														455
일선 김金	호수										70														70
	인구										360														360
반남 박朴	호수										53					70	274								397
	인구										210					391	1,168								1,769
경주 손孫	호수										61								62						123
	인구										337								272						609
김녕 김金	호수										93														93
	인구										456														456
의성 정丁	호수										27														27
	인구										190														180
해주 오吳	호수										500														500
	인구										2,600														2,600
남양 홍洪	호수											70		13			10								93
	인구											920	50	63			50								1,032
구산 박朴	호수											250													105
	인구																								455
광주 이李	호수										360														70
	인구																								360
반남 박朴	호수										53					70	274								397
	인구										210					391	1,168								1,769
경주 손孫	호수										61								62						123
	인구										337								272						609
김녕 김金	호수										93														93
	인구										456														456

9-7. 양반兩班 유생儒生 분포 상황(1929년 10월 조사)

시도별\본관별	호구	대구	경산	영천	경주	포항	영덕	영양	청송	안동	의성	군위	왜관	김천	성주	예천	영주	봉화	문경	성주	고령	청도	선산	울릉도	계
의성 정丁	호수										27														27
	인구										190														180
해주 오吳	호수										500														500
	인구										2,600														2,600
남양 홍洪	호수											70		13			10								93
	인구											920		63			50								1,032
구산 박朴	호수											50													50
	인구											250													250
광주 이李	호수												163	6				11							180
	인구												750	63				87							900
성주 이李	호수												49		120										169
	인구												247		400										647
칠원 윤尹	호수												12												12
	인구												64												64
진주 강姜	호수												10		28			112	150					2	302
	인구												52		135			560	700					20	1,467
덕산 이李	호수												75												75
	인구												350												350
달성 배裵	호수												50												50
	인구												250												250
문화 류柳	호수												30												30
	인구												150												150
성주 려呂	호수													128											128
	인구													395											395
김해 허許	호수													7									12		19
	인구													43									60		103
해주 정鄭	호수													4											4
	인구													30											30
화순 최崔	호수													40											40
	인구													210											210
연일 이李	호수													28											28
	인구													86											86

부록: 통계표 | 542

9-8. 양반兩班 유생儒生 분포 상황(1929년 10월 조사)

본관별/성씨별	호구	대구	경산	영천	경주	포항	영덕	영양	청송	안동	의성	군위	왜관	김천	성주	예천	영주	봉화	문경	상주	고령	청도	선산	울릉도	계
흥양 이李	호수													1										3	4
	인구													5										7	12
수원 백	호수													16											16
	인구													93											93
진주 정鄭	호수														70						28				98
	인구														429						118				547
풍양 조趙	호수														188										188
	인구														912										912
광산 노盧	호수														149										149
	인구														629										629
여산 송宋	호수														73										73
	인구														385										385
성산 김	호수														50										50
	인구														230										230
인천 채蔡	호수														440				200						640
	인구														2,481				1,000						3,481
이성 손	호수														95	30									125
	인구														531	50									581
예천 권權	호수															200									200
	인구															1,020									1,020
나주 정丁	호수															10	32								42
	인구															57	140								197
함양 박	호수															82									82
	인구															423									423
선성 김	호수															26	220								246
	인구															152	1,104								1,256
함창 김	호수																76								76
	인구																306								306
고창 오吳	호수																10								10
	인구																50								50
순천 박	호수														150		40		1						191
	인구														700		150		11						861

부록: 통계표

9-9. 양반兩班 유생儒生 분포 상황(1929년 10월 조사)

시·군별 본관	호구	대구	경산	영천	경주	포항	영덕	영양	청송	안동	의성	군위	왜관	김천	상주	예천	영주	봉화	문경	성주	고령	청도	선산	울릉	계
옥천 김金	호수																62								62
	인구																263								263
연안 김金	호수																15								15
	인구																64								64
고성 진秦	호수																82								82
	인구																450								450
창원 황黃	호수																56								56
	인구																146								146
봉성 금琴	호수																	112							112
	인구																	575							575
개성 고高	호수																		350						350
	인구																		1,500						1,500
기림 홍洪	호수																		30						30
	인구																		200						200
경주 김金	호수																		19	28					47
	인구																		89	123					212
진성 이李	호수																		11						11
	인구																		25						25
파평 윤尹	호수																		16	45		45			106
	인구																		89	221		208			518
영월 신辛	호수																		32						32
	인구																		123						123
영천 최崔	호수																			95					95
	인구																			341					341
농서 이李	호수																			71					71
	인구																			382					382
옥산 장張	호수																			72					72
	인구																			376					376
벽진 이李	호수																			40					40
	인구																			217					210
성산 려呂	호수																			210					210
	인구																			1,300					1,300

9-10. 양반兩班 유생儒生 분포 상황(1929년 10월 조사)

시군별 본관	호구	대구	경산	영천	경주	포항	영덕	영양	청송	안동	의성	군위	예천	김천	상주	성주	문경	봉화	영주	예천	영주	고령	청도	선산	울릉	계
성산 배裵	호수															60										60
성산 배裵	인구															185										185
광주 이李	호수															16										16
광주 이李	인구															62										62
고령 박朴	호수															323										323
고령 박朴	인구															1,542										1,542
일선 김金	호수															92										92
일선 김金	인구															603										603
강릉 유劉	호수															550										550
강릉 유劉	인구															2,755										2,755
남양 홍洪	호수															3										3
남양 홍洪	인구															12										12
청주 한韓	호수															30										30
청주 한韓	인구															126										126
기성 반潘	호수																					50				50
기성 반潘	인구																					280				280
재령 이李	호수																					50				50
재령 이李	인구																					230				230
죽산 박朴	호수																					200				200
죽산 박朴	인구																					600				600
의흥 예芮	호수																					174				174
의흥 예芮	인구																					907				907
아산 장蔣	호수																					30				30
아산 장蔣	인구																					200				200
평택 임林	호수																					120				120
평택 임林	인구																					675				675
선산 김金	호수																						130			130
선산 김金	인구																						682			682
덕수 이李	호수																						13			13
덕수 이李	인구																						80			80
선산 길吉	호수																						8			8
선산 길吉	인구																						43			43

부록: 통계표

9-11. 양반(兩班) 유생(儒生) 분포 상황(1929년 10월 조사)

시도별 본관	호구	대구	경산	영천	경주	포항	영덕	영양	청송	안동	의성	군위	왜관	김천	성주	예천	영주	봉화	문경	성주	고령	청도	선산	울릉도	계
밀양 안씨	호수																						2		2
	인구																						5		5
해주 최씨	호수																						4		4
	인구																						17		17
하성 이씨	호수																						1		1
	인구																						5		5
동래 정씨	호수							27								251									278
	인구							235								1,272									1,507
연일 정씨	호수													50											50
	인구													300											300
진보 이씨	호수									503															503
	인구									2,583															2,583
합 계	호수	3,062	61	1,853	1,478	777	1,480	991	1,590	4,008	2,457	312	1,281	2,204	1,801	1,145	2,000	769	1,159	1,591	1,386	2,289	213	39	33,946
	인구	15,628	206	8,322	7,027	3,932	6,423	5,331	8,444	16,853	11,700	2,072	5,958	12,589	9,912	6,118	8,463	3,970	5,358	6,813	6,707	10,961	1,097	160	164,054

10. 양반兩班 유생儒生 분포 상황표 (2)

서별署別 \ 종별種別	양반兩班 족수族姓數	양반兩班 호수戶數	양반兩班 인구人口	유생儒生 족수族姓數	유생儒生 호수戶數	유생儒生 인구人口	좌동목(양반·유생) 중中 가장 주읍을 요하는 자 - 양반兩班 족수族姓數	양반兩班 호수戶數	양반兩班 인구人口	유생儒生 족수族姓數	유생儒生 호수戶數	유생儒生 인구人口
대구大邱	5	2,975	15,161	3	87	467						
경산慶山	1	61	206									
영천永川	12	1,846	8,292	1	7	30	1	648	2,734			
경주慶州	9	1,121	5,396	5	357	1631	3	780	3,850			
포항浦項	10	656	3,402	2	121	530	1	170	727			
영덕盈德	7	1,480	6,423				4	1,186	4,833			
영양英陽	18	831	4,507	6	160	824	3	231	1,262			
청송靑松	7	1,530	8,144	1	60	300	3	920	5,444			
안동安東	21	4,008	16,853				8	3,036	12,565			
의성義城	13	1,756	8,132	5	701	3,568	1	75	370			
군위軍威	3	262	1,822	1	50	250	1	170	920			
왜관倭館	11	128	5,958				4	1,107	5,494			
김천金泉	12	2,013	11,569	13	191	1,020	1	7	43			
상주尙州	12	1,801	9,912				5	950	5,471			
예천醴泉	15	1,015	5,477	2	130	641	2	53	277			
영주榮州	20	1,811	7,749	4	189	714	4	63	2,881			
봉화奉化	5	769	3,970				2	415	2,155			
문경聞慶	19	917	4,335	3	242	1,023	2	350	1,300			
성주星州	13	1,519	6,613	2	72	200	1	201	616	1	70	290
고령高靈	16	1,386	6,707	3	355	1,636	1	68	264			
청도淸道	11	2,081	9,759	4	208	1,202	3	1,417	6,615			
선산善山	4	205	1,054	1	8	43	2	142	742			
울릉도鬱陵島	1	2	17	12	37	143						
합계	255	31,326	151,458	65	2,620	12,586	52	11,989	58,563	1	70	290

11. 자산가資産家 조사(1929년 4월 조사)

서별署別	200만 圓 이상 조선인	200만 圓 이상 일본인	100만 圓 이상 조선인	100만 圓 이상 일본인	70만 圓 이상 조선인	70만 圓 이상 일본인	50만 圓 이상 조선인	50만 圓 이상 일본인	30만 圓 이상 조선인	30만 圓 이상 일본인	10만 圓 이상 조선인	10만 圓 이상 일본인	5만 圓 이상 조선인	5만 圓 이상 일본인	1만 圓 이상 조선인	1만 圓 이상 일본인	계 조선인	계 일본인
대구大邱	3	1			4	1	3	5	5	5	23	20	43	55	301	169	384	254
경산慶山			2						1		3		4	6	57	15	65	23
영천永川			1	1	1		1				5		12	2	87	19	107	21
경주慶州											8	5	24	6	152	28	185	40
포항浦項						1	1	1	1		8	7	20	5	175	68	205	81
영덕盈德											1		2	1	35	3	38	5
영양英陽											4		6		33	2	43	2
청송青松											3	1	1		21		25	1
안동安東											6		28		181	9	215	9
의성義城											9	1	11	1	80	7	100	9
군위軍威													8		41	1	49	1
왜관倭館											3		15	1	68	13	86	13
김천金泉								1	3	4	3		23	2	95	7	121	14
상주尙州									2		2		14	6	182	27	198	33
예천醴泉										1	8		6	3	80	6	94	10
영주榮州							1				4		4	3	75	6	84	9
봉화奉化							1				2		25		35		63	
문경聞慶										1	3		2	2	10	3	15	6
성주星州											4		13		51	4	68	4
고령高靈											3		9		27	1	39	1
청도清道									3		5		7	3	73	8	88	11
선산善山									2		5		9	2	60	6	76	8
울릉도鬱陵島															6	6	6	6
계	3	1	3	1	5		8	3	12	8	112	40	286	98	1,919	398	2,348	552

12. 일본인 포교布敎 상황표

연차	구별	신도神道	불교佛敎	기독교基督敎	계
1920년	포교소布敎敎所	3	25	7	35
	신도信徒	1,180	9,542	294	11,016
1921년	포교소	5	25	4	34
	신도	1,421	9,656	360	11,437
1922년	포교소	7	29	5	41
	신도	1,538	10,108	394	12,040
1923년	포교소	9	29	4	42
	신도	2,351	12,954	187	15,492
1924년	포교소	10	30	4	44
	신도	2,540	13,618	160	16,318
1925년	포교소	12	30	4	46
	신도	2,476	13,545	161	16,182
1926년	포교소	13	31	4	48
	신도	2,879	13,739	187	16,805
1927년	포교소	22	33	3	58
	신도	4,096	14,877	230	19,203
1928년	포교소	24	34	3	61
	신도	4,663	15,293	283	20,239
1929년	포교소	25	53	6	84
	신도	5,195	15,065	274	20,534

13. 조선인 포교(布敎) 상황표

연차	구별	선교양종파 禪敎兩宗派	천도교 天道敎	시천교 侍天敎 宋派	상제교 시천교 김파 上帝敎 侍天敎 金派	보천교 普天敎	무극대도교 無極大道敎	동학교 同學敎	청림교 靑林敎	각세도 覺世道	공자교 孔子敎	태을교 太乙敎	경천교 敬天敎	계
1920년	포교소	142	9	9										160
	신도	21,068	574	924										22,566
1921년	포교소	165	10	9										187
	신도	22,753	1,060	2,943										26,996
1922년	포교소	163	10	11										187
	신도	24,560	1,046	3,368										29,201
1923년	포교소	160	10	3	7	9		1				2	1	193
	신도	24,503	692	1,454	788	7,871		360				26	56	35,750
1924년	포교소	162	7	3	10	9		2	1	1				195
	신도	31,771	699	532	1,393	7,846		852	25	30		114		43,262
1925년	포교소	169	7	3	10	18	1	1	1	1				211
	신도	28,902	617	509	1,451	8,287	487	875	29	15				41,172
1926년	포교소	177	6	3	9	18	1	1	1		1			218
	신도	28,747	303	369	700	4,771	1,833	1,183	35	8	40			37,989
1927년	포교소	174	6	3	6	11	1	1	2	1	1			205
	신도	26,671	290	538	511	4,393	2,099	1,348	143	1	30			36,014
1928년	포교소	174	6	3	7	6	1	2	2		1			202
	신도	26,193	325	548	373	4,292	1,828	1,445	161		20			35,185
1929년	포교소	177	6	2	8	5	1	1	1					201
	신도	24,734	590	404	624	6,472	1,472	1,167	101		19			35,583

14. 외국인 포교布敎 상황표 (1)

연차	구별	미국장로북파	조선기독교장로회(지치파)	천주교	동양선교회	구세군	동아기독교	재출언서일기독재림교	영국성공회	계
1911년	포교소	215		25	5	5		1		251
	신도	14,853		3,065	153	180		105		18,356
1912년	포교소	224		27	5	5		2		263
	신도	17,974		3,002	118	234		150		21,478
1913년	포교소	194		30	4	7		2		237
	신도	11,979		3,242	122	405		138		15,886
1914년	포교소	130		28	5	8		1		172
	신도	11,299		3,151	145	360		115		15,070
1915년	포교소	212		33	4	7		1		257
	신도	11,300		3,302	208	352		63		15,225
1916년	포교소	268		20	2	17		1		308
	신도	12,874		3,938	295	486		60		17,653
1917년	포교소	277		19	2	15		2		315
	신도	14,554		4,150	120	502		62		19,388
1918년	포교소	284		26	2	18		1		331
	신도	13,910		4,879	115	430		37		19,371
1919년	포교소	260		32	3	15		2		312
	신도	13,499		5,120	137	330		46		19,132
1920년	포교소	256		39	3	12		2		312
	신도	13,613		4,829	172	322		64		19,000

부록: 통계표

14. 외국인 布敎 상황표 (2)

연차	구별	미국장로북파 기독교	조선기독교장로회 (지파)	천주교	동양선교회	구세군	동아기독교	제칠안식일 기독재림교	영국성공회	계
1921년	포교소	307		46	4	16		3		376
	신도	17,673		5,172	198	639		108		23,790
1922년	포교소	335		47	5	20		3		410
	신도	19,416		5,621	286	677		118		26,118
1923년	포교소	357	5	46	6	21	7	3	1	446
	신도	19,577	998	5,778	260	706	334	110	70	27,833
1924년	포교소	484	5	48	7	23	12	5	1	585
	신도	20,282	856	6,120	446	825	329	151	70	29,079
1925년	포교소	384	11	51	8	26	14	4	1	499
	신도	20,237	667	6336	534	984	386	132	70	29,346
1926년	포교소	383	19	48	8	32	14	4	1	509
	신도	20,301	519	6,096	359	1,017	368	169	70	28,899
1927년	포교소	383	13	48	6	29	12	6	1	498
	신도	19,843	293	6198	260	842	334	258	55	28,083
1928년	포교소	402	13	53	8	31	12	2	1	572
	신도	20,956	221	6,360	583	865	335	144	69	29,533
1929년	포교소	404	14	59	8	25	12	10	1	533
	신도	21,573	270	7,373	654	1,273	361	357	60	31,921

15. 조선인 일본 도항자渡航者 표

연차 \ 구분	도항자 渡航者	구환자 歸還者	순純도항자 (도항자에서 귀환자를 뺀 것)	비고
1911년	23		23	
1912년	32		32	
1913년	63		63	
1914년	100	37	63	
1915년	232	50	182	
1916년	450	52	398	
1917년	1,041	74	967	
1918년	752	225	527	
1919년	769	210	559	도항자가 급히 증가한 것은 일본 본토에서의 사업이 발흥했기 때문이다.
1920년	2,004	693	1,311	
1921년	3,024	674	2,352	
1922년	8,461	1,859	6,502	
1923년	9,794	8,565	6,602	
1924년	12,266	5,812	6,454	
1925년	12,234	7,663	4,571	
1926년	10,371	6,275	4,096	
1927년	14,688	5,805	8,883	
1928년	33,787	6,143	17,644	

16. 일본거주 본도출신 조선인 호수戶數 인원 조사(1928년 말 현제)

청부현廳府縣	호수戶數	남	여	계	1928년 6월 말 현제 경상북도 慶尙北道 전제	청부현廳府縣	호수戶數	남	여	계	1928년 6월 말 현제 경상북도 慶尙北道 전제
北海道	567	738	183	921	8,125	山形	55	53	23	76	867
東京	728	5,610	650	6,260	17,334	秋田	7	20	3	23	170
京都	456	4,020	697	4,717	13,157	福井	42	229	73	302	2,235
大阪	699	3,934	1,327	5,261	45,133	石川	4	124	14	138	995
神奈川	268	1,976	391	2,367	7,570	富山	46	332	70	302	3,685
兵庫	316	2,074	671	2,745	12,368	鳥取	20	107	28	135	362
長崎	680	777	160	937	4,444	島根	146	369	46	415	1,331
新潟	57	318	87	405	2,413	岡山	148	347	70	417	1,998
埼玉	98	297	61	358	1,309	廣島	276	1,275	456	1,731	4,691
群馬	62	384	61	445	2,525	山口	290	1,762	548	2,310	8,289
千葉	42	286	58	344	1,236	和歌山	167	577	163	740	3,315
茨城	24	128	26	154	415	德島	12	47	12	59	221
栃木	38	245	40	285	333	香川	22	93	24	117	349
奈良	206	664	227	891	1,190	愛媛	40	185	38	223	802
三重	111	581	135	716	3,105	高知	27	130	50	180	554
愛知	392	2,881	1,433	4,314	14,649	福岡	578	4,326	671	4,997	18,185
靜岡	183	717	213	930	3,275	大分	37	242	57	299	1,294
山梨	68	380	102	482	1,662	佐賀	43	270	65	335	932
滋賀	120	595	159	754	1,738	熊本	54	153	26	179	977
岐阜	137	818	209	1,027	3,620	宮崎	55	168	25	193	609
長野	155	595	129	764	7,214	鹿兒島	40	86	2	88	329
宮城	35	79	18	97	484	沖繩	2	3		3	6
福島	36	160	45	205	1,120	臺灣	18	25	35	60	424
岩手	8	116	10	126	688	樺太	93	325	86	411	4,802
青森	4	18	2	20	169	합계	7,712	39,639	9,719	49,358	213,625

부록: 통계표

17. 조선인 일본 도항 및 저지 상황표

구분 (년월별)	도항자				저지된 자		
	호적등본에 이사증서 교부 받은 자	소개장을 발급받은 자	저지에 응하지 않고 도항한 것으로 사료되는 자	계	출발지에서 저지된 자	역·정류소 등에서 저지된 자	계
1927년				14,688			
계				14,688			
1928년 1월~7월				19,035			
1928년 8월	217	228	284	729	888	617	1,505
1928년 9월	510	159	274	943	1,232	473	1,705
1928년 10월	560	50	188	798	1,299	229	1,528
1928년 11월	431	93	100	624	1,767	341	2,108
1928년 12월	1,287	205	168	1,658	2,737	547	3,284
1929년 1월	1,584	120	338	2,042	3,801	239	4,040
1929년 2월	1,922	134	289	2,345	4,770	32	4,802
1929년 3월	3,289	125	252	3,666	6,750	364	7,114
1929년 4월	2,968	95	345	3,408	5,769	294	6,063
1929년 5월	1,973	88	169	2,230	4,151	302	4,453

부록: 통계표

18. 부정수단에 의한 일본 도항자 처분 조사(1928년 7월~1929년 5월)

처분별 부정 방법	검사 송치 檢事 送致	벌금 과료 罰金 科料	구류 拘留	훈계 訓戒	설유 說諭	계	비고
소개장 위조 紹介狀 僞造	9		2	5		16 △ 68	
부실 신고 不實 申告		1	1	29	350	381	
인장 위조 印章 僞造	2					2	
고용 증명 위조 雇傭 證明 僞造	1			1	87	89	△는 위조僞造의 사실이 판명判明되었지만 관계자의 소재所在 불명不明으로 취조取調 불능不能한 자
사기적 수단 밀행 詐欺的 手段 密行	2					2	
위조 증명 僞造 證明			3	1	33	37	
유학 사칭 留學 詐稱					10	10	
타인의 증명서 사용				3		3	
타인의 호적등본 사용				3		3	
계	14	1	6	42	480	543 △ 68	

19. 유학생 조사

연차	일 본		외 국		계	
	인원	소비 금액(원)	인원	소비 금액(원)	인원	소비 금액(원)
1921년	205	68,433	9	3,050	214	71,483
1922년	270	91,709	12	3,928	282	95,637
1923년	311	80,269	11	3,850	322	84,119
1924년	229	72,217	22	5,668	251	77,885
1925년	285	83,744	19	6,445	304	90,189
1926년	343	105,850	12	4,352	255	110,202
1927년	400	115,378	9	3,500	409	118,878
1928년	399	106,625	10	3,760	409	110,385
1929년	393	116,585		2,260	393	118,845

20. 유학생 인원 및 소비 금액 조사

연차	1911년	1912년	1913년	1914년	1915년	1916년	1917년	1918년	1919년	1920년	1921년	1922년	1923년	1924년	1925년	1926년	1927년	1928년	1929년 5월
인원(명)					45					152	214	282	322	251	304	355	409	409	
금액(원)					11,500					69,753	71,483	95,637	84,119	77,885	90,189	110,202	118,878	110,385	
비고	1911년~1930년까지의 유학 총인원 1,203명 ● 은 인원, ◆ 은 소비금액을 나타낸다.																		

부록: 통계표

21. 조선인 출판 허가 신청 건수 표

연차	허가 신청 건수	신청 건수 중 불허가 건수	출판물 내역 족보	출판물 내역 문집	출판물 내역 기타	비고
1919년	19	1	12	5	2	불허가 1은 문집
1920년	11	3	4	4	3	불허가 3은 소설, 1은 문집
1921년	17	1	7	9	1	불허가 1은 족보
1922년	40		18	15	7	서성엽徐成烈의 문예지 『원예園藝』 창간하다
1923년	39		15	16	8	이상배李相柏 잡지 『보步』, 『자ㅅ나무』 창간 『자ㅅ나무』는 그 후 『이상촌理想村』이라 개제改題
1924년	70		24	37	9	불허가는 서상일徐相日의 잡지 『농촌』 창간호 및 조양증趙揚增春의 『인간의 예愛』이다.
1925년	70	2	26	31	13	불허가 1은 정명준鄭命俊이 「혁조革潮」
1926년	84	1	29	34	21	불허가 1은 최세기崔世基의 『용정용천湧泉』 창간호
1927년	70	1	20	31	19	
1928년	76		20	23	33	
1929년 (5월까지)	21		3	8	10	

22. 한글신문 구독자 조사

연차 \ 종별	조선일보	동아일보	시대일보 중외일보	매일신보	계	비고
1920년	456	3,267		2,878	6,601	
1921년	569	1,217		5,029	6,815	
1922년	715	2,008		4,786	7,509	
1923년	983	1,965		4,483	7,431	7월 17일부로 시대일보 허가
1924년	1,039	2,195	992	5,658	9,884	
1925년	2,300	1,962	1,263	3,340	8,865	
1926년	2,408	2,537	1,005	3,259	9,209	11월 15일 시대일보 실효失效와 동시에 중외일보 허가
1927년	2,012	2,145	1,812	5,392	11,361	
1928년	정간停刊 중	1,895	1,704	3,186	6,795	
1929년 (5월말)	2,036	1,928	1,384	3,892	9,240	

23. 조선인 외국 이주 귀환자 표

연 차	구 분	북간도	종 국 서간도	만주와 몽골	소계	노령露領	계	(전도全道합계)
1920년	이주	256	917	43	1,242	26	1,242	21,432
	귀환	56	142	9	207	2	209	10,087
	순진부	200	775	34	1,009	24	1,033	11,345
1921년	이주	124	346	29	499		499	12,418
	귀환	35	127	19	181	7	188	7,855
	순진부	89	219	10	318		318	4,563
1922년	이주	121	760	55	936	10	946	9,579
	귀환	20	104	17	141	12	153	7,329
	순진부	101	656	38	795		793	2,250
1923년	이주	77	320	6	403	2	405	7,181
	귀환	7	65	14	86	3	89	6,843
	순진부	70	255		325		325	538
1924년	이주	66	295	87	448	1	449	9,558
	귀환	10	88	31	129	4	133	6,535
	순진부	56	207	56	319		319	3,023
1925년	이주	52	356	20	428	2	430	9,354
	귀환	1	63	3	67	2	69	7,091
	순진부	51	293	17	361		361	2,263
1926년	이주	524	1,256	230	2,010	1	2,011	20,214
	귀환	56	188	21	265	5	270	8,724
	순진부	468	1,068	209	745		1,745	11,490
1927년	이주	1,233	1,842	129	3,204	8	3,213	
	귀환	120	225	36	381	6	387	
	순진부	1,113	1,617	93	2,823	2	2,825	
1928년	이주	636	1,135	143	1,914	8	1,922	
	귀환	58	159	19	236	3	239	
	순진부	578	976	124	1,678	5	1,683	
계	이주	3,089	7,227	742	11,058	58	11,116	
	귀환	363	1,161	165	1,693	44	1,737	
	순진부	2,726	6,066	573	9,365	14	9,379	

※ 순진부純殘留는 이주移住에서 귀환歸還을 뺀 것

부록: 통계표

24. 제류 외국인 호구戶구□ 증감 비교표

종별 국적	1924년 말				1925년 말				1926년 말				1927년 말				1928년 말			
	호수	남	여	계	호수	남	여	계	호수	남	여	계	호수	남	여	계	호수	남	여	계
미국				57				55	27	25	27	52	19	20	28	48	14	12	16	28
영국				5				5	3	4	3	7	1	2	2	4	2	3	2	5
독일								1	1	1	2	3	1	1	2	3	1	1	2	3
프랑스				11				11	10	9	1	10	10	9	2	11	10	8	2	10
스웨덴															1	1				
스위스													1		1	1				
중국				1,307				1,448	478	1,642	85	1,727	515	1,775	112	1,887	53	1,859	126	1,985
기타								1	1		1	1								
계									520	1,581	119	1,800	548	1,807	148	1,955	548	1,883	148	2,031

부록: 통계표

25. 외국인 거주 연한 표(1928년 말)

국적	성별	1년 미만	1년 이상	2년 이상	3년 이상	5년 이상	10년 이상	20년 이상	소계	합계
중국	남	340	300	279	309	307	104	154	1,793	1,919
	여	32	26	15	17	15	11	10	126	
미국	남	2		2	3	3		2	12	28
	여	2	1	3	2	5		3	16	
영국	남	1				2			3	5
	여					2			2	
프랑스	남	1				2	4	1	8	10
	여				1	1	1		2	
독일	남								1	3
	여				2				2	
총계	남	344	300	281	313	314	108	157	1,817	1,965
	여	34	27	18	21	23	12	13	148	

26. 외국인 관계 사회사업 조사(1928년 말)

명칭	위치	목적	설립 연월일	경영자 국적, 성명, 연령	사업성행 성적개요	유지 방법	최근 1개년의 경비
대구나병원	달성군 달서면 내	나환자 시료	1913년 3월	미국 A. G. 플레처 당 48세	현수용자 404명, 1928년 중 전치 金治 15인, 개설 이래 전치자 계 172인	충독부 보조금 연액 11,800원, 기타 본국으로부터의 송금에 의한다.	45,000원
천주교 수녀원·부설 여자고아원	대구부 남산정 190-2	포교와 자선	1915년 10월 15일	프랑스 플로리앙 드망주 당 55세	현수용인원 47인, 설립 이래 누계 158인	파리 성유아聖幼雅회의 지출, 궁내성 하사, 국고보조산업 수입, 기타 경영자 지출에 의한다.	5,559원
안동성소聖蘇병원	안동군 안동면 법상동 177	종교적 사항의 확장	1914년 10월 26일	미국 데레리아스 베르꼬메즈 당 24세	X광선, 기타 상당의 의료기구를 설치한다. 1928년 중 환자 실實인원 4,468인 내 1/3은 무료환자	특지가特志家의 기부와 환자의 수입에 의한다.	지출 15,930원 수입 16,230원
동산병원	대구부 남산정 1번지	포교 및 의료기관의 충실	1921년 12월 8일	미국 A. G. 플레처 당 48세	연 약 600명의 환자를 수용 치료	도道로부터의 보조(500원) 및 약 비용 수입 및 본국으로부터의 송금에 의한다.	값 40,000원
학생공동 기숙사	대구부 봉산정 224	포교 전도		미국 허버트 E. 블네어 당 41세	조선인 중등학생 14명을 기숙하게 하고, 식비와 같은 것은 실비로 급여할 예정이다.		

※ 譯者註: 원문의 이 표에서 일본 가다가나로 표시한 인명은 원음표기에 상당한 제한이 있으므로 천주교 대구교구청에, 미국의 것은 주로 IT로 그 이름을 확인하여 원음에 가깝도록 한글로 표시하였다.

부록: 통계표 | 564

27. 외국인 관계 학교 조사(1928년 말)

명 칭	위 치	교 장	교 사				생 도		
			일본인	조선인	외국인	계	남	여	계
(초등정도) 사립희도書道학교	대구부 동 100번지	기독교 김의균金宜均	2	12		14	450	222	672
(초등정도) 사립계성啓聖학교	대구부 신정 295번지	기독교 핸더 H. 헨더슨	1	9	2	12	104		104
(초등정도) 사립신명信明학교	대구부 남산정 2번지	기독교 해리엇 E. 폴라드	1	5	3	9		64	64
(초등) 유스티노신학교	대구부 남산정 225-2	천주교 플로리앙 드망쥬		3	3	6	70		70
(초등) 사립해성曉星보통학교	대구부 명치정 2정목 52	천주교 김찬수金燦洙		10	2	12	370		370
(초등) 사립효성曉星여학교	대구부 명치정 2정목 70	천주교 제르멩 무세	1	5	2	8		284	284
계		6	5	44	12	61	994	570	1,564

1. 사립희도학교는 기독교 미국장로파에서 경영하는데, 신도의 의연금 및 학생 한 명에 대하여 입학금 5원과 월사금 1원씩을 갖고 유지되며 교세에 큰 변화가 없다.
2. 사립계성학교 및 신명여학교는 미국북장로파 미순금美順金(성금誠金의 오식이 아닌지?)의 보조 및 학생의 입학금(계성학교 5원, 신명여학교는 3원), 월사금(계성학교는 3원, 신명여학교는 1학기 5원)으로 유지된다. 그리고 신명여학교는 큰 증감이 없지만, 계성학교에서는 공립보통학교의 입학정원 초과의 관계상 이에 입학하는 자가 많아서 전년에 비하여 31명의 증가를 보였다.
3. 유스티노신학교는 천주교에서 경영하는 전적으로 포교자의 양성을 목적으로 한다. 프랑스 본부로부터의 보조로 유지한다.
4. 사립해성학교는 천주교 신자의 이차 및 학생의 월사금 등으로 유지되는데, 교세가 융성해가고 있다.
5. 사립효성여학교는 천주교 기본재산의 이자 및 학생의 월사금을 목적으로 하여, 학생의 여자교육을 목적으로 하여, 학생의 월사금 및 관리자의 보조로 유지되고 있다.

부록: 통계표

28. 백정의 호수, 자산 및 교육 조사(1929년 6월)

(1) 호구 조사

부府 군郡 도島 명名	호 수	인 구
대구·달성	98	434
경산	38	243
영천	39	206
경주	42	209
영일	62	252
영덕	21	100
영양	16	96
청송	23	114
안동	118	486
의성	125	686
군위	16	39
칠곡	38	227
김천	282	969
상주	108	580
예천	147	891
영천	72	332
봉화	64	341
문경	81	432
성주	56	283
고령	33	159
청도	31	170
선산	34	195
울도	1	1
계	1,545	7,445

부록: 통계표

(2) 자산 조사

백원 미만	오백원 미만	천원 미만	오천원 미만	일만원 미만	오만원 미만	오만원 이상	계
826	439	169	86	20	5	0	1,545

(3) 교육 조사

학교 정도	재학 중	중도 퇴학	졸업	계
보통학교 또는 같은 정도	299	48	20	367
고등보통학교 또는 같은 정도	1			1
전문학교 이상			1	1
합 계	300	48	21	369

부록: 통계표

참고문헌

金澤庄三郎 編, 『廣辭林』, 三省堂, 1941.
金三奎, 『朝鮮現代史』, 筑摩書房, 1963.
山邊健太郎, 『日韓併合小史』, 岩波書店, 1966.
渡部學, 『朝鮮近代史』, 勁草書房, 1968.
이홍직 편, 『국사대사전』, 지문각, 1968.
社會科學大事典編纂委員會, 『社會科學大事典』, 鹿島出版社, 1969.
閔庚培, 『韓國基督敎會史』, 대한기독교서회, 1972.
한국학대백과사전편찬위원회, 『한국학 대백과사전』, 1972.
申基碩, 『新稿東洋外交史』, 探求堂, 1981.
이희승 편저, 『국어대사전』, 민중서림, 1982.
辛勝夏, 『中國近代史』, 大明出版社, 1991.
강만길·성대경 엮음, 『한국사회주의운동인명사전』, 창작과비평사, 1996.
伊藤亞人·大村益夫 등, 『朝鮮を知る事典』, 日本 平凡社, 2000.
독립기념관 한국독립운동사연구소, 『한국독립운동사사전』 제3~7권, 2004.
한중일3국 공동역사편찬위원회, 『미래를 여는 역사』, 한겨레신문사, 2006.
박한제·김형종 등, 『아트라스 중국사』, 사계절출판사, 2007.
국가보훈처, 『독립유공자공훈록』 제1~17권, 1986~2009.

국가보훈처 나라사랑광장 독립유공자(http://narasarang.mpva.go.kr/)
국가보훈처 공훈전자사료관 포상자공적조서(http://e-gonghun.mpva.go.kr/)
한국역사정보통합시스템(http://www.koreanhistory.or.kr/)

찾아보기

인 명

【ㄱ】

가네코 후미코金子文子　121, 295, 296, 394, 395, 420
가시이 겐타로香椎源太郎　444
가이 히데甲斐秀　23, 396, 399
강거복康巨福　363
강경선康景善　203, 254
강구우姜九禹　⇒ 강부약
강규찬姜奎燦　173
강기덕康基德　56, 57, 59
강기만姜基滿　472
강낙진康樂鎭　451
강달영姜達永　491, 502, 505
강만겸姜萬兼　453
강만달姜晩達　453
강만형姜萬馨　377
강민수姜閔洙　456
강봉구姜鳳九　337
강봉주姜鳳周　336
강부약姜扶弱　212, 217
강상진姜祥振　364, 365
강상호姜相鎬　137

강석룡姜錫龍　442, 446, 447, 448
강석주姜奭周　342
강성주姜晟周　430
강성진姜成鎭　285
강세우姜世宇　190, 366
강소천姜小泉　285, 292
강수남康壽男　368, 370
강순필姜順必　340, 342
강순형姜順馨　341
강신혁姜信赫　434
강연천姜延天　491
강용석姜龍錫　82
강용준姜龍俊　89
강우규姜宇奎　520
강우근姜佑根　79
강우진姜祐鎭　452
강원백姜元白　325
강원석姜元錫　364, 365, 366
강위건康偉建　175
강일姜逸　470, 475, 476
강일순姜一淳　153, 154
강정만姜正萬　342
강정희姜貞姬　415, 416
강종섭姜宗燮　429, 430
강증산姜甑山　⇒ 강일순
강진삼姜鎭三(姜信鎬)　520

강진지姜震支　220
강창제姜昌濟　202
강춘순姜春淳　293
강택진姜宅鎭　130
강평국姜平國　287
강표환姜杓煥　507
강필姜必　483
강한姜翰　504
강후석姜厚錫　460
강훈姜勳　363
경창순庚昌淳　340, 341
경하순慶河順　355
계응상桂應祥　430
고광수高光洙　509
고기영高基英　452
고메야마米山　447
고명자高明子　504
고바야시 미네하루小林峯治　521, 525
고바야시 카이小林開　403, 404
고바야시 칸이치小林寬一　403, 404
고바야카와 게이조小早川敬藏　370
고백성高白性(高三賢)　420, 421, 422, 424
고병길高丙吉　213
고석이高石伊　37
고석진高石鎭　433
고순진高舜鎭　434
고예진高禮鎭　434
고우섭高宇燮　491
고운서高雲瑞　376
고원高元　252
고윤상高允相　507
고이케 슈민小池秋眠　307
고인덕高仁德　418, 419
고제만高濟萬　337, 434
고토쿠 덴지로幸德傳次郎　120

고활신高豁信　221, 222, 223, 224, 232, 233
곤도 에이조近藤榮造　289
공인택孔仁澤　287
곽걸郭杰　432
곽대연郭大淵　482, 483, 484
곽동영郭東英　426, 428
곽방郭玞　379, 381
곽병덕郭秉德　202
곽수빈郭守斌　431
곽영상郭永祥　366
곽재기郭在驥(郭敬)　190, 191, 198, 363, 365, 366
곽종석郭鍾錫　64, 87, 332, 344, 350, 430, 431, 437, 481, 482, 483
곽종열郭鍾烈　286, 293
곽종해郭鍾海　387
곽중선郭重善　202
곽철郭澈　415
구기언具奇彦　477, 478
구라모토 웅유椋本運雄　121, 420, 422, 424
구로시마 사도쓰네黑島里經　403, 404
구리하라 가즈오栗原一男　121, 395, 420, 421, 422, 423
구마모토 아사지로熊本淺次郎　501
구여순具汝淳(具宇一)　193, 286, 470, 471, 472, 473, 474, 475, 476, 477
구연흠具然欽　505
구영필具榮珌　365, 366, 413, 419
구자옥具磁玉　106
구재율具齋律　453
구창회具昌會　507
구춘선具春先　213, 215, 216, 217, 220
구홍묵具洪黙　483
권견화權絹花　467
권경섭權景燮　122
권경지權敬止　212

찾아보기 | 인명 | 573

권동진權東鎭 53, 54, 62, 109, 110
권동호權東鎬 409, 410
권명범權明範 360
권명섭權命燮 432
권백초權百草 ⇒ 권상석
권병규權秉奎 380
권병덕權秉悳 62
권병섭權昺燮 432
권병을權秉乙 449
권상경權相經 483
권상도權相道 432
권상두權相斗 431
권상문權相文 432
권상석權相錫 339, 341
권상수權相洙(權相銖) 454, 485
권상원權相元 432
권상익權相翊 432, 486
권상호權相鎬 76
권성수權星洙 94
권수백權秀伯 69, 70
권영구權寧九 517, 518
권영만權寧萬 374, 375, 454, 462
권영목權寧睦 453, 454
권영묵權寧默 342
권영봉權寧鳳 453
권오상權五尙 495, 508
권오설權五卨 10, 24, 488, 490, 502, 503, 505
권오직權五稷 503, 504
권용국權龍國 142
권용택權容澤 486
권원하權元河 368, 369, 370
권의식權義植 342
권인환權麟煥 93
권재만權在萬 ⇒ 권정필
권재수權在壽 368, 370

권정락權政洛 466, 468, 469
권정필權正弼 197, 390, 394, 471, 473, 476
권종환權鍾煥 518
권주경權周慶 467
권준權俊 190
권준흥權準興 341
권준희權準羲 341
권준희權俊熙 378
권중기權重機 157
권중식權重植 342
권중찬權重燦 378
권중환權重煥 205
권중황權重晃 380
권충락權忠洛 466, 467, 468, 469
권태석權泰錫 350, 351, 441
권태성權泰晟 497
권태우權泰禹 518
권태원權泰源 76, 79, 85
권태일權泰馹 460, 461
권태일權泰鎰 461, 462
권태형權泰亨 452
권태호權泰鎬 513, 514, 515, 517, 518
권화산權華山 227
권희국權熙國 289, 295
기요우라 게이고淸浦奎吾 119
기재련奇載璉 341
기타하라 다쓰오北原龍雄 290
길선주吉善宙 55, 59, 62
김가진金嘉鎭 176, 177, 179, 350, 369, 442, 443
김갑金甲 181, 187, 188, 203
김강金剛 230, 235, 293, 294
김건金健 377
김건영金建永 432
김경삼金慶三 137
김경서金景瑞 503

김경재金璟載　506
김경태金敬泰　340, 341
김계림金桂林　293, 294
김관金寬　228
김관제金觀濟　365
김광근金光根　366
김광선金光善　491
김광선金廣善　212
김광손金光孫　201
김광천金光泉　210
김굉필金宏弼　23
김교식金敎式　426, 428
김구金坵　26
김구金龜　⇒ 김구
김구金九　177, 179, 181, 187, 188, 203, 441
김구하金九河　480, 481
김군필金君必　37
김규金圭　343, 346
김규면金圭冕　188, 246, 254
김규면金奎冕　⇒ 김규면
김규봉金圭鳳　493, 494
김규선金奎善　256
김규수金圭壽　480
김규식金奎植　49, 50, 51, 173, 174, 175, 177, 179, 183, 188, 203, 228, 240, 241
김규식金圭植　26, 163, 179
김규조金奎早　515
김규찬金奎燦　215
김규탁金奎卓　516, 518
김규하金奎河　451
김규헌金奎憲　381
김균선金均宣　145
김근金根　457, 458
김근배金根培　496
김기두金基斗　452

김기득金奇得　365
김기봉金基鳳　282
김기성金璣成　343
김기성金基聲　345
김기수金麒壽　475
김기수金基洙　505
김기용金基用(金明淑)　524
김기원金基源　92
김기전金起纏　105
김기진金基鎭　255, 256
김기창金起彰　460
김낙기金洛基　496
김낙문金洛文　449, 450
김낙세金洛世　152
김낙준金洛俊　283, 506
김낙형金洛衡　512, 513, 514, 515
김낙환金洛煥　493, 494
김남수金南洙　130
김노원金魯元　457, 458
김노향金魯鄕　454
김단야金丹冶　⇒ 김태연
김달하金達河　208
김달환金達桓　286
김대락金大洛　163
김대봉金大鳳　507
김대지金大池　190
김덕金德　389, 393
김덕진金悳鎭　432
김덕창金德昌　452
김도수金道洙　374, 375
김도연金道演　281
김도태金道泰　55
김돈金敦　226, 227, 228
김돈희金敦熙　379, 381
김동겸金東謙　276

김동광金東光   518
김동명金東明   380, 503, 506
김동부金東富   507
김동산金東山   457, 458
김동삼金東三   24, 26, 180, 207, 209, 218, 219, 220, 221, 222, 224, 232, 233, 236, 249
김동석金東碩   122, 421, 423
김동성金東成   142
김동수金東壽   435
김동식金東植   486
김동원金東源   286
김동진金東鎭   337, 379, 431, 483, 485
김동진金東鎭   375, 381
김동진金東鎭   379
김동형金東瀅   175
김동호金東鎬   341
김두봉金枓奉   203, 451
김두선金斗善   336
김두섭金斗燮   375
김두진金斗鎭   294
김두칠金斗七   368, 370
김두환金斗煥   518
김락계金樂柱   366
김려식金麗植   107, 108
김립金立   177, 178, 289
김마리아金瑪利亞   355, 356, 358
김만겸金萬謙   246, 260
김만군金萬君   37
김만선金萬善   251
김명국金鳴國   364
김명규金明奎   506
김명두金明斗   110
김명봉金鳴鳳   408
김명시金命時   504
김명제金命濟   398, 399, 401

김명준金明濬   115, 181
김무金武   234
김무생金武生   65
김문국金文國   463
김문기金汶基   387
김문좌金文佐   337
김문주金汶柱   142
김백전金白全   359
김백현金百鉉   452
김법金法   460, 461
김병국金秉國   287, 292, 294
김병기金秉氣   336
김병동金秉東   379, 380
김병두金炳斗   369
김병련金秉璉   370
김병로金炳魯   480
김병무金秉武   150
김병수金炳秀   91
김병식金秉植   432
김병식金炳軾   435
김병완金炳完   191, 363, 366
김병일金炳一   126
김병조金秉祚   55, 62, 175
김병표金炳豹   379, 382
김병하金炳河   460, 461
김병학金秉鶴   363
김병환金鉼煥   412, 414
김병희金炳禧   390
김복金復   241, 398, 400, 410
김복출金福出   387
김복한金福漢   432
김봉구金鳳九   513, 514, 517
김봉규金鳳奎   398, 399, 401
김봉도金奉道   386
김봉제金鳳濟   433

김봉진金鳳鎭　166
김부권金富權　453
김사묵金思默　379, 381
김사용金思容　198, 390, 393, 457, 458
김사익金思益　361, 362
김사중金駟重　451
김사하金篩廈　229
김삼복金三福　439, 440, 444, 448
김삼봉金三峯　125, 291
김상구金相求　287
김상구金相九　80
김상규金相珪　410, 411
김상덕金尙德　51, 180, 197, 224, 233, 235, 236, 249, 250, 277, 281
김상락金相洛　408
김상무金商武　433
김상보金相寶　91
김상설金相卨　153
김상옥金相玉　192, 392
김상용金尙用　480, 481
김상윤金相潤　189, 190, 192, 366, 403, 418, 419
김상주金尙珠　503
김상준金商俊　341
김상진金相震　434
김상태金相泰　40, 44
김상한金尙翰　522
김상한金商翰　525
김상항金相恒　113
김생산金生山　37
김서종金書鍾　453
김석구金石九　515
김석근金石根　68
김석기金錫基　352
김석봉金錫鳳　378
김석연金石然　504

김석윤金錫允　434
김석준金石駿　505
김석진金石鎭　347
김선균金宣均　147
김선기金善基　513
김선진金善鎭　516
김설준金卨俊　59
김성규金成奎　407
김성규金星奎　466
김성극金星極　215
김성근金聲近　⇒ 김성근
김성근金聲根　176, 190
김성길金成吉　92
김성金聲　215
김성남金聖男　256
김성덕金成德　392
김성로金聖魯　387
김성룡金成龍　452
김성룡金成龍　509
김성륜金聖倫　215
김성률金成律　451
김성묵金聖默　453
김성묵金成默　342
김성범金聖範　363
김성수金性洙　102, 105, 107, 452
김성숙金成淑　206
김성연金聲鍊　255
김성운金成雲　39
김성진金聲鎭　375
김성창金聖昶　452
김성추金聲秋　449
김성칠金聖七　515, 516, 518, 519
김성필金性必　485
김성호金城鎬　452
김성희金聖熙　83

김숲세몬 369
김세민金世民 386
김세순金世淳 38
김세연金世淵 507
김세영金世榮 76
김세일金世一 294
김세준金世俊 177, 208
김세진金世鎭 495
김소성金召成 421, 423
김소하金筱夏 230, 231, 235, 236
김송은金松殷 282
김수길金壽吉 64, 346, 347, 348
김수민金秀民 43
김수삼金收三 126
김수천金洙千 65
김수청金秀青 255
김수학金秀學 106
김수한金守漢 472
김숙자金淑滋 23
김숙헌金叔憲 450
김순영金順永 432
김순현金淳鉉 36
김술룡金述龍 92
김승묵金昇默 310
김승한金承漢 515, 516
김승희金昇熙 55
김시수金蓍秀 362, 363
김시야金時野 237
김시종金時宗 152
김시혁金時赫 286
김시현金始顯 193, 196, 197, 198, 375, 381, 389, 392, 393, 394, 403, 465, 470, 473, 475, 476
김약수金若水 120, 288, 289, 290, 295
김양모金養模 434
김양수金陽洙 434

김양한金瀁漢 374, 375
김여수金呂秀 363
김연金淵 175
김연국金演局 152
김연성金演性 336
김연수金緣洙 397, 401
김연식金衍植 142
김연용金硯龍 201
김연우金演祐 357
김연일金蓮日 23, 455, 456
김연포金蓮浦 453
김연형金沿衡 516
김연환金璉煥 439, 460, 461, 466, 469
김연희金演羲 507
김영金榮 122
김영기金永琦 285
김영기金榮基 496
김영서金永瑞 65
김영수金永壽 518
김영순金英順 359
김영식金榮植 434
김영식金榮植 495
김영식金英軾 255
김영옥金泳玉 387
김영우金永佑 462
김영조金泳照 496
김영진金榮鎭 407
김영찬金永贊 435
김영철金永喆 350, 351
김영철金永哲 368, 370
김영하金永夏 497
김영학金永學 516, 519
김영호金永浩 204
김영환金暎煥 342
김영희金英熙 ⇒ 김영희

김영희金瑛禧　114, 508
김오인金五仁　360
김옥金玉　⇒ 김상윤
김옥돈金玉頓　68
김옥명金玉明　383
김완규金完圭　54, 62
김완묵金完默　342
김요현金堯賢　339
김용걸金容杰　293
김용기金鎔起　451
김용대金容大　222
김용락金龍洛　248
김용만金用萬　457, 458
김용문金龍文　80
김용운金龍雲　381
김용철金容喆　177
김용호金容鎬　434
김용환金龍煥　380, 382
김우림金佑林　482, 483, 484
김우선金迂善　394
김우섭金友燮　294
김우영金雨英　476
김우진金佑鎭　180
김우창金佑昌　468
김운파金雲坡　212
김원경金元慶　355, 359
김원묵金元默　341
김원벽金元璧　56, 57, 58
김원봉金元鳳　189, 190, 191, 192, 193, 195, 196, 197, 205, 206, 364, 365, 366, 388, 389, 391, 392, 393, 394, 403, 413, 471, 472, 473, 475, 476
김원석金元錫　418
김원식金元植　205, 224, 232, 235, 236, 249, 250, 256, 462

김원한金元漢　142
김원휘金原輝　67
김원희金元熙　332
김유문金有文　166
김유성金有聲　253, 508
김유성金有成　212
김유육金裕宍　452
김윤규金潤奎　387
김윤근金允根　495
김윤근金潤根　411
김윤근金潤根　495
김윤배金允培　363
김윤종金允鍾　142
김은한金殷漢　253
김응기金應基　504
김응두金應斗　43
김응섭金應燮　24, 64, 180, 197, 202, 219, 232, 233, 234, 236, 249, 250, 333, 344, 345, 377, 378, 379, 380, 397, 400, 402, 431, 477
김응열金應烈　202
김의미金義美　51
김의삼金義三　397, 400
김의한金義漢　443
김이대金履大　222, 233, 237
김이하金履夏　236
김익상金益相　192, 198, 476
김익시金益時　94
김익환金益煥　405
김인金仁　234
김인각金仁覺　360
김인순金仁順　393
김인오金仁梧　494
김인재金寅在　142
김인전金仁全　177
김인제金人濟　212

김인제金仁濟　466, 467, 468
김인주金仁柱　452
김일金馹　451
김일성金一星　504
김일성金一成　212
김일식金一植　516, 519
김일주金一柱　204, 205
김일준金馹俊　411
김자중金自重　410
김장식金章植　219
김장호金庄鎬　150
김재갑金在甲　82
김재명金在明　382
김재명金在明　433
김재봉金在鳳　502, 509
김재석金在錫　150
김재수金在壽　512
김재수金在洙　198, 365, 413, 414
김재수金在洙(禹利見)　339, 342, 374, 375
김재열金在烈　345
김재엽金在燁　490
김재위金在煒　325
김재인金在仁　341
김재정金在貞　341
김재준金在濬　142
김재창金在昶　341
김재철金在哲　341
김재풍金在豊　341
김재학金在學　363
김재현金在顯　⇒ 김정현
김재호金在浩　342
김재홍金在洪　499
김새홍金在泓　506
김정규金正奎　506
김정근金正根　420, 421, 422, 424
김정근金貞根　202
김정기金定基　434
김정묵金正默　175, 177, 182, 197, 485
김정섭金貞燮　517, 518
김정식金政植　163
김정실金貞實　282
김정완金貞完　444, 446
김정자金貞子　495
김정제金定濟　222
김정현金禎顯　193, 197, 470, 471, 473, 476
김정홍金正洪　294
김정희金正希　285, 288
김제원金堤元　452
김제흠金濟欽　449
김조이金祚伊　504
김종만金鍾萬　466, 467, 468, 469
김종범金鍾範　288, 290, 295, 480, 481
김종수金鍾秀　80
김종식金鍾軾　80
김종엽金鍾燁　368, 369, 370
김종욱金悰昱　508
김종철金鍾喆　23, 196, 197, 205, 398, 399, 401
김종헌金鍾憲　215
김좌진金佐鎭　215, 217, 220, 225, 226, 227, 233, 235, 236, 237, 331, 374
김주익金周益　286
김준근金準根　215, 217
김준연金俊淵　105, 107, 108, 109, 110
김준운金俊運　91
김준택金峻澤　201
김준한金畯漢　375
김중옥金中玉　442, 445, 446, 448
김중한金重漢　296, 395
김중호金重浩　441
김증달金曾達　429

김지섭金祉燮　24, 194, 197, 198, 275, 333, 378, 390, 397, 400, 402, 403, 404
김지정金智貞　433
김진만金鎭萬　339
김진옥金鎭玉　452
김진우金鎭瑀　339
김진효金鎭孝　80
김집이金集伊　81
김찬金燦　254, 295, 503, 506
김찬金贊　212
김찬규金燦奎　23, 219, 331, 350, 377, 378, 379, 380, 381, 477, 478
김찬영金鑽永　107
김창건金昌健　201, 202
김창규金昌奎　342
김창근金昌根　486
김창덕金昌德　451
김창무金昌懋　452
김창백金昌百　333, 484
김창숙金昌淑　24, 64, 87, 175, 180, 182, 194, 196, 197, 205, 207, 208, 219, 332, 333, 425, 430, 431, 438, 460, 461, 481, 482, 483, 484
김창식金昌軾　452
김창식金昌植　336
김창식金昌植　485
김창연金昌淵　452
김창우金昌禹　432
김창익金昶翼　294
김창준金昌俊　62
김창준金昌俊　480, 506
김창진金昌鎭　407
김창탁金昌鐸　484
김창한金昌漢　472
김창호金昌鎬　407
김창희金昌禧　487

김천金泉　190
김천해金天海　288, 294
김철金徹(金澈)　50, 51, 177, 181, 188, 203, 384, 385
김철金鐵　174, 222
김철기金徹基　516
김철수金錣洙(金綴洙)　502, 505
김철수金喆壽　51
김철훈金哲勳　248, 254
김초선金楚仙　390, 394
김최진金最鎭　452
김추강金秋岡　⇒ 김지섭
김춘기金春基　442, 443, 445, 446, 448
김춘배金春培　228
김충한金忠漢　347
김치보金致寶　238
김치순金致順　360
김칠종金七鍾　90
김탁金鐸　110, 293
김태규金泰圭　354, 357
김태규金泰奎　390, 393, 394
김태련金兌鍊　65, 66
김태린金泰麟　435
김태문金泰文　202, 230
김태복金泰福　359
김태석金泰錫　287
김태연金泰淵　205, 254, 376, 388, 488, 490, 491, 503, 506
김태원金太元　387
김태학金泰學　188
김택주金澤柱　433
김택진金澤鎭　431
김특삼金特三　497
김평산金平山　127
김필성金必成　491

김필수金弼秀　107
김하구金河球　246, 248, 289
김하석金夏錫　238
김학의金鶴儀　293
김학진金鶴鎭　434
김한金翰　389, 391, 392
김한식金漢植　486
김한조金漢祚　472
김한종金漢鍾　340
김한향金漢鄕　292, 507
김항준金恒俊　491
김해金海　294
김해산金海山　212
김행일金行一　452
김헌식金憲植　483, 485
김혁金赫　233
김현각金顯珏　337
김현구金鉉九　244
김현식金鉉軾　175
김현철金賢哲　298
김현철金鉉哲　507
김협식金峽植　483, 485
김형관金衡寬　504
김형기金炯璣　57
김형열金亨烈　153
김형식金衡植　26, 163, 222
김호金虎　219, 221, 222, 466, 468
김호림金護林　332
김호섭金浩燮　227
김홍기金鴻基　295
김홍기金鴻基　486
김홍기金洪基　379, 382
김홍석金洪錫　381
김홍선金弘善(金天友)　472, 474
김홍식金弘植　357

김홍식金洪植　453
김홍진金洪鎭　23, 407
김화식金華植　482, 483, 484
김환록金煥祿　380
김활란金活蘭　114
김황파金荒波　285
김회문金會文　380, 382
김효종金孝宗　509
김훈金勳　177
김휘각金彙珏　452
김흥인金興仁　445, 447, 448
김흥제金興濟　177
김희봉金熙琫　437
김희산金希山　229, 230, 231, 235, 236
김희술金熙述(金溵述)　429, 430
김희열金熙烈(金溵烈)　355, 358
김희옥金溵玉　355, 358
까라한　170

【ㄴ】

나경섭羅景燮　350, 351
나대화羅大化　357
나석주羅錫疇　194, 198, 424, 425, 484
나시모토노미야梨本宮　283, 362
나용환羅龍煥　54, 62
나인협羅仁協　54, 62
나창헌羅昌憲　176, 177, 201, 202, 203, 354, 357, 443, 445, 446, 447
남국희南國熙　512
남궁렴南宮濂　242
남만희南萬熙　512
남세혁南世赫　76
남연구南延九　399
남영득南寧得　389, 391, 392, 393, 394

남정철南廷哲　127, 128
남정팔南廷八　452
남태영南泰榮　275
남해룡南海龍　508
남해욱南海旭　122
남형우南亨佑　24, 64, 169, 174, 177, 179, 208,
　209, 344, 346, 410, 411, 431, 453
남형우南亨祐　⇒ 남형우
남형유南亨裕　188, 450, 451
남효직南孝直　76
낭대호浪大鎬　453
노구치 시나루타野口品二　424
노기용盧企容　397, 399, 400, 401
노백린盧伯麟　51, 169, 175, 177, 187, 188, 240,
　344, 379, 380, 477
노병곤盧炳坤　388
노상열盧尙烈　509
노상직盧相稷　433
노수용盧壽容　433
노원용盧圓容　399, 400, 401
노재성盧在成　342
노주연盧奏然　177
노차용盧且用　426, 427, 428
노현근盧鉉根　451
노홍석盧洪錫　452

【ㄷ】

다나카田中(대장)　192, 198, 476
다카다 마사노부高田政喜　500, 501
다카마루 요시오高丸義男　138
다카츠 세이도高津正道　289, 290
데라가와 아키노리寺川明德　405, 406, 407
도용호都容浩　508
도인권都寅權　384, 386

도재기都在琪　286, 294
도재희都在熙　288
도쿠가와 이에사토德川家達　119
독고악獨孤岳　228, 237
독고전獨孤佺　503
동창률董昌律　440, 445, 447
돤이산段益山　364

【ㄹ】

레닌　511
로베르 아쉴 폴　315, 324
류경원柳慶元　460
류경환柳璟煥　175
류근柳瑾　451, 453
류동수柳東洙　84
류동열柳東說　175, 188, 213
류동화柳東華　75
류면희柳冕熙　494
류명수柳明秀　453, 454
류병하柳秉夏　198, 390, 394
류보柳寶　360
류상묵柳尙黙　426, 427, 429
류성룡柳成龍　23
류성우柳性佑　465
류순종柳順宗　336
류시만柳時萬　341
류시언柳時彦　464, 465
류시영柳時榮　39
류시준柳時俊　465
류시태柳時泰　390, 394
류연덕柳淵德　408, 409
류연동柳淵東　166
류연박柳淵博　431
류연화柳淵和　507

류우국柳佑國　197, 368, 369, 370
류우근柳友權　194, 208, 425, 484, 487
류우근柳友瑾　⇒ 류우근
류우근柳佑瑾　⇒ 류우근
류원우柳元佑　285, 298
류인경柳仁卿　360
류장아柳章我　375
류장오柳章五　475
류재욱柳在昱　380, 381
류점등柳點登　75
류정락柳廷洛　387
류준근柳濬根　432
류중협柳重協　341
류지상柳志相　142
류진걸柳震杰　283
류진옥柳震玉　433
류찬우柳燦佑　75
류창우柳昶佑　463, 464
류청우柳靑宇　208
류필영柳必永　433
류호근柳浩根　432
류흥식柳興植　357
류흥환柳興煥　357

【ㅁ】

마명馬明　420, 421, 422, 423
마쓰모토松本　201
마에다 미나오前田三七男　480
마츠모토 기요시松本淸　138
마현석馬鉉碩　520
마현의馬鉉義　281
매큔 G. S.　58
맹동전孟東田　213
맹성룡孟成龍　126
맹철호孟喆鎬　222
맹형모孟亨模　296
명제세明濟世　107
모리 다카오森孝雄　500
무라세 주이치村瀨重一　405, 406
무카이 노보루向井昇　370, 371, 372
문갑순文甲順　520, 522, 523
문동봉文東峰　228
문명호文命浩　451
문봉래文奉來　341
문상우文祥祐　516, 519
문상직文相直　426, 427, 429, 456, 457
문시환文時煥　470, 475
문용文鏞　434
문우천文宇天　228
문의향文義鄕　80
문일평文一平　110
문정삼文正三　157
문창범文昌範　49, 51, 168, 174, 175, 179, 184, 188, 213, 214, 220, 238
문창수文昌洙　336
문철文徹　294
문철수文鐵洙　513, 514
뮝스웬孟思遠　454
미르나드　48
미스 데인 천부인千婦人　355
민긍호閔肯鎬　37
민무閔武　227
민병대閔丙臺　452
민영달閔泳達　350
민영성閔泳晟　154, 156
민영태閔泳泰　387
민영환閔泳煥　32
민용호閔溶鎬　451
민원식閔元植　115

민은식閔殷植　166, 331
민종식閔宗植　32, 36, 337
민창식閔昌植　489, 490, 505
민태원閔泰瑗　107
민후閔后(명성황후)　332

【ㅂ】

박건병朴健秉　210, 212
박건봉朴健奉　177
박경식朴敬植　518
박경종朴慶鍾　163, 213
박경철朴景哲　215
박경칠朴敬七　410
박관영朴觀永　521, 523, 524
박관해朴觀海　194, 221, 226, 233, 426, 487
박광朴洸　⇒ 박근호
박광세朴光世　512
박광수朴光洙　509
박광일朴光一　504
박규명朴圭明　202
박규호朴圭浩　433
박균朴均　294
박근호朴根浩　172, 197, 456, 457, 458, 475
박기로朴基魯　95
박기석朴奇石　385, 386
박기형朴基瀅　385, 386
박기홍朴基鴻　122
박길문朴吉文　244
박길양朴吉陽　503
박낙종朴洛鍾　292
박낙현朴洛鉉　70
박내영朴來英　92
박내원朴來源　489, 490, 505
박내홍朴來弘　110

박노선朴魯宣　519, 522, 525
박덕실朴德實　360
박덕혜朴德惠　359
박동완朴東完　63, 110
박동화朴東和　452
박두일朴斗一　472
박두종朴斗鍾　492, 493, 494
박두희朴斗熙　225
박득룡朴得龍　513, 514, 515, 517
박득현朴得鉉　293
박만규朴晚圭　486
박만석朴萬石　298
박망朴茫　297
박명근朴命根　515, 516, 517, 518
박명방朴命方　80
박명수朴明洙　456
박명옥朴明玉　346
박무훈朴茂勳　93
박문선朴文善　521, 525
박문찬朴文燦　337
박문홍朴文泓　92, 93
박민영朴珉英　488, 491, 505
박병찬朴炳贊　335
박병철朴炳哲　495
박병희朴秉熙　232
박보근朴寶瑾　360
박복래朴福來　496
박봉구朴奉九　443
박봉록朴鳳綠　93
박봉우朴鳳雨　361
박사목朴思穆　285
박사숙朴士淑　466, 467, 469
박상구朴尙九　433
박상동朴尙東　67
박상점朴相點　516, 519

박상진朴尙鎭　23, 332, 338, 339, 340, 345, 454
박상호朴常浩　515, 516
박석홍朴錫洪　121, 122
박수의朴守義　466, 468, 469
박수환朴秀煥　478
박숙희朴璹熙　516
박순계朴淳階　451
박순병朴淳炳　411, 467
박순병朴純秉　507
박순복朴順福　360
박순호朴純鎬　435
박승빈朴勝彬　105
박승원朴承源　522
박승철朴勝喆　105, 107, 453
박승철朴承喆　426
박승환朴昇煥　33
박시규朴時奎　338
박신우朴新友　114
박심수朴尋洙　450
박안근朴安根　496
박애朴愛　245, 246
박연식朴延植　420
박열朴烈　24, 120, 121, 122, 275, 278, 288, 290, 295, 296, 297, 394, 395, 419, 420, 422
박영규朴榮奎　497
박영만朴永萬　292
박영모朴永模　343, 346
박영朴英　202, 215
박영옥朴永玉　490
박영조朴永祚　144, 146
박영준朴英駿　497
박영호朴英浩　202
박영화朴永和　67, 68
박영효朴泳孝　119, 350
박옥신朴玉信　359

박용만朴容萬　46, 50, 169, 175, 177, 188, 240, 241, 242, 398, 400
박용하朴容夏　340
박우완朴又完　67
박운균朴運均　476
박원근朴元根　503
박원민朴元玟　114
박원희朴元熙　114
박유진朴裕鎭　452
박윤조朴允祚　244
박은식朴殷植　49, 172, 180, 187
박은용朴殷容　434
박의화朴義和　452
박이규朴珥奎　332
박익희朴翼熙　434
박인근朴仁根　450
박인덕朴仁德　166
박인덕朴仁德　359
박인호朴寅浩　489
박일구朴一求　453
박일병朴一秉　506
박장억朴章億　480
박장희朴壯熙　342
박재강朴載堈　453
박재건朴齋乾　201
박재명朴在明　435
박재선朴齋璿　453, 454
박재욱朴在郁　453
박재필朴材弼　95
박재혁朴載赫　192, 198
박재형朴齋衡　485
박재화朴在華　466, 467, 468, 469
박재후朴載厚　253
박정득朴正得　226
박정명朴定明　392

박정서朴政緒　452
박정선朴正善　434
박정조朴正祚　222
박정현朴正鉉　113
박제순朴齊純　34
박제호朴濟鎬　291
박종권朴鍾權　434
박종래朴鍾來　337
박종원朴宗源　413
박종한朴宗漢　43
박준朴俊　434
박준승朴準承　54, 63
박중화朴重華　344, 451
박지성朴知成　504
박진순朴鎭淳　245, 246
박진오朴鎭五　89
박진호朴振鎬　94
박찬익朴贊翊　225
박찬희朴贊熙　105
박찬희朴燦熙　516
박창세朴昌世　201, 202
박춘금朴春琴　268
박춘성朴春聲　294
박태선朴泰善　508
박태식朴泰植　515, 516, 518
박태을朴台乙　294
박태홍朴台弘　506
박하균朴河鈞　490, 493, 494
박하준朴夏駿　337
박한복朴漢福　494
박한선朴漢瑄　453
박한형朴漢馨　430
박해관朴海觀　212
박행원朴幸源　352
박헌영朴憲永　124, 503

박현환朴賢煥　55
박형병朴衡秉　126, 453
박형원朴亨元　453
박형채朴炯埰(朴炯採)　285, 294
박호진朴琥鎭　332, 381
박흥곤朴興坤　415
박희곤朴凞坤　202
박희도朴熙道　56, 57, 58, 59, 63, 107
방만영方萬榮　358
방명원方明圓　348, 349
방우룡方雨龍　217
방원성方遠成　282
방위룡方渭龍　215
방한상方漢相　121, 419, 420, 421, 422, 423
배기달裵基達　113
배덕수裵德秀　509
배두산裵斗山　165
배만두裵萬斗　369
배병열裵秉烈　452
배상렴裵相濂　345
배상연裵相淵　344, 345
배성룡裵成龍　508
배승환裵昇煥　368, 370
배영복裵永復　480, 481
배운영裵雲英　212
배종순裵鍾淳　433
배중세裵重世　194, 345, 364, 365, 366, 401, 412, 413, 414
배천택裵天澤　180, 197, 207, 208, 209, 210, 212, 397, 400, 410, 411
배치문裵致文　474, 508
배활산裵活山　236
백관수白寬洙　51, 105, 107, 110
백관형白觀亨　432
백군언白君言　387

백기만白基萬 65
백기주白基周 376
백기호白基浩 508
백남규白南圭 175
백남규白南奎 40
백남규白南奎 452
백남운白南雲 105
백남준白南俊 222
백남진白南震 451, 452
백남채白南採 65
백남훈白南薰 105, 282, 283
백대윤白大潤 512, 513, 517
백덕림白德林 204
백동희白東熙 397, 400
백명천白明天 489, 490
백무白武 288, 290, 291, 292, 295
백성현白性玄 355
백순제白淳濟 430
백신영白信永 356, 360
백영무白英武 389, 392, 393
백용기白容基 150
백용성白龍城 56, 62
백일규白一奎 244
베델 31
변상태卞相泰 344, 346
변승수邊承洙 337
변양석卞穰錫 433
변영로卞榮魯 107
변영우卞榮雨 296
변장성邊長城 254, 255, 256
변학기邊鶴基 37, 39, 40
변항邊恒 336
변희용卞熙瑢 277, 282, 283, 288, 289, 290, 295, 429, 430
변희용卞熙鎔 ⇒ 변희용

변희용卞凞瑢 ⇒ 변희용
브루엔, 헨리 먼로 97, 98, 145, 325, 326
블레어, 허버트 E. 97, 98, 146, 325, 326, 564

【ㅅ】

사와다澤田 146
사이토齋藤 362
사카모토 마사유키坂本正行 370, 371, 372
사카이 도시히코堺利彦 289, 295
상술상尙戌祥 512, 513, 514, 515, 517, 518
서건수徐健洙 433, 460
서국재徐國才 471
서금덕徐金德 363
서동성徐東星 24, 120, 122, 296, 297, 394, 395, 419, 421, 423
서동순徐東淳 387
서동일徐東日 197, 208, 410, 411, 477
서동일徐東一 ⇒ 서동일
서만달徐萬達 520
서맹수徐孟洙 452
서범석徐範錫 479
서병룡徐丙龍 343, 345
서병일徐丙日 457
서병주徐炳柱 344
서병호徐丙浩 174, 373
서봉룡徐鳳龍 93
서사보徐四甫 361
서상경徐相庚 395
서상락徐相洛 190, 197, 366
서상업徐相業 379, 380, 381
서상욱徐相郁 480, 503
서상일徐相日 64, 105, 310, 343, 344, 345, 457, 458, 559
서상일徐相一 295, 358

서상한徐相漢　23, 283, 362, 363
서상호徐相灝　344, 345
서상환徐相懽　344, 345
서성열徐成烈　310, 559
서성용徐聖鎔　451
서세충徐世忠　375
서영균徐榮均　457
서왈보徐曰甫　208
서인식徐仁植　293, 294
서일徐一　215, 217
서장환徐章煥　384, 386
서재필徐載弼　240
서주일徐周一　40
서창규徐昌圭　344, 345
서춘徐椿　51
서학이徐學伊　420, 421, 422, 423, 480
석성기石盛基　82
석제원石濟元　410, 411
선우전鮮于全　105
선우혁鮮于爀　172, 173, 174
선우호鮮于鎬　116
선철관宣徹觀　477, 478
설병호薛炳浩　508
설총薛聰　23
성경애成慶愛　359
성달수成達水　341
성대식成大湜　431, 438
성문영成文永　341
성성인成星仁　82
성심환成心煥　82
성익현成益顯　39
성제成濟　468
성호成浩　466, 468
소원성蘇元成　256
소진형蘇鎭亨　373, 374, 375

손경헌孫庚憲　466, 468
손경호孫景鎬　234
손기성孫基聖　466, 469
손기수孫騏秀　399
손기현孫琪鉉　80
손두환孫斗煥　175, 179, 195, 205, 206, 254
손병규孫秉奎　433
손병선孫秉善　477, 478
손병희孫秉熙　49, 54, 59, 62, 151, 173, 214, 349, 439
손상현孫上鉉　434
손성운孫聖雲　379, 380, 382
손시열孫時說　452
손영기孫永箕　381
손영돈孫永暾　480
손영순孫永詢　344
손영와孫永窩　344
손용수孫龍壽　282
손의순孫儀淳　430
손익기孫益基　513, 514, 515, 516, 517, 518
손장현孫長鉉　80
손재기孫在基　489, 490
손재헌孫載憲　466, 469
손정기孫定基(孫鼎基)　515, 516
손정도孫貞道　55, 174, 175, 177, 182, 188
손종헌孫綜憲　466, 469
손진인孫晋仁　485
손진창孫晋昌　435
손후익孫厚翼　482, 483, 484
송과곤宋鍋坤　434
송규선宋圭善　430, 438
송두환宋斗煥　396, 398, 399, 401
송명옥宋明玉　376
송병조宋秉祚　188, 203
송병준宋秉畯　129, 151, 152, 332, 440

송상하宋尙夏 226, 227, 228, 237
송세호宋世浩 353, 354, 355, 357
송영호宋永祜 482, 483, 484
송운순宋運淳 495
송원재宋元在 386
송을수宋乙秀 286
송인집宋寅輯 86
송재기宋載基 457
송재락宋在洛 434
송재홍宋在洪 293, 294
송정덕宋貞德 457, 458
송주영宋柱營 336
송주찬宋柱燦 454
송주헌宋柱憲 433
송준필宋浚弼 86, 430, 431
송준필宋俊弼 ⇒ 송준필
송진우宋鎭宇 102, 105, 106, 107
송채원宋彩源 478
송철수宋喆洙 434
송학선宋學先 331
송협욱宋埉郁 398, 399, 401
송호宋虎 210, 212
송호기宋鎬基 434
송호완宋鎬完 434
송홍래宋鴻來 431
송회근宋晦根 86
쇼, G. L. 176
스미스 98
스티븐스 34, 35
승진承震 221, 222
시바다 켄스케柴田健介 513
시부자와 에이치澁澤榮一 119
신건申楗 ⇒ 신규식
신규식申圭植 ⇒ 신규식
신규식申奎植 46, 50, 51, 52, 172, 173, 174, 175, 177, 187, 188
신규식申奎植 337
신기균申機均 478
신도출愼道出 376, 377
신돌석申乭石 36, 38, 39
신동엽申東曄 402
신동호申東浩 505
신두식申斗湜 439
신명구申明球 392
신상완申尙玩 473
신상태申相泰 345
신석구申錫九 63
신석린申錫麟 115
신석우申錫雨 49, 102, 105, 109, 110, 124, 174, 175, 281, 309, 453
신석원申錫遠 477, 478
신석환申奭煥 373, 374, 375
신성백愼性伯 88
신숙申肅 220, 226, 227
신애균辛愛均 360
신애지申愛只 358
신연식辛延植 380
신우동申愚童 365, 366
신의경辛義敬 356, 359
신익희申益希 ⇒ 신익희
신익희申翼熙 50, 174, 177, 212
신일용辛日鎔 227
신재모申宰模 419, 420, 421, 422, 423
신재용辛才鎔 286
신정순申正淳 378
신준원申駿遠 122
신직선申稷善 434
신채호申采浩 110, 425, 426, 487
신철辛鐵 257
신철균申喆均 342

신철수申哲洙　479, 503
신철휴申喆休　198, 414
신태걸申泰杰　85
신태식申泰植　379, 381, 477, 478
신태응申泰應　341
신택균申宅均　464
신표성愼杓晟　508
신풍申豊　472
신현수申鉉壽　137
신현식申鉉式　382
신현욱申鉉旭　65
신현휴申賢休　464
신형규辛亨圭　222
신형섭申亨燮　402, 409
신홍식申洪植　55, 63
신흥우申興雨　106
심상민沈相玟　142
심상욱沈相旭　466, 467, 468
심영택沈永澤　373, 374, 375
심용준沈龍俊　230, 231, 236, 237
심우섭沈友燮　107
심재윤沈在潤　294
심호섭沈鎬燮　452
심황파沈荒波　286, 287, 292
쑨원孫文　225, 322

【ㅇ】

아리요시有吉　146
아마츠 가츠에天津一枝　370, 371, 372
아베 가쓰야阿部充家　107, 108
아오야기 난메이青柳南冥　373
아지달極志達　142
안광천安光泉　108, 109, 114, 125, 127, 128, 254, 291, 292, 502

안기성安基成　248
안달덕安達德　421, 423
안덕보安德保　376
안동홍安東鴻　281
안병길安炳吉　380
안병찬安秉瓚　31
안병찬安柄瓚　432
안병희安秉禧　126, 415, 416
안상호安商浩　447
안상훈安相勳　503, 504
안영중安英中　398, 401
안우安愚　255
안우선安祐璿　352, 354, 358
안유安裕　23
안인묵安仁黙　451
안재홍安在鴻　105, 106, 107, 108, 109, 110, 111, 309, 353, 354, 355, 357, 452
안정근安定根　216
안정식安正植　491
안종건安鍾健　451
안종국安鍾國　340
안종달安鍾達　434
안종만安鍾萬　451
안종운安鍾雲　373, 374, 375
안준安埈　126
안중근安重根　34, 498
안창수安昌洙　342
안창호安昌浩　31, 34, 50, 51, 103, 104, 105, 107, 108, 168, 169, 174, 175, 177, 178, 179, 180, 181, 182, 183, 187, 188, 204, 209, 210, 232, 240, 241, 242, 243, 244, 354, 442
안태근安泰根　180, 203
안태준安泰俊　336
안태희安泰熙　496
안학수安鶴洙　418

안해용安海容　382, 383
안형원安衡遠　366
안확安廓　343, 346
안효진安孝珍　434
안희제安熙濟　344
애덤스, 에드워드 A.　315, 324, 327
야마구치 요시오山口芳夫　370, 371, 372
야마기타 미츠노리山北光德　306
야마모토 시게루山本繁　370, 371, 372
야마자키 게사오山崎今朝雄　289
야마카와 히도시山川均　289
양건호梁健浩　⇒ 이종암
양건호梁建浩　⇒ 이종암
양근환梁槿煥　115
양기탁梁起鐸　187, 220, 221, 337
양만묵梁滿黙　62
양명梁明　292, 415, 416, 502
양상기梁相基　298
양재식楊在植　489, 490
양재하楊在河　344
양전백梁甸伯　55, 62, 173
양정묵梁正黙　352
양정楊楨　441, 445, 448
양제민楊濟民　448
양주영梁柱瑛　284, 363
양한규梁漢奎　392
양한묵梁漢默　54
양한위梁漢緯　461, 462, 466, 467, 469
양한체梁漢締　381
어수갑魚秀甲　506
어재하魚在河　342
엄주동嚴柱東　451, 453
엄주련嚴柱璉　380, 382
엄항섭嚴恒燮　255
여상윤呂相胤　438

여서봉呂瑞鳳　156
여영조呂永祚　336
여운형呂運亨　48, 49, 50, 51, 172, 173, 174, 176, 177, 180, 181, 188, 189, 201, 202, 241, 254, 256, 373, 503
여운홍呂運弘　50, 177
여의선呂義善　505
여준呂準　49
여준현呂駿鉉　373, 374
연병호延秉昊　353, 354, 355, 357
연병호延秉浩　⇒ 연병호
염온동廉溫東　256
염창렬廉昌烈　506
오가와 다케시小川武　296, 394, 395
오계선吳啓璿　452
오규환吳珪煥　485
오기성吳基成　509
오기수吳麒洙　462
오기영吳基永　405, 406
오동진吳東振　218, 220, 222, 223, 224, 232, 233
오상현吳相鉉　451, 452
오석준吳錫俊　84
오성륜吳成崙　192, 198, 476
오성묵吳聲黙　177
오성완吳成完　137
오세덕吳世悳　470, 471, 472, 473, 474, 475
오세창吳世昌　53, 54, 63
오스기 사카에大杉榮　120, 195, 289, 295
오영吳英　126
오영선吳永善　177, 180, 181, 187, 188, 203, 223, 229
오용우吳用于　95
오우영吳宇榮　297
오의선吳義善　175, 398, 400
오종섭吳宗燮　475

오진문吳進文　429, 462
오현관吳玄觀　355, 356, 358
오현주吳玄洲　355, 356, 358
오형선吳亨善　376, 377
오화영吳華英　63
오환민吳煥敏　351, 352
오희병吳熙秉　285
오희태吳熙台　451
옥관빈玉觀彬　177
와타나베 데이이치로渡辺定一郎　117
왕삼덕王三德　216
용창헌龍昌憲　357
우가이鵜飼　459
우경동禹經東　432, 437
우덕순禹德淳　34
우성동禹成東　432
우세평禹世平　256
우승기禹升基　432
우에무라 킨사쿠植村金作　362
우찬기禹瓚基　432
우하교禹夏敎　344, 345, 432, 437
우하삼禹夏三　435
우해룡禹海龍　420, 421, 423
우홍기禹洪基　466, 467, 469
원기용元基容　452
원세훈元世勳　178, 179, 209, 210, 212, 257
원심창元心昌　296
원우관元友觀　509
원종뢰元鍾雷　494
원종린元鍾麟　289, 295
원훈元勳　297, 298
원흥元興　212
위수성玉樹聲　377
월슨　47, 48, 172, 173, 213
유각경俞珏卿　114

유경상劉慶尙　495
유군석劉君奭　452
유봉조俞鳳祚　497, 498, 499
유석현劉錫鉉　198, 389, 393, 394
유시동劉時東　89
유억겸俞億兼　106, 108, 110
유여대劉如大　55, 63
유영준劉英俊　114
유원식劉瑗植　494
유일우劉一優　213
유정근俞政根　175, 233
유진성俞鎭成　376
유진오劉鎭五　337
유진희俞鎭熙　503
유치형俞致衡　475
육홍균陸弘均　⇒ 육홍균
육홍균陸洪均　122, 296, 394, 395
윤각尹覺　221
윤갑병尹甲炳　115
윤국범尹國範　44
윤국추尹懼椎　212
윤기선尹基善　452
윤기섭尹琦燮　177, 181, 187, 188, 203
윤기섭尹奇燮　⇒ 윤기섭
윤기영尹起榮　37
윤기용尹箕容　452
윤기우尹基祐　440
윤기현尹基鉉　507
윤기효尹琪澕　92
윤길수尹吉洙　400, 401
윤덕보尹德甫　221, 222
윤도순尹道淳　293, 294
윤돈구尹敦求　336
윤동명尹東鳴　294
윤만파尹萬波　40

윤병권尹炳權　411, 486
윤병래尹炳來　410, 411, 412
윤병일尹炳馹　410, 411, 412
윤상태尹相泰　343, 344, 345
윤소룡尹小龍　190, 366
윤양식尹亮植　432
윤영섭尹瑛燮　410, 411
윤영주尹瑩柱　70
윤우동尹祐東　524
윤우열尹又烈　24, 415, 416
윤우영尹宇榮　357
윤이병尹履炳　337
윤인하尹寅夏　433
윤자성尹滋聲　157
윤자영尹滋英　57, 197, 248, 254, 403, 475
윤장혁尹章赫　512, 513, 514, 515, 516
윤재풍尹在豊　363
윤정우尹丁雨　234
윤진수尹進遂　356, 359
윤창기尹昌基　343, 345
윤창식尹昶植　451
윤창식尹昌植　452
윤창하尹昌夏　341
윤철수尹哲洙　433
윤치련尹致鍊　496
윤치형尹致衡　191, 365, 413
윤치호尹致昊　31, 34, 106
윤태흥尹泰興　32
윤평尹玶　234
윤하진尹河振　222
윤해尹海　179, 220, 241
윤헌섭尹憲燮　336
윤혁제尹赫濟　287
윤현진尹顯振　51, 177, 384, 385
윤현태尹顯泰　344

윤화정尹和鼎　57
윤희용尹喜用(李敏河)　444, 448
은규표殷奎杓　142
이각열李珏烈　342
이갑성李甲成　63, 64, 65, 110
이갑수李甲銖　376, 377
이강李剛　188, 238
이강李堈　23, 439, 442, 443, 444, 445, 446, 447, 448, 449
이강년李康年　37, 38, 39, 40, 332, 449
이강욱李康郁　83, 84
이강하李康夏　357
이강현李康賢　451, 452
이강희李康熙　426, 427, 428
이건호李健浩　457
이건호李建鎬　504
이겸호李謙浩　408, 409, 410
이경만李敬萬　386
이경삼李京三　37
이경연李慶淵　380
이경우李敬雨　166
이경하李敬夏　357
이경환李慶煥(李熙龜)　24, 276, 333, 500, 501
이경희李慶熙　198, 390, 393
이경희李慶凞　⇒ 이경희
이계원李啓元　⇒ 이상룡
이계원李啓源　432
이계준李季埈　432
이관규李觀珪　375
이관수李寬洙　255
이관수李觀修　440
이관용李灌鎔　106, 110, 241
이괸희李觀熙　496
이광李珖　126
이광李光　212

이광민李光民 221, 232, 233, 234, 250
이광백李光白 113
이광수李光洙 50, 51, 103, 104, 105, 107, 174, 175, 177
이광수李光壽 452
이광준李光俊 495
이교덕李敎悳 453, 454
이교언李敎彦 228
이교창李敎昌 452
이구덕李九德 75
이구락李龜洛 93
이구성李九成 90
이구옥李舊玉 40
이구용李龜鎔 126
이구채李求蔡 38
이규남李圭南 453
이규동李圭東 224, 373
이규동李圭東 373
이규린李圭麟 ⇒ 이규린
이규린李奎麟 433, 486
이규송李奎宋 507
이규승李奎承 373, 375
이규영李奎榮 452
이규찬李奎燦 150
이규홍李圭洪 ⇒ 이규홍
이규홍李圭弘 ⇒ 이규홍
이규홍李奎洪 51, 177, 181, 187, 188, 203
이근명李根命 32
이근신李謹愼 524
이근재李根宰 453
이근진李謹瑱 525
이근택李根澤 34
이근호李根鎬 367
이금례李今禮 244, 356, 360
이금산李金山 496

이금이李今伊 421
이긍종李肯鍾 106
이기대李起大 515, 516
이기동李起東 268
이기룡李起龍 175
이기명李基明 346, 348
이기상李起商 335
이기성李基聲 438
이기양李起陽 198, 414
이기영李起永 335
이기완李基完 438
이기원李基元 86, 332, 333, 482, 485
이기윤李基允 438
이기정李基定 86
이기종李箕鐘 451
이기택李起澤 294
이기형李基馨 431
이기호李祁鎬 361, 362, 458
이길성李吉性 432
이길호李吉浩 485
이낙영李樂永 126
이낙준李洛俊 366
이남기李南基 458
이남기李南基 517, 518
이남두李南斗 289
이내성李乃成 94, 520, 525
이능우李能雨 350, 351
이능학李能學 432
이달하李達河 448
이대관李大瓘 363
이대기李大基 379, 380
이덕생李德生 197, 205, 346, 347, 348, 349, 376, 383
이덕숙李德淑 402, 408, 409, 410
이덕재李德宰 342

이덕주李德周 518
이덕후李德厚 431, 438
이도성李道成 368, 370
이돈호李墩浩 432
이동건李東健 402, 408, 409
이동규李東圭 487, 491
이동근李東根 88
이동녕李東寧 49, 50, 174, 175, 177, 178, 179, 180, 181, 183, 187, 188, 203
이동빈李東彬 121
이동수李東壽 516
이동일李東一 250
이동제李東濟 282
이동춘李同春 215
이동하李東下 449, 450
이동혁李東革 287, 292
이동환李東煥 138
이동휘李東輝 107, 168, 169, 174, 175, 176, 177, 184, 187, 188, 213, 214, 219, 238, 254, 289
이동흠李棟欽 25, 455, 483, 485
이두종李斗鍾 336
이내수李來修 435
이리에 유헤이入江勇平 371, 372
이마리아李瑪利亞 359
이마리아李瑪利亞 360
이마이 이쿠로今井幾郎 362
이마이 테츠지로今井鐵次郎 362
이만규李晩煃 431
이만근李萬根 498
이만녕李万寧 380
이만성李萬成 90
이만성李萬成 432
이만준李萬俊 465, 466, 467, 468, 469
이만집李萬集 64, 65, 66, 143, 144, 145, 146, 147, 150, 326

이명건李命健 ⇒ 이명건
이명건李命鍵 282, 283, 295, 346, 347, 348
이명교李命敎 175
이명균李明均 379, 381, 433
이명도李明道 234
이명룡李明龍 55, 63
이명상李明翔 336
이명순李明淳 213
이명우李明雨 281
이명호李明鎬 455
이민달李敏達 203
이민식李敏軾 373, 374, 375
이민철李敏轍 282
이민한李玟漢 113, 287
이민행李敏行 508
이방李芳 126
이방신李芳宸 194
이백파李白波 235
이백헌李伯憲 458
이범석李範奭 235
이범선李範善 378
이범성李範成 94
이범욱李範郁 378
이범윤李範允 168, 180, 214, 215, 217, 220, 238
이병규李炳奎 358
이병기李炳基 366
이병립李炳立 488, 489, 490, 492, 493, 494, 506
이병선李丙璇 287
이병엽李秉燁 508
이병재李炳載 150
이병주李秉周 58
이병철李秉澈 353, 354, 355, 356, 357
이병칠李炳品(李炳哲) 363, 364, 365, 366, 412, 414
이병철李炳喆 438

이병태李炳泰　412, 414
이병하李炳夏　251
이병한李炳漢　465
이병호李炳鎬　293
이병호李炳浩　358
이병호李炳浩　412, 414
이병회李柄回　434
이복래李福來　434
이봉노李鳳魯　482, 485
이봉락李鳳洛　93
이봉수李鳳洙　505
이봉수李鳳洙　508
이봉의李鳳義　163
이봉재李鳳在　513, 514, 515, 516, 517, 518
이봉희李鳳熙　431, 438
이봉희李鳳凞　⇒ 이봉희
이사술李四述　376
이사우李思雨　150
이상길李相吉　516, 518
이상도李相度　197, 255, 396, 400
이상도李相道　⇒ 이상도
이상동李相東　325
이상룡李相龍　24, 26, 63, 163, 180, 187, 213, 218, 219, 223, 377, 379, 380
이상만李相萬　375
이상백李相柏　94
이상설李相卨　31, 32
이상우李祥宇　491
이상우李相雨　500
이상욱李相勗　294
이상윤李相潤　497, 498, 499
이상의李象義　⇒ 이상룡
이상의李相義　432
이상일李相一　194, 196
이상재李商在　49, 101, 106, 110, 135

이상조李相祚　375
이상철李相哲　32
이상철李相徹　385, 386
이상쾌李相快　429, 475
이상현李尙鉉　285
이상호李祥昊　156
이상호李相昊　509
이상훈李相薰　26, 507
이상희李象羲　⇒ 이상룡
이석균李鈃均　432
이석영李錫永　496
이석하李錫夏　451
이석훈李錫薰　492, 493, 494
이선강李善江　244
이선호李先鎬　492, 493, 494
이성李聖　178
이성녀李性女　339
이성년李聖年　376
이성두李聖斗　376
이성로李星魯　378
이성립李成立　500, 501
이성백李成伯　294
이성범李聖範　82
이성완李誠完　356, 359
이성우李成宇　190, 191, 198, 363, 364, 365, 366
이세영李世榮　449, 450
이수건李壽鍵　346, 347, 348, 349, 383
이수건李壽健　⇒ 이수건
이수경李壽慶　430
이수묵李守默　345
이수봉李秀峯　201, 202
이수안李壽安　433
이수영李遂榮　396, 397, 398, 400
이수인李洙仁　431
이수일李壽逸　486

이수철李壽哲 282
이수탁李壽鐸 ⇒ 이수택
이수택李壽澤 198, 364, 365, 366, 419
이순길李順吉 359
이순상李舜相 345
이순원李淳元 457, 458
이순의李舜儀 452
이순탁李順鐸 110
이슬규李瑟珪 294
이승래李承來 433
이승만李承晚 50, 169, 174, 177, 179, 180, 181, 182, 183, 187, 217, 240, 242, 243, 244, 354, 356, 441
이승백李承伯 452
이승범李承範 222
이승복李昇馥 110
이승춘李承春 194, 207, 425, 426, 487
이승훈李昇薰 55, 56, 58, 63, 105, 110, 173
이승희李承熙 332, 333
이시목李時穆 140
이시영李始榮 50, 64, 174, 175, 177, 184, 188, 213, 384, 386, 460, 463, 464
이시영李始榮 343, 345, 466, 468
이시우李時雨 298
이식재李湜宰 449, 450
이신성李信聖 360
이신애李信愛 359
이심동李心同 410, 411
이양잠李陽蠶 407
이양준李良俊 68
이언용李彦用 38
이언적李彦迪 23
이여성李如星 288, 290, 291
이여주李汝珠 381
이연구李延求 363

이연순李演淳 336
이연희李延禧 341
이영국李永局 343, 345
이영균李榮均 453
이영로李永魯 483
이영록李永祿 197
이영선李永善 201, 202
이영식李永植 93, 346, 347, 348, 349
이영옥李榮玉 346, 347, 348, 349
이영李英 107, 126
이영조李永祚 504
이영한李永漢 145
이영형李永衡 249
이오길李吾吉 389, 393, 394
이옥李鈺 283, 295
이완용李完用 34, 337
이완채李完蔡 38
이왕李王(순종) 23, 24, 26, 135, 201, 202, 487, 488, 492, 502
이왕세자李王世子 23, 283, 362
이용李鏞 216
이용구李容九 151, 152, 332, 440
이용기李龍基 295
이용대李龍大 298
이용로李龍魯 351, 352
이용설李容卨 57
이용재李用宰 489, 490
이용헌李容憲 452
이용현李用鉉 336
이용회李容晦 82
이우李鍝 448
이우락李宇洛 486
이우백李雨栢 310
이우석李愚奭 282
이우용李雨用 450, 452

이우의李雨儀　126
이우적李友狄　292
이우형李宇珩　480, 481
이욱李旭　221
이운혁李雲赫　126
이운형李運衡　460, 461
이웅李雄　232, 237
이웅도李雄道　224
이웅매李雄梅　218
이원경李元慶　418, 419
이원기李源璣　380
이원식李元植　400
이원오李元五　84
이원용李圓容　401
이원익李元翼　175
이원일李元一　441
이원태李源泰　485
이원필李源弼　332
이원현李元賢　294
이원희李元熙　358
이월봉李月峯　513, 514, 515, 516, 517, 518
이위종李瑋鍾　33
이유필李裕弼　177, 180, 188, 201, 202, 223, 229
이유희李有喜　360
이육상李陸相　93
이윤래李允來　337
이윤식李允植　375
이윤재李允宰　415, 416
이윤희李允熙　286
이융무李隆武　509
이은사李恩師　360
이은상李殷相　452
이은식李殷植　507
이은영李殷榮　336, 449, 450
이은찬李殷贊　43

이은택李恩澤　496
이을李乙　252
이을규李乙奎　446, 447, 448
이응수李應洙　332, 379, 380
이응수李應秀　452
이의경李儀景　354, 357
이의경李義儆　⇒ 이희경
이의태李義太　234
이이익李以翊　434
이인李仁　106
이인건李仁乾　472
이인광李寅光　431, 438
이인구李麟求　452
이인락李麟洛　93
이인석李仁錫　524
이인순李寅淳　335
이인영李麟榮　43, 336, 449
이인영李寅榮　⇒ 이인영
이인희李麟熙　394
이일李鎰　294
이일갑李一甲　81
이일몽李一夢　⇒ 이수택
이일선李日宣　358
이일세李一世　227, 228, 232
이일심李一心　235, 249
이장녕李章寧　221, 222
이재간李載侃　106
이재강李載崗　174
이재곤李在坤　390
이재극李載克　119
이재덕李在德　342
이재락李在洛　483, 485
이재명李在明　34
이재성李在成　452
이재술李再述　466, 468, 469

이재식李再植 150
이재영李縡榮 368, 370
이재용李載鎔 294
이재우李載佑 293
이재익李在益 507
이재인李在寅 65
이재호李在浩 440, 443, 444, 445, 446, 447
이재환李載煥 374, 375
이전희李銓熙 86
이정李淨 110
이정기李定基 431
이정기李定基 431, 438
이정섭李廷燮 110
이정숙李貞淑 355, 356, 358
이정업李定業 518
이정필李廷弼 455
이정후李定厚 434
이정희李廷禧(李庭禧) 332, 381
이조원李祖遠 344
이조헌李兆憲 210
이존수李存洙 215
이종건李鍾乾 221, 224, 234, 236
이종구李鍾龜 78
이종국李鍾國 380
이종근李琮根 51
이종률李鍾律 481
이종린李鍾麟 105, 106, 107, 110
이종목李鍾穆 110
이종범李鍾範 413
이종섭李鍾燮 433
이종식李鍾植 346, 347, 348, 349
이종암李鍾岩 27, 189, 190, 192, 193, 194, 196, 197, 198, 205, 333, 366, 391, 412, 414, 418, 419, 471, 473, 476
이종영李鍾韺 342

이종욱李鍾郁 354, 356, 358, 442, 443, 448
이종일李鍾一 54, 63
이종춘李鍾春 433
이종출李鍾出 68
이종헌李鍾憲 346, 347, 348, 349
이종혁李鍾赫(馬德昌) 230
이종호李鍾昊 410, 412
이종훈李鍾勳 54, 63
이종흠李棕欽 483, 485
이주영李周泳 298
이주현李周賢 364, 414
이준李儁 32, 511
이준문李準文 142
이준식李俊植 486
이준태李準泰 130, 502, 505
이준필李浚弼 438
이준형李濬衡 163
이중근李重根 498
이중묵李重默 336
이중업李中業 25
이중윤李重胤 337
이중진李中進 142
이중황李中晃 380
이증로李曾魯 352
이증림李增林 289
이지영李志永 426
이지탁李智鐸 488, 491, 506
이진李震 294
이진규李晋奎 407
이진산李震山 220, 221, 222
이진석李鎭石 451, 452
이찬李贊 212
이찬우李燦雨 281, 282
이찬호李璨鎬 388
이창규李昌奎 244

이창범李昌範　222
이창우李昌宇　194
이창하李昌夏　126
이천진李天鎭　492, 493, 494
이철李鐵　234
이철李澈　354
이철구李哲求　373, 375
이철락李哲洛　386
이청우李靑雨　234
이청천李靑天　221, 222, 224, 233, 234, 235, 236
이춘李春　126, 256
이춘숙李春塾　175
이춘승李春承　215
이춘열李春烈　289
이충모李忠模　507
이치수李致壽　359
이치준李致畯　175
이칙李伏　337
이탁李鐸　105, 177, 188, 213, 222, 223, 232
이탁李沰　⇒ 이탁
이태기李太基　⇒ 이대기
이태식李泰植　434, 486
이태왕李太王(고종)　47, 336, 445, 447
이태욱李泰旭　336
이태홍李泰洪　376
이토 도쿠타로伊藤德太郎　500
이토 히로부미伊藤博文　34, 35
이퇴계李退溪　⇒ 이황
이판원李判冤　453
이필주李弼柱　62
이하현李夏鉉　36
이학규李學奎　433
이학로李鶴魯　387
이학순李學淳　294
이학찬李學贊　137

이한응李漢應　32
이한창李韓昌　37
이해금李海琴　226
이향李香　464
이향주李鄕柱　451
이헌李憲　288, 290, 291, 292
이혁李革　296
이현각李鉉覺　452
이현경李賢卿　114
이현구李鉉球　486
이현상李鉉相　495
이현수李賢壽　384, 385, 386
이현정李鉉廷　452
이현준李賢俊　197, 389, 392, 393, 394, 403
이현창李鉉昌　431
이형재李亨宰　343, 346
이혜경李惠卿　356, 358
이호李虎　237
이호李浩　507
이호승李鎬承　357
이호영李皓榮　208
이홍근李宖根　121, 122, 296, 297
이홍래李鴻來　216
이홍석李洪錫　486
이황李滉　23, 63
이황룡李瑝龍　452
이효경李孝敬　360
이흥래李興來　337
이흥삼李興三　282
이희경李喜儆　175, 177, 356
이희구李喜九　337
이희봉李喜鳳　388
이희수李希壽　387
이희재李凞齋　430
이희철李喜徹　188

인정식印貞植 292, 293, 294
임강林岡 227
임경규林慶奎 486
임기반林基盤 361, 362
임득산林得山 181, 360
임무林茂 294
임병대林炳大 336
임병산林炳山 230
임병찬林炳瓚 36, 336
임봉래林鳳來 175
임봉순任鳳淳 126
임봉주林鳳柱 340
임영선林英宣 509
임예환林禮煥 63
임원조林元祚 385, 386
임윤화任允華 126
임응철林應喆 336
임종업林鍾業 495
임종하林宗夏 146
임종환林鍾煥 54
임창준林昌俊 355, 361
임택용林澤龍 295
임한청林翰淸 432
임향관林享寬 503
임형준任炯準 486
임홍범林洪範 439

【ㅈ】

장건상張健相 51, 206, 210, 212, 363, 389, 474
장건상張建相 ⇒ 장건상
장규정張奎晶 493, 494
장기덕張基悳 453
장기원張基元 90
장기철張基哲 92

장길상張吉相 110, 194, 483, 521, 522
장덕수張德秀 49, 52, 53
장도명張道明 504
장도성張道成 175
장도식張道植 94
장도정張道政 246
장두환張斗煥 340, 341, 471, 477
장명상張明相 ⇒ 장건상
장문숙張文淑 166
장병규張柄圭 94
장봉석張鳳錫 418
장봉환張鳳煥 453
장상중張祥重 296
장서성張曙星 504
장석영張錫英 64, 87, 344, 345, 430, 431, 437, 485
장석우張錫祐 440
장선희張善禧 355, 356, 359
장선희張善嬉 ⇒ 장선희
장세명張世明 379, 381, 464
장수학張守學 464
장순명張順明 479, 503
장쉐량張學良 321
장승원張承遠 23, 332, 338, 339, 340, 441
장심덕張心德 294
장영구張永九 434
장영조張永眺 94
장영창張永昌 94
장용환張龍煥 90
장용희張容熙 523, 525
장원수張元壽 513, 514, 515, 516, 517, 518
장은석張銀石 514
장응규張應圭 373, 374
장의두張義斗 202
장의준張義俊 441

장의환張義煥　520, 525
장익원張翼遠　487
장인환張仁煥　277, 351, 352, 429, 430
장인환張仁煥　34
장재수張在洙　411
장재식張在植　94
장적우張赤宇　333, 513, 514, 515, 516
장제스蔣介石　170, 206
장종창張宗昌　321
장종환張鍾煥　512, 513, 514, 515, 516, 517
장준식張俊植　94
장지락張志樂　255
장지영張志映　⇒ 장지영
장지영張志暎　110, 452
장지필張志弼　137, 138
장지형張志衡　285
장지희張祉熙　94
장진수張震秀　509
장진우張進瑀　380, 382
장진홍張鎭弘　24, 333, 520, 521, 522, 523, 524
장진홍張鎭洪　438
장쮜린張作霖　318, 321
장찬수張讚壽　296, 395
장탁원張鐸遠　379, 381
장택원張澤遠　333, 426, 427, 428
장하명張河鳴　520
장한진張漢鎭　145
장해張海　255
장홍식張洪植　495
장희창張熙昌　496
전경인田耕寅　337
전덕원全德元　229
전명운田明雲　34
전병록全炳祿　382
전상주全尙珠　480

전석구全錫九　434
전성규全星奎　468
전성인田誠忍　438, 439
전양진田穰鎭　432
전여종全呂鍾　479, 505
전연병全淵炳　453
전영택全榮澤　344
전용규田鎔圭　335, 336
전일仝一　415
전정관全政琯　505
전준한錢俊漢　139, 142
전진한錢鎭漢　139, 140, 141, 142, 284, 285
전협全協　349, 350, 351, 440, 441, 442, 443, 444, 445, 446, 447
전효배田斅培　452
정경창鄭敬昌　504
정경태鄭敬泰　40, 44
정광순鄭光淳　387
정광호鄭光好　452
정구룡鄭九龍　456
정권진鄭權鎭　453
정규하丁奎河　76, 78, 325
정근신鄭根信　359
정근鄭根　434
정낙륜鄭洛倫　353, 357
정낙산鄭樂山　466, 469
정남서丁南瑞　467
정남용鄭南用　440, 441, 445, 446, 447
정달락鄭達洛　399
정달헌鄭達憲　506
정대봉鄭大鳳　426, 427, 429, 520
정대호鄭大鎬　175
정도상鄭道相　451
정도준鄭道俊　451
정돈하鄭敦夏　337

정동석鄭東錫 396, 398, 401
정동환鄭東煥 387
정두규鄭斗奎 399, 401
정두화鄭斗和 441
정두희鄭斗禧 397, 398, 399, 401
정내붕鄭來鵬 342
정내영鄭騋永 398, 399, 401
정명준鄭命俊 310, 420, 421, 422, 423, 559
정몽주鄭夢周 23
정방락鄭芳洛 521
정방봉鄭芳鳳 525
정백鄭栢 203
정병욱鄭丙旭 504
정부흥鄭復興 513, 517
정빈鄭贇 ⇒ 정대봉
정상건鄭尙健 337
정석진丁碩鎭 452
정석희鄭錫熙 357
정성산鄭性山 342
정성영鄭聖永 135
정세호鄭世鎬 182, 194, 197, 205, 233, 250, 255, 256, 425, 426, 482, 485
정소수鄭小秀 516, 519
정송산鄭松山 342
정수강鄭壽崗 517
정수광鄭壽光 513, 514
정수기鄭守基 482, 483, 484
정수희鄭壽熙 517
정순영鄭舜永 343, 345
정신鄭信 227, 233, 237
정안립鄭安立 213
정양수鄭良洙 83
정연철鄭蓮哲 40
정열모鄭烈模 452
정영식鄭永植 485

정영준鄭永俊 177
정용기鄭龍基 344, 346
정용기鄭鏞基 36
정우기鄭釪箕 453
정우풍鄭雨豊 342
정운기鄭雲騏 344
정운림鄭雲林 504
정운복鄭雲復 31
정운복鄭雲復 440, 442, 443, 444, 445
정운일鄭雲馹 339, 345
정운해鄭雲海 26, 130, 132
정원遠鄭遠 ⇒ 정세호
정원영鄭源英 382
정유린鄭有麟 ⇒ 정학빈
정유린鄭有燐 ⇒ 정학빈
정은상鄭殷相 381
정을기鄭乙基 487
정응봉鄭應鳳 453, 454
정인대鄭寅臺 193
정인석鄭寅錫 373, 374, 375
정인찬鄭寅贊 344
정장현鄭章鉉 376, 377
정재룡鄭在龍 110, 460
정재섭鄭在燮 431
정재윤鄭在潤 248
정재학鄭在學 194
정재호鄭在鎬 335
정재호鄭在浩 433
정재흠鄭在欽 157
정종명鄭鍾鳴 114
정주영鄭周永 441
정차영鄭又影 295
정창선鄭昌先 154
정철화鄭哲和 336
정춘수鄭春洙 63

정칠성丁七星　284	조동식趙東湜　363
정태복鄭泰復　341	조동우趙東祐　49, 50, 52, 254, 506
정태석鄭泰奭　110	조동혁趙東赫　508
정태성鄭泰成　295, 394, 395	조두완趙斗元　506
정태영鄭泰英　352	조만식曺晩植　105, 110
정태영鄭泰榮　358	조맹선趙孟善　213, 382, 383
정태옥鄭泰玉　290	조병국趙柄國　85
정태준鄭泰俊　93	조병세趙秉世　31, 32
정태진丁泰鎭　431	조병식趙炳植　380
정태희鄭泰熙　255	조병옥趙炳玉　106, 107, 108
정팔룡鄭八龍　287	조병준趙秉準　383
정팔진丁八鎭　385, 386	조봉암曺奉岩　203, 248, 254, 256, 295, 503, 506
정학빈鄭學彬　204, 207, 255	조봉하趙鳳夏　342
정학수鄭學洙　337	조상섭趙尙燮　188, 203
정한경鄭翰景　240	조상하趙尙夏　180
정해민鄭海珉　387	조석하曹錫河　432
정환직鄭煥直　39	조선규趙善奎　461, 462
정희영鄭禧泳　293, 294	조성걸趙性傑　400
조강제趙强濟　368, 369	조성순趙誠淳　368, 369, 370
조경기曹敬璣　486	조성환曺成煥　174, 175, 188, 203, 210, 212, 220, 225, 226
조경준趙景俊　373, 375	
조규한趙奎漢　380	조소앙趙蘇昂　180, 188, 203
조긍섭曺肯燮　⇒ 조긍섭	조소앙趙素昂　⇒ 조소앙
조긍섭曺兢燮　344, 346, 437	조영趙永　294
조기섭趙基燮　336	조영원趙英元　378
조기승趙起勝　126	조영자曺榮子　389, 393
조기홍趙氣虹　461, 462	조완趙完　181
조남대趙南臺　352	조완구趙琬九　49, 50, 177, 181, 203
조남승趙南升　210	조용구趙龍九　342, 454
조남윤趙南潤　461	조용기趙龍基　288
조남철趙南哲　142	조용암曹龍岩　504
조내헌趙乃憲　352	조용운趙鏞雲　⇒ 조용은
조덕률趙德律　254	조용운趙鏞雲　⇒ 조용은
조동근趙東根　390, 394, 503	조용은趙鏞殷　52, 173, 354, 357
조동벽趙東壁　452	조용주趙鏞周　353, 354, 355, 357

조용주趙鏞周　508
조용필趙鏞弼　341, 449
조욱曹煜　222
조원숙趙元淑　114
조월연趙月衍　82
조은석趙銀石　513, 514, 515, 517, 518
조이환曹利煥　503
조인환曹仁煥　37
조재하趙在夏　⇒ 조용구
조재학曺在學　336, 433
조정식趙鼎植　142
조정환曺正煥　106
조종철趙鍾哲　341
조준기曹俊基　508
조창희趙昌熙　509
조철제趙哲濟　153, 157
조철호趙哲鎬　135
조태연趙台衍　368, 369, 370, 452
조팔용趙八鏞　173
조필연趙弼淵　345
조필연趙弼衍　486
조해제趙海濟　460, 461
조헌영趙憲泳　284, 285, 297
조현욱趙炫郁　85
조현육趙顯堉　433
조황趙晃　390, 393, 394
종세호宗世浩　446, 448
주건朱健　227
주낙용朱洛龍　452
주남고朱南皋　376
주남수朱南守　376, 377
주달朱達　215
주명우朱明宇　79, 80
주병건朱柄乾　451
주세죽朱世竹　114, 503, 508
주익朱翼　57, 58
주재기朱載基　458
주종선朱鍾宣　57
지하수池夏洙　94
진갑수陳甲秀　255
진공목陳公木　251
진병로秦炳魯　293, 294
진용섭陳瑢燮　371, 372

【ㅊ】

차경석車京錫　153, 156, 474
차경수車景洙　122
차도선車道善　213
차재정車載貞　126
차천리車千里　230
차철우車徹宇　256
채갑원蔡甲元　67
채경문蔡敬文　341
채규항蔡奎恒　508
채기중蔡基中(蔡基仲)　338, 340, 342
채상덕蔡相悳　219
채상준蔡相俊　336
채세현蔡世鉉　83
채소몽蔡素夢　342
채순만蔡淳萬　83
채우병蔡祐炳　497
채충식蔡忠植　136
천세환千歲桓　370
천영기千永基　465
천재환千載桓　368, 369
최갑덕崔甲德　386
최경천崔慶天　216
최경학崔敬鶴　192, 413, 418
최계선崔桂善　509

최관용崔寬溶　453
최국崔局　337
최규익崔奎翼　451, 452
최규종崔奎悰　⇒ 최규종
최규종崔圭悰　296, 394, 395
최규형崔圭馨　51
최낙종崔洛鍾　296
최남선崔南善　54, 55, 59, 107, 450, 451, 452
최동산崔東山　250
최동오崔東旿　223, 472
최동욱崔東郁　232
최동희崔東曦　367, 368
최두선崔斗善　106
최린崔麟　53, 54, 56, 63, 102, 105, 107, 108
최만영崔萬榮　223
최명길崔命吉　380
최명록崔明祿　215, 216
최명수崔明洙　221, 222, 224
최명해崔明海　466, 469
최병규崔丙圭　339
최병선崔炳善　201
최병협崔秉協　451
최복희崔福姬　288
최상원崔相元　65
최석순崔錫淳　201, 203, 229
최석옥崔錫玉　452
최선익崔善益　110
최성규崔成奎　365
최성규崔聖奎　467, 468
최성기崔聖基　466, 467
최성렬崔聖烈　93
최성모崔聖模　63
최성우崔誠愚　452
최성집崔成執　40
최성천崔聖天　44

최성호崔成鎬　445, 446, 448
최성희崔聖熙　411, 412
최세림崔世林　400
최숙자崔淑子　355, 358
최승만崔承万　429, 430
최시형崔時亨　151, 152
최신화崔愼和　94
최양옥崔養玉　331
최영돈崔永敦　387
최영설崔濚渫　352
최완崔浣　367
최용덕崔用德　391
최용상崔用翔　452
최욱영崔旭永　449
최원순崔元淳　105, 106, 107, 110
최원택崔元澤　248, 507
최윤경崔潤慶　451
최윤동崔允東　26, 396, 397, 400
최윤동崔胤東　⇒ 최윤동
최익간崔益幹　292
최익길崔益吉　433
최익준崔益俊　282
최익현崔益鉉　32, 36
최익환崔益煥　349, 350, 351, 441
최인홍崔麟弘　472
최일호崔一浩　407
최재교崔在敎　468
최재우崔在宇　429, 430
최재형崔在亨　174, 183, 188, 238
최재형崔才亨　⇒ 최재형
최재화崔載華　64, 89, 346, 347, 348, 349, 368, 369
최제민崔濟民　495
최제우崔濟愚　31, 151, 152, 153, 154, 158
최종진崔鍾珍　516

최종환崔鍾煥 266
최준崔俊 227
최준崔浚 344, 346, 441
최준명崔俊明 157
최준명崔俊明 339
최중식崔仲軾 432
최진규崔鎭圭 452
최진태崔鎭泰 294
최창덕崔昌德 244
최창봉崔昌鳳 202
최창선崔昌善 452
최창식崔昌植 50, 177, 180, 182, 187, 188, 202, 203
최창익崔昌益 225
최창일崔昌鎰 496
최천택崔天澤 475
최천호崔天浩 207
최철수崔喆守 499
최추해崔秋海 255
최춘택崔春澤 504
최치원崔致遠 23
최태석崔泰錫 344
최태욱崔泰旭 282, 344
최팔용崔八鏞 51, 277, 279, 281, 283
최팔용崔八鏞 475
최학문崔學文 227, 228
최한기崔漢基 281
최해규崔海奎 398, 399, 401
최해영崔海永 515, 516, 518
최해윤崔海潤 483
최현崔顯 226
최현준崔賢準 497
최호崔灝 226, 228, 237
최홍열崔洪烈 411
최홍태崔洪台 411

최환崔煥 251
최효신崔孝信 445, 446, 447, 448

【ㅋ】

카엠 247
클레인 48

【ㅌ】

타카야마 타카유키高山孝行 331
탕징야오唐敬堯 397
태두봉太斗峯 153
트로츠키 511

【ㅍ】

편강렬片康烈 220, 221, 407
편동현片東鉉 345
편수갑片壽甲 499
편용국片容國 451
프라이어, 하바드 E. 348
피치 172

【ㅎ】

하겸진河謙鎭 433, 486
하경균河慶均 480, 481
하봉수河鳳壽 433
하세명河世明 395
하용제河龍濟 433
하윤실河允實 65
하은수河銀水 415, 416
하은파河銀波 298
하일청河一淸 352

하장환河章煥 482, 485
하재화河載華 433, 483
하종건河鍾健 421
하종진河鍾璡 423
하필원河弼源 108, 125
한갑복韓甲復 37
한기동韓基東 446, 447
한기석韓基錫 37
한기악韓基岳 110
한림韓林 292
한명만韓明萬 44
한병상韓炳翔 452
한봉근韓鳳根 189, 190, 194, 365, 366, 412, 414, 425, 484
한봉인韓鳳仁 412, 414, 419
한상우韓相愚 215
한상훈韓相勳 515, 516, 517
한성진韓聖震 377
한세동韓世東 348
한세복韓世福 287
한송계韓松溪 388
한수옥韓洙玉 366
한신교韓愼敎 126
한암회韓岩回 82
한양리韓良履 381
한양복韓良復 380
한옥韓玉 239
한용운韓龍雲 56, 63, 110
한위건韓偉健 105, 107, 109, 110, 502
한윤화韓潤和 344
한익동韓翼東 344
한인갑韓仁甲 507
한일청韓一淸 497
한진교韓鎭敎 172, 173, 174
한진산韓震山 194, 208, 383

한텐무韓淸穆 225
한하원韓河源 298
한현상韓睍相 395
한형권韓馨權 179
함성咸聲 255
함익계咸翊桂 509
함창래咸昌來 495
허걸許杰 480, 481
허달許達 379, 382
허범許範 65
허병률許秉律 461, 462
허상신許相信 370
허성덕許聖德 346, 347, 348, 349
허영조許永祚 475
허위許蔿 43, 89, 332, 335, 336, 337, 338, 339
허은許垠 215
허의순許義淳 293
허일許一 107
허정許貞 243
허정숙許貞淑 114
허종許鍾 381
허준許俊 37
허평許坪 433
허헌許憲 106
허형許瀅 337
헐버트, 호머 B. 31, 32
현순玄循 ⇒ 현순
현순玄楯 50, 51, 174
현승건玄昇健 180, 181, 196, 254
현승건玄承健 ⇒ 현승건
현우玄牛 286
현익철玄益哲 233, 237
현정건玄鼎健 197, 203, 205, 475
현정경玄正卿 222, 232
현정향玄正鄕 233

현천묵玄天默　215, 217, 220
호리堀　201
호리키리 시게사부로堀切茂三郎　520, 523, 524
호조 토키타카北條時敬　119
홍기조洪基兆　54, 63
홍남표洪南杓　203, 505
홍덕우洪悳祐　491, 502
홍덕유洪悳裕　505
홍도洪濤　175
홍두극洪斗極　215
홍림洪林　215
홍만식洪萬植　32
홍면희洪冕熹　⇒ 홍진
홍명식洪明植　495
홍명희洪命熹　106, 107, 110
홍묵洪默　484
홍범도洪範圖　168, 214, 215, 216, 238
홍범식洪範植　451
홍병기洪秉箕　63
홍병선洪秉璇　107
홍병희洪秉熙　54
홍성하洪性夏　105
홍성희洪性熹　110
홍순철洪淳喆　485
홍승로洪承魯　363
홍승번洪承頒　453
홍승한洪承漢　145
홍은열洪恩烈　359
홍인일洪寅一　345
홍재규洪在珪　452
홍재범洪在範　386
홍정수洪貞修　380, 398
홍정수洪禎修　⇒ 홍정수
홍종락洪鍾洛　466, 467, 468, 469
홍종률洪鍾律　83, 84

홍종우洪鍾祐　388, 389, 392, 393, 394
홍종흠洪鍾欽　82
홍주일洪宙一　66, 343
홍증식洪增植　503
홍진洪鎭　387
홍진洪震(洪鎭)　175, 177, 178, 180, 181, 187, 188, 203, 233
홍진유洪鎭裕　296, 394, 395
홍천제洪千濟　457, 458
홍택근洪澤根　156
홍해근洪海根　380
홍해성洪海性　80
홍현주洪顯周　341
홍형도洪亨道　419
황경수黃庚壽　518
황공호黃公浩　175
황기환黃紀煥　241
황대벽黃大闢　456, 457, 458
황도환黃道煥　499
황동창黃東昌　499
황문익黃文益　466, 468
황병기黃炳基　343, 346
황보선皇甫善　512, 515, 516, 519
황보욱皇甫旭　285
황보훈皇甫薰　380
황상규黃尙奎　366
황석우黃錫禹　295
황신덕黃信德　114
황애시덕黃愛施德　355, 356, 358
황옥黃鈺　193, 197, 198, 388, 390, 392, 393, 474
황욱黃郁　212
황운서黃云瑞　215
황의준黃義准　142
황의춘黃義春　256, 426
황이정黃履正　142

황익수黃益洙 208
황인경黃仁卿 288
황인덕黃仁德 356
황일산黃一山 210, 212
황재은黃在殷 142
황정수黃正秀 91
황직연黃稷淵 198, 390
황진박黃鎭璞 521, 522, 523, 524
황참근黃譜根 336
황참주黃僭周 142
황택성黃宅性 434
황학성黃學性 341
황학수黃鶴壽 ⇒ 황학수
황학수黃學秀 228, 237
황훈黃勳 203, 254
후세 다츠지布施辰治 121, 290
후쿠모토福本 108
후쿠시마福島 229
히데시마 고지秀島廣二 403, 404

일 반

【ㄱ】

ㄱ당 426, 427, 520
가나가와神奈川조선노동조합 292
가산공립보통학교 452
가이甲斐 순사사살사건 23, 396
가천농무회 131
간사이대關西大 282
간사이關西지방연합회 292
간토關東대지진 239, 268, 270, 291, 296, 395, 400
간토關東지방연합회 292
간토關東지방평의회 291
갈평葛坪시장 91
갑자구락부甲子俱樂部 116, 117, 118
강계공립보통학교 452
강화도분견대分遣隊 34
강화중앙청년회 504
개령농우회 131
『개벽開闢』 307, 308
개벽사開闢社 489
개성고려병원 360
개일동진흥회 134
개천공립보통학교 451
거락보통학교 453
건천乾川공립보통학교 497
게이오慶應대학 277
게페우 225
「격고문檄告文」 488
경북기관소機關所 157
경북노회老會 143, 144
경북사회운동자동맹 416

경북서원慶北書院 148
경북여관慶北旅館 377, 378, 380, 477
경산공립보통학교 451
경성 동척東拓지점폭탄사건 24
경성감옥 332, 338, 357
경성고등보통학교 394
경성공업전문학교 57
경성공업전습소 452
경성교원양성소 451, 452
경성국어(일본어)보급학관 82
경성기독교청년회 106
경성대학 ⇒ 경성제국대학
경성매동공립보통학교 454
경성보성고등보통학교 53, 492
경성보성중학교 190, 346, 451
경성상공회의소 118
경성상업회의소 117
경성상회 452
경성신간회 111
경성신문사 373
경성여자고등보통학교 360
경성여자고학생상조회 504
경성여자청년동맹 114, 416, 504
경성여자청년회 114
경성의학전문학교 57, 447
경성인광회 504
경성인쇄직공조합 490
경성전수학교 57
경성제국대학 100, 492, 494
경성조선청년총동맹 253, 255
경성종로중앙기독교청년회 135
경성중동학교 82, 415, 417, 494, 507
경성중앙기독교청년회 56, 106, 144, 491, 494, 506
경성중앙학교 452

경성직유회사 452
경성청년회 123, 416, 504
경성청년회연합회京城青年會聯合會 124
경신儆信학교 347, 452
경주인쇄직공친목회 134
계림여관 379
계성학교 65, 66, 67, 93, 325, 349, 514, 565
고려공산당 124, 169, 217, 219, 247, 248, 249, 254, 258, 289, 403
고려공산청년회高麗共産青年會 24, 125, 293, 294, 488, 505, 506, 507, 508, 509
고려공산청년회 만주총국 248, 254
고려국민공화대회 174
고려국민당 227
고려위원부 257, 259
고려출판부 259
고려혁명당 223, 245
고령공립보통학교 451
고령노동동맹회 134
고문정치顧問政治 35
고베神戸조선노동조합 292
고본계固本稧 222
고산동농우회 132
고학생공학회共學會 481
고학생苦學生동우회 283
공교회孔敎會 215
공자교孔子敎 155, 158, 550
관립의학전문학교 492
관서關西흑우연맹 298
광동여관 372
광둥廣東 한국혁명동지회 205
광둥군관학교 427
광복회 23, 338, 340, 345, 454, 455, 462
광재여학교 360
광저우등산廣州東山육군병원 206

광주노동공제회 508
광혜의원光惠醫院 413
괴산동교회 67
교남학교 514, 518
교남학우회 400
교토京都제대(제국대학) 286
교토京都조선노동조합 292
구국救國모험단 176, 190
구미위원부歐美委員部 182, 241, 242, 243, 244
구천개포지부 132
구천농우회 132
구화회丘火會 519
국민당國民黨 207, 208, 211, 410, 411
국민대표회의 169, 179, 220, 410, 475, 476
『국민보國民報』 172, 240, 244
국민부國民府 24, 224, 227, 228, 231, 237, 238
국민國民영어학교 282
국민혁명군 205, 321
국민협회國民協會 115, 331
국민회國民會 179, 215, 216, 242
국제농민동맹 249
국제농민회 308
국제농촌학원 308
국제연맹회의 354
군무도독부軍務都督府 215, 216
군정서軍政署 179, 215, 216, 217, 221, 231, 374, 376, 378, 379, 465, 478
『굵은 조선인』 295, 394
『권업신문勸業新聞』 238, 239
규슈九州수평사연합회 138
규장각奎章閣 338
극동은행 259
극동피압박민족대회 51
근우회權友會 113, 114, 115, 284, 287
근화여학교 495

금릉농우동맹 131
기독교 사경회查經會 55, 70
기요틴단 121
기전여학교 360
길안우리농림회 131
김룡사金龍寺 지방학림學林 91
김천노동연합회 134
김천소년회 319
김천소비조합 141, 142
김천양복연구회 134
김천어류소매상친목회 134
김천인쇄직공친목회 134
김천재봉직공조합 134
김천청년연맹 504
김천청년회 319
김천토목철공상조회 134
김숲파 시천교 152
김홍진金洪鎭 사살사건 24

【ㄴ】

나카쓰루中鶴탄광 371
남만주군정서 219, 377
남만주청년연맹 171, 234
남만주청년총동맹 234
남만주한인청년동맹 171
남만주한인청년총동맹 237, 238
남만주혁명동지연석회의 233
남만청년연맹 251, 252
남만청년총동맹 247, 250
남만청총靑總 232
남만한인청년동맹 245
남만한인청년총동맹南滿韓人靑年總同盟 251, 252
남북만청년총동맹 253
남산정교회 144, 146, 148, 150

『남선경제일보』 304
남성정町교회 65, 143, 144, 145, 146, 147, 148, 149, 150, 326
내성공립보통학교 93
노농대회勞農大會준비회 122
노농총동맹준비회 122
노동교육회 123
노동당 124
『노동보』 249
노동의용군 225
『노력청년勞力靑年』 249
『농군農軍』 253
농남농민조합 131
농민사 507
『농촌農村』 310, 559
니가타新潟조선노동조합 292
니주바시二重橋 24, 194, 197, 333

【ㄷ】

다나카田中여관 367
다물단 208, 209, 211, 234, 410, 411
다물청년당 209
단성사 479
단천공립보통학교 452
달성공원 427
대한북로독군부大韓北路督軍部 216
대관원大觀園 57, 58
대구 조선은행폭탄사건 24, 519
대구감옥 340, 358, 465, 469
대구경찰서 121, 147, 346, 420, 426, 478, 519, 520, 521
대구 공립고등보통학교 65, 66, 80, 93, 511, 512, 513, 514, 515, 516, 517, 518
대구관물(갓 종류)상공조합 133

대구노동공제회　130, 132, 133, 423
대구노동친목회　121, 423
대구노동회　132, 134
대구농림農林학교　90, 513, 514, 515, 517
대구목공조합　134
대구상업(학교)　513, 514, 515, 516, 517, 518
대구성경학원　65
대구소년혁진단　423
대구양말직공조합　132, 133
대구여자청년회　504
대구용진단大邱勇進團　123, 423
대구유기직공조합　132, 133
대구은행　345, 413
대구이발직공조합　134
『대구일보大邱日報』　304, 306
대구재봉직공조합　132, 134
대구제일점원친목상조회　134
대구중학(교)　513, 514, 515, 517, 518
대구청년동맹　416, 428
대구청년회　423, 504
대구학생비밀결사사건　26, 310, 333
대구화교상공회　322
대남大南여관　65
대달노동친목회　134
대달大達청년당　355
대독립당촉진베이징촉성회　211, 212
대독립유일당베이징촉성회大獨立唯一黨北京促成會　231
대동단大同團　23, 176, 331, 369, 370, 441, 477
대동동지회大東同志會　115, 116
대동보국단大同輔國團　172
대동상점　453, 454
『대동신문大同新聞』　441
『대동신보大東新報』　116
대동大東청년총동맹　247

대동大同학교　498
대성사大成寺　38
대성학원　400
대월단大月團　369
대전농우회　131
대조선독립애국부인회　355
『대중시보大衆時報』　290
대평농민회　132
대한광복군단　382, 383
대한광복군총영總營　218
대한광복단　215, 217, 218
대한광정단大韓光正團　218, 219, 221
대한국민단大韓國民團　217, 218, 219
대한군정서　217
대한독립군大韓獨立軍　215
대한독립군단大韓獨立軍團　217, 222
대한독립단大韓獨立團　220, 221
대한독립당　488, 489
대한독립당조직촉성회　202
『대한매일신보』　31
대한민국 임시정부　24, 50, 51, 104, 168, 169, 173, 183, 187, 215, 216, 220, 229, 254, 352, 353, 354, 355, 356, 358, 361, 363, 367, 368, 373, 374, 384, 385, 386, 397, 442, 456, 457, 460, 462, 463, 465, 474, 477, 478, 489
대한민국애국부인회　355, 356
『대한민국임시정부공보』　176
대한민국청년외교단　353
대한신민단　215, 217
대한의군부大韓義軍府　219
대한의민단　217
대한인국민회大韓人國民會　214, 244
대한임시정부　⇒ 대한민국 임시정부
대한자강회大韓自强會　31
대한적십자　357, 358, 359, 373, 465

대한적십자사 471
대한적십자회 356
대한통군부大韓統軍府 218
대한통의부大韓統義府 218, 219, 220, 221, 222, 223, 228, 229, 231, 402, 408, 409
대한협회 안동지회 163
덕산공립보통학교 451
덕산정시장 66
덕흥德興여관 519, 523
도계노우회 134
『도보導報』 207
도보사導報社 257
도시샤同志社대학 286
도야마富山조선노동조합 292
도오요東洋대학 282
도쿄東京노동동맹 509
도쿄東京대지진 120
도쿄東京신간회지회 284
도쿄東京일선노동회一鮮勞動會 266, 268
도쿄東京일월회 506
도쿄東京조선고학생苦學生동우회 362
도쿄東京조선노동동맹회 290, 291
도쿄東京조선노동조합 292
도쿄東京조선인유학생학우회 281, 298
도쿄東京조선인유학생회 281
도쿄시로이시東京城石고등여학교 282
『독립』 176
독립단통군부 218
『독립당촉성보獨立黨促成報』 210
「독립선언서」 52, 53, 58, 59, 60, 64, 65, 66, 94, 173
『독립신문』 103, 176, 229, 457, 461
독립운동촉진회 180
독립의용군 336
돌계회 132

동광회同光會 115
동래상회 357
동만조선청년총동맹 253
동만주조선인청년총동맹 234
동만주청년총동맹 234
동만청년총동맹 248, 253
동명東明학원 204
『동민同民』 119
동민회同民會 119
동방연맹東方聯盟 298
동아강습소 390
동아권업공사 166
『동아일보東亞日報』 102, 104, 105, 108, 109, 110, 124, 303, 304, 307, 308, 309, 370, 470, 499, 505
동아일보사 106, 385
동양해원친목조합 134
동유지東遊誌 451
동일東一청년연합회 252
동지회同志會 182, 243, 244
동진관東津館 371
동창학원同昌學院 136
동창회東昌會 268
동학東學 151, 152, 153
동학교東學敎 152, 155, 158
동흥노동동맹 297
동흥노동동맹회東興勞動同盟會 296
동흥노동조합원 297
둔병제屯兵制 425, 484
등암藤巖산 90

【ㄹ】

러시아공산당 122, 257, 388, 471, 474
러시아공산대학 502

러시아국제농민회 308
러시아대혁명 239
러시아허무당 417
러일전쟁 31

【ㅁ】

마산노동동우회 506
마산청년회 504
만국사회당대회 46, 172
만국평화회의 33
『만세보』 31
만인교萬人敎 154, 156, 157
만주농민동맹 232
『만주일보』 357
만주일보사 362
만주청년총동맹 247
만지蔓支시장 88
『매일신보每日申報』 304, 307, 309, 490, 505
메이지明治대학 281, 282, 289
명월관明月館 59, 106, 107, 108
모스크바공산대학 205
모스크바공산대학주의선전실습원 506
목포제주공조합 508
무극대도교無極大道敎 153, 154, 155, 157, 158
무명회 505
무산자동맹회 124, 130, 505, 509
무산학우회無産學友會 296
무정부주의자 대역大逆사건 24
문경농민조합 132
문명학교 80
문장산 82, 83
문치파文治派 99, 104, 233
미국국회의원단 51, 99, 282
민단조합民團組合 449

민생회 225
민원식閔元植살해사건 331
민족유일당만주책진회民族唯一黨滿洲策進會 231
민족유일당재만책진회民族唯一黨在滿策進會 236, 331
민족유일독립당재만책진회民族唯一獨立黨在滿策進會 236
민족자결주의 47, 53, 55, 172, 173, 213, 279, 280
민중사民衆社 421

【ㅂ】

바바군軍 427
박열朴烈사건 122, 275, 419
반민회磐民會 215
반역아反逆兒연맹 420, 421, 422
반역아연맹선언서 421, 422
배재고등보통학교 492
배화여학교 359
백담사百潭寺 56
백산白山상회 344
백산白山학교 466
범어사 483
법정사 455, 456
베이징北京조약 161
벽동공립보통학교 452
변론자치회卞論自治會 222
병인의용대丙寅義勇隊 200, 202
병자수호조규丙子修好條規 60
보민회保民會 218
『보步』 310
보성물산주식회사補成物産株式會社 157
보성사普成社 59
보성전문학교 56, 57, 59, 453, 492

보성학교 451
보안회保安會 332
보이스카우트 135
보천교普天敎 153, 154, 155, 156, 157, 397, 474, 475
복명復明학교 152
봉계농회 131
봉직奉直전쟁 170
부산노우회 428
부산협동조합 428
부여扶餘통일회 225
부용대 75
북로군정서 219, 220, 225
북로北路사령부 216
북만고려공산당 247
북만노력勞力청년총동맹 247
북만주조선인교육회대회 225
북만주조선인청년동맹 238
북만주조선인청년총동맹 171, 228, 234
북만주청년총동맹 234, 249
북만청년총동맹 247, 250, 252
북성회北星會 102, 122, 288, 290, 295, 497
북풍회北風會 114, 123, 124, 125, 127, 492, 507, 508, 509
불교 56, 151
불령사不逞社 296, 297, 395
붉세회曙光會 518
블라디보스토크浦鹽고려공산청년회 505
블라디보스토크浦汐공산청년회 506
비안공립보통학교 67, 68

【ㅅ】

『사바娑婆』 307
사생활사私生活社 122

사허沙河병영兵營 206
사회주의자동맹 123
산내山內청년회 497, 498, 499
산웬푸三源浦무관학교 408
삼민주의三民主義 225, 321
삼일당三一黨 203
『삼일신보三一新報』 243
상신여관 375
상애회相愛會 268, 287, 297
상제교上帝敎 152, 155, 158
상주공립보통학교 452
상주기자동맹 318
상주노동조합 134
상주연원동청년회 319
상주운수노동친목회 134
상주중모협동조합 139, 141, 142
상주청년동맹 옥산지회 318
상주협동조합 141, 142
상춘원常春園 489
상하이 고려교민친목회 173
상하이한인청년회 204
상하이한인학우회 204
서대문형무소 370, 465, 503
서로군정서西路軍政署 218
서면공립보통학교 451
서문시장 66
서우학회西友學會 31
서울청년회 102, 114, 122, 123, 124, 125, 228, 416, 508
서울파(서울회) 107, 109, 123, 124, 125, 126, 127, 129, 136, 254, 286, 291, 502
선도교仙道敎 456
선신공립보통학교 452
선성산宣城山 71
선전深圳요새 206

성경연구회 450
성주노농동맹 134
성주농우회 132
성주청년동맹 318
성천공립보통학교 452
세검정洗劍亭 446
세계평화회의 48, 49
세브란스의학전문학교 57, 492
세이소쿠正則영어학교 277, 281, 415
소년군총본부 135
소년척후단少年斥候團 135
소년척후단조선총연맹 135
소백산小白山 42, 44
송강淞江청년총동맹 234
송면장터 38, 41
송파 시천교 152
수양단修養團 104
수인당修仁堂 445
순도順道학교 145, 147
순천順天호 202
시고쿠四國수평사연맹 138
시대배달동무회 494, 509
『시대일보』 308, 494, 503, 505, 506, 507, 508, 509
시덴市電자치회 291
시바芝공원 52
시사간담회 107
『시사신문』 307
시사연구회 223, 232
『시사일보』 110
시사책진회時事策進會 179
『시사평론時事評論』 115
『시즈오카신보靜岡新報』 522
시천교侍天敎 140, 151, 152, 155, 158, 336, 352
신간회新幹會 26, 108, 109, 110, 111, 112, 113, 114, 115, 126, 127, 128, 129, 204, 231, 284, 287, 288, 297, 309
신간회 대구지회 318, 428, 429
신간회 부산지회 428
신간회 안동지회 318
신간회 영덕지회 319
신간회 영해지회 318
신녕공립보통학교 498
신녕청년회 497
『신대한新大韓』 176
신동信東상회 448, 458
신둔사薪芚寺 459
신만新灣청년회 491
신명여학교 65, 66, 97
신명학교 325
신문배달부조합 132, 134
『신민보新民報』 225
신민부新民府 165, 166, 170, 182, 220, 224, 225, 226, 227, 228, 230, 231, 233, 234, 235, 236, 237, 238
신민회新民會 34, 104
신성信聖학교 58
신세계新世界 444
신우동맹新友同盟 511, 513
신인연맹新人聯盟 295
신입회新入會 289
신한국민회新韓國民會 240
『신한민보新韓民報』 172, 240, 244
『신한별보新韓別報』 376
『신한청년新韓靑年』 373, 463
신한新韓청년당 49
신한청년회 51
신한협회新韓協會 241
신흥무관학교新興武官學校 402
신흥新興청년동맹 123, 480, 490, 492, 503, 504,

506, 507, 508, 509
신흥청년회 123
신흥청년회동맹 504
신흥학교 368, 369, 408, 457
『실업신문實業新聞』 306
쌍계동교회 67, 68

【ㅇ】

『아등我等의 소식消息』 174
아성阿城청년회 252
아오야마靑山학교 281
아일랜드조약 161
안동군와룡청년회 504
안동노우회 134
안동신흥청년회 504
안동자위단自衛團 72
안동재향군인분회 72
안둥국경청년연맹 504
안변공립보통학교 451
안일암安逸庵 343
약목공립보통학교 113
양덕공립보통학교 451
양동농우회 131
양양신흥동맹 504
양정의숙養正義塾 338
어대전御大典 시 직소直訴사건 24
어일魚日교회 327
에도야江戸屋 371, 372
『여명黎明』 310
여봉산礪峯山 67
여자청년동맹 123
여자청년회 123
여자흥학회女子興學會 284
여족공의회麗族公議會 234

연정회研政會 102, 105
연천공립보통학교 452
연통제聯通制 176
연합군사회의 180
연희전문학교 56, 57, 58, 110, 490, 492, 494, 495, 496, 497, 506, 508
염군사 507
영남시보 112
영일노동조합 134
영일嶺─여관 428
영주금계지부 132
영주농민조합 132
영주이산지부 132
영창여관 362
영천군번영회 113
영천노우회 134
영천소작조합 131
영천청년동맹 318
영해공립보통학교 76, 450
영해공립소학교 76
영해시장 76
예안협동조합 141, 142
예천 오오회 504
예천농민조합 132
예천신흥청년회 504
오록농우회 132
오사카大阪조선노동동맹회 290, 291
오사카大阪조선노동조합 286, 292
오산학교五山學校 55
오타루고상小樽高商 291
옥포면소작조합 131
와세다早稻田대학 52, 281, 282, 283
왜관노동친목회 133, 134
왜관청년회 136
「외교시보時報」 354

외교연구회 178
용궁공립보통학교 90
용궁청년회 318
용암농우회 132
우리 머슴단 202
우리동맹 518
우미관優美館 479
우선郵船회사 201
우암友嵒서당 464
운산공립보통학교 451, 452
워싱턴회의 99, 143, 169, 217, 218, 277, 279, 280, 282, 290, 324, 326, 384, 385
원동遠東무정부주의자총연맹 121, 422
원동일군회 134
원보상회元寶商會 364, 366
『원예園藝』 310, 559
원주진위대鎭衛隊 34, 36, 37
원주형평사 138
위원공립보통학교 452
위주魚珠학생군軍 206
윈난雲南사관학교 230
유곡농우회 132
유도儒道진흥회 112
유림단 332, 333, 425, 481, 482
유림대표독립청원운동사건 23, 64, 87, 333, 430, 481
유일당상하이촉성회 233
유일당조직촉성회의 224, 232
유일당촉성준비대표자회의 232
유일당촉성협의회 171
은진공립보통학교 451
을사조약 477
의군단義軍團 215
의성단義成團 24, 220, 221, 407
의성보통학교 70

의성청년동맹 429
의신공사義信公司 363
의신여학교 360
의열단 24, 26, 189, 190, 191, 192, 193, 194, 195, 196, 197, 198, 200, 201, 202, 205, 206, 207, 208, 333, 363, 388, 389, 391, 396, 403, 404, 412, 414, 418, 424, 425, 426, 470, 471, 472, 473, 474, 475, 476, 481, 483, 484, 487
의용단義勇團 331, 332, 379, 399
이륭怡隆양행 176, 191, 363, 364, 447, 458
이르쿠츠크파 107, 170, 254
『이상촌理想村』 310, 559
이화학당 359
인동교회 147
인성仁成학교 204
인천노동총동맹 504
일본노농당오사카大阪지부연합회 287
일본노동조합평의회 291
일본사회주의동맹 295
일본소년연맹 135
일본수평사전국대회 138
일본조선노동총동맹 267
일본조선노동총연맹창립준비위원회 291
일본조선청년총동맹日本朝鮮青年總同盟 292
일송一松여관 348
일우당一友黨 517
일월산 38, 39, 41, 42, 45
일월회一月會 108, 114, 122, 123, 124, 125, 288, 291
일진여학교 358
일진회一進會 33, 151, 152, 336, 350, 440, 441
임시정부경제후원회 180
임진왜란 25, 46
임하노동친목회 134

【ㅈ】

자강회自彊會 268
자생의원 453
자성공립보통학교 452
자연아연맹自然兒聯盟 121
자위회自衛會 81
자유노동자조합 297, 298, 416
『자유지自由誌』 385
잡지농촌사雜誌農村社 423
『잣나무』 310
장련공립보통학교 451
장천농업조합 132
장천청년회 319
재대구경북건설자동맹在大邱慶北建設者同盟 129
재동지선東支線조선인청년연합회 252
재만농민동맹 234, 249
재만청년연맹 245
재만청년총연맹 253
재일본조선노동총동맹 288, 507
재중국한인청맹韓人靑盟 237
적기단赤旗團 193, 219, 225, 471
적박단赤雹團 123, 126
적성시장 38
적우동맹赤友同盟 511, 515, 519
적천사磧泉寺 459
전로全露공산당 248
전만주통일의회주비회全滿洲統一議會籌備會 221
전민족유일당조직촉성회 226, 234
전민족유일당조직협의회 234
전조선공직자간담회 117
전조선공직자대회全朝鮮公職者大會 116, 117
전조선공직자연합간담회 117
전조선노농교육자대회 123
전조선민중운동자대회 123, 125, 479

전조선신문기자대회 125
전조선청년당대회 122
전조선총연맹 124
『전진前進』 290
전진회前進會 107
정동예배당 59
『정로正路』 230
『정론正論』 480
정론사 480, 481
정신여학교 355, 358, 359
정오正午회 423
정우회正友會 108, 109, 124, 125, 126, 127, 128, 129, 490, 507, 508, 509
정위단正衛團 201, 202
정위형평학우正衛衡平學友총동맹 137
정의단 215
정의부正義府 165, 166, 170, 171, 180, 220, 222, 223, 224, 226, 227, 228, 229, 230, 231, 232, 233, 234, 235, 236, 237, 238, 250
정의사正義社 429
정주공립보통학교 451
정주청정공립보통학교 452
정칙正則학교 390
정평공립보통학교 451
제1차 조선공산당 24, 278, 505, 506, 507, 508, 509
제1차세계대전 96, 102, 172, 238, 440, 453
제3국제공산당 169, 211, 245, 246, 247, 248, 249, 254, 256
제3인터내셔널 125
제3차 조선공산당 292
제4차 조선공산당 26
제국(일본)의회의사당 403
제남濟南사건 308
제주도소요사건 23, 455

제중濟衆의원　377
조선공산당　24, 110, 111, 125, 128, 149, 245, 246, 247, 248, 249, 251, 254, 285, 292, 492, 502, 505, 506, 507, 508, 509, 512
조선공산당 만주총국　245, 248, 249, 254
조선공산당 일본총국　292
조선과학연구회　507
조선국권회복단중앙총부中央總部　343, 431
조선국권회복단중앙총부사건　26, 64, 333, 343
조선기독교청년회　283, 430
조선기독교청년회관　52, 279, 281
조선노농총동맹　123, 127, 291, 491, 505, 507, 508
조선노동공제회 감포지회　134
조선노동당　507, 509
조선노동동맹회　290, 291
조선노동조합　288
조선노동총동맹　290, 292, 297, 298
조선독립당　247
『조선독립혈사朝鮮獨立血史』　482
조선무산자無産者동맹　389, 391
조선무산청년회　292
조선물산장려회　103
『조선민보朝鮮民報』　304, 305, 306
조선민족대동단朝鮮民族大同團　349
조선민주대학기성회　100
조선민흥회朝鮮民興會　107, 108, 109, 126
조선사朝鮮史　35
조선사정事情연구회　106
조선사회단체중앙협의회　126, 127
조선사회당　46, 172
조선사회운동자동맹　416
조선산직장려계朝鮮産織獎勵楔　451
조선생명보험회사　508
조선소년군朝鮮少年軍총본부　135

조선소작상조회朝鮮小作相助會　129
조선식산은행　424
조선여성동우회　114, 416, 504
조선여자고학생상조회　504
조선우애단朝鮮友愛團　241
조선은행 대구지점 폭탄사건　333, 519
『조선일보朝鮮日報』　102, 105, 106, 107, 108, 110, 123, 124, 126, 135, 154, 303, 304, 307, 308, 309, 388, 389, 390, 392, 414, 479, 480, 491, 494, 502, 503, 505, 506, 508
조선일보사　109, 385
조선자유노동자조합　297, 298
조선청년독립단　52, 277, 281
조선청년독립단민족대회소집촉진부취지서　429
조선청년동맹　297
조선청년총동맹　123, 247, 415, 416
조선총독폭압정치반대동맹　285
『조선평론朝鮮評論』　241
조선학생과학연구회　492, 493, 494, 495
조선학생총연합회　492, 494
「조선혁명선언」　283, 388, 389, 393
종로기독교청년회　56
주비단籌備團　373, 374, 384, 399
줄포공립보통학교　451
중국동부한인청년동맹　254, 255
중국본부 한인청년동맹　171, 210, 233, 245, 250
중국본부 한인총동맹　204
중국청년동맹　234
중국한인청년동맹中國韓人靑年同盟　171, 234, 238, 245, 250, 251, 252, 253, 256
중국혁명군　195
중모청년회　142
중산대학中山大學　195, 196, 206
중앙고등보통학교　135

중앙여자청년동맹　114
중앙크리스트청년회　415
중앙학교　347, 353, 451, 452
중앙학림　56
『중외의약신보中外醫藥新報』　307
『중외일보中外日報』　110, 303, 304, 308, 309
『중화신보中華新報』　52
지도공립보통학교　452
지린주민회吉林住民會　221
진닝金陵대학　48, 172
진동도독부鎭東都督府　229
진보시장　85
진우연맹眞友聯盟　24, 121, 122, 297, 419, 420, 421, 422, 423
진주청년회　506
진주보통학교　471
진주형평사총본부　137

【ㅊ】

참의부參議府　165, 171, 182, 220, 223, 224, 227, 228, 229, 230, 231, 234, 235, 236, 237, 238
창수蒼水사건　402, 408
『척후대斥候隊』　290
천도교天道敎　53, 54, 55, 56, 59, 66, 102, 105, 106, 109, 110, 151, 152, 154, 155, 158, 173, 201, 214, 471, 472, 489, 490
천도교 중앙총본부　53
천도교성지순례단체　155
천도교연합회　491
천도교청년당　158, 282
천도교청년동맹　490
『천도교회월보天道敎會月報』　54, 106, 307
천지泉旨시장　73
철권단鐵拳團　208

철산청년회　504
철성단鐵城團　415, 416
철성단鐵聲團　416, 423
철혈단鐵血團　176, 177, 474
『청구신보靑邱新報』　239
『청년전위靑年前衛』　251
청리청년회　142
청리靑里공립보통학교　498
청리협동조합　141, 142
청림교靑林敎　153, 155, 158
청송노동공제회　134
청양공립보통학교　452
청연사淸演寺　38
초산공립보통학교　451
총독암살음모사건　55, 58
추부中部조선노동조합　292
춘양공립보통학교　93

【ㅌ】

태궁太弓상점　344
태신교太神敎　336
태을교太乙敎　153, 459
태평양문제연구회　106
『태평양시사太平洋時事』　240
태평양회의　169, 173, 178, 179, 214, 216, 217, 219, 231, 242
텐오지天王寺공회당　286
텐청天成여관　438
통감부　338
통교성대通敎成隊　408

【ㅍ】

파고다공원　59

파리강화회의　53, 173, 281, 332, 344, 350, 430, 431, 481
펑톈奉天전투　321
평민平民대학　289, 400
평양숭실대학　65
평양신학교　67, 377
평원보통학교　452
평창공립보통학교　451
『폭도토벌지』　35
풍기공립보통학교　454
풍기소작인조합　130
풍뢰회風雷會　295
풍산豊山소작인회　130, 131, 504
풍산소작인회 와룡출장소　131
풍산소작조합　142
풍산시장　75
풍산협동조합　141, 142
풍서농민회　132, 142
풍서豊西농무회　130
풍서농우회　131
풍서용문지부　132
풍서은농지부　132
풍서지보지부　132
풍양노농회　132
피병원기성동맹회避病院期成同盟會　101

【ㅎ】

하동공립보통학교　452
하양노동공제회　134, 412
하얼빈조선인민회　226
하와이교민단　244
하와이범태평양회의　106
하이린海林조선인민회　165
학우단學友團　457

『학지광學之光』　281, 282
한교공회韓僑公會　218, 466, 468
한국독립유일당 광둥廣東촉성회　206
한국독립유일당 베이징北京촉성회　209
한국독립유일당촉성회　171, 181, 207
한국유일독립당 난징南京촉성회　205
한국유일독립당 상하이촉성회　202
한국판의단判義團　477, 481
한국혁명동지회　257
한성강습원　415, 416
한성병원　451, 452
한성韓城여관　378, 393
한성은행漢城銀行　470, 472, 474
한양청년연맹漢陽靑年聯盟　124
『한인신보韓人新報』　239
한인청년총동맹　210
한일병합　94, 118, 136, 161, 162, 172, 212, 231, 238, 240, 331, 332, 333, 350, 353, 373, 453, 477, 481
한일보호조약　23, 25, 31, 46, 332
한일신협약　332
한일합병　373
한일협약　33
『한족공보韓族公報』　239
한족韓族공산당　245, 289
한족노동당韓族勞動黨　232, 233, 247, 249
한족회　239
함창협동조합　139, 141, 142
합장哈長청년회　234
해안면소작조합　131
해영사海英社　490
해인사　56, 152
허무당虛無黨　416, 417
허무당선언서　415, 416
허무당虛無黨선언서 배포사건　24

헤이그회의　511
『혁명』　207
『혁명운동』　205
혁명자후원회　246
혁명지도사革命之道社　257
혁신의회　236, 237
혁우동맹革友同盟　514
『혁조革潮』　310, 559
혁진당革進黨　115, 427
혁청단　504
『현사회現社會』　394
현풍청년회　387
혈성단血誠團애국부인회　355
『혈조血潮』　207
협동조합운동사協同組合運動社　141, 284
협동학교　26
협성학교　26, 416
협화서국協和書局　48
형설회螢雪會　283
형평사衡平社　137
형평사중앙총본부　137
형평사혁신동맹　137
형평청년연맹　137
호놀룰루 조선인애국부인회　356
홍산공립보통학교　451
화동華東한국학생연합회　204
화령장터　38, 41
화목시장　85
화안보통학교　452
화요회火曜會　114, 123, 124, 125, 127, 234, 253, 254, 286, 291, 479, 490, 491, 504, 505, 506, 507, 508, 509
활민당活民黨　194
『황성신문』　31
황푸黃埔교도단敎導團　206

황푸黃埔군관학교　195, 206, 487
황푸黃埔군사정치학교　205, 206
황푸黃埔무관학교　484
회령공립보통학교　452
효령소비조합　141, 142
『후항後項』　207
훼이링惠靈전문학교　475
휘문의숙　450, 451, 452
흑기黑旗연맹　415
흑노회黑勞會　120, 415
『흑도黑濤』　295, 394
흑도회黑濤會　120, 122, 288, 290, 295
흑색청년연맹黑色靑年聯盟　120, 296, 420, 421
흑양黑良청년연맹　297
흑양회黑洋會　295
『흑우黑友』　297
흑우연맹黑友聯盟　288, 297, 298
흑우회黑友會　120, 121, 290, 295, 296, 421, 422
흑풍회黑風會　297, 415
흠치교吽哆敎　153, 352
흥사단興士團　104, 204, 241, 242, 243, 244
흥사단극동본부　204
『흥사단보』　244
흥업단興業團　465, 466, 468
흥해공립보통학교　452
흥혁興華실업은행　400
흥화興華실업은행　398
희원喜瑗학교　145, 147
히비야日比谷공원　403, 429

【기타】

25약소국회의　46
3·1사건　23, 279, 281
3·1운동　104, 231, 281

3부 통일회의 227, 230, 235, 236
Z단 371, 372